Kai Flemming

Adobe Illustrator

Der praktische Einstieg

Rheinwerk
Design

Liebe Leserin, lieber Leser,

Sie müssen sich für Ihr Studium in Illustrator einarbeiten? Sie möchten sich im Bereich digitale Illustration weiterbilden, sind aber von Adobe Illustrator eher abgeschreckt? Keine Sorge, Kai Flemming ist ausgewiesener Illustrator-Experte und wird Sie an die Hand nehmen. Mit vielen guten Erklärungen, Definitionen und einleuchtenden Beispielen führt er Sie durch das komplexe Programm.

Und Sie werden sehen: Die Arbeit mit Illustrator macht wirklich Spaß! Wenn Sie erst einmal verstanden haben, wie das Konzept der Pfade funktioniert, werden Sie erfolgreich mit Ankerpunkten, Anfassern und dem Zeichenstift umgehen. Zuerst werden Ihre Illustrationen noch etwas wackelig sein, aber mit der Zeit können Sie Ihre Zeichnungen mit Mustern, Pinseln und Symbolen aufpeppen und mit Transparenzen und Effekten versehen. All das lernen Sie anhand der Schritt-Anleitungen des Buchs, die Sie zum Mitmachen einladen. Das benötigte Workshop-Beispielmaterial zum Mitarbeiten finden Sie übrigens auf der Website zum Buch unter *www.rheinwerk-verlag.de/5322*.

Sollten Sie Hinweise, Anregungen, Kritik oder Lob an uns weitergeben wollen, so freue ich mich über Ihre E-Mail.

Ihre Ruth Lahres
Lektorat Rheinwerk Design

ruth.lahres@rheinwerk-verlag.de
www.rheinwerk-verlag.de
Rheinwerk Verlag • Rheinwerkallee 4 • 53227 Bonn

Auf einen Blick

Wir hoffen, dass Sie Freude an diesem Buch haben und sich Ihre Erwartungen erfüllen. Ihre Anregungen und Kommentare sind uns jederzeit willkommen. Bitte bewerten Sie doch das Buch auf unserer Website unter **www.rheinwerk-verlag.de/feedback**.

An diesem Buch haben viele mitgewirkt, insbesondere:

Lektorat Ruth Lahres
Korrektorat Petra Bromand, Düsseldorf
Herstellung Maxi Beithe
Typografie und Layout Vera Brauner
Einbandgestaltung Mai Loan Nguyen Duy
Satz Markus Miller, München
Druck und Bindung mediaprint solutions, Paderborn

Dieses Buch wurde gesetzt aus der LT Syntax (9,5 pt/13,75 pt) in Adobe InDesign.
Gedruckt wurde es auf mattgestrichenem Bilderdruckpapier (115 g/m²).
Hergestellt in Deutschland.

Bibliografische Information der Deutschen Nationalbibliothek:
Die Deutsche Nationalbibliothek verzeichnet diese Publikation in der Deutschen Nationalbibliografie; detaillierte bibliografische Daten sind im Internet über *http://dnb.dnb.de* abrufbar.

ISBN 978-3-8362-8402-8

7. Auflage 2021

Informationen zu unserem Verlag und Kontaktmöglichkeiten finden Sie auf unserer Verlagswebsite **www.rheinwerk-verlag.de**. Dort können Sie sich auch umfassend über unser aktuelles Programm informieren und unsere Bücher und E-Books bestellen.

Inhalt

1 Oberfläche, Arbeitsbereiche und Dateien

2 Pfade

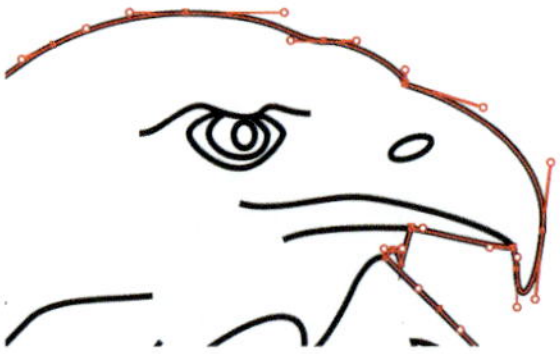

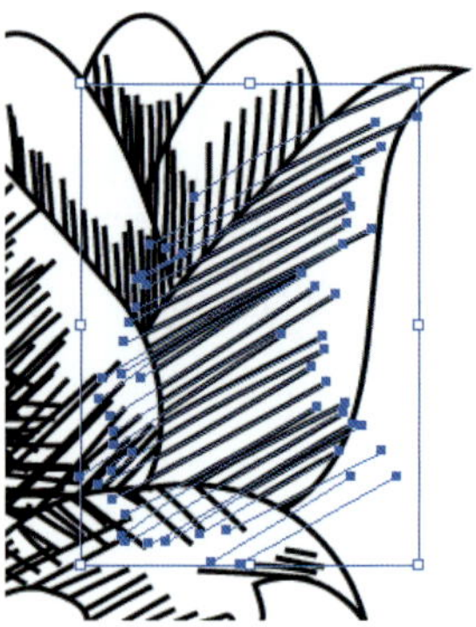

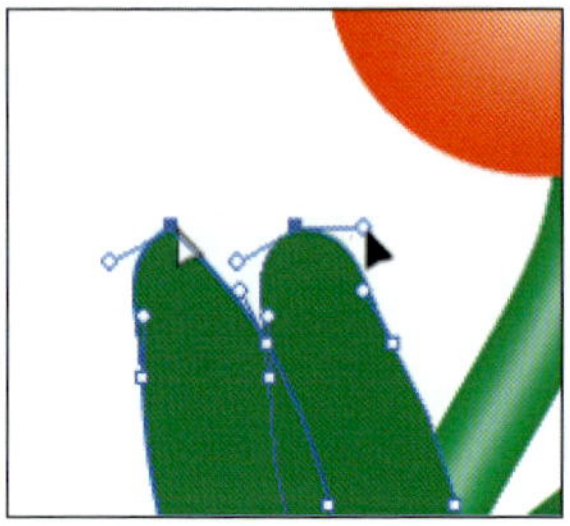

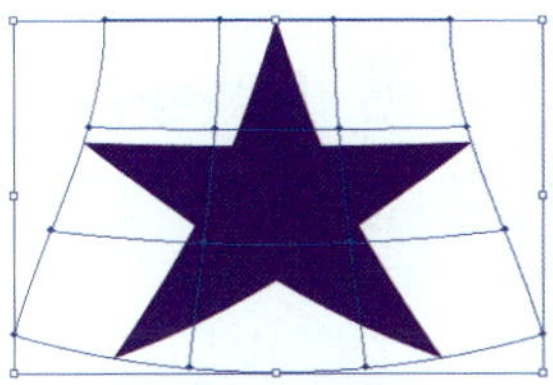

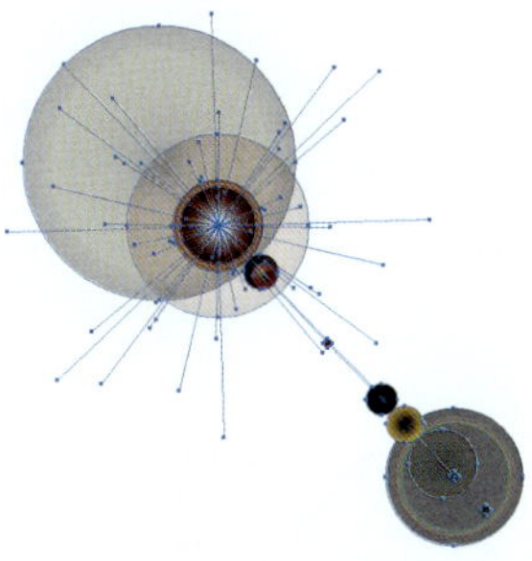

4 Bilder und Grafiken

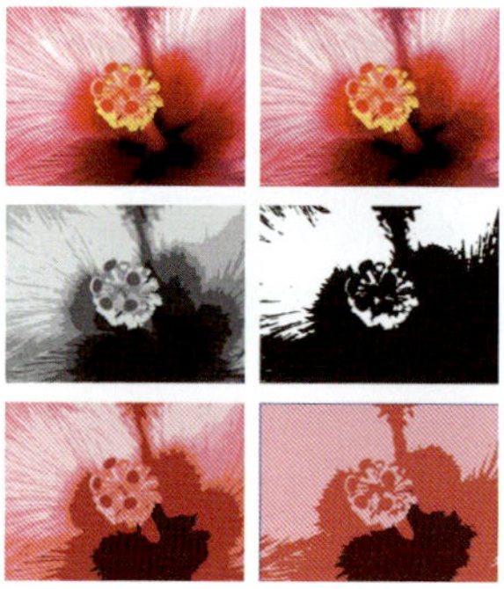

5 Farbe und Verläufe

6 Ebenen

7 Muster, Pinsel und Symbole

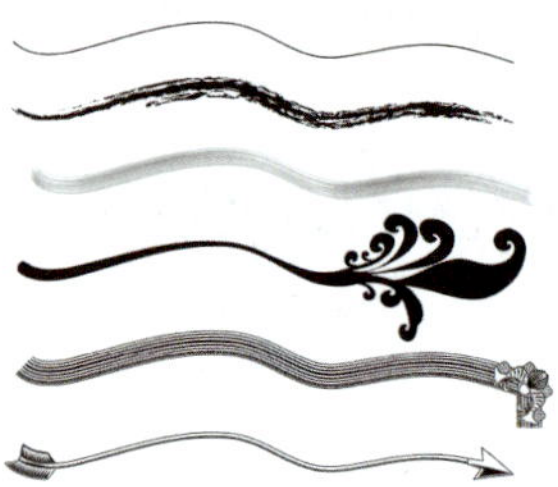

8 Transparenzen und Effekte

9 Text

Kalligrafie
Kalligrafie

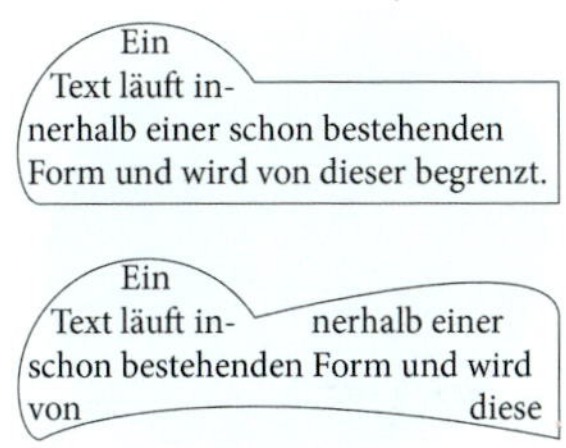
Ein
Text läuft in-
nerhalb einer schon bestehenden
Form und wird von dieser begrenzt.
Ein
Text läuft in- nerhalb einer
schon bestehenden Form und wird
von diese

10 Grafiken für Web und Screen

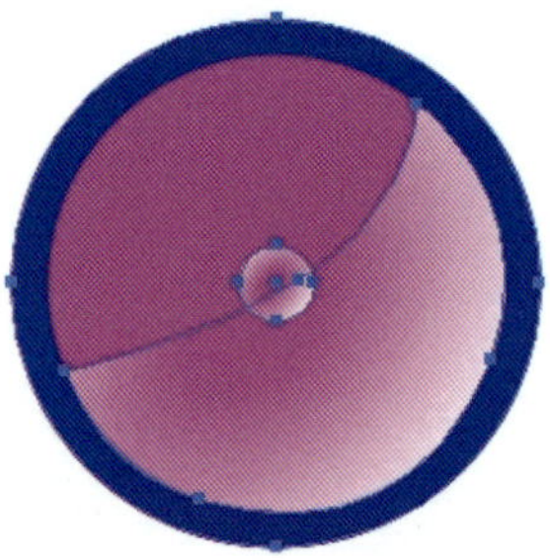

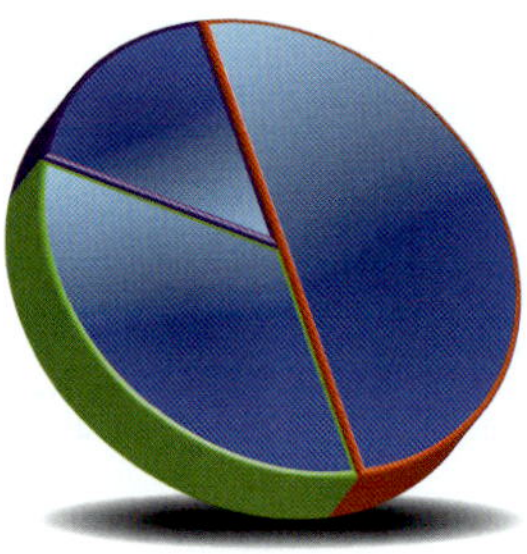

11 Diagramme

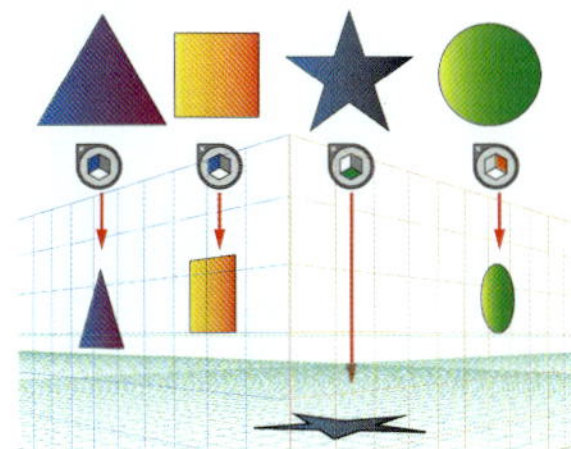

12 3D und Perspektive in Illustrator

13 Zusammenspiel über die Creative Cloud

14 Ausgabe für den Druck

Workshops

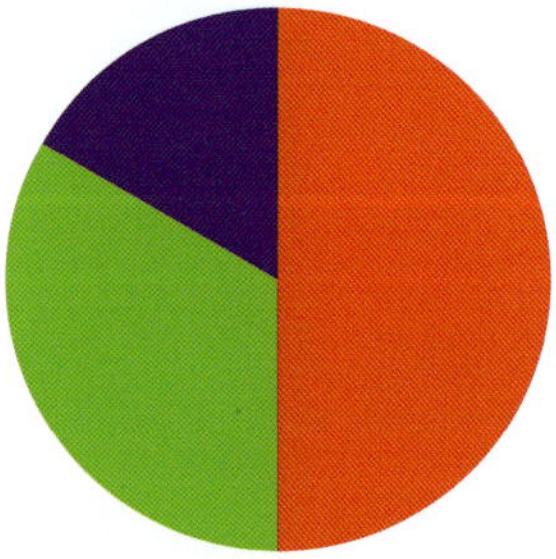

Diagramme

3D und Perspektive in Illustrator

Zusammenspiel über die Creative Cloud

Einleitung

Es freut mich, dass Sie sich entschieden haben, mit Adobe Illustrator zu arbeiten – ein für seine Aufgabengebiete fantastisches Programm. Dieses Buch wird Ihnen helfen, all das zu entdecken, was Sie für Ihre Arbeit brauchen. Ich erläutere in dieser Einleitung, für welche Bereiche Illustrator am besten einzusetzen ist, und zeige Ihnen, wie Sie dieses Buch dazu effizient nutzen können.

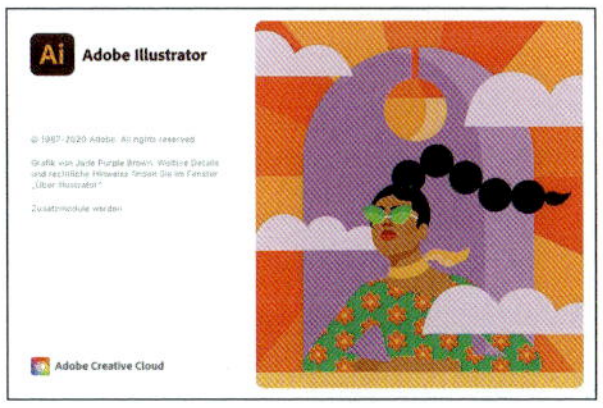

▲ **Abbildung 1**
Intro-Bildschirm beim Starten des Programms

Sie sind »Mitglied« der Adobe Cloud und nutzen darüber wahrscheinlich einige der Adobe-Programme. Die Ähnlichkeit der Werkzeuge und auch so manch identischer Workflow machen es leicht, sich auch in den jeweils anderen Adobe-Programmen zurechtzufinden. (In Kapitel 13, »Zusammenspiel in der Creative Cloud«, zeige ich Ihnen Möglichkeiten dazu auf.)

Doch zurück zu Illustrator. Durch die Adobe Cloud wird das Programm kontinuierlich verbessert und erweitert. Sie brauchen in Ihrer Taskleiste nur in das Cloud-Symbol zu klicken und können dann das Programm aktualisieren, um immer mit allen aktuellen Features arbeiten zu können.

▲ **Abbildung 2**
Aktualisieren des Programms

Sie halten hier die nunmehr 7. Auflage des Buchs in Händen. Das heißt, dass die wesentlichen neuen Features der Version 2021 hier eingearbeitet wurden. Und tatsächlich hat Adobe im Herbst 2020 ein paar sehr schöne Neuerungen für die aktuelle Programmversion eingebracht. Es heißt aber auch, dass Adobe Illustrator ein »lebendiges« Programm ist, das immer weiterentwickelt wird. Meine Empfehlung schon an dieser Stelle: Beobachten Sie von Zeit zu Zeit, ob sich Adobe wieder einmal etwas Neues ausgedacht hat, und aktualisieren Sie Illustrator regelmäßig über Ihr Cloud-Konto.

Anwendungsbereiche von Illustrator

Die Hauptanwendungen von Illustrator sind das Erstellen oder Digitalisieren von Logos, Piktogrammen und Signets. Auch das Digitalisieren von Fotos gehört dazu – aber in grafischer Anmutung,

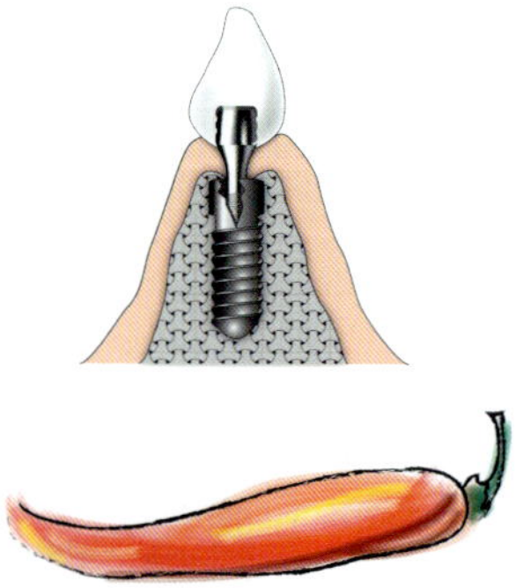

▲ **Abbildung 3**
Ob technisch oder frei – alles ist möglich.

nicht fotorealistisch. Mit Illustrator erstellen Sie Informationsgrafiken, die Sachzusammenhänge visualisieren. Auch Vektorelemente, die als Hinterlegung oder Schmuckelement im Adobe-Layoutprogramm InDesign eingesetzt werden, werden häufig mit Illustrator entworfen. Ebenso können Sie mit Illustrator Diagramme generieren und gestalten. Dazu kommen 3D-Grafiken für Print und Web. Und nicht zuletzt ist das Illustrieren zu nennen, wie der Name des Programms ja schon sagt – ob technisch oder freihändig, alles ist möglich. Und für die Profis: Im Packaging kommen Sie um Ill ustrator nicht herum.

Für wen ist dieses Buch geeignet?

Dieses Buch richtet sich an alle Grafiker*innen und Mediengestalter*innen, die Grafiken erstellen und in andere Anwendungen wie InDesign oder Webprogramme einbinden möchten. Es richtet sich an jene, die vom Kunden Logos nur als Pixelbilder bekommen haben und diese nun ordentlich nachzeichnen müssen. Es richtet sich natürlich auch an alle Illustrator*innen, die vektorbasierte Elemente oder ganze Illustrationen erstellen wollen, und an alle diejenigen, die Diagramme zu Präsentationszwecken brauchen. Es richtet sich auch an Web-/Multimedia-Designer*innen, die Vektorelemente wie Buttons oder individuelle Schaltflächen kreieren möchten. Und es richtet sich an Gestalter*innen und Reinzeichner*innen für Packaging. Und wie ich erfahren habe, wird es auch in Berufsschulen für Mediendesign und Illustration eingesetzt, was mich besonders freut.

Sie arbeiten hauptsächlich mit InDesign (vielleicht im Editorial Design) und müssen nur manchmal Illustrator verwenden? Sie machen eine Ausbildung zum Mediengestalter bzw. zur Mediengestalterin und lernen Illustrator in der Schule nur rudimentär? Sie kennen Illustrator schon länger, benutzen es aber selten und müssen daher immer wieder neu nach den Funktionen suchen? Dann sind Sie in diesem Buch auch genau richtig.

Übrigens: Wenn Sie, aus welchen Gründen auch immer, nicht mit der aktuellsten Programmversion arbeiten, wird Ihnen das Buch trotzdem eine große Stütze sein. Übersehen Sie einfach, dass einige Dinge etwas anders aussehen, und übertragen Sie die vorgestellten Workflows auf Ihre Version. In den allermeisten Fällen ist das unproblematisch. Doch wie oben schon erwähnt lohnt sich eine regelmäßige Aktualisierung des Programms.

Haben Sie zwar die neuste Programmversion, aber einen älteren Rechner, gehen auch fast alle Dinge – nur manchmal etwas langsamer. So hat Adobe die Anforderungen an eine GPU-Unterstützung schon in der 2017er-Version heraufgesetzt. Arbeiten kann man aber trotz einer Grafikkarte unter 1 GB weiterhin.

Upgrade-Tipp
Bei den jährlichen Adobe-Upgrades im Herbst empfehle ich bei der Installation den Haken zu setzen, der die ältere Version NICHT überschreibt, sodass Sie immer eine bewährte Vorversion zur Verfügung haben, falls doch einmal Bugs einprogrammiert wurden.

Die Workshops

Mit diesem Buch möchte ich Ihnen nicht nur einen Überblick über die vielen Anwendungsmöglichkeiten von Illustrator geben, sondern möchte Sie darüber hinaus befähigen, selbst Grafiken, Illustrationen, Vektorelemente, Muster und Diagramme anzulegen – ganz gleich, ob Sie mit oder ohne Vorkenntnisse einsteigen.

Die **Schritt-für-Schritt-Anleitungen** in den einzelnen Kapiteln zeigen Ihnen dabei einen Weg auf, wie Sie ganz konkret arbeiten können. Es lohnt sich auch dann, diese Anleitungen durchzuarbeiten, wenn Ihnen das Thema schon ein wenig vertraut ist, weil sie Ihnen möglicherweise andere Herangehensweisen näherbringen und Sie sich freuen werden, einen anderen, vielleicht leichteren Weg gehen zu können.

Arbeitsdateien herunterladen
Die Arbeitsdateien für die Schritt-für-Schritt-Workshops haben wir Ihnen auf der Website des Rheinwerk Verlags zum kostenlosen Download bereitgelegt. Sie umfassen 25 MB, können also schnell heruntergeladen werden.

Gehen Sie dazu bitte auf *www.rheinwerk-verlag.de/5322* und klicken Sie im oberen Bereich der Seite auf MATERIALIEN. Hier können Sie die Beispieldateien herunterladen, nachdem Sie eine Abfrage beantwortet haben. Der Name der verwendeten Datei wird Ihnen in jedem Workshop genannt.

Wie »funktioniert« dieses Buch?

Sie finden am Ende einiger Kapitel auch eine **Zusammenfassung der wichtigsten Tastenkürzel**, die im jeweiligen Kapitel Anwendung finden. Denn Tastenkürzel helfen Ihnen, schnell und effektiv zu arbeiten. In Tabelle 1 sehen Sie schon, dass die Tastenkürzel `Strg` auf dem PC und `cmd` auf dem Mac das Gleiche meinen, es also keinen wirklichen Unterschied der Betriebssysteme in dieser Hinsicht gibt.

Eine Übersicht aller Werkzeuge und Unterwerkzeuge aus der Werkzeugleiste finden Sie in Kapitel 1, »Oberfläche, Arbeitsbereiche und Dateien«. Das ist sehr hilfreich, weil im Buch immer die genauen Bezeichnungen des Programms verwendet werden, auch wenn es so manches Mal etwas gestelzt klingt und die deutschen Übersetzungen nicht immer passend erscheinen.

PC	Mac
Strg + alt + J	cmd + alt + J
Strg + J	cmd + J
Strg + ⇧ + A	cmd + ⇧ + A
Strg + 3 Strg + alt + 3	cmd + 3 cmd + alt + 3
Strg + A	cmd + A
Strg + Leertaste Strg + alt + Leertaste	cmd + Leertaste cmd + alt + Leertaste
Strg + 0	cmd + 0

▲ **Tabelle 1**
Tastenkürzel (für Windows und Mac) unterstützen schnelles Arbeiten. Sie finden sie in den jeweiligen Kapiteln.

Hinweiskästen
In solchen Kästen stehen weiterführende Informationen, die für Sie spannend, informativ oder hilfreich sein können. Unbedingt mitlesen!

Sie können das Buch von der ersten bis zur letzten Seite durchlesen, was sich besonders für Einsteiger anbietet. Dieses Vorgehen kann sich aber auch für die etwas erfahreneren Leser lohnen, weil sie sicher noch Neues entdecken können. Wenn Sie zum Beispiel mit dem Pinsel-Werkzeug aus Kapitel 7, »Muster, Pinsel und Symbole«, arbeiten möchten, erzielen Sie schneller Erfolge, wenn Ihnen der Umgang mit Pfaden, der schon in Kapitel 2, »Pfade«, beschrieben wird, vertraut ist.

Wichtige Begriffe sind in **fetter** Schrift hervorgehoben. Die für die jeweilige Erklärung relevanten Illustrator-Begriffe oder -Menüeinträge sind in Kapitälchen gesetzt.

Einen Dank noch

Mein Dank gilt all den Menschen, die auf die unterschiedlichsten Weisen dafür gesorgt haben, dass dieses Buch überhaupt existiert – vom ersten Buch 2010 bis hin zur aktuellen Auflage 2021; und es waren doch so manche!

Danke auch an den Rheinwerk-Verlag, der einfach tolle Fachbücher macht, und an meine Lektorin Ruth Lahres, die mich nach den Updates von Adobe immer wieder bucht, um Ihnen, liebe Leser*innen, ein aktuelles Fachbuch zu präsentieren.
Ich würde mich übrigens auch wieder sehr darüber freuen, wenn Sie uns auch weiterhin fleißig Ihre Gedanken, Anregungen und Kritik zusenden, damit kommende Bücher so gut werden, wie Sie es sich wünschen.

Nun aber endlich viel Erfolg und vor allem viel Spaß (!) mit diesem Buch und Adobe Illustrator.

Ihr Kai Flemming

1 Oberfläche, Arbeitsbereiche und Dateien

Ein Wegweiser durch das Programm

- Was sind Vektoren, was Pixel?
- Wie werden neue Dokumente erstellt?
- Wie werden Dokumente geöffnet?
- Wie reagiere ich beim Öffnen meines Dokuments auf eventuelle Warndialoge?
- Wie sieht meine Arbeitsumgebung aus?
- Wie lässt sich der Arbeitsbereich sinnvoll einrichten?
- Wie finde ich mich im Dokument leicht zurecht?

1 Oberfläche, Arbeitsbereiche und Dateien

▲ **Abbildung 1.1**
Oben sehen Sie das Raster im Druck, in der Mitte die Pixel in Photoshop in der Vergrößerung. Nur als Vektorform bleiben alle Kanten scharf (unten).

Bevor ich Sie in den kommenden Kapiteln in die Werkzeuge und Techniken von Illustrator einführe, erfahren Sie in diesem Kapitel alles Wichtige über das Anlegen eines Dokuments, die Arbeitsumgebung oder das Navigieren im Dokument selbst – mit einem Wort: alles über das »Handling«. Was Sie hier lernen, begleitet Sie den ganzen Arbeitsprozess hindurch. Ob Sie mit Texten arbeiten, eine freie Illustration anlegen oder ein Diagramm erstellen, immer benötigen Sie ein neues oder zu aktualisierendes Dokument, geben Werte in Bedienfelder ein und wechseln zwischen verschiedenen Ansichten Ihrer Datei. Ich möchte, dass Sie am Ende dieses Kapitels »Ihr« Illustrator vor sich haben, das Sie mit einem Klick wieder »aufräumen« und in dem Sie sich immer schnell zurechtfinden. Zuerst aber wollen wir uns noch einmal den Unterschied zwischen Vektoren und Pixeln vergegenwärtigen, um Illustrator und seine Arbeitsweise und Begriffe besser zu verstehen.

1.1 Pixel und Vektoren

Ein paar Grundlagen über die Arbeitsweise von Illustrator zu kennen und zu wissen, wie das Programm funktioniert, ist hilfreich. Vor allem den Unterschied zwischen vektorbasierten Objekten und pixelbasierten Dateien sollten Sie kennen. Illustrator ist ein Vektorprogramm. Aber was sind Vektoren, und was sind Pixel?

Ein Foto, das Ihnen digital vorliegt, besteht aus einzelnen Pixeln, also Bildpunkten. Das heißt, dass die Bildfläche waagerecht und senkrecht in viele Zeilen und Spalten aufgeteilt ist. So entsteht ein Raster. Je höher die Auflösung eines Bildes, desto feiner ist dieses Raster.

Jeder Rasterzelle ist ein Farbwert zugewiesen, so wird jeder einzelne Bildpunkt beschrieben. Die Menge der Daten ist relativ hoch und steigt schnell an, wenn das Bild feiner aufgelöst ist. So hat ein 5 × 5 cm großes Bild bei einer Auflösung von 72 dpi eine Datenmenge von 51 Kilobyte. Läge das Bild hingegen in einer Druckauflösung von 300 dpi vor, wäre es schon 1.023 Kilobyte groß.

Ein Problem ist, dass Pixelbilder nicht beliebig skalierbar sind. Vergrößern Sie nämlich das Bild, entstehen beim In-die-Länge-Ziehen, dem sogenannten Interpolieren, »Lücken« in den Daten, die nur unzureichend ausgeglichen werden können. Die Bilder werden »pixelig«, die Konturen erscheinen unscharf.

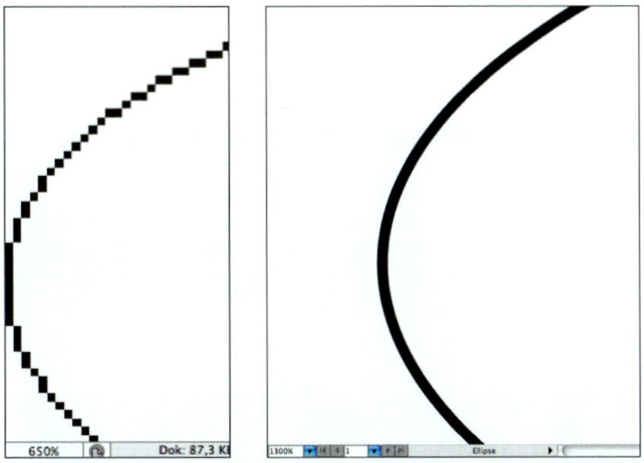

◂ **Abbildung 1.2**
Links eine Kurve in Pixeln, rechts eine aus Vektoren (vergrößert)

Anders ist es mit Vektoren: Diese werden nicht Punkt für Punkt innerhalb eines Rasters beschrieben, sondern in ihrer Form mathematisch »errechnet«. Wird zum Beispiel ein Quadrat beschrieben, ist es völlig gleich, ob in der Beschreibung steht, dass es Kantenlängen von 4 cm oder von 4 m hat. Hierdurch sind Vektorgrafiken beliebig skalierbar, ohne Qualität einzubüßen. Auch die Datenmengen sind dadurch meistens deutlich kleiner.

Kleine Datenmenge, scharfe Kanten und beliebige Skalierbarkeit – das alles sind sehr gute Gründe dafür, gerade Logos mit einem Vektorprogramm wie Adobe Illustrator zu erstellen.

An dieser Stelle möchte ich aber anmerken, dass Illustrationen eines Vektorprogramms immer etwas »cleaner« anmuten als viele mit der Hand angelegte Zeichnungen, Bilder und Grafiken. Andersherum sind fotorealistische Anmutungen eher etwas für Photoshop. Profis arbeiten deshalb für bestimmte Projekte in Illustrator vor und in Photoshop nach. Kapitel 13, »Zusammenspiel über die Creative Cloud«, gibt Ihnen hierfür Anregungen. Aber natürlich können wir in Illustrator auch die klassischen Vektoren mit Pixelelementen kombinieren – wenn es Sinn macht.

Schauen wir uns jetzt an, wie Sie mit Adobe Illustrator arbeiten.

Pixel
Im Gegensatz zu den Vektoren, die die Formen im Hintergrund mit Formeln beschreiben, wird bei Pixelbildern die Fläche in ein mehr oder weniger feines Raster unterteilt. Jede dieser dadurch entstehenden Rasterzellen enthält dann die Information über z. B. die Farbe an dieser Stelle des Bildes. Je feiner das Raster, desto mehr Informationen auf kleiner Fläche.

dpi
»dpi« steht dabei für »dots per inch«, gibt also an, wie viele Punkte (dots) auf einer Strecke von einem Inch (2,54 cm) gedruckt werden (siehe auch den Abschnitt 14.4, »Überdrucken und Überfüllen«).

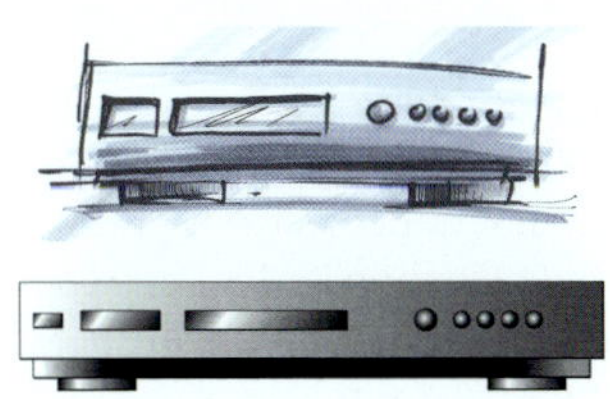

▴ **Abbildung 1.3**
Die technische Illustrator-Grafik (unten) wurde auf Basis eines Marker-Layouts (oben) erstellt.

1.2 Der Startbildschirm

Der Startbildschirm zeigt die zuletzt geöffneten Dateien an, die Sie dann mit einem Klick erneut öffnen können. Sie können ihn aber auch ausschalten, wenn er Sie stören sollte: unter VOREINSTELLUNGEN • ALLGEMEIN • STARTBILDSCHIRM ANZEIGEN, WENN KEINE DOKUMENTE GEÖFFNET SIND.

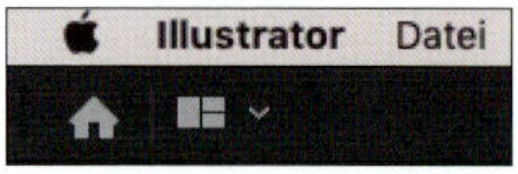

▲ **Abbildung 1.4**
Startbildschirm aufrufen

Möchten Sie ihn temporär aufrufen, klicken Sie auf das Haussymbol oben links in Ihrem Programmfenster.

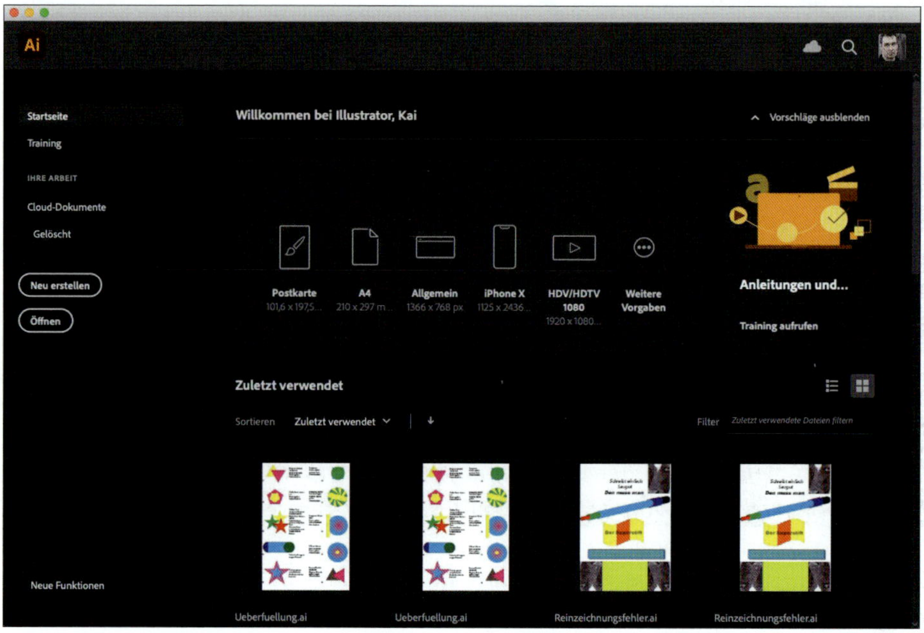

Abbildung 1.5 ▲
Der Startbildschirm

Mit dem Button ERSTELLEN öffnen Sie den Dialog zur Erstellung einer neuen Datei und mit ÖFFNEN können Sie nach weiteren Illustrator-Dateien auf Ihrem Rechner suchen.

Unter den Vorschaubildern sehen Sie den Namen der jeweiligen Dateien vermerkt und erfahren, wann Sie sie zuletzt geöffnet hatten. Halten Sie die Maus eine Sekunde lang über dem Namen eines Vorschaubildes, erscheint im Quickinfo-Text auch der Pfad zur Datei, damit Sie die Datei auch auf Ihrer Festplatte finden können.

Achtung: Der Startbildschirm wird nur angezeigt, wenn keine Datei geöffnet ist. Möchten Sie eine weitere Datei öffnen, gehen Sie wie im folgenden Abschnitt beschrieben vor.

1.3 Ein neues Dokument anlegen

Sind Sie eher der Typ, der in seinem Atelier autark arbeitet – nur Sie und Ihr Computer? Ich kann dem was abgewinnen, doch inzwischen läuft in der Designwelt sehr vieles über Vernetzungen und Kollaboration. Der User möchte vom Vernetztsein nicht nur in Form von Ideen profitieren, er will auch noch gleich die dazugehörigen Dateien. Entsprechend erscheint beim Anlegen einer neuen Datei unter DATEI • NEU... oder mit Strg/cmd+N ein recht großer Dialog.

Speicherort
Mac-User können auch mit cmd in den Titel einer geöffneten Datei klicken, um den Speicherort auf der Festplatte anzeigen zu lassen.

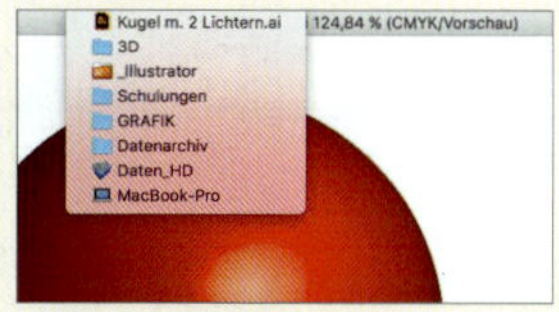

▲ **Abbildung 1.6**
Der Pfad zur Datei

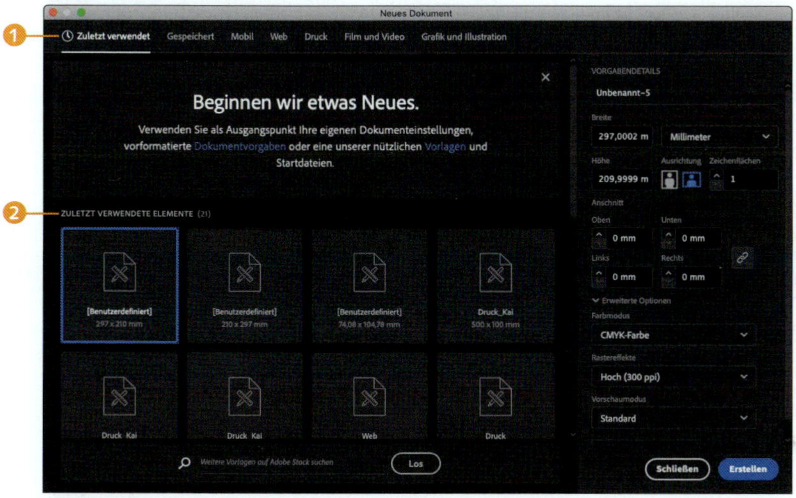

◂ **Abbildung 1.7**
Dialog NEUES DOKUMENT

Zunächst haben Sie im linken Teil die Möglichkeit, eines der zuletzt eingerichteten Formate erneut anzulegen ②. In der Kopfleiste des Dialogs ① ist AKTUELL unterstrichen. Wählen Sie GESPEICHERT aus, werden von Ihnen gespeicherte Vorlagen angezeigt.

Vorlagen herunterladen | Doch danach geht es mit der Vernetzung los. Denn bei MOBIL, WEB, DRUCK oder FILM UND VIDEO sowie GRAFIK UND ILLUSTRATION können Sie fertig erstellte Dateien öffnen und für Ihre eigenen Zwecke umgestalten.

Wählen Sie eine der Vorlagen aus, bekommen Sie auf der rechten Seite des Dialogs Informationen über diese Datei ③. Gefällt sie Ihnen, laden Sie sie herunter und öffnen sie anschließend. Nun können Sie diese Datei überarbeiten und mit Ihren eigenen Inhalten füllen.

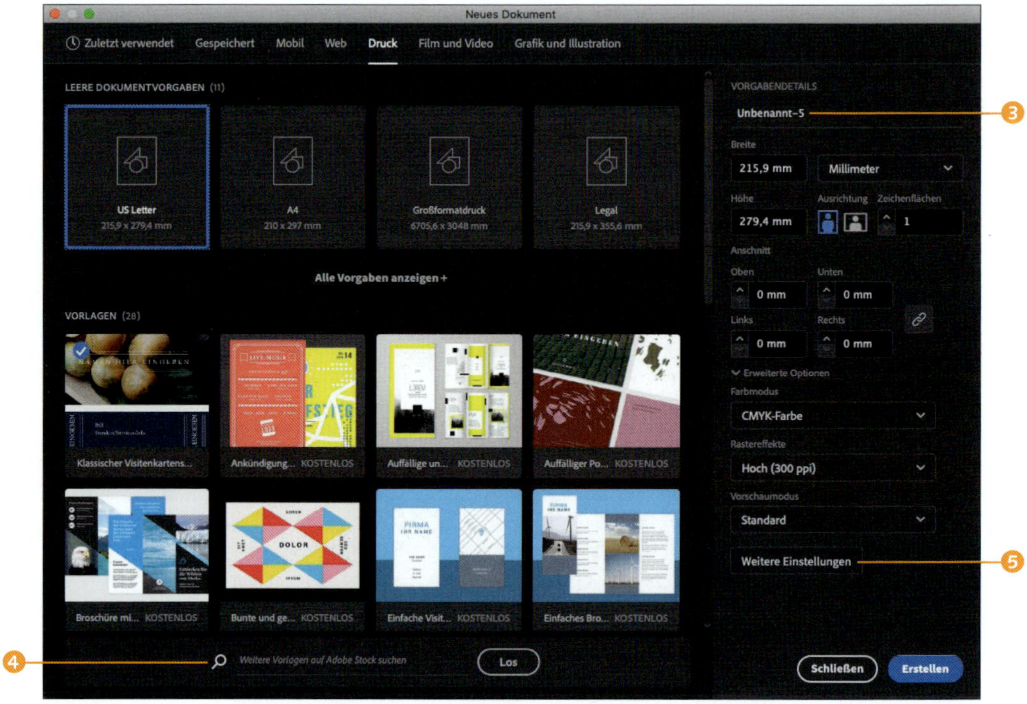

▲ **Abbildung 1.8**
Fertige Vorlagen zu eigenen machen

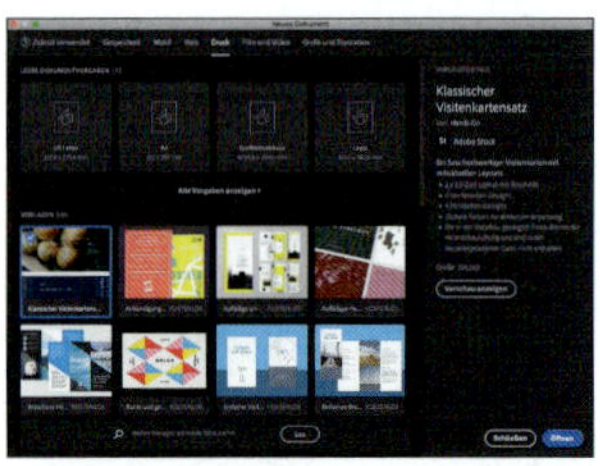

▲ **Abbildung 1.9**
Adobe-Stock-Dateivorlagen

Apropos profitieren: Adobe weiß, dass, wenn Sie erst einmal anfangen, Sie bald schon für weitere Projekte nach passenderen Vorlagen suchen werden. Und dafür gibt es dann den Button Weitere Vorlagen auf Adobe Stock suchen ❹. Dort auf Los geklickt, öffnet sich Adobe Stock in Ihrem Browser und präsentiert viele, viele Vorlagen. Kaufen Sie sich dann eine – mit einem Klick auf das Einkaufswagen-Symbol –, entscheiden Sie nur noch, ob die Datei klassisch heruntergeladen werden soll oder ob Sie sie in einer Ihrer Cloud-Bibliotheken haben möchten.

Eigene Datei anlegen | Bleiben Sie beim guten alten Weg, selbst ganz unbeeinflusst und frisch anzufangen, wählen Sie im Dialog Neues Dokument zum Beispiel Druck und klicken für genauere Einstellungen rechts auf Weitere Einstellungen ❺.

1. Im oberen Teil finden Sie verschiedene grundsätzliche Einstellungen, die Sie für Ihr Dokument vornehmen müssen.
2. Im unteren Teil – Erweitert – stellt der etwas erfahrenere Anwender zum Beispiel den Farbmodus, die Rastereffekte und den Vorschaumodus ein.

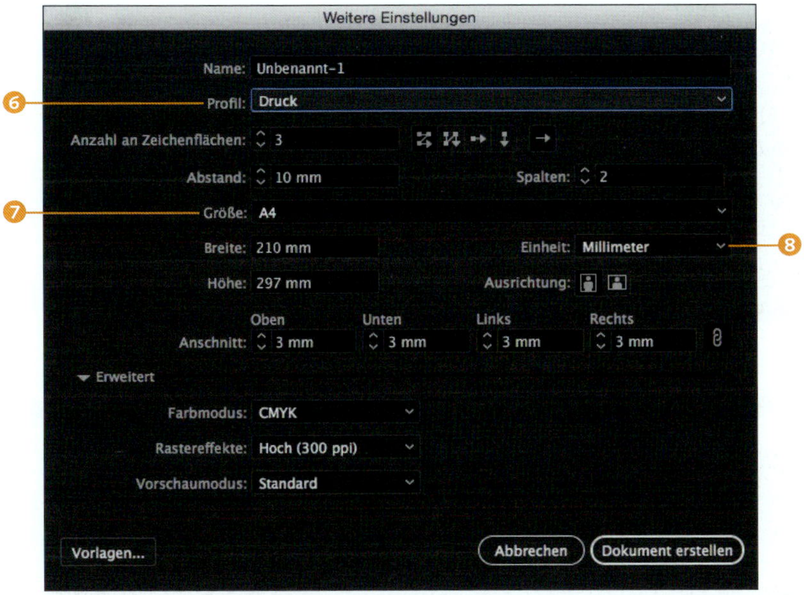

◂ **Abbildung 1.10**
Der Dialog Neues Dokument – Weitere Einstellungen

Dokumentprofil und Größe auswählen | Unter Profil 6 wählen Sie zwischen verschiedenen Dokumentprofilen, die bereits die wichtigsten Einstellungen im Hinblick auf das jeweilige Ausgabemedium enthalten.

In den allermeisten Fällen werden Sie sich für Druck entscheiden – auch dann, wenn Sie ein Logo für eine Webanwendung kreieren wollen. Denn später soll das Logo vielleicht doch auch noch gedruckt werden. Auch unter Grafik und Illustration finden Sie dazu noch sinnvolle Einstellungen.

Wenn Sie explizit Designs für das Web oder den Bildschirm kreieren, wählen Sie jedoch hier schon eine der dafür vorgesehenen Einstellungen aus (Web, Mobil, Film und Video), damit Sie gleich die Pixeleinheit bekommen und sich Ihre Objekte am Pixelraster orientieren.

Abhängig von den Einstellungen unter Profil werden Ihnen bei Grösse 7 unterschiedliche Auswahlen angezeigt. Entscheiden Sie sich z. B. für Druck, können Sie unter Grösse verschiedene DIN-Formate einstellen. Wählen Sie bei Profil hingegen Web aus, bekommen Sie eine Auswahl von Bildschirmauflösungen in Pixel angeboten. Beim Profil Mobil haben Sie die Möglichkeit, unter Grösse schon bestimmte mobile Geräte wie iPhone, iPad oder Samsung auszuwählen.

Rastereffekt
Hier wird mit Hoch, Mittel oder Bildschirm die Auflösung für die Umwandlung von Vektor- in Pixelbilder festgelegt.

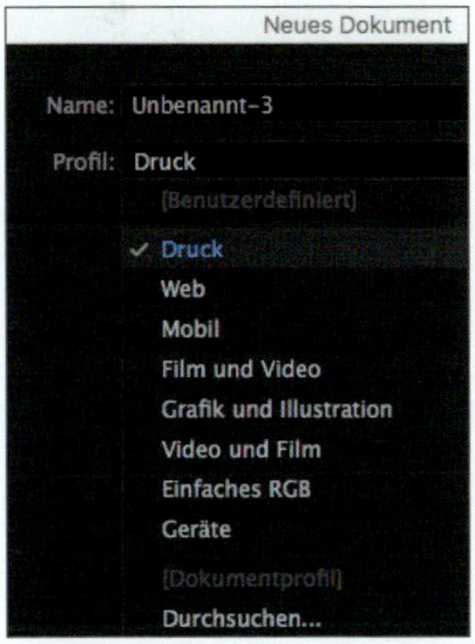

▴ **Abbildung 1.11**
Wahlmöglichkeiten unter Profil

Abbildung 1.12 ▸
Für typische Anwendungen stellt Illustrator unter GRÖSSE verschiedene Formate, Auflösungen und Geräte zur Auswahl. Hier exemplarisch gezeigt für die Profile DRUCK, WEB und MOBIL.

Farbmodus
Die Farben von Bildern und Grafiken können in unterschiedlichen Farbmodi dargestellt werden, denen jeweils ein anderer Farbraum zugrunde liegt. Die gebräuchlichsten Farbmodi basieren auf RGB, CMYK, Lab, Graustufen und Bitmap (Schwarzweiß). Verändern Sie den Farbmodus an dieser Stelle besser nicht, sonst erscheint eine Warnmeldung. Sicherer ist es, den Farbmodus direkt über das richtige Profil einzustellen.

Selbstverständlich können Sie immer unter BREITE und HÖHE auch eigene Werte eingeben und die Maßeinheit ❽ (Abbildung 1.10) selbst bestimmen.

Bei der Einstellung WEB wechselt im Bereich ERWEITERT unten der FARBMODUS ❾ automatisch auf RGB, und die RASTEREFFEKTE stellen sich auf BILDSCHIRM (72 PPI) um. Gleiches passiert bei GERÄTE und FILM UND VIDEO. Bei Letzterem können Sie im Erweitert-Bereich noch ein TRANSPARENZRASTER definieren und seine Darstellung bestimmen. Es zeigt Ihnen an, wo Objekte nicht weiß, sondern durchsichtig sind (was bei einer weißen Hintergrundfläche schnell übersehen werden kann) oder ob der Raum um ein Logo herum für Web/Gerät/Film transparent ist.

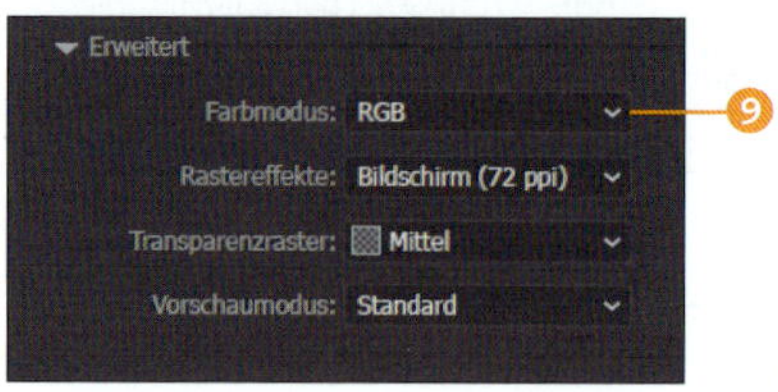

◂ **Abbildung 1.13**
Bei FILM UND VIDEO lässt sich auch ein Transparenzraster einstellen.

Im Dropdown-Menü von PROFIL kann das DURCHSUCHEN (ganz unten) auch sehr praktisch sein. Mit dieser Funktion können Sie zu einem schon bestehenden Dokument navigieren, dieses anklicken und mit ÖFFNEN bestätigen, dass Ihr neues Dokument mit den

Grundeinstellungen dieser angeklickten Illustrator-Datei erstellt wird. Sie bekommen dann auch dessen Farbfelder (aber auch nur diese, nicht die Standardfarbfelder wie sonst). Sie kopieren also quasi die Datei ohne Inhalt, um eine neue daraus zu machen.

Die Zeichenfläche | Schon beim Anlegen eines neuen Dokuments können Sie unter den Vorgabendetails und im Dialog WEITERE EINSTELLUNGEN eine ANZAHL AN ZEICHENFLÄCHEN ❶ bestimmen, deren Anordnung in Ihrem Dokument ❹ und auch den Abstand dieser Zeichenflächen zueinander festlegen ❷ sowie die Anzahl der SPALTEN ❺ angeben, in denen diese angeordnet werden sollen. Zeichenflächen können jedoch nur Seiten sein, die eine identische Größe und Ausrichtung haben.

▲ **Abbildung 1.14**
Die schwarze Umrandung zeigt die Zeichenfläche, die rote Umrandung den Beschnitt. Grau wird die Montagefläche dargestellt.

◂ **Abbildung 1.15**
Einstellungsmöglichkeiten im Dialog WEITERE EINSTELLUNGEN

Mit den Symbolen ❻ wechseln Sie für alle Zeichenflächen zwischen Quer- und Hochformat.

Sie können, was für den Druck sehr wichtig sein kann, Ihren Zeichenflächen jeweils einen ANSCHNITT ❸ zuweisen. Dieser legt um die »Seiten« einen Rahmen in definierter Größe (Standard ist 3 mm), an dem Sie sich orientieren können. Denn alle Objekte (wie farbige Hinterlegungen oder Fotos), die im Druck ganz bis

Darstellung der Benutzeroberfläche
In den Voreinstellungen können Sie unter Benutzeroberfläche sowohl die Farbe der kompletten Benutzeroberfläche als auch die Arbeitsflächenfarbe umstellen.

zum Papierrand reichen, müssen ein wenig darüber hinausgezogen werden, damit in der Produktion weiße Blitzer am Papierrand ausgeschlossen werden können. Gestalten Sie also ganze Seiten statt Einzelelementen, müssen Sie dies beachten. Umgekehrt dürfen Sie auch Objekte, die nicht angeschnitten werden sollen, nicht zu nah an den Papierrand bzw. an die Zeichenfläche heranlegen.

Möchten Sie in Zukunft nur mit dem Dialog Weitere Einstellungen eine neue Datei starten, können Sie in den Voreinstellungen des Programms genau das festlegen: Voreinstellungen oder [Strg]/[cmd]+[K], und dort im ersten Abschnitt Allgemein den Eintrag Gewohnte Benutzeroberfläche »Datei neu« verwenden anhaken.

1.4 Dateien öffnen

Ob Sie nun über das Hauptmenü Datei gehen oder die Tastenkombination [Strg]/[cmd]+[O] drücken, Sie gelangen zum Öffnen-Dialog. Im unteren Teil ist unter Dateityp bzw. Aktivieren (Mac) standardmäßig Alle Formate (Windows) bzw. Alle lesbaren Dokumente (Mac) eingetragen.

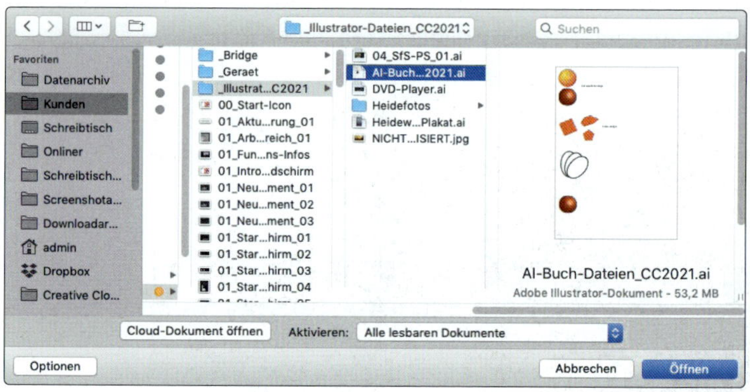

Abbildung 1.16 ▶
Der Öffnen-Dialog am Mac

Illustrator zeigt Ihnen in Ihrer eigenen Ordnerstruktur alle vorhandenen Dokumente an. Am Mac werden Dokumente, die Illustrator nicht öffnen kann, abgeschwächt dargestellt. Sie können Ihre Suche einschränken, indem Sie sich nur eine ganz bestimmte Art von Dokumenten anzeigen lassen. Auf diese Weise entdecken Sie schnell die gesuchte Kategorie (auch dann, wenn die Dokumente keine Dateinamenerweiterung haben sollten). Formate, die Illustrator hier auflistet, sind oft keine Illustrator-Formate. Sie werden dann beim Öffnen von Illustrator so gut es geht interpretiert.

Eine Illustrator-Datei öffnen | Wenn Sie z. B. eine Illustrator-Datei auswählen und den Button ÖFFNEN betätigen oder auf die Datei doppelklicken, öffnet das Programm sie so, wie sie zuletzt gespeichert wurde, oder so, wie die Vorlage, die Sie aus dem Netz bzw. von Adobe Stock heruntergeladen haben, einmal angelegt wurde.

Andere Formate öffnen | Wenn Sie eine PSD-Datei anklicken, öffnet Illustrator eine neue Illustrator-Datei mit einer Zeichenfläche in den Maßen des Bildes. Öffnen Sie eine JPG-Datei, platziert Illustrator das Bild in die Mitte einer neuen Datei, und zwar in der Größe der zuletzt angelegten AI-Datei.

Handelt es sich um ein Bild im Farbmodus RGB, so ist auch die Illustrator-Datei eine RGB-Datei. Handelt es sich um ein Bild mit CMYK-Profil, wird auch die Illustrator-Datei als CMYK-Datei angelegt.

Weicht das Farbprofil des Bildes vom Arbeitsprofil von Illustrator ab, erscheint ein Dialog, in dem Sie gefragt werden, wie Sie nun mit dem Farbprofil des Bildes verfahren wollen. Mehr dazu folgt in Abschnitt 1.5, »Fehlendes (Farb-)Profil«.

Achtung
Öffnen Sie nie mit dem ÖFFNEN-Dialog Pixelbilder, um sie eventuell als Vorlagen zu benutzen. Legen Sie stattdessen eine neue Datei an und platzieren Sie das Pixelbild über DATEI • PLATZIEREN...

Das Dokument hat keine Farben
Öffnen Sie das Farbfelder-Bedienfeld, klicken Sie auf den linken Button in dessen Fußzeile, und wählen Sie dort STANDARD-FARBFELDER • DRUCK.

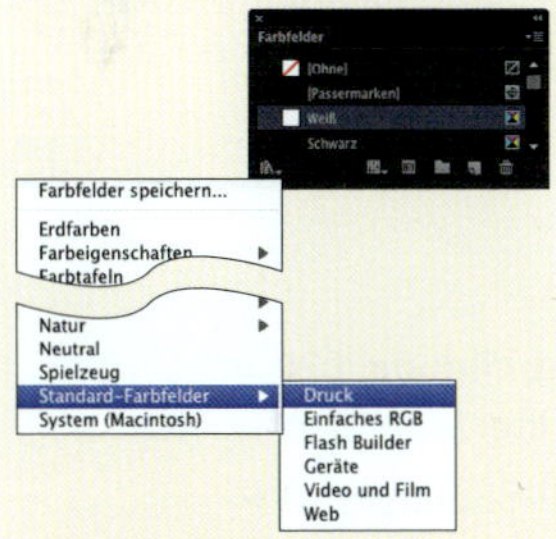

▲ **Abbildung 1.17**
Wenn keine Farbfelder in der Datei liegen, öffnen Sie welche.

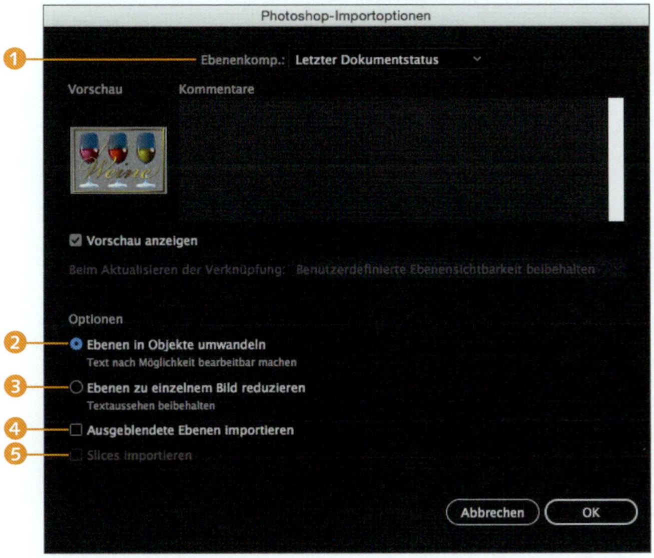

◄ **Abbildung 1.18**
Dialog beim Öffnen eines Photoshop-Bildes mit Ebenen

Möchten Sie eine Datei mit Ebenen öffnen, werden Sie gefragt, ob Sie die Ebenen des Bildes als Einzelobjekte in Illustrator übernehmen möchten ❷ (Abbildung 1.18) oder ob sie zu einem Objekt zusammengefügt werden sollen ❸. Wurde eine Photoshop-Datei mit Ebenenkompositionen angelegt, können Sie auch diese hier auswählen ❶. Entscheiden Sie auch, ob ausgeblendete Ebenen ❹ und in Photoshop angelegte Slices ❺ mitimportiert werden sollen.

Im Startbildschirm werden Ihnen aber auch die zuletzt geöffneten Dokumente mit einer kleinen Vorschau angezeigt. Sie entscheiden, ob als Kacheln oder Liste.

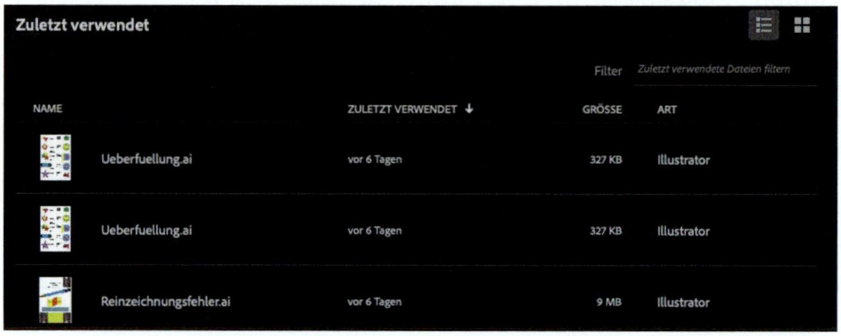

Abbildung 1.19 ▸
Listenförmige Darstellung

Bei vielen angezeigten Dateien können Sie auch nach dem Namen filtern.

Abbildung 1.20 ▸
Filter vereinfachen das Auffinden Ihrer Datei.

Colormanagement
Meine Empfehlung: das PrePress-Handbuch über PDF-Ausgabe und Colormanagement von *cleverprinting.de*.

1.5 Warndialoge beim Öffnen

Ihr Programm läuft im Hintergrund mit vielen Einstellungen. So wird es passieren, dass Sie ein Dokument verwenden wollen, das mit anderen Einstellungen angelegt worden ist. Daraufhin öffnet sich ein Warn- oder Fragedialog, auf den Sie reagieren müssen, weil Illustrator ohne Antwort nicht weiterarbeiten kann. Doch lassen Sie sich nicht abschrecken, nicht alle hier aufgelisteten Warndialoge springen auch bei Ihnen immer auf.

Fehlendes (Farb-)Profil

Der Dialog ABWEICHUNG VOM EINGEBETTETEN PROFIL zeigt Ihnen an, dass in das zu öffnende Dokument kein oder ein anderes Farbprofil eingebettet ist, als Ihr Arbeitsfarbraum verlangt. Auch hierzu folgt mehr in Kapitel 5, »Farbe und Verläufe«. Doch im Groben erläutere ich Ihnen schon einmal, was es bedeutet und wie Sie sich hier verhalten können.

In den FARBEINSTELLUNGEN im BEARBEITEN-Menü (oder noch besser zentral in der Bridge für die gesamte Adobe-Palette: BEARBEITEN • FARBEINSTELLUNGEN...) legen Sie fest, wie Illustrator (bzw. die Adobe-Programme) Farben darstellen und auch behandeln soll.

In einem Illustrator-Dokument, das Sie öffnen, kann aber etwas anderes eingestellt sein als in Ihren Programmvorgaben. Sie entscheiden, ob das Dokument trotzdem unverändert geöffnet werden soll ①, ob Sie ihm ein ganz anderes Profil zuweisen möchten ② oder ob das Farbprofil des Dokuments gelöscht werden soll ③.

Farbmodus
Die Farben von Bildern und Grafiken können in unterschiedlichen Farbsystemen (Farbmodi) dargestellt werden, denen jeweils ein anderer Farbraum zugrunde liegt. Die gebräuchlichsten Farbmodi basieren auf RGB für Monitore und CMYK für den Druck.

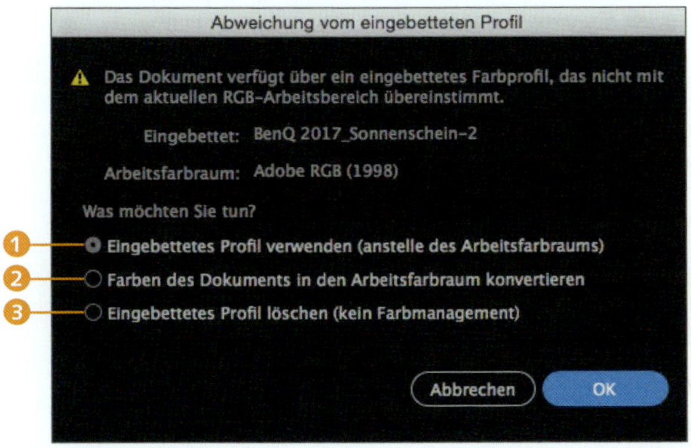

◂ **Abbildung 1.21**
Sind keine Pixelbilder in der Datei enthalten, können Sie sich auch für EINGEBETTETES PROFIL LÖSCHEN entscheiden, wenn Sie sonst unsicher sind.

Wenn Sie wissen, was später mit dem Dokument passieren soll, und sich mit Farbmanagement auskennen, kann das Löschen des Profils sinnvoll sein. Sind Sie sich unsicher, lassen Sie es zunächst unverändert (EINGEBETTETES PROFIL VERWENDEN) und konvertieren es gegebenenfalls später (BEARBEITEN • PROFIL ZUWEISEN...). Sie sehen dann an einem kalibrierten Monitor mit ANSICHT • FARBPROOF in etwa, wie es aussehen wird. Bitte lesen Sie hierzu auch unbedingt Kapitel 5, »Farbe und Verläufe«, damit Sie später nicht enttäuscht sind über die im Druck dann doch anders aussehenden Farben.

Fehlende Schriften

Der Dialog FEHLENDE SCHRIFTEN weist Sie darauf hin, dass das zu öffnende Dokument Schriften enthält, die aktuell nicht in Ihrem System aktiviert sind. Die fehlenden Schriften werden aufgelistet.

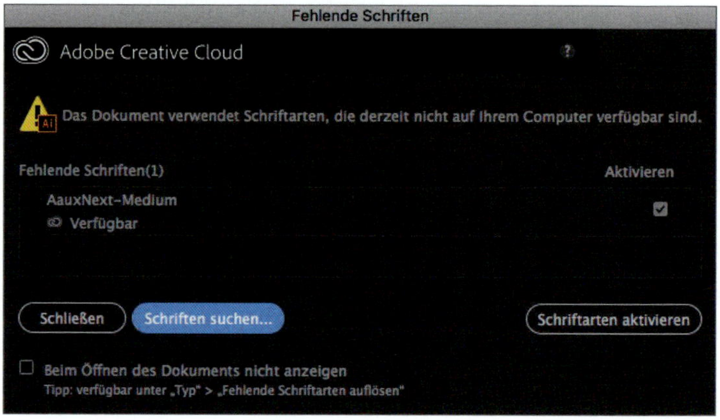

Abbildung 1.22 ▶
Eine Schrift ist beim Öffnen nicht im System aktiv.

Schriftenverwaltung
Gut ist der Einsatz eines Schriftenverwaltungsprogramms, das über Plug-ins für Ihre Grafikprogramme verfügt und fehlende Schriften automatisch öffnet, wenn Sie sie besitzen (z. B. der Font Explorer von Linotype oder Suitecase und andere).

Ein Illustrator-Dokument mit fehlenden Schriften können Sie trotzdem öffnen. Sie müssen die fehlenden Schriften dann nachträglich auf Ihrem Computer aktivieren, wenn Sie sie beibehalten wollen. Dafür klicken Sie auf SCHLIESSEN. Ist die Schrift bei Adobe Fonts verfügbar, klicken Sie auf SCHRIFTEN AKTIVIEREN, und sie wird aus der Cloud heraus aktiviert.

Bei PDF-Dokumenten, die Sie in Illustrator öffnen, kann es vorkommen, dass eine nicht vorhandene Schrift in Pfade umgewandelt wird, um sie darstellen zu können. (Illustrator informiert Sie in diesen Fällen.) Möchten Sie das nicht, aktivieren Sie auch hier die Schrift in Ihrem System, öffnen dann aber die Datei erneut.

Erhalten Sie mit einer Illustrator-Datei auch die verwendeten Schriften geliefert, erstellen Sie in Ihrem Programmordner einen Ordner namens *Fonts*. In diesem Ordner legen Sie die gelieferte Schrift ab; Illustrator verwendet sie dann automatisch auch ohne spezielles Schriftenverwaltungsprogramm. Es reicht auch ein Alias der Schrift, was die Übersichtlichkeit auf Ihrem Computer erhöht.

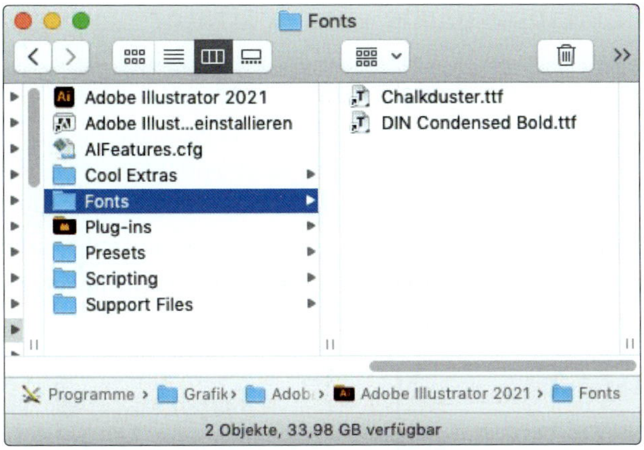

◂ **Abbildung 1.23**
Ordner für temporär aktivierte Schriften

Haben Sie Schriften über die Creative Cloud aktiviert, werden sie in Ihrem Schriften-Menü mit einem Wolken-Symbol angezeigt (siehe Kapitel 9, »Text«). Achten Sie aber darauf, dass Adobe Type-Schriften nicht verpackt werden (dazu mehr in Kapitel 14, »Ausgabe für den Druck«).

Fehlende Verknüpfungen

Ist in Ihrem Illustrator-Dokument eine andere Datei als VERKNÜPFUNG platziert – es kann sich um ein Bild handeln, aber auch um Grafiken –, fragt Illustrator Sie nach eben diesen Verknüpfungen, wenn er die Bilder/Grafiken nicht finden kann. Das kann passieren, wenn Sie sie auf Ihrem Computer gelöscht oder verschoben haben oder wenn eine Illustrator-Datei weitergegeben wird, nicht aber die dazugehörigen Verknüpfungen.

Im Dialog haben Sie drei Möglichkeiten: Sie können das Öffnen ABBRECHEN (und Feierabend machen), die Verknüpfung IGNORIEREN (sie fehlt dann in der Datei) oder sie ERSETZEN, also neu laden (Sie müssen dann zu der entsprechenden Datei navigieren und die Verbindung wiederherstellen).

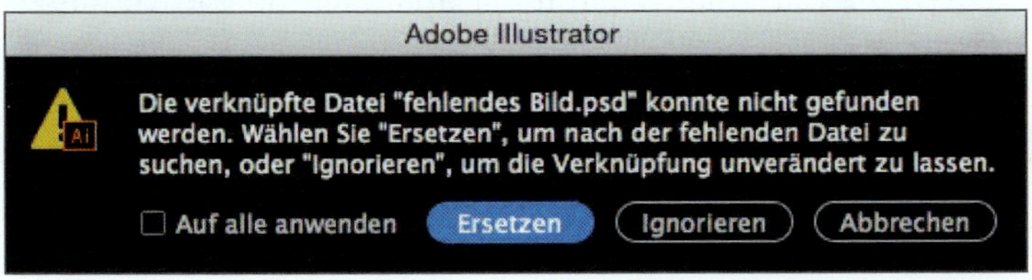

◂ **Abbildung 1.24**
Häufiges Problem: Verknüpfte Bilder werden nicht mit der Illustrator-Datei mitgeschickt.

1.6 Die Arbeitsoberfläche von Illustrator

Windows- und Mac-Aussehen
Ein letzter gravierender optischer Unterschied zwischen Windows und Mac ist der bei Windows standardmäßig aktivierte Anwendungsrahmen, den die meisten Mac-User nicht mögen, aber unter FENSTER einschalten könnten.

Nachdem Sie ein neues Dokument erstellt oder ein bestehendes geöffnet haben, sehen Sie Ihre eigentliche Arbeitsumgebung. Es ist sehr wichtig, sich diesen Arbeitsplatz so einzurichten, dass Sie nicht lange nach Bedienfeldern und Werkzeugen suchen müssen. Damit Sie wissen, wie Sie Ihren Arbeitsbereich einrichten, erfahren Sie zunächst, wie Illustrator in dieser Beziehung »tickt«.

Die Arbeitsfläche

In der Mitte Ihres Bildschirms liegt bzw. liegen die **Zeichenfläche(n)** ❺ – eingerahmt (jeweils) mit einer schwarzen Kontur. Mit einer roten Kontur wird der **Beschnitt** gekennzeichnet, wenn Sie Ihren Zeichenflächen einen Beschnitt zugewiesen haben. Außerhalb dieser Zeichenfläche liegt die **Montagefläche** ❻. Hier können Sie Objekte ablegen, vorbereiten und montieren, wie auf einem richtigen Schreibtisch auch. Alles zusammen ergibt die **Arbeitsfläche**.

▲ **Abbildung 1.25**
Die Arbeitsfläche von Illustrator (hier mit sechs Zeichenflächen)

Links am Monitorrand finden Sie die **Werkzeugleiste** ④. Denn wie beim klassischen Handwerk auch brauchen Sie in Illustrator für alle Arbeiten das entsprechende Werkzeug.

Oberhalb Ihrer Arbeitsfläche liegt das Steuerung-Bedienfeld ③ oder die **Steuerleiste**, wie sie auch oft genannt wird. Das Steuerung-Bedienfeld ist Ihre Schaltzentrale, die immer die wichtigsten Attribute des gerade aktiven Objekts/Werkzeugs anzeigt.

Ganz oben sehen Sie die **Menüleiste** ①. Darunter (Mac) bzw. darin integriert (Windows) befindet sich die **Anwendungsleiste** ②, und rechts am Monitorrand liegen die **Bedienfelder** ⑧. In diesen finden Sie die Funktionen von Illustrator, aufgeteilt nach Themenbereichen. Der Name des Dokuments ⑦ zeigt auch den Farbmodus an, und ein »*« erscheint, wenn Änderungen in der Datei noch nicht gespeichert sind. Darunter und auch am linken Rand der Arbeitsfläche liegen die Lineale, wenn Sie sie über ANSICHT • LINEALE eingeblendet haben.

Der untere Dokumentrahmen, der auch **Statusleiste** genannt wird, informiert Sie über den Vergrößerungsfaktor, die aktuell aktive Zeichenfläche oder Ihr aktuelles Werkzeug (oder Farbprofil, das Datum und anderes).

◂ **Abbildung 1.26**
Die Statusleiste

Die Werkzeugleiste

Die Werkzeugleiste befindet sich standardmäßig links am Monitorrand. In der Werkzeugleiste liegen alle Werkzeuge, mit denen Sie direkt auf Ihrer Zeichenfläche arbeiten.

Es sind aber so viele, dass nicht alle sichtbar sind. Unter denen, die ein kleines Dreieck in der Ecke unten rechts haben, finden Sie jeweils weitere zu dieser Kategorie gehörende Werkzeuge. Wenn Sie einen Moment mit gedrückter Maustaste auf das sichtbare Werkzeug halten, klappt die Liste mit den weiteren Werkzeugen auf; so gelangen Sie zu einem Werkzeug Ihrer Wahl.

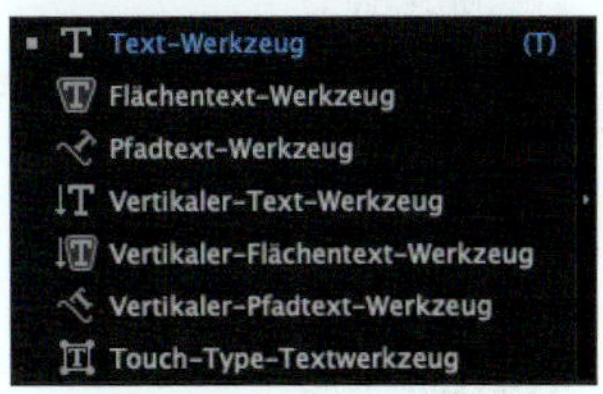

▴ **Abbildung 1.27**
Die kompletten Werkzeuge, die sich hinter dem Text-Werkzeug verstecken.

Am rechten Rand dieser Pulldown-Listen befindet sich ein kleiner Pfeil; klicken Sie hierauf, lösen Sie diese Werkzeuggruppe heraus, sodass Sie sie an eine beliebige andere Stelle Ihrer Arbeitsfläche ziehen können. In Illustrator ist die Werkzeugleiste standardmäßig in der Version EINFACH zu sehen. Möchten Sie, wie ich, die erwei-

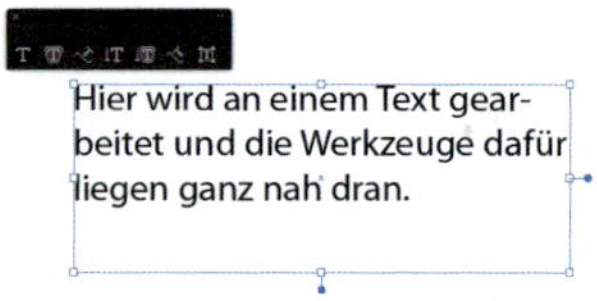

▲ **Abbildung 1.28**
Die Text-Werkzeuge dicht beim Text zum Arbeiten

terte Werkzeugleiste angezeigt bekommen, gehen Sie unten auf die drei Punkte ❶ und dann im Flyout-Menü ❷ auf ERWEITERT.

Die unterschiedlichen Werkzeuge werden in den jeweiligen Kapiteln ausführlich erklärt. Hier erhalten Sie einen Überblick darüber, wie die Werkzeuge heißen und wo sich welches versteckt. Die Hauptwerkzeuge sind schnell über Tastenkürzel zu erreichen. Das Kürzel besteht meist nur aus einem Buchstaben. Manchmal müssen Sie zusätzlich die Taste ⇧ drücken.

Für Einsteiger eine gute Sache: Sie werden am Anfang noch Ihre Werkzeuge per Klick in der Werkzeugleiste aktivieren, später aber einfach die Tastenkombination verwenden.

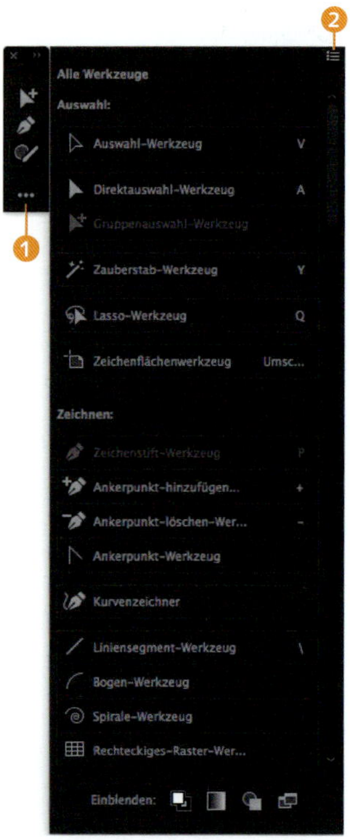

▲ **Abbildung 1.29**
Hinter diesen Punkten ❶ verstecken sich die Einstellungsmöglichkeiten für die Werkzeugleiste. Sie können alle Werkzeuge zu- und abschalten. Über ❷ können Sie die Werkzeugleiste von EINFACH auf ERWEITERT stellen.

Eigene Werkzeugleiste | Unter FENSTER • SYMBOLLEISTEN • NEUE SYMBOLLEISTE erzeugen Sie eine neue, eine eigene Werkzeugleiste. Hier hinein ziehen Sie einfach per Drag & Drop aus der großen Werkzeugleiste die Werkzeuge, die Sie am häufigsten brauchen. Diese kleine Werkzeugleiste schieben Sie einfach an Ihr jeweiliges Projekt heran und haben damit kurze Mauswege und eine einfache Übersicht.

Stört Sie ein Werkzeug doch, ziehen Sie es einfach mit der Maus heraus.

Natürlich können Sie sich auch mehrere Werkzeugleisten für unterschiedliche Aufgabenstellungen anlegen.

Auch die Hauptwerkzeugleiste hat ganz unten einen Button mit drei Punkten ❶, mit dem Sie die Werkzeugleiste anpassen können. Ich würde aber lieber eine neue anlegen, statt diese zu »zerfleddern« und später Zeit durch unnötiges Suchen zu verlieren.

◂ **Abbildung 1.30**
Ihre eigene, individuelle Werkzeugleiste direkt am Objekt

1 Auswahl-Werkzeug – [V]
2 Zauberstab-Werkzeug – [Y]
3 Zeichenstift-Werkzeug – [P]
4 Text-Werkzeug – [T]
5 Rechteck-Werkzeug – [M]
6 Shaper-Werkzeug – [⇧]+[N]
7 Drehen-Werkzeug – [R]
8 Breitenwerkzeug – [⇧]+[W]
9 Formerstellungswerkzeug – [⇧]+[M]
10 Gitter-Werkzeug – [U]
11 Pipette-Werkzeug – [I]
12 Symbol-aufsprühen-Werkzeug – [⇧]+[S]
13 Zeichenflächenwerkzeug – [⇧]+[O]
14 Hand-Werkzeug – [H]
15 Fläche – [X]
16 Standardfläche und -kontur – [D]
17 Farbe [,], Verlauf [.], Ohne [#]
18 Normal zeichnen/Dahinter zeichnen/ Innen zeichnen – [⇧]+[D]
19 Bildschirmmodus ändern – [F]
20 Direktauswahl-Werkzeug – [A]
21 Lasso-Werkzeug – [Q]
22 Kurvenzeichner – [⇧]+[Ö]
23 Liniensegment-Werkzeug – [⇧]+[.]
24 Pinsel-Werkzeug – [B]
25 Radiergummi-Werkzeug – [⇧]+[E]
26 Skalieren-Werkzeug – [S]
27 Frei-transformieren-Werkzeug – [E]
28 Perspektivenraster-Werkzeug – [⇧]+[P]
29 Verlaufwerkzeug – [G]
30 Angleichen-Werkzeug – [W]
31 Vertikales Balkendiagramm – [J]
32 Slice-Werkzeug – [⇧]+[K]
33 Zoomwerkzeug – [Z]
34 Fläche und Kontur vertauschen – [⇧]+[X]
35 Kontur – [X]
36 Symbolleiste bearbeiten

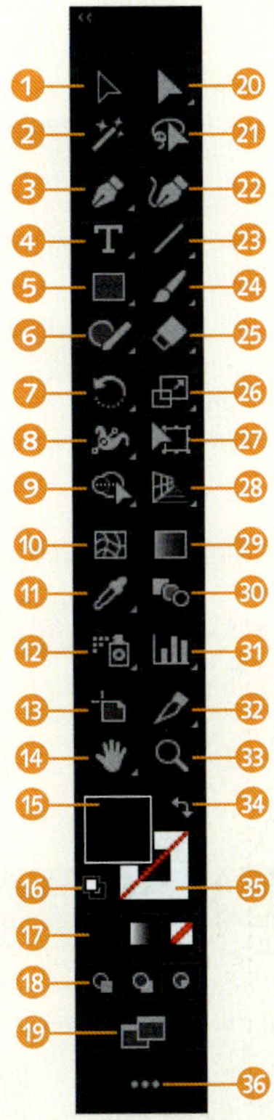

▲ **Abbildung 1.31**
Die Werkzeugleiste und ihre Tastenkürzel

Abbildung 1.32 ►
Die Werkzeuge im Überblick

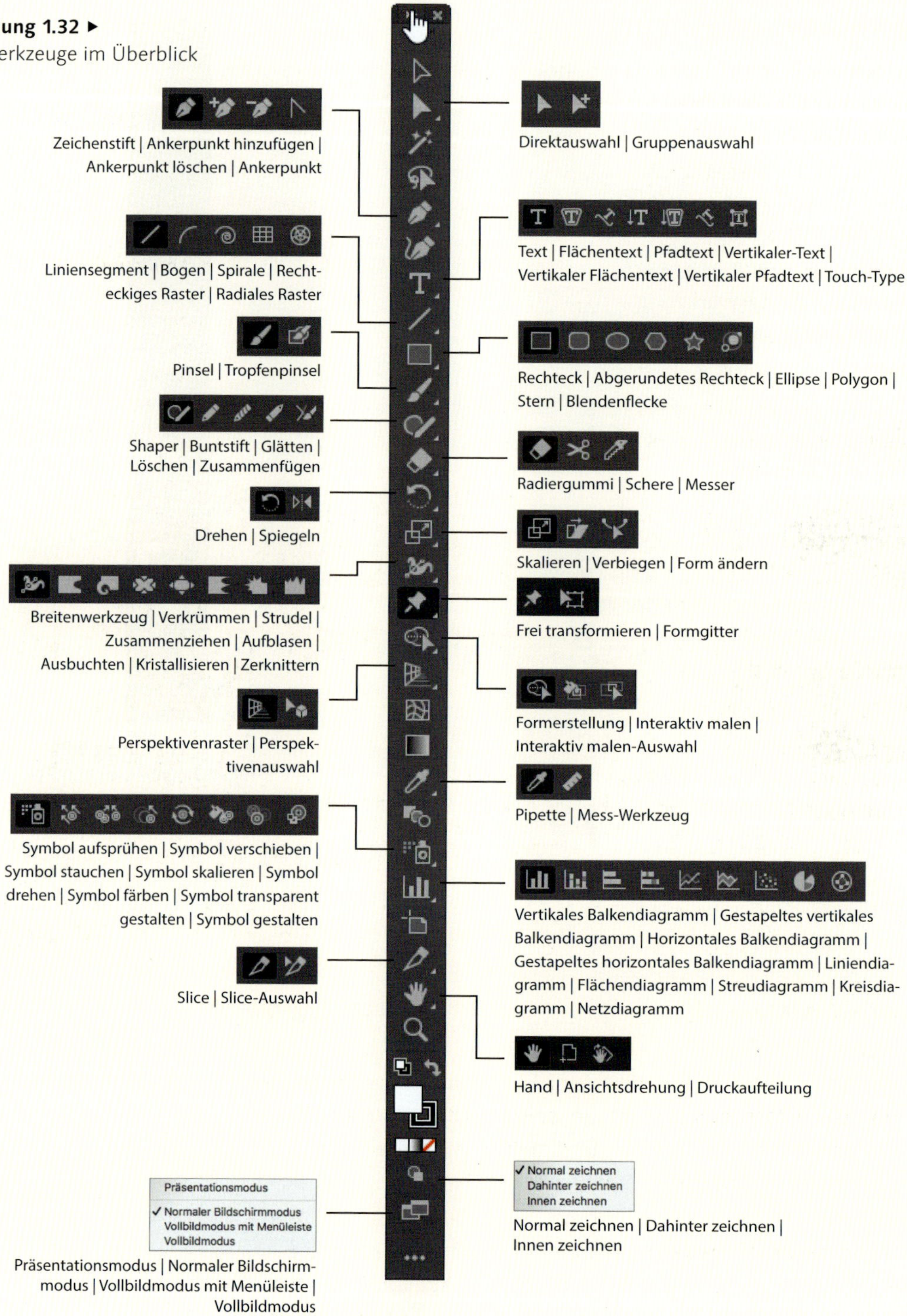

Bedienfelder anordnen

Die **Bedienfelder**, Ihnen vielleicht eher als **Paletten** bekannt (oder amerikanisch als **Panels**), finden Sie alle unter dem Hauptmenü FENSTER. Da SCHRIFT allein sieben verschiedene Bedienfelder aufweist, sind diese bei einem Klick auf eine Kategorie in einer Pulldown-Liste aufgelistet. Befindet sich ein Haken vor dem Namen, ist das Bedienfeld schon geöffnet. Wählen Sie eines ohne Haken aus, öffnet es sich.

Sie können jedes Bedienfeld an seinem (Karteikarten-)Reiter oder an seiner Kopfleiste anfassen und an jede beliebige Stelle auf Ihrem Monitor verschieben.

Tipp
Benennen Sie Ihre selbst erstellten Werkzeugleisten nach Aufgabengebiet.

▼ Abbildung 1.33
Bedienfelder gibt es in Illustrator recht viele. Ein Grund mehr für ein gutes Ordnungssystem.

Sie haben drei verschiedene Möglichkeiten, Ihre **Bedienfelder anzuordnen**.

1. Als Erstes können Sie sie in Gruppen miteinander **verschachteln**. Dazu fassen Sie eines an seinem (Karteikarten-)Reiter oder an seiner Kopfleiste an und ziehen es direkt neben den Reiter eines anderen Bedienfelds. Wenn Sie sehen, dass jenes Bedienfeld komplett blau umrahmt wird, lassen Sie die Maus los und bekommen so eine Gruppe. Die Reihenfolgen innerhalb der Gruppen können Sie durch einfaches Verschieben innerhalb der Bedienfeldgruppe verändern; ziehen Sie auch hierzu an den

Reitern. Wenn Sie in den Namen eines Bedienfelds klicken, holen Sie es in den Vordergrund und sehen so seine Funktionen.

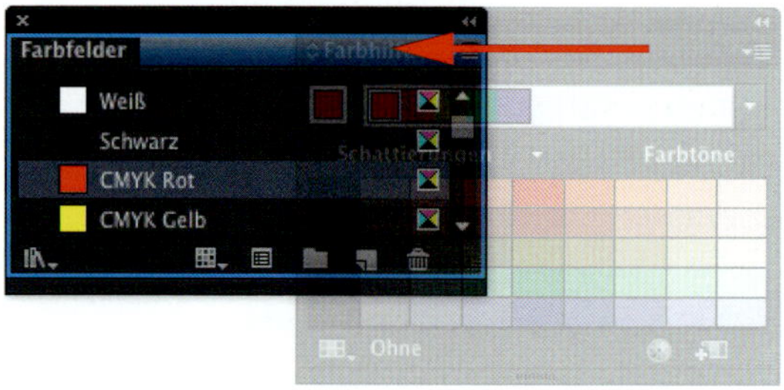

▲ **Abbildung 1.34**
Fassen Sie die Bedienfelder an ihrem Titelbalken oder Namen an, und achten Sie auf die blauen Hervorhebungen.

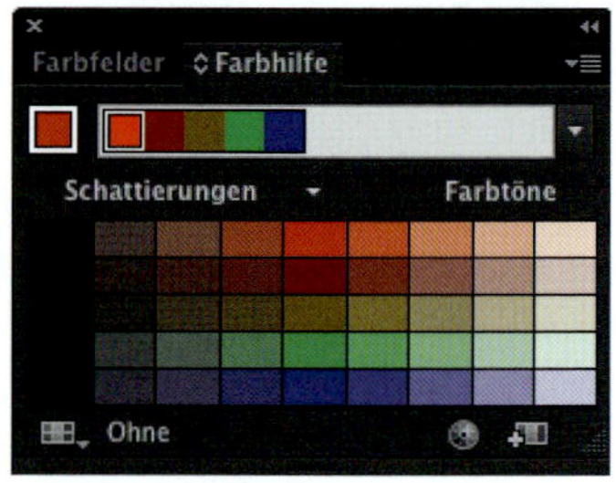

▲ **Abbildung 1.35**
Es entstehen Gruppen mit (Karteikarten-)Reitern.

2. Eine zweite Möglichkeit ist, Bedienfelder aneinander **»anzudocken«**. Wenn Sie ein Bedienfeld nicht über ein anderes ziehen, sondern ganz nahe zum unteren oder oberen Rand (es erscheint diesmal nur ein Balken), werden die Bedienfelder untereinander angedockt. Minimieren Sie das untere, indem Sie auf den Doppelpfeil 1 links neben seinem Namen klicken.

Abbildung 1.36 ▶
Kommen Sie nahe genug (!) an die Unterkante des Bedienfelds, erscheint nur eine blaue Linie zum »Andocken« (links). In diesem Fall stehen die Bedienfelder untereinander (rechts).

Beide Methoden eignen sich gut für das Arbeiten an zwei Monitoren, wobei ein Monitor die eigentliche Arbeitsfläche zeigt und der zweite Monitor nur offene Bedienfelder enthält, bzw. für sehr große Monitore, bei denen die offenen Bedienfelder auf einer Seite die Arbeitsfläche nicht verdecken.

3. Für das Arbeiten an einem nicht so großen Monitor gibt es eine dritte Methode, die sehr platzsparend ist. Hierbei ziehen Sie die Bedienfelder nicht über- oder aneinander, sondern an den Monitorrand. Kommen Sie diesem ganz nahe, erscheint ein senkrechter blauer Balken. Lassen Sie sie nun los, sind Ihre Bedienfelder am Monitorrand verankert und können wie die anderen auch bedient werden.

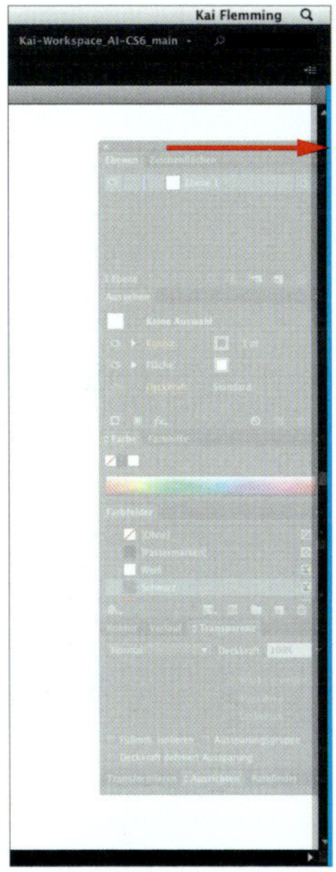

▲ **Abbildung 1.37**
Ziehen Sie Ihre ganzen Bedienfeldgruppen an der Kopfleiste an den Monitorrand, um sie dort zu verankern.

Wie bei den ersten beiden Methoden können Sie auch ein **Bedienfeld in eine bestehende Gruppe** ziehen (wieder wird die gesamte Gruppe blau umrandet), oder Sie ziehen das Bedienfeld zwischen bestehende Gruppen (nur ein blauer Balken).

Ich empfehle Ihnen, nicht zu viele Bedienfelder in eine Gruppe zu sortieren, weil diese sonst zu unübersichtlich wird. Stattdessen sollten Sie Gruppen nach Themen bilden.

In gruppierten Bedienfeldern bestimmen Sie mit Mausklicks auf die jeweiligen Namen, welches Bedienfeld im Vordergrund Ihrer Gruppe ist. Haben Sie zu viele Gruppen untereinander, können nicht alle offen angezeigt werden – sie sind auf ihren Reiter minimiert. Ein Klick auf deren Namen öffnet die auf ihren Namen beschränkten Reiter.

Über den am Monitorrand verankerten Bedienfeldreihen, direkt unter dem Steuerung-Bedienfeld, befindet sich ein Doppelpfeil ❷. Dieser öffnet alle am Monitorrand verankerten Bedienfelder, und umgekehrt schließt er sie, sodass dann nur noch deren Namen oder sogar nur deren Symbole zu sehen sind ❸.

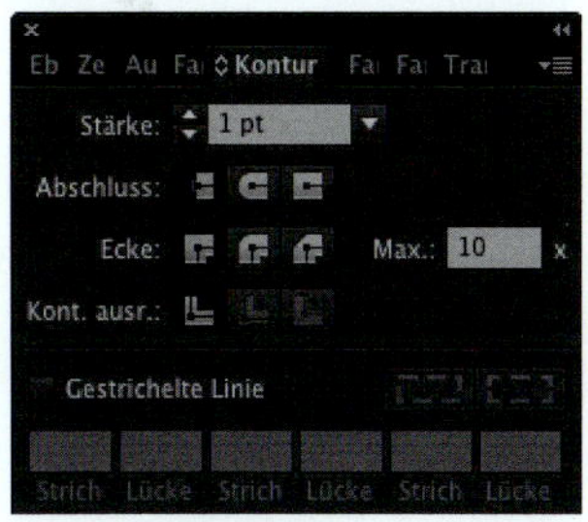

▲ **Abbildung 1.38**
Zu viele Bedienfelder in einer Gruppe sind nicht sinnvoll. Sie erkennen die einzelnen Namen einfach nicht mehr.

▲ **Abbildung 1.39**
Symbole aufziehen, um die Bedienfeldnamen erkennen zu können, oder am Doppelpfeil ganz aufklappen

Mit der Maus können Sie Bedienfeldreihen aufziehen, sodass Sie die ganzen Namen erkennen können. Das kann für den Einsteiger

▲ **Abbildung 1.40**
Mithilfe des Doppelpfeils lassen sich die Bedienfelder dynamisch verkleinern bzw. vergrößern.

sehr sinnvoll sein, weil sich die Symbole erst mit der Zeit einprägen. Kommen Sie mit der Maus an den äußeren Rand Ihrer am Monitorrand verankerten Bedienfelder, erscheint ein kleiner Doppelpfeil, mit dem Sie sie auseinander- oder auch wieder zusammenschieben.

Klicken Sie nun in ein Symbol, öffnet sich das Bedienfeld mit seinen Funktionen. Klicken Sie in ein anderes, schließt sich das noch offene Bedienfeld, und das angeklickte öffnet sich stattdessen. Wollen Sie ein aus dem Monitorrand geöffnetes Bedienfeld schließen, ohne ein anderes zu öffnen, klicken Sie entweder erneut in sein Symbol oder seinen Namen, oder Sie nutzen den Doppelpfeil in dessen Titelbalken.

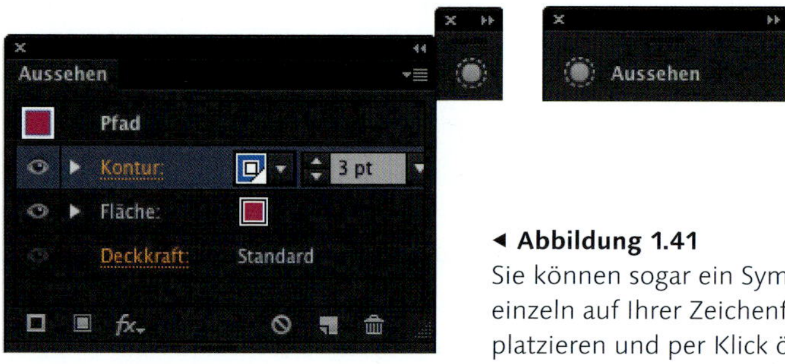

◂ **Abbildung 1.41**
Sie können sogar ein Symbol einzeln auf Ihrer Zeichenfläche platzieren und per Klick öffnen.

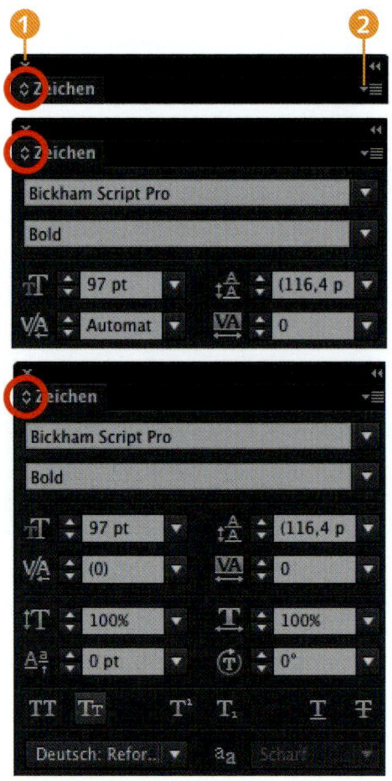

▲ **Abbildung 1.42**
Der senkrechte Doppelpfeil zum Minimieren oder Erweitern des Bedienfelds

Weitere Optionen der Bedienfelder | Nicht genug damit, dass es überhaupt so viele Bedienfelder gibt – einige zeigen zunächst nur das Wesentlichste und offenbaren erst ihr ganzes Ausmaß, wenn Sie auf den kleinen Doppelpfeil links neben dem Bedienfeldnamen ❶ im Titelbalken klicken. An gleicher Stelle können Sie es mit einem weiteren Klick auch wieder verkleinern.

Doch es geht noch weiter, denn in der rechten oberen Ecke des Bedienfeld-Titelbalkens finden Sie die sogenannten Bedienfeldoptionen ❷, auch Flyout-Menü genannt. Mit einem Klick öffnen sich weitere Funktionen. Einige dieser Punkte betreffen das Bedienfeld selbst, wie z. B. sein Aussehen oder die Art der Darstellung seiner Funktionen. Andere Punkte halten weitere Funktionen für Sie bereit, die nicht im eigentlichen Bedienfeld auszuwählen sind. So finden Sie zum Beispiel in den Bedienfeldoptionen des Zeichen-Bedienfelds (Fenster • Schrift • Zeichen) die Funktion, um aktivierte Buchstaben in Großbuchstaben darzustellen. Hierfür gibt es im Zeichen-Bedienfeld keinen Button.

◂ **Abbildung 1.43**
Mit den Flyout-Menüs rufen Sie meist seltener benutzte Optionen auf, dafür aber ebenso nützliche.

Arbeiten in Bedienfeldern und Menüeinträgen | Auch die Arbeit innerhalb dieser Bedienfelder ist wichtig. Über Buttons bzw. Symbole (❺ und ❼) aktivieren Sie entsprechende Funktionen. Andere wählen Sie aus Dropdown-Menüs aus ❽.

Und öfter geben Sie auch Werte ein – die Stärke einer Kontur zum Beispiel ❹. Dazu klicken Sie einfach in die Bezeichnung neben dem Eingabefeld. Ist der Wert eines Bedienfelds erst mal aktiviert, können Sie entweder einen eigenen Wert eingeben, oder Sie vergrößern bzw. verkleinern diesen, indem Sie auf Ihrer Tastatur den Aufwärts- bzw. Abwärtspfeil drücken, bis Sie mit der Eingabe zufrieden sind. Eine Bestätigung mit der Eingabetaste [⌅] am Mac oder der Zeilenschaltung [↵] schließt diesen Vorgang ab.

Es gibt auch Schieberegler ❾, in denen Sie Prozentwerte einstellen können, wenn Sie den Regler unter der Werteleiste verschieben. Mit den Doppelbuttons ❸ für herauf bzw. herunter stellen Sie ganze Werte ein.

Zuletzt gibt es noch die Checkboxen ❻, mit denen Sie Funktionen aktivieren und so inaktive Felder zugänglich machen.

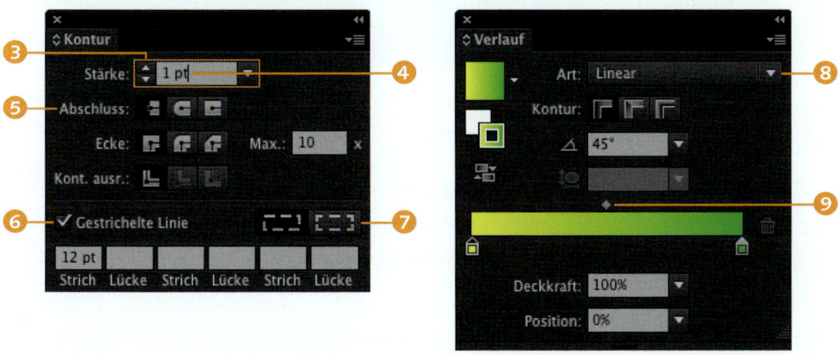

◂ **Abbildung 1.44**
Verschiedenste Eingabemöglichkeiten über Buttons, Checkboxen, Schieberegler, Dropdown-Menüs und Eingabefelder

Mit der **Tabulator-Taste** [⇆] springen Sie in den Bedienfeldern von Eingabefeld zu Eingabefeld und bestätigen die getätigte Eingabe. Das Feld, zu dem Sie springen, ist dann aktiv, sodass Sie gleich einen Wert eingeben können, ohne den bisherigen Wert erst löschen oder auswählen zu müssen.

▲ **Abbildung 1.45**
Einfache Rechenschritte erledigt Illustrator für Sie.

Einfache **Rechenschritte** sind möglich. Setzen Sie Ihren Cursor hinter den bestehenden Wert, und tippen Sie [-] zum Subtrahieren, [+] zum Addieren, [/] zum Dividieren und [*] zum Multiplizieren. Wenn Sie verschiedene Maßeinheiten benutzen, rechnet Illustrator es für Sie um: »mm« für Millimeter, »cm« für Zentimeter, »pt« für Punkt und »%« für Prozent. Es ist pro Eingabe nur eine Rechenoperation möglich.

In den Voreinstellungen (Mac: ILLUSTRATOR • VOREINSTELLUNGEN, Windows: DATEI • VOREINSTELLUNG) finden Sie nun unter BENUTZEROBERFLÄCHE die Skalierung der Benutzeroberfläche ①. Beachten Sie aber, dass, wenn Sie die Werkzeuge etc. größer skalieren, um sie besser erkennen zu können, auch weniger Funktionen in die Steuerleiste passen und große Bedienfelder Ihre Arbeitsfläche verdecken.

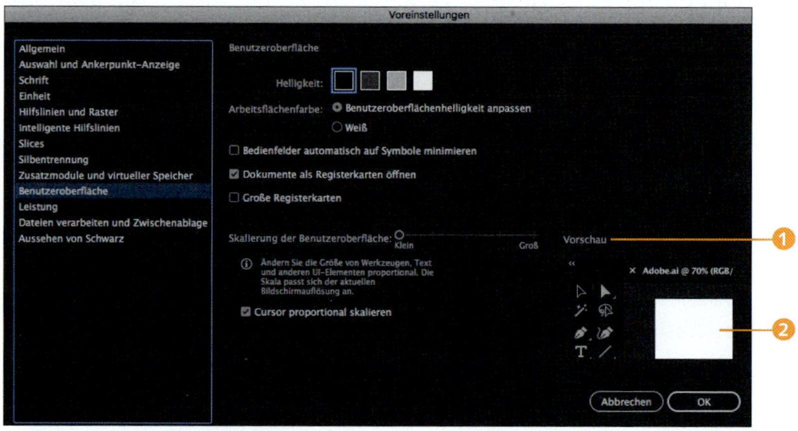

Abbildung 1.46 ▶
Sie sehen auch direkt eine Voransicht für die Einstellungen zur Skalierung ②.

Arbeitsbereiche speichern

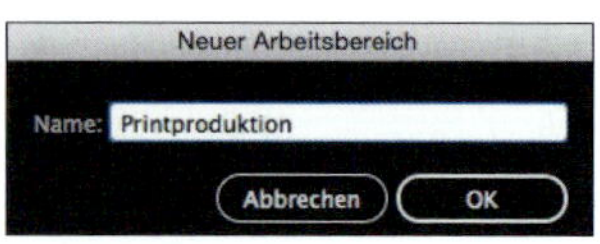

▲ **Abbildung 1.47**
Vergeben Sie sinnvolle Namen für Ihre Arbeitsbereiche.

Mit den oben vorgestellten Methoden können Sie sich Bedienfelder so zusammenstellen, wie Sie es für Ihre Projekte brauchen. Damit Sie das aber nicht jedes Mal vor der Arbeit wieder tun müssen, haben Sie die Möglichkeit, Ihre Zusammenstellungen und Anordnungen der Bedienfelder in sogenannten Arbeitsbereichen zu speichern: FENSTER • ARBEITSBEREICH • NEUER ARBEITSBEREICH ... Geben Sie Ihren Arbeitsbereichen Namen, die ausdrücken, für welche Art von Aufgabe sie gedacht sind.

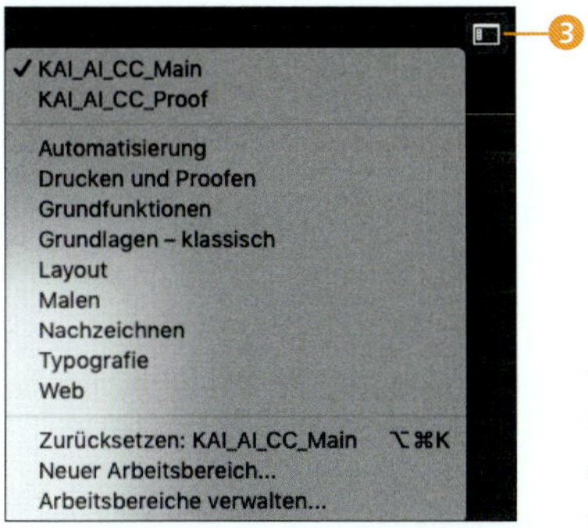

◄ **Abbildung 1.48**
Rechts im Pulldown-Menü des Anwendungsrahmens finden Sie die Arbeitsbereiche.

Haben Sie im Eifer des Gefechts Unordnung in die Bedienfelder gebracht, sie an andere Stellen verschoben oder andere geöffnet, die Sie nur kurz brauchten, kommen Sie schnell wieder zu Ihren eigentlichen Einstellungen zurück: Gehen Sie zu »ARBEITSBEREICH ZURÜCKSETZEN« (FENSTER • ARBEITSBEREICH oder in der Anwendungsleiste ganz oben rechts im Pulldown-Menü 3). Wie von Zauberhand stellt Illustrator die Ordnung wieder her. Sie werden sich diese Funktion auch für Ihr Atelier oder Ihren Schreibtisch wünschen.

Illustrator bietet Ihnen einige voreingestellte Arbeitsbereiche an: AUTOMATISIERUNG, DRUCKEN UND PROOFEN, GRUNDLAGEN, LAYOUT, MALEN, NACHZEICHNEN, TYPOGRAFIE oder WEB machen Sinn. Sie zeigen die Bedienfelder, die für die jeweilige Projektkategorie hauptsächlich Verwendung finden werden.

1.7 Navigation im Dokument

Ein ebenfalls wichtiger Punkt ist die Navigation im Dokument. Wenn Sie sich die ganze Seite anzeigen lassen, sind viele Details zu klein; Ihre Arbeit wird zu ungenau und Ihr Rücken zu krumm, wenn Sie sich nach vorne beugen, um mehr zu sehen. Sie müssen sich also den jeweils idealen Ausschnitt Ihres Projekts anzeigen lassen. Hierzu gibt es viele verschiedene Tools, allen voran die Tastaturkürzel.

Tabelle 1.1 ▸
Tastaturkürzel machen die Navigation im Dokument leichter und vor allem schneller.

Funktion	Tastenkürzel
Ganze Zeichenfläche einblenden	Strg/cmd+0
Alle Zeichenflächen einblenden	Strg/cmd+alt+0
100%-Anzeige	Strg/cmd+1
Vergrößern	Strg/cmd++
Verkleinern	Strg/cmd+-
Hand-Werkzeug temporär aufrufen (nicht im Textmodus)	Leertaste
Zoomwerkzeug temporär aufrufen	Strg/cmd + Leertaste

Mit dem Hand-Werkzeug H verschieben Sie die Zeichenfläche und lassen sich den benötigten Ausschnitt am Monitor zeigen. Temporär erreichen Sie die Hand durch Drücken der Leertaste, was viel effektiver ist als die Scrollbalken am Rand des Dokuments. Haben Sie eine Maus mit Rad, nutzen Sie ruhig auch dieses.

Außerdem gibt es noch das Zoomwerkzeug Z. Das Werkzeug zoomt gleitend, wenn Sie die Maustaste gedrückt halten und nach rechts (vergrößern) oder links (verkleinern) ziehen. Möchten Sie die Funktion lieber im klassischen Modus laufen lassen, gehen Sie in die Voreinstellungen unter LEISTUNG und haken Sie ANIMIERTER ZOOM einfach weg.

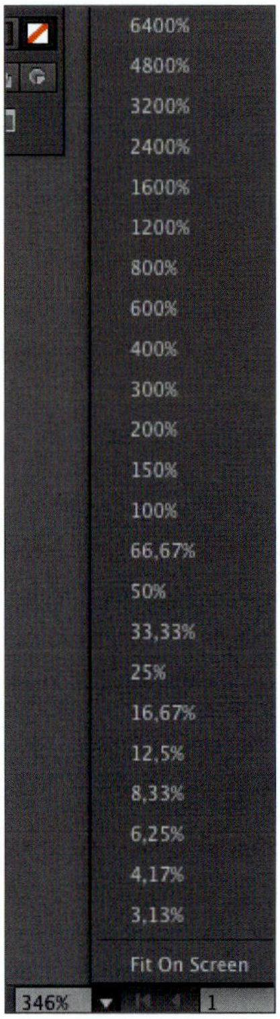

▲ Abbildung 1.49
Am Fensterrand unten links können Sie einen Vergrößerungsfaktor von 3 bis 6400% auswählen.

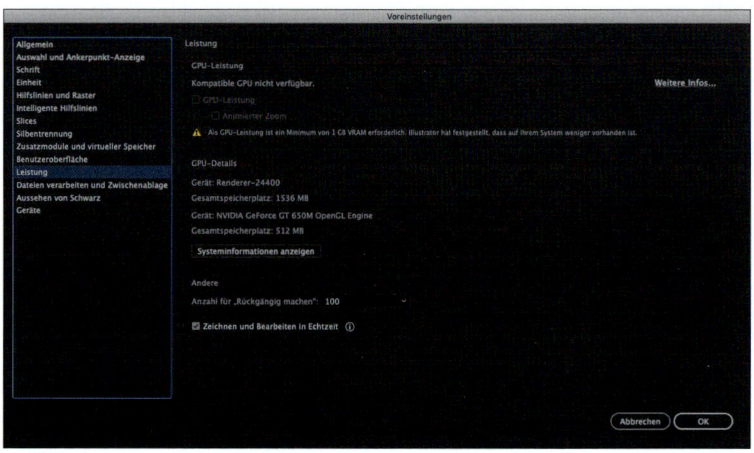

Abbildung 1.50 ▸
Voreinstellung für den animierten Zoom. Bitte beachten Sie, dass Adobe die Minimalanforderung auf 1 GB heraufgesetzt hat und Ihre Grafikkarte eventuell nicht unterstützt wird, wenn sie darunterliegt (wird mit dem Warndreieck angezeigt).

Ohne animierten Zoom können Sie mit dem Werkzeug einen Bereich aufziehen, der auf die Monitorgröße angepasst wird, oder einfach zum schrittweisen Vergrößern auf die Zeichenfläche klicken. Wenn Sie dabei alt gedrückt halten, wechselt das Werkzeug auf VERKLEINERN.

Sie können aber auch einen Wert in das Eingabefeld am unteren Fensterrand eingeben oder auswählen, um einen bestimmten Vergrößerungsfaktor zu erhalten.

Der Navigator

Zur Navigation im Dokument gibt es aber auch – Sie haben es erraten – ein Bedienfeld. Es heißt auch so: NAVIGATOR (FENSTER • NAVIGATOR). Es zeigt Ihnen Ihr Dokument und mit rotem Rahmen 1 den sichtbaren Ausschnitt auf Ihrer Zeichenfläche. Diesen Rahmen können Sie mit der Maus anfassen und verschieben; der Ausschnitt am Monitor bewegt sich mit. Auch hier haben Sie ein Eingabefeld für den Vergrößerungsfaktor am unteren Bedienfeldrahmen 2. Rechts daneben befindet sich ein Schieberegler 3 dafür mit den beiden Symbolen links und rechts davon für eine größere oder kleinere Darstellung. Wenn Ihnen das alles zu klein ist, ziehen Sie das Bedienfeld einfach an seiner unteren rechten Ecke größer 4.

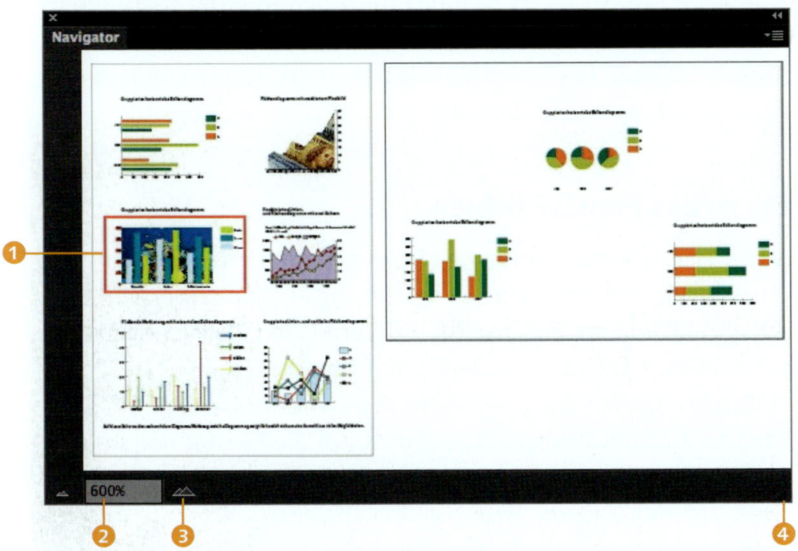

◂ **Abbildung 1.51**
Der Navigator zeigt den Ausschnitt, der auch auf dem Monitor zu sehen ist.

Verschiedene Ansichtsmodelle

Eine sehr schöne Sache ist es, eine neue Ansicht zu kreieren, denn oft müssen wir zwischen ganz bestimmten Ausschnitten unserer Arbeit hin und her wechseln. Zunächst passen Sie den gewünschten Ausschnitt in Ihren Monitor ein und gehen dann im Hauptmenü auf ANSICHT • NEUE ANSICHT… Im folgenden Popup-Menü können Sie diese Ansicht noch benennen und gelangen über das Menü ANSICHT jederzeit schnell wieder zu genau diesen gespeicherten Ansichten.

▲ **Abbildung 1.52**
Das Wechseln zwischen verschiedenen Ansichten Ihrer Illustration wird Ihnen durch NEUE ANSICHT leicht gemacht.

Eine neue Ansicht merkt sich nicht nur den Ausschnitt auf Ihrem Monitor, sondern auch die Sichtbarkeit Ihrer Ebenen. Unter ANSICHT BEARBEITEN können Sie lediglich den Namen ändern und neue Ansichten wieder löschen.

Ein neues Fenster öffnen

Manchmal arbeiten wir aber nicht an ganz verschiedenen Ansichten, sondern brauchen eine Vergrößerung und eine Übersicht desselben Dokuments gleichzeitig. Das erreichen Sie nicht mit verschiedenen Ansichten, sondern mit einem weiteren Fenster.

Öffnen Sie hierfür zwei Fenster desselben Dokuments über FENSTER • NEUES FENSTER. Lassen Sie sich die Fenster nun nebeneinander anzeigen, indem Sie in der Anwendungsleiste links oben auf den Button DOKUMENTE ANORDNEN klicken und die gewünschte Anordnung auswählen.

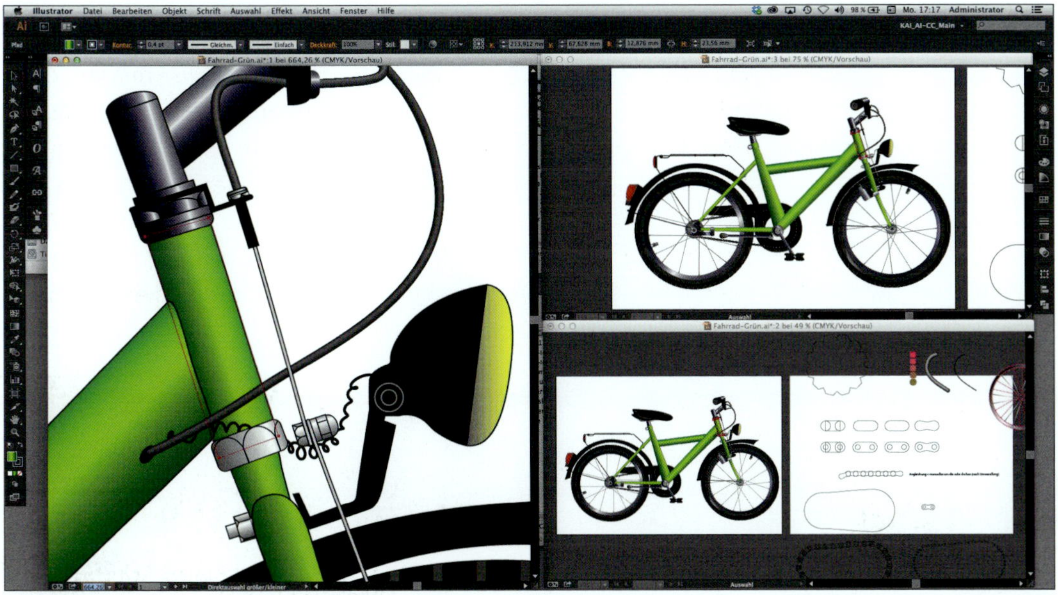

▲ **Abbildung 1.53**
Mehrere Fenster derselben Datei gleichzeitig: Mehr Übersicht ist nicht möglich. Selbst die Aktivierung der Objekte wird überall angezeigt.

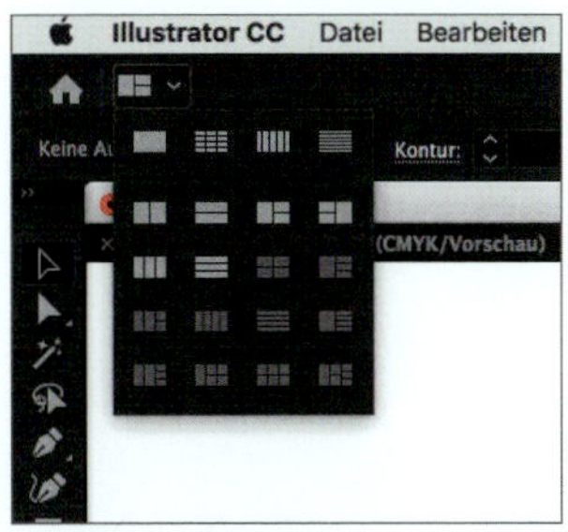

▲ **Abbildung 1.54**
In der Anwendungsleiste links finden Sie den Button Dokumente anordnen.

Ein Fenster zeigt dann vielleicht die ganze Zeichenfläche für Ihren Überblick. Das andere Fenster zeigt eine Vergrößerung des Bereichs, an dem Sie gerade arbeiten. Nun können Sie zwischen der Detailansicht in einem Fenster und dem Überblick im anderen wechseln.

An den Stegen zwischen den einzelnen Fenstern lassen sich die Dokumente auch verschieben. So können Sie das eine größer ziehen, während die anderen entsprechend kleiner werden – ganz nach Ihren Wünschen.

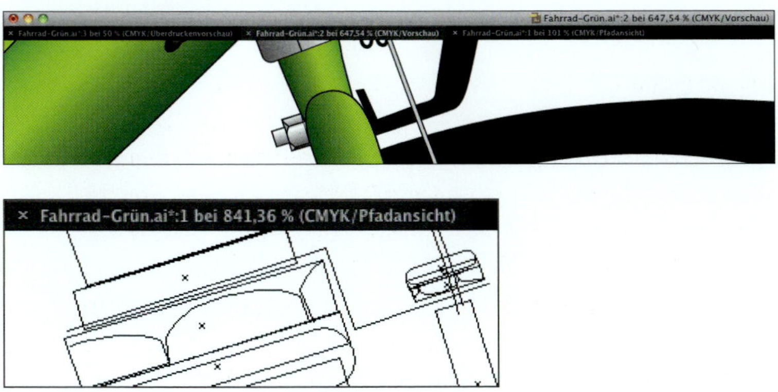

◀ **Abbildung 1.55**
Geöffnete Dokumente werden übersichtlich in Reitern organisiert, die auch Informationen über die Datei enthalten.

2 Pfade

Das A und O von Illustrator

- Was sind Pfade, Ankerpunkte und Griffe?
- Wie werden Formen gezeichnet?
- Wie lassen sich Pfade und Punkte korrigieren?
- Wie werden Pfade verbunden und getrennt?
- Wie zeichnet man ein Logo nach?
- Wie lässt sich eine Handskizze anfertigen?

2 Pfade

▲ **Abbildung 2.1**
Die wichtigsten Zeichenwerkzeuge Zeichenstift, Buntstift, Pinsel

Begriffserklärung »Kontur«
Gerne werden die Begriffe »Pfad« und »Kontur« verwechselt oder gleichgesetzt. Dabei handelt es sich bei der Kontur lediglich um das Aussehen eines Pfades, wenn die Kontur z. B. rot oder gestrichelt ist oder eine bestimmte »Konturstärke« hat, während der Pfad selbst kein Aussehen hat. Er ist nur eine Beschreibung einer Form.

Das A und O bei Adobe Illustrator sind die Pfade. Sie sind die Formbeschreibungen aller Objekte, die wir in Illustrator zeichnen. Wenn Sie mit einem Formwerkzeug ein Quadrat »aufziehen«, beschreibt ein Pfad automatisch jene Form. Und wenn Sie eine eigene Form kreieren wollen, müssen Sie auch diese als Pfad zeichnen. Illustrator stellt hierfür verschiedene Werkzeuge zum Erzeugen und zum Verändern bzw. Korrigieren zur Verfügung, die Sie in diesem Kapitel kennenlernen werden.

2.1 Pfade, Ankerpunkte und Griffe – eine Definition

Ein Pfad besteht immer aus mindestens zwei **Ankerpunkten** ①. Die Verbindung dieser Ankerpunkte ergibt den **Pfad** ③ – auf kürzestem Weg eine Gerade oder auf »Umwegen« eine Kurve.

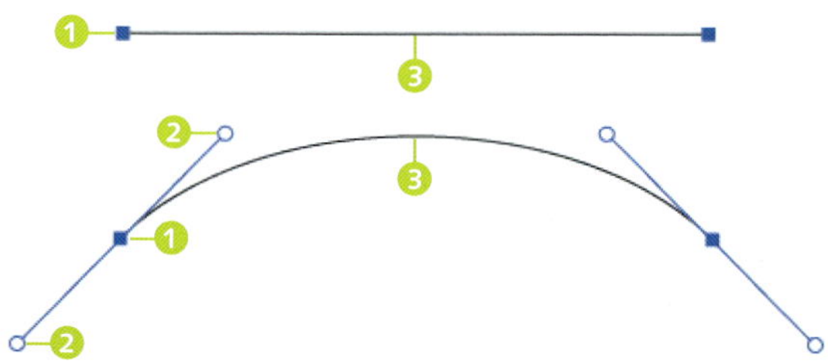

▲ **Abbildung 2.2**
Ob Gerade oder Kurve – immer gibt es Ankerpunkte ①, zwischen denen der Pfad ③ entsteht, und Griffe zum Biegen des Pfades bei einer Kurve ②.

Wenn ein Objekt aus einem längeren Pfad besteht, wird es auch mehrere Ankerpunkte haben. Die Pfade zwischen den einzelnen Ankerpunkten werden auch **Pfadsegmente** genannt. Dabei ist es egal, ob Sie die einzelnen Ankerpunkte selbst mit dem Zeichenstift-Werkzeug setzen, eine Linie mit dem Buntstift-Werkzeug zeichnen oder einfach eine Grundform wie Kreis oder Quadrat aufziehen. Immer besteht Ihr Objekt aus Ankerpunkten und Pfadsegmenten.

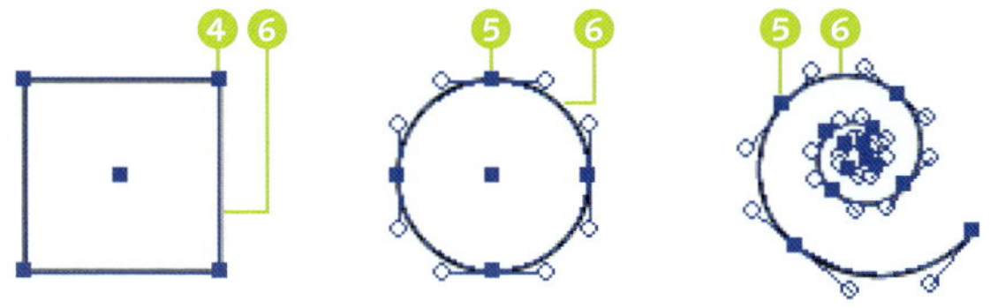

◂ **Abbildung 2.3**
Der Pfad besteht aus Pfadsegmenten 6, die von Ankerpunkt zu Ankerpunkt reichen. Die Ankerpunkte heißen Eckpunkte beim Quadrat 4 und Kurvenpunkte 5 bei Kreis und Spirale.

Nun gibt es zwei Arten von Ankerpunkten. **Kurvenpunkte** 5 haben zwei miteinander verbundene Griffe und bilden immer einen Übergang von einem Pfadsegment zum nächsten, ohne einen »Knick«. **Eckpunkte** 4 haben keinen, nur einen oder aber zwei nicht miteinander verbundene Griffe und erzeugen eine Ecke im Pfad.

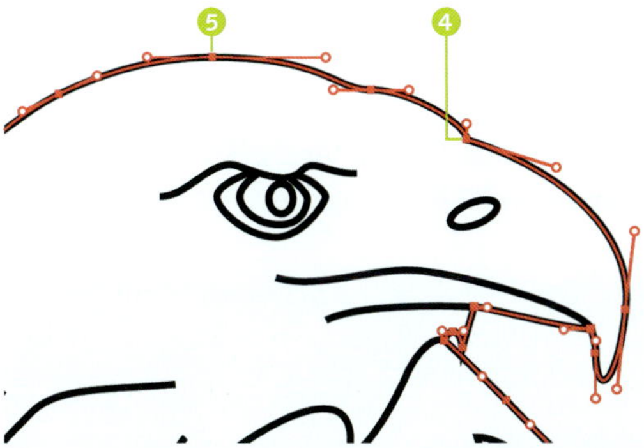

◂ **Abbildung 2.4**
Der Ankerpunkt 4 besitzt zwar zwei Griffe und biegt seine Pfadsegmente, erzeugt aber im Pfad einen »Knick« – ist also ein Eckpunkt.

2.2 Pfade zeichnen mit dem Zeichenstift

Einige Werkzeuge, wie das Buntstift-Werkzeug oder der Pinsel, funktionieren ähnlich wie das Zeichnen mit einem Stift auf Papier, sind aber nicht so genau und eher für das freie Arbeiten geeignet. Das Zeichenstift-Werkzeug [P] arbeitet mehr konstruktiv, ist dafür aber sehr viel genauer. Deshalb wird es auch gerne zum Nachzeichnen von Logos, aber auch für viele andere Aufgaben eingesetzt, bei denen es um Genauigkeit geht. Es ist das gebräuchlichste, wenn auch für den Einsteiger ein zunächst ungewohntes Werkzeug.

Das Zeichenstift-Werkzeug setzt einzelne Ankerpunkte. Je nachdem, wie Sie den Punkt setzen, erscheint der Pfad gerade, gebogen oder abgeknickt.

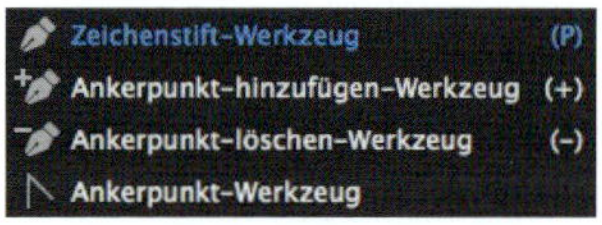

▲ **Abbildung 2.5**
Die verschiedenen Spitzen des Zeichenstift-Werkzeugs

Das Zeichenstift-Werkzeug hat verschiedene Unterfunktionen. Diese können Sie direkt aus dem versteckten oder aufgeklappten Menü des Werkzeugs wählen. Halten Sie hierfür die Maus einen Moment auf dem gerade sichtbaren Werkzeug gedrückt, und lassen Sie damit die dahinter verborgenen Werkzeuge ausklappen.

Da das Werkzeug kontextbedingt funktioniert, wechselt die Werkzeugspitze in den meisten Fällen aber auch selbstständig, je nachdem ob die Maus gerade über einem Punkt oder Pfadsegment schwebt. Alternativ drücken Sie die `alt`-Taste, um temporär seine Zeichenspitze zu ändern.

Voreinstellungen für die Arbeit mit Pfaden

Nehmen Sie am besten noch einige Einstellungen zur Arbeit mit Pfaden vor. Unter BEARBEITEN (unter Windows) bzw. ILLUSTRATOR (beim Mac) und dann VOREINSTELLUNGEN • AUSWAHL UND ANKERPUNKT-ANZEIGE stellen Sie das Aussehen der Ankerpunkte und Griffe so ein, wie Sie es am liebsten haben.

Abbildung 2.6 ►
Eine gute Voreinstellung sorgt für flüssiges Arbeiten.

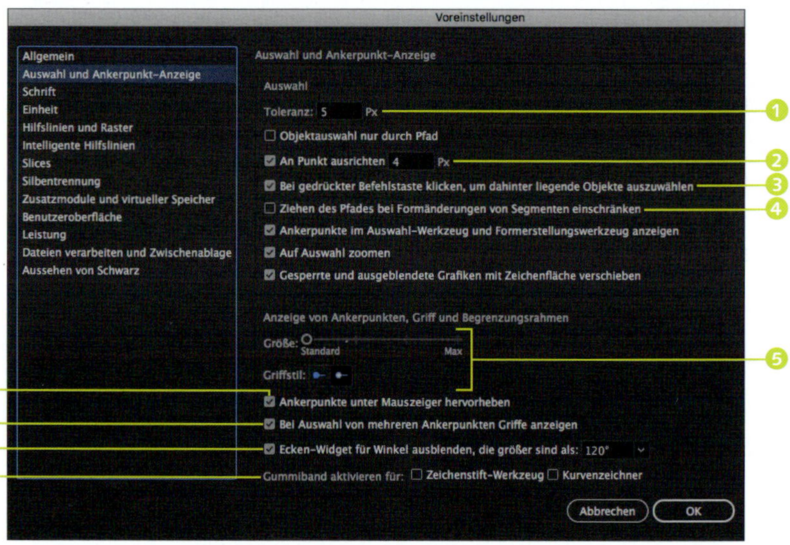

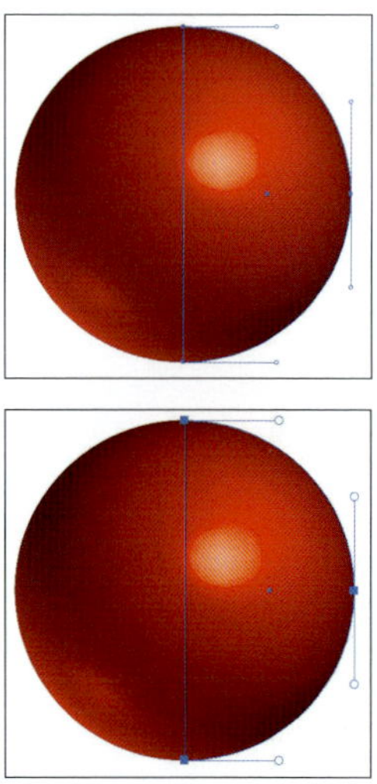

▲ **Abbildung 2.7**
Sie können das Aussehen von Ankerpunkten und Griffen individuell anpassen.

Wer eine weniger ruhige Hand hat, kann z. B. die Toleranzeinstellungen ❶ sowie AN PUNKT AUSRICHTEN ❷ etwas erhöhen. Hier wird eingestellt, wie nah Sie einem Punkt oder einer Hilfslinie kommen müssen, damit Ihre Maus darauf einrastet. Ist die Toleranz höher, müssen Sie nicht ganz so genau den Punkt oder eine Hilfslinie treffen.

Sehr oft werden Sie ein Objekt auswählen wollen, das aber gerade von einem anderen verdeckt wird. Das Hin- und Herschieben des oberen Objekts ist lästig, weshalb Sie hier ❸ einstellen können, dass Sie mit dem Auswahl-Werkzeug und gedrückter Taste `Strg`/`cmd` das dahinterliegende Objekt anklicken können.

Auch die Art von nachträglichen Änderungen an der Form eines Pfadsegments ist hier in den Voreinstellungen zu bestimmen ❹ (doch dazu später). Die Größe der Ankerpunkte und Griffe ist Geschmackssache. Die Griffe aber würde ich weiß einstellen, damit Sie sie besser von den Ankerpunkten unterscheiden können, denn bei aufwändigeren Illustrationen kann es schon einmal unübersichtlich werden ❺.

Wenn Sie mit der Maus über einen Ankerpunkt – auch eines nicht aktiven Pfades – gehen, wird dieser durch Hervorhebung sichtbar gemacht ❻. Wenn Sie später mit dem Direktauswahl-Werkzeug mehrere Punkte gleichzeitig aktivieren, können Sie sehen, ob Ihre Griffe einigermaßen gleich lang sind und ob es Kurven- oder Eckpunkte sind ❼. Das praktische Ecken-Widget ❽ ist in Ecken als kleines Symbol zu sehen. Mithilfe dieser Symbole kann man einer Ecke durch Ziehen mit der Maus eine Rundung geben. Hier schränken Sie den Winkel ein, bei dem das Symbol überhaupt eingeblendet werden soll – unter ANSICHT • ECKEN-WIDGETS AUSBLENDEN können Sie die Funktion komplett ausschalten, wenn sie Sie stört.

Ecken-Widget
Bei selbstgezeichneten Formen und Polygonen müssen Sie die `Strg`/`cmd`-Taste gedrückt halten, um die Widgets angezeigt zu bekommen.

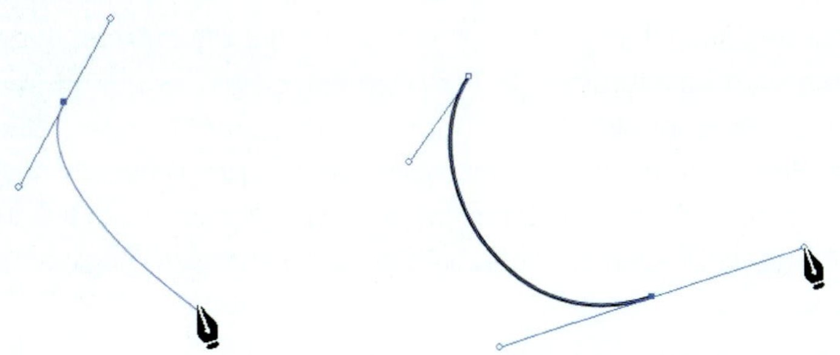

◂ **Abbildung 2.8**
Links die Gummibandvorschau, rechts der tatsächliche Pfad

Darunter ❾ werden sogenannte Gummibänder beim Zeichnen von Kurven angezeigt. Ein Gummiband soll Ihnen noch vor dem Setzen des nächsten Punktes eine Vorstellung davon geben, wie der Pfad aussehen wird. Ich halte diese Funktion für irreführend, weil die tatsächliche Rundung durch das Ziehen mit der Maus bestimmt wird, wie Sie gleich sehen werden. Haken Sie diese Funktion besser ab!

Zeichnen einer eckigen Form

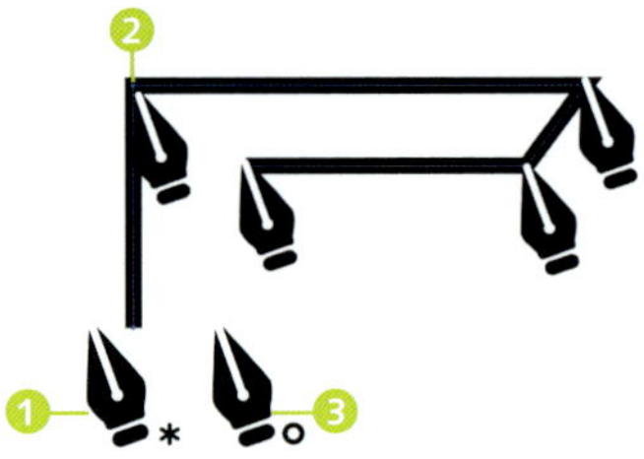

▲ **Abbildung 2.9**
Startpunkt ①, weitere Klicks ②, Endpunkt zum Schließen des Pfades ③

Bevor Sie den ersten Klick mit der Maus ausführen, zeigt Ihnen die Werkzeugspitze ein kleines Kreuz. Es symbolisiert, dass Sie einen neuen Pfad beginnen ①. Wenn Sie dann die nächsten Punkte ausführen, erscheint das Symbol ②. Kommen Sie aber wieder an dem Ausgangspunkt an und befindet sich Ihre Werkzeugspitze genau über dem Startpunkt, erhält es einen kleinen Kreis ③. Wenn Sie nun in den Startpunkt klicken, schließen Sie den Pfad. Gewöhnen Sie es sich am besten an, immer auf die Symbole der Werkzeugspitzen zu achten – Sie können dadurch so manchen Fehlklick vermeiden.

Zeichnen einer kurvigen Form

Sollen nun aber die Pfade zwischen den Punkten gebogen sein, müssen Sie mit der Maus nach dem Klicken ziehen, bevor Sie die Maus wieder loslassen.

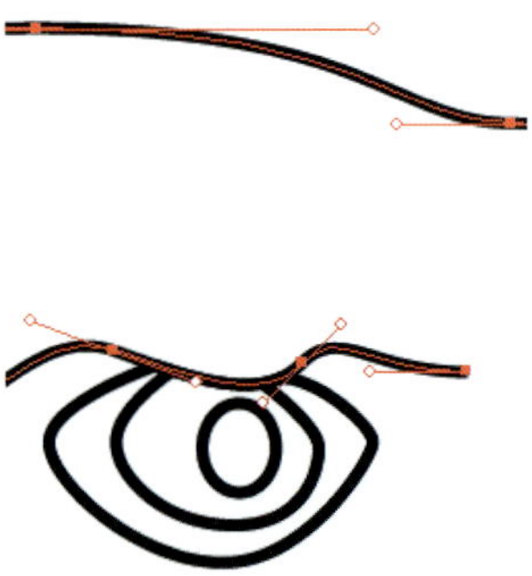

▲ **Abbildung 2.10**
Überall dort, wo Pfadsegmente gebogen sind, werden sie von einem Griff in diese Biegung gezogen.

Das Ziehen bewirkt, dass Sie die sogenannten **Griffe** aus den Ankerpunkten herausziehen. Die Griffe sind Tangenten des eigentlichen Pfades und biegen diesen je nach Richtung und Länge. Es entstehen immer zwei Griffe, die wie eine Wippe miteinander verbunden sind. Ein Griff biegt das vorherige Pfadsegment, der andere wird das kommende Pfadsegment biegen, wenn Sie den nächsten Ankerpunkt setzen.

Im Hintergrund läuft eine mathematische Berechnung, die nach Pierre Bézier benannt ist. Daher werden diese Kurven auch Bézierkurven genannt. Die Berechnung interessiert hier zum Glück nicht, aber eine Vorstellung dessen, was passiert, wenn Sie die Griffe aus dem Ankerpunkt herausziehen, ist hilfreich: Stellen Sie sich vor, an dem Griff ist ein Gummiband befestigt. Je weiter Sie es spannen, desto stärker wird Ihre Kurve gedehnt. Zieht ein anderes Gummiband (eines zweiten Ankerpunktes) an dem gleichen

Pfadsegment, biegt es dieses seinerseits in eine andere Richtung. Das Kräfteverhältnis beider bestimmt nun den Verlauf des Pfades.

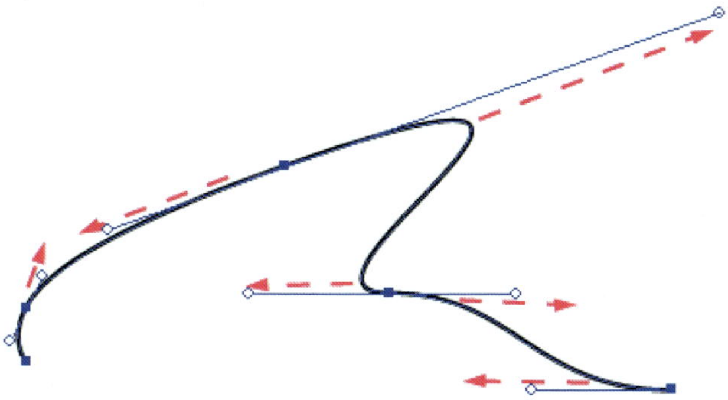

◂ **Abbildung 2.11**
Griffe, die Sie aus dem Ankerpunkt herausziehen, dehnen die Pfade und biegen sie zu Kurven.

Doch in welche Richtung sollen Sie nun mit der Maus ziehen, und wie lang sollen Sie den Griff herausziehen?

Wichtig ist, dass Sie sich vorstellen, wie der weitere Verlauf Ihres Pfades aussehen soll, um so vorweg schon festzulegen, wo die nächsten Ankerpunkte hinsollen. Denn in diese Richtung des folgenden Ankerpunktes muss auch der Griff herausgezogen werden. Ansonsten gibt es Schlaufen, die man, wenn sie falsch korrigiert werden, am Monitor leider mal übersehen kann. Im hochauflösenden Druck fallen sie dann aber unschön auf.

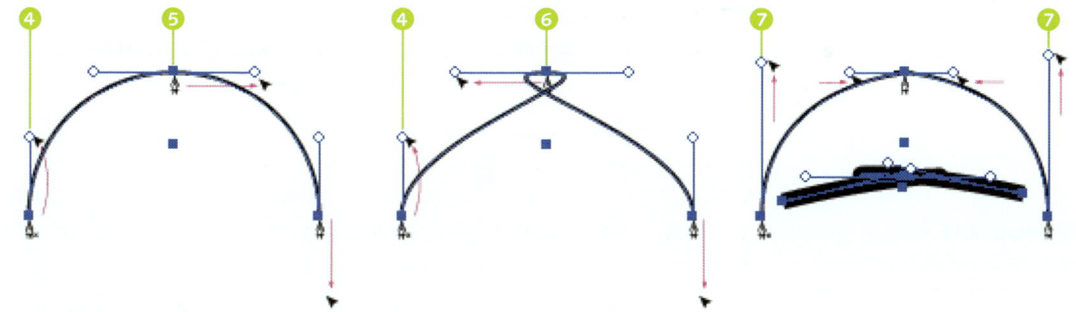

▴ **Abbildung 2.12**
Startpunkt mit Ziehen nach oben 4. Kurvenpunkt mit Ziehen nach rechts 5 ergibt eine gute Kurve, beim Ziehen nach links 6 entsteht eine Schlaufe. Die Korrekturen durch Verlängerung der Griffe 7 sind unsauber.

Bleibt noch die Frage zu klären, wie lang die Griffe sein sollen. Da jeder Pfad anders ist, gibt es keine sichere Formel, aber immerhin einen Anhaltspunkt: Ziehen Sie den Griff auf etwa ein Drittel des folgenden Pfadsegments heraus. Ist nämlich Ihr erster Punkt zu kurz, muss der nächste umso länger sein, was eine spätere Korrektur jedoch nicht gerade erleichtert (siehe Abschnitt 2.3, »Ändern und Korrigieren von Pfaden«).

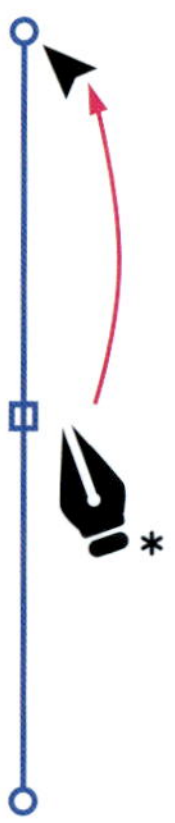

▲ **Abbildung 2.13**
Schon beim Startpunkt ziehen Sie mit der Maus.

Schritt für Schritt
Zeichnen eines Halbkreises

1 Startpunkt

Aktivieren Sie das Zeichenstift-Werkzeug [P]. Stellen Sie sich auf Ihrer Zeichenfläche einen Kreis vor. Setzen Sie einen ersten Ankerpunkt. Klicken und ziehen Sie schon den »Startpunkt« mit der gedrückten Maus nach oben. Halten Sie für eine senkrechte Linie dabei [⇧] gedrückt. Zwei Grifflinien werden so herausgezogen. Der nach oben zeigende Griff wird die kommende Kurve biegen.

2 Kurvenpunkt

Setzen Sie einen zweiten Ankerpunkt auf seinen (gedachten) Zenit, und ziehen Sie auch hier mit gedrückter Maustaste – diesmal allerdings waagerecht und nach rechts – Grifflinien aus dem Punkt heraus. Halten Sie dabei wieder [⇧] gedrückt (aber erst, wenn Sie die Maus gedrückt haben), diesmal für waagerechte Griffe.

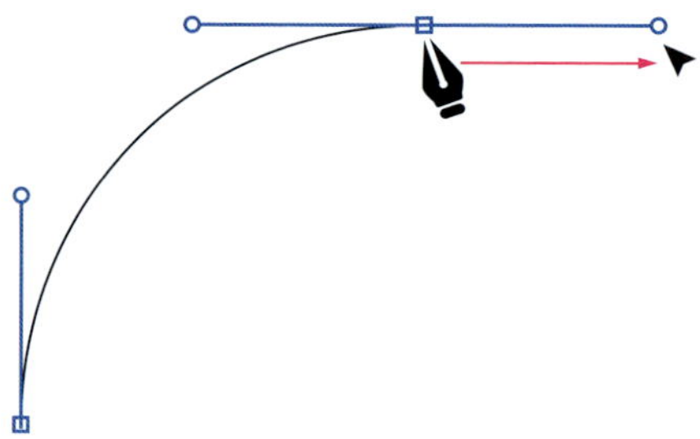

Abbildung 2.14 ▶
Auf dem Scheitel des Halbkreises ziehen Sie nach rechts, um die linke Kurve zu erzeugen und die künftige Kurve nach rechts vorzubereiten.

3 Eckpunkt

Wenn Sie nun Ihren dritten Punkt rechts setzen, ziehen Sie wieder mit der Maus. Diesmal ziehen Sie gerade nach unten, und zwar mit gedrückter [⇧]-Taste, sodass die Kurve zum Punkt davor schön rund wird.

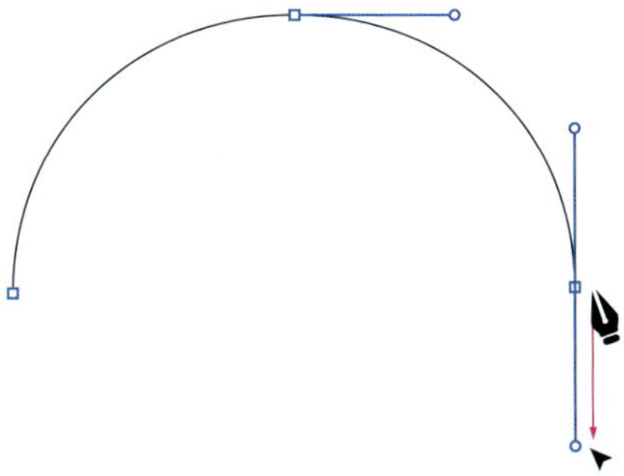

◂ **Abbildung 2.15**
Setzen Sie noch einen dritten Punkt.

4 Ankerpunkt-konvertieren-Werkzeug

Wechseln Sie nun die Werkzeugspitze, indem Sie länger das Zeichenstift-Werkzeug in der Werkzeugleiste gedrückt halten und auf das Ankerpunkt-Werkzeug ⇧+C ziehen. Mit diesem Werkzeug können Sie den Griff des zuletzt gesetzten Punktes, der nach unten zeigt, einfach in seinen Punkt zurückschieben. Fassen Sie ihn an seinem Ende an. Wenn Ihr Werkzeug das weiße Dreieck zeigt, ist der Griff gelöscht.

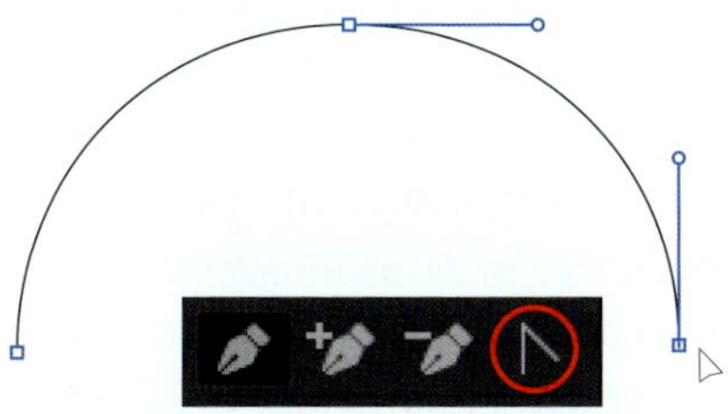

◂ **Abbildung 2.16**
Mit dem Ankerpunkt-Werkzeug können Sie Griffe löschen.

5 Pfad schließen

Wechseln Sie wieder auf das Zeichenstift-Werkzeug P, und klicken Sie auf den zuletzt gesetzten Punkt ①, um den Pfad wieder aufzunehmen. Nun gehen Sie mit Ihrer Maus über den Startpunkt (die Werkzeugspitze ändert sich in einen Zeichenstift mit Kreis ②) und klicken, um den Halbkreis zu schließen.

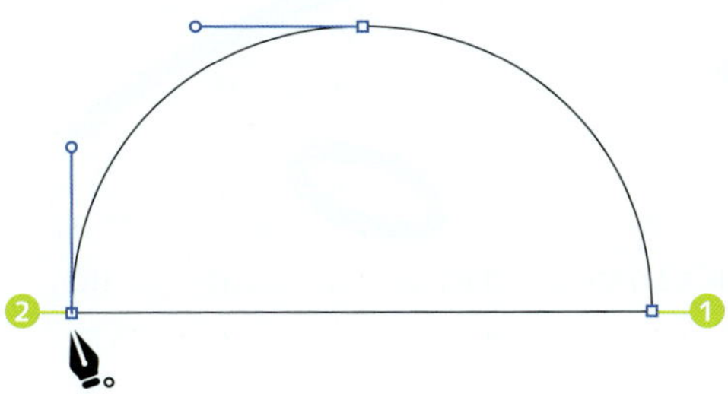

◂ **Abbildung 2.17**
Der letzte Klick auf den Startpunkt schließt einen Pfad.

Zeichnen einer gemischten Form

Jetzt wird's schwieriger, weil Sie hier lernen, nicht nur eine Gerade durch einfaches Klicken zu erzeugen oder eine Kurve durch Ziehen, sondern beim Zeichnen die Punkte in ihrer Art zu verändern.

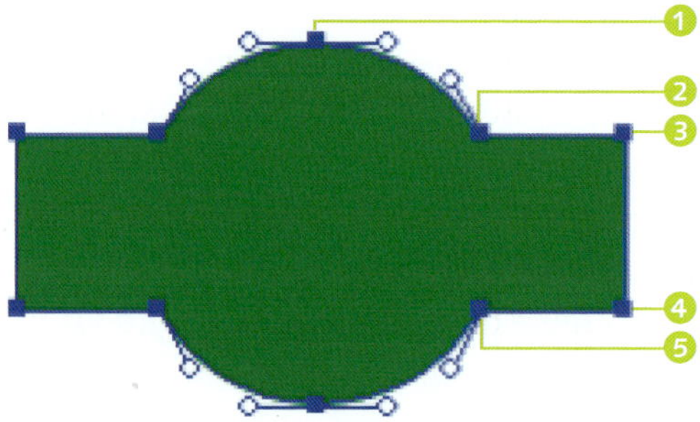

Abbildung 2.18 ▸
Kurven- und Eckpunkte gemischt in einem Objekt

▴ **Abbildung 2.19**
Liegt der Griff direkt auf dem Pfad, entsteht ein exakter Übergang von Gerade zu Kurve.

In Abbildung 2.18 hat der Startpunkt ① einen symmetrischen Kurvenpunkt. Das heißt, dass seine Griffe miteinander verbunden sind. Würde man den einen nach unten ziehen, ginge der andere in die entgegengesetzte Richtung hoch (nur die Länge des anderen Griffs bliebe unverändert). Der Punkt ② hingegen ist ein Eckpunkt. Er hat zwar einen rückwärts gerichteten Griff, der dieses Pfadsegment biegt, aber nach vorn hat er keinen Griff. Es entsteht hier ein harter Übergang von einer Kurve in eine Gerade, also eine Ecke. Die Punkte ③ und ④ haben keinerlei Griffe, sind daher ganz normale Eckpunkte an einer Ecke. Punkt ⑤ hat wieder nur einen Griff; diesmal aber nach vorn.

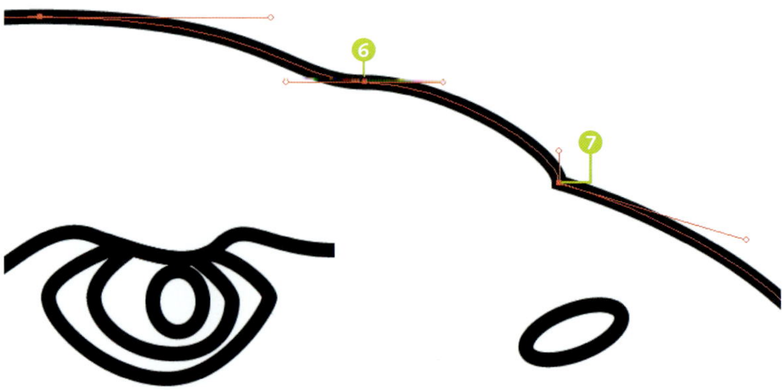

Abbildung 2.20 ▸
Auch Eckpunkte ⑦ können Griffe haben. Kurvenpunkte hingegen haben weiche Übergänge ⑥.

Schritt für Schritt
Wir zeichnen ein Herz

Benötigte Datei: herz.ai (siehe hierzu in der Einleitung den Kasten »Arbeitsdateien herunterladen«)

1 Vorbereitung

Öffnen Sie die Übungsdatei »Herz.ai«, die ich für Sie vorbereitet habe. Dort ist in Grau das Herz zu sehen, das Sie nun nachzeichnen werden. In der Werkzeugleiste klicken Sie einmal auf die Fläche ⑧ und dann auf OHNE ⑨.

Wählen Sie als Erstes kurz das Direktauswahl-Werkzeug [A] aus, damit beim temporären Auswählen mit [Strg] bzw. [cmd] dieses Werkzeug erscheint und nicht das Auswahl-Werkzeug [V].

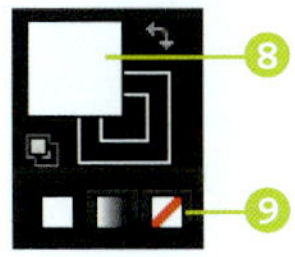

▲ **Abbildung 2.21**
Einstellung in der Werkzeugleiste

2 Startpunkt

Aktivieren Sie nun das Zeichenstift-Werkzeug [P]. Ziehen Sie aus dem Startpunkt bei gedrückter Maustaste zwei Grifflinien nach rechts unten heraus. Die nach rechts unten zeigende Grifflinie wird die kommende Kurve biegen.

3 Kurvenpunkt

Setzen Sie dort, wo die Rundung ihre Richtung ändert, einen zweiten Punkt, und ziehen Sie mit gedrückter Maustaste die Grifflinien nach links unten heraus. Bewegen Sie die Maus hierbei ruhig etwas nach links und rechts, bis sich der Pfad optimal an die Rundung des Herzens anschmiegt. Wie Sie sehen, bestimmt die zuvor angelegte Tangente die Rundung zum vorherigen Ankerpunkt. Die zweite Tangente, die leicht in das Herz hereinragt, wird über die Form der kommenden Kurve entscheiden.

▲ **Abbildung 2.22**
Schon beim Startpunkt ziehen Sie mit gedrückter Maustaste nach rechts unten.

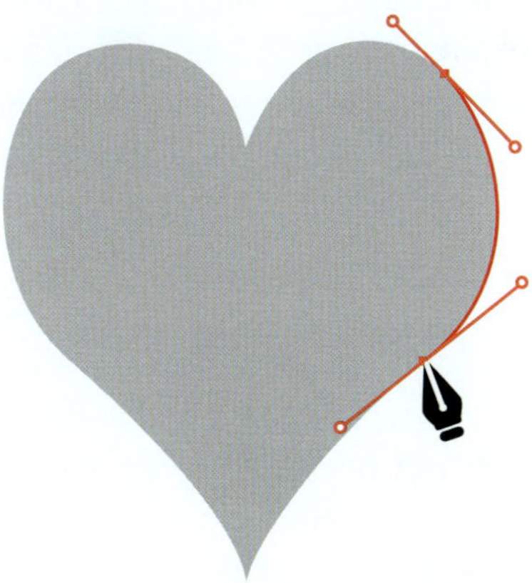

◂ **Abbildung 2.23**
Setzen Sie dort, wo die Rundung ihre Richtung ändert, den zweiten Ankerpunkt, und ziehen Sie sogleich nach links unten.

▲ **Abbildung 2.24**
Der nach oben zeigende Griff formt die rechte Seite der Herzspitze.

4 Eckpunkt

Wenn Sie nun den nächsten Ankerpunkt auf die Spitze des Herzens setzen, lassen Sie die Maustaste nicht gleich wieder los, sondern ziehen Sie fast senkrecht nach unten, bis sich die Kurve zum vorherigen Ankerpunkt so gut es geht mit der Vorlage deckt.

Lassen Sie die Maus weiterhin nicht los! Drücken Sie [alt], und ziehen Sie nun mit weiterhin gedrückter Maustaste die untere Grifflinie neben die obere. Diese Tangente wird die Rundung auf der linken Seite der Herzspitze formen.

Abbildung 2.25 ▸
Die sonst miteinander verbundenen Griffe fungieren nun einzeln, sodass der linke Griff die linke Herzspitze formen wird.

5 Ankerpunkt-Werkzeug

Wenn Sie eben die Maustaste schon losgelassen haben, bevor Sie mit [alt] den vorderen Griff nach oben herumgezogen haben, wechseln Sie auf das Ankerpunkt-Werkzeug [⇧]+[C] , fassen mit ihm – ohne eine weitere Taste zu drücken – den Griffpunkt an (am Ende des Griffes) und ziehen diesen nun nach oben an die gewünschte Position.

▲ **Abbildung 2.26**
Der hintere Griff ragt leicht ins Herz hinein, während der vordere herausragt.

6 Kurvenpunkt

Setzen Sie auf der linken Seite dort, wo die Rundung des Herzens ihre Richtung ändert, den vierten Ankerpunkt. Wie schon auf der rechten Seite ziehen Sie auch hier mit der Maus einen Kurvenpunkt, dessen hinterer Griff in das Herz hineinreicht, während der vordere Griff aus ihm herausragt (Abbildung 2.26).

7 Vorletzter Ankerpunkt

Nachdem Sie den vorletzten Ankerpunkt gesetzt haben, ziehen Sie wieder mit gedrückter linker Maustaste eine Grifflinie aus dem Ankerpunkt nach oben rechts heraus. Die beiden miteinander verbundenen Griffe bilden dabei eine Tangente zur Rundung des Herzens an dieser Stelle.

▲ **Abbildung 2.27**
Der vorletzte Ankerpunkt

8 Letzter Eckpunkt

Setzen Sie den letzten Eckpunkt in die Kerbe der Herzform. Wie schon an der Herzspitze klicken und ziehen Sie mit der gedrückt gehaltenen Maustaste fast senkrecht nach unten, bis sich die linke obere Rundung der Vorlage anpasst.

Wenn Sie die Maustaste jetzt nicht loslassen und `alt` gedrückt halten, brauchen Sie danach das Ankerpunkt-Werkzeug `⇧`+`C` nicht manuell aufzurufen. Ziehen Sie die untere Grifflinie nach oben, und zwar rechts neben die andere Grifflinie.

Wollen Sie lieber in zwei Schritten arbeiten, können Sie die Maustaste loslassen, das Ankerpunkt-Werkzeug in der Werkzeugleiste aktivieren und die untere Grifflinie, wie beschrieben, oben rechts positionieren. Danach wählen Sie wieder das Zeichenstift-Werkzeug aus.

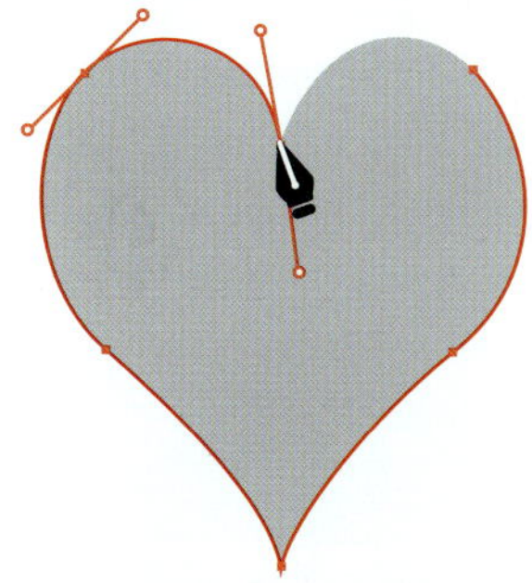

▲ **Abbildung 2.28**
Noch ist es ein Kurvenpunkt.

Pfad verloren?
Wenn Sie beim Zeichnen das Werkzeug wechseln, macht Illustrator leider nicht dort weiter, wo Sie aufgehört haben, wenn Sie das Zeichenstift-Werkzeug erneut wählen. Sie müssen erst wieder in Ihren letzten Ankerpunkt klicken, um fortzufahren.

◄ **Abbildung 2.29**
Der vordere Griff wird abgeknickt und erzeugt einen Eckpunkt.

9 Pfad schließen

Wenn Sie mit der Maus über den Startpunkt fahren, erscheint an der Werkzeugspitze ein kleiner Kreis, damit Sie wissen, dass Sie hier den Pfad schließen. Klicken Sie in den Start-Ankerpunkt hinein, und halten Sie die Maustaste weiter gedrückt. Mit gedrückter

▲ **Abbildung 2.30**
Aus dem Startpunkt ziehen Sie ein letztes Mal mit der Maus einen zweiten Griff heraus.

Maustaste richten Sie nun das Pfadsegment so aus, dass die so entstehende Kurve annähernd der Vorlage entspricht.

Wie Sie die einzelnen Griffe und Ankerpunkte korrigieren können, um sie noch genauer an die Vorlage anzupassen, erfahren Sie später in diesem Kapitel. Wenn Ihre Flächenfarbe vorne ist (siehe Schritt 1), können Sie in dem Farbwähler-Bedienfeld den angelegten Pfad z. B. mit einem hübschen Rot füllen.

Versuchen Sie doch einmal, mit dem Zeichenstift-Werkzeug auch den Glanzfleck auf der rechten Herzseite nachzuzeichnen.

◂ **Abbildung 2.31**
Das fertige Herz mit Ankerpunkten und Griffen

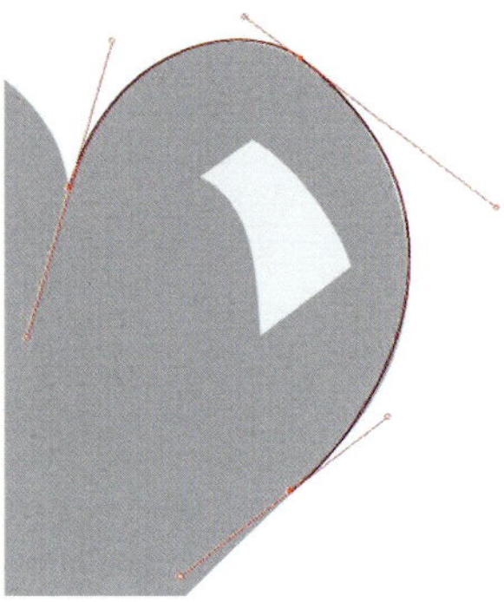

▲ **Abbildung 2.32**
Schon beim Zeichnen können Sie mit Strg bzw. cmd die unterschiedlichen Grifflängen eines Kurvenpunktes bestimmen.

Sie werden im folgenden Abschnitt lernen, wie Sie einmal gesetzte Punkte und Griffe korrigieren. Aber eine Funktion ist schon beim Zeichnen bestimmter Objekte nützlich: Wenn Sie nämlich einen Kurvenpunkt zeichnen, kann es sein, dass der nach hinten weisende Griff kurz sein muss, der nach vorne weisende aber aller Voraussicht nach lang ausfallen sollte. Drücken Sie Strg bzw. cmd, ohne die Maus loszulassen, können Sie die Länge des vorderen Griffs bestimmen – auch wenn dieser mit dem hinteren verbunden bleibt.

2.3 Ändern und Korrigieren von Pfaden

Haben Sie einen Pfad gezeichnet, müssen Sie ihn vielleicht auch korrigieren.

Der beste Weg ist immer noch der, beim Zeichnen selbst schon so genau zu arbeiten und vor allem die »richtigen« Punkte zu setzen, dass sich das Korrigieren auf das Nötigste beschränkt. Setzen

Sie also an Kurven auch Kurvenpunkte, anstatt erst mal (scheinbar schnell) einen Eckpunkt zu platzieren. Sie müssen diesen sonst später umständlich in einen Kurvenpunkt umwandeln, anpassen und in die richtige Beugung quälen.

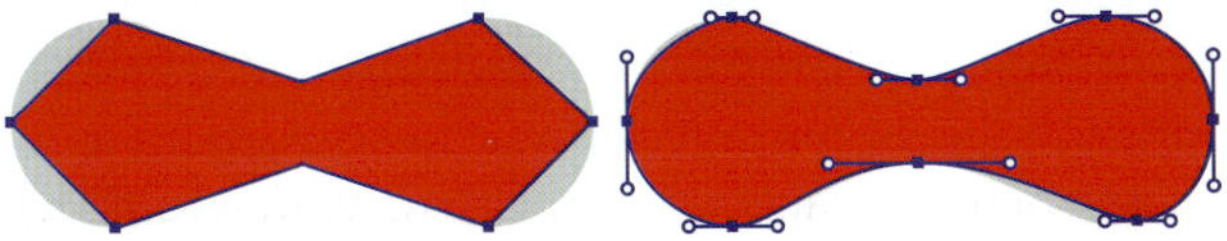

▲ **Abbildung 2.33**
Links muss jeder Eckpunkt erneut angefasst und in einen Kurvenpunkt umgewandelt werden, um die graue Vorlage abzudecken. Rechts müssen Sie nur wenig korrigieren.

Wenn Sie aber Pfade korrigieren müssen – und das müssen auch die Profis –, dann stehen Ihnen auch hier verschiedene Werkzeuge und Optionen zur Verfügung:

- das Auswahl-Werkzeug
- das Steuerung-Bedienfeld oder Eigenschaften-Bedienfeld
- der Zeichenstift

Korrekturen mit den Auswahl-Werkzeugen

Mit dem Auswahl-Werkzeug [V] aktivieren Sie ganze Objekte oder Gruppen und auch Ihren Pfad als Ganzes. Sie können ihn damit verschieben oder einfach auswählen, um alle seine Elemente gleichzeitig zu bearbeiten (Konturstärke, Farbe etc.).

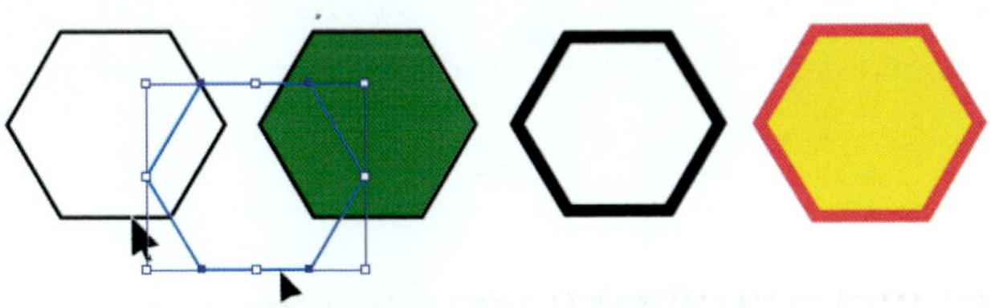

▲ **Abbildung 2.34**
Das Auswahl-Werkzeug aktiviert ganze Pfade bzw. Objekte, die Sie nun verschieben können.

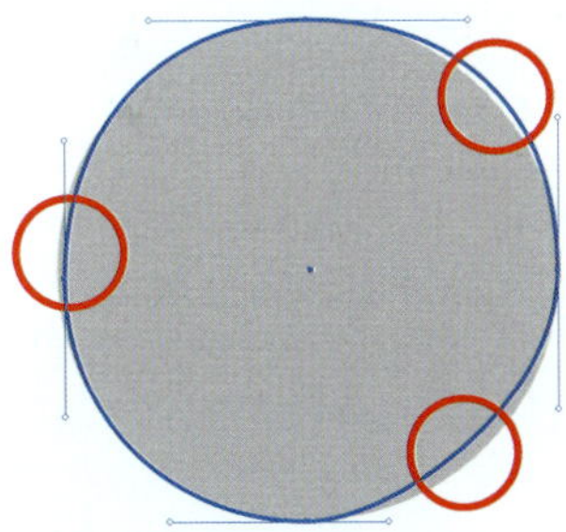

▲ **Abbildung 2.35**
Wenn Sie genau hinsehen, stellen Sie fest, dass der blaue Kreis einiger Korrekturen bedarf, wenn er mit der grauen Vorlage übereinstimmen soll. Das Ziel ist Deckungsgleichheit.

Das Werkzeug der Wahl bei Pfadkorrekturen ist aber das **Direktauswahl-Werkzeug** . Mit der Taste [A] können Sie es am

Auswählen eines Objekts ohne Farbe
Hat Ihr Objekt keine Flächenfarbe, müssen Sie es an seinem Pfad anfassen. Ansonsten klicken Sie erfolglos »hindurch«.

schnellsten auswählen, ohne erst auf die Werkzeugleiste zu klicken (ausgenommen natürlich, Sie arbeiten gerade im Text).

Ankerpunkte verschieben | Möchten Sie einen falsch gesetzten Ankerpunkt verschieben, brauchen Sie das Direktauswahl-Werkzeug [A]. Mit ihm ziehen Sie den Punkt einfach an die gewünschte Stelle. Sie können ihn nicht nur mit der Maus verschieben: Ist er einmal ausgewählt, lässt er sich auch mit den Richtungspfeilen auf Ihrer Tastatur verschieben. Mit der gehaltenen [⇧]-Taste und weiteren Klicks können Sie noch mehr Punkte zu Ihrer Auswahl hinzunehmen.

Achtung: Ist Ihr Objekt schon als Ganzes ausgewählt (ausgefüllte Punkte), können Sie keinen einzelnen Punkt mehr auswählen. Klicken Sie mit dem Direktauswahl-Werkzeug einmal ins Leere neben das Objekt und dann auf den gewünschten Punkt.

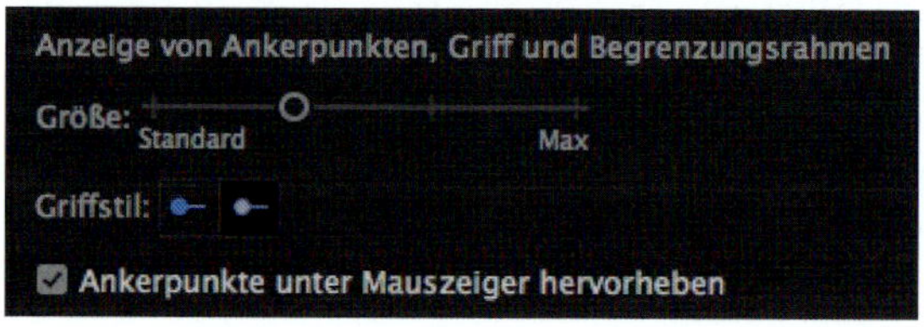

Abbildung 2.36 ▸
Die Voreinstellung hilft, den Punkt zu treffen.

Sind die Sprünge zu groß, wenn Sie die Richtungspfeile Ihrer Tastatur benutzen, geben Sie in den Voreinstellungen bei Allgemein • Schritte per Tastatur kleinere Werte ein. Für größere Schritte halten Sie [⇧]: Der Schritt verzehnfacht sich dann.

Auswahl-Werkzeuge aufrufen
Mit der gehaltenen [Strg]/[cmd]-Taste können Sie das Auswahl- und das Direktauswahl-Werkzeug temporär aufrufen, egal in welchem Werkzeug Sie sich gerade befinden. Das Werkzeug ist so lange ausgewählt, wie Sie die Taste gedrückt halten. Dabei stellt Illustrator immer das Werkzeug ein, das Sie als Letztes angewählt hatten.

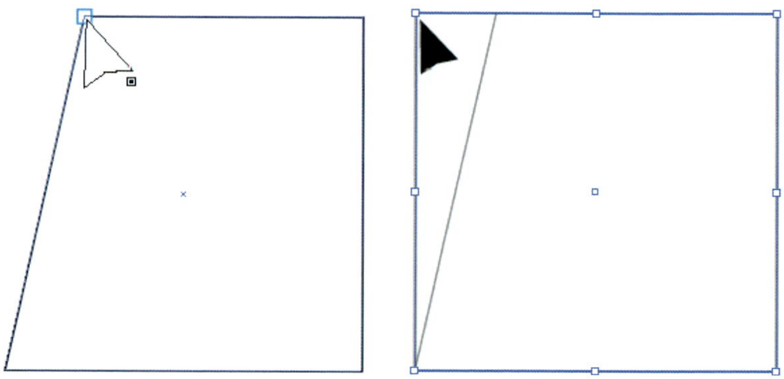

▴ Abbildung 2.37
Haben Sie einen Ankerpunkt ausgewählt, können Sie ihn verschieben.

Griffe anpassen | Sollen nur die *Griffe eines Punktes* angepasst werden, müssen Sie ebenfalls den Punkt, um den es geht, oder das angrenzende Pfadsegment mit dem Direktauswahl-Werkzeug aktivieren, damit die Griffe erscheinen. Nun können Sie die Griffe an den Griffpunkten verschieben (die Grifflinien sind nicht auswählbar). Sie können sowohl die Länge ② als auch die Richtung ① verändern.

- Handelt es sich wie hier (in Abbildung 2.38) um einen symmetrischen Ankerpunkt, bewegt sich wie bei einer Wippe immer der gegenüberliegende Griff mit – jedoch nur in der Richtung, nicht in der Länge!
- Handelt es sich hingegen um einen abgeknickten Kurvenpunkt, können Sie den einzelnen Griff verändern, ohne dass der zweite Griff dieses Punktes sich mitbewegt.

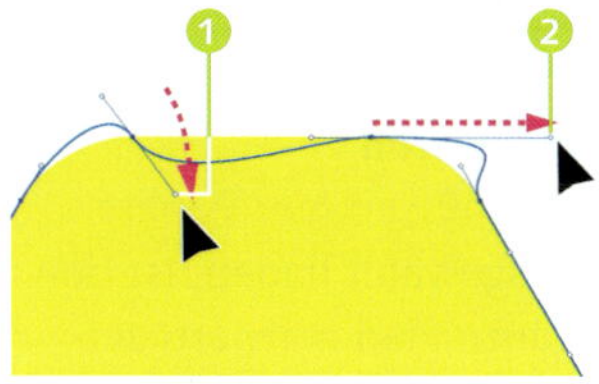

▲ **Abbildung 2.38**
Bewegen eines Griffs in Länge und Position

Griffe löschen | Soll einer der Griffe gelöscht werden, schieben Sie ihn einfach in seinen Punkt zurück. Zunächst ist das Werkzeug während des Zurückschiebens wie gewohnt schwarz ▶.

Wenn Sie aber in der Nähe des Ankerpunktes angekommen sind, wird die Werkzeugspitze weiß ▷, und der Griff wird gelöscht.

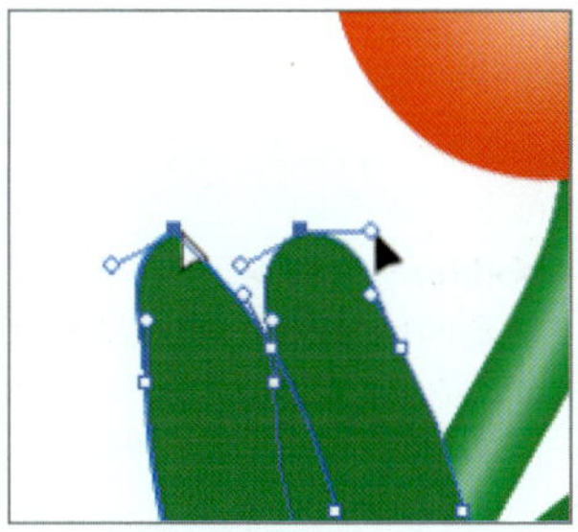

▲ **Abbildung 2.39**
Zurückschieben eines Griffs in den Ankerpunkt

Griffe abknicken | Möchten Sie einen der beiden Griffe eines symmetrischen Ankerpunktes nachträglich abknicken, können Sie das auch mit dem Direktauswahl-Werkzeug erledigen. Sie müssen dafür lediglich die `alt`-Taste gedrückt halten, während Sie den Griff bewegen. Es erscheint ▷ als Werkzeugspitze.

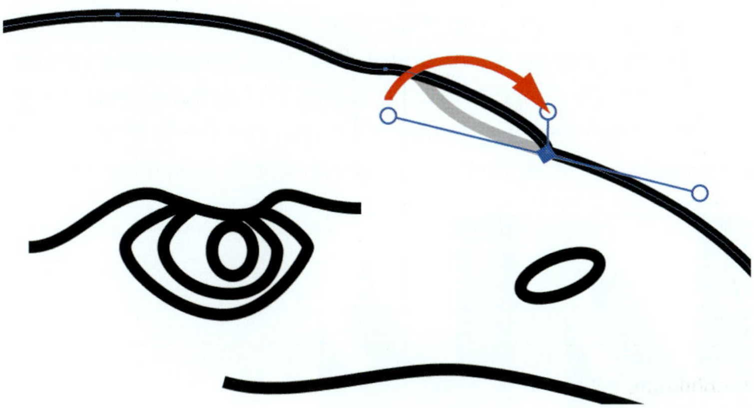

◀ **Abbildung 2.40**
Einen verbundenen Griff abknicken: Es entsteht ein Eckpunkt.

Korrekturen mit dem Steuerung- oder Eigenschaften-Bedienfeld

Ein anderer Weg, Ankerpunkte zu verändern, ist mithilfe des Steuerung-Bedienfelds oder des neuen Eigenschaften-Bedienfelds. Beide sind kontextbedingt, d.h., dass sich ihr Inhalt und die Funktionen je nach aktivem Element verändern. Möchten Sie einen Ankerpunkt konvertieren, also verändern, müssen Sie ihn zuvor wieder mit dem Direktauswahl-Werkzeug aktivieren. Nun zeigen das Steuerung- oder das Eigenschaften-Bedienfeld die Veränderungsmöglichkeiten dieses Punktes an.

Pfad vs. Punkt aktivieren
Sie müssen hier Punkte ausgewählt haben. Ist der ganze Pfad aktiviert, zeigen beide Bedienfelder andere Pfadfunktionen.

Abbildung 2.41 ▸
Das Steuerung-Bedienfeld für Ankerpunkte ist aktiv. Im Eigenschaften-Bedienfeld ist die Anzeige ähnlich.

Ankerpunkt in Ecke konvertieren | Mit dem Button ❶ können Sie aus einem Kurvenpunkt einen Eckpunkt machen. Egal ob Ihr Punkt einen oder zwei Griffe hat, symmetrisch als Waage oder abgeknickt ist, alle Griffe werden gelöscht.

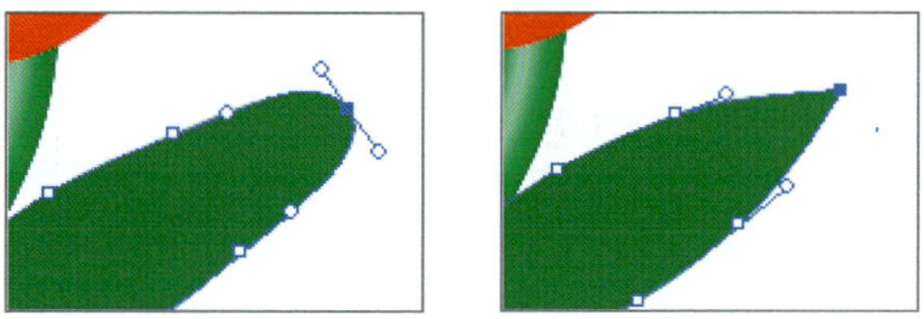

Abbildung 2.42 ▸
Die Griffe des aktiven Ankerpunktes werden gelöscht. Übrig bleibt ein Eckpunkt.

Ankerpunkt in Kurvenpunkt konvertieren | Andersherum ist es mit dem zweiten Button ❷: Dieser konvertiert die aktiven Punkte in Übergangspunkte, wie Illustrator hier den (symmetrischen) Kurvenpunkt nennt. Er bekommt also zwei miteinander verbundene Griffe. Die Länge der Griffe, die Illustrator nun kreiert, hängt von der Länge der Pfadsegmente ab. Hat der Punkt schon einen abgeknickten Kurvenpunkt, wird dieser ebenfalls symmetrisch.

Ankerpunkte konvertieren
Die Griffe eines Ankerpunktes können Sie zwar anfassen und bewegen, nicht aber auswählen. Nur der zugehörige Punkt ist auswählbar.

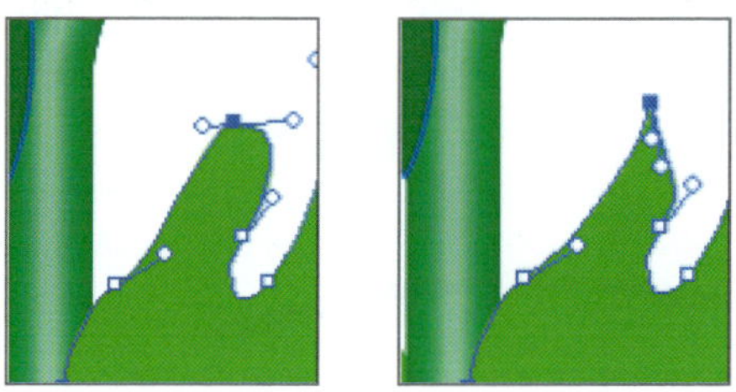

Abbildung 2.43 ▸
Die ausgewählte Spitze wird rund.

Das Ergebnis ist schwer einzuschätzen, und in jedem Fall müssen Sie mit dem Direktauswahl-Werkzeug nachkorrigieren.

Griffe ein- und ausblenden | Der dritte 3 und vierte 4 Button (nur) in der Steuerungsleiste verändern das Wesen Ihres Punktes nicht. Sie blenden, wenn Sie mehrere Punkte aktiviert haben, lediglich alle Griffe aus bzw. ein. Das kann manchmal bei aufwendigen Pfaden praktisch sein, um den Durchblick zu bewahren, ohne erst in die Voreinstellungen wechseln zu müssen, wo Sie es unter AUSWAHL UND ANKERPUNKT-ANZEIGE für Ihr Programm einstellen können.

Ankerpunkte löschen | Möchten Sie zu viel gesetzte Punkte löschen, den Pfad aber nicht zerschneiden, hilft der fünfte Button 5. Er löscht einen oder mehrere Punkte 8 aus Ihrem Pfad 9. Die übrigen Punkte sind weiter miteinander verbunden. Würden Sie die aktivierten Punkte mit der [Entf]-Taste löschen, hätte Ihr Pfad eine Lücke 10.

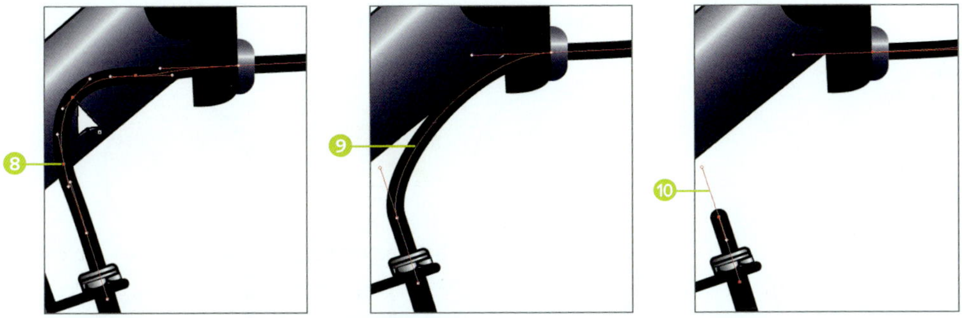

▲ **Abbildung 2.44**
Aktivieren Sie mehrere Ankerpunkte mit [⇧] und dem Direktauswahl-Werkzeug. Dann können die Ankerpunkte eines Pfades gelöscht werden; der Pfad bleibt erhalten. Mit der [Entf]-Taste würde der Pfad zerschnitten.

Endpunkte verbinden | Der sechste Button 6 schließt mit dem Direktauswahl-Werkzeug ausgewählte Endpunkte eines noch offenen Pfades auf direktem Weg und erzeugt eine Gerade. Haben Sie je einen Endpunkt *zweier* Pfade aktiviert, werden die Endpunkte ebenfalls verbunden. Es dürfen aber nicht mehr als zwei Endpunkte aktiv sein, und es dürfen nicht mehr als zwei Pfade aktiv sein!

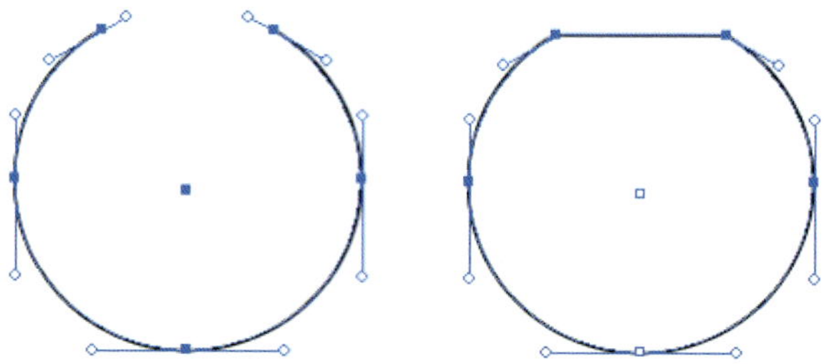

Abbildung 2.45 ►
Auch wenn die Endpunkte Kurvenpunkte waren: Nach dem Verbinden ist die Verbindung eine Gerade.

Haben Sie mehrere nicht geschlossene Objekte aktiviert, gehen Sie zu Objekt • Pfad • Zusammenfügen (Strg/cmd+J).

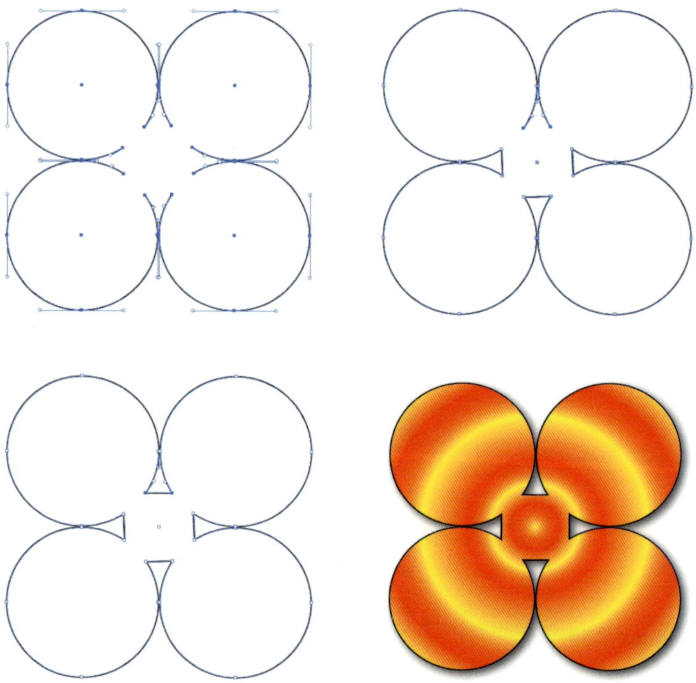

Abbildung 2.46 ►
Das Zusammenfügen mehrerer offener Pfade. Für die letzte Verbindung müssen Sie die Funktion ein weiteres Mal aktivieren.

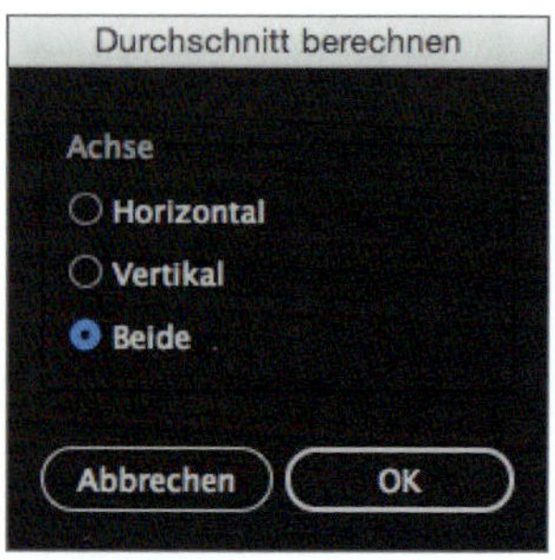

▲ Abbildung 2.47
Der Durchschnitt berechnen-Dialog

Ebenfalls unter Objekt • Pfade finden Sie eine weitere sehr nützliche Hilfe: Durchschnitt berechnen. Mit dieser Funktion können Sie die zwei Endpunkte, die Sie aktiviert haben, vor dem Zusammenfügen zunächst genau aufeinanderlegen. Achse • Beide verschiebt beide aktiven Endpunkte zueinander, während Horizontal die Endpunkte zwar in der Waagerechten auf eine Achse, nicht aber aufeinanderlegt. Vertikal verfährt genauso, lediglich in der Senkrechten.

Sie haben zwei ausgewählte Endpunkte mit der Funktion Durchschnitt berechnen genau aufeinandergelegt. Mit der Funktion Zusammenfügen wird aus beiden Ankerpunkten einer gemacht.

◂ **Abbildung 2.48**
Zwei Kelchhälften werden an der Spitze zusammengebracht und dann über Zusammenfügen miteinander verbunden.

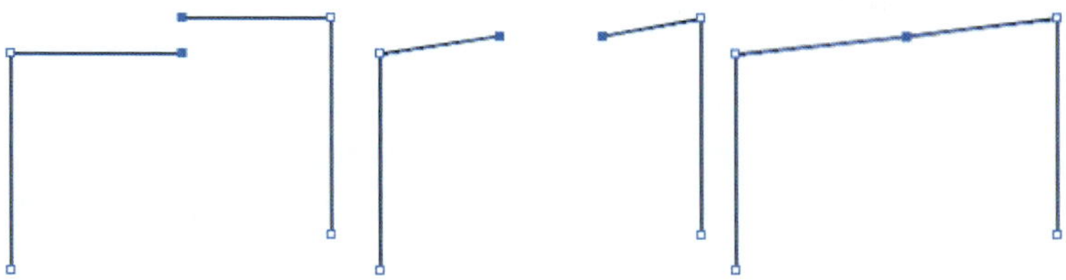

◂ **Abbildung 2.49**
Durchschnitt berechnen: Vertikal, Horizontal und Beide

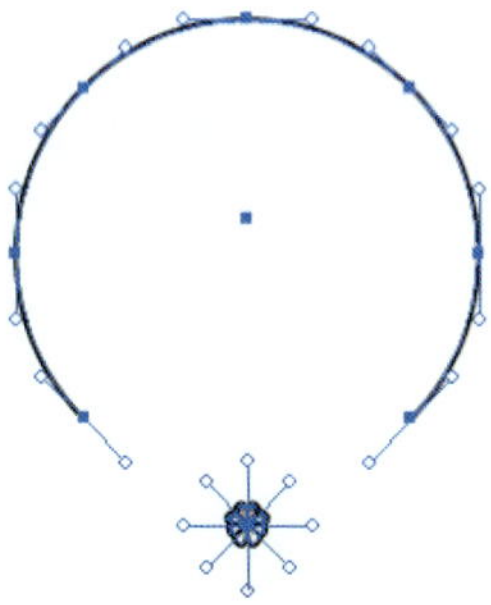

◂ **Abbildung 2.50**
Hübsch, aber nicht gewollt. So kann es aussehen, wenn Sie beim Zusammenfügen versehentlich mehr als nur die beiden Endpunkte aktiviert haben.

Pfad an Ankerpunkten zerschneiden | Der siebte Button 7 (Abbildung 2.41) in der Steuerleiste für Ankerpunkte oder im Eigenschaften-Bedienfeld zerschneidet den Pfad. Dazu muss ein Ankerpunkt aktiviert sein. Haben Sie mehrere aktiviert, wird Illustrator Ihren Pfad an jedem dieser Punkte zerschneiden. Das Tückische ist: Sie sehen es nicht! Die Ankerpunkte behalten ihre Griffe und die Pfade ihr Aussehen.

▾ **Abbildung 2.51**
Erst wenn man die Pfade auseinandernimmt, wird sichtbar, dass sie zerschnitten wurden.

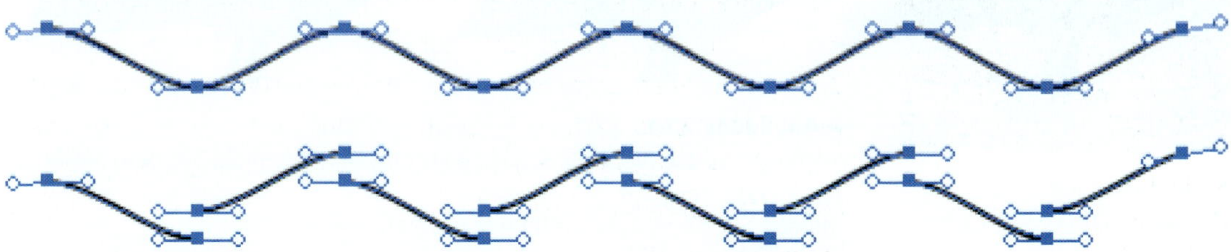

Korrekturen mit dem Zeichenstift-Werkzeug

Bisher haben Sie das Zeichenstift-Werkzeug nur beim Zeichnen kennengelernt. Wir erinnern uns: Es verändert seine Spitze, wenn Sie einen Pfad beginnen, weitere Punkte setzen und am Ende wieder beim Startpunkt ankommen. Es gibt aber noch weitere Spitzen.

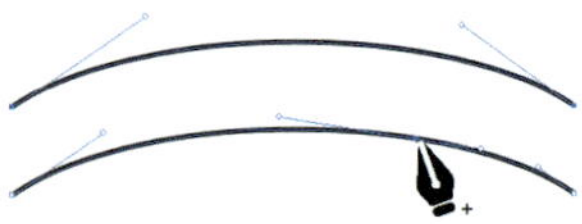

▲ **Abbildung 2.52**
Kommt ein Punkt hinzu, passen sich die anliegenden Griffe an, sodass das Aussehen erhalten bleibt.

Ankerpunkt hinzufügen | Wollen Sie noch einen weiteren Punkt in den schon gezeichneten Pfad einfügen, brauchen Sie nur mit dem Werkzeug über eben diesen Pfad zu gehen. Die Werkzeugspitze ändert sich in und setzt beim Klicken einen **Ankerpunkt**. Setzen Sie ihn in eine Gerade, ist es ein **Eckpunkt**. Setzen Sie ihn in eine Kurve, ist es ein **symmetrischer Kurvenpunkt**. Die Griffe passen sich so an, dass das Aussehen des Pfades erhalten bleibt. Die Griffe werden entsprechend den angrenzenden Ankerpunkten gekürzt.

▲ **Abbildung 2.53**
Beim Löschen von Punkten kann die Form des Pfades nicht erhalten bleiben; nur die Griffe der angrenzenden Ankerpunkte bleiben so, wie sie sind.

Ankerpunkt löschen | Umgekehrt wandelt sich die Werkzeugspitze in um, wenn Sie über einen bestehenden Punkt fahren, der nun beim Klicken gelöscht wird. Der Pfad wird nicht unterbrochen, er verbindet jetzt die Punkte vor und hinter dem gelöschten Ankerpunkt.

Ankerpunkt verändern | Auch die Art des Ankerpunktes können Sie mit dem Zeichenstift-Werkzeug verändern:

Halten Sie [alt] gedrückt, verändert sich die Spitze in (Ankerpunkt-Werkzeug). Klicken Sie in einen Kurvenpunkt, wird dieser zu einem Eckpunkt; er verliert seine Griffe. Ziehen Sie mit der Maus, anstatt nur zu klicken, ziehen Sie symmetrische Griffe heraus, die die alten Griffe ersetzen.

▲ **Abbildung 2.54**
Wenn die Spitze des Sattels eckig werden soll, klicken Sie mit dem Ankerpunkt-Werkzeug auf den Kurvenpunkt: Seine Griffe werden gelöscht. Nun müssen Sie die übrigen Griffe nur noch anpassen.

Andersherum ist es bei einem Eckpunkt: Aus diesem ziehen Sie symmetrische Griffe heraus und wandeln so den Eck- in einen Kurvenpunkt um. Aber Vorsicht: Achten Sie auf die Richtung, in die Sie ziehen, damit es keine Schlaufen gibt (siehe Abbildung 2.12).

Griffe verändern | Das Ankerpunkt-Werkzeug kann aber nicht nur an den Ankerpunkten angewendet werden, Sie können damit auch einen Griff anfassen. Wenn Sie den Griff eines (symmetrischen) Kurvenpunktes bewegen, knicken Sie ihn ab und erzeugen an dieser Stelle eine Ecke.

Gehen Sie also behutsam mit dieser Funktion um. Nicht, dass Sie am Ende zwar schön an der Vorlage anliegende Pfade haben, aber überall Ecken, die vielleicht erst im Druck richtig sichtbar werden. Benutzen Sie also zum Anpassen des Pfades lieber das Direktauswahl-Werkzeug A.

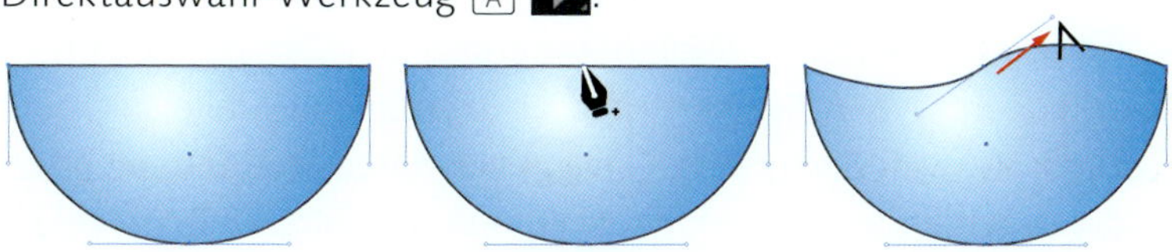

◂ **Abbildung 2.55**
Klicken Sie mit dem Zeichenstift-Werkzeug in die Gerade, und ziehen Sie dann mit dem Ankerpunkt-Werkzeug Griffe heraus. Schon haben Sie eine geschwungene Schale.

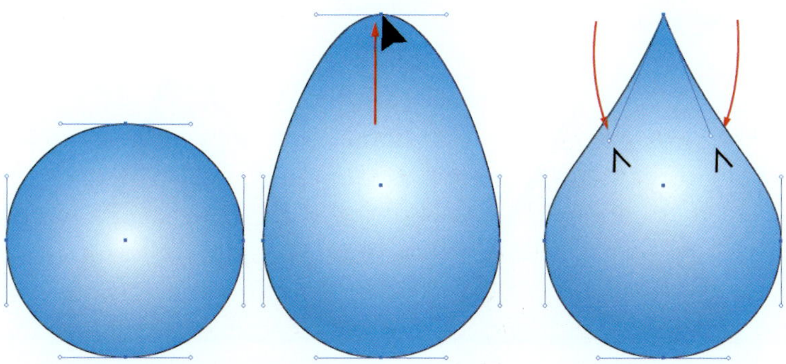

◂ **Abbildung 2.56**
Ziehen Sie mit dem Direktauswahl-Werkzeug den oberen Kreispunkt hoch, und bringen Sie dann mit dem Ankerpunkt-Werkzeug die Griffe nach unten: So bekommen Sie schnell einen Tropfen.

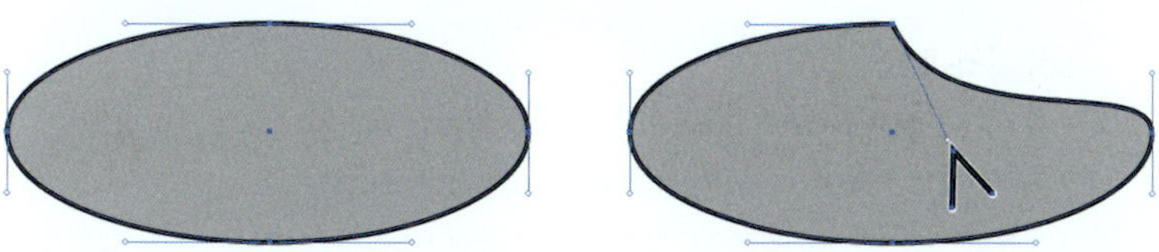

◂ **Abbildung 2.57**
Wenn Sie einen Griff mit dem Ankerpunkt-Werkzeug bewegen, ist dieser hinterher abgeknickt.

Möchten Sie hingegen eine schon bestehende Kurve verändern, brauchen Sie nur mit dem Direktauswahl-Werkzeug an einer Kurve zu ziehen. Die Werkzeugspitze ändert ihr Aussehen dabei.

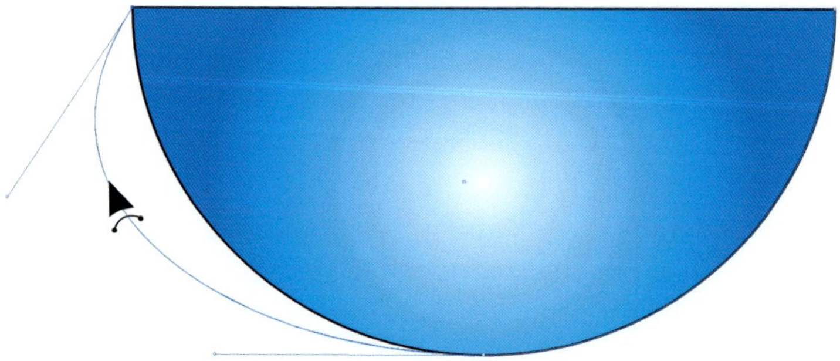

Abbildung 2.58 ▶
Verbiegen einer Kurve mit dem Direktauswahl-Werkzeug

2.4 Pfade verbinden

Wie kann ich überprüfen, ob mein Pfad irgendwo unterbrochen ist?

- Ist er an mehreren Stellen unterbrochen, ist das leicht zu erkennen: Wenn Sie den Pfad an irgendeiner Stelle mit dem Direktauswahl-Werkzeug [A] aktivieren, werden auch nur die miteinander verbundenen Punkte aktiviert, und Sie sehen zwischen den Punkten den Pfad in der Ebenenfarbe hervorgehoben.

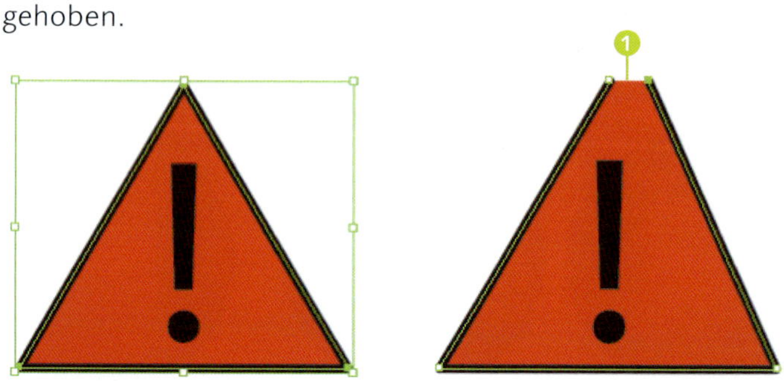

▲ Abbildung 2.59
Links ist der Pfad geschlossen, rechts fehlt eine Verbindung (1); der Pfad ist also offen.

- Ist Ihr Pfad an nur einer Stelle unterbrochen – und zwar so, dass beide Endpunkte so beieinanderliegen, dass Sie die beiden Endpunkte nicht einzeln sehen können –, hilft diese Methode nicht. Fassen Sie am besten denjenigen Punkt mit dem Direktauswahl-Werkzeug an, den Sie als Letztes gesetzt haben, und ziehen Sie ihn zur Seite. Zuvor deaktivieren Sie aber das Objekt

Wie sind meine Ankerpunkte aufgebaut?
Wenn Sie wissen wollen, wie Ihr Pfad aufgebaut ist, können Sie dies auch über die Dokumentinformationen einsehen: Wählen Sie FENSTER • DOKUMENTINFORMATIONEN, und aktivieren Sie im Bedienfeldmenü OBJEKTE. Wählen Sie den zu prüfenden Pfad aus. Das Bedienfeld zeigt Ihnen nun an, ob der Pfad offen oder geschlossen ist, wie viele Ankerpunkte er besitzt etc.

als Ganzes, und zwar durch einen Klick in die Zeichenfläche neben dem Objekt oder (professioneller) durch Drücken von [Strg]/[cmd]+[⇧]+[A].

Meistens ist es der falsch gesetzte Endpunkt, der nicht schließt.

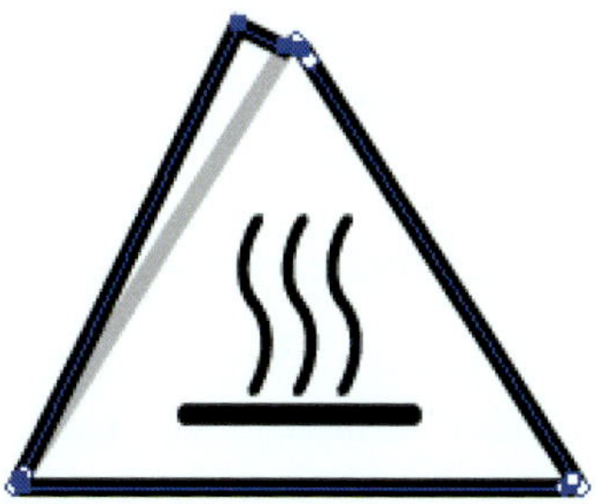

▲ **Abbildung 2.60**
Illustrator schließt auf dem kürzesten Weg, wenn die Ankerpunkte nicht genau aufeinanderliegen.

▲ **Abbildung 2.61**
Oft ist der Übeltäter der letzte Punkt, den Sie gesetzt und nicht genau getroffen haben.

War dies nicht der Fall, hilft Ihnen bestimmt das ZUSAMMENFÜGEN. Es reicht, dass Sie den gesamten Pfad mit dem Auswahl-Werkzeug aktivieren und OBJEKT • PFAD • ZUSAMMENFÜGEN ② auswählen. Bei dieser Methode wissen Sie zwar nicht, welche Punkte falsch waren, aber sie sind nun verbunden. Lagen die Punkte genau aufeinander, wird es auch nur einen Ankerpunkt geben. Ansonsten gibt es eine kleine Verbindung zwischen den Punkten.

◂ **Abbildung 2.62**
Drei Arten, Punkte zusammenzufügen

▲ **Abbildung 2.63**
Grobes Übermalen der Endpunkte reicht aus.

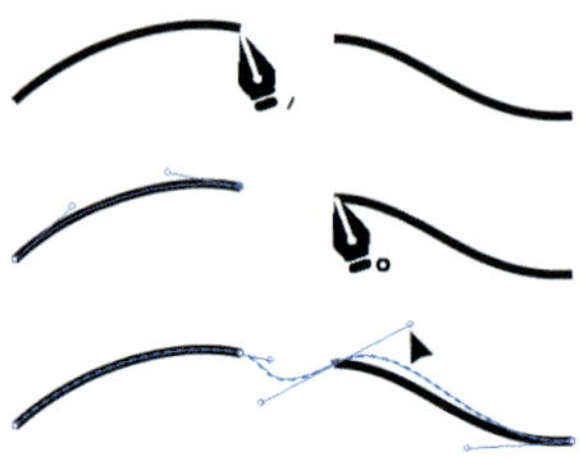

▲ **Abbildung 2.64**
Wenn Sie beim Verbinden mit der Maus ziehen, können Sie gleich den Verbindungspunkt verbiegen (unten).

Eine andere Methode ist, beide Endpunkte zu aktivieren, wenn sie einzeln zu sehen sind ❸, und aufeinanderlegen zu lassen ([Strg]/[cmd]+[alt]+[J]), um sie dann wie oben beschrieben zusammenzufügen.

Für die dritte Methode gibt es ein Werkzeug, das Zusammenfügen-Werkzeug. Malen Sie einfach grob über die Endpunkte ❺, und Illustrator verbindet die Punkte automatisch. In diesem Fall interpretiert das Programm sogar den anzunehmenden Fortgang der Pfade ❹. Probieren Sie es aus, manchmal kommt etwas erstaunlich Gutes dabei heraus. Das Objekt muss noch nicht einmal aktiviert sein.

Immer wieder werden Sie in die Situation kommen, einen versehentlich unterbrochenen Pfad oder einfach zwei einzeln gezeichnete Pfade manuell miteinander verbinden zu müssen. Auch hierfür verwenden Sie das Zeichenstift-Werkzeug. Kommen Sie nämlich mit der Maus über einen Endpunkt eines offenen Pfades, wechselt die Werkzeugspitze zu. Wenn Sie nun in den Endpunkt klicken, nehmen Sie den Pfad an dieser Stelle wieder auf und können ihn fortführen – in beliebiger Richtung oder zu einem Endpunkt eines zweiten Pfades. Dann wechselt die Werkzeugspitze zu, und Sie können mit einem Klick beide Pfade miteinander verbinden. Das Gleiche gilt natürlich auch, wenn Sie auf den Endpunkt desselben Pfades klicken. Dieser wird dann geschlossen.

2.5 Pfade aufschneiden und trennen

Anders als beim Entfernen einzelner Ankerpunkte mit dem Zeichenstift-Werkzeug können Sie einen Pfad aufschneiden,

- indem Sie ein Pfadsegment entfernen oder
- indem Sie den Pfad an einem Ankerpunkt aufschneiden, ohne seine Form zu verändern.

Achtung
Wenn Sie mehrere Pfadsegmente ohne deren Ankerpunkte aktivieren und löschen, bleiben die Ankerpunkte dazwischen stehen. Diese sind nur unter ANSICHT • PFADANSICHT als kleine Kreuze zu sehen.

Ankerpunkt oder Pfadsegment löschen

Illustrator kann sowohl einen Ankerpunkt aktivieren als auch ein Pfadsegment. In beiden Fällen verwenden Sie das Direktauswahl-Werkzeug [A]. Haben Sie einen Ankerpunkt aktiviert und löschen ihn mit der [←]-Taste oder der [Entf]-Taste, verschwindet nicht nur der Punkt selbst, sondern auch die beiden angrenzenden Pfadsegmente. Gleiches gilt, wenn Sie nur den Endpunkt eines offenen Pfades aktiviert haben. Das Löschen eines Pfadsegments aktiviert alle verbleibenden Punkte. Ein weiteres Drücken der [Entf]-Taste würde nun den ganzen Pfad löschen.

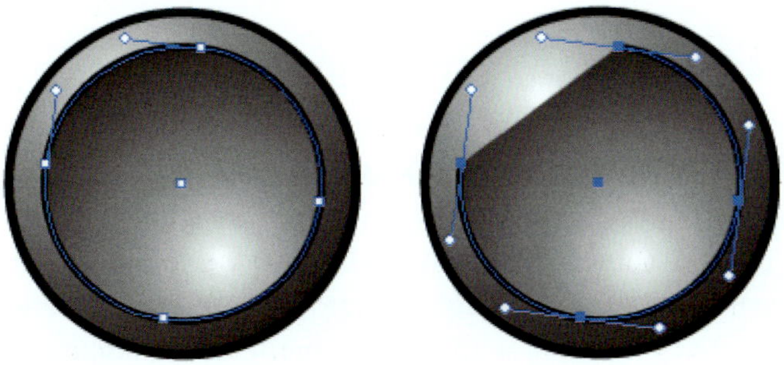

◄ **Abbildung 2.65**
Das Löschen eines Pfadsegments lässt die Ankerpunkte davor und dahinter als Endpunkte stehen.

Wenn Sie nur ein Pfadsegment aktivieren, indem Sie mit dem Direktauswahl-Werkzeug auf einen Pfad statt auf einen Punkt klicken – Illustrator zeigt es Ihnen hier durch die sichtbaren Griffe im linken Segment –, bleiben nach dem Löschen die beiden Punkte vor und hinter dem gelöschten Segment stehen und bilden nun jeweils Endpunkte.

Einen Pfad mit der Schere trennen

Eine ganz andere Art, einen Pfad aufzuschneiden, ist das Schere-Werkzeug [C]. Klicken Sie mit dem Werkzeug auf einen Ankerpunkt, trennt Illustrator hier den Pfad, und an der Stelle des einen Ankerpunktes entstehen zwei direkt aufeinanderliegende Ankerpunkte – jeweils als Endpunkt Ihres Pfades.

▲ **Abbildung 2.66**
Radiergummi, Schere, Messer

▲ **Abbildung 2.67**
Links: Der unzerschnittene Pfad. Mitte: aufgeschnitten an einem Pfadsegment. Neue Endpunkte werden gebildet. Rechts: Aufgeschnitten an einem Punkt. Die symmetrischen Griffe bleiben erhalten.

Klicken Sie aber in ein Pfadsegment hinein, trennt Illustrator den Pfad an eben dieser Stelle und generiert an der Trennstelle zwei direkt aufeinanderliegende Ankerpunkte als Endpunkte der Pfade. In beiden Fällen verändert sich das Aussehen des Pfades nicht. Ob Ihr Pfad offen oder geschlossen war, spielt keine Rolle.

Einen Pfad mit dem Messer trennen

Etwas dynamischer verhält sich das MESSER (kein Tastenkürzel). Jedoch wirkt es nur an geschlossenen Pfaden. Dafür können Sie mit ihm aber richtig schneiden. Halten Sie die Maustaste gedrückt, und zerschneiden Sie den Pfad. Sie können auch Kurven und andere Formen fahren, müssen das geschlossene Objekt aber ganz durchfahren. Illustrator wird das zerschnittene Objekt an den Schnittstellen wieder zu einem geschlossenen Pfad verbinden.

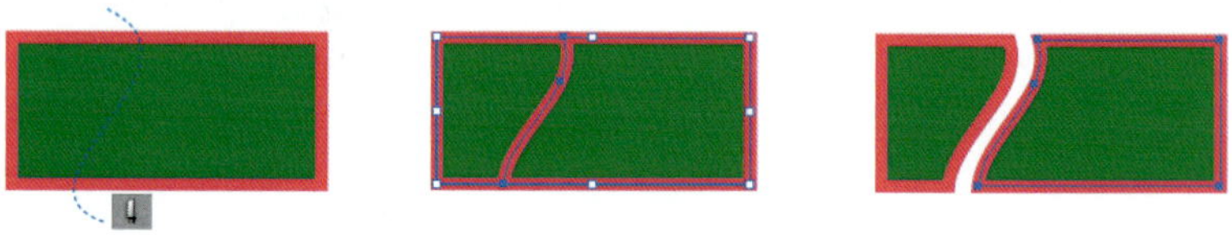

Abbildung 2.68 ▸
Der geschlossene Pfad muss ganz durchtrennt werden. Illustrator wird die Teilstücke wieder zu geschlossenen Pfaden machen.

Fahren Sie nur von außen in die geschlossene Form hinein, erhalten Sie auch nur einen »Einschnitt«; der Pfad bleibt geschlossen.

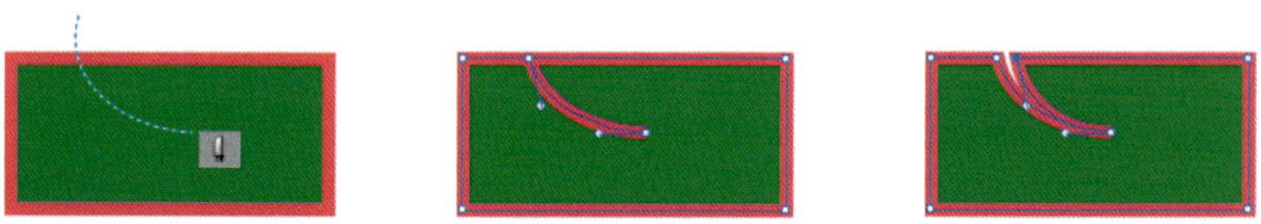

Abbildung 2.69 ▸
Der Pfad bleibt geschlossen, erhält jedoch einen Einschnitt. Rechts: Zur Verdeutlichung ist der Ankerpunkt verschoben.

Einen Pfad mit dem Radiergummi trennen

Nach dem gleichen Prinzip funktioniert das extrem leistungsstarke Radiergummi-Werkzeug (⇧+E). Bei diesem Werkzeug haben Sie aber noch die Möglichkeit, die Breite des Schnittes ❸ und auch die Form der Werkzeugspitze ❷ zu bestimmen. Klicken Sie hierzu doppelt auf das Radiergummi-Werkzeug in der Werkzeugleiste. Wenn Sie die Form auf nicht rund stellen (rund wäre 100%), können Sie auch den Winkel der elliptischen Werkzeugspitze verändern ❶.

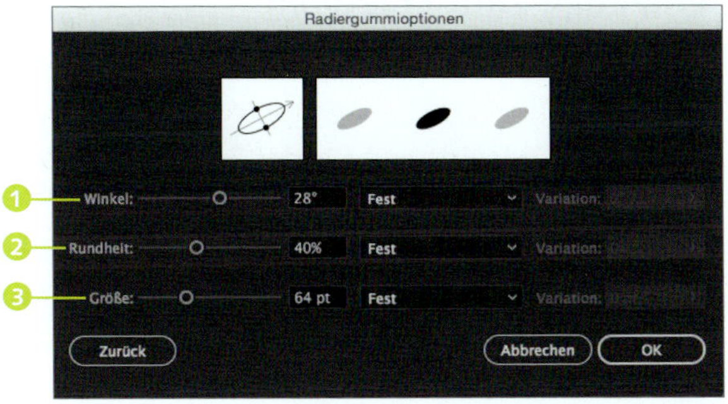

◂ **Abbildung 2.70**
Die Radiergummioptionen rufen Sie durch Doppelklick auf das Werkzeug auf.

Arbeiten Sie mit einem Grafiktablett – wofür Illustrator an mehreren Stellen Optionen für Sie bereithält –, sind auch Einstellungen wie DRUCK und NEIGUNG möglich. Auch wenn es unprofessionell klingt: Probieren Sie doch verschiedene Einstellungen durch, um ein Gespür dafür zu bekommen, was jeweils passiert. Abbildung 2.71 soll Ihnen dabei Anregung und Hilfe sein. Komplexe Objekte werden ebenso radiert (zerschnitten) wie einfache.

▾ **Abbildung 2.71**
Passen Sie die Radiergummioptionen Ihrem jeweiligen Vorhaben an. Hier wurden die Objekte, die nicht mit radiert werden sollen, zuvor fixiert: Wählen Sie dazu die Objekte aus, und drücken Sie dann Strg/cmd+2. (Zum Lösen drücken Sie Strg/cmd+alt+2.)

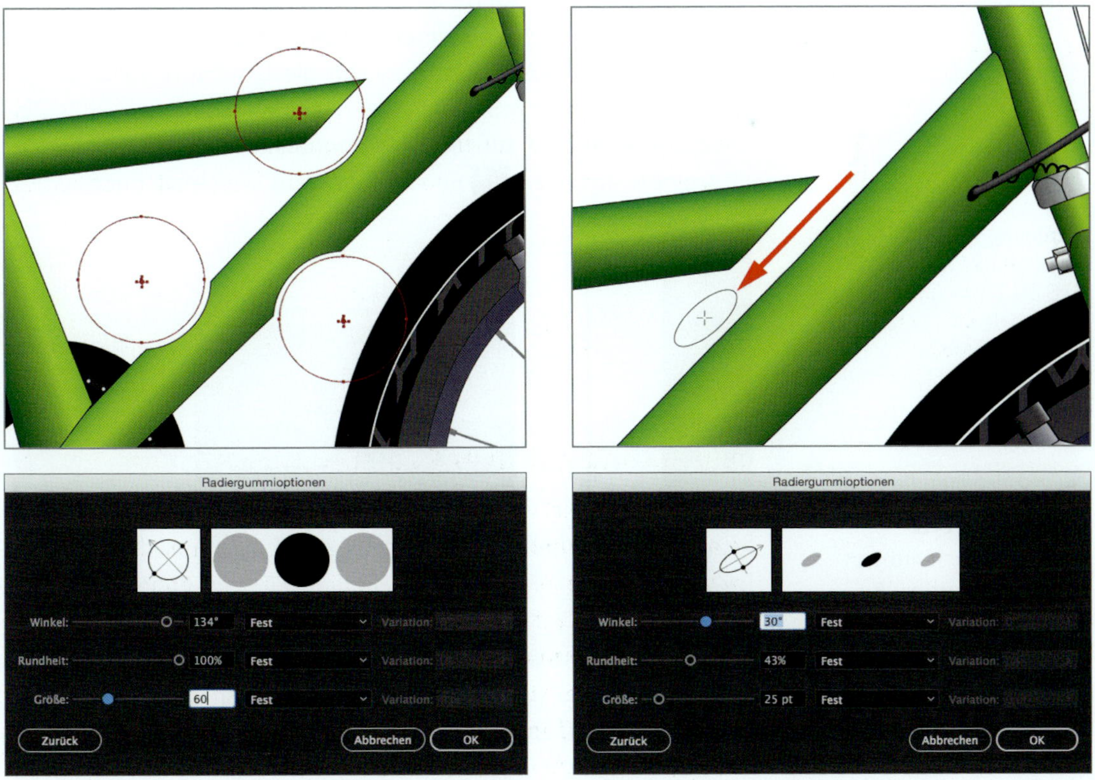

2.6 Weitere Werkzeuge zum Erzeugen von Pfaden

Nachdem Sie nun das wichtigste Werkzeug für das Zeichnen von Pfaden – das Zeichenstift-Werkzeug – ausgiebig kennengelernt haben, zeige ich Ihnen noch weitere Werkzeuge, die alle im richtigen Moment sehr hilfreich sind und Ihnen das Leben erleichtern können. Lernen Sie, wie und wann Sie sie einsetzen.

Die Liniensegment-Werkzeuge

Das Liniensegment-Werkzeug (⇧+.) erzeugt eine Linie zwischen zwei (Eck-)Punkten. Es macht dann Sinn, wenn Sie Objekte grafisch konstruieren wollen.

Hierzu kann es hilfreich sein, die Linie numerisch zu definieren, also ganz bestimmte Zahlenwerte für die Länge und Ausrichtung einzugeben. Um das zu tun, klicken Sie einfach an die Startposition der geplanten Linie (ohne mit der Maus zu ziehen!). Es erscheint ein Popup-Menü. Hier können Sie die Länge und die Richtung vom Startpunkt aus bestimmen. Um die Linie anschließend weiterzuführen, müssen Sie das Werkzeug wechseln, z. B. das Zeichenstift-Werkzeug aufrufen. Sie können aber auch an einem der Endpunkte ansetzen und von dort aus weiterzeichnen.

Abbildung 2.72 ▸
Numerische Werte bestimmen die Länge und Richtung der Geraden.

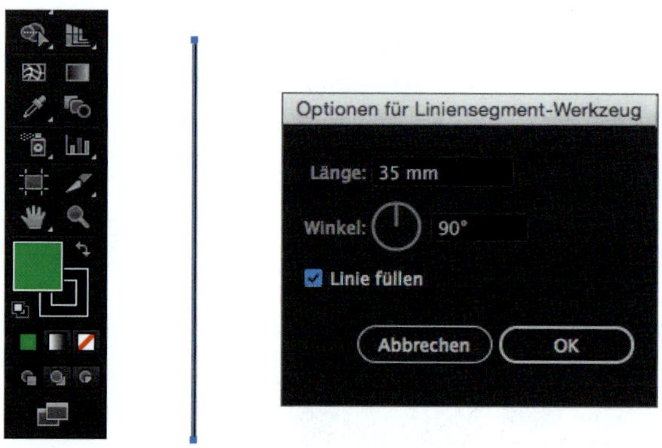

Positive und negative Werte
Ausgegangen wird von der Mausposition. Bei einem negativen Wert wird rechtsherum gedreht; bei einem positiven Wert gegen den Uhrzeigersinn.

Ist die Option Linie füllen aktiviert, würde sich Ihr Pfad mit der Farbe füllen, die Sie zuvor ausgewählt haben (zu sehen in der Werkzeugleiste). Eine Linie hat aber an sich keine Fläche, sodass, wie in Abbildung 2.72 zu sehen ist, das Grün auch nicht auftaucht.

Erst wenn Sie den Pfad später weiterbearbeiten und dadurch Flächen entstehen, werden diese automatisch mit der Flächenfarbe gefüllt.

Aber Vorsicht: Wenn Sie ein zweites Liniensegment an einem der beiden Endpunkte des ersten ansetzen, sind diese Segmente nicht miteinander verbunden. Sie können so zwar eine Form numerisch konstruieren, doch besteht sie aus einzelnen Linien!

Fläche
Illustrator definiert eine Fläche sowohl in geschlossenen Objekten als auch in offenen und zieht bei Letzteren eine gedachte Gerade zwischen den Endpunkten. Hier wird das Objekt mit Farbe gefüllt, wenn eine Flächenfarbe markiert ist.

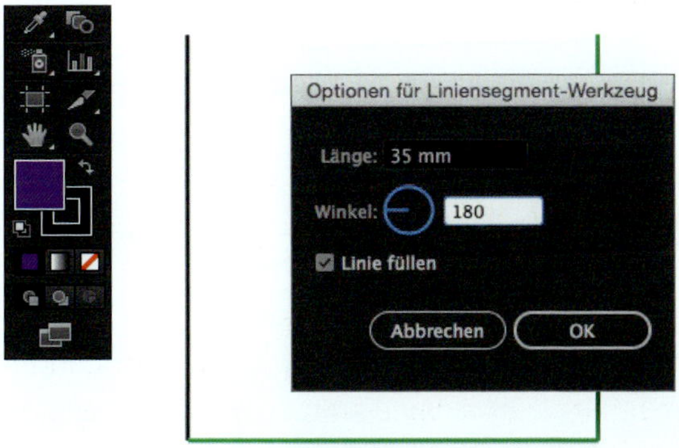

◄ **Abbildung 2.73**
Die konstruierte Form besteht aus Einzellinien. Noch immer ist keine Flächenfarbe zu sehen.

Möchten Sie die Einzellinien miteinander zu einer Fläche verbinden, müssen Sie sie aktivieren. Haben die einzelnen Segmente unterschiedliche Flächen- und Konturfarben, sehen Sie in der Werkzeugleiste Fragezeichen, die anzeigen, dass unterschiedliche Farben verwendet werden.

Mit Strg/cmd+J verbinden Sie die Liniensegmente jetzt miteinander. Die Fläche wird mit der Flächenfarbe des obersten Segments gefüllt, also mit der Farbe des zuletzt gezeichneten Segments.

▲ **Abbildung 2.74**
Mehrere Farben sind zugewiesen; also erscheint in der Werkzeugleiste nur ein Fragezeichen.

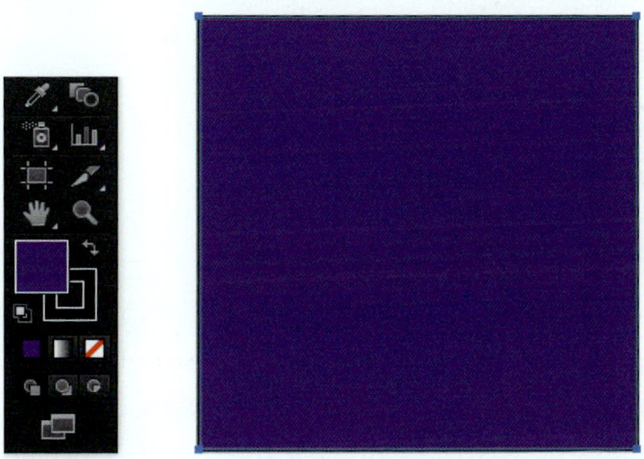

◄ **Abbildung 2.75**
Es wird immer die Farbe des obersten Segments auf die neu entstehende Fläche angewendet.

Das Bogen-Werkzeug

Das Bogen-Werkzeug (kein Tastenkürzel) erzeugt auch nur ein Pfadsegment. Wie seine gerade Schwester hat der Bogen zwei Endpunkte. Auch den Bogen können Sie nur mit anderen Werkzeugen weiterverarbeiten. Das Popup-Menü bei einem Klick auf die Zeichenfläche oder einem Doppelklick auf das Werkzeug ist aber deutlich größer.

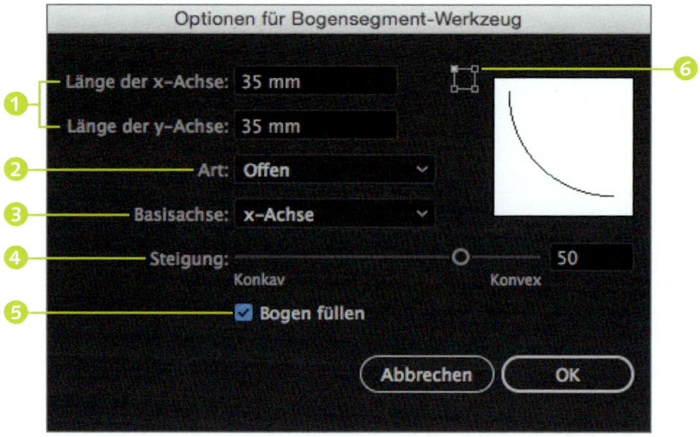

Abbildung 2.76 ▸
Die Bogensegment-Optionen

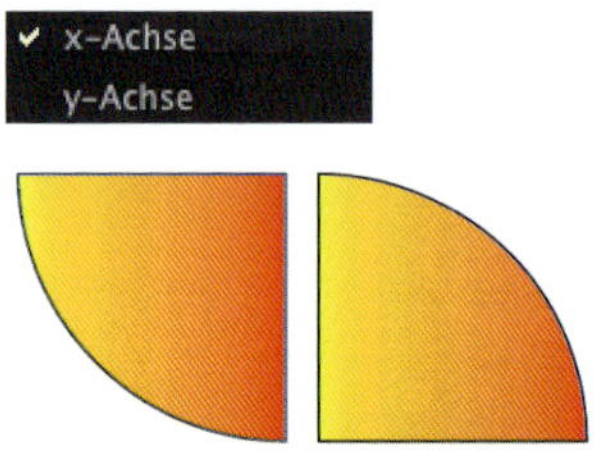

▴ Abbildung 2.77
Wenn Sie unter BASISACHSE die x- und die y-Achse vertauschen, dreht sich der Bogen um.

Die Linienlänge des Bogens ❶ bestimmen Sie mit der x-Achse für die waagerechte und mit der y-Achse für die senkrechte Krümmung. Unter ART ❷ können Sie den Bogen aber gleich zu einer geschlossenen Form schließen lassen. Die BASISACHSE ❸ bestimmt die Richtung des Bogens.

Beim Bogensegment-Werkzeug haben Sie die Möglichkeit, die Bögen gleich mit Farbe zu füllen ❺. Mit dem URSPRUNG ❻ bestimmen Sie den Ausgangspunkt Ihres Bogens. Die STEIGUNG ❹ sagt aus, wie stark die Krümmung verläuft. Ein Wert von 0 erzeugt eine Gerade, ein Wert von 100 erzeugt eine Kurve um 90°.

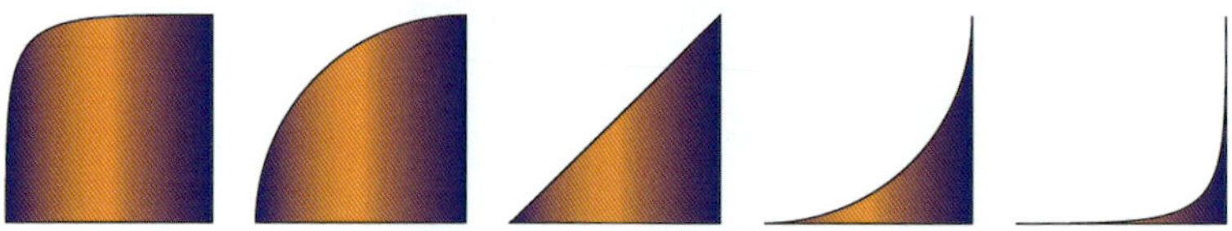

Abbildung 2.78 ▸
Steigung; von links: 100/50/0/–50/–100

Es gibt im Optionsmenü keine Vorschau, doch wenn Sie nach Bestätigung des Dialogs den Bogen aufziehen, sehen Sie, wie die Kurve aussieht, bevor Sie die Maustaste loslassen. Ziehen Sie waagerecht oder senkrecht zum Ausgangspunkt, entsteht eine Gerade; ziehen Sie in 45° oder mit gedrückter [⇧]-Taste, entfaltet der Bogen erst gänzlich seine eingegebenen Werte. Das ist schwer einzuschätzen, deshalb empfehle ich hier, lieber nur mit der Maus zu klicken und so den Bogen rein numerisch zu erzeugen.

Das Buntstift-Werkzeug

Das Buntstift-Werkzeug [N] ist nun endlich ein Werkzeug, mit dem Sie in etwa so zeichnen, wie Sie es auf Papier gewohnt sind. Sie zeichnen also mit der Maus einfach eine Linie in gewünschter Länge, und Illustrator setzt selbstständig Ankerpunkte mit den entsprechenden Griffen bei den Rundungen.

Wie viele Punkte Illustrator für Sie setzt, wie genau also Ihre Linie beim Zeichnen ist, bestimmen Sie in den Werkzeugoptionen mit einem Doppelklick auf das Werkzeug.

▲ **Abbildung 2.79**
Buntstift-Werkzeug, Glätten-Werkzeug, Löschen-Werkzeug

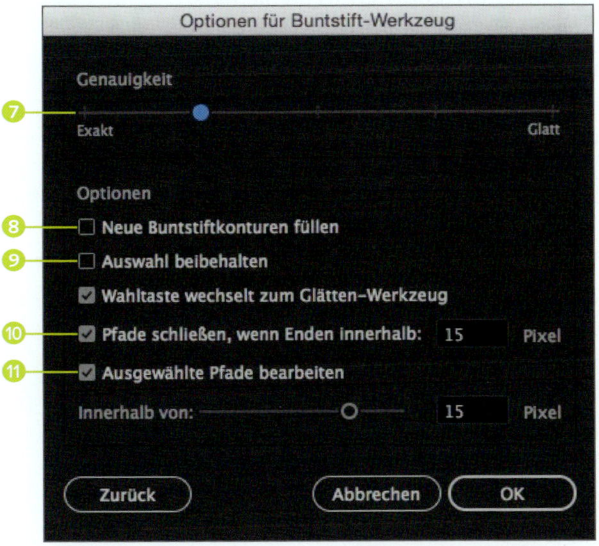

◂ **Abbildung 2.80**
Mit den Buntstift-Optionen bestimmen Sie, wie Ihr Werkzeug läuft.

▲ **Abbildung 2.81**
Bei Neue Buntstiftkonturen füllen füllt Illustrator die Flächen von Endpunkt zu Endpunkt.

Entscheiden Sie sich zwischen Exakt (viele Ankerpunkte) und Glatt (wenige Ankerpunkte) 7.

Auch hier finden Sie die Funktion des Füllens 8; dabei werden die beiden Endpunkte mit einer gedachten Geraden verbunden. Alle eingeschlossenen Flächen, die diese Gerade erzeugt, füllt Illustrator mit der Flächenfarbe.

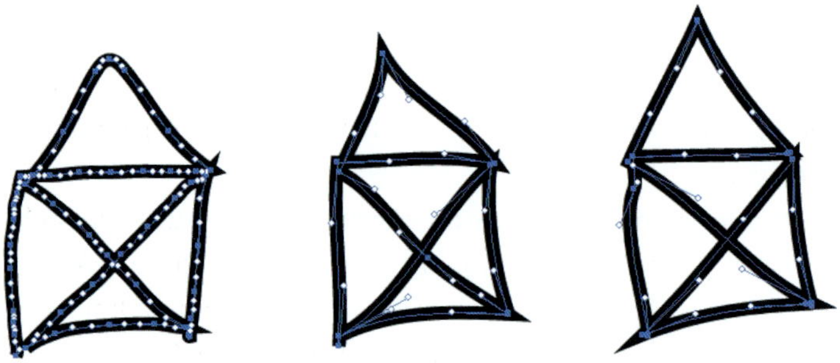

Abbildung 2.82 ▸
Verschiedene Einstellungen von EXAKT bis GLATT

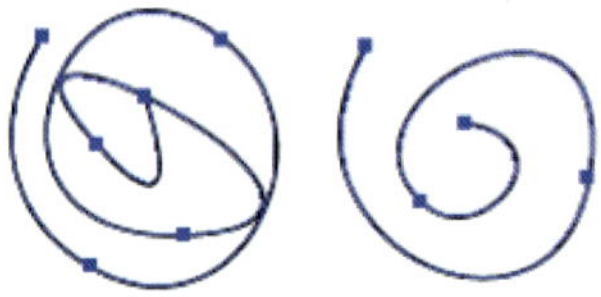

▴ **Abbildung 2.83**
Wenn der eine Pfad nicht schön ausgefallen ist (links), »überzeichnen« Sie ihn einfach.

AUSWAHL BEIBEHALTEN 9 lässt nach dem Absetzen der Maus die gezeichneten Punkte aktiv, sodass Sie sie direkt weiterbearbeiten können. Haben Sie auch die Option AUSGEWÄHLTE PFADE BEARBEITEN 11 angehakt, können Sie den zuletzt gezeichneten Pfad durch den nächsten ersetzen, wenn Sie ihm nahe genug kommen (INNERHALB VON ... PIXEL). Ob Sie mit dem Werkzeug innerhalb dieser Toleranz sind, erkennen Sie an dem kleinen Sternchen an der Werkzeugspitze, das Ihnen anzeigt, dass Sie einen neuen Pfad zeichnen würden. Ist es nicht zu sehen, ersetzen Sie den noch aktiven Pfad, indem Sie einfach einen neuen zeichnen. Mit `alt` können Sie den Pfad unmittelbar glätten, indem Sie noch einmal darüber hinwegzeichnen. Sie brauchen nur in die eingestellte Nähe des Startpunktes zu kommen, damit Illustrator den Pfad für Sie schließt 10.

Mit dem Buntstift können Sie sogar Pfade ersetzen, die Sie mit anderen Werkzeugen gezeichnet haben – sehr praktisch! Wenn Sie mit dem Buntstift-Werkzeug nur über einen Teil des aktiven Pfades fahren, bleibt der andere Teil erhalten.

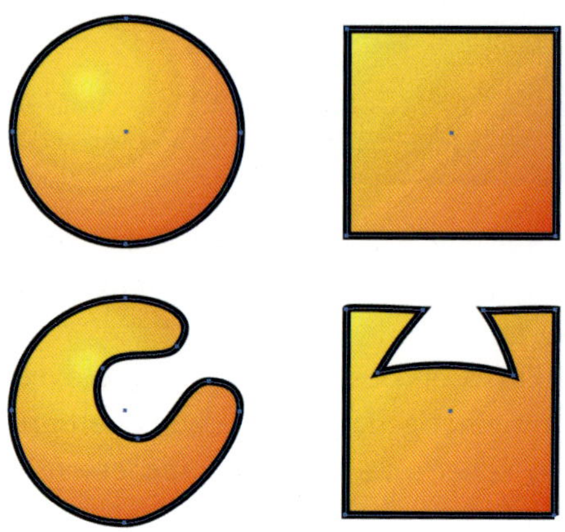

Abbildung 2.84 ▸
Setzen Sie irgendwo am aktiven Pfad mit dem Buntstift-Werkzeug an, und zeichnen Sie die Form, die Sie lieber haben (unten).

Das Glätten-Werkzeug

Mit dem Glätten-Werkzeug (kein Tastenkürzel) ist es möglich, den Pfad zu korrigieren, wenn er zu »beulig« geraten ist oder zu viele Punkte hat.

Ist die Genauigkeit zu gering, passiert nicht viel – oder manchmal sogar das Gegenteil. Der Glättungswert steuert die Stärke der Glättung. In Abbildung 2.85 sehen Sie unter der Originallinie eine Glättung mit dem Wert 60% und ganz unten mit 100%.

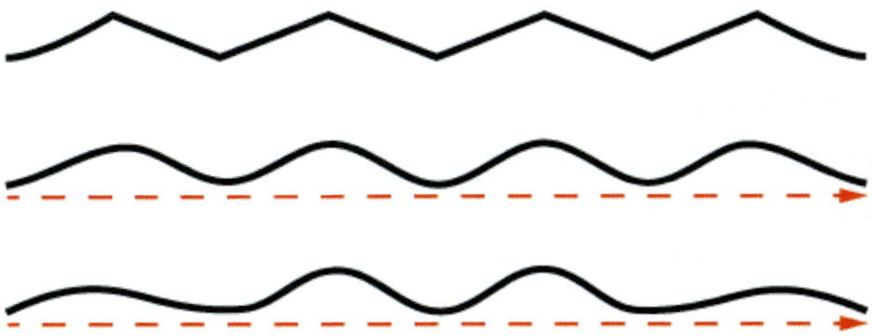

◂ **Abbildung 2.85**
Mitte: Glättung mit 60%
unten: Glättung mit 100%

Das Löschen-Werkzeug

Das Löschen-Werkzeug (kein Tastenkürzel) funktioniert nicht so grandios wie das Radiergummi-Werkzeug, das ich schon vorgestellt habe. Sie müssen dem aktiven Pfad am Beginn sehr nahe sein und ihn an einer weiteren Stelle schneiden, damit das Stück dazwischen gelöscht wird. Wenn Sie es auf einen aktiven, geschlossenen Pfad anwenden, wird immer die kleinere Hälfte ganz gelöscht. Da ist es doch einfacher, auf konventionellem Weg mit dem Schere- oder Radiergummi-Werkzeug zu löschen.

Das Pinsel-Werkzeug
Auch der Pinsel gehört an sich zu den Pfadwerkzeugen. Er wird aber in Abschnitt 7.2 behandelt.

Der Kurvenzeichner

Warum Adobe auf dieses Werkzeug so stolz zu sein scheint, ist mir schleierhaft, weil ich es für völlig überflüssig halte. Doch der Vollständigkeit halber: Sie klicken mit diesem Werkzeug, statt wie beim Zeichenstift-Werkzeug für eine Kurve mit gedrückter Maus zu ziehen. Auch den zweiten Punkt (und alle weiteren) klicken Sie lediglich. Die Kurven bestimmen Sie dabei nur durch die Position der zu setzenden Punkte. Wie die Kurve dann aussehen soll, wird Ihnen durch die Gummibanddarstellung angezeigt (wenn sie diese nicht, wie von mir empfohlen, abgehakt haben – aber ich benutze dieses Werkzeug ja auch nicht).

▴ **Abbildung 2.86**
Der Kurvenzeichner

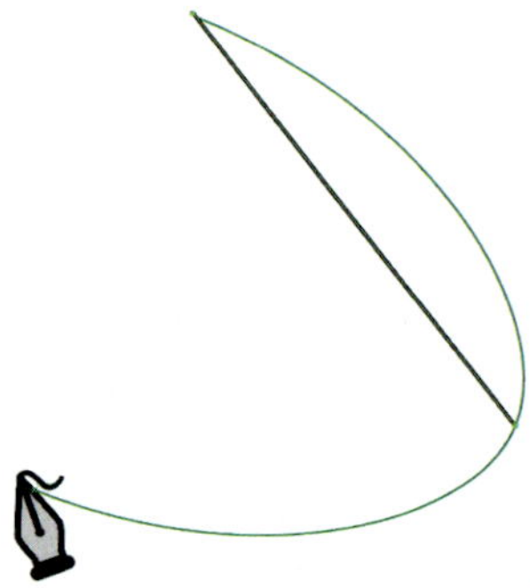

◂ **Abbildung 2.87**
Eine Kurve mit dem Kurvenzeichner

Gummiband verwenden
Unter Auswahl und Ankerpunkt-Anzeige in den Voreinstellungen können Sie das sogenannte »Gummiband« sowohl für Zeichenstift als auch Kurvenzeichner ein- oder ausschalten.

Das Verwirrende an diesem Werkzeug ist, dass Sie das letzte Kurvensegment nur sehr eingeschränkt biegen können, sich dafür aber mit der Position Ihres Punktes das vorletzte Kurvensegment mitverändert. Mein Tipp: Freunden Sie sich mit dem »richtigen« Zeichenstift an und arbeiten Sie professionell.

2.7 Pfade in Aktion

Schauen wir uns nun die Werkzeuge zum Erstellen und Bearbeiten von Pfaden einmal im Praxiszusammenhang an. Zwei Workshops sollen Sie in der Anwendung der Werkzeuge schulen.

Nachzeichnen eines Logos

Eine der häufigsten Anwendungen von Illustrator ist das Nachzeichnen von Logos. Das ist so, weil Sie nur allzu häufig als Grafikerin oder Mediengestalter das Firmenlogo Ihres Auftraggebers in eine Broschüre, Website oder die Visitenkarte einbauen sollen. Doch bekommen Sie eine druckfähige Datei des Logos? Seltener als gewünscht. Sie bekommen ein 10 × 10 mm großes JPG aus dem Web, eine selbst gezeichnete Skizze oder eine Zeitungsanzeige, in der das Logo früher schon mal verwendet wurde.

Noch eine Überlegung vorab: Welches Format und welche Farbeinstellungen werden gewählt? Logos werden normalerweise nicht in RGB erstellt. Auch die Auflösung der Datei und deren Rastereffekte müssen hoch sein. Das Format der Zeichenfläche hingegen ist nicht wichtig, wenn es sich hinterher um eine reine Vektorgrafik handelt. Sie ist beliebig skalierbar.

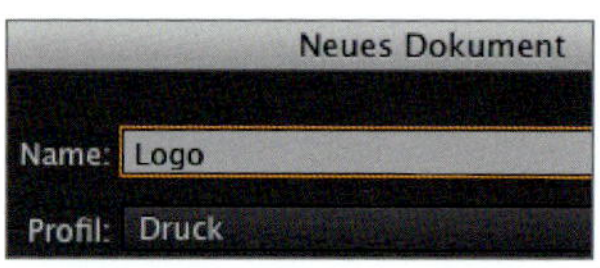

▴ **Abbildung 2.88**
Wählen Sie als Profil Druck, wenn Sie für Ihr Logo ein Neues Dokument anlegen.

Schritt für Schritt

Ein Logo nachzeichnen

1 Dokument öffnen

Damit Sie auch die Farbverläufe und Einstellungen haben, die in der Schritt-für-Schritt-Anleitung benutzt wurden, öffnen Sie die Datei »Logo_Vorlage.ai«.

Beispielmaterial: Logo_Vorlage.ai

Sie sehen, dass in Grau schon das fertige Logo hinterlegt ist. Sie können dort erkennen, wo Sie welchen Ankerpunkt setzen sollen und auf welche Länge die Grifflinien am besten gezogen werden. Wenn Sie sich schon etwas auskennen und lieber selbstständiger arbeiten möchten, blenden Sie im Ebenen-Bedienfeld einfach, ohne sich die Vorlage genauer anzusehen, die untere Vorlagenebene aus.

▲ **Abbildung 2.89**
So wird Ihr Logo gleich aussehen.

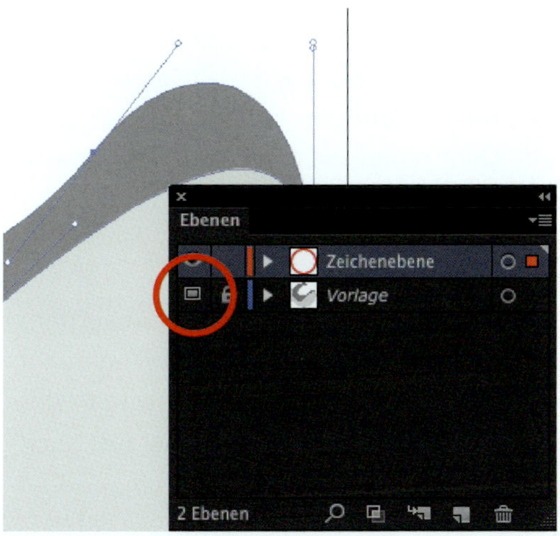

◀ **Abbildung 2.90**
Die Ebene mit der Vorlage kann ausgeblendet werden.

2 Vorabeinstellungen

Damit das Logo gelingt, stellen Sie bitte Folgendes ein: Die Flächenfarbe in der Werkzeugleiste stellen Sie auf Ohne, die Konturfarbe, wenn sie nicht schon eingestellt ist, stellen Sie z. B. in der Steuerleiste auf Schwarz.

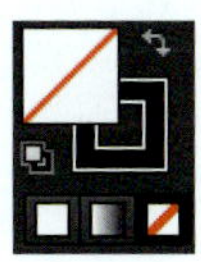

▲ **Abbildung 2.91**
Stellen Sie die Flächenfarbe auf Ohne und die schwarze Kontur auf 1 pt, bei gleichmäßigem, einfachem Strich.

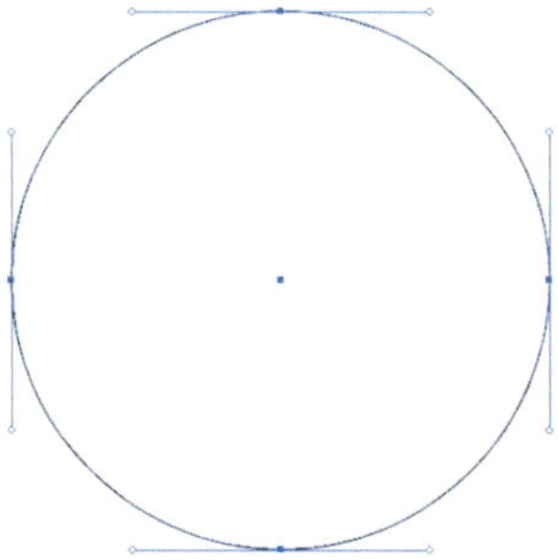

▲ **Abbildung 2.92**
Alle Ankerpunkte und die Griffe des Kreises

3 Der Kreis

Es fängt ganz einfach an: Zeichnen Sie mit dem Ellipse-Werkzeug [L] und gedrückter [⇧]-Taste einen Kreis. Drücken Sie dabei am besten auch die [alt]-Taste, damit Sie den Kreis von der Mitte her aufziehen. Solange Sie die Maus noch nicht losgelassen haben, können Sie die Position des Kreises mit gedrückter Leertaste verschieben und nach dem Loslassen der Taste den Kreis weiter aufziehen, bis er passt.

Wenn Sie nach dem Aufziehen des Kreises die Ankerpunkte einzeln mit dem Direktauswahl-Werkzeug aktivieren, sehen Sie die jeweiligen Ankerpunkte mit ihren Griffen.

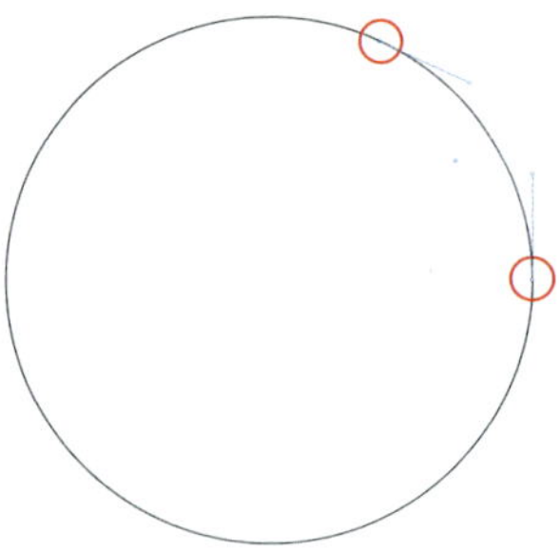

▲ **Abbildung 2.93**
Der aufgeschnittene Kreis mit den neuen Ankerpunkten an den Schnittstellen

4 Aufschneiden des Kreises

Klicken Sie mit dem Schere-Werkzeug [C] als Erstes (!) auf den rechten Ankerpunkt. Danach klicken Sie mit dem Schere-Werkzeug etwas rechts vom oberen Ankerpunkt des Kreises, ungefähr auf »1 Uhr«. Drücken Sie nun zweimal die [Entf]-Taste, um das Teilstück zu löschen. Achtung: Wenn Sie nur einmal die [Entf]-Taste drücken, bleibt ein Ankerpunkt stehen, der Ihnen hinterher Schwierigkeiten bereiten kann!

5 Eigene Ankerpunkte setzen

Klicken Sie mit dem Zeichenstift-Werkzeug auf den Ankerpunkt der oberen Schnittstelle, um dort den Pfad wieder aufzunehmen.

Klicken Sie ein zweites Mal mit gedrückter [alt]-Taste in denselben Punkt, und ziehen Sie einen Griff nach links heraus.

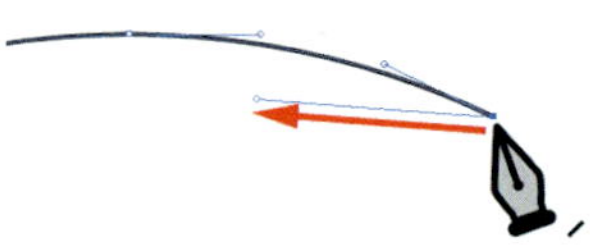

▲ **Abbildung 2.94**
Der erste abgeknickte Ankerpunkt

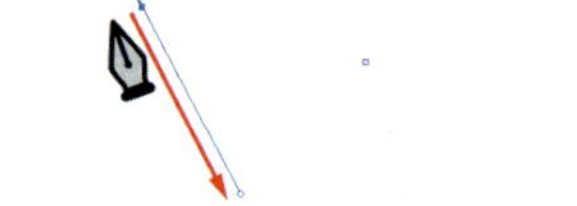

▲ **Abbildung 2.95**
Der zweite Ankerpunkt ist ein Kurvenpunkt.

▲ **Abbildung 2.96**
Noch ein Kurvenpunkt

Jetzt setzen Sie einen zweiten Ankerpunkt links oberhalb der Kreismitte. Ziehen Sie gleich (noch bevor Sie die Maus loslassen!) einen Griff nach unten rechts heraus, um einen schönen Kurvenpunkt zu setzen.

Der dritte Ankerpunkt, den Sie rechts oberhalb der Kreismitte setzen, ist auch wieder ein Kurvenpunkt, weil Sie hier ebenfalls gleich mit der Maus ziehen – diesmal nach rechts oben.

6 Den Pfad schließen

Wenn Sie nun mit dem Zeichenstift-Werkzeug über den Endpunkt des ursprünglichen Pfades gehen, ändert sich das Werkzeug und wird zum Pfad-schließen-Werkzeug. Doch auch hier ziehen Sie gleich mit der Maus senkrecht nach unten, um eine gleichmäßige Rundung zu erzeugen.

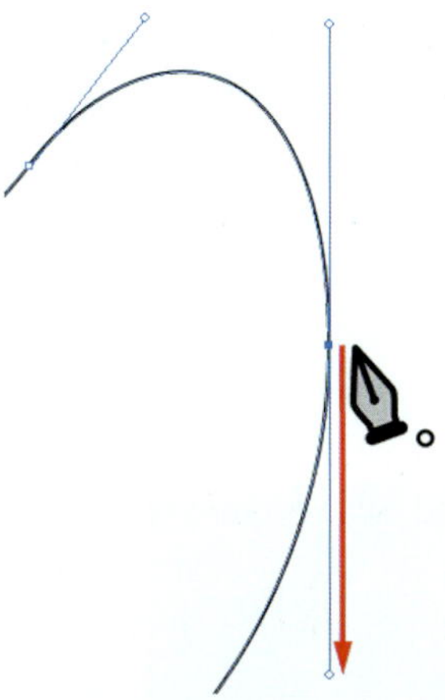

▲ **Abbildung 2.97**
Die Form wird geschlossen.

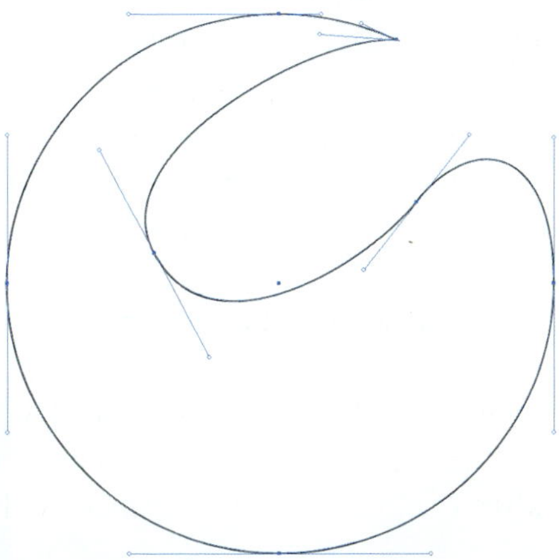

▲ **Abbildung 2.98**
So in etwa sollte Ihr Logo bis jetzt aussehen.

7 Ein Teilstück kopieren

Kopieren Sie ein Teilstück des Kreises, um dieses deckungsgleich zu seinem Original zu legen. Kopieren Sie dafür den unteren Halbkreis.

Dazu deaktivieren Sie alle Objekte mit [Strg]/[cmd]+[⇧]+[A] (oder über das Menü AUSWAHL • AUSWAHL AUFHEBEN). Nun klicken Sie mit dem Direktauswahl-Werkzeug [A] auf den untersten Ankerpunkt des Kreises.

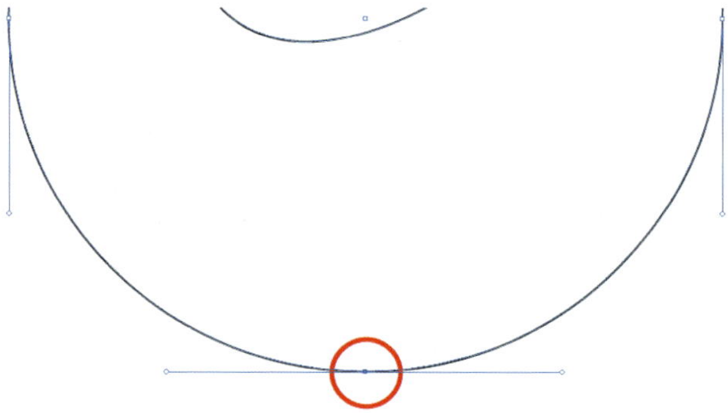

Abbildung 2.99 ▶
Nur der unterste Ankerpunkt wird aktiviert.

Mit Strg/cmd+C und Strg/cmd+F (oder über Bearbeiten • Kopieren und Bearbeiten • Davor einfügen) fügen Sie nun das kopierte Pfadsegment direkt vor seinem Original ein.

8 Farbe und Verläufe zuweisen

Aus dem Farbfelder-Bedienfeld ziehen Sie das rote Farbfeld auf den Außenkreis und das Verlaufsfeld »Logo-Verlauf_Weiss« auf den unteren Halbkreis – wobei Sie bei Objekten, die noch keine Flächenfarbe haben, deren Kontur treffen müssen!

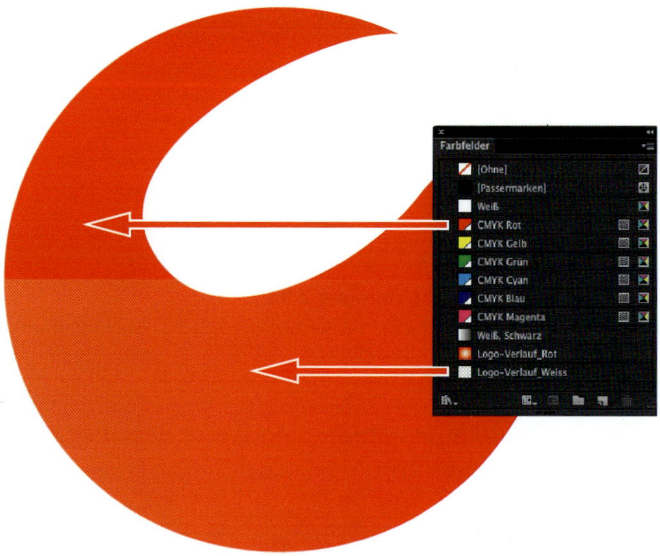

Abbildung 2.100 ▶
Zuweisen von Farben und Verläufen

▲ **Abbildung 2.101**
Stellen Sie die Konturfarbe auf Ohne.

Das Logo sieht allerdings besser aus, wenn es keine Konturfarbe hat. Also aktivieren Sie die Objekte mit Strg/cmd+A und setzen die Konturfarbe auf Ohne.

9 Den unteren Halbkreis gestalten

Wie schon beim aufgeschnittenen Außenkreis nehmen Sie mit dem Zeichenstift-Werkzeug [P] am linken Endpunkt des Halbkreises den Pfad wieder auf, setzen etwas mittig im oberen Drittel einen Kurvenpunkt und ziehen mit gedrückter Maustaste nach rechts oben eine Grifflinie heraus. Anschließend klicken Sie auf den rechten Ankerpunkt des Halbkreises und ziehen mit gedrückter Maustaste senkrecht nach unten. Auf diese Weise haben Sie den Pfad schön abgerundet geschlossen.

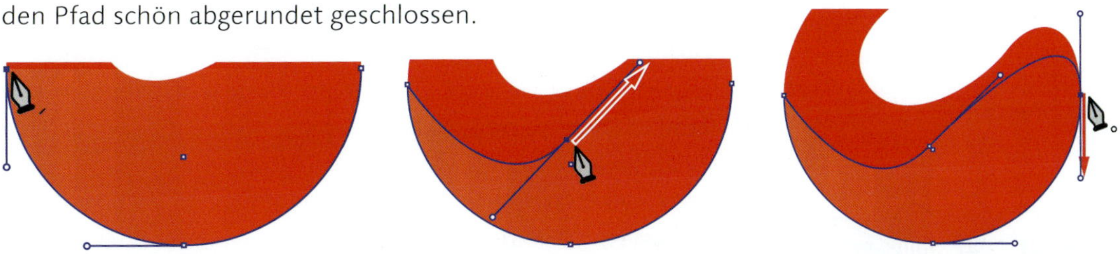

▲ **Abbildung 2.102**
Ansetzen und Fortführen des Pfades

10 Ändern der Verlaufsrichtung

Klicken Sie in der Werkzeugleiste auf FLÄCHE, damit sich die folgenden Einstellungen nicht auf die Kontur beziehen. Mit dem Verlaufwerkzeug [G] ziehen Sie nun bei aktivem Halbkreis von der Mitte bis nach rechts unten, um so den spiegelnden Effekt zu kreieren. Fertig ist Ihr Logo.

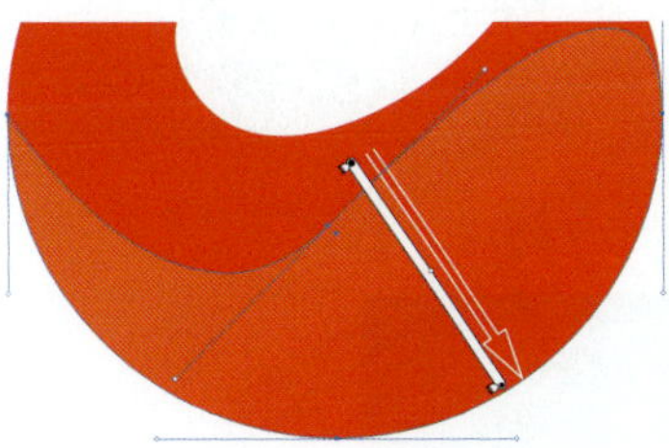

◄◄ **Abbildung 2.103**
Ändern der Verlaufsrichtung mit dem Verlaufwerkzeug

◄ **Abbildung 2.104**
Wow, Ihr erstes selbstgezeichnetes Logo!

Skizzen nachzeichnen

Eine Skizze mit »Handschrift« soll gezeichnet werden. Sie müssen sich bei solchen Aufgaben entscheiden, ob Sie zuvor mit Bleistift auf Papier eine Skizze anfertigen, sie einscannen, in die Datei platzieren (siehe Kapitel 4, »Bilder und Grafiken«) und nachzeichnen oder ob Sie sie von vornherein frei in Illustrator zeichnen möchten. Denn auch mit Illustrator kann man recht frei zeichnen, wie Sie gleich sehen werden (besonders dann, wenn Sie mit einem Grafiktablett arbeiten).

Schritt für Schritt
Eine Freihandskizze anfertigen

1 Vorlage öffnen

Sie benötigen: blume.ai

Für den Fall, dass Sie sich direkter an die Skizze halten möchten, habe ich Ihnen eine Skizze vorbereitet. Öffnen Sie einfach die Datei »Blume.ai«.

Es ist eine einfache Bleistiftskizze, die Ihnen als Vorlage dient. In der Datei ist sie schon platziert und auf einer extra Ebene fixiert und abgeblendet. Stört Sie die Vorlage, blenden Sie sie wie in der vorherigen Schritt-für-Schritt-Anleitung einfach aus.

▲ Abbildung 2.105
So kann Ihre Blume gleich auch aussehen.

Abbildung 2.106 ▶
Die Skizze wird in Ihrer Datei als Vorlage platziert.

2 Die inneren Blütenblätter

Zunächst starten Sie mit dem Ellipse-Werkzeug [L] und ziehen eine senkrechte schmale Ellipse auf, die das mittlere Blütenblatt darstellt.

◂ **Abbildung 2.107**
Das mittlere Blütenblatt

3 Blütenblatt duplizieren durch Drehen

Wählen Sie das Drehen-Werkzeug [R], und klicken Sie einmal in den untersten Punkt der Ellipse, um dort den Drehpunkt zu fixieren. Mit gedrückter [alt]-Taste zum Duplizieren drehen Sie nun das Blütenblatt nach rechts, indem Sie am oberen Ende der Ellipse klicken und nach rechts ziehen (ohne die Maus zwischendurch loszulassen!). Nun verfahren Sie andersherum für das linke innere Blütenblatt.

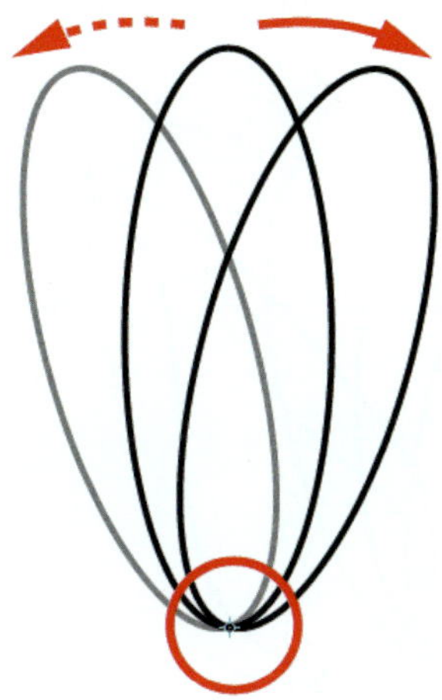

▴ **Abbildung 2.108**
Um den Drehpunkt drehen mit Kopie per [alt]-Taste

4 Buntstift-Werkzeug-Einstellungen

Als Nächstes sollen die äußeren Blütenblätter gezeichnet werden – mit dem Buntstift-Werkzeug [N]. Dafür empfiehlt es sich, das Buntstift-Werkzeug zunächst unseren Bedürfnissen anzupassen. Mit einem Doppelklick auf das Buntstift-Werkzeug in der Werkzeugleiste rufen Sie die Dialogbox OPTIONEN FÜR BUNTSTIFT-WERKZEUG auf.

Die Pfade dürfen gefüllt werden, müssen es aber nicht ❷ (Abbildung 2.109). Behalten Sie die Auswahl bei ❸, bleibt der Pfad aktiv, wenn Sie die Maus loslassen. Dann können Sie mit dem Buntstift die Skizze selbst gleich noch korrigieren und bearbeiten ❹. Oder Sie halten die [alt]-Taste gedrückt und glätten Ihren Pfad, falls er zu »wackelig« geworden sein sollte. Ist der Strich gar nicht gelungen, »überzeichnen« Sie ihn einfach ein weiteres Mal (ohne die alt-Taste). Schieben Sie den Regler ruhig mehr Richtung Glatt ❶.

Abbildung 2.109 ▸
Ein Doppelklick auf das Buntstiftsymbol in der Werkzeugleiste öffnet die Buntstift-Werkzeug-Optionen.

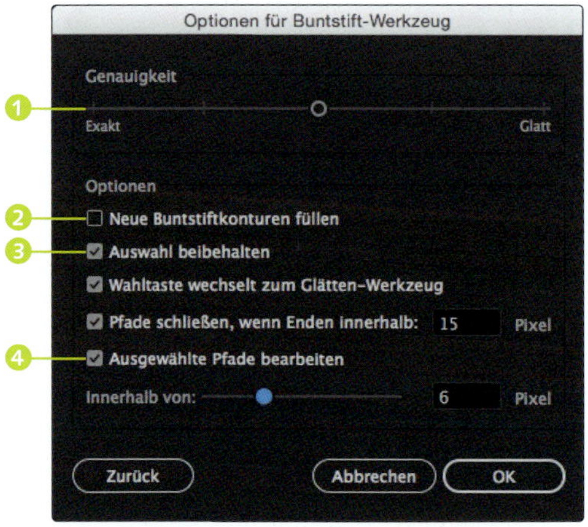

Wollen Sie das nächste Objekt zeichnen, deaktivieren Sie das gerade aktive mit Strg/cmd+⇧+A.

▲ Abbildung 2.110
Korrigieren Sie das aktiv gebliebene Blatt.

5 Äußere Blütenblätter zeichnen

Zeichnen Sie nun das linke und rechte äußere Blütenblatt freihändig. Vielleicht stellen Sie zuvor noch die Konturstärke so ein, wie sie auch zu sehen sein soll (z. B. 2 pt). Erscheint Ihnen das Blatt nicht gelungen, überzeichnen Sie es einfach so lange, bis es Ihnen gefällt. Wenn Ihnen partout nur ein »schönes« Blütenblatt gelingt, können Sie dieses kopieren und dann spiegeln (Objekt • Transformieren • Spiegeln).

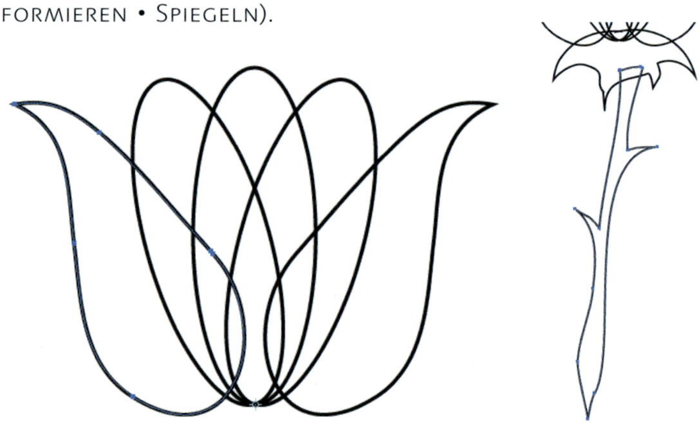

Abbildung 2.111 ▸
Der fertige Blütenkelch und der Stängel

Danach zeichnen Sie auch den Stängel und die Stängeloberseite. Weil Sie diese Elemente nach den Blütenblättern gezeichnet haben, liegen sie auch über der Blüte. Aktivieren Sie den unteren Teil des Stängels, und bringen Sie ihn nach hinten: OBJEKT • ANORDNEN • IN DEN HINTERGRUND.

6 Die Schraffuren vorbereiten

Wenn Sie alles aktivieren und in dem Farbe-Bedienfeld die Flächenfarbe auf Weiß stellen, lenken die Konturen der Blätter, an denen Sie gerade nicht arbeiten, nicht so ab.

◂ **Abbildung 2.112**
Flächenfarbe auf Weiß setzen

Für die Schraffuren verändern Sie die Werkzeugeinstellungen des Buntstifts. Da wäre es hinderlich, die einzelnen Striche immer wieder zu deaktivieren, bevor Sie den nächsten zeichnen.

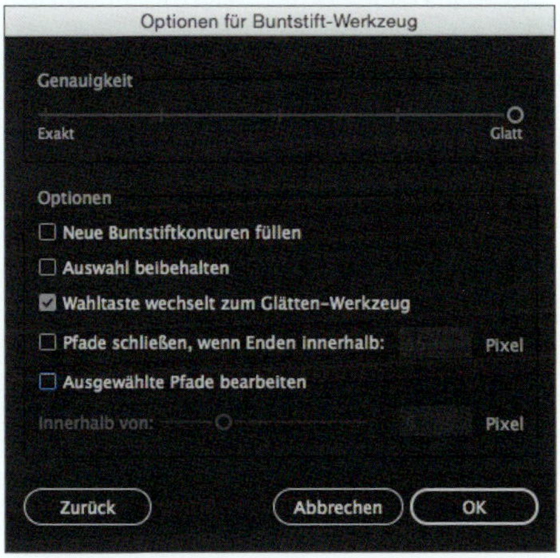

◂ **Abbildung 2.113**
Einstellungen, die für die Schraffur besser geeignet sind

Also stellen Sie Auswahl beibehalten ab und erhöhen die Glättung deutlich durch Schieben des Reglers nach rechts. Deaktivieren Sie zudem Ausgewählte Pfade bearbeiten.

Da die Schraffur nicht über die Konturlinien der gezeichneten Objekte hinausragen soll, werden Sie sie innerhalb dieser Konturen zeichnen. Ganz unten in der Werkzeugleiste finden Sie drei Buttons (wenn die Leiste zweispaltig ist). Aktivieren Sie das jeweilige Objekt, das Sie mit einer Schraffur versehen wollen, und klicken Sie auf den Button Innen zeichnen 1. Ist Ihre Werkzeugleiste einspaltig, halten Sie auf das Symbol Zeichenmodi und wählen im Dropdown-Menü Innen zeichnen aus.

Abbildung 2.114 ▸
Das Objekt, in dem innen gezeichnet 1 wird, bekommt gestrichelte Ecken.

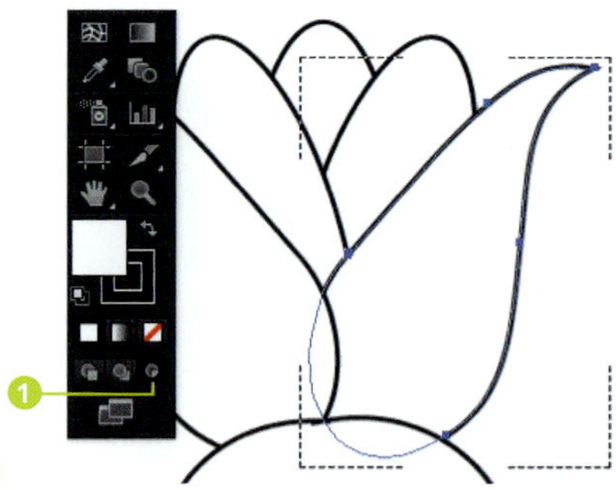

Grafiktablett
Wer mit einem Grafiktablett arbeitet, ist bei solchen Arbeiten, wie bei vielen anderen auch, deutlich im Vorteil. Wer Illustrator beruflich nutzt, sollte sich über die Anschaffung eines Tabletts Gedanken machen, es lohnt sich.

7 Mit dem Schraffieren beginnen

Nun schraffieren Sie fleißig drauflos. Sie dürfen dabei die Linien auch gern über die Kontur hinausziehen. Wenn Sie die Maus dann loslassen, sind sie nur noch innen sichtbar. Wichtig: Klicken Sie nach der Schraffur eines jeden Blattes immer wieder gleich auf den Button Normal zeichnen! Aktivieren Sie den Button Innen zeichnen dann für jedes weitere zu schraffierende Element erneut. Es kommt zu häufig vor, dass das vergessen wird und man seine Objekte nicht mehr sieht, weil sie irgendwo innen erstellt werden.

Abbildung 2.115 ▸
Links sieht man in der Pfadansicht (unter Ansicht), dass die Schraffur über das Blütenblatt hinausragt. Rechts in der Vorschau ist jedoch nur das Blatt schraffiert.

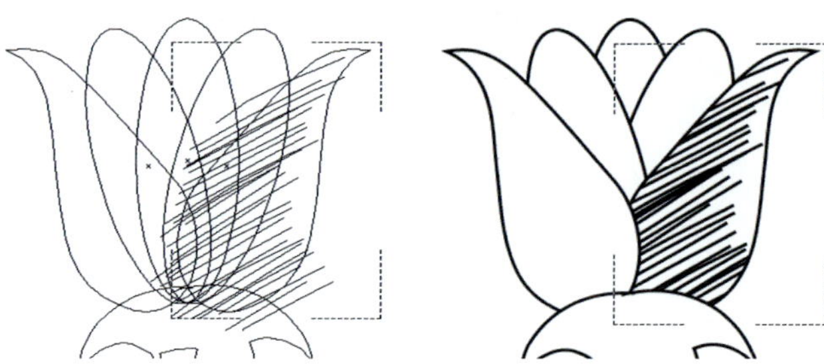

8 Schraffuren korrigieren

Möchten Sie einzelne Pfade oder Ankerpunkte nachträglich bearbeiten, müssen Sie das Objekt mit dem Auswahl-Werkzeug [V] aktivieren und dann im Steuerung-Bedienfeld links den Button INHALTE BEARBEITEN wählen. Dann können Sie die Korrekturen an Ihren Pfaden vornehmen. Umgekehrt bearbeiten Sie über den Button ZUSCHNEIDUNGSPFAD BEARBEITEN das Blatt als Ganzes.

▲ **Abbildung 2.116**
Zum Bearbeiten des Inhalts im Steuerung-Bedienfeld

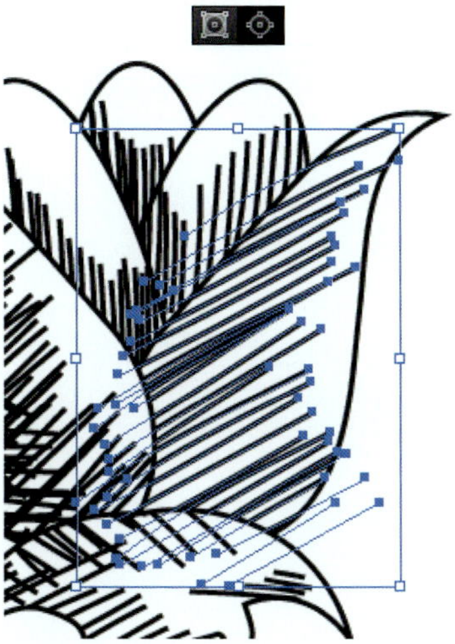

◂◂ **Abbildung 2.117**
Die Schraffur innerhalb des Blattes bearbeiten Sie über INHALTE BEARBEITEN im Steuerung-Bedienfeld.

◂ **Abbildung 2.118**
Das Ergebnis unseres Workshops

2.8 Tastaturkürzel und Werkzeugspitzen

Mit einer gewissen Übung und zunehmender Sicherheit in Illustrator gewinnen die Tastenkürzel für die Effektivität des Arbeitens gerade in diesem Kapitel an Bedeutung. Achten Sie auch immer darauf, welche Spitze Ihr Werkzeug gerade zeigt. Die nachfolgende Tabelle 2.1 und Tabelle 2.2 sollen Ihnen dabei helfen.

Zweck	**PC**	**Mac**
Auswahl-Werkzeug	[V]	[V]
Direktauswahl-Werkzeug	[A]	[A]
Zeichenstift-Werkzeug	[P]	[P]
Buntstift-Werkzeug	[N]	[N]

◂ **Tabelle 2.1**
Die Tastaturkürzel für die Arbeit mit Pfaden

Zweck	PC	Mac
Liniensegment-Werkzeug	⇧+.	⇧+.
Schere-Werkzeug	C	C
Temporäres Aufrufen des letzten Auswahl-Werkzeugs	Strg	cmd
Hält zu setzende Punkte in 90° oder 45°	⇧	⇧
Wechselt Zeichenstift-Werkzeug zum Konvertieren	alt	alt
Punkte zusammenführen	Strg+alt+J	cmd+alt+J
Endpunkte verbinden	Strg+J	cmd+J
Alles deaktivieren	Strg+⇧+A	cmd+⇧+A
Aktives Objekt verbergen/ Alle verborgenen Objekte wieder einblenden	Strg+3/ Strg+alt+3	cmd+3/ cmd+alt+3
Temporäre Lupe für das Vergrößern/Verkleinern	Strg + Leertaste/Strg+alt + Leertaste	cmd + Leertaste/ cmd+alt + Leertaste
Ganze Zeichenfläche zeigen	Strg+0	cmd+0
Alle Zeichenflächen zeigen	Strg+alt+0	cmd+alt+0

Tabelle 2.1 ▸ Die Tastaturkürzel für die Arbeit mit Pfaden (Forts.)

Symbol	Anwendung
	Ankerpunkte setzen | Pfad beginnen | Pfad aufnehmen | Pfad schließen | Punkt hinzufügen | Punkt löschen | Punkt konvertieren | Verbindung zu anderem Pfad
	Ankerpunkt konvertieren
	Zeigt die Werkzeugspitzengröße des Radiergummis an.

Tabelle 2.2 ▸ Wichtige Werkzeugspitzen des Kapitels. Sie ändern ihr Aussehen je nach dem Kontext, in dem sie gerade angewendet werden.

3 Objekte erstellen und bearbeiten

Aussehen und Grundformen von Objekten

- Wie arbeite ich mit dem Aussehen-Bedienfeld?
- Wie lassen sich (geometrische) Grundformen erzeugen?
- Wie werden Objekte skaliert, gedreht, gespiegelt und verformt?
- Wie lassen sich Objekte kombinieren und aneinander ausrichten?
- Wie kann man ein Objekt verzerren?

3 Objekte erstellen und bearbeiten

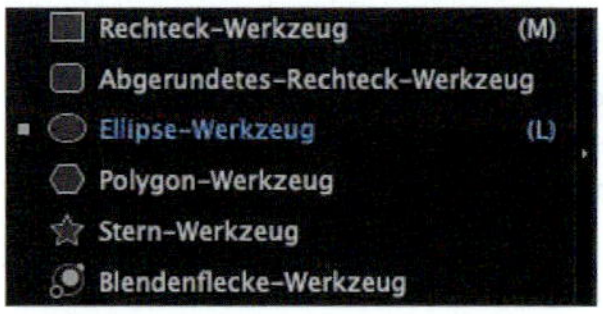

▲ **Abbildung 3.1**
Werkzeuge für geschlossene Formen

Adobe Illustrator hält eine ganze Reihe von Werkzeugen für Sie bereit. Ein Teil der Werkzeuge ist dafür da, Formen zu erzeugen, z. B. die Werkzeuge zur Erstellung geschlossener Formen wie Ellipsen, Recht- oder Vielecke. Andere Werkzeuge hingegen sollen schon bestehende, gezeichnete Formen verändern. Wir nähern uns zunächst dem Erstellen von Formen, um diese dann in den weiteren Teilen des Kapitels zu transformieren. Zunächst sehen wir uns aber eines der wichtigsten Bedienfelder von Illustrator an: das Aussehen-Bedienfeld.

3.1 Das Aussehen-Bedienfeld

Wenn Sie Formen erstellen – egal ob mit geometrischen Formwerkzeugen oder mit Freihandwerkzeugen –, brauchen Sie immer Bedienfelder, um die erzeugten Formen und Objekte zu verändern: die Farbe, die Konturstärke, die Konturart und vieles mehr. Die wichtigsten Funktionen vieler dieser Bedienfelder finden Sie in der Steuerleiste über Ihrer Zeichenfläche versammelt. Noch praktischer arbeiten Sie aber über das Aussehen-Bedienfeld, das alle Informationen über Ihr Objekt zusammenfasst. Auch hier finden sich einige Funktionen im Eigenschaften-Bedienfeld, doch dazu in Abschnitt 3.2 mehr.

Die Grundfunktionen

Ist ein Objekt aktiv, zeigt das Aussehen-Bedienfeld als Oberstes an, um was für ein Objekt es sich handelt ❹. Im Fall von Abbildung 3.2, einem ganz »normalen« Kreis, ist es ein Pfad. Darunter finden Sie drei Einträge: KONTUR, FLÄCHE und DECKKRAFT. Schnell können Sie so das Wichtigste auf einen Blick erfassen.

Doch Sie können hier auch die angezeigten Attribute verändern. Wenn Sie auf das Symbol klicken, das Ihnen die Konturfarbe anzeigt ❷, öffnet sich ein Popup-Menü mit dem Farbfelder-Bedienfeld, in dem Sie eine andere Farbe auswählen können.

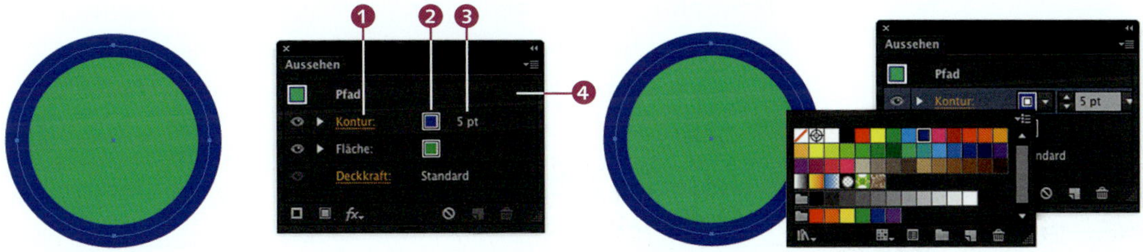

▲ **Abbildung 3.2**
Ein Kreis und sein Aussehen-Bedienfeld (links). Mit einem Klick auf das Farbe-Symbol öffnen Sie temporär die Farbfelder (rechts).

Rechts daneben können Sie (wenn Sie die Zeile KONTUR angewählt haben) die Konturstärke verändern ❸. Erinnern Sie sich: Mit dem Auf- bzw. Abwärtspfeil links neben dem angezeigten Wert können Sie diesen erhöhen oder verringern; Sie können den angezeigten Wert überschreiben oder mit dem rechten Pfeil die Dropdown-Liste zur Auswahl vorgegebener Werte öffnen.

Wenn Sie auf das unterstrichene Wort KONTUR ❶ klicken, öffnet sich wie immer bei unterstrichenen Wörtern in Menüs (und in der Steuerleiste) das dazugehörige Bedienfeld. Es zeigt nun alle einstellbaren Attribute der Kontur.

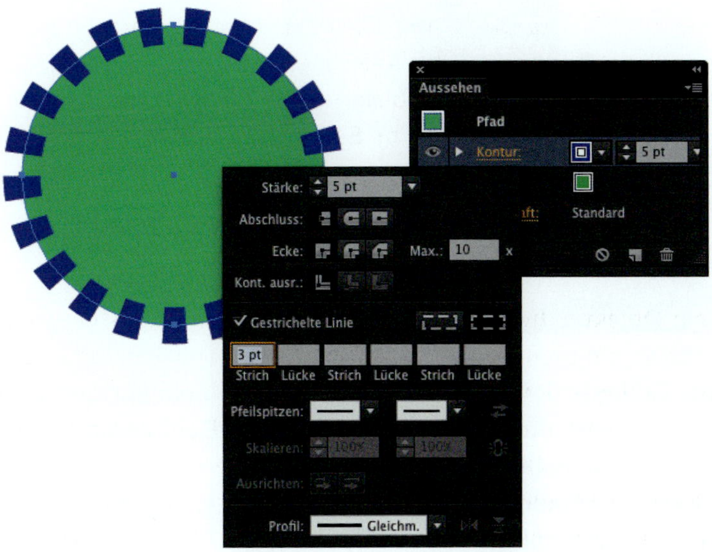

◂ **Abbildung 3.3**
Wenn Sie auf die unterstrichenen Wörter klicken, werden die entsprechenden Bedienfelder angezeigt.

Bei einem Klick auf das Farbe-Symbol von FLÄCHE öffnet sich wieder das Farbfelder-Bedienfeld. Unter DECKKRAFT können Sie die Deckkraft für das ganze Objekt (also für Fläche und Kontur) herabsetzen, sodass untere Objekte hindurchscheinen können. Mehr zur Deckkraft erfahren Sie in Abschnitt 8.1, »Transparenz«.

Erweitertes Arbeiten mit dem Aussehen-Bedienfeld

Ihnen wird das Auge-Symbol ❶ in der linken Spalte des Bedienfelds aufgefallen sein. Mit einem Klick darauf blenden Sie einzelne Attribute eines Objekts aus, ohne die Attribute löschen zu müssen; Sie können sie jederzeit wieder einblenden, wenn sie später doch zu sehen sein sollen.

Neugierig sind Sie sicher auch schon darauf, was sich hinter dem Pfeil vor KONTUR und FLÄCHE verbirgt ❷: Beide können ganz unabhängig voneinander eine unterschiedliche Deckkraft haben, sodass zum Beispiel die Kontur des Objekts halbtransparent ist, die Fläche aber deckend bleibt. Durch einen Klick auf das unterstrichene Wort DECKKRAFT öffnet sich das Transparenz-Bedienfeld, in dem man noch mehr als nur die Deckkraft verändern kann. (Wie gesagt: Mehr dazu lesen Sie in Kapitel 8, »Transparenzen und Effekte«.)

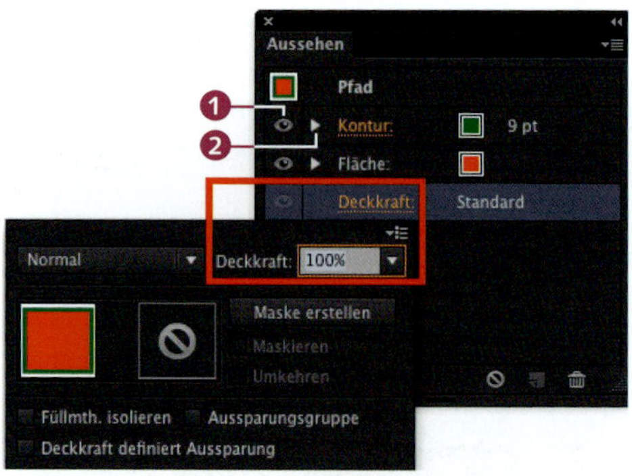

Abbildung 3.4 ▸
Über das Aussehen-Bedienfeld zur Transparenz

In der Fußleiste des Bedienfelds finden Sie mehrere Buttons. Drei erkläre ich hier, drei im nächsten Abschnitt. Ganz rechts ist ein Mülleimer-Symbol ❺ zu sehen. Je nachdem, welches Attribut Sie aktiviert haben, können Sie sein Aussehen mit einem Klick auf das Mülleimer-Symbol löschen.

Vorsicht: Klicken Sie zwei Symbole weiter links auf AUSSEHEN LÖSCHEN ❹, werden sämtliche Attribute auf 0 gesetzt. Ihr Objekt verliert seine Flächen- und Konturfarbe sowie angewendete Effekte. Es bleibt lediglich der reine Pfad übrig.

Das Symbol »fx« ❸ steht für Effekte. Hier können Sie Ihrem Objekt die unterschiedlichsten Effekte wie SCHLAGSCHATTEN, WEICHE KANTE oder TEXTUREN zuweisen (siehe wieder Kapitel 8). Je nachdem, welches Attribut Sie auf der Arbeitsfläche aktiviert haben, wird der Effekt nur auf die Kontur, nur auf die Fläche oder auf das ganze Objekt angewendet.

Pfad und Kontur
Man könnte glauben, dass Pfad und Kontur das Gleiche ist. Doch der Pfad, den fast jedes Objekt in Illustrator hat, beschreibt lediglich die Form des Objekts, während die Kontur das eigentliche Aussehen des Pfades definiert.

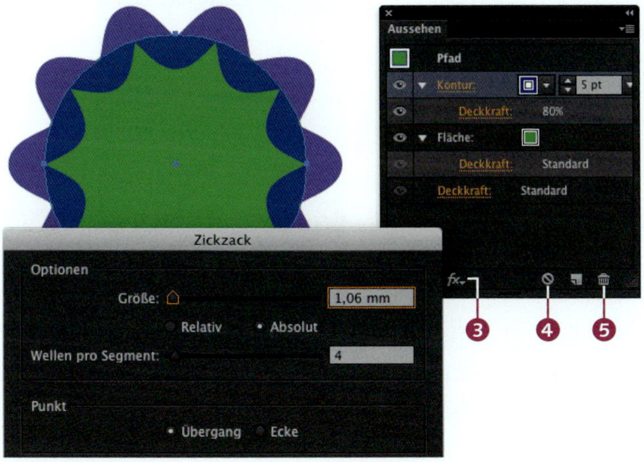

◂ **Abbildung 3.5**
Hier wird auf die Kontur gerade der Transformationsfilter ZICKZACK angewendet.

Klappen Sie ein Attribut mit dem Pfeil auf, sehen Sie auch die hinzugenommenen Effekte und können diese mit dem Auge-Symbol ausblenden oder mit einem Klick auf das Mülleimer-Symbol wieder löschen.

◂ **Abbildung 3.6**
Auf die Kontur angewandte Effekte

Professionelles Arbeiten mit dem Aussehen-Bedienfeld

Zum Ausprobieren
Am Ende dieses Kapitel gibt es eine Schritt-für-Schritt-Anleitung, mit der Sie ein kleines Logo mithilfe des Aussehen-Bedienfelds erstellen können. Probieren Sie es aus!

Der linke Button in der Fußleiste des Bedienfelds erzeugt eine weitere Kontur ❶. Hat die untere der beiden Konturen eine andere Farbe und ist sie dicker als die obere, ragt sie hinter dieser hervor. Effekte wie in Abbildung 3.7 sind so aus einem einzigen Objekt zu erzeugen.

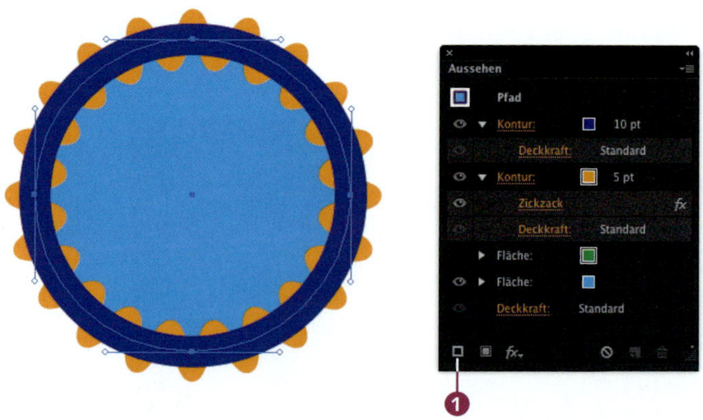

Abbildung 3.7 ▸
Interessantes Aussehen mithilfe des Aussehen-Bedienfelds

▲ Abbildung 3.8
Neue Fläche hinzufügen über das Flyout-Menü des Aussehen-Bedienfelds

Was für die Kontur gilt, gilt in gleicher Weise auch für die Fläche mit dem Button Neue Fläche hinzufügen ❷ der Fußleiste. Auch hier sind die Flächen unabhängig voneinander zu bearbeiten, zum Beispiel mit Effekten und Deckkraft, wie in Abbildung 3.9.

Der letzte Button ❸ dupliziert eine ausgewählte Kontur/Fläche oder einen Effekt.

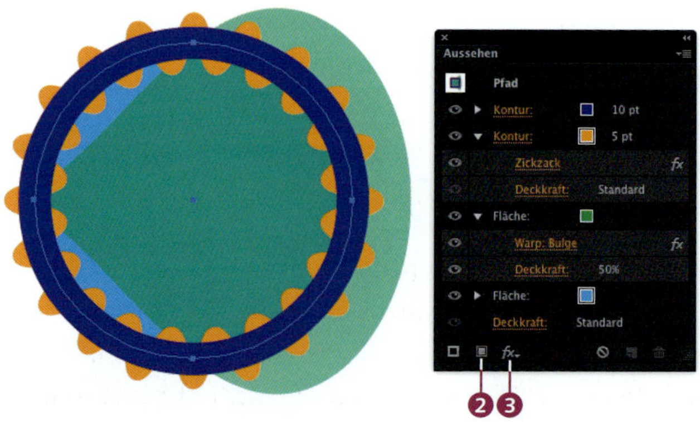

▲ Abbildung 3.9
Zwei Flächen und Effekte, die auf die obere Fläche und die untere Kontur angewendet wurden

Zwei interessante Funktionen verbergen sich noch im Flyout-Menü des Aussehen-Bedienfelds: Auf Grundform reduzieren löscht alle zusätzlichen Konturen/Flächen und die Effekte, wie auch reduzierte Deckkraft. Neues Bild hat Grundform heißt, dass, wenn Sie ein neues Objekt anlegen (z. B. ein Rechteck), dieses nur das Grundaussehen bekommt, ohne all die zuletzt angelegten Veränderungen. Ist der Eintrag nicht angehakt, bekommt jedes Objekt, das Sie neu erzeugen, die festgelegten Aussehen-Attribute – auch wenn das neue Objekt eine andere Form hat (siehe Abbildung 3.10).

Wenn ein neues Objekt anders aussieht als erwartet
Wenn Sie ein neues Objekt aufziehen und es alle möglichen Effekte, Formen etc. hat, aber nicht die erwarteten, so ist im Flyout-Menü des Aussehen-Bedienfelds bestimmt nicht der Haken bei Neues Bild hat Grundform gesetzt.

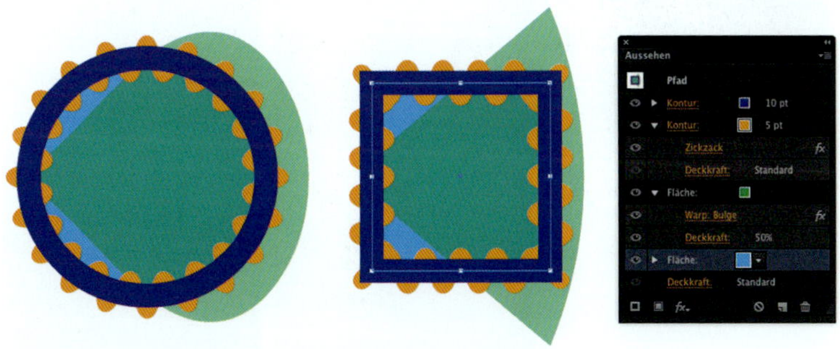

◂ **Abbildung 3.10**
Die Aussehen-Attribute werden auf das nächste Objekt übertragen.

Sie sehen: Das Aussehen-Bedienfeld ist ein sehr starkes Tool, und es lohnt sich, dieses Bedienfeld immer im Auge zu behalten. Ich persönlich liebe und nutze es sehr gern und oft. Es zeigt an, ob das ausgewählte Objekt eine Gruppe ist, eine Verzerrungshülle oder ein zusammengesetzter Pfad. Bekommen Sie eine fremde Datei, ist es unerlässlich, diese zunächst mit dem Aussehen-Bedienfeld zu analysieren, bevor Sie mit ihr weiterarbeiten. So sind Sie immer im Bilde, womit Sie es gerade zu tun haben.

3.2 Das Eigenschaften-Bedienfeld

Das Eigenschaften-Bedienfeld vereint, wie auch das seit Ewigkeiten bewährte Steuerung-Bedienfeld oberhalb der Zeichenfläche, kontextbedingte Inhalte. Wie auch das Aussehen-Bedienfeld zeigt es je nach aktivem Objekt verschiedene Attribute und soll auf direktem Weg alles in einem Bedienfeld zugänglich machen. Leider ist es Adobe nicht gelungen, hier konsequent zu sein, sodass Sie oft für Vieles auf einen Button klicken müssen, um bestimmte

Funktionen zu erreichen. Das wird sich auch nicht ändern, weil Illustrator so viele Funktionen anbietet, dass diese nie in ein einziges Bedienfeld passen. Aber wäre das Bedienfeld wenigstens individuell anpassbar, würde es hilfreicher sein.

Statt mich in den Funktionen zu wiederholen, stelle ich stattdessen in diesem Abschnitt kurz das Aussehen- und das Eigenschaften-Bedienfeld gegenüber. Sie können dann selbst entscheiden, welchem Sie den Vorzug geben möchten.

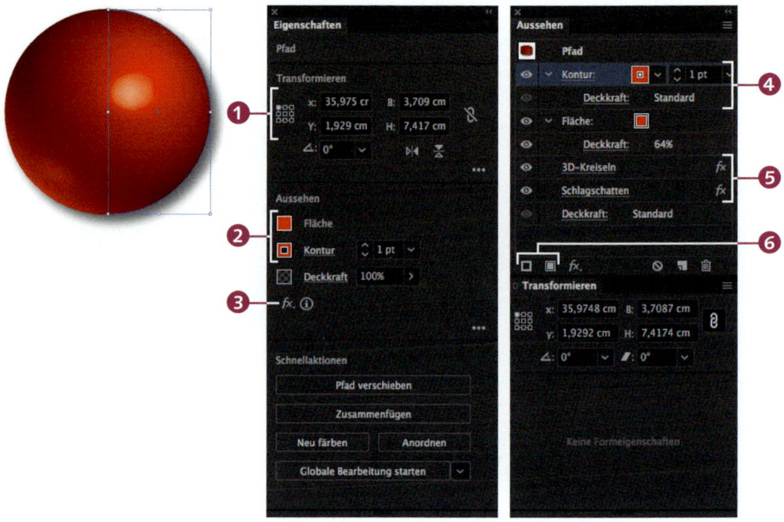

Abbildung 3.11 ▸
Eigenschaften-Bedienfeld und Aussehen-Bedienfeld im Vergleich

Nehmen wir als Beispiel die Kugel, die als 3D-Effekt angelegt ist. Das Eigenschaften-Bedienfeld zeigt die Flächen- und Konturfarbe an ❷, ebenso die Größe des Objekts und seine Position auf der Zeichenfläche ❶. Ob es sich um ein 3D-Objekt handelt oder ob es einen Schlagschatten hat, wird nicht angezeigt. Und weil in der Werkzeugleiste die Kontur aktiv ist, wird auch nur die Deckkraft der Kontur angezeigt ❸. Im Aussehen-Bedienfeld hingegen wird die Größe und Position nicht angezeigt, dazu bräuchten Sie noch das im Screenshot mit eingeblendete Transformieren-Bedienfeld. Jedoch werden alle Effekte, hier 3D und SCHLAGSCHATTEN, angezeigt ❺ und auch für Farbe und Kontur die jeweilige Deckkraft ❹. Das alles ist auch von hier aus zu ändern. Sehr genial für den erfahrenen Illustrator-Anwender ist die Funktion, dem Objekt weitere Flächen oder Konturen hinzuzufügen, was nur hier im Aussehen-Bedienfeld möglich ist ❻.

Möchte man speziellere Objekteigenschaften wie zum Beispiel das Verhalten von Mustern bestimmen, braucht man bei beiden das spezielle Bedienfeld (TRANSFORMIEREN in diesem Fall).

▲ **Abbildung 3.12**
Ein mit geometrischen Formwerkzeugen und dem Pinsel erstelltes Eis am Stiel

3.3 Geometrische Formwerkzeuge

Kommen wir nun zur Erstellung unserer ersten Formen mit Adobe Illustrator. Für geometrische Formen hält Illustrator einige Werkzeuge bereit, z. B. RECHTECK, ELLIPSE oder STERN. All diese Formen lassen sich mit der Maus aufziehen oder über eine numerische Eingabe erstellen. Die meisten Werkzeuge erzeugen geschlossene Formen ohne Start- und Endpunkt.

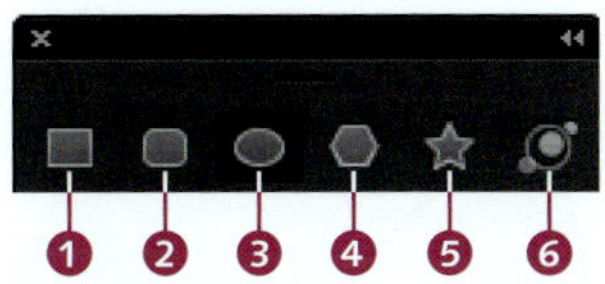

▲ **Abbildung 3.13**
Die Werkzeuge RECHTECK ❶, ABGERUNDETES RECHTECK ❷, ELLIPSE ❸, POLYGON ❹, STERN ❺ und BLENDENFLECKE ❻. Das Blendenflecke-Werkzeug gehört eigentlich nicht mit zu den geometrischen Formwerkzeugen, obwohl es an gleicher Stelle in der Werkzeugleiste zu finden ist.

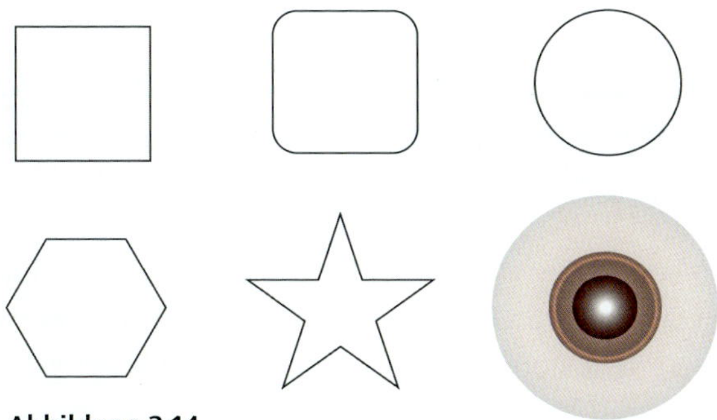

▲ **Abbildung 3.14**
Geometrische Grundformen

Rechteck

Wenn Sie das Rechteck-Werkzeug [M]  aus der Werkzeugleiste ausgewählt haben (auch hier verbergen sich die jeweils anderen Werkzeuge unter dem kleinen schwarzen Pfeil des oben liegenden Werkzeugs), ziehen Sie das Objekt mit der Maus in einer beliebigen Größe auf. Beim Rechteck ist die oberste Ecke links der Startpunkt Ihrer Maus, wenn Sie nach unten rechts ziehen.

Oftmals ist es einfacher, ein Objekt von der **Mitte** her aufzuziehen als von seiner oberen linken Ecke. Dafür halten Sie beim Aufziehen einfach [alt] gedrückt. Die Form vergrößert sich nun zu allen Seiten gleichzeitig.

Soll es aber kein Rechteck, sondern ein **Quadrat** sein (bzw. keine Ellipse, sondern ein Kreis beim Ellipse-Werkzeug), halten

Mit [alt] klicken
Wichtig für dieses Werkzeug (aber auch für spätere Funktionen) ist Folgendes: Wenn Sie mit gehaltener [alt]-Taste in die Zeichenfläche klicken, wird Ihre Form an genau dieser Stelle der Zeichenfläche auch ihre Mitte haben.

▲ **Abbildung 3.15**
Die numerischen Eingaben beim einfachen Klick mit dem Rechteck-Werkzeug auf die Zeichenfläche

Sie die [⇧]-Taste beim Ziehen gedrückt. Selbstverständlich können Sie [⇧] und [alt] gemeinsam gedrückt halten, um z. B. ein Rechteck quadratisch von der Mitte her aufzuziehen.

Eine ganz andere Art, eine Form mit einem Formwerkzeug zu erzeugen, ist die **numerische Eingabe**. Hierfür klicken Sie (ohne zu ziehen) mit dem ausgewählten Werkzeug auf die Zeichenfläche und erhalten ein Dialogfenster. In dieses geben Sie die Breite und Höhe des gewünschten Rechtecks ein. Mit dem Kette-Symbol ❶ können Sie das Seitenverhältnis fixieren. Korrigieren Sie dann im Dialog einen der beiden Werte, ändert sich der andere entsprechend mit. Wenn Sie den Dialog mit OK bestätigen, wird das Rechteck erzeugt.

Ellipse

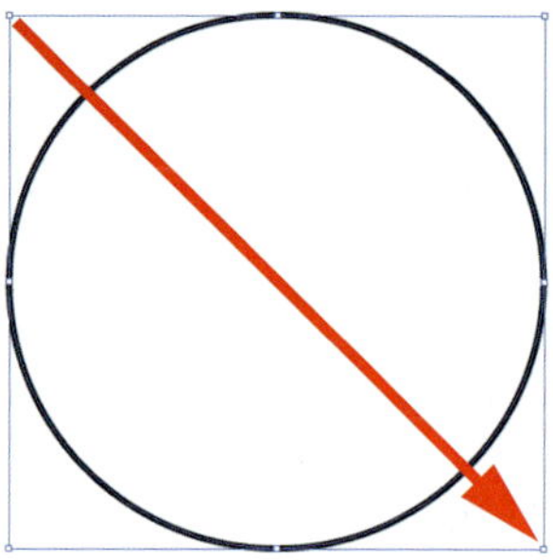

▲ **Abbildung 3.16**
Aufziehen mit [⇧] sorgt für einen Kreis.

Auch eine Ellipse [L] ziehen Sie von einer »Ecke« zur anderen auf, nur hat eine Ellipse keine Ecken. Sie können sich aber ein Rechteck um Ihre Ellipse vorstellen, um grob einzuschätzen, wo Ihre Ellipse platziert wird.

Wenn Sie also einen Kreis statt einer Ellipse haben wollen, halten Sie beim Aufziehen zusätzlich die [⇧]-Taste gedrückt. Gerade bei Kreisen kann es sehr sinnvoll sein, sie mit [alt] von der Mitte her aufzuziehen, wenn Sie zum Beispiel mehrere Kreise ineinanderlegen möchten. Auch beim Ellipse-Werkzeug können Sie mit einem Klick in die Zeichenfläche die Form numerisch erstellen.

Abgerundetes Rechteck

Position »on the fly« nachsteuern
Wenn Sie während des Aufziehens die Leertaste drücken, können Sie die Position des Objekts verschieben und nach dem Loslassen der Leer- oder Spacetaste weiter das Objekt aufziehen.

Alles, was über das Rechteck und die Ellipse gesagt wurde, gilt bis hier auch für das Abgerundetes-Rechteck-Werkzeug (kein Tastenkürzel). Anders ist jedoch der Aufbau der abgerundeten Ecke. Während das Rechteck nur Eckpunkte besitzt und die Ellipse nur Übergangspunkte, haben diese abgerundeten Rechtecke Punkte mit nur einem Griff zur Rundung hin. Zum Glück hat Adobe hier nachgebessert, sodass sich die Rundungen bei Transformationen, wie dem Skalieren, nicht verzerren. Man muss nur aufpassen, dass man nicht einen einzelnen Punkt einer solchen Kurve verschiebt und sie damit verzerrt.

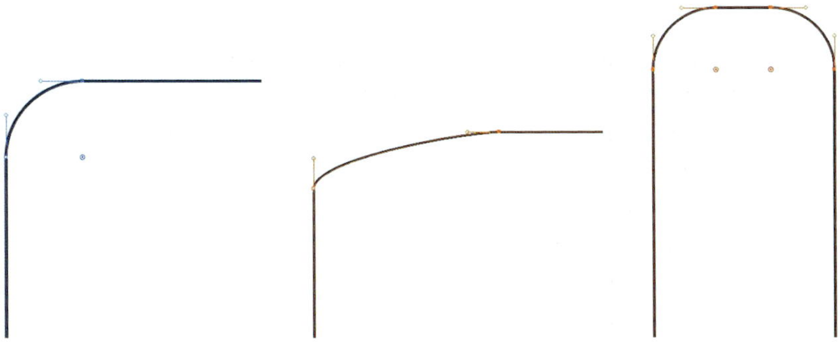

▲ **Abbildung 3.17**
Links: das abgerundete Rechteck. Mitte: wenn nur ein Ankerpunkt verschoben wird. Rechts: Runde Ecken bleiben nach dem Skalieren rund.

Im Transformieren-Bedienfeld finden Sie eine Checkbox, die das Verhalten der abgerundeten Ecken beim Transformieren steuert, also zum Beispiel beim Zusammenschieben des Rechtecks ❷. Entweder wird der Radius mit verkleinert bzw. vergrößert, oder er wird von der Transformation nicht betroffen. Ecken von Rechtecken kann man hier auch einzeln runden. Das Ketten-Symbol muss dafür geöffnet sein ❸.

◀ **Abbildung 3.18**
Eigenschaften für ein Rechteck

Bei der numerischen Eingabe kommt hier ein weiterer Punkt hinzu: Eckenradius. Dieser bestimmt den Grad der Rundung. Eben dieser Radius wird auch dann wieder angewendet, wenn Sie das nächste Mal ein abgerundetes Rechteck mit der Maus aufziehen.

Runde Ecken per Effekt
Lesen Sie auch in Abschnitt 8.3, »Effekte«, wie Sie runde Ecken über einen Effekt erzeugen können.

Polygon

Ein Polygon ist ein Vieleck. Und so nutzen Sie es, wenn Sie Dreiecke brauchen oder Sechsecke etc. Polygone ziehen Sie, anders als Ellipse und Rechteck, immer von der Mitte her auf.

Die Anzahl der Seiten Ihres Polygons bestimmen Sie entweder über die numerische Eingabe oder indem Sie beim Aufziehen des Objekts die Pfeiltasten Ihrer Tastatur ([↑] für mehr Seiten oder [↓] für weniger Seiten) drücken.

Die [⇧]-Taste sorgt diesmal dafür, dass das Objekt auf einer waagerechten Flächenseite steht.

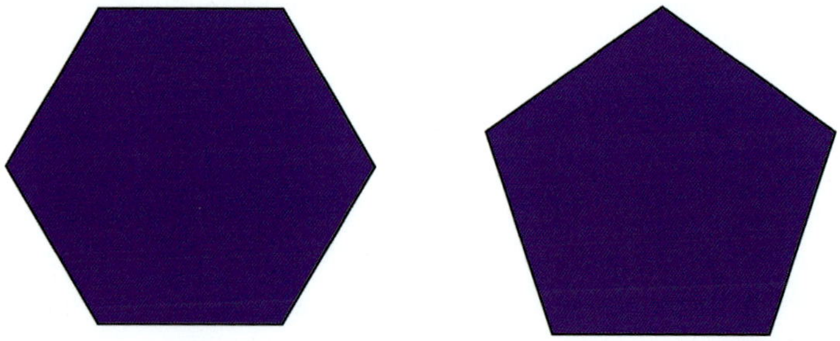

Abbildung 3.19 ▸
Während des Aufziehens bestimmen Sie mit den Pfeiltasten auf Ihrer Tastatur die Anzahl der Seiten.

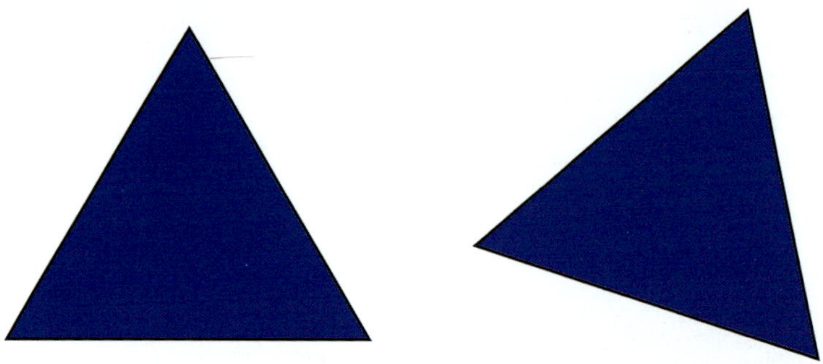

Abbildung 3.20 ▸
Das Halten der [⇧]-Taste beim Aufziehen hält das Dreieck waagerecht.

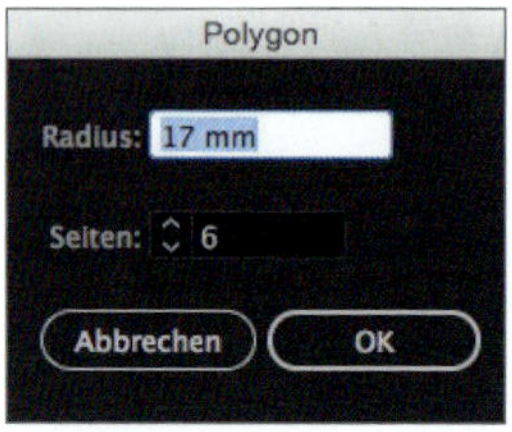

▴ Abbildung 3.21
In der numerischen Eingabe stellen Sie die Anzahl der Seiten ein.

Die Verbindung der einzelnen Punkte ist beim Polygon grundsätzlich gerade; es sind nur Eckpunkte. Sie können bei der numerischen Eingabe einen Radius und die Anzahl der Seiten bestimmen.

Stern

Das Stern-Werkzeug ist dem Polygon sehr ähnlich. Auch die Sterne ziehen sich von der Mitte her auf. Die [⇧]-Taste sorgt dafür, dass der Stern waagerecht auf einer oder zwei Spitzen steht.

Die alt-Taste sorgt beim Stern dafür, dass die von den Spitzen wegführenden Kanten nicht zur Mitte hin oder von der Mitte weg führen (❶ und ❹), sondern genau auf den übernächsten Punkt zeigen: Sterne (❷ und ❺). Beim Stern bestimmen Sie mit den Pfeiltasten die Anzahl der Zacken ❸.

Wenn Sie beim Ziehen mit der Maus die Strg/cmd-Taste drücken, werden die Verbindungslinien des Sterns weiter zur Mitte hin gezogen (von der Mitte her wegziehen) oder nach außen (zur Mitte hinziehen).

▼ **Abbildung 3.22**
Das Halten der alt-Taste beim Aufziehen verhindert, dass die Kanten zur Mitte hin oder von ihr weg zeigen (❶ und ❹).

Entsprechend hat die numerische Eingabe des Sterns auch zwei Radien: einen für die Spitzen und den zweiten für die inneren Ecken. Da es hier leider keine Vorschau im Dialog gibt, ist das Aufziehen mit der Maus beim Stern deutlich praktischer.

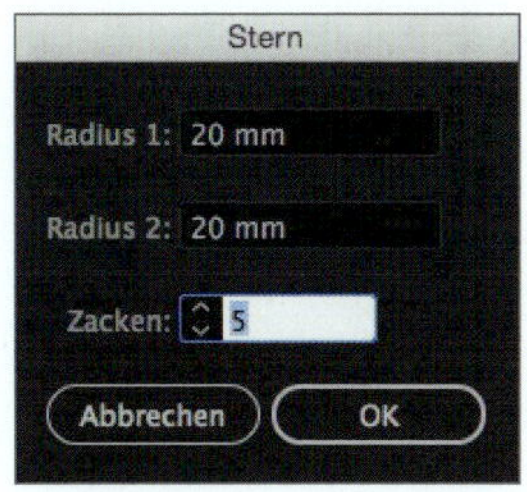

▲ **Abbildung 3.23**
Verwenden Sie Radius 1 für die Spitzen und Radius 2 für die inneren »Ecken« eines Sterns.

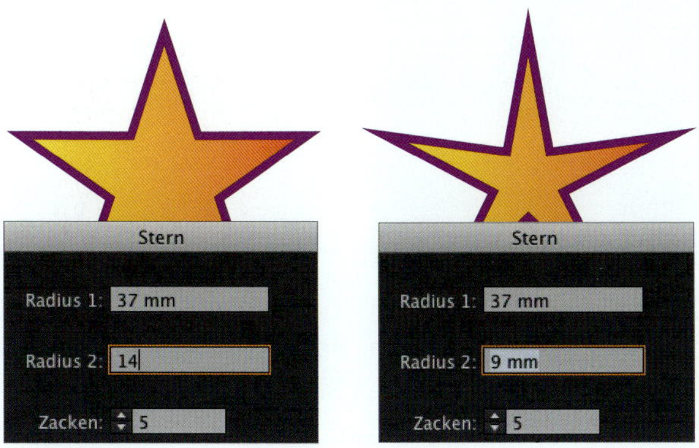

◄ **Abbildung 3.24**
Die Auswirkung der Radien ist bei der numerischen Eingabe schwer einzuschätzen.

Rechteckiges Raster

In einer anderen Werkzeuggruppe (der mit dem Liniensegment-Werkzeug) liegt das Rechteckiges-Raster-Werkzeug. Es erzeugt auch ein Rechteck, nur dass dieses Rechteck in Rasterzellen aufgeteilt ist.

▲ **Abbildung 3.25**
Unter dem Liniensegment liegen die Werkzeuge Rechteckiges Raster und Radiales Raster verborgen.

Das rechteckige Raster zieht sich wie Rechteck und Ellipse von der Ecke her auf bzw. mit der [alt]-Taste von der Mitte her und mit [⇧] eben quadratisch.

Im Prinzip ist es ein Rechteck, das mit waagerechten und senkrechten Linien gefüllt ist. Auf den Rahmen kann man aber auch verzichten, dann sind es nur waagerechte und senkrechte Linien. Eine Anwendung könnte das Erstellen eines Layoutrasters sein.

Ein Doppelklick auf das Werkzeug oder ein einfacher Klick in die Zeichenfläche bei aktiviertem Werkzeug öffnet den Dialog der numerischen Eingabe. Er heißt hier Optionen für Rechteckiges-Raster-Werkzeug.

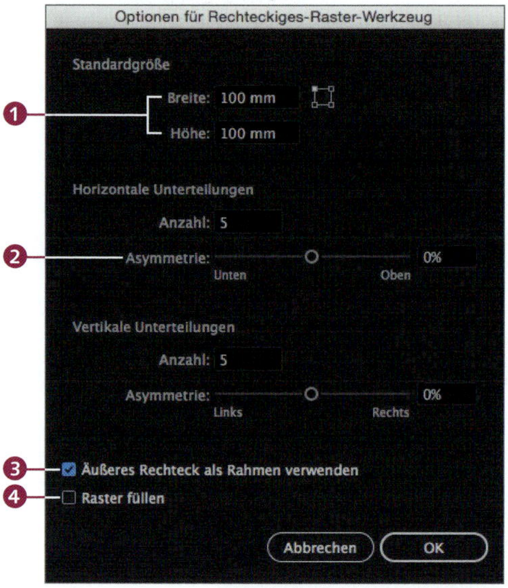

Abbildung 3.26 ▶
Optionen für ein Raster

Breite und Höhe ❶ sprechen für sich. Bei den horizontalen und vertikalen Unterteilungen bestimmen Sie, wie viele Zwischenlinien erstellt werden sollen. Schieben Sie den Asymmetrie-Regler ❷ von der 0-Position weg, erzeugen Sie statt einer gleichmäßigen eine logarithmische Unterteilung (siehe den Hinweis auf der nächsten Seite). Äußeres Rechteck als Rahmen verwenden ❸ legt noch einmal ein Rechteck um alles herum. Wenn Sie einen Haken bei Raster füllen ❹ setzen, wird der äußere Rahmen (wenn auch dieser angehakt ist) mit der in der Werkzeugleiste erkennbaren Flächenfarbe gefüllt. Auch die Konturfarbe wird auf die äußeren und die Zwischenlinien angewendet.

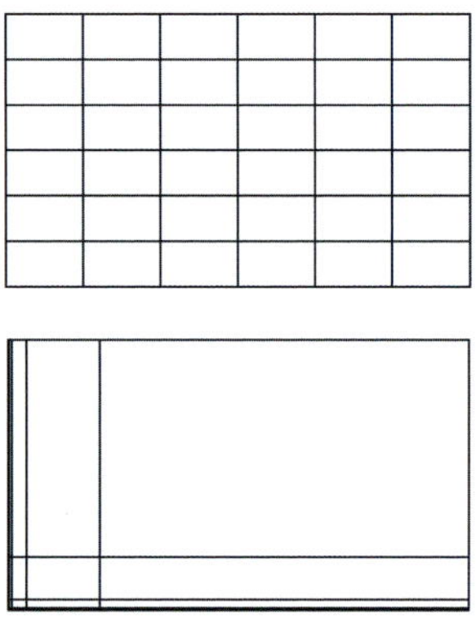

▲ **Abbildung 3.27**
Raster können auch logarithmisch sein (unten).

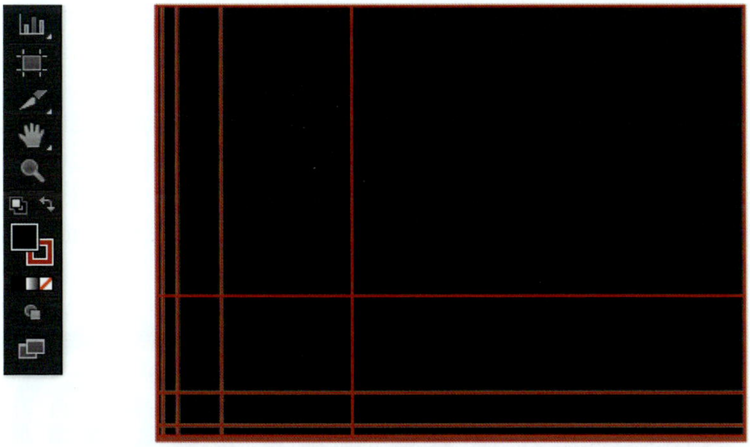

◂ **Abbildung 3.28**
Das Raster wird automatisch mit Flächen- und Konturfarbe gefüllt.

Radiales Raster

Beim Radiales-Raster-Werkzeug gilt das Gleiche wie beim Rechteckiges-Raster-Werkzeug, nur ist das Raster eben ellipsen- bzw. kreisförmig. KONZENTRISCHE UNTERTEILUNGEN 5 sind die Kreise an sich. Die ANZAHL 6 bestimmt, wie viele Kreise ineinander gestaffelt sind. Die ASYMMETRIE 7 staucht die Kreise logarithmisch nach außen bei einem Wert über 0 % und nach innen, wenn der Wert unter 0 % liegt.

Logarithmische Verteilung
Im Gegensatz zur gleichmäßigen Verteilung der senkrechten und waagerechten Linien werden bei einer logarithmischen Verteilung die Abstände der Linien zunehmend enger.

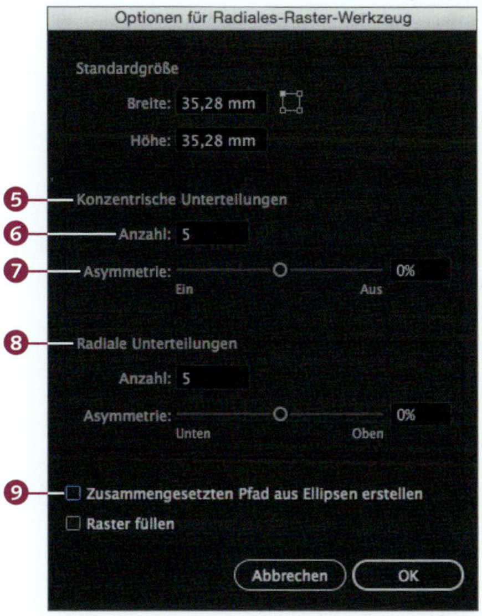

◂ **Abbildung 3.29**
Die Optionen für das radiale Raster

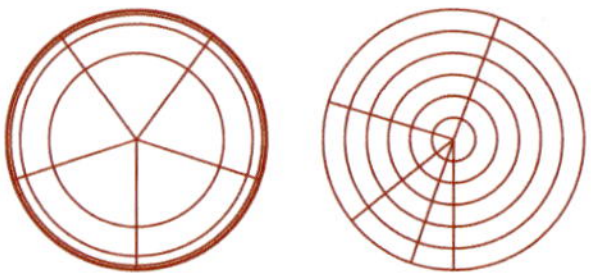

▲ **Abbildung 3.30**
Asymmetrie in den Kreisen (links) und in den Unterteilungen (rechts)

RADIALE UNTERTEILUNGEN ❽ der Kreise sind die Linien von der Mitte bis zum Rand. Auch diese können sich logarithmisch stauchen, wenn Sie die Asymmetrie von 0% wegbewegen.

Anders als beim Rechteckiges-Raster-Werkzeug haben Sie die Möglichkeit, die Ellipse aus verbundenen Pfaden erzeugen zu lassen. Die einzelnen Ringe, die entstehen, sind dann jeweils für sich einzufärben. Setzen Sie hierfür den Haken bei ZUSAMMENGESETZTEN PFAD AUS ELLIPSEN ERSTELLEN ❾.

▲ **Abbildung 3.31**
Die Anzahl der Segmente ist beliebig und auch, ob die Kreise zu Ringen verbunden werden (Mitte und rechts).

Spirale

Verjüngung der Spirale
Eine Spirale kann sich mit immer gleichem Abstand der Ringe zueinander zur Mitte hin winden. Sie kann sich aber auch »verjüngen«, also nach innen hin zunehmend schneller engere Windungen erzeugen.

Das Spirale-Werkzeug (das Sie auch unter dem Liniensegment-Werkzeug finden) erzeugt einen offenen Pfad mit Startpunkt und Endpunkt. Es zieht sich von der Mitte her auf.

Das Halten der `Strg`/`cmd`-Taste beim Aufziehen lässt die Verjüngung schneller (von der Mitte wegziehen) oder langsamer (zur Mitte hinschieben) werden. Die Pfeiltasten Ihrer Tastatur vermehren `↑` oder vermindern `↓` die Anzahl der Windungen.

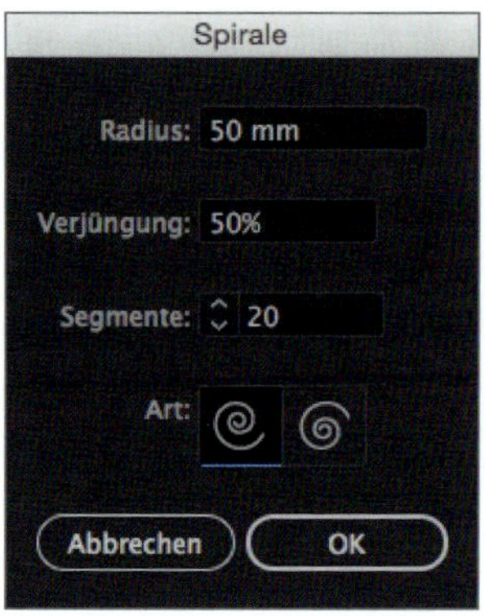

Abbildung 3.32 ▶
Auch bei der Spirale haben Sie die Möglichkeit zur numerischen Eingabe. Bestimmen Sie hier, ob sie links- oder rechtsherum läuft.

◂ **Abbildung 3.33**
Verjüngung der Spirale: langsam oder schnell mit [Strg]/[cmd]. Die Anzahl der Windungen: [↑] und [↓].

Glauben Sie mir, wenn ich Ihnen sage, dass Sie eine Spirale mit dem Zeichenstift-Werkzeug nie so hinbekommen werden wie mit diesem Werkzeug.

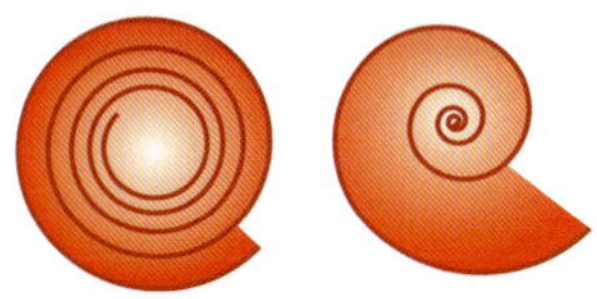

▴ **Abbildung 3.34**
Natürlich kann man auch die Spirale mit Farbe füllen, auch wenn sie eine an sich offene Form ist.

Blendenflecke

Das Blendenflecke-Werkzeug ist – ich sagte es bereits – kein geometrisches Formwerkzeug im eigentlichen Sinne. Auch erzeugt es keine Grundform, die aus Kontur und Fläche besteht, sondern eine Mischung verschiedener Objekte, die durch Transparenzen miteinander verbunden sind und so den Eindruck von Blendenreflexen einer Kamera simulieren sollen.

Zur Erstellung eines Blendenflecks müssen Sie zweimal mit der Maus klicken. Beim ersten Mal ❶ bestimmen Sie durch Ziehen mit der Maus die Größe des mittleren Lichtes. Mit einem weiteren Klick ❷ geben Sie noch die Weite und Richtung des Reflexes an. Solange Sie die Maus gedrückt halten, bekommen Sie diese als Hilfslinien dargestellt und können sie noch verändern.

▴ **Abbildung 3.35**
Blendenflecken peppen hier die Landschaft auf.

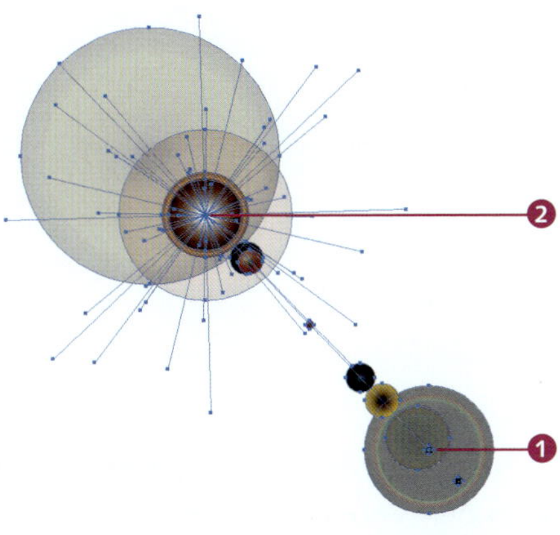

◂ **Abbildung 3.36**
Die Größe der Reflexe bestimmen Sie beim ersten Ziehen mit der Maus, die Entfernung des Reflexes dann mit einem zweiten Klick.

Die Menge der Strahlen können Sie auch hier wieder mit den Auf- und Abwärtspfeilen Ihrer Tastatur steuern.

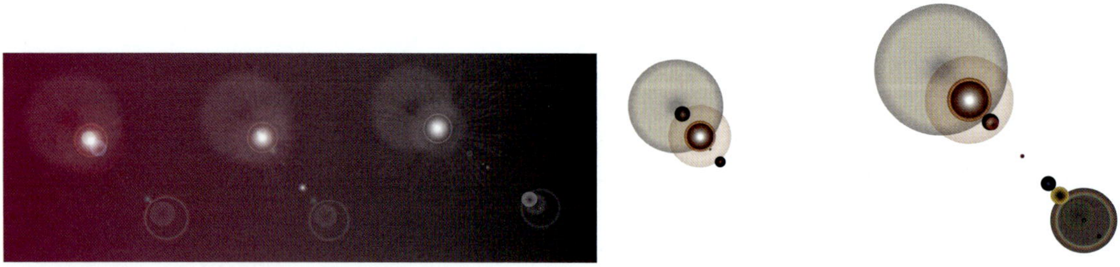

▲ **Abbildung 3.37**
Die Anzahl der Strahlen steuern Sie mit den Pfeiltasten auf Ihrer Tastatur.

Ecken-Widget

▲ **Abbildung 3.38**
Das ist das Ecken-Widget.

Das Ecken-Widget ist kein Werkzeug im eigentlichen Sinne, sondern eine Funktion; eine coole Funktion, die das Arbeiten mit »runden Ecken« intuitiv und leicht macht. Das Ecken-Widget ist bei jedem Formwerkzeug verfügbar.

Das Ecken-Widget sehen Sie in Abbildung 3.39 in Aktion: Es ist der Kreis mit Punkt in der Ecke ❶.

Ziehen Sie mit der Maus an einem dieser Symbole – und das geht beim normalen Rechteck wie bei jedem anderen Objekt mit einer Ecke –, runden Sie diese eine Ecke. Sind mit dem Direktauswahl-Werkzeug mehrere Ankerpunkte aktiviert, werden mehrere Ecken gleichzeitig gerundet, und das ganz intuitiv.

Abbildung 3.39 ►
Nur die Ankerpunkte oben links sind aktiviert. Deshalb rundet sich beim Ziehen am Ecken-Widget zur Mitte hin auch nur diese eine Ecke.

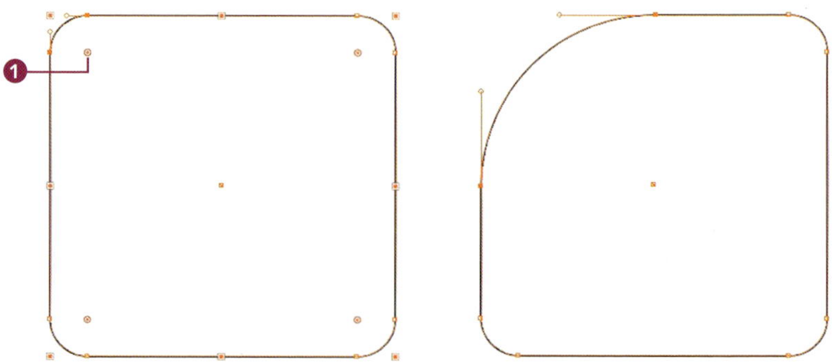

Ist Ihr Ecken-Widget nicht zu sehen, navigieren Sie zu Ansicht • Ecken-Widget einblenden. In den Voreinstellungen unter Auswahl und Ankerpunkt-Anzeige können Sie bestimmen, wie flach eine Ecke sein darf, damit das Widget nicht angezeigt wird.

Schritt für Schritt
Ein Zahnrad mit dem Ecken-Widget

So machen Sie beispielsweise mit dem Ecken-Widget aus einem Stern ein Zahnrad. Das Stern-Werkzeug erkläre ich zwar erst im nächsten Abschnitt, es ist aber so leicht zu bedienen und der Effekt so schön, dass wir hier vorgreifen können.

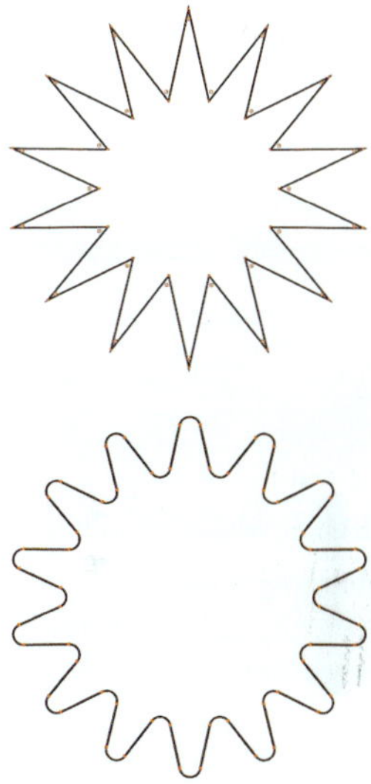

▲ **Abbildung 3.40**
Aus einem Stern wird ein abgerundeter Stern.

1 Stern aufziehen
Gehen Sie zum Stern-Werkzeug. Sie ziehen einen Stern auf (mit den Pfeiltasten Ihrer Tastatur nach oben und unten bestimmen Sie dabei die Anzahl der Zacken), wählen das Direktauswahl-Werkzeug und ziehen alle Zacken auf einmal rund.

2 Einstellungen mit dem Ecken-Widget
Machen Sie nun mit dem Direktauswahl-Werkzeug einen Doppelklick auf ein Ecken-Widget, öffnet sich ein schwebendes Dialogfeld, in dem Sie die Eckenform auswählen können. Voilà: ein Zahnrad in 20 Sekunden.

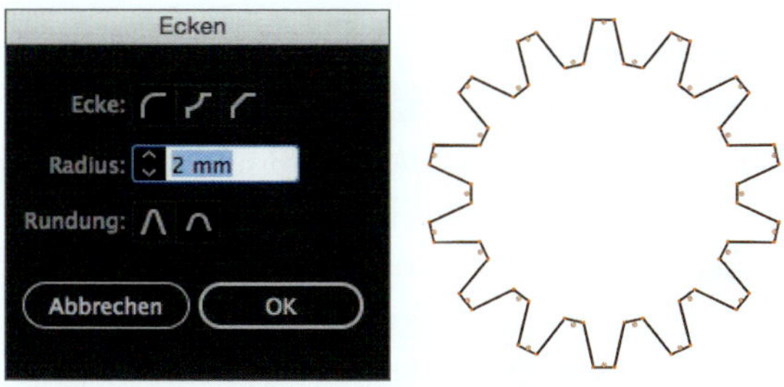

▲ **Abbildung 3.41**
Erstaunlich, wie schnell man so ein Zahnrad mit dem neuen Ecken-Widget erstellen kann!

▲ **Abbildung 3.42**
Vom Stern zum Zahnrad in 20 Sekunden

3 Nacharbeiten
Sie könnten noch mit dem Lasso-Werkzeug die inneren Ankerpunkte auswählen, um diese nach Belieben zu verändern. Seien Sie kreativ, und spielen Sie mit dieser schönen Funktion.

Übrigens: Auch diese Funktion finden Sie (bei mit dem Direktauswahl-Werkzeug ausgewählten Ankerpunkten) in der Steuerleiste und können dort auch direkt einen Radius eingeben oder den Dialog temporär aufrufen.

▲ **Abbildung 3.43**
Ecken-Widget über die Steuerleiste

Die Formwerkzeuge in der Praxis

Nach so viel Theorie schauen wir uns jetzt an, wie man wirklich mit den Formwerkzeugen arbeitet. Wir wollen einen Knopf erstellen.

Schritt für Schritt
Einen Knopf aus Grundformen erstellen

1 Neue Datei öffnen

Legen Sie mit Datei • Neu... eine neue Datei an. Hier wählen Sie eine A4-Datei mit dem Profil Druck. Lassen Sie sich, falls sie nicht zu sehen sind, die Lineale anzeigen, und zwar über Ansicht • Lineale • Lineale einblenden oder mit Strg/cmd+R. Nun ziehen Sie aus dem waagerechten und aus dem senkrechten Lineal je eine Hilfslinie an eine beliebige Stelle auf Ihrer Zeichenfläche.

Wählen Sie, wenn Sie möchten, schon jetzt im Farbfelder-Bedienfeld Farben für Kontur und Fläche (siehe Abschnitt 5.2, »Illustrator und seine Farben«). Benutzen Sie dazu das Aussehen-Bedienfeld.

▲ **Abbildung 3.44**
Farbeinstellungen über das Aussehen-Bedienfeld

2 Knopf-Grundform anlegen

Wählen Sie das Ellipse-Werkzeug L, und ziehen Sie mit gedrückter ⇧- und alt-Taste vom Schnittpunkt Ihrer Hilfslinien einen Kreis auf. Lassen Sie den Kreis aktiv, und wählen Sie das Skalieren-Werkzeug S aus. Als Skalierungspunkt bestimmen Sie den Mittelpunkt des Kreises. Ziehen Sie von außerhalb des Kreises in einem Winkel von ca. 45° mit gedrückter alt- und ⇧-Taste nun zur Mitte des ersten Kreises einen weiteren, kleineren Kreis auf. (Lassen Sie erst die Maus los und erst dann die Tasten!)

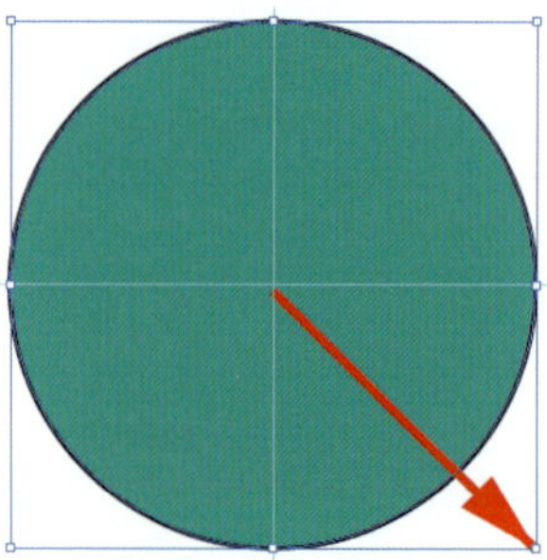

▲ **Abbildung 3.45**
Einen Kreis von der Mitte her aufziehen

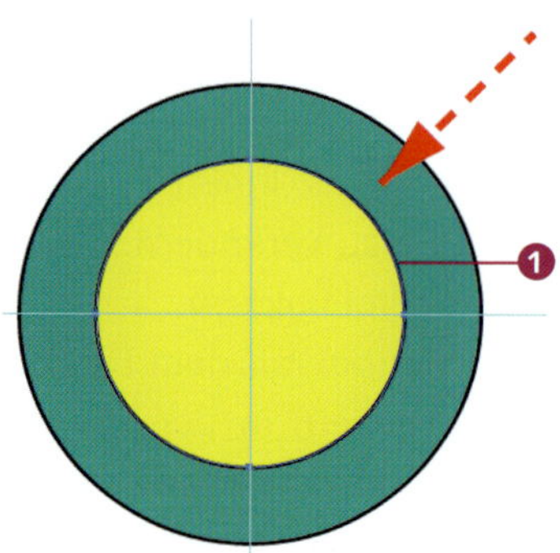

Abbildung 3.46 ▶
Eine Kopie des ersten Kreises verkleinert aufziehen

Sie haben eine Kopie des ersten Kreises erzeugt – nur kleiner ❶. Solange dieser aktiv ist, färben Sie ihn nach Bedarf um, um beide Kreise besser unterscheiden zu können.

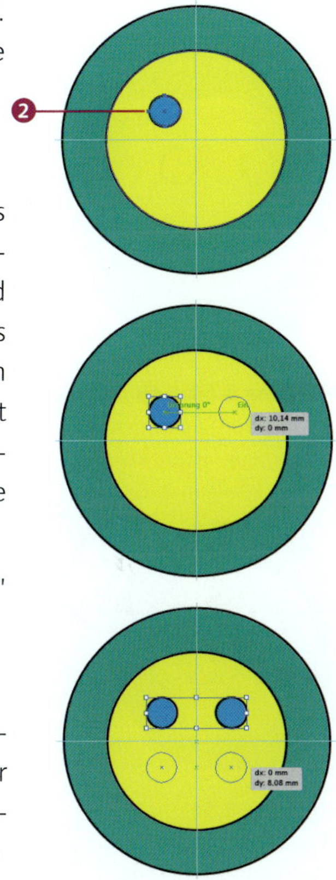

▲ **Abbildung 3.47**
Knopflöcher vorbereiten

3 Knopflöcher vorbereiten

Zeichnen Sie jetzt im oberen rechten Viertel des Innenkreises mit [⇧] einen kleinen Kreis, der einmal eines von vier Knopflöchern werden soll ❷. Mit dem Auswahl-Werkzeug [V] und gedrückter [alt]- und [⇧]-Taste ziehen Sie ihn waagerecht als Kopie zur Seite. Aktivieren Sie nun mit gedrückter [⇧]-Taste auch wieder den ersten Knopfloch-Kreis. Ziehen Sie diesmal beide mit gedrückter [⇧]-Taste nach unten, um jetzt alle vier Knopfloch-Kreise zu erhalten. Aber: Bevor Sie die Maus loslassen, halten Sie noch die [alt]-Taste gedrückt.

Wichtig ist nun, dass Sie alle vier aktivieren und gruppieren, und zwar über Objekt • Gruppieren.

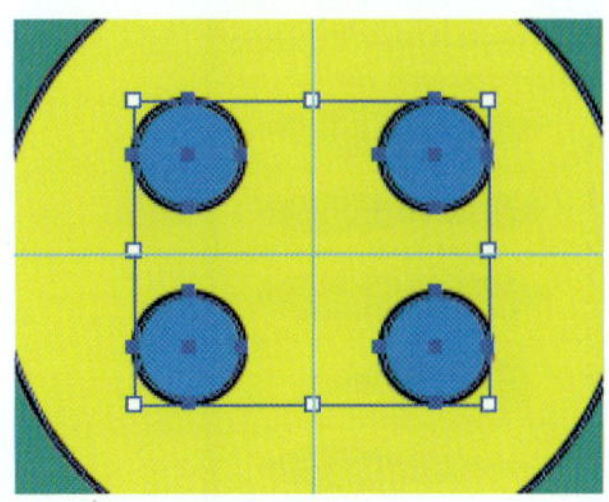

▲ **Abbildung 3.48**
Die vier Knopfloch-Kreise wurden gruppiert.

4 Ausrichten der Kreise

Aktivieren Sie nun alle Kreise über Auswahl • Alles auswählen. Wenn Sie jetzt auf den ganz großen Kreis klicken, wird dieser hervorgehoben und dient als Basisobjekt für die kommende Ausrichtung.

In der Steuerleiste oder im Eigenschaften-Bedienfeld klicken Sie nun einmal auf Horizontal zentriert ausrichten ❸ und einmal auf Vertikal zentriert verteilen ❹. Nun sind die beiden großen Kreise und die Knopfloch-Kreise mittig zueinander ausgerichtet.

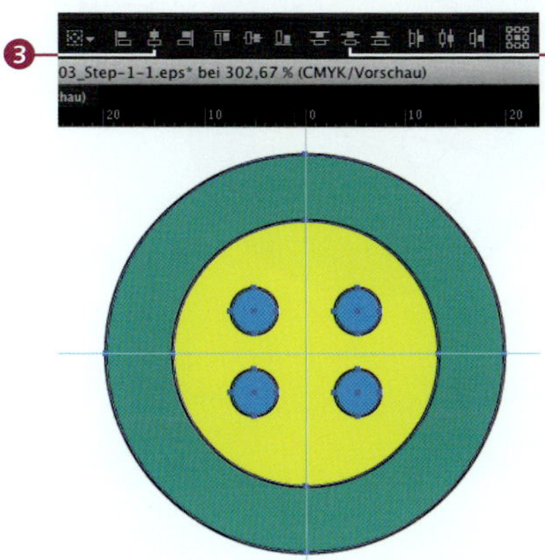

◀ **Abbildung 3.49**
Ausrichten der großen und kleinen Kreise zueinander

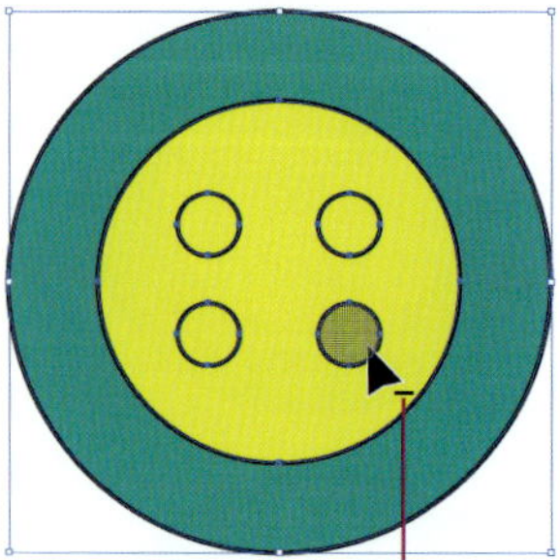

▲ **Abbildung 3.50** ❺
Löcher mit dem Formerstellungswerkzeug »stanzen«

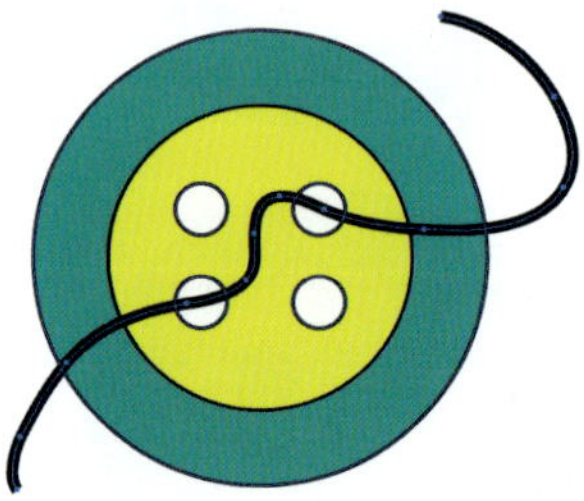

▲ **Abbildung 3.51**
Den Faden zeichnen Sie mit dem Buntstift-Werkzeug.

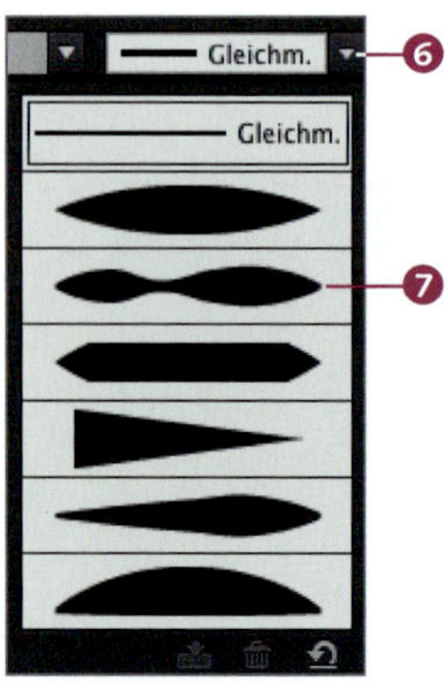

▲ **Abbildung 3.52**
»Lebendige« Linien für das Breitenprofil in der Steuerleiste

5 Löcher »stanzen«

Wählen Sie nun das Formerstellungswerkzeug ([⇧]+[M] – alle Kreise sind aktiv), und klicken Sie nacheinander mit gedrückter [alt]-Taste in die Loch-Kreise hinein. An der Werkzeugspitze ist ein kleines Minus zu sehen ❺, und die Kreise werden gerastert hervorgehoben, wenn Sie mit der Maus darüberkommen. So sehen Sie, was genau ausgeschnitten wird.

6 Faden einfädeln

Mit dem Buntstift-Werkzeug [N] (siehe Abschnitt 2.6, »Weitere Werkzeuge zum Erzeugen von Pfaden«) ziehen Sie wie mit einem Stift eine fließende Linie und geben ihr wie bereits beschrieben im Aussehen-Bedienfeld eine stärkere Kontur.

In der Steuerleiste finden Sie VARIABLES BREITENPROFIL ❻. Wählen Sie im Dropdown-Menü das »Breitenprofil 2« ❼ aus, um den Faden »lebendig« erscheinen zu lassen.

Aktivieren Sie mit einem der Auswahl-Werkzeuge den Faden, und wählen Sie die Schere [C]. Klicken Sie mit ihr dort auf den Faden, wo er aufgeschnitten werden soll. Mit dem Direktauswahl-Werkzeug aktivieren Sie nun jeweils die Stücke, die Sie löschen wollen, und drücken die [Entf]-Taste. Einige Fadenstücke sollen unter den Knopf, andere darüber. Klicken Sie sie jeweils an, und wählen Sie mit der rechten Maustaste ANORDNEN • IN DEN VORDERGRUND/HINTERGRUND: Und schon ist der Faden in die Löcher eingefädelt.

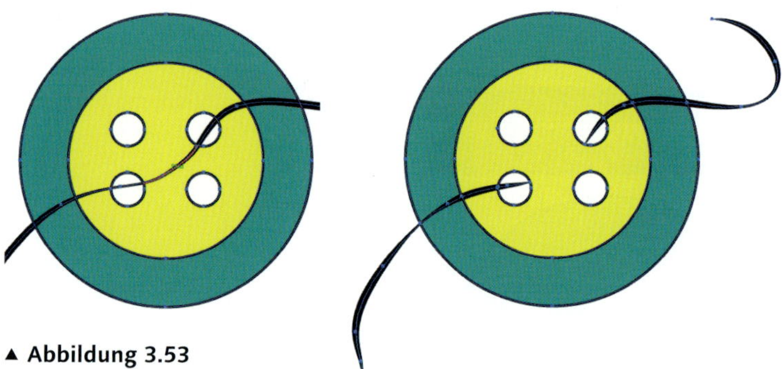

▲ **Abbildung 3.53**
Sie können den Faden mit dem Formerstellungswerkzeug auftrennen und dort löschen, wo er nicht zu sehen sein soll.

3.4 Objekte transformieren

In dem vorangegangenen Abschnitt haben Sie Grundformen erzeugt, wie z.B. ein Rechteck. Oftmals wollen wir aber aus diesen Grundformen andere Formen herleiten, wie z.B. ein Quadrat, das auf seiner Spitze steht. Dabei ist es einfacher, erst ein »normales« Quadrat zu zeichnen und dieses zu drehen, anstatt es gleich auf der Spitze stehend zu zeichnen. Oder Sie verbiegen ein Quadrat zu einer Raute, anstatt eine Raute zu zeichnen. All diese Veränderungen nennen wir Transformationen.

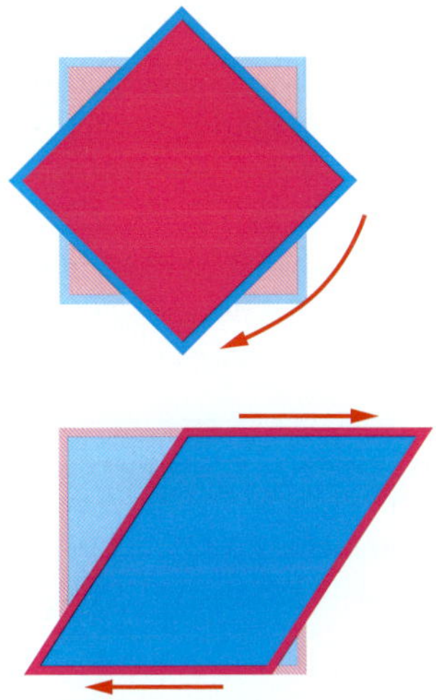

▲ **Abbildung 3.54**
Einfache Transformationen

Veränderung von Größe und Position in der Steuerleiste und im Eigenschaften-Bedienfeld

In der Steuerleiste sowie im Eigenschaften-Bedienfeld können Sie die wichtigsten Transformationen vornehmen: Hier können Sie, wenn Sie das Direktauswahl-Werkzeug ausgewählt haben, die Größe eines Objekts ❸ und seine Position auf der Zeichenfläche ❷ verändern. Wichtig für eine Transformation oder Positionsverschiebung ist der Ursprung ❶ des Objekts. Er bestimmt den Punkt am Objekt, der Ausgangspunkt Ihrer Transformation sein soll. Wählen Sie daher bei aktiviertem Objekt zuerst den Ursprung, indem Sie in einen der neun auswählbaren Punkte klicken. Die Entsprechung dieses Punktes am Objekt ist dann der Mittelpunkt Ihrer Transformation.

▲ **Abbildung 3.55**
Der Ursprung bestimmt den Ausgangspunkt einer Transformation.

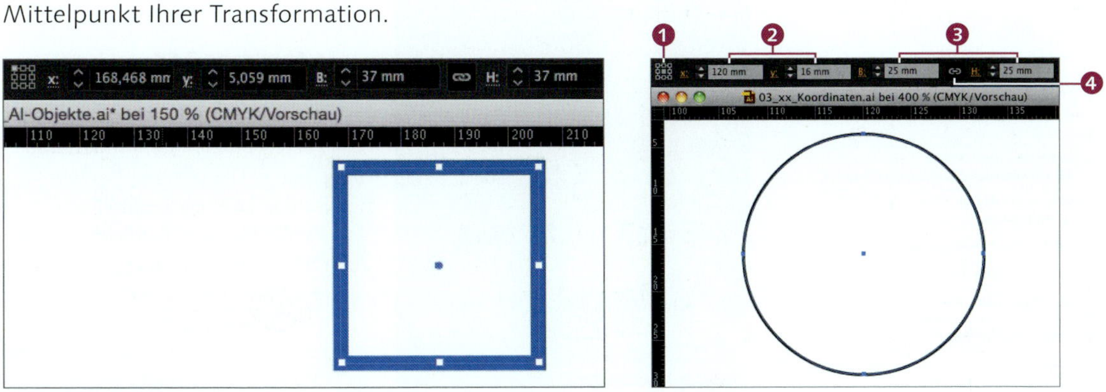

▲ **Abbildung 3.56**
Am x/y-Wert oder im Lineal erkennen Sie die Koordinaten eines Objekts – ausgehend vom angewählten Ursprung(spunkt).

x/y-Koordinaten
Illustrator errechnet die Position eines Objekts anhand der waagerechten Position (also der x-Achse) und der senkrechten Position (der y-Achse). Der 0-Punkt ist die obere linke Ecke der gerade aktiven Zeichenfläche.

▲ **Abbildung 3.57**
Die aktivierte Kette sorgt für proportionale Transformationen.

Es werden Ihnen als **Position** die x/y-Koordinaten dieses Ursprungs angezeigt. Sie können die Koordinaten auch anhand der Lineale nachvollziehen ([Strg]/[cmd]+[R] oder ANSICHT • LINEALE • LINEALE EINBLENDEN). Wenn Sie jetzt bei X und Y neue Werte eingeben, so haben Sie eine neue Koordinate Ihrer Zeichenfläche ausgewählt, und das Objekt wird dorthin verschoben.

Wichtig bei der Änderung der **Größe** ist das Ketten-Symbol ❹ zwischen den Werten für HÖHE und BREITE. Es sorgt dafür, dass das Höhen- und Breitenmaß proportional zueinander verändert wird und dass sich das Objekt nicht verzerrt. Geben Sie hier zur Größenänderung für Breite (B) oder Höhe (H) andere Werte ein. Wenn Sie auf einen der Doppelpfeile neben dem aktuellen Wert klicken, können Sie die Größenveränderung live mitverfolgen.

Das Transformieren-Bedienfeld

Achtung
Wenn Sie im Flyout-Menü des Transformieren-Bedienfelds Ihre Haken setzen, gelten diese auch bei Transformationen über die Steuerleiste.

Weitere Eingabemöglichkeiten finden Sie im Transformieren-Bedienfeld. Größenveränderung, Position auf der Zeichenfläche und Ursprung-Symbol sind hier identisch mit denen in der Steuerleiste. Außerdem können Sie auch noch einen Winkel für die Drehung des Objekts eingeben ❶ und auch einen für das Verbiegen ❸.

◀ **Abbildung 3.58**
Die Funktionen des Transformieren-Bedienfelds entsprechen im oberen Bereich denen der Steuerleiste. Die unteren beiden Punkte können Sie über das Flyout-Menü einblenden lassen: OPTIONEN EINBLENDEN. Der mittlere Bereich wird nur bei mit dem Ellipsen-, Rechteck- oder Polygon-Werkzeug aufgezogenen Objekten angezeigt.

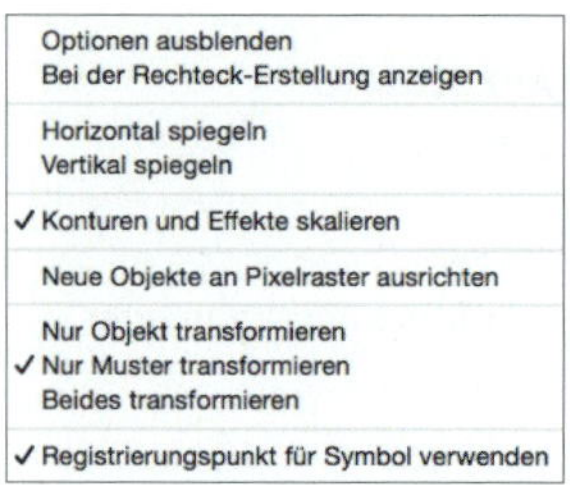

▲ **Abbildung 3.59**
Das Flyout-Menü des Transformieren-Bedienfelds nimmt auch dann Einfluss, wenn es nicht geöffnet ist.

Spannend ist bei diesem Bedienfeld das Flyout-Menü: Hier bestimmen Sie, worauf sich die Transformationen überhaupt auswirken. Es kann nämlich ein Objekt vergrößert werden, ohne dass auch die Konturstärke oder die Effekte mitwachsen: KONTUREN UND EFFEKTE SKALIEREN (auch unter ❷) muss dann deaktiviert sein. Das Gleiche gilt auch für Muster: NUR OBJEKT TRANSFORMIEREN lässt das Muster eines Objekts unberührt und transformiert lediglich das Objekt selbst. Umgekehrt ist so aber auch ein Muster zu verändern – es lässt sich vergrößern, verkleinern, drehen oder verbiegen, ohne dass das Objekt selbst verändert wird (siehe auch Kapitel 7, »Muster, Pinsel und Symbole«).

Darüber hinaus können Sie im Flyout-Menü des Transformieren-Bedienfelds sehr einfach Objekte oder eben nur deren Muster spiegeln: HORIZONTAL bzw. VERTIKAL SPIEGELN.

Nur Muster transformieren

Ist der Haken bei NUR MUSTER TRANSFORMIEREN gesetzt, warnt ein gelbes Warndreieck ❹ Sie davor, dass nun nur das Muster verzerrt werden würde.

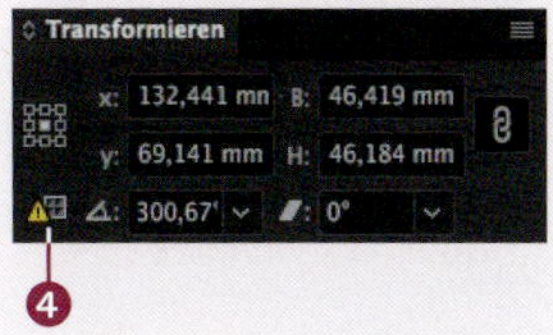

◂ **Abbildung 3.60**
Links das Ausgangsobjekt; Mitte: nur der Rahmen ist gedreht; rechts: nur das Muster ist verbogen.

Skalieren

Sie haben bereits erfahren, dass Sie über das Transformieren-Bedienfeld skalieren können. Illustrator hält aber noch weitere Möglichkeiten dafür bereit. Skalieren meint zunächst ein Vergrößern bzw. Verkleinern von Objekten. Das kann proportional erfolgen, d. h., das Höhen-Breiten-Verhältnis eines Objekts bleibt dabei gleich; oder es kann unproportional geschehen, wobei das Objekt in seinem Höhen-Breiten-Verhältnis verzerrt wird.

Der einfachste Weg führt über den **Begrenzungsrahmen** eines oder mehrerer aktivierter Objekte (ANSICHT • BEGRENZUNGSRAHMEN EIN- bzw. AUSBLENDEN).

Wenn Sie ein Objekt mit dem Auswahl-Werkzeug [V] ▶ aktivieren, wird es von einem Begrenzungsrahmen umrandet – und zwar immer rechteckig. Also hat auch ein Kreis einen rechteckigen Begrenzungsrahmen. Haben Sie mehrere Objekte oder eine Gruppierung aktiviert, erhält die ganze Gruppe einen Begrenzungsrahmen.

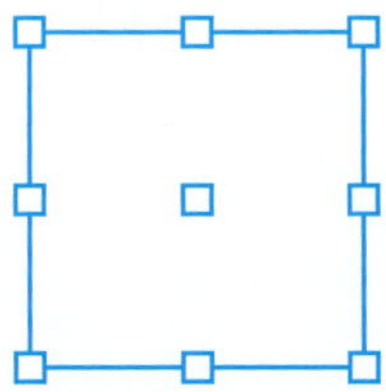

▴ **Abbildung 3.61**
Lassen Sie sich den Begrenzungsrahmen unter ANSICHT anzeigen. Zu sehen sind auch die Anfasspunkte an Seiten und Ecken.

Proportionen
Nur das Halten von [⇧] sorgt für eine proportionale Skalierung. Ziehen Sie diagonal an einem Eckpunkt, vergrößert bzw. verkleinert sich das Objekt in Zugrichtung. Wird an einem Seitenpunkt gezogen, findet die Skalierung zu allen drei Seiten in Zugrichtung statt.

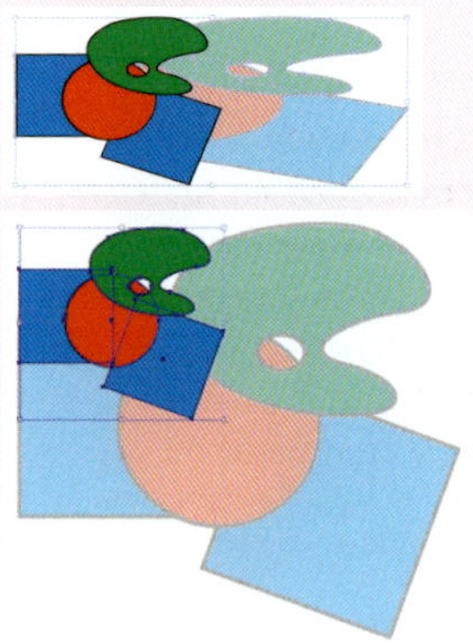

▲ **Abbildung 3.63**
Oben: unproportionale Skalierung; unten: proportionale Skalierung, mit [⇧] in 45°-Richtung gezogen

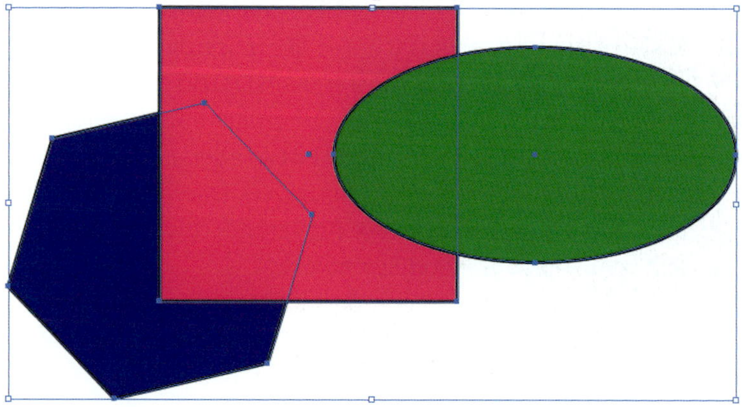

▲ **Abbildung 3.62**
Begrenzungsrahmen schließen aktive Einzelobjekte wie Gruppen gleichermaßen ein.

Es gibt acht Anfasspunkte um das Objekt herum: an den vier Seitenkanten und an den vier Ecken (siehe Abbildung 3.61). An allen Anfasspunkten können Sie das Objekt ziehen. An den Punkten der Seitenkanten ziehen Sie Ihr Objekt in die Länge oder Breite. An den Eckpunkten können Sie Ihr Objekt in alle beliebigen Ausmaße ziehen.

In der Werkzeugleiste gibt es das **Skalieren-Werkzeug** [S] . Mit diesem Werkzeug können Sie Objekte oder auch Objektgruppen vergrößern und verkleinern.

Auch hier gibt es wieder zwei Arten des Skalierens:

- mit dem Werkzeug direkt am Objekt durch Ziehen mit der Maus
- über einen Dialog, den Sie bekommen, wenn Sie auf das Werkzeug doppelklicken

In den Skalieren-Optionen entscheiden Sie sich erst einmal unter Optionen ❸ (Abbildung 3.64), ob nur das Objekt selbst oder auch seine Muster und die Konturen und Effekte mit skaliert werden sollen.

Nun legen Sie fest, ob das Objekt Gleichmässig ❶ skaliert werden soll oder in der Höhe und Breite unabhängig voneinander, also Ungleichmässig ❷.

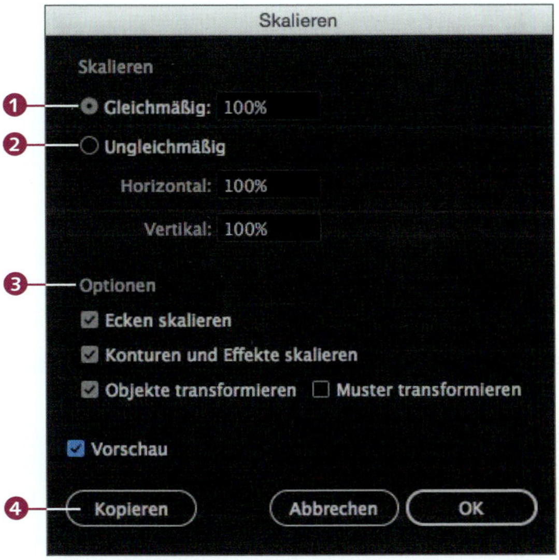

◂ **Abbildung 3.64**
Die Skalieren-Optionen bekommen Sie mit einem Doppelklick auf das Skalieren-Werkzeug.

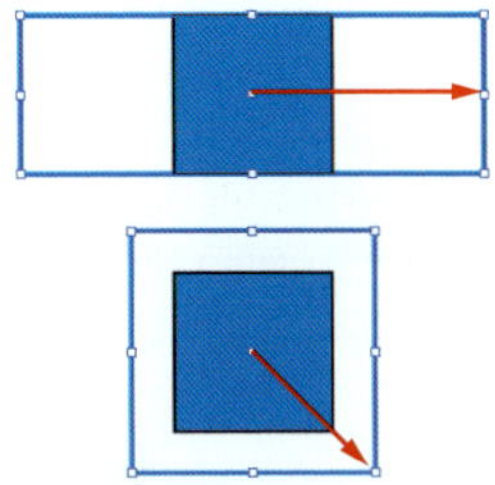

▴ **Abbildung 3.65**
Halten Sie die [⇧]-Taste und ziehen waagerecht, vergrößert sich das Objekt von der Mitte her nur nach links und rechts. Ziehen Sie mit [⇧] in 45°-Richtung, bleiben die Proportionen erhalten.

Geben Sie dann entsprechend einen Skalierungsfaktor in Prozent an. Toll ist die Funktion, dass Sie schon beim Skalieren das Objekt duplizieren können – dass Sie hinterher also das Original und die skalierte Kopie haben. Klicken Sie dafür statt auf OK einfach auf KOPIEREN ❹.

Wie aber skalieren Sie nun mithilfe des Skalieren-Werkzeugs? | Wenn Sie ein Objekt (oder eine Gruppe) aktivieren, zeigt Ihnen Illustrator den errechneten Mittelpunkt an ⌖, falls Sie das Skalieren-Werkzeug ausgewählt haben. Setzen Sie Ihre Maus außerhalb des Objekts an, und ziehen Sie zum Vergrößern vom Objekt weg und zum Verkleinern zum Objekt hin.

- Soll die Vergrößerung/Verkleinerung proportional vonstattengehen, halten Sie die [⇧]-Taste gedrückt und ziehen dabei in einer 45°-Richtung vom/zum Mittelpunkt.
- Wollen Sie zu/von einem ganz anderen Punkt skalieren, klicken Sie, sobald das Objekt ausgewählt ist, an die Stelle Ihrer Zeichenfläche, die der Skalierungsmittelpunkt sein soll. Bewegen Sie Ihre Maus auf diesen Punkt zu oder von ihm weg.
- Möchten Sie einen ganz bestimmten Skalierungspunkt und *außerdem* numerisch skalieren, klicken Sie mit gedrückter [alt]-Taste irgendwo auf die Zeichenfläche. Die Skalieren-Option mit

Beim Transformieren gleichzeitig duplizieren
Drücken Sie [alt], *nachdem* Sie zu ziehen begonnen haben, um Ihr Objekt gleichzeitig zu duplizieren.

ihren oben beschriebenen Eingabemöglichkeiten erscheint und verwendet jetzt den Punkt auf Ihrer Zeichenfläche, auf den Sie mit alt geklickt haben, als Referenzpunkt für die Skalierung.

Drehen

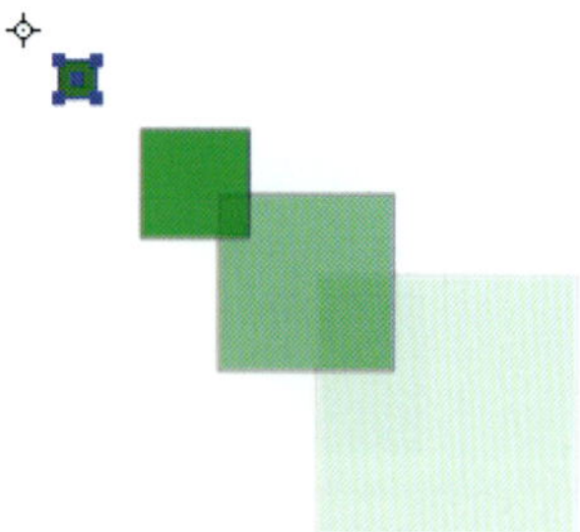

▲ **Abbildung 3.66**
Skalieren auf einen Skalierungspunkt, der außerhalb des Quadrates liegt (links oben)

Mit dem Drehen-Werkzeug R, der Name sagt es, können Objekte gedreht werden. Sie könnten dazu natürlich auch die numerische Eingabe im Transformieren- oder alternativ im Eigenschaften-Bedienfeld oder auch im Steuerung-Bedienfeld verwenden. Doch oftmals ist es leichter nachvollziehbar, wenn Sie direkt mit dem Werkzeug arbeiten.

Das Drehen-Werkzeug funktioniert im Prinzip genauso wie das Skalieren-Werkzeug. Ist es ausgewählt, wird der Drehpunkt eines aktiven Objekts mit einem kleinen Symbol angezeigt. Nun können Sie das Objekt von irgendwo außerhalb dieses Punktes mit der Maus nach Belieben um diesen Punkt drehen. Je weiter Sie von dem Drehpunkt entfernt sind, desto feiner steuern Sie die Drehung.

Nehmen Sie noch die alt-Taste hinzu, wird es dabei dupliziert. Soll sich das Objekt um einen anderen Drehpunkt drehen, klicken Sie erst einmal auf die entsprechende Stelle Ihrer Zeichenfläche – oder Sie schieben den DREHPUNKT ❶ mit Ihrer Maus einfach dorthin. Soll ein anderer Drehpunkt numerisch eingegeben werden, klicken Sie mit gedrückter alt-Taste auf die Stelle, um die gedreht werden soll. Ein Doppelklick auf das Werkzeug öffnet wieder dessen Optionen.

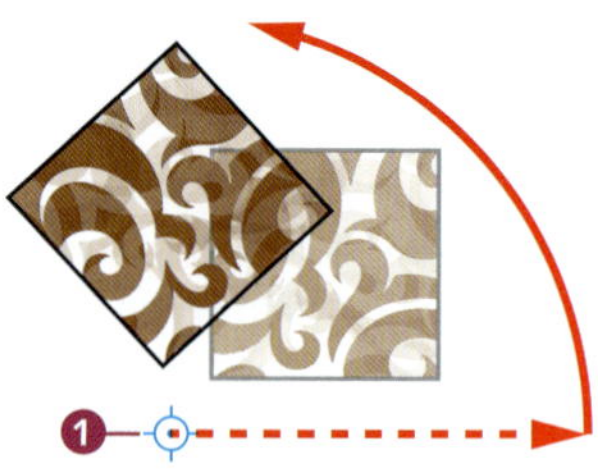

▲ **Abbildung 3.67**
Auch beim Drehen mit der Maus duplizieren Sie, indem Sie alt drücken.

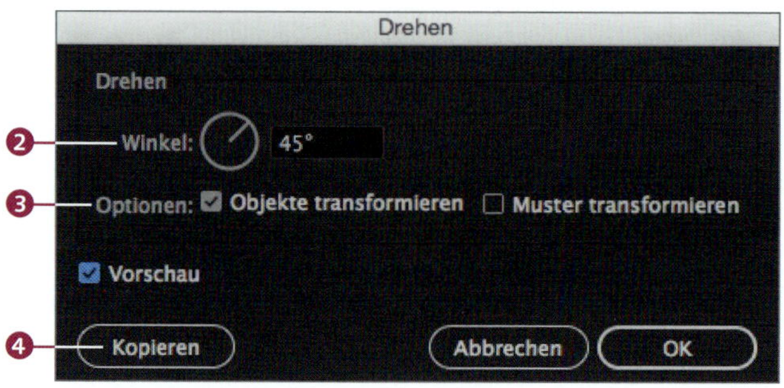

▲ **Abbildung 3.68**
Die Drehen-Optionen rufen Sie durch Klicken mit gedrückter alt-Taste oder durch Doppelklick auf das Drehen-Werkzeug auf.

Dort geben Sie den Winkel ❷ ein, um den sich das Objekt (um seinen Drehpunkt) dreht. Hier geben Sie auch an, ob das gedrehte Objekt beim Drehen eine Kopie ❹ erzeugt. Mit den Kontrollkästchen OBJEKTE TRANSFORMIEREN und MUSTER TRANSFORMIEREN ❸ sorgen Sie dafür, dass sich z. B. auch das Muster des Objekts mitdreht.

▲ **Abbildung 3.69**
Drehen inklusive Muster (oben) oder ohne (unten)

◄ **Abbildung 3.70**
Mit Strg/cmd+D wiederholen Sie die letzte Transformation, also auch das Drehen und Duplizieren in einem.

Schritt für Schritt
Eine Uhr erstellen

1 Vorbereitung

Erstellen Sie eine neue Datei mit dem Dokumentprofil DRUCK, und drücken Sie einmal die Taste D. Die Objekte, die wir nun anlegen werden, bekommen dadurch automatisch eine schwarze Kontur und eine weiße Fläche, bis Sie andere Farben auswählen.

2 Außenkreis (Uhrengehäuse)

Ziehen Sie mit der Ellipse L einen großen Kreis auf. Halten Sie dabei die ⇧-Taste gedrückt, damit der Kreis wirklich rund ist, und lassen Sie diese erst nach Ihrer Maustaste wieder los.

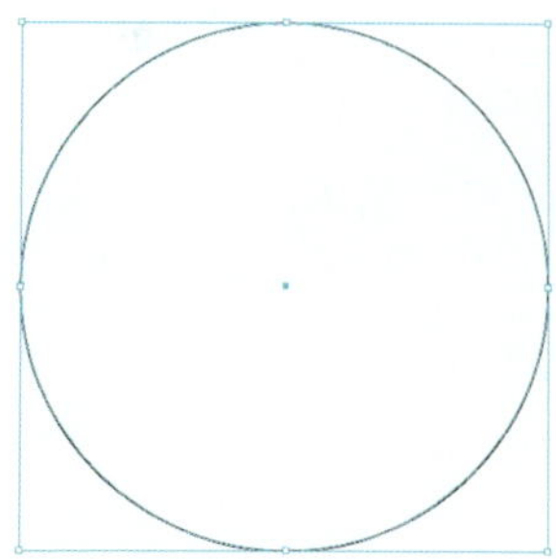

▲ **Abbildung 3.71**
Die Ellipse wird mit ⇧ zum Kreis.

3 Innenkreise (Ziffernblatt)

Ihr Kreis ist immer noch aktiv. Wählen Sie nun das Skalieren-Werkzeug S aus – der Mittelpunkt des Kreises ist der Skalierungspunkt –, und schieben Sie ihn mit der Maus bei gedrückter ⇧- und alt-Taste von außen auf den Mittelpunkt zu. Ihr Kreis dupliziert sich nach innen. So erzeugen Sie einen Ring.

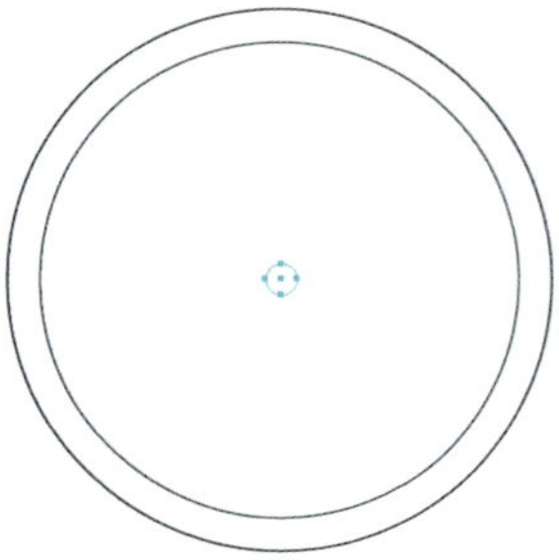

▲ **Abbildung 3.72**
Proportionales Skalieren und Duplizieren gleichzeitig mit [⇧]+[alt]

Wiederholen Sie diesen Vorgang, und schieben Sie diesmal so weit, dass nur noch ein kleiner Kreis für den Zeiger in der Mitte stehen bleibt.

4 Minutenstriche

Lassen Sie Ihren kleinen Kreis in der Mitte wieder aktiv, und wählen Sie das Liniensegment-Werkzeug ([⇧]+[.]) aus Ihrer Werkzeugleiste. Damit setzen Sie in der Mitte der Kreise an (weil die Kreise noch aktiv sind, die Mitte gut zu erkennen) und ziehen eine kurze Linie mit gedrückter [⇧]-Taste senkrecht nach oben.

Schieben Sie diese Linie nun mit dem Auswahl-Werkzeug [V] und bei gedrückter [⇧]-Taste an den oberen Ring heran.

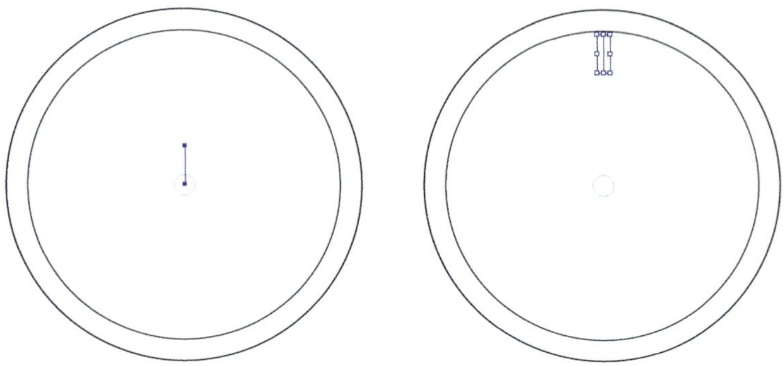

▲ **Abbildung 3.73**
Erst aus der Mitte heraus einen senkrechten Strich ziehen, dann mit dem Auswahl-Werkzeug nach oben schieben. Benutzen Sie [⇧], damit alles schön gerade und senkrecht wird.

5 Stundenstrich drehen

Wechseln Sie auf das Drehen-Werkzeug [R] ; der Stundenstrich ist immer noch aktiv. Um jetzt den Mittelpunkt der Kreise zu sehen, müssen Sie in die sogenannte Pfadansicht wechseln: Ansicht • Pfadansicht oder [Strg]/[cmd]+[Y].

Hier klicken Sie mit gedrückter [alt]-Taste in den mit einem kleinen »x« gekennzeichneten Mittelpunkt der Kreise und erhalten die Drehen-Optionen.

Geben Sie »–30°« für die 5-Minuten-Striche ein, und klicken Sie auf Kopieren. Der Strich wird kopiert und gleichzeitig um –30° um den Drehpunkt im Uhrzeigersinn gedreht.

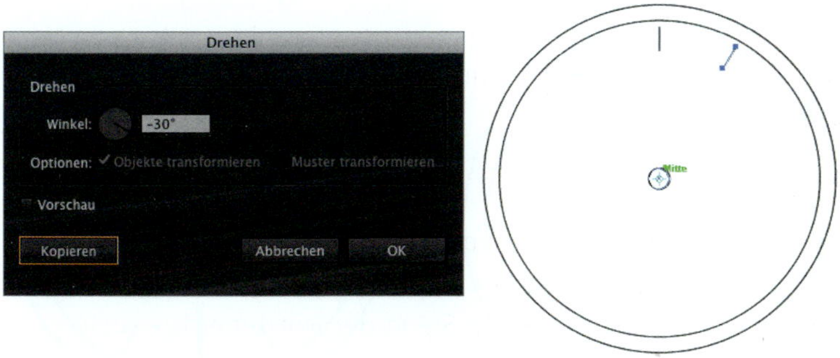

◂ **Abbildung 3.74**
Erzeugen Sie eine schon gedrehte Kopie mit KOPIEREN.

6 Stundenstrich rotieren lassen

Um nun diese Transformation, die aus einer Drehung und einer Kopie gleichzeitig besteht, zu wiederholen, drücken Sie einfach [Strg]/[cmd]+[D] so häufig, bis der letzte Strich auf 11 Uhr steht.

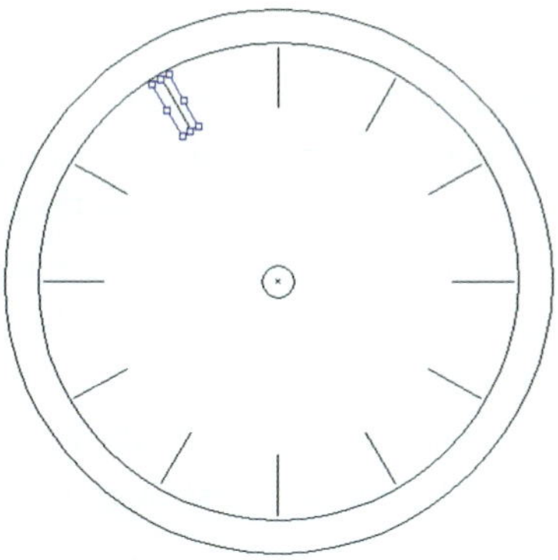

◂ **Abbildung 3.75**
[Strg]/[cmd]+[D] wiederholt Transformationen. Zehnmal gedrückt, und schon sind die Stundenmarkierungen rotiert.

7 Strichstärke anpassen

Aktivieren Sie mit [Strg]/[cmd]+[A] alle Objekte, und weisen Sie ihnen z. B. im Steuerung-Bedienfeld eine einheitliche Konturstärke (von z. B. 1 mm) zu. Wechseln Sie wieder die Ansicht, diesmal auf VORSCHAU (ANSICHT • VORSCHAU), um Ihr Ergebnis zu sehen.

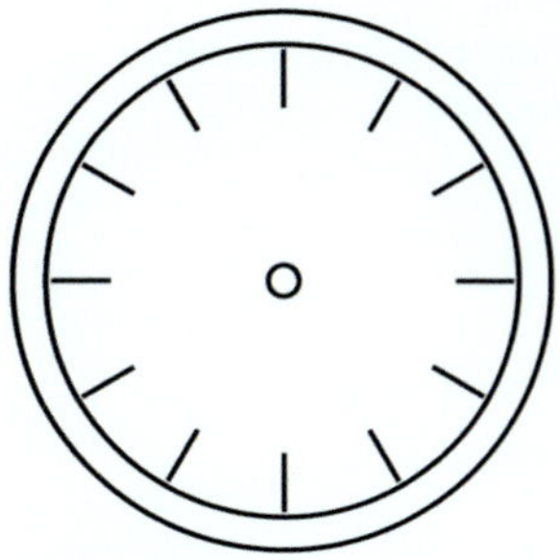

▴ **Abbildung 3.76**
Eventuell mitskalierte Konturstärken »überschreiben« Sie einfach mit einer einheitlichen Stärke.

8 Viertelstundenstriche

Mit dem Direktauswahl-Werkzeug [A] und [⇧] aktivieren Sie nun lediglich die inneren Punkte vom 12-, 3-, 6- und 9-Uhr-Strich.

Mit dem Skalieren-Werkzeug [S] schieben Sie mit Ihrer Maus von schräg außen auf den Mittelpunkt zu, bis die aktivierten Striche deutlich länger sind als die übrigen.

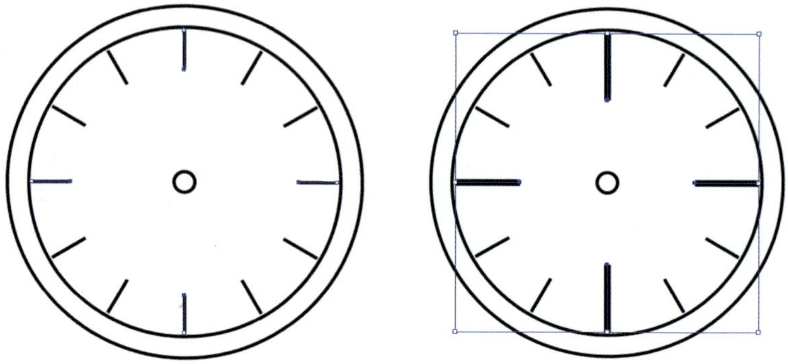

Abbildung 3.77 ▸
Nur innere Ankerpunkte sind aktiviert und werden dann manuell mit dem Skalieren-Werkzeug nach innen skaliert.

Erhöhen Sie bei noch aktivierten Viertelstundenstrichen deren Konturstärke. Verwenden Sie diesmal das Aussehen-Bedienfeld (Fenster • Aussehen).

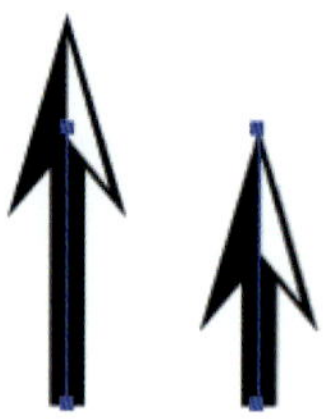

▲ Abbildung 3.78
Eine Pfeilspitze kann zum Ankerpunkt mittig sein (links) oder bei diesem enden (rechts).

9 Zeiger

Wie Sie aus der Mitte heraus eine Linie zeichnen, wissen Sie ja schon aus Schritt 4. Zeichnen Sie für die Zeiger eine kurze und eine lange Linie. Diese können im Kontur-Bedienfeld eine Pfeilspitze bekommen. In der Dropdown-Liste ❶ erhalten Sie eine Auswahl verschiedener Pfeilformen – suchen Sie sich eine aus. Weil die Spitze wahrscheinlich zu dick sein wird, muss sie prozentual ❷ verkleinert werden. Das Ausrichten ❸ bestimmt übrigens, ob die Spitze bis zum Ankerpunkt reicht oder dort erst beginnt.

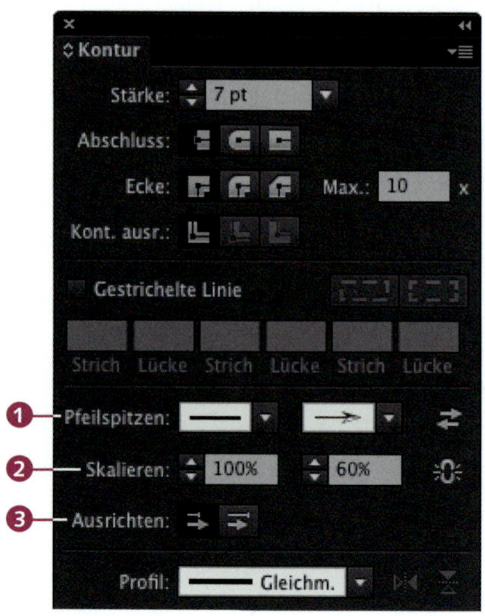

Abbildung 3.79 ▸
Das Kontur-Bedienfeld hält viele Optionen für Sie bereit – hier für die Uhr die Pfeilspitzen.

10 Flächen

Sie können nun die Flächen der Kreise nach Belieben mit Farbe füllen (siehe auch Kapitel 5, »Farbe und Verläufe«). Wählen Sie die Kreise aus, und weisen Sie ihnen Flächenfarben oder gar Verläufe zu. Es wirkt schön plastisch, wenn Sie im Außenkreis einen anderen Verlauf als für das Ziffernblatt wählen. Noch einen Blendenfleck drübergelegt, und fertig.

▲ **Abbildung 3.80**
Mit Flächenfarben oder Verläufen haben Sie hier im Handumdrehen eine ansprechende Illustration erzeugt.

Spiegeln

Die Grundfunktionen des Spiegeln-Werkzeugs [O] sind wieder identisch mit denen des Drehen- und Skalieren-Werkzeugs. Ist es ausgewählt, erscheint der Spiegelpunkt, also der Punkt, um den gespiegelt wird, wieder mit diesem kleinen Symbol.

◂ **Abbildung 3.81**
Horizontales Spiegeln um einen außerhalb des Objekts liegenden Spiegelpunkt – per [alt]-Klick in die Zeichenfläche oder manuell

Während Sie über das Flyout-Menü des Transformieren-Bedienfelds lediglich horizontal oder vertikal spiegeln können, ist es Ihnen mit dem Spiegeln-Werkzeug möglich, einen beliebigen Punkt zu wählen, um den gespiegelt werden soll.

Auch hierbei gilt wieder: Mit [alt] und Klick auf die Zeichenfläche erhalten Sie die numerische Eingabemöglichkeit zum Spiegeln um den Punkt auf Ihrer Zeichenfläche, in den Sie geklickt haben.

Sie können auch um andere Winkel ❸ als horizontal ❶ oder vertikal ❷ spiegeln. Auch Muster können mitgespiegelt werden ❹.

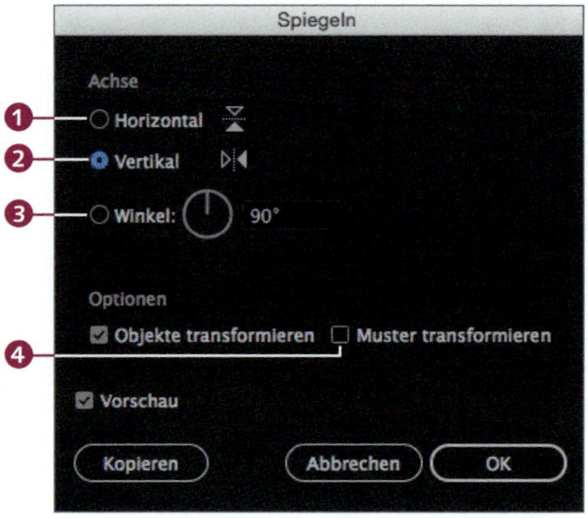

Abbildung 3.82 ▸
Das Spiegeln-Optionsmenü erreichen Sie durch einen Doppelklick auf das Werkzeug oder bei aktiviertem Werkzeug per [alt]-Klick auf die Zeichenfläche.

Geben Sie einen Winkel an, denkt sich Illustrator zu diesem eine Spiegelachse. Fahren Sie aber mit der Maus um den gesetzten Spiegelpunkt (per Klick in die Zeichenfläche), können Sie mitverfolgen, wie gespiegelt wird. Das Halten der [⇧]-Taste schränkt die Spiegelung auf 45°-Schritte ein.

Verbiegen

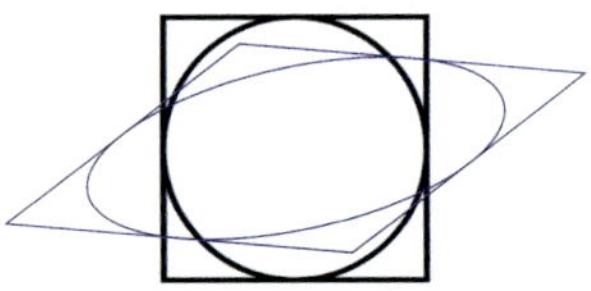

▴ Abbildung 3.83
Objekte in den Raum hinein verbiegen Sie mit dem Verbiegen-Werkzeug.

Spätestens bei diesem Werkzeug werden Sie dankbar für die numerische Eingabemöglichkeit sein, die Sie wie gewohnt mit einem Doppelklick auf das Verbiegen-Werkzeug (unter dem Skalieren-Werkzeug; ohne Tastenkürzel) erreichen. Denn hiermit werden Objekte in den Raum hinein (perspektivisch) verbogen.

Auch werden Sie dankbar für die Vorschaumöglichkeit sein. Denn das Verbiegen-Werkzeug ist nicht ganz leicht zu verstehen. Oben im Bedienfeld geben Sie den Biegungswinkel ❺ (Abbildung 3.84) ein und darunter die horizontale oder vertikale Achse ❻. Mit dem Vorschau-Button ❾ sehen Sie live die Verbiegung – in die eine oder andere Dimension.

Mit dem Winkel ❼ kommen Sie nun gleichzeitig in eine zweite Dimension. Alle Biegerichtungen sind nur anwählbar, wenn auch schon der Biegungswinkel eingegeben wurde, der die »Stärke« der Biegung bestimmt. In den Optionen ❽ geben Sie an, ob Sie Muster, nur das Objekt oder beides verbiegen wollen.

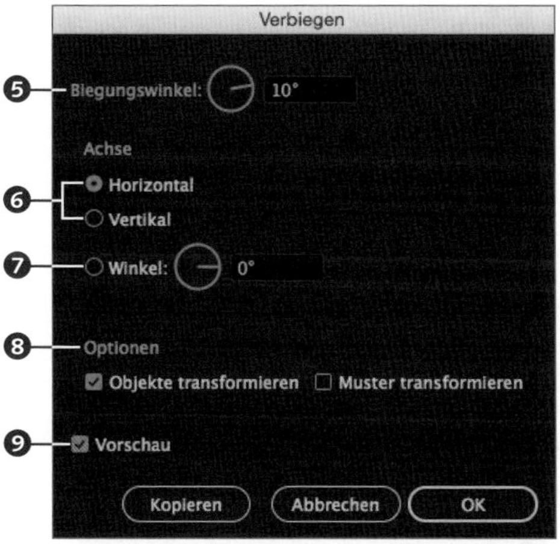

◂ **Abbildung 3.84**
Das VERBIEGEN-Optionsmenü erreichen Sie durch Doppelklick auf das Werkzeug oder per [alt]-Klick in die Zeichenfläche.

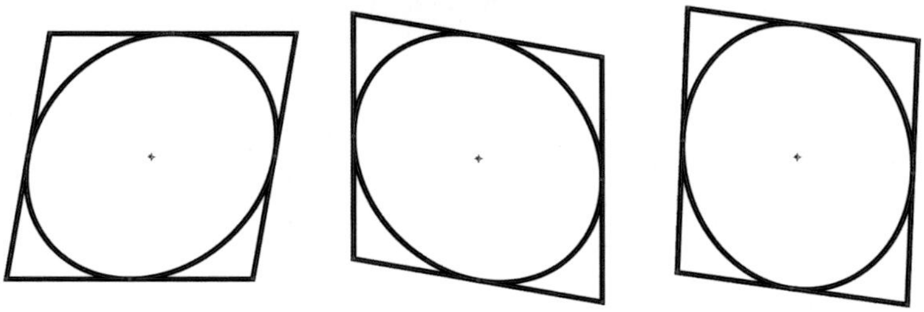

◂ **Abbildung 3.85**
Verbiegung von links: HORIZONTAL, VERTIKAL, WINKEL

Sie dürfen natürlich auch mit der Maus Ihre Objekte verbiegen. Auch hier gilt: Wenn Sie nur das Objekt aktivieren, ist dessen Mitte der Verbiegepunkt; klicken Sie mit der Maus auf die Zeichenfläche, ist dieser Punkt dann das Zentrum der Verbiegung.

Je weiter Sie mit der Maus vom Verbiegepunkt entfernt sind, desto feiner ist die Verbiegung zu steuern. Setzen Sie Ihren Punkt außerhalb des Objekts, wird es noch schwerer, denn das Verbiegen errechnet sich aus dem Objekt, dem Verbiegepunkt und Ihrer Mausposition.

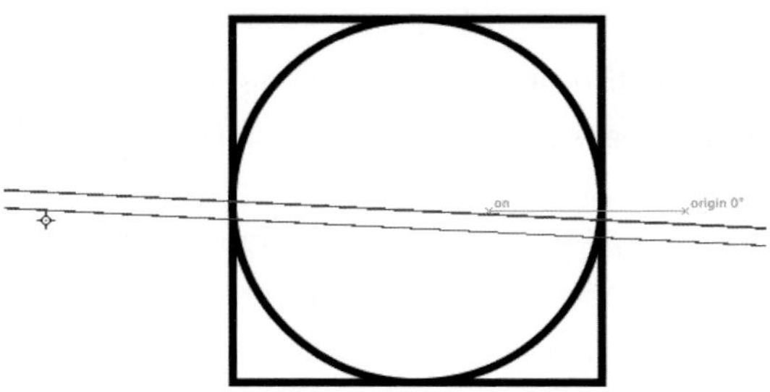

◂ **Abbildung 3.86**
Wenn Ihre Maus zu dicht am Verbiegepunkt ansetzt, ist das Ergebnis schnell extrem.

Frei-transformieren-Werkzeug

▲ **Abbildung 3.87**
Das schwebende Bedienfeld des Frei-transformieren-Werkzeugs (v. o.): Beschränken, Frei transformieren, Perspektivisch verzerren, Frei verzerren

Das Frei-transformieren-Werkzeug gibt Ihnen seit Illustrator die Möglichkeit, all die Transformationen, die Sie bisher mit jeweils einem Werkzeug gemacht haben, zu kombinieren.

Wenn Sie es aus der Werkzeugleiste aufrufen, erscheint eine schwebende Werkzeugpalette (nur dann, wenn auch ein Objekt ausgewählt ist). Aus diesem schwebenden Bedienfeld wählen Sie die Transformationsart: Frei transformieren, Perspektivisch verzerren und Frei verzerren. Der oberste Button, Beschränken, sorgt lediglich dafür, dass die Transformationen nur im 90-Grad-Winkel und bei Größenänderungen nur bei gleichem Höhen-Breiten-Verhältnis stattfinden.

Kommen Sie beim freien Transformieren in die Nähe einer Ecke, erscheint, wie beim Auswahl-Werkzeug auch schon, der kleine schwarze Doppelpfeil, und Sie können Ihr Objekt drehen. Gehen Sie mit der Maus direkt über einen Eckpunkt, erscheint ein gebogener Vierfachpfeil, mit dem Sie nun Ihr Objekt in jede Größe skalieren können (auch schon wie beim Auswahl-Werkzeug). Bei den Mittelpunkten der Seiten können Sie das Objekt nur zur Seite hin bzw. nach oben oder unten vergrößern.

Interessant wird es erst bei den unteren beiden Werkzeugen. Denn wenn Sie mit dem Perspektivisch-verzerren-Werkzeug an einer Ecke ziehen, wird Ihr Objekt, je nachdem, in welche Richtung Sie ziehen, perspektivisch verzerrt.

Abbildung 3.88 ►
Perspektivische Verzerrung eines Rechtecks

Das Frei-verzerren-Werkzeug verzerrt in alle Richtungen. Aber anders als das Frei-transformieren-Werkzeug verzerrt sich nicht alles gleichmäßig mit. Sie verzerren hier tatsächlich nur die Ecke, an der Sie gerade ziehen. Halten Sie bei diesem Werkzeug noch die

[alt]-Taste gedrückt, verhält es sich wie das Verbiegen-Werkzeug und verbiegt die gegenüberliegenden Seiten entgegengesetzt mit.

▲ **Abbildung 3.89**
Ohne und mit [alt]-Taste frei verzerrt

Transformationspunkt
Ist das Frei-transformieren-Werkzeug ausgewählt, erscheint in der Mitte des aktiven Objekts dessen Mittelpunkt. Man kann ihn verschieben und so die Transformation oder Verzerrung um einen anderen Punkt als den Mittelpunkt laufen lassen.

Form ändern

Das Form-ändern-Werkzeug finden Sie unter dem Skalieren-Werkzeug. Ihm ist kein Tastenkürzel zugeordnet. Es funktioniert anders als die bisherigen Transformationswerkzeuge: Ein Doppelklick auf das Werkzeug macht gar nichts, und auch ein [alt]-Klick auf die Zeichenfläche lässt kein Eingabefenster aufspringen. Auch wenn Sie ein Objekt ganz, also mit dem Auswahl-Werkzeug, aktiviert haben, passiert nicht viel.

Dieses Werkzeug kann Ankerpunkte und Pfadsegmente, die zuvor mit dem Direktauswahl-Werkzeug aktiviert wurden, verschieben und dabei die Verbindung zu den nicht aktivierten Teilen des Objekts dynamisch halten. Wählen Sie also den Teil des Pfades aus, der verformt werden soll, und klicken Sie mit dem Werkzeug auf den aktiven Pfad, um neue Punkte zu setzen, die Ihnen dann als Form-ändern-Punkte dienen. An diesen Form-ändern-Punkten können Sie nun anfassen und die Form verschieben.

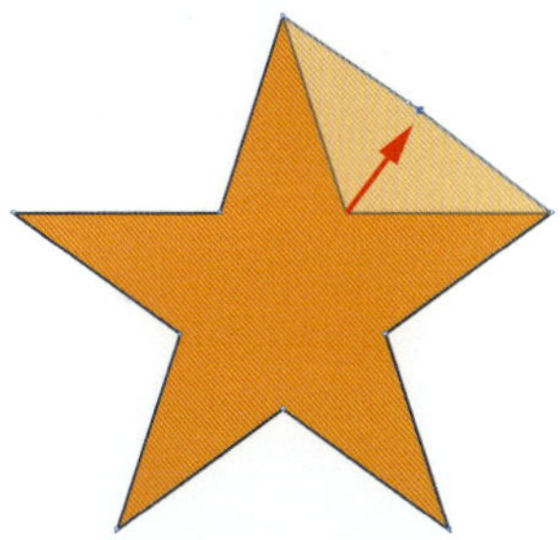

▲ **Abbildung 3.90**
Mit dem Form-ändern-Werkzeug verbiegen Sie nicht ganze Objekte, sondern nur Teile.

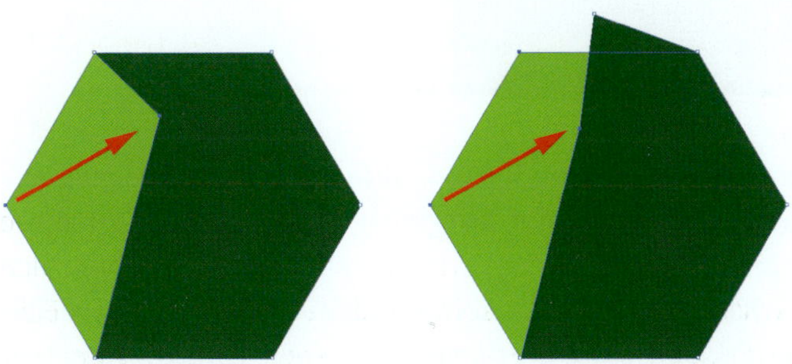

◂ **Abbildung 3.91**
Links wurde nur am linken Ankerpunkt gezogen, rechts war noch der Ankerpunkt links oben mit aktiviert.

Wenn Sie zuvor mehrere Ankerpunkte aktiviert haben (z. B. mit dem Lasso-Werkzeug), werden diese Objektteile mit verändert; die anderen nicht aktivierten Ankerpunkte bleiben unberührt.

Globale Bearbeitung

Mit Globale Bearbeitung in der Steuerleiste und im Eigenschaften-Bedienfeld ist eine interessante Funktion hinzugekommen. Sie ermöglicht es, über das gesamte Dokument hinweg – inklusive verschiedener Zeichenflächen, wenn gewünscht – Objekte zu editieren, die gleich bzw. ähnlich aussehen.

▲ **Abbildung 3.92**
Einstellungen zur globalen Bearbeitung in der Steuerleiste

Als erstes müssen Sie durch Klick auf ❶ bestimmen, wo überall nach ähnlichen Objekten gesucht werden soll; also auf allen Zeichenflächen, nur auf bestimmten oder auch auf der Montagefläche dazwischen ❷. Als nächstes bestimmen Sie, welche Objekteigenschaften überhaupt miteinander verglichen werden sollen; also nur Farbe oder Konturen, Formen etc. ❸. Das finden Sie alles als Dropdown-Button in der Steuerleiste ganz oben rechts – aber nur, wenn Sie auch ein Objekt als Referenz ausgewählt haben.

Wenn Sie nun das neue Eigenschaften-Bedienfeld öffnen, finden Sie im unteren Teil bei Schnellaktionen den Button Globale Bearbeitung starten. Auch hier haben Sie mit dem Dropdown-Pfeil noch einmal die Möglichkeit, Ihre Bearbeitung zu spezifizieren.

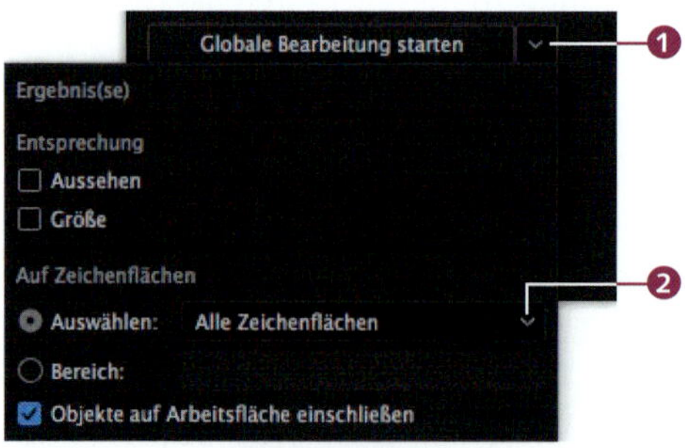

Abbildung 3.93 ▶
Globale Bearbeitung unten im Eigenschaften-Bedienfeld starten und Einstellungen vornehmen

Mit einem Klick auf den Button aktiviert Illustrator nun alle Objekte, die das Programm als gleich ansieht. Leider ist diese Erkennung noch nicht zu 100 % ausgereift. Ich hoffe aber, dass sich die Erkennung mit den kommenden Updates noch verfeinern wird. Erkennt Illustrator keine ähnlichen Objekte, wird ein

Warndialog ausgegeben und Sie können Ihre Suchkriterien nochmals ändern.

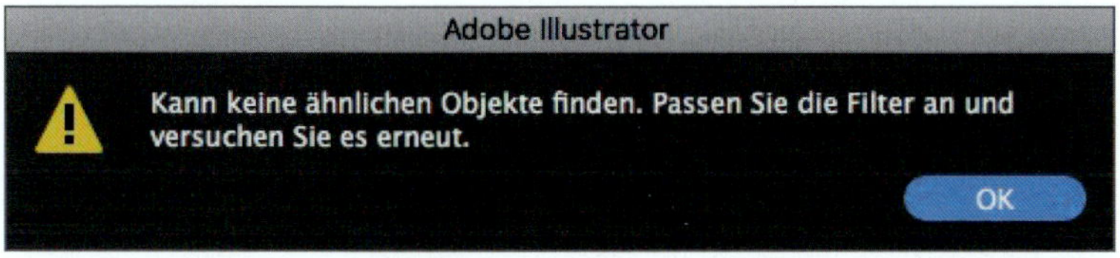

◂ **Abbildung 3.94**
Illustrator kann keine Objekte finden!

Tipp: Meistens werden Sie eher fündig, wenn Sie in den Kriterien die Checkbox Aussehen deaktivieren.

Haben Sie die globale Bearbeitung gestartet und Illustrator weitere Objekte gefunden, werden diese in einem blauen Rechteck hervorgehoben.

Möchten Sie nun einen einzelnen Ankerpunkt verändern, wählen Sie das Direktauswahl-Werkzeug, klicken einmal mit [⇧] auf den gewünschten Punkt und dann ein weiteres Mal zum Aktivieren dieses Punktes und zum Deaktivieren aller anderen Punkte, und verschieben ihn nun. Das funktioniert bei unbestimmten, also ganz freien Formen genauso wie bei geometrischen Formen, die Sie mit Werkzeugen wie zum Beispiel dem Rechteck-Werkzeug oder dem Stern-Werkzeug erstellt haben.

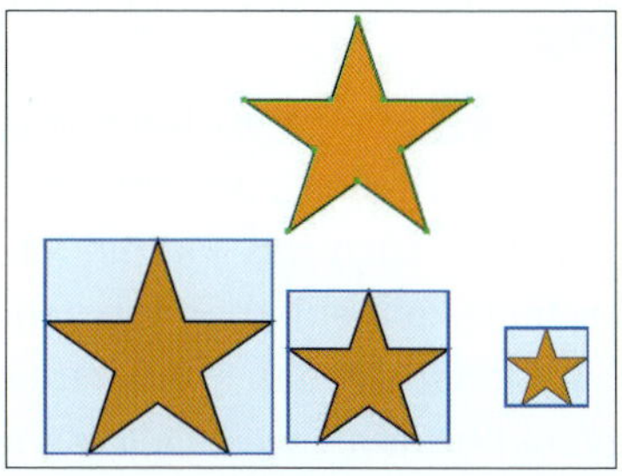

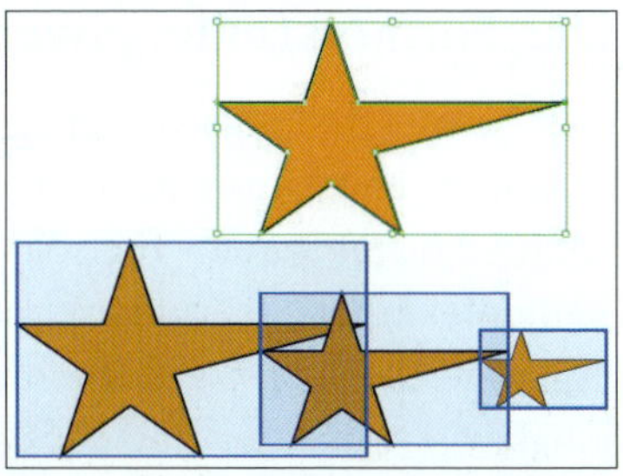

◂◂ **Abbildung 3.95**
Der Ankerpunkt wird bei allen ähnlichen Objekten ebenfalls geändert.

◂ **Abbildung 3.96**
Illustrator hat drei ähnliche Objekte gefunden (links).

Möchten Sie beispielsweise die Farbe des ganzen Objekts ändern, verwenden Sie wie sonst auch die entsprechenden Bedienfelder wie Farbfelder, Farbe, Kontur etc.

Findet Illustrator Objekte, die Sie aber nicht mitverändern möchten, klicken Sie sie mit der Taste [⇧] an und wählen sie damit ab. Die Objekte haben nun keine blaue Hervorhebung mehr, sondern eine orangefarbene. Änderungen werden nur in den übrigen, blau hervorgehobenen Objekten umgesetzt.

Abbildung 3.97 ▸
Der Ankerpunkt wird bei allen ähnlichen Objekten ebenfalls geändert, wenn sie ausgewählt sind

3.5 Objekte kombinieren

Mit den beiden folgenden Werkzeugen können Sie Pfade als Grundbausteine für komplexere Objekte verwenden.

Das Formerstellungswerkzeug

▲ Abbildung 3.98
Gemein: Eisessen verboten!

Das Beispielmaterial: Eis.ai

Das Formerstellungswerkzeug (⇧+M) erleichtert Ihnen das Erzeugen von Umrissformen, die aus Einzelteilen zusammengestellt sind. Sie haben für solche Aufgaben auch das Pathfinder-Bedienfeld, das Sie im nächsten Abschnitt kennenlernen werden. Für viele dieser oft gebrauchten Funktionen ist das Formerstellungswerkzeug aber eine deutliche Vereinfachung, weil Sie live am Objekt arbeiten.

Haben Sie also ein Objekt aus Einzelformen, wie das Eis, das aus dem Eis selbst und seinem Stiel besteht, und dann noch den Verbotsring, der aus dem Ring und dem Durchstrich besteht, können Sie die Objekte, die eins sein sollen, vereinen.

Aktivieren Sie die gewünschten Teile mit einem der Auswahl-Werkzeuge, und fahren Sie mit dem Formerstellungswerkzeug bei gedrückter Maus darüber. Die Teile, die Sie treffen, werden zur Kontrolle mit einem Raster hervorgehoben. Nach dem Loslassen der Maus haben Sie anstelle der hervorgehobenen Objekte nur noch eines. Dies können Sie zum Beispiel einheitlich einfärben.

◂ **Abbildung 3.99**
Die Objekte, die Sie verbinden möchten, müssen ausgewählt sein, dann können Sie mit gedrückter Maustaste Verbindungen herstellen und mit gedrückter ⇧-Taste komplexe Gruppen.

Manchmal sind die Objekte komplex, und Sie erwischen nicht alle Objektteile gleichzeitig. Dann halten Sie ⇧ gedrückt und erhalten einen Auswahlrahmen. Alles, was damit überzogen wird, wird zu der Auswahl hinzugenommen und miteinander verbunden – wenn Sie es zuvor aktiviert haben. Sie können aber auch wild hin und her und um die Ecke ziehen, bis Sie alles Gewünschte erwischt haben.

Wenn Sie sich gefragt haben, wofür denn das kleine »+« ❶ am Werkzeug steht, halten Sie einfach mal alt gedrückt. Genau: Sie bekommen ein »–«. Alles, was mit dem Raster hervorgehoben wird, wird nun aus den anderen (aktivierten) Objekten herausgeschnitten.

Wenn Sie nur in eine Teilform klicken, ohne über andere Teile hinwegzuziehen, extrahieren Sie diesen Teil vom Rest. Er ist jetzt einzeln und kann (wie hier der Eisstiel) einzeln eingefärbt werden.

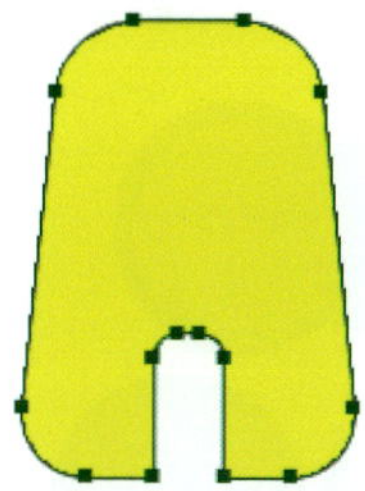

▴ **Abbildung 3.100**
Mit der alt-Taste passiert das Gegenteil: Teile werden abgezogen.

Schnittmenge
Eine Schnittmenge wie im Pathfinder kennt das Formerstellungswerkzeug leider nicht.

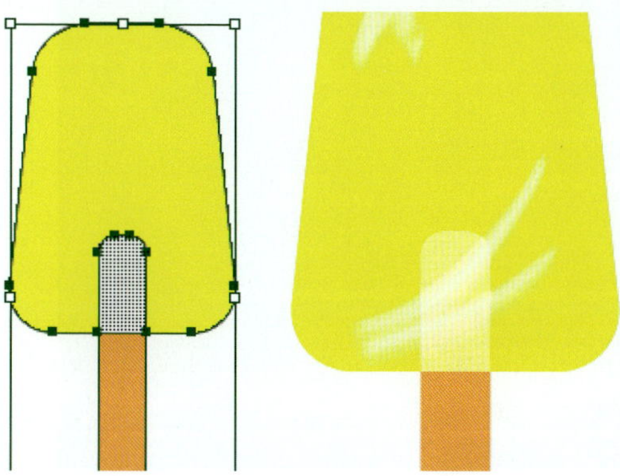

◂ **Abbildung 3.101**
Sehr praktisch ist das Klicken in ein »Einzelteil«, um es vom Rest zu extrahieren – hier für die transparente Anmutung des Stielteils im Eis.

Mit dem fast schon obligatorischen Doppelklick auf das Werkzeug öffnet sich das Optionenmenü (siehe Abbildung 3.104).

Über Lückenlänge lassen sich offene Pfade schließen, wenn sie nahe genug beieinanderliegen ❶.

Mit der Funktion Offenen gefüllten Pfad als geschlossen behandeln ❷ werden Konturen eines einzelnen Objekts geschlossen, wenn Sie von der Kontur zur Fläche ziehen.

Sehr nützlich ist die Anzeige der Farbfelder am Mauszeiger über Cursorfarbfeldvorschau ❹, wenn diese die Farbe des zusammengefügten Objekts bestimmen sollen. Es werden dann nicht die Farben der Objekte genommen, sondern diejenigen, die Sie aus Ihren Farbfeldern wählen. Mit den Pfeiltasten nach links oder rechts wählen Sie eine andere Farbe aus Ihren Farbfeldern aus. Sogar teilen können Sie ein Objekt ❸. Klicken Sie mit dieser Option einfach auf eine Kontur sich überschneidender Objekte. Sie erhalten dann Einzelteile.

▲ **Abbildung 3.102**
Die offenen Pfade werden automatisch geschlossen ❸.

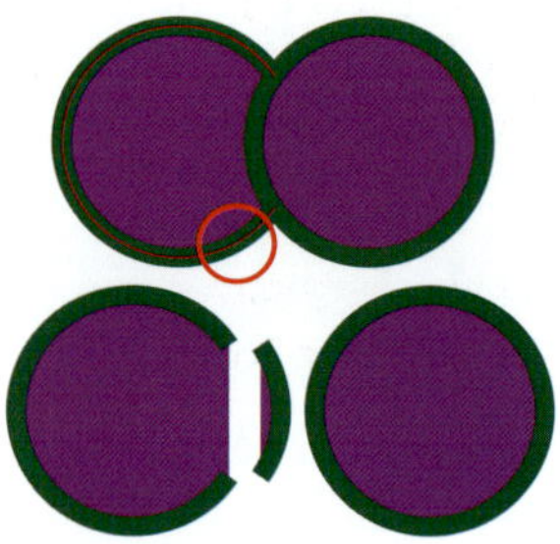

▲ **Abbildung 3.103**
Teilen der Objekte durch Klicken auf die Kontur

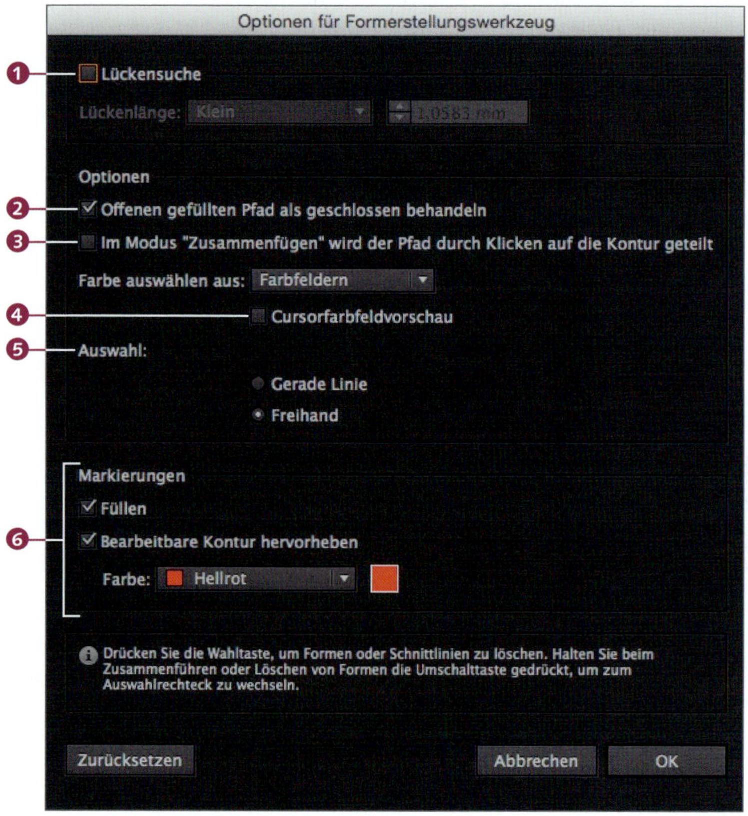

Abbildung 3.104 ▶
Die umfangreichen Optionen geben Ihnen viele Möglichkeiten, um das Arbeiten auf den jeweiligen Zweck abzustimmen.

Die Auswahl ❺ bestimmt lediglich, ob Sie nur mit einer geraden Linie Objekte überfahren dürfen oder, wie oben schon erwähnt, ganz wild und frei auch nicht-linear auswählen können.

Ohne die Flächenhervorhebung ❻ der ausgewählten Objektteile macht das Werkzeug weniger Sinn. Dass Sie die Farbe der Hervorhebung der Konturen ändern können, kann jedoch mal nützlich sein, wenn Ihr Objekt die gleiche Konturfarbe wie die Hervorhebung hat. Wählen Sie dann eine andere Farbe aus der Dropdown-Liste.

Pathfinder

Das Pathfinder-Bedienfeld finden Sie unter FENSTER • PATHFINDER. Mit den Funktionen dieses Bedienfelds verrechnen Sie Objekte miteinander: Eines kann vom anderen abgezogen werden, zwei oder mehrere Objekte können zusammengefügt werden etc. Sie erstellen also zusammengesetzte Formen.

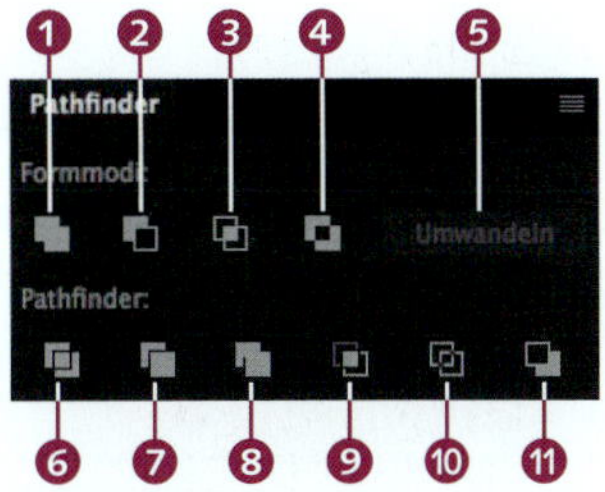

▲ **Abbildung 3.105**
Das Pathfinder-Bedienfeld

Im Pathfinder finden Sie zwei Bereiche: den Bereich FORMMODI und den Bereich PATHFINDER. Im oberen Bereich bestimmen Sie, wie die Objekte einer zusammengesetzten Form aufeinander einwirken. Wichtig ist, dass mindestens zwei Objekte aktiv sind. In einigen Fällen macht es erst Sinn, wenn sie sich auch überschneiden.

Sie finden hier diese Modi:

❶ VEREINEN
❷ VORDERES OBJEKT ABZIEHEN
❸ SCHNITTMENGE BILDEN
❹ und SCHNITTMENGE ENTFERNEN

▲ **Abbildung 3.106**
Unser Ausgangsobjekt

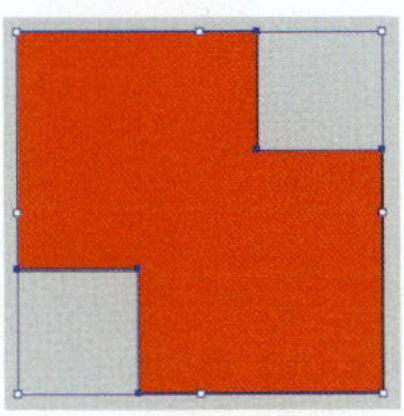

▲ **Abbildung 3.107**
VEREINEN ❶

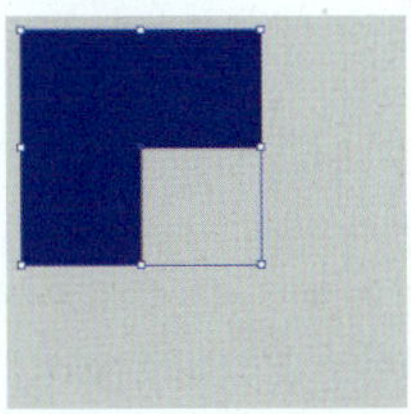

▲ **Abbildung 3.108**
VORDERES OBJEKT ABZIEHEN ❷

▲ **Abbildung 3.109**
SCHNITTMENGE BILDEN ❸

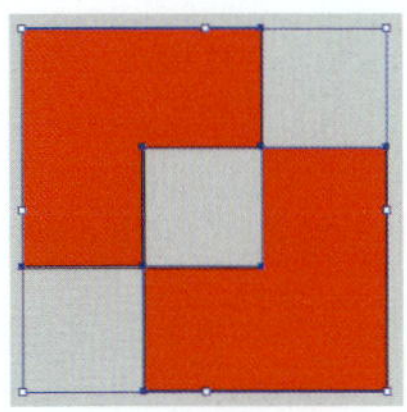

▲ **Abbildung 3.110**
SCHNITTMENGE ENTFERNEN ❹

Um eine Pathfinder-Funktion auf das Objekt anzuwenden, müssen Sie im unteren Bereich unter Pathfinder auf einen der Buttons klicken. Die Symbole sprechen im Wesentlichen für sich: Fläche aufteilen ❻, Überlappungsbereich entfernen ❼, Verdeckte Fläche entfernen ❽, Schnittmengenfläche ❾, Kontur aufteilen ❿ und Hinteres Objekt abziehen ⓫. Ich zeige Ihnen hier am Beispiel, was in etwa passiert.

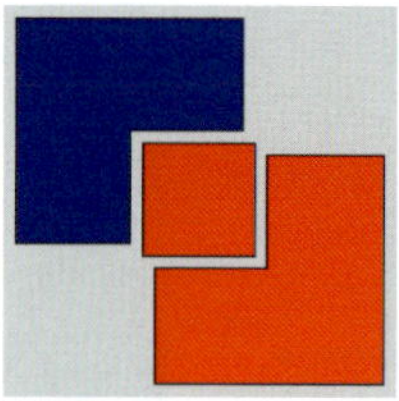

▲ **Abbildung 3.111**
Fläche aufteilen ❻

▲ **Abbildung 3.112**
Überlappungsbereich entfernen ❼

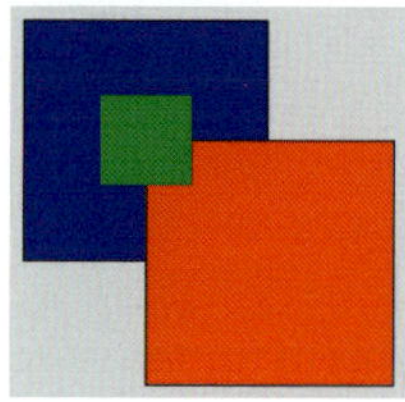

▲ **Abbildung 3.113**
Das Ausgangsobjekt für Verdeckte Fläche entfernen

▲ **Abbildung 3.114**
Verdeckte Fläche entfernen ❽

▲ **Abbildung 3.115**
Schnittmengenfläche ❾

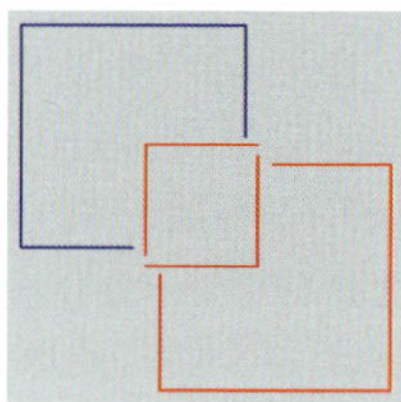

▲ **Abbildung 3.116**
Kontur aufteilen ❿

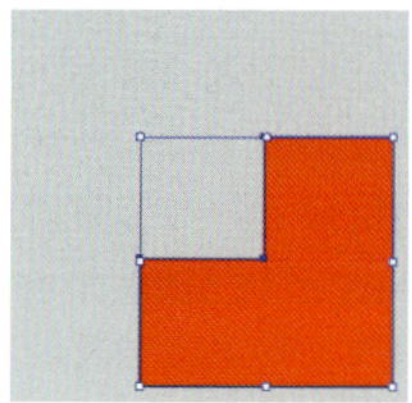

▲ **Abbildung 3.117**
Hinteres Objekt abziehen ⓫

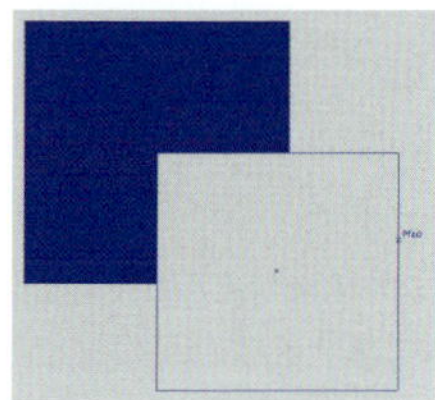

▲ **Abbildung 3.118**
Ein noch zu veränderndes Objekt. Die Pathfinder-Funktion ist noch nicht umgewandelt. In der Pfadansicht sehen Sie es und können es noch aktivieren.

Die Ergebnisse in der oberen Reihe des Pathfinder-Bedienfelds sind noch editierbar, wenn Sie mit gedrückter `alt`-Taste auf die Buttons klicken. Die Flächen sind zwar schon miteinander verrechnet, aber die einzelnen Elemente lassen sich noch verschieben.

Sind Sie mit der Position eines der Objekte noch nicht zufrieden, verschieben Sie es einfach mit dem Gruppenauswahl-Werkzeug ; deaktivieren Sie aber erst die entstandene Gruppe als

Ganzes ([Strg]/[cmd]+[⇧]+[A]). Wissen Sie nicht, wo das Objekt liegt, das Sie verschieben möchten, sollten Sie die intelligenten Hilfslinien aktivieren (Ansicht • Intelligente Hilfslinien oder [Strg]/[cmd]+[U]), denn so werden auch die Pfade der inzwischen unsichtbaren Objekte angezeigt. Eine andere Möglichkeit, die ich persönlich sehr schätze, ist das kurze Wechseln in die Pfadansicht mit [Strg]/[cmd]+[Y]. Hier sehen Sie alle Pfade, die noch nicht endgültig gelöscht wurden. Mit der gleichen Tastenkombination kommen Sie übrigens wieder zurück zur Vorschauansicht.

Wenn Sie mit Ihrem Ergebnis zufrieden sind, können Sie alle jetzt nicht mehr benötigten »Objektreste« löschen. Klicken Sie dazu auf den Umwandeln-Button ❺ im Pathfinder-Bedienfeld.

▼ Abbildung 3.119
Mit Pathfinder und einfachen Formen zur Illustration

3.6 Objekte ausrichten

Ständig müssen Sie Objekte aneinander (oder an Ihrer Zeichenfläche) ausrichten, damit sie auf gleicher Höhe sind, den gleichen Abstand zueinander haben oder vielleicht an deren Unterkante ausgerichtet sind.

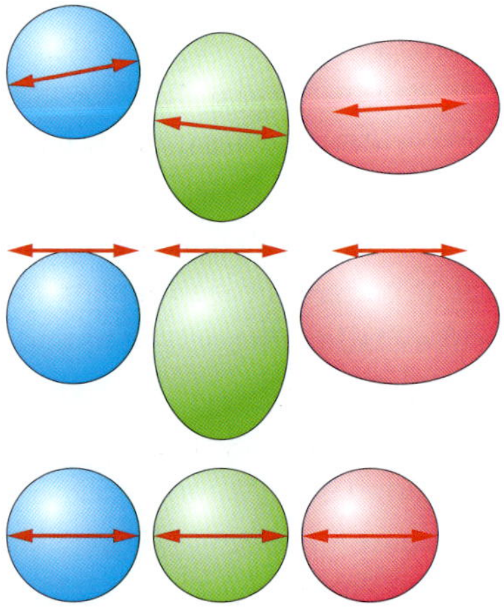

Abbildung 3.120 ▸
Die obere Reihe ist nicht ausgerichtet; die mittlere Reihe ist an der Oberkante ausgerichtet, und die untere Reihe ist in der Waagerechten mittig ausgerichtet.

Hierfür gibt es ein Bedienfeld, das eigentlich keine Wünsche mehr offenlässt: FENSTER • AUSRICHTEN. Dazu gleich mehr. Doch noch besser ist es, gleich ausgerichtet zu arbeiten, damit Sie nicht jedes Objekt zweimal in die Hand nehmen müssen.

Ausrichten mit intelligenten Hilfslinien

Einen großen Teil der nachträglichen Ausrichtungen ersparen Ihnen nämlich die intelligenten Hilfslinien (ANSICHT • INTELLIGENTE HILFSLINIEN). Mit dieser Einstellung werden Ihnen diverse Infos angezeigt.

Was alles angezeigt werden soll, stellen Sie in den Voreinstellungen Ihres Programms ein: BEARBEITEN/ILLUSTRATOR • VOREINSTELLUNGEN • INTELLIGENTE HILFSLINIEN.

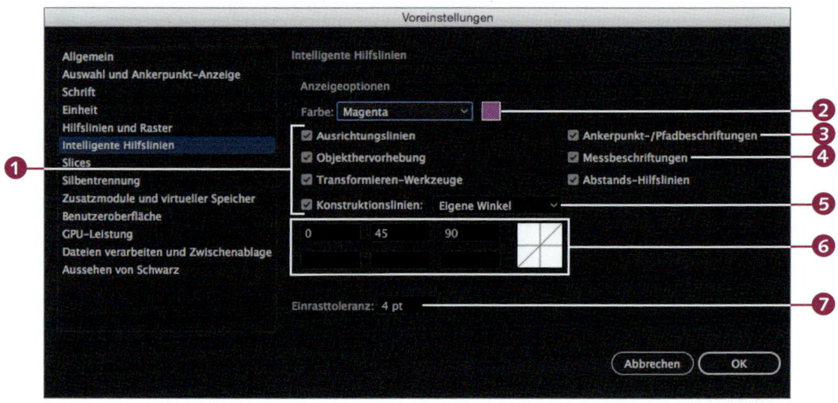

Abbildung 3.121 ▸
Die Voreinstellungen für intelligente Hilfslinien

1. Die Hilfslinien rasten an Objekten und Ankerpunkten ein. Objekte werden optisch hervorgehoben, wenn Sie mit der Maus darüberfahren, und Transformationsinformationen werden angezeigt.
2. Farbe der intelligenten Hilfslinien (siehe Abbildung 3.122)
3. Beschriftet, was gerade einrastet oder sich unter Ihrer Maus befindet.
4. Verschiedene Informationen: Distanzanzeige beim Verschieben; Winkel beim Drehen; Größe beim Skalieren (siehe Abbildung 3.124)
5. KONSTRUKTIONSLINIEN zwischen den Objekten und die Winkel einer Verschiebung werden angezeigt (siehe Abbildung 3.123).
6. Bestimmen Sie, bei welchen Gradzahlen angezeigt und eingerastet werden soll.
7. Wie nah müssen Sie an eine Hilfslinie oder ein Objekt herankommen, damit dort »eingerastet« wird?

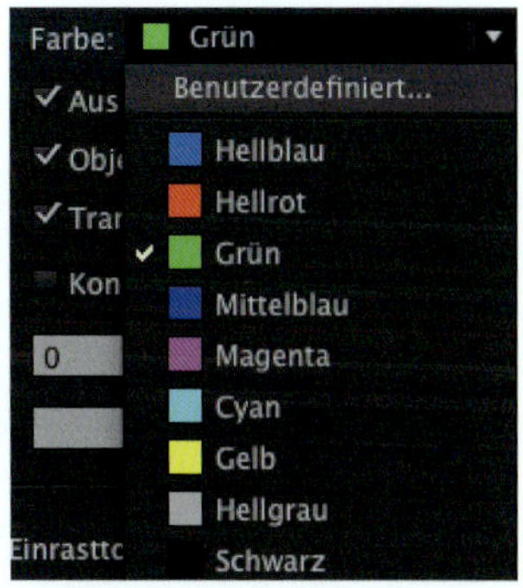

▲ **Abbildung 3.122**
Die Darstellungsfarbe für intelligente Hilfslinien ändern

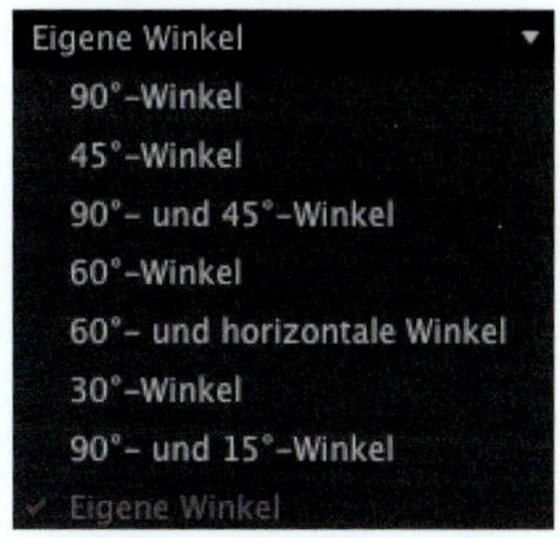

▲ **Abbildung 3.123**
Winkelkombinationen, die angezeigt werden sollen

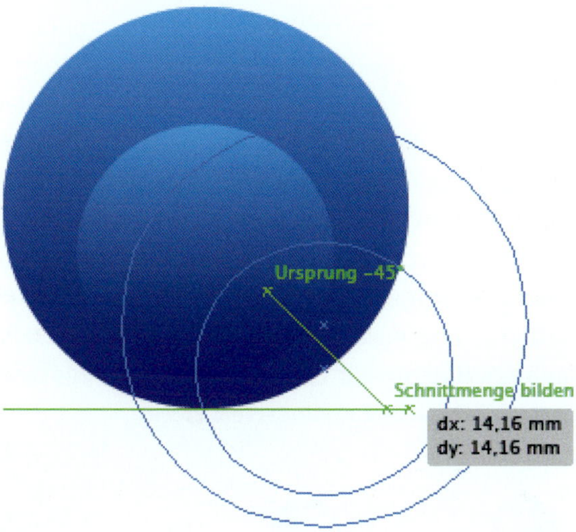

◄ **Abbildung 3.124**
Die Distanz, der Winkel, eine Schnittmenge mit anderen Objektkanten und der Ausgangspunkt werden hier beim Verschieben angezeigt.

Wenn Sie nun mit eingeschalteten intelligenten Hilfslinien arbeiten, sehen Sie beim Verschieben von Objekten, ob sie waagerecht zueinander stehen. Oder Sie sehen, wenn Sie ein Objekt mittig zu einem anderen Objekt anordnen, ob eine Außenkante des Objekts, das Sie verschieben, mit der Außenkante eines anderen Objekts korrespondiert etc. Kurzum, Sie haben schon sehr vieles unter Kontrolle.

Das Ausrichten-Bedienfeld

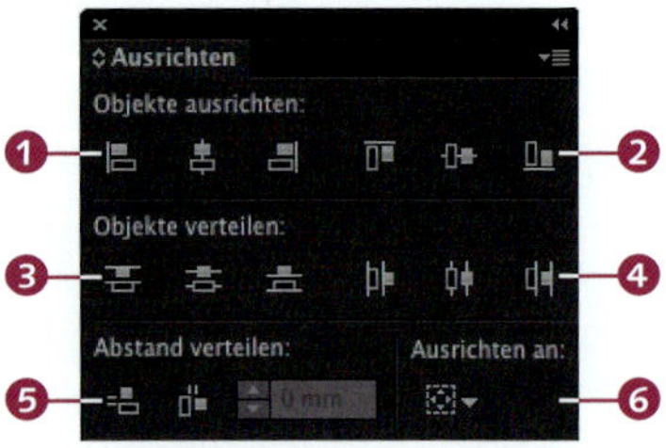

▲ **Abbildung 3.125**
Das Ausrichten-Bedienfeld

Angenommen, Sie haben verschiedene Objekte, die nicht zueinander in Beziehung stehen, aber aneinander ausgerichtet sein sollen. Dann brauchen Sie das Ausrichten-Bedienfeld (unter FENSTER). Fast alle Buttons, die Sie dort sehen, finden Sie aber auch im Steuerung-Bedienfeld und die wichtigsten auch im Eigenschaften-Bedienfeld.

▲ **Abbildung 3.126**
Möglichkeiten zum Ausrichten im Steuerung-Bedienfeld

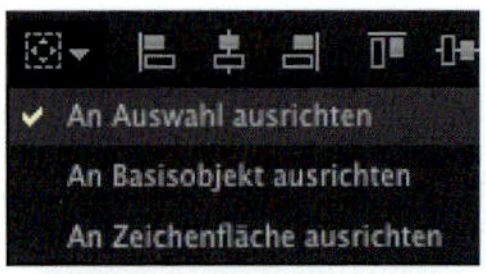

▲ **Abbildung 3.127**
Klappen Sie das Dropdown-Menü auf, um auszuwählen, woran ausgerichtet werden soll.

Das Ausrichten von Objekten | Aktivieren Sie nur ein Objekt, können Sie es lediglich an der Zeichenfläche ausrichten. Haben Sie zwei oder mehr Objekte aktiviert, können Sie sie auch aneinander ausrichten (am Begrenzungsrahmen) oder an einem Basisobjekt, das sich beim Ausrichten nicht mitverschiebt (es wird hervorgehoben, und Sie können in ein anderes klicken). Mit dem kleinen Abwärtspfeil ❻ können Sie auswählen, welche der Optionen Sie anwenden möchten. Sollte er bei Ihnen nicht sichtbar sein, schalten Sie über das Flyout-Menü den Eintrag OPTIONEN EINBLENDEN an.

Die oberen beiden Reihen des Ausrichten-Bedienfelds erklären sich glücklicherweise durch die Symbole und die QuickInfo selbst: Die obere Reihe AUSRICHTEN zeigt links Buttons für LINKS AUSRICHTEN, HORIZONTAL ZENTRIERT AUSRICHTEN und RECHTS AUSRICHTEN ❶ und daneben Buttons für OBEN AUSRICHTEN, VERTIKAL ZENTRIERT AUSRICHTEN und UNTEN AUSRICHTEN ❷.

QuickInfo nicht sichtbar?
Falls die QuickInfos nicht sichtbar sind, wenn Sie die Maus einige Sekunden über einen Button halten, zittern Sie entweder zu sehr, oder Sie haben die Funktion nicht angehakt: BEARBEITEN/ILLUSTRATOR • VOREINSTELLUNGEN • ALLGEMEIN • QUICKINFO ANZEIGEN.

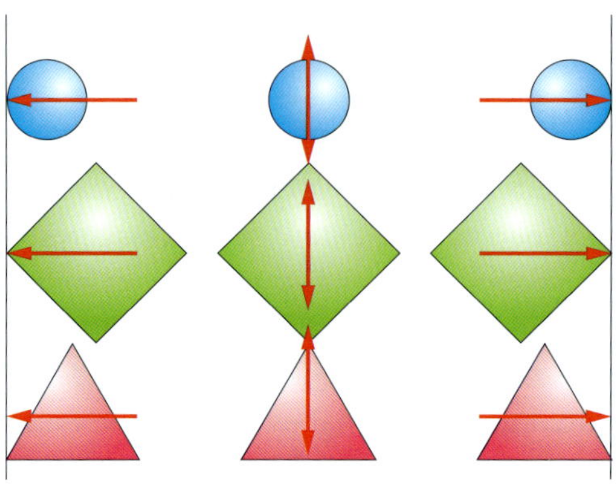

Abbildung 3.128 ▶
Ausrichten an der linken Kante, der Mitte und der rechten Kante

Wenn Sie mehrere Objekte angewählt haben, die Sie aber nicht gemeinsam aneinander, sondern vielmehr an einem **Basisobjekt** ausrichten wollen, das auch ausgewählt ist (und das an seinem Platz bleiben soll), dann klicken Sie nach dem Aktivieren der auszurichtenden Objekte in das Basisobjekt. Das fixe Objekt wird dann mit einem deutlichen Rand ❼ in der Farbe seiner Ebene gekennzeichnet.

Es können auch Objekte mehrerer **Ebenen** aneinander ausgerichtet werden. Die Objekte bleiben auch nach der Ausrichtung auf ihren jeweiligen Ebenen.

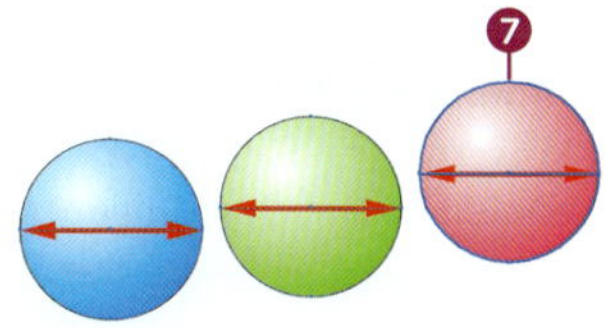

▲ **Abbildung 3.129**
Durch Klicken in das rechte Objekt wird dieses zum Schlüsselobjekt (Hervorhebung). Alles richtet sich nun nach ihm.

Das Verteilen von Objekten | Beim Verteilen erhalten die aktivierten Objekte einen gleichmäßigen Abstand zueinander. Zur Verfügung stehen hier die Optionen Oben verteilen, Vertikal zentriert verteilen, Unten verteilen ❸ sowie daneben die Button Links verteilen, Horizontal zentriert verteilen und Rechts verteilen ❹.

In der unteren Reihe des Bedienfelds können Sie ganz bestimmte (numerische) Abstände eingeben, die Objekte in der Waagerechten oder Senkrechten zueinander haben sollen. Aktivieren Sie dazu die Objekte, und wählen Sie in der rechten Dropdown-Liste ❻ An Basisobjekt ausrichten. Jetzt können Sie einen Wert in das Eingabefeld eingeben und auf den Button Horizontal verteilen oder Vertikal verteilen ❺ klicken. Wenn Sie den Wert korrigieren, müssen Sie danach erneut auf einen der Buttons klicken.

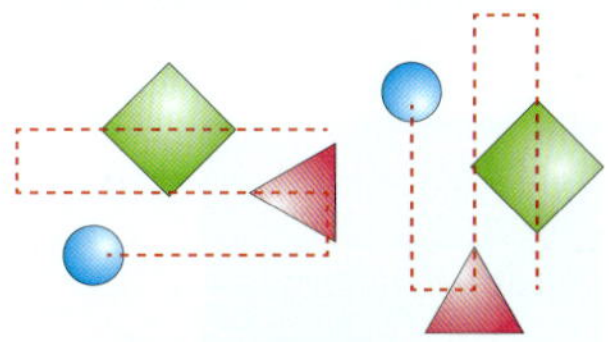

▲ **Abbildung 3.130**
Vertikal und horizontal zentriert verteilen

3.7 Objekte verzerren per Verzerrungshülle

Eine ganz andere Art der Transformation ist das Verzerren per Verzerrungshülle. Hier verbiegen Sie Ihr Objekt nicht in bestimmten Winkeln (wie mit dem Verbiegen-Werkzeug), sondern verzerren Objekte in ganz bestimmte Formen hinein. Illustrator kennt drei Arten:

1. das Verzerren in Formen, die Sie auswählen können
2. das Verzerren in einem beweglichen Gitter
3. das Verzerren in irgendeine ausgewählte freie Vektorform, die Sie selbst erstellt haben

Mit vordefinierten Hüllen verzerren

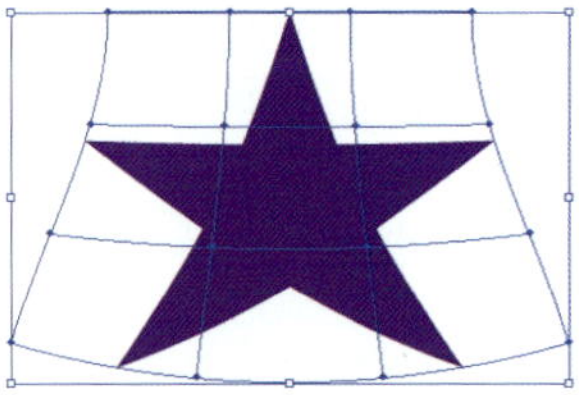

▲ **Abbildung 3.131**
Ein Stern wird durch eine definierte Form (hier Bogen) verzerrt.

OBJEKT • VERZERRUNGSHÜLLE • MIT VERKRÜMMUNG ERSTELLEN... ruft ein Eingabemenü auf, in dessen Dropdown-Liste unter STIL Sie eine vordefinierte Form auswählen ❶, die auf ein aktiviertes Objekt angewendet werden kann. Lassen Sie sich am besten die VORSCHAU ❺ anzeigen, und probieren Sie die einzelnen Stile einmal durch.

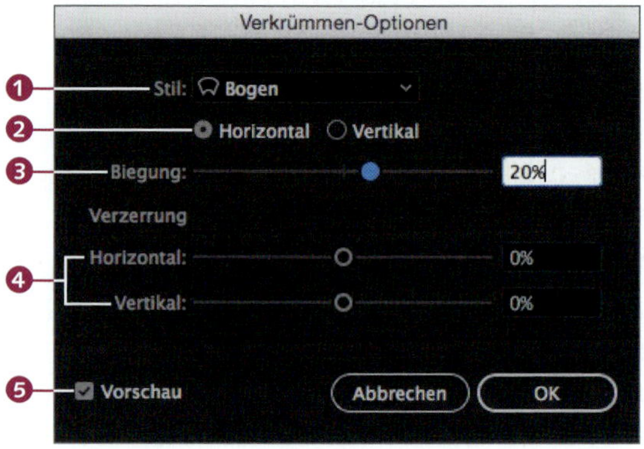

Abbildung 3.132 ▸
Die Verkrümmen-Optionen

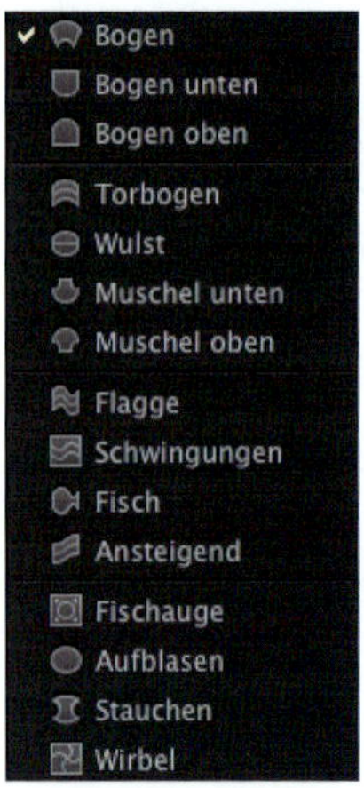

▲ **Abbildung 3.133**
Illustrator gibt Ihnen eine ganze Reihe von Formen zur Verzerrung vor.

Sie bestimmen, ob die Verkrümmung HORIZONTAL oder VERTIKAL ausgeführt werden soll ❷. BIEGUNG ❸ gibt an, wie stark die Verkrümmung ausfällt. Bei einem negativen Wert biegt sich das Objekt eben in die andere Richtung. Zusätzlich zum Biegen können Sie jetzt außerdem noch verzerren ❹ (wieder HORIZONTAL oder VERTIKAL).

Die Form, mit der Sie verzerrt haben, ist weiterhin editierbar. Mit dem Direktauswahl-Werkzeug [A] können Sie einzelne Ankerpunkte, Griffe und sogar Flächen verschieben, um an dem verzerrten Objekt noch ein bisschen weiter herumzuzerren. Haben Sie sich anders entschieden, können Sie das verzerrte Objekt auch wieder zurückwandeln: OBJEKT • VERZERRUNGSHÜLLE • ZURÜCKWANDELN.

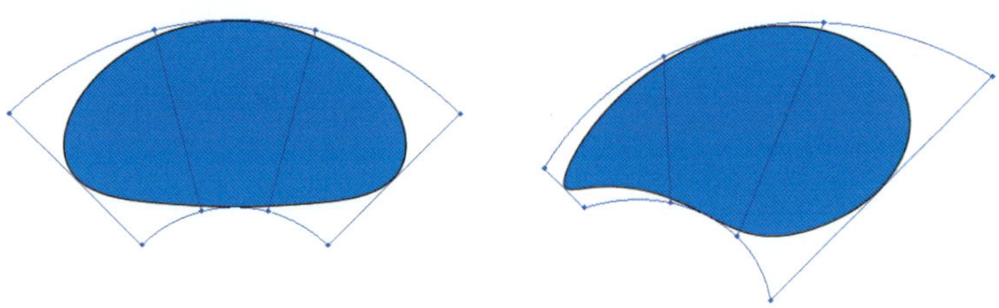

Abbildung 3.134 ▸
Links: »normal« verbogen; rechts: mit zusätzlicher Verzerrung

Die Maske, in die hinein verzerrt wurde, wird als eigenständiges Objekt erzeugt und liegt nun über Ihrem zurückgewandelten Objekt. Sie können die Maske löschen, für später aufheben oder auf andere Objekte anwenden. Wie? Das kommt jetzt.

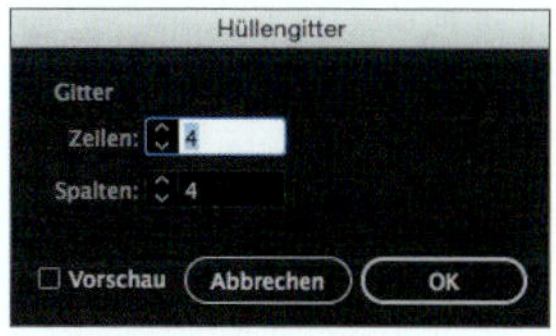

▲ **Abbildung 3.135**
Waagerechte und senkrechte Zellen in Zeilen und Spalten anlegen lassen

Mit einem Gitter verzerren

Die zweite unserer drei Methoden erzeugt nach Anwendung ein Gitter, mit dem Sie Ihr Objekt verzerren können. Sie bekommen über Objekt • Verzerrungshülle • Mit Gitter erstellen von vornherein ein Gitter. Es entspricht einem Raster, und Sie entscheiden im Dialog Hüllengitter, wie viele Zeilen (waagerecht) und Spalten (senkrecht) Sie haben möchten. Nach Bestätigen des Dialogs ist Ihr Objekt noch unverzerrt, hat aber bereits ein Gitter.

Deaktivieren Sie das Objekt zunächst, um dann mit dem Direktauswahl-Werkzeug [A] entweder einzelne Ankerpunkte zu verschieben, ganze Rasterzellen (wählen Sie mehrere mit der [⇧]-Taste aus) oder die Griffe der Ankerpunkte (jeder Ankerpunkt hat in jede Rasterrichtung Griffe).

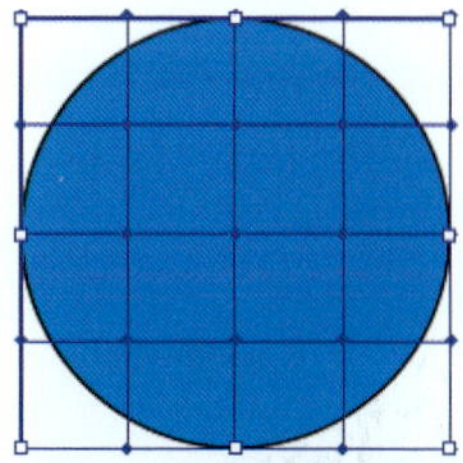

▲ **Abbildung 3.136**
Ein von Ihnen definiertes Gitter liegt über dem Objekt.

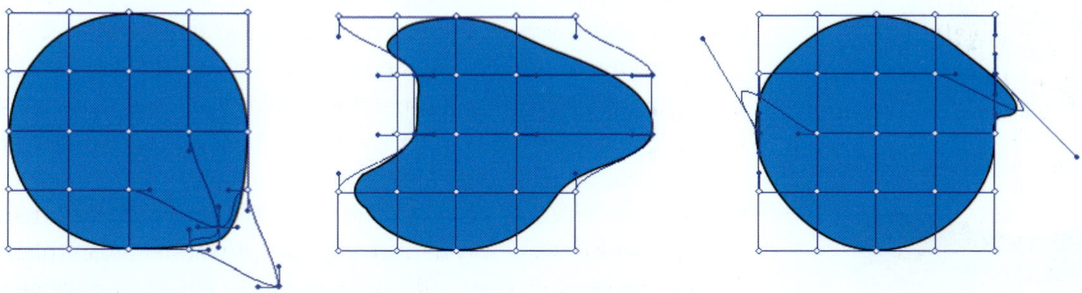

▲ **Abbildung 3.137**
Sie können Gitterkreuzungen, Gitterzellen oder einzelne Griffe der Ankerpunkte verschieben.

Mit eigenen Formen verzerren

Sind Ihnen die vordefinierten Verzerrungshüllen nicht vielseitig genug, zeichnen Sie sich einfach selbst welche. Diese Form muss nur oberhalb und nicht direkt über dem zu verzerrenden Objekt liegen, und beide müssen aktiviert sein. Danach wählen Sie Objekt • Verzerrungshülle • Mit oberstem Objekt erstellen – fertig.

Abbildung 3.138 ▸
Diese Flagge wurde mit einer Verzerrungshülle erstellt.

▴ **Abbildung 3.139**
Das Zurückwandeln erzeugt die Hüllenform vor dem Quellbild.

▴ **Abbildung 3.140**
Anders als beim Zurückwandeln versucht Illustrator beim Umwandeln, das Aussehen zu erhalten, was nicht immer ideale Ankerpunkte erzeugt.

▴ **Abbildung 3.141**
Der Inhalt, also das verzerrte Objekt, kann auch nachträglich verändert werden: mit Inhalt bearbeiten.

Auch hier können Sie mit dem Direktauswahl-Werkzeug [A] einzelne Ankerpunkte verschieben und damit auch das Objekt weiterhin verzerren. Nur erhalten Sie bei dieser Methode kein Gitter, wie bei den vorgegebenen Formen.

Hüllen bearbeiten

Sie haben einige Möglichkeiten, Ihre Hüllen oder das Objekt weiter zu bearbeiten. Im Menü Objekt • Verzerrungshüllen finden Sie drei Optionen:

- Das Zurückwandeln von Verzerrungshüllen (wie beschrieben) trennt Objekt und Maske voneinander. Die Maske der Verzerrung und das Objekt liegen als selbstständige Objekte übereinander, und die Verzerrung ist aufgehoben: Objekt • Verzerrungshüllen • zurückwandeln.
- Umwandeln (Objekt • Verzerrungshüllen • Umwandeln) hingegen bestätigt die Verzerrung und verwandelt das Objekt inklusive Muster (wenn es eines hatte) in ein ganz normales Objekt. Die Verzerrung ist nicht mehr editierbar.
- Inhalt bearbeiten (an gleicher Stelle) macht noch mal deutlich, dass es sich bei Verzerrungen um zwei Teile handelt: um das Objekt (Inhalt) und um die Maske (Hülle). Beide sind unabhängig voneinander zu verändern. Und so können Sie den verzerrten Kreis in seiner Grundform, die er einmal hatte, noch verändern. Hülle bearbeiten bringt Sie wieder zu der eigentlichen Verzerrung zurück (Abbildung 3.141).

Mit den **Hüllen-Optionen** (Objekt • Verzerrungshüllen • Hüllen-Optionen) steuern Sie nachträglich Ihre Verzerrungen. Bei

PIXELBILDER können Sie mit GLÄTTEN ❶ einstellen, dass Bilder, die Sie eventuell verzerrt haben, sauberer dargestellt werden. SCHNITTMASKE ❷ schneidet eventuell Teile Ihres Bildes ab, wenn es sich in schwierigen Formen nicht vermeiden lässt. TRANSPARENZ ❸ gibt Ihnen die Möglichkeit, Alphakanäle auszuwählen, wenn Ihr Bild denn welche hat.

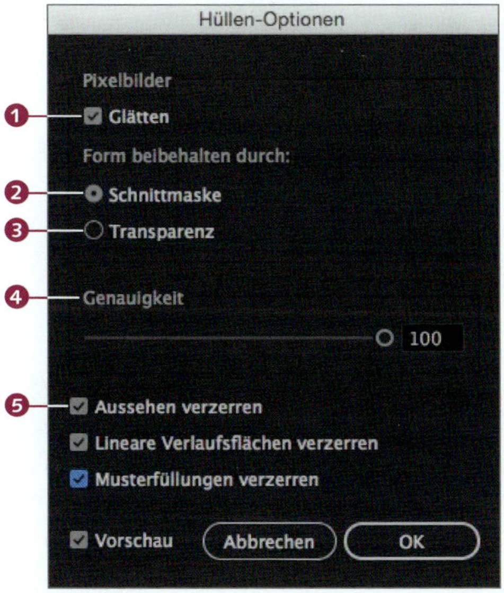

◂ **Abbildung 3.142**
Die Hüllen-Optionen: GENAUIGKEIT ❹ spricht für sich; probieren Sie bei eingeschalteter Vorschau aus, wie es jeweils wirkt.

Ein verzerrtes Objekt kann ein bestimmtes Aussehen haben, Verläufe, Muster etc. Sollen nur die Außenumrisse verzerrt werden, entfernen Sie den Haken bei AUSSEHEN VERZERREN ❺. Soll der Verlauf nicht mit verzerrt werden oder nicht das Muster, nehmen Sie die Haken entsprechend heraus.

Schritt für Schritt
Ein technisches Gerät nur aus Grundformen zeichnen

1 Vorlagendatei öffnen

Öffnen Sie in Ihren Beispieldateien eine Illustrator-Datei, die ich für Sie vorbereitet habe: »Geraet.ai«. Oben links in der Ecke ist ein Foto dieses Gerätes, das Ihnen eine Anregung sein soll. Aber nehmen Sie es nicht in den Hintergrund zum Durchzeichnen, sondern zeichnen Sie es mit mir zusammen.

Ihr Beispielmaterial: Geraet.ai

Abbildung 3.143 ▸
So kann Ihr Gerät am Ende aussehen.

2 Der Body

Drücken Sie einmal die Taste [D] (ohne dass etwas aktiviert ist), um kommenden Objekten eine schwarze Kontur und eine weiße Fläche zu geben. Stellen Sie außerdem sicher, dass die intelligenten Hilfslinien aktiv sind (ANSICHT • INTELLIGENTE HILFSLINIEN).

Die Ebene »Body« ist aktiv (FENSTER • EBENEN). Ziehen Sie auf dieser Ebene mit dem Rechteck-Werkzeug [M] einen großen Rahmen auf, der der Body Ihres Geräts sein wird.

Abbildung 3.144 ▸
Der Body

3 Hintergrundflächen

Legen Sie mit dem gleichen Werkzeug die drei oberen Hintergrundflächen an. Die intelligenten Hilfslinien zeigen Ihnen an, wenn Sie auf gleicher Höhe mit dem vorherigen Rechteck sind. So können Sie schon beim Aufziehen für gleiche Größen sorgen.

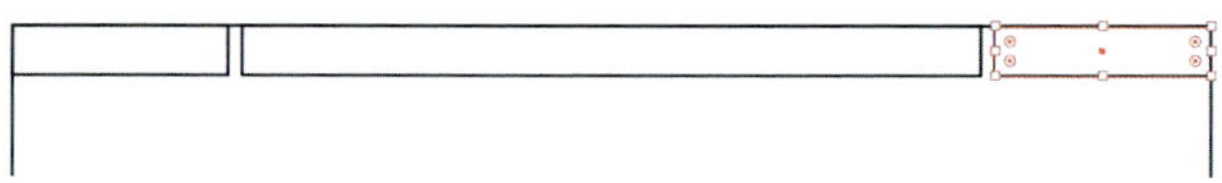

Abbildung 3.145 ▸
Die oberen Geräteflächen

4 Flächen duplizieren

Mit dem Auswahl-Werkzeug [V]  und gedrückter [⇧]-Taste klicken Sie auf alle drei Flächen, um sie auszuwählen. Nun befindet sich der Auswahlrahmen um alle drei Flächen zugleich. Kopieren Sie ihn durch Ziehen mit der Maus, während Sie dabei die [alt]-Taste gedrückt halten. Die intelligenten Hilfslinien helfen Ihnen dabei, wirklich senkrecht zu ziehen. Anschließend klicken Sie auf den mittleren unteren Anfasser und ziehen ihn nach unten in der gewünschten Größe auf.

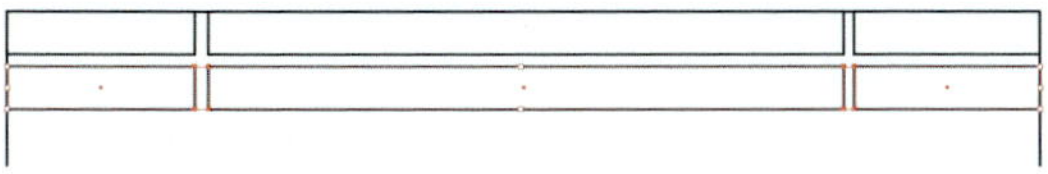

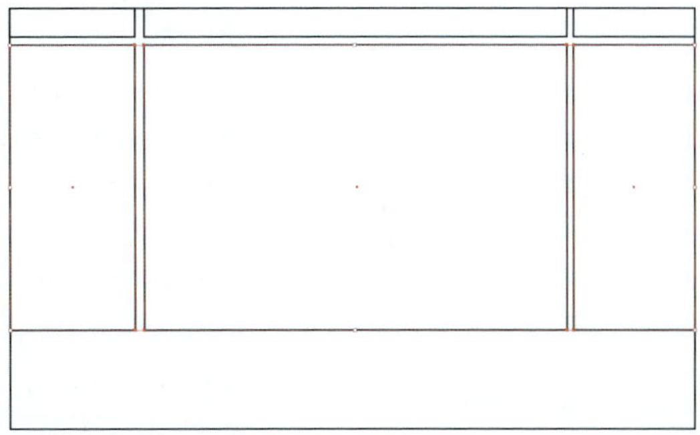

▲ Abbildung 3.146 ▶
Der Auswahlrahmen wurde dupliziert und aufgezogen.

5 Weitere Flächen und Knöpfe

Auf die gleiche Weise ziehen Sie die unterste Fläche, das Chassis, auf und ebenso den ersten der drei quadratischen Knöpfe. Bei den Knöpfen halten Sie beim Aufziehen aber [⇧] gedrückt, damit sie quadratisch statt rechteckig werden. Auch den linken, quadratischen Knopf können Sie, wie auch schon die oberen Flächen, mit [alt] nach rechts duplizieren. [⇧] sorgt für waagerechtes Duplizieren.

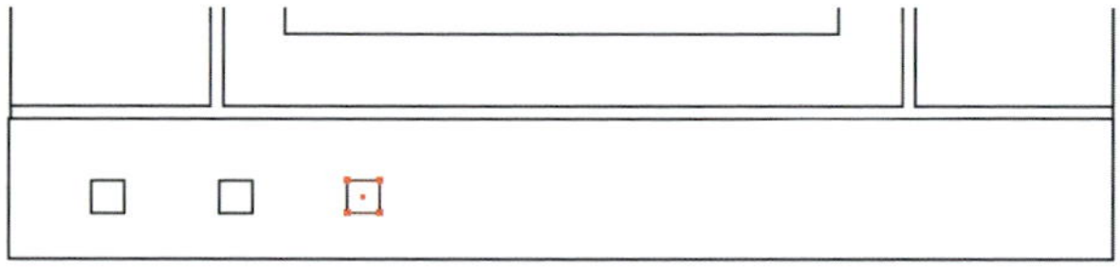

Abbildung 3.147 ▸
Alle eckigen Rahmen des Gerätes

Duplizieren Sie Knopf nach rechts, und wiederholen Sie diesen Schritt durch Drücken der Tastenkombination [Strg]/[cmd]+[D]. Zum Schluss sollten Sie noch den Rahmen für das Display aufziehen.

6 Runde oder mehreckige Knöpfe

In der Werkzeugleiste verbirgt sich unter dem Recheckwerkzeug das Polygon-Werkzeug. Wählen Sie es aus und klicken einfach an die Stelle, an der der oberste dreieckige Knopf stehen soll. Es erscheint ein Dialogfeld, in dem Sie die Anzahl bei Seiten mit »3« angeben und die gewünschte Größe des Knopfs unter Radius vorgeben. Bestätigen Sie mit OK.

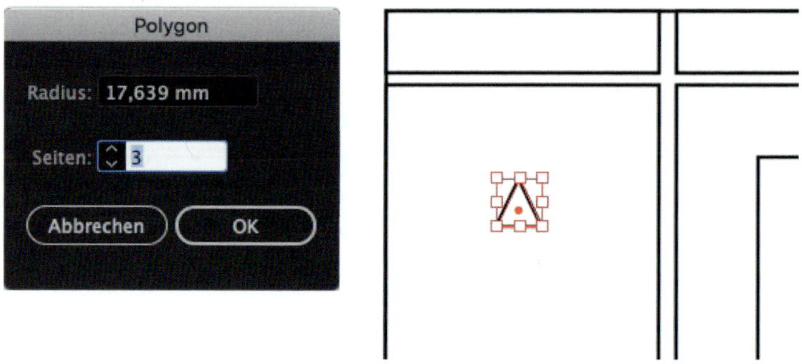

Abbildung 3.148 ▸
Das Polygon-Werkzeug numerisch angewendet.

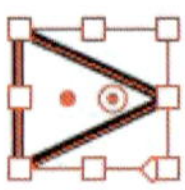

▴ Abbildung 3.149
Mit dem Auswahl-Werkzeug und [⇧] gedrehtes Dreieck

Wie in vorherigen Schritten duplizieren Sie das Dreieck dreimal. Wenn Sie mit dem Auswahl-Werkzeug ein einzelnes Dreieck aktivieren und in die Nähe einer der Ecken kommen, können Sie es um seinen Mittelpunkt drehen. Halten Sie dabei wieder [⇧] gedrückt, passiert das eingeschränkt auf die 90°-Winkel.

7 Kreisförmige Knöpfe

Für die Knöpfe rechts wählen Sie das Ellipse-Werkzeug und ziehen einen Kreis gleichzeitig mit [⇧] und [alt] auf. Durch [⇧] wird die Ellipse zu einem Kreis, durch [alt] wird der Kreis von der Mitte her aufgezogen. Danach duplizieren Sie ihn wieder wie gehabt.

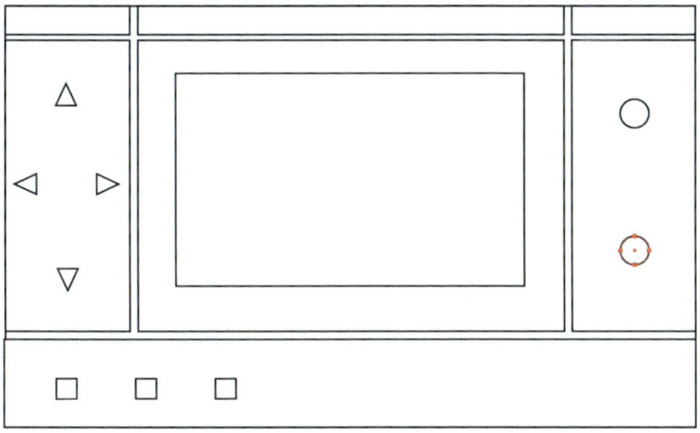

◂ **Abbildung 3.150**
Runde Knöpfe mit dem Ellipse-Werkzeug aufgezogen

8 Flächen füllen

In Ihrer vorbereiteten Datei finden Sie in den Farbfeldern bereits die Farben bzw. Verläufe, die Sie brauchen. Natürlich können Sie auch eigene verwenden, mehr dazu finden Sie im Kapitel 5, »Farben und Verläufe«.

Nun brauchen Sie nur noch die Farben und Verläufe per Drag & drop auf die jeweiligen Flächen und Knöpfe zu ziehen. Sie können natürlich auch noch das Verlauf-Bedienfeld öffnen und die jeweiligen Flächenverläufe in Richtung und Art verändern. Doch dazu wieder mehr im bereits erwähnten Kapitel 5, »Farben und Verläufe«.

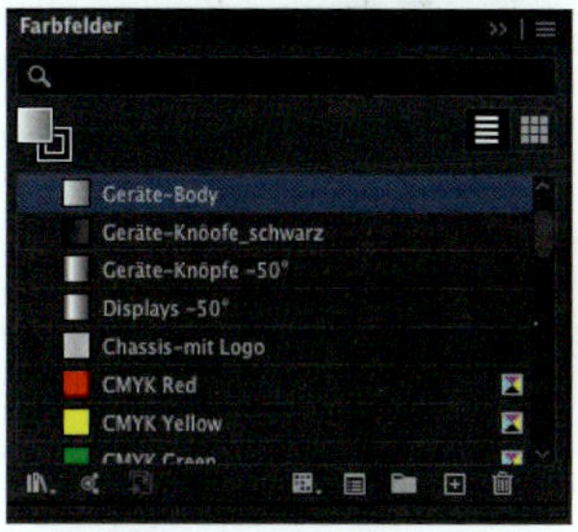

▴ **Abbildung 3.151**
Die Farbfelder der Übungsdatei

◂▴ **Abbildung 3.152**
Verläufe der Flächen anpassen

Schritt für Schritt
Eine Dose erstellen

In dieser Übung wollen wir eine weitere Form erstellen, und zwar eine einfache stilisierte Dose.

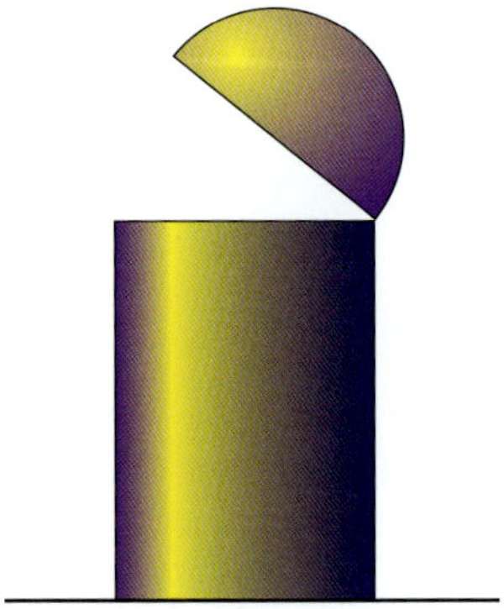

▲ **Abbildung 3.153**
So wird unsere Dose aussehen.

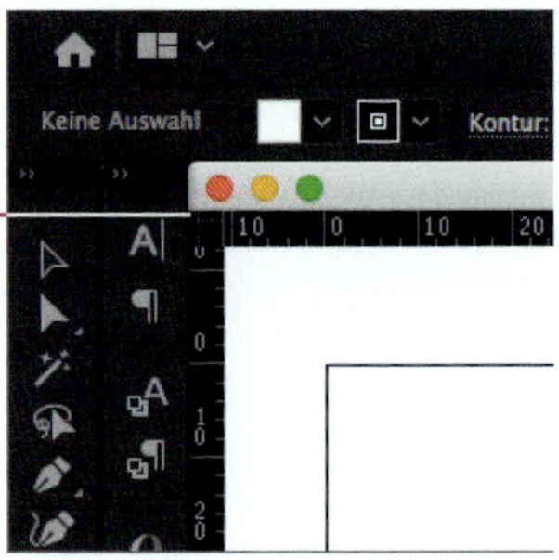

▲ **Abbildung 3.154**
Der Linealursprung ❶

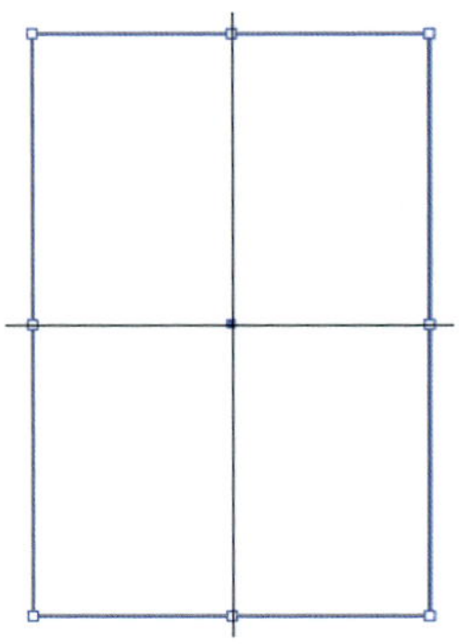

▲ **Abbildung 3.155**
Für den Dosenkörper reicht ein einfaches Rechteck.

1 Neue Datei

In dieser Schritt-für-Schritt-Anleitung sind Sie auf sich selbst gestellt. Das heißt, es gibt keine Vorlagendatei. Legen Sie sich also eine neue Datei im Hochformat an, am besten wieder als Druck im CMYK-Modus und mit hoher Rastereffektauflösung.

2 Koordinatenkreuz

Am Anfang vieler Illustrationen lohnt es sich, ein Koordinatenkreuz anzulegen, um dann, wenn es genau sein muss, auch numerisch arbeiten zu können, ohne viel rechnen zu müssen.

Ziehen Sie aus den Linealen oben und links einfach je eine Hilfslinie in die Mitte der Seite. Sind keine Lineale zu sehen, wählen Sie [Strg]/[cmd]+[R].

Ziehen Sie nun noch aus dem Schnittpunkt der Lineale bei eingeschalteten intelligenten Hilfslinien den Nullpunkt Ihrer Seite auf den Schnittpunkt Ihrer neuen Hilfslinien. Dafür gehen Sie wie folgt vor: Klicken Sie in das Feld links oben im Dokumentfenster, an dem sich die beiden Lineale treffen. Ziehen Sie dann die Maus zu der Stelle, an der Sie den Nullpunkt positionieren möchten. In unserem Fall ist das der Schnittpunkt der Hilfslinien. Fertig!

3 Der Body

Der »Körper« der Dose ist unspektakulär; er besteht lediglich aus einem stehenden Rechteck. Ziehen Sie es mit dem Rechteck-Werkzeug [M] und gehaltener [alt]-Taste aus der Mitte Ihres Koordinatenkreuzes auf (Abbildung 3.155).

4 Der Deckel

Gleicher Schritt, anderes Werkzeug. Nehmen Sie jetzt das Ellipse-Werkzeug [L], und ziehen Sie ebenfalls von der Mitte her einen Kreis auf – mit [alt]+[⇧]. Sie sehen durch den Magnetismus der Hilfslinien, wenn Rechteck und Kreis gleich groß sind. Der Kreis rastet regelrecht am Rechteck ein (Abbildung 3.156).

Mit einem der Auswahl-Werkzeuge und gedrückter [⇧]-Taste fassen Sie nun den Kreis in seiner Mitte an und schieben ihn bis zur Oberkante des Rechtecks (erst mit der Maus klicken und dann [⇧]-Taste drücken!) (Abbildung 3.157).

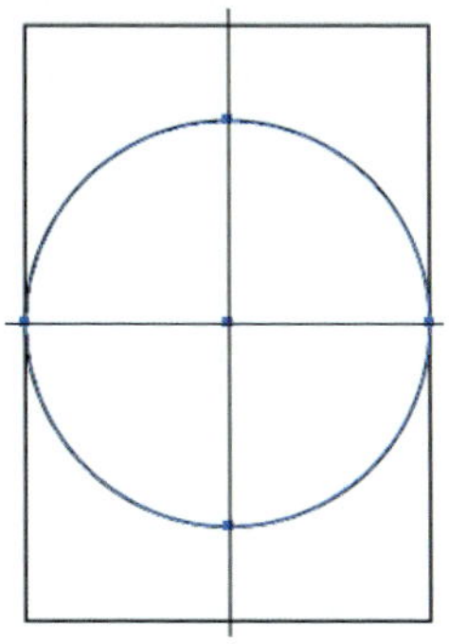

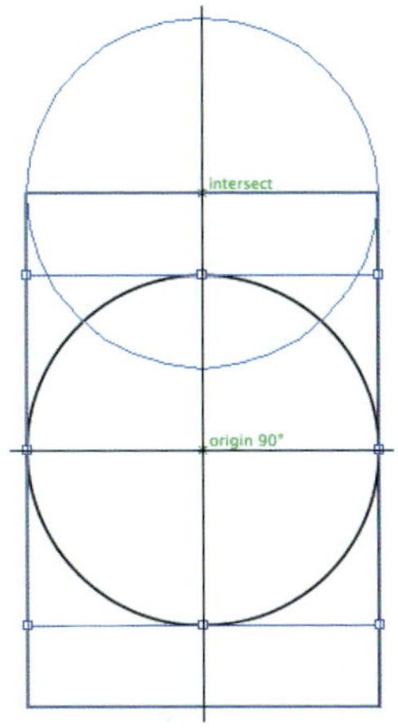

◂◂ **Abbildung 3.156**
Der Deckel ist zunächst ein Kreis.

◂ **Abbildung 3.157**
Intelligente Hilfslinien und [⇧] sorgen für Genauigkeit ohne Zeitverlust.

5 Den Deckel halbieren

Mit dem Schere-Werkzeug [C] schneiden Sie den Kreis durch einfaches Klicken auf seine beiden seitlichen Ankerpunkte auf. Die untere Hälfte des Kreises können Sie löschen.

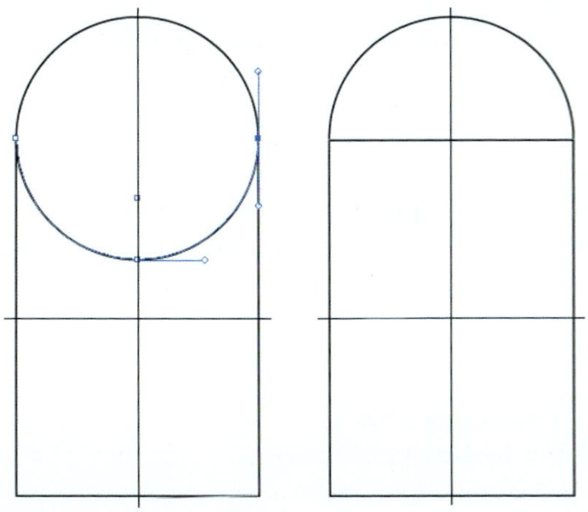

◂ **Abbildung 3.158**
Der links und rechts aufgeschnittene Kreis. Die untere Hälfte kann gelöscht werden.

6 Den Deckel öffnen

Aktivieren Sie mit dem Auswahl-Werkzeug [V] die verbliebene obere Kreishälfte, und wechseln Sie dann zum Drehen-Werkzeug [R]. Mit diesem klicken Sie in die rechte untere Ecke des Halbkreises ❷ (Abbildung 3.159), um dort den Drehpunkt zu setzen.

Mit der Maus drehen Sie nun – irgendwo auf der linken Seite angesetzt – den Deckel auf.

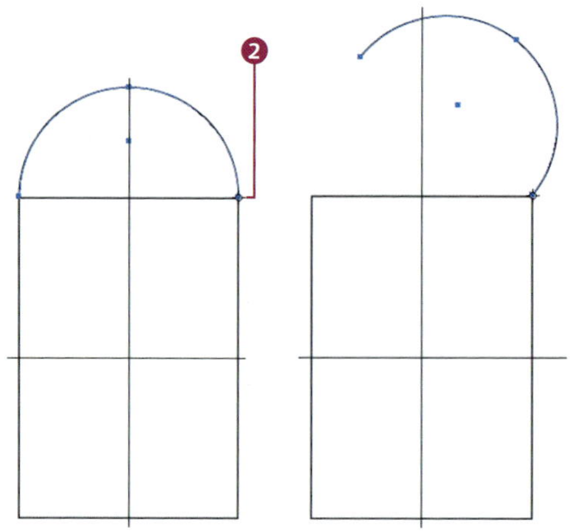

Abbildung 3.159 ▸
Drehpunkt durch Klicken mit dem Drehen-Werkzeug setzen und mit der Maus drehen

7 Pfad schließen

Um den offenen Pfad des Deckels zu schließen, brauchen Sie nur eine Tastenkombination: Strg/cmd+J (ansonsten zu finden unter Objekt • Pfad • Zusammenfügen).

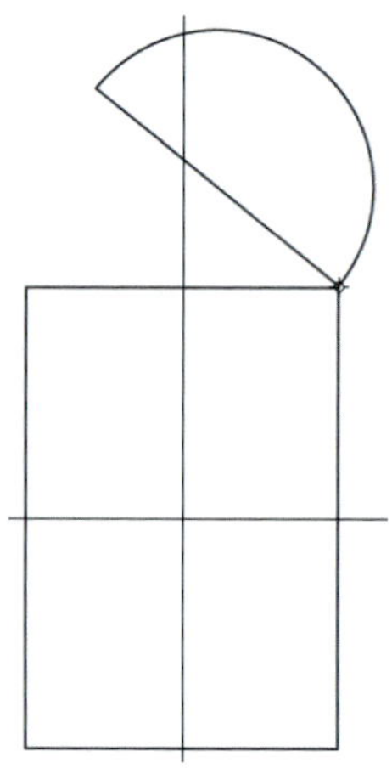

◂ Abbildung 3.160
Den offenen Pfad mit einer Geraden schließen lassen

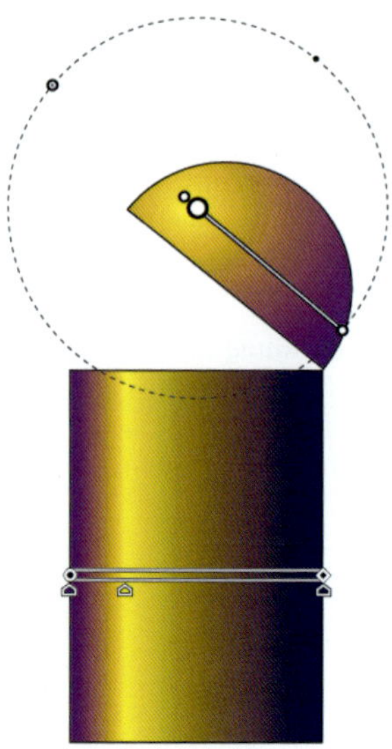

▴ Abbildung 3.161
Gut steuerbare Verläufe in Illustrator geben ein plastisches Aussehen.

8 Verläufe

Wie in der letzten Schritt-für-Schritt-Anleitung wird Ihre Dose auch hier durch Verläufe so richtig rund. Der Body braucht nur einen waagerechten Verlauf (Linear), der Deckel einen kreisförmigen (Kreisförmig). Mit dem Verlaufwerkzeug G und aktivem Objekt bestimmen Sie die Richtung und Länge des Verlaufs durch Ziehen mit der Maus. Im Verlauf-Bedienfeld kreieren Sie die Farben (siehe auch Abschnitt 5.5, »Verläufe«).

3.8 Tastaturkürzel

Auch in diesem Kapitel erleichtern die Tastenkombinationen das Arbeiten, wenn man denn zu den Liebhabern bzw. Liebhaberinnen der schnellen »Shortcuts« gehört. In Tabelle 3.1 sind die wichtigsten aufgeführt.

Zweck	PC	Mac
Skalieren-Werkzeug	S	S
Drehen-Werkzeug	R	R
Spiegeln-Werkzeug	O	O
Formerstellungswerkzeug	⇧+M	⇧+M
Verlaufwerkzeug	G	G
Lineale einblenden	Strg+R	cmd+R
Intelligente Hilfslinien	Strg+U	cmd+U
Pfadansicht/Vorschau	Strg+Y	cmd+Y
Begrenzungsrahmen	Strg+⇧+B	cmd+⇧+B
Transformation wiederholen	Strg+D	cmd+D
Objekt von der Mitte her aufziehen	alt beim Aufziehen	alt beim Aufziehen
Objekt duplizieren beim Verschieben	alt beim Verschieben	alt beim Verschieben
Halten in 45°-Winkeln bzw. Quadrat bzw. Kreis	⇧	⇧
Davor einfügen	Strg+F	cmd+F
Dahinter einfügen	Strg+B	cmd+B
Pfad zusammenfügen	Strg+J	cmd+J

◂ **Tabelle 3.1**
Die wichtigsten Tastenkombinationen für die Transformation von Objekten

4 Bilder und Grafiken

Platzieren und nachzeichnen leicht gemacht

- Wie werden Bilder und Grafiken in Illustrator platziert?
- Was ist der Unterschied zwischen Einbetten und Verknüpfen?
- Wie werden geänderte Verknüpfungen aktualisiert?
- Wie kommen Grafiken aus der Cloud-Bibliothek ins Dokument?
- Wie werden Bilder über die Bridge in Illustrator platziert?
- Wie sammle ich meine Dateien vorm Verschicken zusammen?
- Wie kann ich ein Foto in eine Grafik umwandeln?
- Wie zeichne ich ein Foto nach?
- Wie male ich eine Illustration interaktiv aus?

4 Bilder und Grafiken

Oft brauchen Sie in Adobe Illustrator aus verschiedensten Gründen Pixelbilder. So wollen Sie vielleicht ein nur als Pixelbild vorliegendes Logo nachzeichnen, oder Sie erstellen eine Gebrauchsanleitung für ein technisches Gerät und zeichnen das eingescannte oder fotografierte Gerät mit all seinen Knöpfen und Schaltern nach. Oder Sie gestalten eine Titelseite für ein Reisemagazin inklusive einer Vektorillustration oder einen Autoaufkleber, der sich an ein bestimmtes Fahrzeugmodell anpassen soll.

Die Gründe, Pixelbilder in Ihr Dokument zu laden, sind also zahlreich, egal ob sie nur temporär als Vorlage oder als eigenständiges Element der Datei dienen sollen. Auch Grafiken aus Illustrator oder anderen Vektoranwendungen wie CAD werden in Illustrator platziert, um sie weiterzubearbeiten oder mit Illustrator-eigenen Illustrationen zu vereinen.

4.1 Dateien platzieren

Wenn Sie ein Bild als Vorlage zum Nachzeichnen in einer Illustrator-Datei haben möchten, erreichen Sie das nicht durch einen Doppelklick auf der Betriebssystem-Ebene im Windows-Explorer oder im Finder auf dem Mac. Denn ist es ein Photoshop-Bild, öffnet sich natürlich Photoshop statt Illustrator. Und gehen Sie mit dem Befehl ÖFFNEN MIT… an die Sache heran, lässt sich Illustrator zwar auswählen und wird auch eine Datei öffnen, in der das Bild mittig platziert ist, aber die Voreinstellungen der Datei haben Sie dann nicht mitbestimmt.

Das Platzieren-Dialogfeld

Erstellen Sie als Erstes also eine Datei nach Ihren Vorgaben, wie in Kapitel 1, »Oberfläche, Arbeitsbereiche und Dateien«, beschrieben.

Gehen Sie dann zu DATEI • PLATZIEREN. Im PLATZIEREN-Dialogfeld navigieren Sie zum Foto oder zur Grafik Ihrer Wahl. Im unteren Teil des Dialogfelds finden Sie am PC die Option DATEITYP • ALLE FORMATE bzw. am Mac AKTIVIEREN • ALLE LESBAREN DOKUMENTE ❶. Illustrator kann sehr viele unterschiedliche Dateiformate platzieren.

Daneben finden Sie den Button CLOUD-DOKUMENT ÖFFNEN ❷. Adobe Illustrator bietet seit Version 25.0 an, dass Sie Dateien als sogenannte Cloud-Dokumente speichern. Diese liegen dann nicht auf Ihrer Festplatte, sondern auf dem Server, wo Versionen Ihrer gespeicherten Datei angelegt werden. Der Verlauf Ihrer Arbeit ist also nachvollziehbar, dazu aber mehr im Kapitel 13, »Zusammenspiel über die Creative Cloud«. Für das Platzieren von Bildern werden Sie aber meist auf Ihren eigenen Rechner zugreifen.

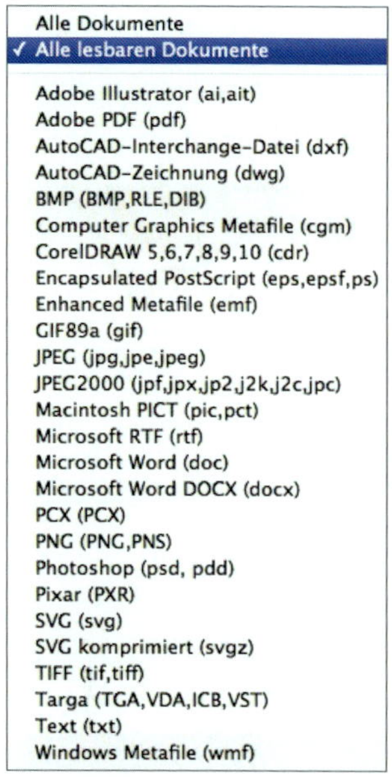

▲ **Abbildung 4.1**
Die Liste der Formate, die Illustrator platzieren kann, ist lang.

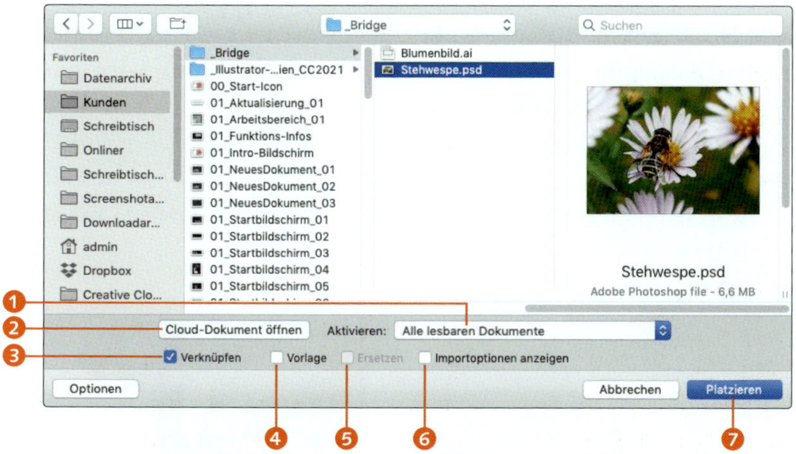

◂ **Abbildung 4.2**
Der PLATZIEREN-Dialog am Mac

Mehrere Optionen stehen Ihnen zur Verfügung, auf die wir im Folgenden noch näher eingehen werden:

- Haken Sie VERKNÜPFEN ❸ an, stellt Illustrator eine Verbindung zur Originaldatei her. Ändern Sie an dieser etwas, können Sie das Bild in Illustrator aktualisieren. Bilder, die nicht mit VERKNÜPFEN in Illustrator platziert wurden, werden eingebettet; die Dateigröße steigt um die Größe des Bildes. Verknüpfte Bilder hingegen müssen zur Weiterbearbeitung durch Dritte mit der AI-Datei mitgeschickt werden. Nähere Informationen hierzu erhalten Sie in Abschnitt 4.1 unter »Verknüpfen oder einbetten?«.

- Bei angewählter Vorlage ❹ legt Illustrator das Bild automatisch auf eine eigene abgeschlossene und abgeblendete Ebene (Fenster • Ebenen, siehe auch Kapitel 6, »Ebenen«). Das Bild ist so beim Nachzeichnen vor versehentlichem Verschieben geschützt.
- Der Button Ersetzen ❺ (siehe Abbildung 4.2) ist meist ausgegraut, also nicht anwählbar. Haben Sie in Ihrer aktuellen Datei jedoch zuvor ein Bild markiert, könnten Sie hier einen Haken setzen, damit es durch das zu platzierende Bild ersetzt wird.
- Der Button Importoptionen anzeigen ❻ ist zum Beispiel anwählbar, wenn Sie eine PDF-Datei platzieren möchten. Vor dem Platzieren öffnet sich dann ein weiteres Dialogfeld, in dem Sie bestimmen, welche der PDF-Seiten platziert werden soll. Auch entscheiden Sie hier, welche Elemente der PDF-Seite platziert werden sollen: Möchten Sie die gesamte Seite inklusive der Beschnittmarken platzieren (Medien), die Seite ohne den Beschnitt (Überlappungsbereich entfernen) oder nur das Bild (Bildmaterial)?

▲ **Abbildung 4.3**
Importoptionen beim Platzieren (zeigt PDF bei AI-Dateien an)

Wenn Sie nun Ihre Eingaben mit Platzieren ❼ (siehe Abbildung 4.2) bestätigen, wird das Bild in Ihr Illustrator-Dokument importiert.

▲ **Abbildung 4.4**
Mehrere Bilder gleichzeitig platzieren (»Place Gun«)

▲ **Abbildung 4.5**
So erscheint das platzierte Bild auf Ihrer Zeichenfläche.

Genial: Wenn Sie sich mehrere Bilder gleichzeitig auswählen, können Sie sie auch hintereinander in Ihr Dokument platzieren. Illustrator zeigt dabei eine Miniaturvorschau an, damit Sie sehen, welches Bild Sie als Nächstes platzieren würden und wie viele Bilder Sie in Ihrer Place Gun überhaupt noch haben. Mit den Pfeiltasten Ihrer Tastatur blättern Sie zum nächsten, und mit der [Esc]-Taste löschen Sie es aus dem Stapel, wenn Sie es dann doch nicht platzieren möchten.

Weiterverarbeitung des platzierten Bildes

Ist Ihr Bild platziert, stehen Ihnen im Steuerung-Bedienfeld genauso wie im Eigenschaften-Bedienfeld viele Informationen und Optionen zur Verfügung.

▲ **Abbildung 4.6**
Das Steuerung-Bedienfeld bei platziertem (Pixel-)Bild

Als Erstes sehen Sie, ob das Bild verknüpft oder eingebettet ist ❶. Dann sehen Sie den Namen des Bildes ❷ und erfahren, in welchem Farbmodus (z. B. RGB oder CMYK) ❸ und mit welcher Auflösung ❹ es vorliegt.

Sie können das Bild an dieser Stelle gleich EINBETTEN ❺, wenn Sie wollen. Im Folgenden erkläre ich, was das genau bedeutet. ORIGINAL BEARBEITEN ❻ öffnet die Verknüpfung in dem Programm, mit dem sie erstellt wurde, um sie dort noch zu bearbeiten. Den BILDNACHZEICHNER ❼ zum Vektorisieren von Pixelbildern erkläre ich im letzten Abschnitt dieses Kapitels.

Mit MASKE ❽ geben Sie dem Bild einen nicht sichtbaren Rahmen, mit dem Sie es beschneiden können, wenn Sie es nicht ganz sehen wollen. Mit einem Doppelklick auf diese Maske gelangen Sie wieder zum ganzen Bild. Oder Sie beschneiden es mit BILD ZUSCHNEIDEN ❾. Hierzu müssen Sie wissen, dass ein verknüpftes Bild durch Zuschneiden eingebettet wird. Ziehen Sie dazu einfach an seinen Ecken – mit der [⇧]-Taste, um Höhe und Breite im Verhältnis zu belassen, mit der [alt]-Taste, um zur Mitte hin zu beschneiden. In der Steuerleiste und im Eigenschaften-Bedienfeld können Sie auch die Wunschgröße des Bildausschnitts (vom Bezugspunkt ausgehend) numerisch einstellen.

▲ **Abbildung 4.7**
Mit einer Maske können Sie das Bild beschneiden.

Am Ende müssen Sie in der Steuerleiste den Button ANWENDEN klicken oder mit der Return-Taste Ihren Zuschnitt bestätigen.

Abbildung 4.8 ▸
Ein Bild auf einen Ausschnitt zuschneiden

Beim Zuschnitt wendet Illustrator eine künstliche Intelligenz an und gibt Ihnen einen Vorschlag des ermittelten relevanten Hauptmotivs. Wie gut der Vorschlag letztendlich ist und ob er Ihnen gefällt, hängt natürlich sehr vom Motiv ab. In meinem Beispiel erkennt das Programm das Porträt als Hauptmotiv und schlägt es mir zum Zuschneiden vor.

Abbildung 4.9 ▾
Original und vorgeschlagener Zuschnitt

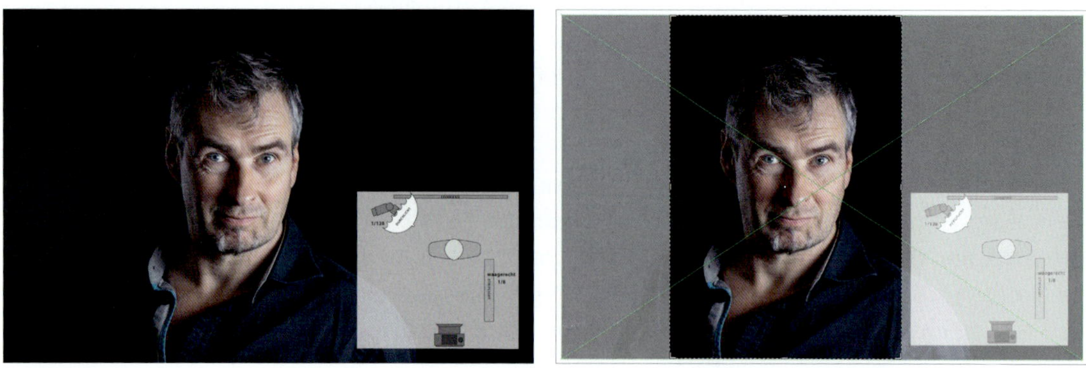

Und die DECKKRAFT ⑩ lässt alles unter dem Bild entsprechend dem Prozentwert durchscheinen.

Platzieren als Vorlage oder einbinden?

Haben Sie sich beim Platzieren für die Option VORLAGE entschieden, sollten Sie sich jetzt das Ergebnis Ihrer Eingaben im Ebenen-Bedienfeld ansehen (FENSTER • EBENEN). Zwei Ebenen sind zu sehen:

- Oben sehen Sie die »Ebene 1« ③. Diese ist nicht gesperrt, sodass Sie hier nun selbst Objekte erstellen können.
- Darunter liegt die Ebene »Vorlage Verknüpft.psd«; sie ist gesperrt ② und nach dem Bild benannt. Dass sie die Vorlagenebene ist, erkennen Sie an dem Symbol ① und daran, dass der Name der Ebene kursiv geschrieben ist ④.

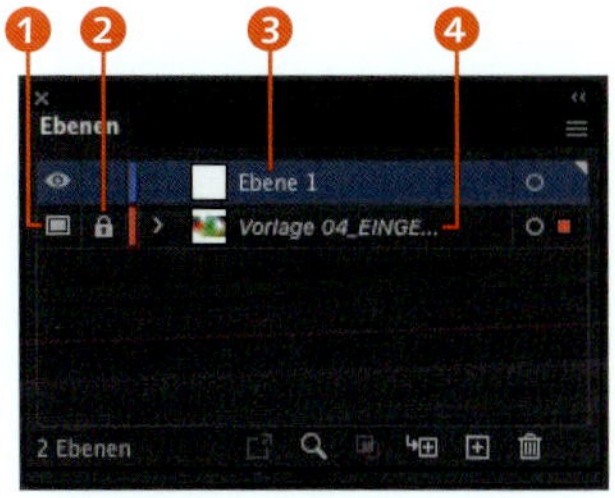

▲ **Abbildung 4.10**
Das Ebenen-Bedienfeld

Wollen Sie die Vorlage bearbeiten, müssen Sie zuvor die Ebene mit einem Klick auf das Schloss-Symbol ② aufschließen.

Ein Bild, das Sie als Vorlage platziert haben, ist standardmäßig aufgehellt. Der Grund dafür ist, dass Illustrator bei einer Vorlage davon ausgeht, dass Sie sie mithilfe der Zeichenwerkzeuge von Illustrator nachzeichnen wollen. Oft sehen Sie bei kräftigen Vorlagenbildern aber die Konturen, die Sie selbst zeichnen, nicht so gut. Wenn die Vorlage daher heller ist, können Sie Ihre eigene Zeichnung besser erkennen. Wie Sie Vorlagen abzeichnen, erfahren Sie in Kapitel 2, »Pfade«, anhand eines Logos und einer Freihandillustration, die ich dort mit Ihnen Schritt für Schritt abzeichne.

Ebenen
Erfahren Sie alles über Ebenen in Illustrator in Kapitel 6, »Ebenen«.

Manchmal wollen Sie ein Bild als Bild in Ihre Illustrator-Datei **einbinden**; es soll Bestandteil Ihrer Illustration sein. In diesem Fall müssen Sie beim Platzieren VORLAGE abwählen. Auch hier lohnt es sich natürlich, das Bild auf eine eigene Ebene zu stellen, um es zu schützen. Der Vorteil: Das Bild wird nicht aufgehellt.

In der Regel stehen das Bild und Ihre eigene Vektorillustration nun nebeneinander in einer Illustrator-Datei. Sie können sie so ausdrucken. Dabei sollten Sie als Einsteiger darauf achten, dass das Bild im gleichen Farbraum vorliegt wie Ihre Illustrator-Datei. Arbeiten Sie mit CMYK, ist es am einfachsten für Sie, auch Ihr Bild in Photoshop schon in CMYK umgewandelt zu haben. Wenn Sie Ihre Dateien als PDF ausgeben, können Sie Ihre Bilder in RGB lassen und erst bei der Ausgabe in den gewünschten Farbraum umwandeln. Dieses Vorgehen lässt Ihnen deutlich mehr Spielraum, wenn es darum geht, eventuell für verschiedene Ausgabemedien zu arbeiten (für das Web und Print zum Beispiel).

Hinweis
Sie benötigen für die Ausgabe Kenntnisse über das Colormanagement. In Kapitel 5, »Farbe und Verläufe«, gehe ich auf das Thema Colormanagement und Farbräume ein.

Abbildung 4.11 ▸
Eine Mischung aus platziertem Foto (im Hintergrund) und Vektorillustration (Fahrrad)

Verknüpfen oder einbetten?

Dateigröße
Durch das Einbetten einer Datei steigt auch die Dateigröße des Illustrator-Dokuments entsprechend an.

Illustrator kennt zwei grundsätzlich verschiedene Arten des Platzierens: das Verknüpfen und das Einbetten. Mit welcher dieser Einstellungen Illustrator Ihr Bild platziert, legen Sie wie bereits erwähnt im Dialogfeld PLATZIEREN fest.

- **Verknüpfen** bedeutet, dass die Datei, die Sie platzieren, in Illustrator als eine sogenannte Vorschau zu sehen ist, während das Originalbild irgendwo auf Ihrem Rechner liegt. Illustrator merkt sich den Pfad zu dieser Datei, sodass es über diesen Pfad eine Verknüpfung gibt. Ändern Sie die verknüpfte Datei, erkennt Illustrator eine Differenz zwischen dem Original und der sichtbaren Vorschau in Illustrator. Nach einer Aktualisierung der verknüpften Datei zeigt Illustrator die Datei wieder so an, wie sie zuletzt im Original gespeichert wurde.
- Wenn Sie Ihre platzierte Datei jedoch in Illustrator **einbetten**, erstellt Illustrator eine Kopie der Originaldatei und »klebt« sie in die Datei mit ein. Das Original der eingebetteten Datei hat keine Verbindung mehr zu Illustrator.

Wann sollten Sie Ihre Dateien einbetten?

Sie sollten Dateien nur dann einbetten, wenn Sie sicher sind, dass sich an der eingebetteten Datei nichts mehr ändert, bevor Ihr Dokument ausgegeben, also gedruckt oder in eine Webseite eingebaut wird.

Ein Einbetten ist dann sinnvoll, wenn Sie nur eine Datei zur Weiterverarbeitung aus der Hand geben wollen oder wenn an den eingebetteten Dateien nichts mehr verändert werden darf bzw. soll.

Das Einbetten ist auch dann unproblematisch, wenn Sie einen Screenshot (zum Beispiel eines Logos, das Sie nachzeichnen wollen) als Vorlage mit in Ihre Datei nehmen und dieser Screenshot nach getaner Arbeit wieder gelöscht wird.

Dateien aus der Cloud-Bibliothek | Sie haben in den neueren Versionen von Adobe Illustrator außerdem die Möglichkeit, nicht nur Bilder und Grafiken aus der Ordnerstruktur Ihres Rechners zu platzieren, sondern auch zuvor in der Cloud-Library abgelegte Dateien in Ihr Illustrator-Dokument zu ziehen.

Die Cloud-Bibliothek

Adobe hat mit CC 2015 die Cloud-Librarys eingeführt. Wer mit InDesign arbeitet, hat Bibliotheken schon zu schätzen gelernt. Doch anders als die Bibliotheken in InDesign sind die Cloud-Bibliotheken nun programmübergreifend. Was Sie in die (Cloud-) Bibliothek hineinziehen, können Sie auch in anderen Programmen nutzen. Dabei sind Sie nicht nur auf Fotos beschränkt. Auch Grafiken aus Illustrator ziehen Sie hier einfach per Drag & Drop hinein. Schriften, Farbfelder, Pinsel in Photoshop …

Öffnen Sie das Bibliotheken-Bedienfeld, sehen Sie seinen Inhalt und können beliebige Elemente in Ihr Dokument ziehen (programmspezifische Dinge wie Photoshop-Pinsel natürlich ausgenommen). Sie haben die Möglichkeit, verschiedene Bibliotheken anzulegen, sodass Sie Ihre Elemente besser organisieren können. So habe ich zum Beispiel eine Bibliothek speziell für Beautyretusche in Photoshop, eine andere Bibliothek mit meinen Logos, Hausfarben und andere eher allgemeine Dinge.

In der Kopfzeile der Bibliotheken gelangen Sie mit dem Linkspfeil zur Übersicht ❶, wo Sie die jeweils benötigte Bibliothek auswählen. Rechts daneben finden Sie auch einen Button In Bibliothek einladen ❷, um gemeinsam mit anderen auf Ihre Bibliotheken zuzugreifen. Darunter sehen Sie das bekannte Lupe-Symbol ❸. Bestimmen Sie mit dem Pfeilsymbol, in welcher der Bibliotheken Sie nach Elementen suchen wollen.

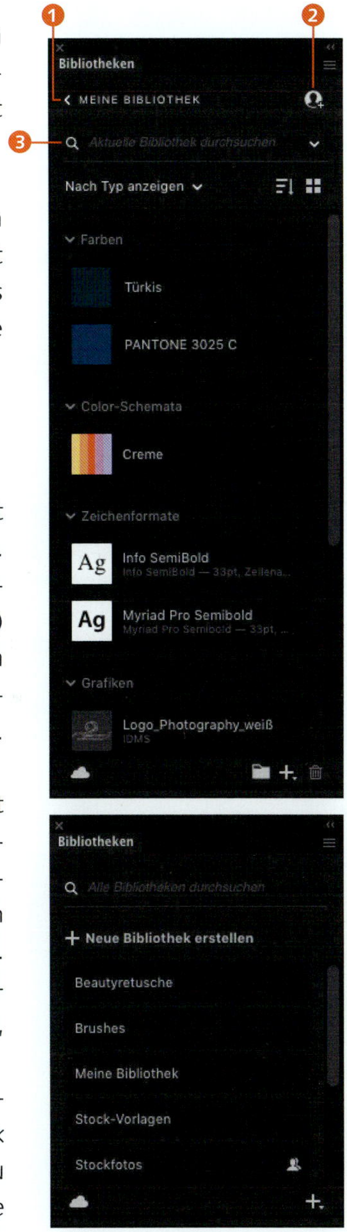

▲ **Abbildung 4.12**
Das Bibliotheken-Bedienfeld und die Übersicht

Mit dem Lupe-Symbol können Sie auch nach Bildern des Adobe Bilderdiensts suchen oder Sie öffnen die entsprechende Bibliothek STOCK-VORLAGEN. Sie geben einfach einen Begriff ein, und schon werden Ihnen entsprechende Bilder von Adobe Stock angezeigt. Wenn Sie dort ein Bild kaufen, laden Sie es mit der rechten Maustaste direkt in eine Ihrer Bibliotheken ❹ und ziehen es von dort ❺ in Ihr Dokument hinein ❻. In eben dieser Bibliothek können Sie es mit einem rechten Mausklick lizenzieren. Bis dahin können Sie es aber – mit Wasserzeichen versehen – für das Layout nutzen.

Abbildung 4.13 ▸
Adobe-Stock-Fotos: Laden Sie die Bilder direkt in Ihre Bibliothek.

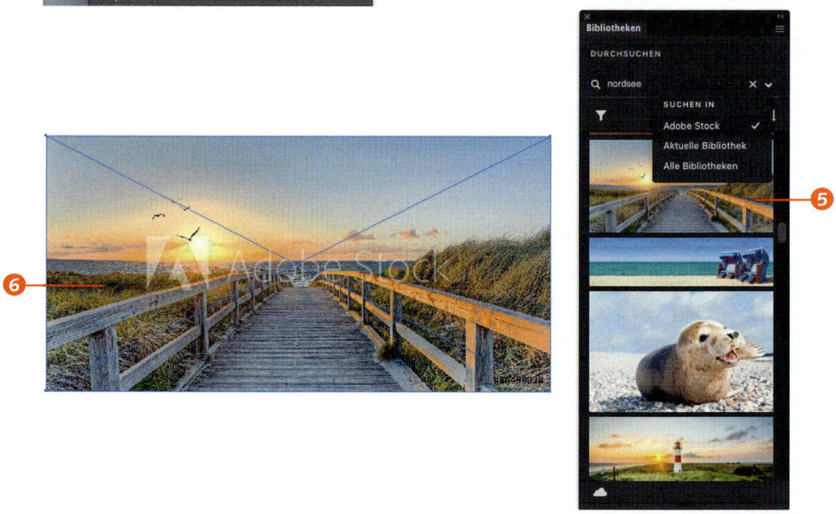

Abbildung 4.14 ▸
Adobe-Stock-Bilder über die Bibliothek ins Dokument

Dateien mit Verknüpfungen ausgeben

Wenn Sie aus Ihrer Illustrator-Datei ein Druck-PDF machen (siehe Kapitel 14, »Ausgabe für den Druck«), werden sowohl die verknüpften Dateien mit in die PDF-Datei geschrieben als auch die eingebetteten. Auch wenn die Illustrator-Datei in einem Programm wie InDesign platziert und aus diesem heraus gedruckt wird, gibt es keine Probleme.

Geben Sie aber Ihre Illustrator-Datei so weiter, wie sie ist, also »offen« oder »nativ«, wie es oft genannt wird, müssen Sie auch die Bilder und Grafiken, die nur verknüpft sind, zusammensuchen und ebenfalls mit verschicken, damit an der offenen Datei gearbeitet werden kann. Andernfalls vermisst Illustrator diese Verknüpfungen. Schon beim Öffnen wird gefragt, was damit passieren soll (siehe Kapitel 1, »Oberfläche, Arbeitsbereiche und Dateien«). Haben Sie die Verknüpfungen nicht oder nicht mehr, fehlen sie in der Datei. Sie müssen sie für den Fall, dass Sie sie in Illustrator bearbeiten müssen, wiederbeschaffen. Das kann sehr ärgerlich sein und eventuell sogar durch Zeitverzug teuer werden.

Oftmals sind es nur Vorlagen, die fehlen und die Sie nur zum Nachzeichnen gebraucht hatten, die beim Öffnen aber als fehlend angemerkt werden. Ihr Dienstleister oder der Kollege, der Ihre Daten weiterverarbeiten soll, kann aber nicht wissen, dass nichts Wichtiges fehlt, und so ist es sehr sinnvoll, solche nicht zur Ausgabe bestimmten Verknüpfungen am Ende der Arbeit zu löschen.

Es gibt ein Tool, um all das Benötigte automatisch zu sammeln. Sie kennen diese Funktion vielleicht schon aus InDesign. Gehen Sie nach dem Speichern einfach unter DATEI • VERPACKEN. Im Dialog geben Sie als Erstes einen Ort an, an dem nun ein neuer Ordner mit Kopien der AI-Datei und aller Verknüpfungen und Schriften erstellt werden soll. Benennen Sie ihn sinnvoll, und haken Sie an, was mitkopiert werden soll.

Vorsicht vor dem Platzieren von Daten einer CD oder externen Festplatte
Ist die CD ausgeworfen oder womöglich schon zurück beim Kunden, verliert Illustrator seine Verbindung zum Original. Es kann nur noch eine grobe Vorschau aus Illustrator direkt gedruckt werden.

Eingebettete Bilder
Die Bilder, die in der AI-Datei bereits eingebettet sind, werden nicht in diesen Ordner kopiert, weil sie ja Bestandteil der Datei sind.

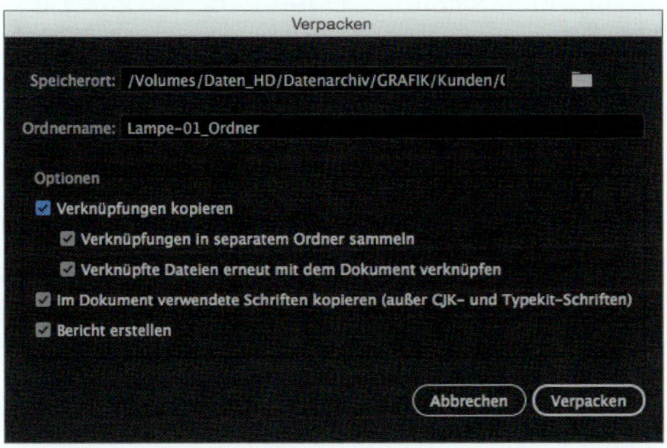

◂ **Abbildung 4.15**
Der VERPACKEN-Dialog

Es erscheint noch ein Warndialog, der Sie auf mögliche Urheberrechtskonflikte beim Versenden von Schriftensoftware hinweist. In aller Regel ist dem Dienstleister die Nutzung der von Ihnen verwendeten Schriften dateigebunden gestattet.

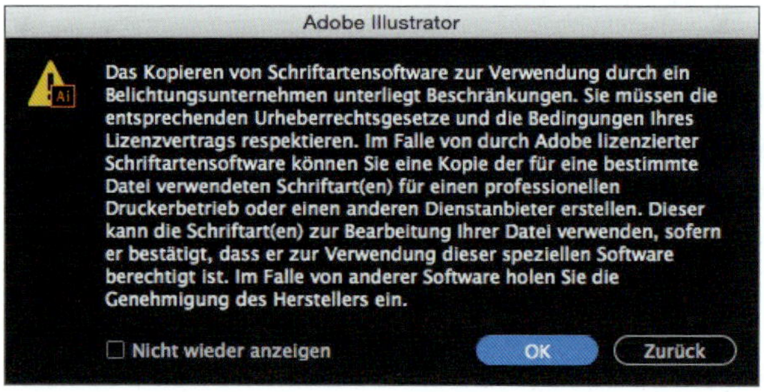

Abbildung 4.16 ►
Ein Warndialog zu Urheberrechten von Schriftensoftware

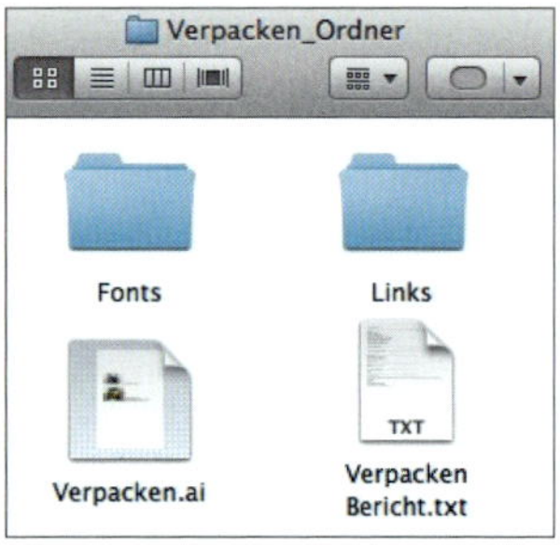

▲ Abbildung 4.17
Der Ordner, der beim Verpacken neu angelegt wurde

Sie finden in dem neu angelegten Ordner nun eine Kopie der AI-Datei. (Achtung: Ihre Ausgangsdatei ist noch geöffnet und sollte eventuell verworfen werden, damit nur noch im gerade erstellten Finaldokument weitergearbeitet wird.) Außerdem liegt dort ein Ordner mit allen verwendeten Schriften, einer mit den Verknüpfungen und eine TXT-Datei mit verschiedensten Informationen, die einem Dienstleister behilflich sein können (Farbprofil der Datei, verwendete Schriften, Maße etc.).

Das Verknüpfungen-Bedienfeld

Im Verknüpfungen-Bedienfeld werden alle in Ihrem Illustrator-Dokument platzierten Dateien aufgelistet. Sie erreichen es über FENSTER • VERKNÜPFUNGEN.

Links im Bedienfeld ist ein kleines Icon mit einer Vorschau des Bildes zu sehen, daneben erscheint der Name des Bildes, und rechts stehen eventuell Symbole für weitere Informationen darüber, wie es um die entsprechende Datei bestellt ist:

- Ist dort ein gelbes Ausrufezeichen sichtbar ❸, symbolisiert dies, dass das durch VERKNÜPFEN platzierte Bild außerhalb von Illustrator geändert wurde.
- Findet sich dort stattdessen ein weißes X auf rotem Kreis ❷, fehlt das Bild sogar ganz.
- Ist ein Symbol mit Quadrat und Dreieck zu sehen ❶, wissen Sie, dass Ihr Bild nicht verknüpft, sondern eingebettet ist.

Achten Sie beim Löschen der »Vorlagenebene« ...
... unbedingt darauf, dass nicht aus Versehen Objekte Ihrer eigenen Illustration auf diese Ebene gerutscht sind und damit ebenfalls gelöscht würden. Schließen Sie am besten alle anderen Ebenen, und gehen Sie dann auf AUSWAHL • ALLES AUSWÄHLEN. Nun sehen Sie, was hier alles liegt.

- Wenn keine Symbole zu sehen sind 4, ist mit Ihrem Bild auch alles in Ordnung, und es hat eine Verbindung zum Original, ist also verknüpft.

◂ **Abbildung 4.18**
Das Verknüpfungen-Bedienfeld zeigt Ihnen schnell den Status der platzierten oder eingebetteten Dateien.

Am unteren Rand des Bedienfelds sehen Sie einige Symbole. Sie müssen eine Verknüpfung ausgewählt haben, um die Symbole benutzen zu können.

- Erneut aus Bibliotheken verknüpfen 6: Sie öffnen die Cloud-Bibliothek, um dort eventuell ein anderes Bild auszusuchen.
- Erneut verknüpfen 7: Sie öffnen den Platzieren-Dialog und ersetzen die ausgewählte Datei durch eine neu auszuwählende.
- Gehe zu Verknüpfung 8: Die Datei wird Ihnen in Ihrem Dokument gezeigt, aktiviert und in das Programmfenster eingepasst. Denn manchmal haben Sie so viele Verknüpfungen, dass Sie nicht mehr genau sagen können, welche welche ist.
- Verknüpfung aktualisieren 9: Wird Ihnen das gelbe Warndreieck angezeigt, das symbolisiert, dass die verknüpfte Datei außerhalb von Illustrator (nach dem Platzieren) bearbeitet wurde, können Sie die Verknüpfung hiermit aktualisieren.
- Original bearbeiten 10: Ein Klick, und es öffnet sich das Programm, mit dem die Verknüpfung erstellt wurde (so Sie es auf Ihrem Rechner installiert haben). Nun können Sie noch Änderungen an Ihrem Bild vornehmen.

Sehr genial
Bei einer verknüpften Datei wird der Pfad als Link angezeigt. Ein Klick auf den Pfad bringt Sie ohne langes Suchen zur Datei auf Ihrer Festplatte.

Verknüpfungsinformationen verbergen sich unter dem kleinen Pfeil unten links am Bedienfeldrand 5. Aufgeklappt wird Ihnen sehr vieles gezeigt: die effektive Auflösung, die Originalabmessungen der Verknüpfung, der Skalierungsfaktor in Illustrator, eventuelle Transformationen und das Änderungsdatum. Sie finden dort auch den Pfad, über den die Datei auf Ihrer Festplatte zu finden ist. Mit einem Klick auf das Ordnersymbol springen Sie zum Bild auf Ihrer Festplatte. Einfacher geht's nicht.

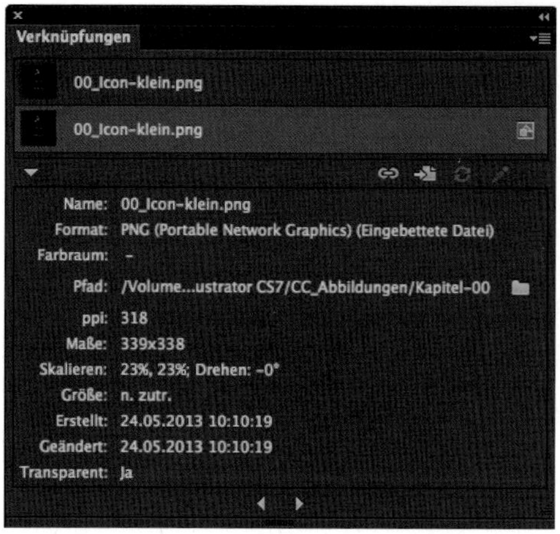

Abbildung 4.19 ▸
Die Verknüpfungsinformationen: Wo liegt Ihr Bild auf der Festplatte, woher kommt es, und wann wurde es geändert? Ist es in Illustrator transformiert worden? Reicht die Auflösung?

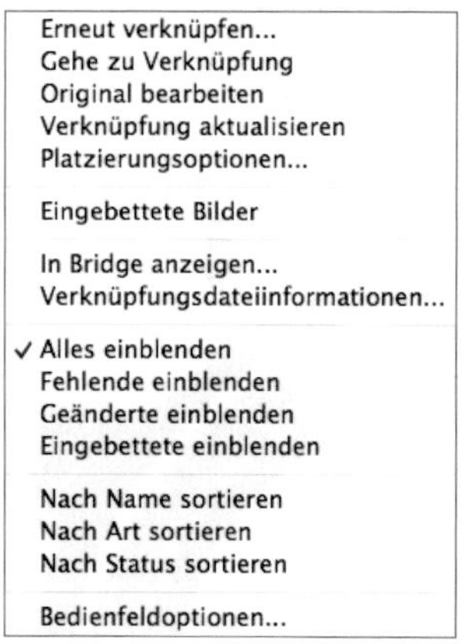

▴ Abbildung 4.20
Flyout-Menü des Verknüpfungen-Bedienfelds

Natürlich haben Sie auch in diesem Bedienfeld ein Flyout-Menü. Die oberen Begriffe der Dropdown-Liste entsprechen den gerade vorgestellten Symbolen. Kurz danach finden Sie auch schon BILD EINBETTEN, das Sie ja schon im Steuerung-Bedienfeld kennengelernt haben. Mit diesem Eintrag können Sie die im Bedienfeld aktivierte Datei einbetten und so die Verknüpfung zum Original kappen. VERKNÜPFUNGSDATEIINFORMATIONEN erlaubt es, eventuell vorhandene Metadaten einzusehen.

Besonders praktisch ist IN BRIDGE ANZEIGEN, denn der Befehl öffnet in der Bridge den Ordner, in dem die verknüpfte Datei auf Ihrer Festplatte zu finden ist. Wenn Sie alle Bilder, Grafiken, Texte und Informationen sowie die Illustrator-Datei selbst in einem Kundenordner vorhalten, haben Sie hier einen exzellenten Überblick und extrem viele Möglichkeiten mehr.

Die nächsten Begriffe filtern Ihre Verknüpfungen-Liste, zeigen Ihnen nur fehlende, geänderte oder eingebettete Dateien an. Die Begriffe darunter sortieren Ihre Liste lediglich. Jedoch empfehle ich hier NACH STATUS SORTIEREN, damit Sie sofort die Problemfälle ganz oben aufgelistet bekommen.

Besonders gut ist das Aufheben einer Einbettung. Einziger Wermutstropfen dabei ist, dass das neu verknüpfte Bild dann immer ein PSD- oder TIFF-Bild ist. Sie können aber den Ort der erneuten Verknüpfung im folgenden Dialog bestimmen. Umdrehen können Sie es mit der Option mit der merkwürdigen Übersetzung »Eingebettete Bilder«, die Ihr Bild dann einbettet.

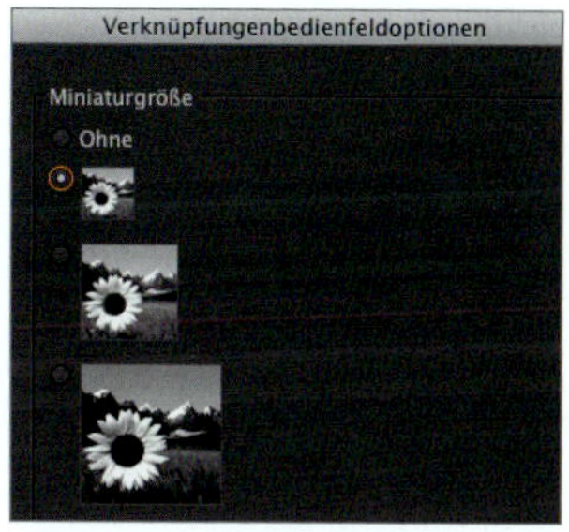

▲ **Abbildung 4.21**
Entscheiden Sie in den Bedienfeldoptionen, wie groß die Icons angezeigt werden.

Schritt für Schritt

Von Illustrator über die Bridge zu Photoshop und zurück

1 Das Bridge-Fenster

Mit der Creative Cloud von Adobe erhalten Sie auch das Programm BRIDGE. Wenn Sie es öffnen, finden Sie im oberen linken Frame zwei Reiter: ORDNER und FAVORITEN ②. Unter FAVORITEN aufgelistet steht unter anderem »Computer«. Dort werden Ihre Festplatte(n) und Laufwerke aufgelistet. Mit Doppelklicks auf die Symbole können Sie nun zu dem Ordner navigieren, in dem Sie das Bildmaterial für unser Buch abgelegt haben. Öffnen Sie dort den Unterordner BLUMENBILD. (In Abbildung 4.22 sehen Sie z. B. meinen Dateipfad.) Mit dem Pfeil ① kommen Sie übrigens wieder eine Ordnerebene zurück.

▼ **Abbildung 4.22**
Der Inhalt des Übungsordners in der Bridge

▲ **Abbildung 4.23**
Der Illustrator-Rahmen der AI-Datei

▲ **Abbildung 4.24**
Das Bild darf gerne noch etwas kräftiger sein.

2 Von der Bridge zu Illustrator

Mit einem Doppelklick auf die Datei »Blumenbild.ai« öffnet sich nun eine Illustrator-Datei. In der Datei liegt lediglich ein Holzrahmen. Das ist eine Kontur von Illustrator, die mit einem Musterpinsel gezeichnet wurde. Hier hinein soll das Bild aus Photoshop.

3 Von Illustrator zurück zur Bridge

Über den Kurzbefehl `Strg`+`cmd`+`alt`+`O` bzw. DATEI • BRIDGE DURCHSUCHEN... gelangen Sie zurück zur Bridge.

4 Ein Foto aus der Bridge heraus öffnen

Nun soll der Illustrator-Datei das Bild »Stehwespe.psd« hinzugefügt werden. Allerdings können Sie direkt in der Bridge erkennen, dass es einen gewissen Korrekturbedarf gibt. Das Bild ist zu »flau«. Deswegen öffnen Sie es aus der Bridge heraus mit einem Doppelklick in Photoshop.

Nun können Sie in Photoshop das Foto bearbeiten bzw. korrigieren. Öffnen Sie in Photoshop unter FENSTER das Bedienfeld KORREKTUREN (FENSTER • KORREKTUREN). Dort klicken Sie einmal in den Button FARBTON/SÄTTIGUNG ❶ und erhöhen im aufspringenden Bedienfeld die SÄTTIGUNG ❷ auf ca. 30, indem Sie den Regler nach rechts schieben. Speichern und schließen Sie das Bild.

Abbildung 4.25 ▶
Schnelle Korrekturen in Photoshop

5 Bild platzieren

Zurück in Illustrator platzieren Sie das bearbeitete Bild »Stehwespe.psd«. Achten Sie darauf, dass die Ebene »Biene und Blumen« aktiviert ist. Wählen Sie Datei • Platzieren, und navigieren Sie zu dem Ordner, in dem auch die Illustrator-Datei mit dem Rahmen liegt. Den Dialog sollten Sie dann natürlich mit Platzieren bestätigen.

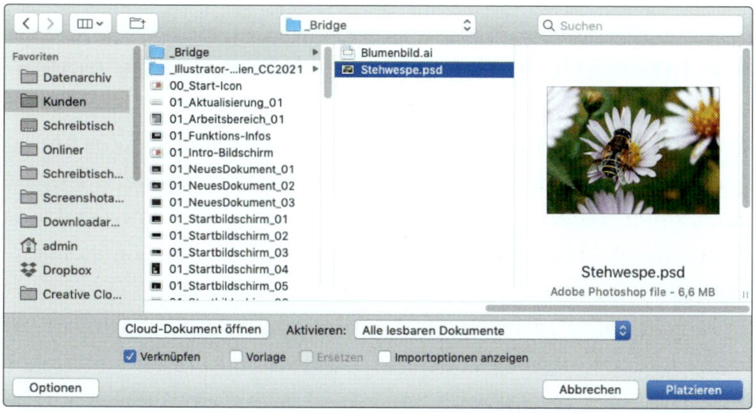

◂ **Abbildung 4.26**
Der Platzieren-Dialog für die Stehwespe

6 Finetuning

Eventuell müssen Sie das Bild noch mit dem Auswahl-Werkzeug V ▶ genau hinter den Holzrahmen schieben. Das Ergebnis sieht dann so aus wie in Abbildung 4.27.

◂ **Abbildung 4.27**
Das fertige Bild aus Illustrator-Vektoren (Rahmen) und Pixelbild (Stehwespe)

7 Für Fortgeschrittene

Wenn Sie sich schon etwas mit Illustrator auskennen sollten, lösen Sie die Ebene »Holzrahmen«, wählen ihn aus und rufen unter EFFEKT • STILISIERUNGSFILTER • SCHEIN NACH INNEN auf. Hier stellen Sie den Modus auf MULTIPLIZIEREN, die Farbe rechts daneben auf SCHWARZ und wenden diese Einstellungen nur auf die Kante an. Der Rahmen wirkt dadurch noch plastischer.

▲ **Abbildung 4.28**
Fortgeschrittene können noch einen Schein nach innen erstellen.

4.2 Interaktiv nachzeichnen und interaktiv malen

In diesem Abschnitt geht es darum, ein Foto oder eine Zeichnung in eine Illustrator-Grafik oder -Illustration umzuwandeln. Es sind dann keine Bildpixel mehr, die das Aussehen des Fotos bestimmen, sondern Pfade, wie Sie sie in Kapitel 2, »Pfade«, bereits kennengelernt haben.

Es geht meist nicht darum, ein Foto, wie es in Photoshop zu sehen ist, nun auch vektorisiert in Illustrator zu haben. Vielmehr möchten Sie eine grafische oder illustrative Anmutung erzeugen und mit den gewonnenen Pfaden, Flächen und Farben »spielen«.

Der Bildnachzeichner

Der Bildnachzeichner ist ein eigenes Bedienfeld, das Sie wie immer unter FENSTER finden. Möchten Sie seine Funktionen nutzen, müssen Sie ein Pixelbild (also meist ein Foto oder einen Scan) ausgewählt haben.

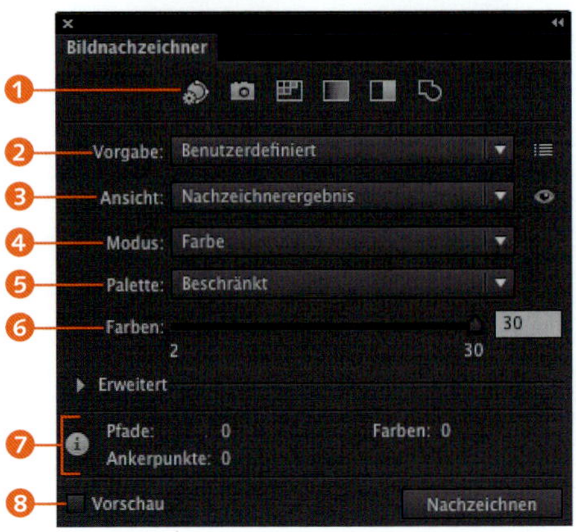

Abbildung 4.29 ▶
Das Bildnachzeichner-Bedienfeld

Als Erstes sehen Sie sechs Buttons mit voreingestellten Nachzeichnen-Optionen ❶ (Auto-Farbe, Hohe Farbtiefe, Geringe Farbtiefe, Graustufen, Schwarzweiss, Pfadansicht). Ein Klick auf einen dieser Buttons startet die entsprechende Nachzeichnung Ihres Bildes. Mit der Checkbox Vorschau ❽ sehen Sie dann auch gleich Ihr Ergebnis.

Unter Vorgabe ❷ stehen noch weitere Voreinstellungen zur Verfügung. Auch Einstellungen, die Sie für ein Bild vorgenommen und gespeichert haben, werden hier aufgelistet.
Während die Ansicht ❸ lediglich verschiedene Möglichkeiten zeigt, Ihr Ergebnis zu kontrollieren, indem Sie sich z. B. auch die entstehenden Pfade mit anzeigen lassen, bestimmen Sie über Modus ❹, ob Ihr Bild farbig, schwarzweiß oder in Graustufen nachgezeichnet werden soll.

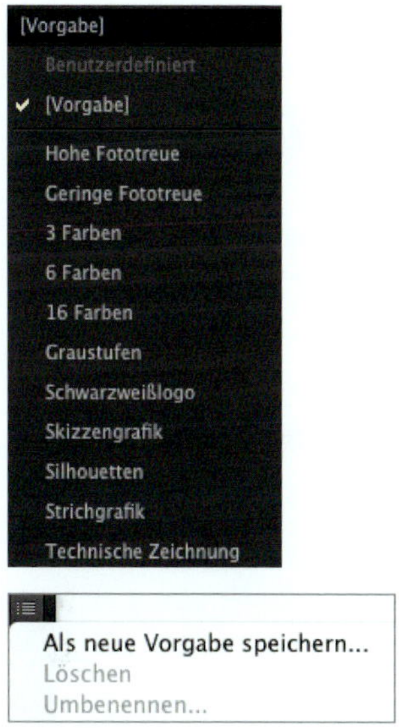

▲ **Abbildung 4.30**
Weitere Vorgaben

▲ **Abbildung 4.31**
Verschiedene Ansichten

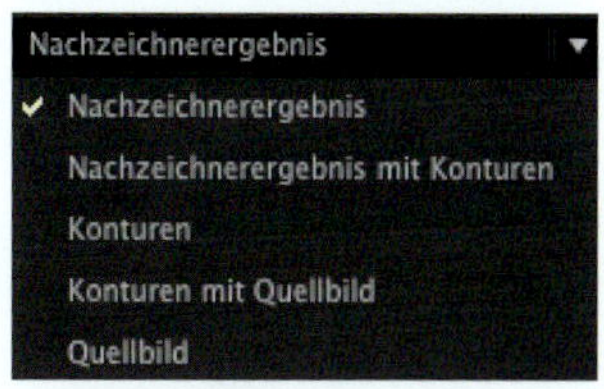

▲ **Abbildung 4.32**
Die Einstellungen zum Nachzeichnen

In Palette ❺ können Sie (nur im Modus Farbe) statt der Anzahl der Farben ❻, die Sie mit dem Regler verändern können, eine Farbgruppe aus Ihrem Farbfeld-Bedienfeld auswählen (Dokumentbibliothek). Entsprechend werden dann die nachgezeichneten Farben interpretiert.

Im unteren Bedienfeldabschnitt bekommen erfahrenere Anwender Informationen ❼ über die Anzahl der Pfade, die Ankerpunkte und die Farben.

Über den Button Nachzeichnen ⓰ (Abbildung 4.34) starten Sie den Prozess, der mitunter auch etwas länger dauern kann.

▲ **Abbildung 4.33**
Festgelegte Farbanzahl – aus dem Bild interpretiert oder aus einer Farbgruppe herausgelesen

Fortgeschrittene Techniken des Bildnachzeichners

Im Bereich ERWEITERT finden Sie, wie der Name schon sagt, weitere Optionen. Diese sind in erster Linie für fortgeschrittene Anwender interessant, daher erläutere ich sie hier nur in Kürze.

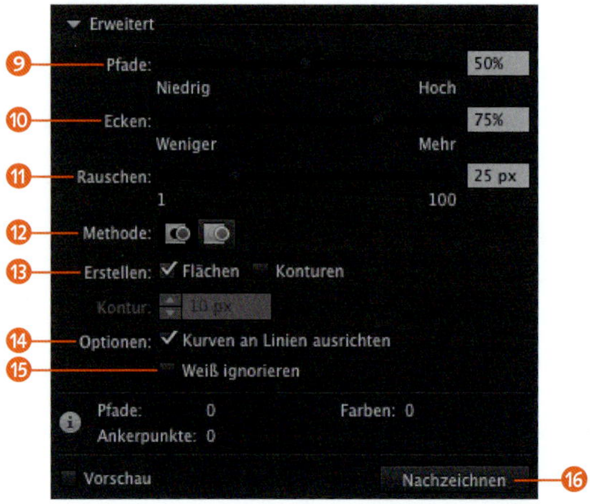

Abbildung 4.34 ▸
Der ERWEITERT-Bereich des Bildnachzeichners

Wenn Sie bei PFADE ❾ einen hohen Wert angeben, liegen die nachgezeichneten Pfade enger an den ausgelesenen Farben. Bei ECKEN ❿ ist der Unterschied etwas deutlicher, weil mit einem höheren Wert öfter Eck- statt Kurvenpunkte gesetzt werden. Deutlich wird es aber meistens erst bei RAUSCHEN ⓫, denn hier bestimmen Sie, ob auch ganz kleine Bildbereiche (vielleicht Flecken oder Krümel) mit nachgezeichnet werden sollen (kleinerer Wert).

Für das optische Ergebnis ist die METHODE ⓬ nicht entscheidend. Hier werden die Farben angrenzend nebeneinandergesetzt (linker Button), oder die Flächen überlappen sich. Bei der Überlappung jedoch können Sie mit dem Direktauswahl-Werkzeug [A] Flächen zur Seite ziehen, ohne dass dahinter ein Loch entsteht.

Sie können auch nur Konturen erstellen ⓭ anstatt wie meist die (Farb-)Flächen oder beides. Wenn Sie sich für Konturen entscheiden, müssen Sie festlegen, wie dick die Flächen sein müssen, um konturiert zu werden. Mit der Option KURVEN AN LINIEN AUSRICHTEN ⓮ machen Sie leicht gekrümmte Linien zu einer Geraden.

Eine sehr sinnvolle Checkbox ist WEISS IGNORIEREN ⓯. Steht das Objekt im Bild auf einer weißen Fläche, wie es oft bei Freistellern der Fall ist, wird die weiße Farbe drumherum nicht mit

▲ Abbildung 4.35
Verschiedene Ergebnisse des Nachzeichnens: GERINGE FOTOTREUE, GRAUSTUFEN, SCHWARZWEISSLOGO, 6 FARBEN

nachgezeichnet und muss später nicht wieder gelöscht werden. Aber Achtung: Sind innerhalb des Objekts auch rein weiße Flächen vorhanden, werden auch diese ausgelassen.

◂ **Abbildung 4.36**
Links: ANGRENZEND mit Loch, wenn man die Fläche verschiebt; rechts: ÜBERLAPPEND

Nachbearbeiten der Ergebnisse

Wenn Sie Ihr Bild haben nachzeichnen lassen, wollen Sie es oft noch durch Zugriff auf die Pfade weiterbearbeiten. Um an die Pfade heranzukommen, müssen Sie im Steuerung- oder Eigenschaften-Bedienfeld den Button UMWANDELN ❸ anklicken. Jetzt werden die Einstellungen zu Vektoren umgerechnet, sodass Sie die einzelnen Pfade bearbeiten könnten. Möchten Sie noch andere Einstellungen ausprobieren, bevor Sie umgewandelt haben (!), wählen Sie einfach eine andere VORGABE ❶ aus oder rufen wieder den Bildnachzeichner ❷ auf.

▴ **Abbildung 4.37**
Einstellungen für den Bildnachzeichner in der Steuerleiste

Jedes Motiv besteht nach dem Umwandeln aus Vektoren. In der Pfadansicht (Strg/cmd+Y) sieht das mitunter wild aus. Je strukturierter oder gemusterter die Pixelvorlage ist, desto mehr Pfade hat Ihr Ergebnis.

Abbildung 4.38 ▶
Verschiedene Nachzeichneroptionen des Originals (links oben): Hohe Fototreue, Graustufen, Schwarzweisslogo, 16 Farben, 3 Farben

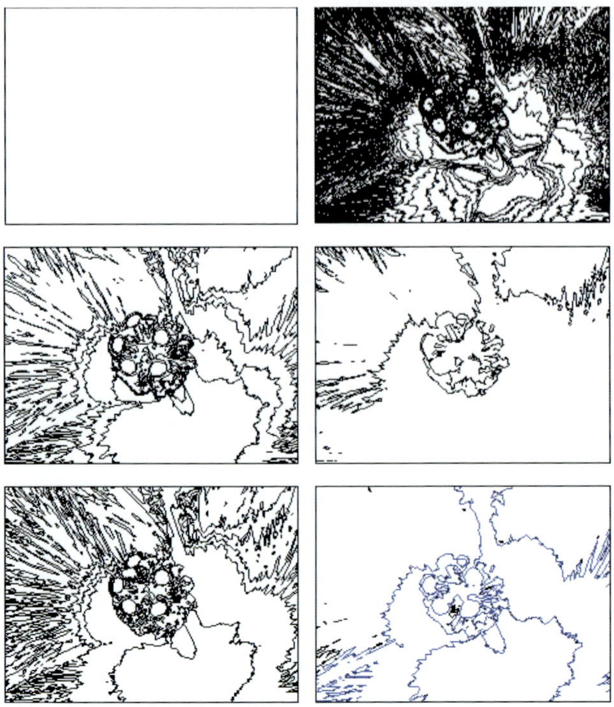

Abbildung 4.39 ▶
Die Pfadansicht der Nachzeichneroptionen

Aktivieren Sie Ihr nachgezeichnetes Bild, und öffnen Sie das Farbfelder-Bedienfeld unter Fenster. Am unteren Bedienfeldrand können Sie die Farben Ihrer Nachzeichnung mit dem Button Neue Farbgruppe als eigene Farbfelder speichern und sie später bearbeiten. (Wie das geht, erkläre ich Ihnen in Kapitel 5, »Farbe und Verläufe«.) Im Popup-Dialog geben Sie einen Namen für die neue Farbgruppe ein.

Interaktiv malen

Wenn Sie z. B. ein umgewandeltes Bild anders einfärben möchten, können Sie eine sogenannte Malgruppe aus Ihrer Illustration machen. Ich empfehle, eine weniger komplizierte Grafik zu nehmen, da Sie sonst zu viel Arbeit damit haben werden.

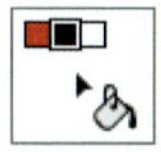

▲ **Abbildung 4.40**
Über dem Mauszeiger werden die verfügbaren Farben des Dokuments angezeigt.

Aktivieren Sie das nachgezeichnete und umgewandelte Bild, wählen Sie das Interaktiv-malen-Werkzeug K, und klicken Sie einmal auf die Illustration. Nun ist diese in eine interaktive Malgruppe umgewandelt worden und kann mit den Farben Ihres Dokuments eingefärbt werden. Über dem Farbeimer werden sie dargestellt. Sie können mit den Tasten ← und → durch die Farben blättern.

Kommen Sie mit der Maus über eine Fläche einer Interaktiv-malen-Gruppe, wird diese hervorgehoben. Mit einem Klick füllen Sie die Fläche mit der Farbe, die gerade an Ihrem Mauszeiger ausgewählt ist.

◄ **Abbildung 4.41**
Die Fläche wird unter Ihrer Maus hervorgehoben. Klicken Sie zum Einfärben.

▲ **Abbildung 4.42**
Der Himmel fließt ungewollt durch eine Lücke ins Gesicht.

Der Farbeimer füllt nur geschlossene Flächen. Durch das Nachzeichnen kann es aber zu Lücken kommen: Das sind Stellen, die nicht aneinanderstoßen, obwohl sie es sollten. Tun sie es nicht, fließt die Farbe in falsche Flächen hinein.

Nach diesen Lücken können Sie suchen, um sie dann ebenfalls automatisch schließen zu lassen. Gehen Sie dazu bei ausgewählter Malgruppe zu OBJEKT • INTERAKTIV MALEN • LÜCKENOPTIONEN. Es öffnet sich ein Dialogfenster, in dem Sie sich je nach Motiv entscheiden können, kleine, mittlere oder große Lücken schließen zu lassen ❶.

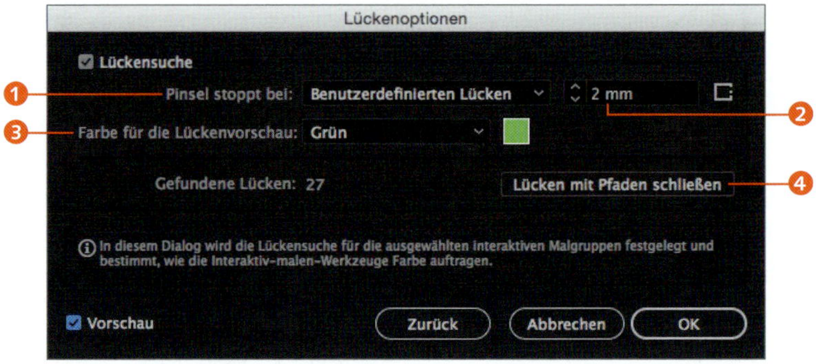

Abbildung 4.43 ▶
Die Lückenoptionen vom interaktiven Malen

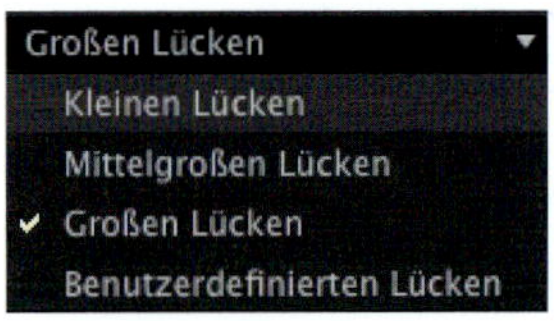

▲ Abbildung 4.44
Wie groß sind die Lücken in der Illustration?

Passt keine der drei Optionen so richtig, können Sie auch eigene Werte eingeben (BENUTZERDEFINIERTE LÜCKEN) ❷. Manchmal beißen sich die Hervorhebungsfarbe und die Farbe für die Lückenvorschau; dann stellen Sie eine andere Farbe für die gefundenen Lücken ein ❸. Illustrator kann auch Pfade zwischen die Lücken setzen ❹. Bei Schwarzweiß-Illustrationen kann das gut aussehen; es ändert aber das Flächenfüllen-Verhalten nicht: Beide Male wird die Fläche als geschlossen erkannt.

Abbildung 4.45 ▶
Die Lücke ist geschlossen, der Himmel fließt nicht mehr ins Gesicht.

Schritt für Schritt
Comic-Panel nachzeichnen

1 Vorlage laden

Platzieren Sie die Vorlage »Kneipe.psd« aus Ihrem Beispiel-Ordner in eine neue DIN A4 große Illustrator-Datei (Hochformat).

Beispielmaterial: Kneipe.psd

2 Bildnachzeichner

Mit dem Auswahl-Werkzeug aktivieren Sie die platzierte Vorlage und rufen das Bildnachzeichner-Bedienfeld auf. Dort wählen Sie aus den Vorgaben SCHWARZWEISSLOGO.

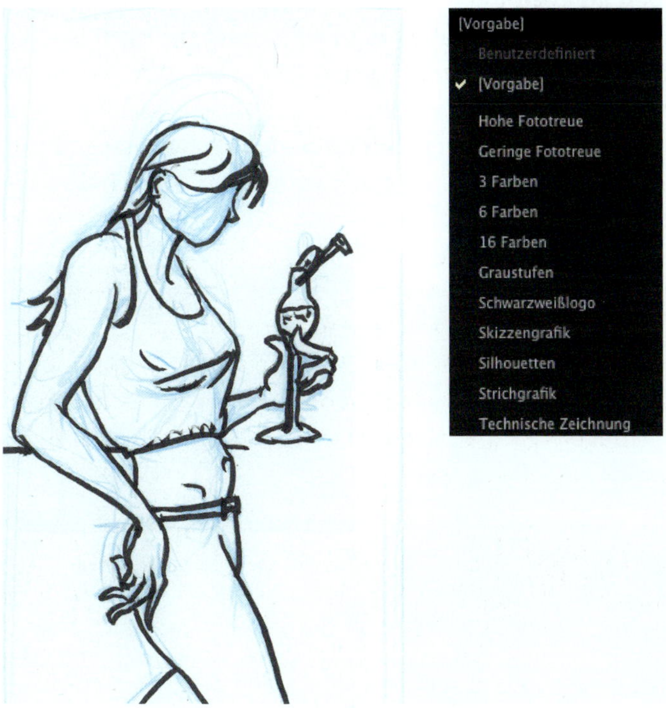

◂ **Abbildung 4.46**
Mit SCHWARZWEISSLOGO nachzeichnen

3 Interaktive Malgruppe

Nachdem Sie den BILDNACHZEICHNEN-Dialog bestätigt und danach im Steuerung- oder Eigenschaften-Bedienfeld auf UMWANDELN geklickt haben, wählen Sie das Interaktiv-malen-Werkzeug [K]. Klicken Sie auf die Zeichnung, wird sie in eine interaktive Malgruppe umgewandelt. Sie erkennen sie daran, dass die Bildanfasser mit kleinen Sternchen gefüllt sind ❶ (Abbildung 4.47).

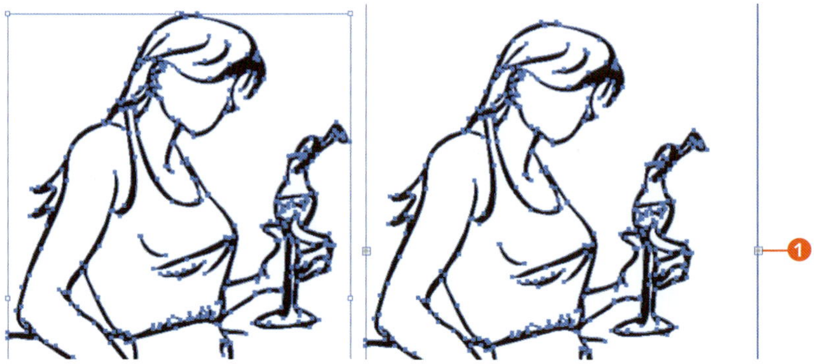

Abbildung 4.47 ▸
Die interaktive Malgruppe (rechts) hat andere Anfasser als die »nur« umgewandelte Illustration.

4 Farben anlegen

Um die Flächen der Illustration mit Farbe zu füllen, legen Sie sich am besten einige Farbfelder an: FENSTER • FARBFELDER. Aktivieren Sie dazu ein Farbfeld, und wählen Sie den Button NEUES FARBFELD ❷. In der Eingabemaske vergeben Sie oben einen Namen und darunter die Farbwerte. Setzen Sie von vornherein einen Haken bei GLOBAL ❸.

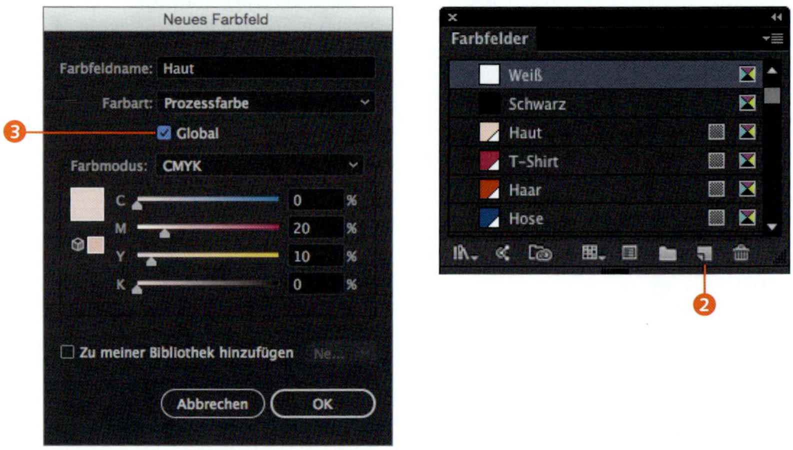

Abbildung 4.48 ▸
Legen Sie Farben für Ihren Comic an.

5 Farben zuweisen

Wählen Sie das Interaktiv-malen-Werkzeug und über die Pfeiltasten Ihrer Tastatur eine der neu angelegten Farben, die oberhalb der Maus angezeigt werden. Dann gehen Sie mit der Maus über die gewünschte Fläche und klicken einmal hinein, um die Farbe zuzuweisen. Achten Sie aber darauf, nicht aus Versehen die Kontur zu erwischen.

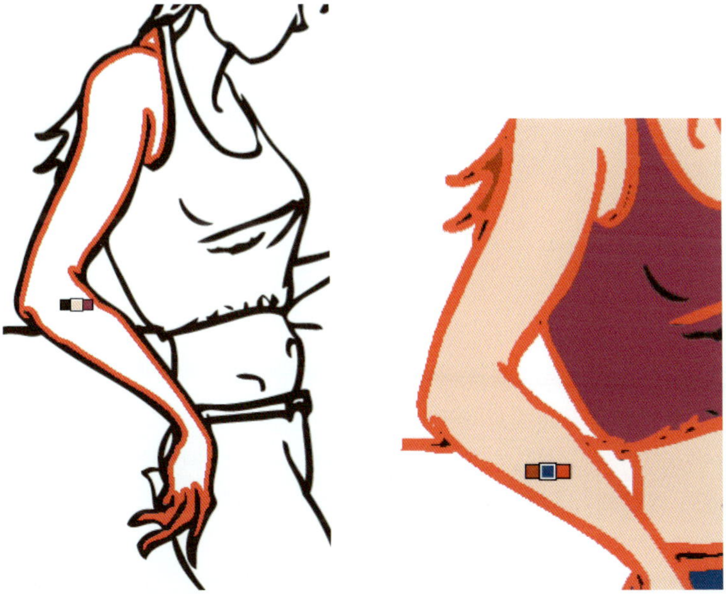

◂ Abbildung 4.49
Treffen Sie die Flächen, nicht die Konturenzeichnung.

6 Fertigstellen der Illustration

Im Handumdrehen kolorieren Sie so die gesamte Illustration. In Kapitel 7, »Muster, Pinsel und Symbole«, erfahren Sie auch noch, wie Sie mit dem Pinsel-Werkzeug umgehen, um die Glanzeffekte des »Finish« zu kreieren (rechts).

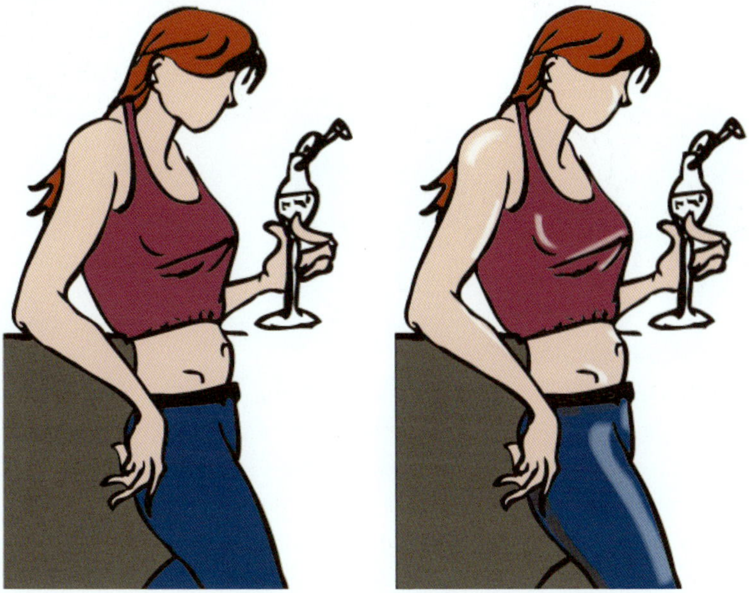

◂ Abbildung 4.50
Unsere kolorierte Kneipenszene; rechts mit Glanzlichtern finalisiert

5

Farbe und Verläufe

Jetzt kommt Farbe ins Leben

- Was muss man über Farbe beim Arbeiten mit Illustrator wissen?
- Wo findet man in Adobe Illustrator überall Farbe?
- Wie werden Farbe und Verläufe auf Objekte angewendet?
- Wie lässt man mit Farbe Objekte plastisch erscheinen?
- Wie färbe ich meine Designs intuitiv um?
- Wie übernehme ich Farbwelten aus anderen Illustrationen oder gar Fotos?
- Wie erstelle ich einen »lebendigen« Verlauf?

5 Farbe und Verläufe

Bevor ich Sie zu den praktischen Anwendungen von Farbe in Adobe Illustrator mitnehme, muss ich zunächst etwas theoretisch über das Thema »Farbe« sprechen. Es gibt viele gute Bücher zum Thema Farbe im Allgemeinen, und es lohnt sich in jedem Fall, sich mit diesem spannenden Thema ausführlicher zu beschäftigen. Wichtig für Sie sind aber vor allem die Informationen, die mit der Darstellung und der Ausgabe von Farben (z. B. für den Druck) zu tun haben, damit am Ende das herauskommt, was Sie sich auch beim Gestalten gedacht haben. Und damit sind wir beim Thema »Colormanagement«.

So heißt der Teil des Themas Farbe, der sich mit der konkreten Anwendung in Programmen, Druck und Medien beschäftigt.

Weiterführende Literatur
Weil sehr verständlich erklärt und ohne fachliche Angeberei auf die Praxis zugeschnitten, empfehle ich Ihnen sehr, die auch kostenlos downzuloadende Broschüre von Cleverprinting.de zu lesen: »PDF/X und Colormanagement«.

5.1 Colormanagement

Das Colormanagement versucht in puncto Farbe zu vermitteln. Es vermittelt zwischen den einzelnen Ein- und Ausgabegeräten, wie Kamera, Monitor oder Drucker. Denn an jeder Schnittstelle werden Farben interpretiert, dargestellt oder ausgegeben.

Das Ziel ist eine möglichst konstante Farbdarstellung im gesamten Gestaltungsprozess, bis hin zur Produktion mit großen Druckmaschinen. Doch die Medien, auf denen Farben dargestellt werden, sind völlig unterschiedlich und basieren teilweise auf verschiedenen Farbsystemen.

▲ **Abbildung 5.1**
Das Lichtfarbensystem RGB

Farbmodelle

Sie haben es mit zwei Farbsystemen zu tun: dem Lichtfarbensystem (additiv) und dem Körperfarbensystem (subtraktiv).

- Das Lichtfarbensystem begegnet Ihnen meist in Form des **RGB**-Systems (Rot, Grün, Blau). Es wird für Monitore, Displays, Beamer etc. verwendet. Durch Übereinanderblenden der drei Far-

ben werden sehr viele Farben dargestellt. Dabei gilt: Je mehr Farbe, desto heller. Wenn alle drei Farben zu gleichen Anteilen übereinandergeblendet werden, ergibt das am Ende Weiß. Auch das Sonnenlicht enthält den Teil des Lichts, der für uns Menschen sichtbar ist, sichtbares oder auch weißes Licht genannt.
- Beim Körperfarbensystem werden Farben durch Mischen der Farbpigmente selbst erzeugt – im Tuschkasten, im Farbtopf oder auf dem Papier beim Druck. Das für den Gestalter relevante System ist das **CMYK**-System (Cyan, Magenta, Yellow, Key = Schwarz). Dieses System wird zum Beispiel beim klassischen Offset-Druck angewendet. Die vier Farben werden aufgerastert und in je einem Druckdurchgang als Druckpunkte übereinandergedruckt. So entstehen die Farben im Prozess (weshalb die vier Farben gerne auch einfach »Prozessfarben« genannt werden). Im CMYK-System können aber deutlich weniger Farben als beim RGB-System dargestellt werden. Das heißt, dass nicht alle Farben, die Sie am Monitor erzeugen können, auch genau so, wie Sie sie dort sehen, druckbar sind.

▲ **Abbildung 5.2**
Das Körperfarbensystem CMYK

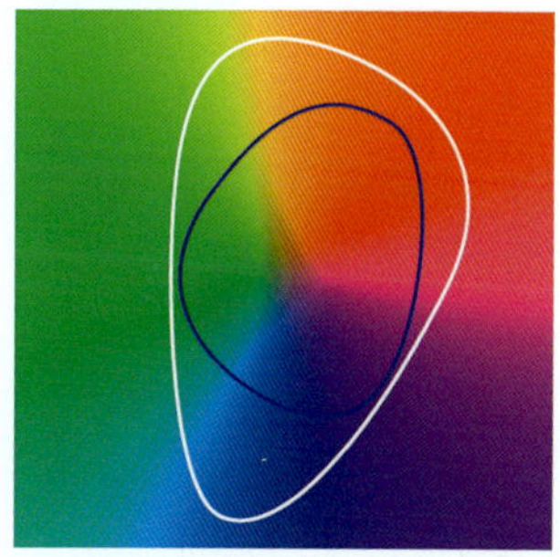

▲ **Abbildung 5.3**
Der RGB-Farbumfang (weiße Linie) ist größer als der druckbare Farbumfang (blaue Linie).

Dass es zu einer deutlichen Differenz der Menge der Farben kommt, die in den verschiedenen Medien dargestellt werden können, macht deutlich, dass es an dieser Stelle ein Colormanagement geben muss, um hier, vor allem zwischen diesen beiden Systemen, zu vermitteln.

ICC-Profile

Da aber nicht nur die genaue Definition einer Farbe wichtig ist, sondern auch ihre geplante Anwendung (wie der Druckprozess und die Papierart etc.), müssen auch diese Informationen mit den Dateien mitgeliefert werden. Soll auf gestrichenem Papier gedruckt werden oder auf ungestrichenem? Bedarf es eines großen RGB-Farbraums oder eines gerätespezifischen?

◂ **Abbildung 5.4**
ICC-Profile als zentrales Element des Colormanagements (hier als Icons auf dem Computer)

European Color Initiative (ECI)
Die European Color Initiative (ECI) ist eine Expertengruppe, die sich mit der medienneutralen Verarbeitung von Farbdaten in digitalen Publikationssystemen beschäftigt. Sie wurde im Juni 1996 auf Initiative der Verlagshäuser Bauer, Burda, Gruner+Jahr und Springer in Hamburg gegründet.

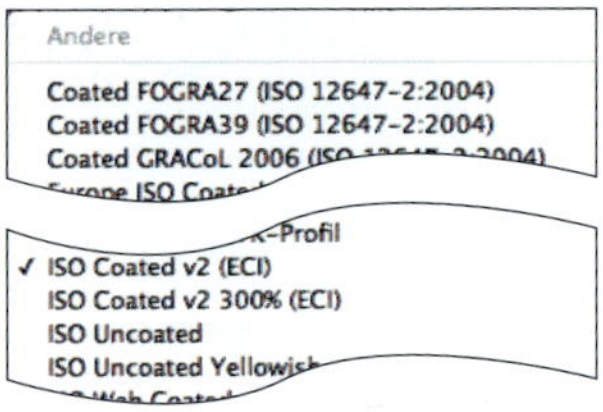

▲ **Abbildung 5.5**
Die oberen beiden ICC-Profile stammen von Adobe. Doch die unteren kommen von der ECI-Konferenz und sind in der europäischen Druckindustrie heute quasi Standard.

Für solcherlei Fragen gibt es die sogenannten ICC-Profile, ohne die Sie inzwischen gar nicht mehr arbeiten könnten. Sie enthalten all die Farbinformationen und Farbinterpretationen. Entweder werden Ihre Dateien nach den Vorgaben dieser Informationen, der ICC-Profile, umgewandelt, also verändert, oder es wird lediglich die Information mit dem ICC-Profil an eine Datei angehängt und kann dann von anderen Programmen ausgelesen werden.

Ein ICC-Profil kann zum Beispiel bestimmen, dass nicht mehr als insgesamt 350% Farbe an dieselbe Stelle gedruckt wird (Adobe-Profil »Coated FOGRA39«) oder dass maximal 330% Farbe im Druck entsteht (ECI-Profil »ISO Coated v2«). Fragen Sie bitte immer Ihre Druckerei, unter welchen Bedingungen sie druckt, also welche Profile sie für den jeweiligen Druck gerne haben möchte, damit Sie sie in Ihren Adobe-Programmen bei der Ausgabe auswählen können.

Farbeinstellungen in der Creative Cloud

Adobe möchte, dass es zwischen den Programmen und später für eine Ausgabe auf anderen Geräten oder beim Druck zu einer möglichst großen farblichen Übereinstimmung kommt. Deshalb wurde für die gesamte Creative Cloud ein gemeinsames Colormanagement-System entwickelt. Das ist super, nutzen Sie es!

ICC-Profile laden
Da die Profile der ECI-Konferenz leider nicht mit der Creative Cloud mitgeliefert werden, müssen Sie sie herunterladen und auf Ihrem Rechner installieren. Sie erhalten Sie unter dem Download-Link von *www.eci.org*. Das Paket »eci_offset_2009« ist für die meisten Druckausgaben geeignet. (Neuere Profile, wie POS Coated v3, wurden von der Druckindustrie noch nicht richtig angenommen, können aber auch verwendet werden.)

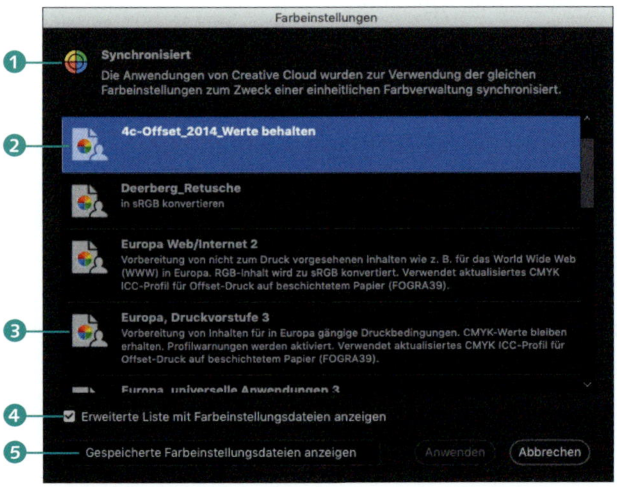

▲ **Abbildung 5.6**
Die Farbeinstellungen rufen Sie aus der Bridge heraus auf.

Da es nicht an der Bedienung scheitern soll, wird dieses CMS zentral gesteuert – über die Bridge. Viele Anwender haben die Bridge nicht zu ihren Programmen hinzugenommen. Über Ihre Cloud-Verwaltung ist sie aber schnell installiert. Hier synchronisieren Sie dann die Farbbedingungen zentral für die Creative-Cloud-Programme, damit InDesign die Farben nicht etwa anders behandelt als Illustrator oder Photoshop (BEARBEITEN • FARBEINSTELLUNGEN).

Mehrere »Einstellungspakete« liegen schon für Sie bereit. EUROPA, DRUCKVORSTUFE 3 ❸ ist das neueste, das bei der aktuellen Version von Adobe hinzugekommen ist. Fangen Sie erst mal damit an zu arbeiten. Wählen Sie es (am besten in der Bridge) aus, und klicken Sie auf ANWENDEN. Das ist wichtig, um die Einstellungen zu SYNCHRONISIEREN ❶.

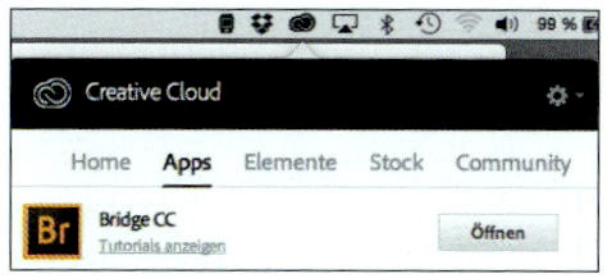

▲ **Abbildung 5.7**
Bridge nachinstallieren

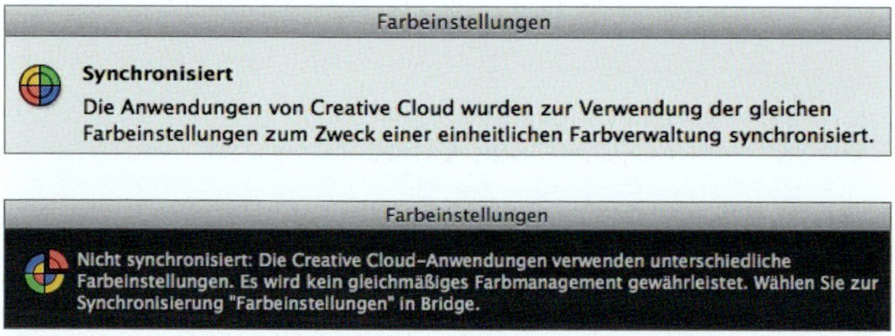

◂ **Abbildung 5.8**
Oben: Der Dialog in der Bridge sagt, dass alle Programme mit synchronem Colormanagement laufen. Unten: In Illustrator wurde etwas geändert; die Programme laufen nicht mehr synchron.

Wenn Sie sich näher mit der ganzen Thematik beschäftigt haben, können Sie auch eigene Einstellungspakete ❷ auswählen. (Auch dies wird in dem oben erwähnten PDF-Handbuch sehr gut erklärt.) Entdecken Sie Ihr Paket nicht, lassen Sie sich die ERWEITERTE LISTE ❹ anzeigen. Wo die Pakete auf Ihrem Rechner liegen, finden Sie hier ❺.

Farbeinstellungen in Illustrator

Unter BEARBEITEN • FARBEINSTELLUNGEN öffnen Sie bei Illustrator ein großes Popup-Fenster, in dem Sie Farbeinstellungen vornehmen können, die dann nur für Illustrator gelten. Andere Adobe-Programme laufen eventuell mit anderen Einstellungen, was in der Darstellung und Ausgabe problematisch sein kann. Daher empfehle ich, Änderungen hinterher immer über die Bridge zu synchronisieren!

Ganz oben zeigt Ihnen das Menü, ob Sie synchron arbeiten ❶, ob also alle Adobe-Programme mit den gleichen Einstellungen laufen. Einstellen können Sie das, wie eben erklärt, in der Bridge. Wenn Sie dann aber einen Eintrag in den Illustrator-Farbeinstellungen ändern, heben Sie die Synchronisation der Adobe-Programme wieder auf! Nutzen Sie die zentrale Farbverwaltung der Creative Cloud; so vermeiden Sie so manches Ärgernis in der Ausgabe/im Druck.

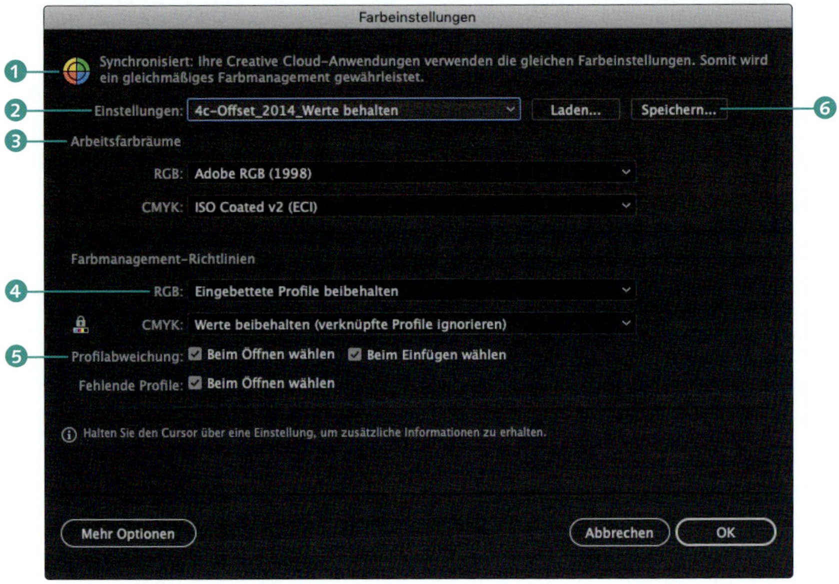

Abbildung 5.9 ▸
❶ Synchronizität der Adobe-Programme?
❷ Gespeicherte Einstellungen
❸ Arbeitsfarbräume für RGB und CMYK
❹ Was soll mit Dokumenten passieren, die andere Farbeinstellungen haben als Ihr Arbeitsfarbraum?
❺ Wollen Sie bei Problemen gefragt werden?
❻ Auch von hier aus können Sie eigene Einstellungen speichern und in der Cloud nutzen. An die Konvertierungsoptionen sollten Sie allerdings nur herangehen, wenn Sie sich sehr gut mit Colormanagement auskennen.

Sind Sie im Colormanagement sicher, können Sie hier in den Farbeinstellungen vorgenommene Änderungen speichern und über die Bridge dann anderen Programmen zur Verfügung stellen.

Dokumentfarbmodus

Unter Datei • Dokumentfarbmodus sehen Sie, ob Ihre Datei als CMYK oder als RGB läuft. Achtung: Wenn Sie den Haken von CMYK auf RGB setzen und später wieder zurück, sind Ihre Farben nicht mehr dieselben. Jede Umwandlung interpretiert Ihre Farben neu. Das Schlimmste daran ist: Reines, 100%-Schwarz wird zu 4c-Schwarz. Es wird nun aus Cyan, Magenta, Yellow und Schwarz aufgebaut. Wandeln Sie also nur in Ausnahmefällen um, wenn Sie genau wissen, was Sie tun, und stellen Sie notfalls im Nachhinein die schwarzen Objekte wieder auf reines Schwarz. (Auch andere Farben verändern ihre Farbwerte dabei.)

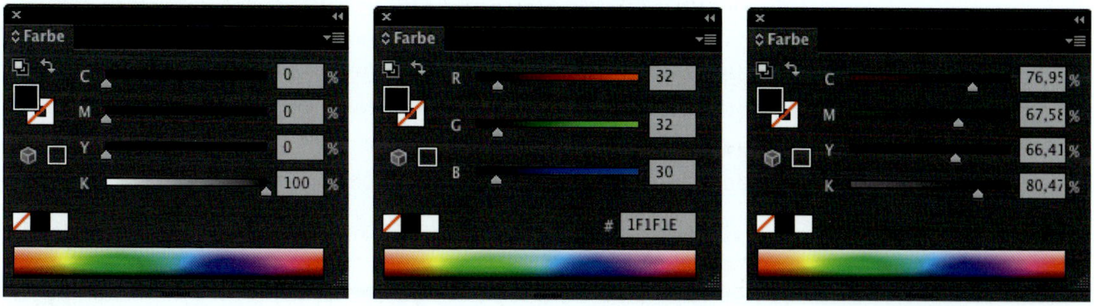

▲ **Abbildung 5.10**
Das reine Schwarz im CMYK-Modus verwandelt sich über eine Änderung in den RGB-Modus (Mitte) zu einem 4c-Schwarz (rechts). Es gibt nun statt einer Farbe vier Farben, aus denen Schwarz besteht.

Farbeinstellungen beim Speichern

Beim Speichern eines Dokuments werden Sie gefragt, ob Sie Ihre ICC-Profile einbetten möchten. Das wären dann die Profile Ihrer Arbeitsfarbräume für RGB und für CMYK. Da Sie meistens Vektorillustrationen erstellt haben werden, ist es sicherer, hier keine ICC-Profile einzubetten ⑦, damit es in Layoutprogrammen nicht zu unerwarteten Farbverschiebungen der CMYK-Farben kommt, wie zum Beispiel zu einer Umwandlung von reinem Schwarz zu 4c-Schwarz. Haben Sie Fotos integriert, wie Sie im letzten Kapitel gelernt haben, macht es hingegen wieder Sinn, die ICC-Farbprofile mitzuspeichern.

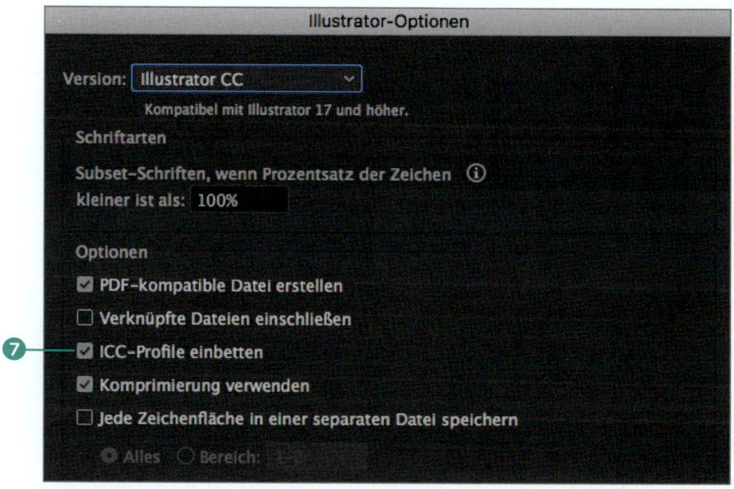

◄ **Abbildung 5.11**
ICC-Profile sollten Sie generell nicht einbetten, es sei denn, Sie haben Bilder (Fotos) eingebunden.

Gerätekalibrierung

Und noch ein Tipp für die professionelle Arbeit mit Adobe Illustrator: Monitore sollten kalibriert werden! Das heißt, dass Ihr Monitor physikalisch oder wenigstens optisch geeicht wird, um die Farben »richtig« darstellen zu können. Das fängt schon damit an, den Monitor nicht so zu benutzen, wie er ausgeliefert wird (mit oft 9.000 Kelvin). Wenn Sie für den Druck arbeiten, entsprechen nur 5.500 bis 6.500 Kelvin eher dem »normalen« Tageslicht, unter dem auch Druckergebnisse betrachtet werden.

Abbildung 5.12 ▸
Die Lichttemperatur Ihres Monitors entscheidet mit über das Aussehen Ihrer Gestaltung – aber eben nur am Monitor.

Doch auch der Standort Ihres Gerätes ist wichtig. Scheint die Sonne drauf? Sind Sie von Neonröhren umgeben? Legen Sie Ihre Vorlagen neben Ihre Tastatur auf den grünen Schreibtisch? All dies beeinflusst natürlich auch Ihre Farbwahrnehmung.

Dass Ihr Tintenstrahldrucker nicht das zeigt, was später im Druck zu sehen ist, sollte Ihnen klar sein und auch dem Kunden deutlich gesagt werden, sollten Sie ihm solche Ausdrucke präsentieren. Bessere Geräte lassen sich jedoch auch kalibrieren, oder ein (Soft-)RIP bringt den Ausdruck in Ihrem Atelier dem des Offsetdrucks zumindest etwas näher – erübrigt es aber lange nicht, einen Proof machen zu lassen! Sprechen Sie vor dem Druck von farbkritischen Dokumenten mit Ihrer Druckerei.

Über Illustrator hinaus
In Illustrator arbeiten wir meistens plakativer als in der Bildbearbeitung und damit auch mit eher »reinbunten« Farben. Spätestens, wenn Sie auch mit Photoshop und Fotos arbeiten, kommen Sie um die Monitorkalibrierung nicht herum (so habe ich zum Beispiel verschiedene Profile für unterschiedliche tagesaktuelle Lichtverhältnisse in meinem Atelier).

5.2 Illustrator und seine Farben

Kommen wir nun zum Thema »Farbverwaltung bei Illustrator«. Es gibt in Illustrator verschiedene Bedienfelder, die mit Farben zu tun haben. Je nach Aufgabe verwenden Sie das eine oder andere und oft auch mehr als nur eines allein.

Unterschiedliche Farbarten

Illustrator kennt zwei verschiedene Arten von Farbe: lokale und globale. Es ist wichtig, die Unterschiede zu kennen, um Farbe sinnvoll und produktionssicher anzuwenden. Außerdem müssen Sie auch zwischen Prozessfarben und Volltonfarben unterscheiden.

- Als Erstes ist die **lokale Farbe** ❷ zu nennen. Ihr Symbol ist ■. Diese Farbart hat keine feste Bindung zu den Objekten, die mit dieser Farbe versehen wurden. Wenn Sie ein Objekt aktivieren, wird die Farbe in dem Farbfelder-Bedienfeld hervorgehoben, falls das Objekt mit einer Farbe von dort versehen wurde, und in jedem Fall werden Ihnen die Farbwerte in dem Farbe-Bedienfeld angezeigt. Ändern Sie dort bei aktiviertem Objekt die Farbe, ändert sich nur das aktivierte Objekt. Alle anderen Objekte mit derselben Farbe bleiben so, wie sie sind.

▲ **Abbildung 5.13**
Mit globaler Farbe versehene Objekte ändern sich mit der Veränderung des Farbfelds alle mit (oben). Bei lokaler Farbe ändert sich nur das aktive Objekt (unten).

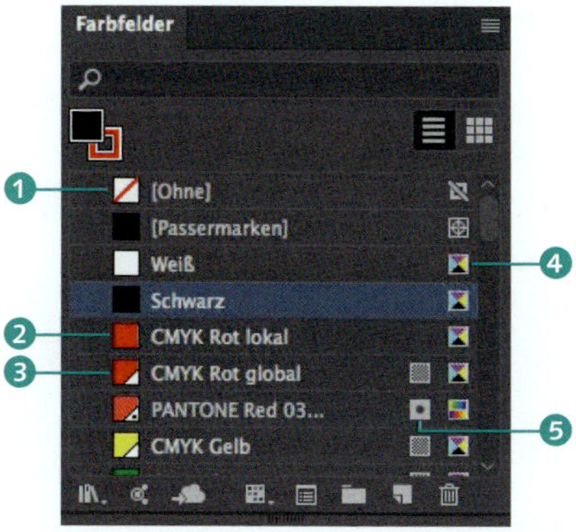

◀ **Abbildung 5.14**
Das Farbfelder-Bedienfeld mit lokalen ❷, globalen ❸ und Prozess- ❹ und Volltonfarben ❺. Farbfelder in eckigen Klammern ❶ sind nicht veränderbar.

- Die zweite Farbart ist die **globale Farbe** ❸. Ihre Symbole in der Liste sind ▩ und ■. Ändern Sie diese Farbe per Doppelklick, ändern sich alle Objekte mit dieser Farbe mit – selbst dann, wenn keines aktiviert ist. Die globale Farbe gibt es nur als Farbfeld. Ändern Sie diese Farbe im Farbe-Bedienfeld, verliert das gerade aktive Objekt die Verbindung zum Farbfeld und ist nicht mehr global. Im Farbe-Bedienfeld können Sie den Tonwert einer globalen Farbe von 0 bis 100% ändern. Die Farbe bleibt dabei global und wird nicht transparent, sondern lediglich heller oder dunkler.

Prozessfarben ❹ (Symbol ☒) sind alle Farben, die aus den vier Farben Cyan, Magenta, Gelb und Schwarz im Vierfarbdruck zusammengesetzt werden. Diese können also in Illustrator als global oder lokal definiert werden. **Volltonfarben** ❺ (Symbole ▣ und ■) andererseits (die auch als Schmuckfarben oder Sonder-

▲ **Abbildung 5.15**
Der sehr farbumfangreiche Pantone-Fächer ist inzwischen auch in Deutschland Standard für Volltonfarben.

farben bezeichnet werden) sind in Illustrator immer global. Anders als bei »Prozess«farben entsteht diese Farbe nicht durch den Druckprozess, sondern wird vor dem Druck als definierte Farbe vorgemischt und so gedruckt, wie sie ist. Dadurch ist ein separater Druckfilm bzw. eine weitere Druckplatte und meist ein fünfter Druckdurchgang (C-M-Y-K + Sonderfarbe) erforderlich, was Mehrkosten nach sich zieht. Auch die Volltonfarben können Sie im Tonwert verändern, denn sie sind grundsätzlich global. (Volltonfarben im Dokumentenmodus RGB machen keinen Sinn, denn sie spielen nur für die Druckproduktion eine Rolle.) Es gibt standardisierte Sonderfarbensysteme wie HKS und Pantone.

Tabelle 5.1 ▼
Farbarten

Farbarten	Beziehung zum Objekt	Verhalten	Farbfelder Liste/ Symbole
Lokale Farbe	Zwischen Objekt und Farbfeld besteht keine feste Verbindung.	Verhalten im Druck: Separation als Prozessfarben zu CMYK	
Globale Farbe	Ändern Sie die Farbe, ändern sich alle Objekte dieser Farbe mit. Sie haben die Möglichkeit von Tonwertabstufungen.		
Volltonfarbe		Weitere Farbe zu CMYK hinzu. Vorgemischt. Weiterer Druckdurchgang, weitere Kosten.	

Das Farbe-Bedienfeld

Das Farbe-Bedienfeld ist ein relativ kleines Bedienfeld, in dem Sie meist die vier Schieberegler für CMYK sehen ❼. Ist dies nicht der Fall, können Sie es im Flyout-Menü umstellen, indem Sie einen Haken bei »CMYK« setzen. Umgekehrt können Sie hier auch WEBSICHERES RGB auswählen, wenn Sie fürs Netz arbeiten; die Farben sind dann abgestuft. Durch Verschieben der Regler stellen Sie Ihre Farben ein. Sie können auch feste Werte eintippen ❽.

Ganz unten liegt ein Farbkeil ❻, aus dem heraus Sie einzelne Farben (durch Hineinklicken) auswählen können. Jedoch enthalten Ihre Werte in den Schiebereglern dann Kommastellen, was ein Arbeiten schwieriger macht. Ich empfehle, so gewonnene Farben auf 5er-Schritte abzurunden. Diese Werte lassen sich auch aus guten Euroskala-Listen ablesen und vergleichen.

Euroskala
Eine Euroskala gehört in jedes Grafikatelier – spätestens bei der Arbeit mit Illustrator. Sparen Sie nicht zu sehr, wenn es geht, und kaufen Sie eine in 5%-Schritten, mindestens aber eine mit Schwarzabstufungen.

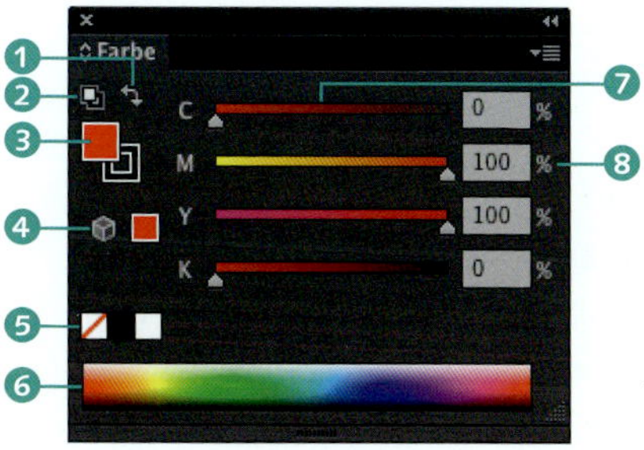

◄ **Abbildung 5.16**
Das Farbe-Bedienfeld

Das Symbol für Flächen- bzw. Konturfarbe ❸ zeigt Ihnen an, welche der beiden Farben Sie gerade verändern. (Klicken Sie in das Symbol, das oben liegen soll, um seine Farbe zu verändern, auf den kleinen Doppelpfeil ❶, um Flächen- und Konturfarbe zu tauschen, oder in das Schwarzweiß-Symbol ❷.)

Über dem Farbkeil liegen die Symbole für OHNE (d.h. ohne Kontur oder ohne Fläche), SCHWARZ oder WEISS ❺.

Wird eines der Symbole ❹ angezeigt, liegt die Farbe außerhalb des »websicheren« Bereichs bzw. des druckbaren Bereichs beim RGB-Wähler. Ein Klick auf das Symbol des Würfels stellt die Farbwerte auf den nächsten druckbaren Bereich.

Um nun eine Farbe, die Sie eingestellt haben, auch zu **speichern**, also in das Farbfelder-Bedienfeld zu bekommen, ziehen Sie sie von dort mit der Maus in das Farbfelder-Bedienfeld und lassen sie dort los. Dazu dürfen beide Bedienfelder aber nicht in derselben Bedienfeldgruppe sein. Ansonsten müssen Sie über das Flyout-Menü NEUES FARBFELD ERSTELLEN wählen und im Popup-Fenster dann auf OK klicken. Farben, die Sie aus dem Farbe-Bedienfeld ziehen, sind immer lokale Farben.

▲ **Abbildung 5.17**
Seiten einer Euroskala

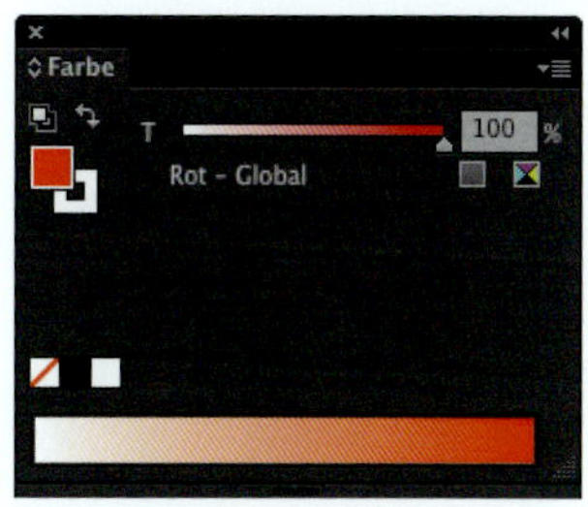

▲ **Abbildung 5.18**
Zeigt Ihnen das Farbe-Bedienfeld nur einen Schieberegler an, ist ein Farbfeld mit globaler Farbe oder einer Volltonfarbe ausgewählt; diese wird angezeigt, bis Sie ein anderes farbiges Objekt aktivieren.

Das Farbfelder-Bedienfeld

Das Farbfelder-Bedienfeld enthält Farben, die in Ihrer Datei gespeichert sind. Illustrator gibt Ihnen schon eine ganze Reihe vor. Jedoch sind die vorgegebenen Farben von Illustrator leider lokale Farben und damit weniger hilfreich in der Anwendung. Welche Farben Sie bekommen, hängt vom Profil beim Neuerstellen Ihrer Datei ab, also DRUCK, WEB etc.

Sie können im Flyout-Menü bestimmen, wie Ihnen die Farbfelder angezeigt werden: als LISTE, in der Sie den Namen oder die

Pantone, HKS etc.
Volltonfarben finden Sie in den FARBFELDBIBLIOTHEKEN ⑯ bei FARBTAFELN. Meistens brauchen Sie »Pantone solid coated/uncoated« oder »HKS K/N«.

Farbwerte gleich ablesen können, oder nur als MINIATUREN. Seit 2015 gibt es dafür auch den praktischen Button ⑫ (siehe Abbildung 5.19).

Auch bei den Miniaturen erkennen Sie, ob es sich um eine lokale ⑨, globale ⑩ oder Volltonfarbe ⑪ handelt. Über den eigentlichen Farbfeldern entscheiden Sie sich, ob Sie die Flächenfarbe oder die Konturfarbe anwenden/auswählen/ändern möchten ⑬. Die Miniaturenansicht zeigt oben ⑭ die einzelnen Farben, Verläufe und Muster und darunter die in Gruppen ⑮ zusammengefassten Farben, was für Projektarbeit sehr nützlich sein kann.

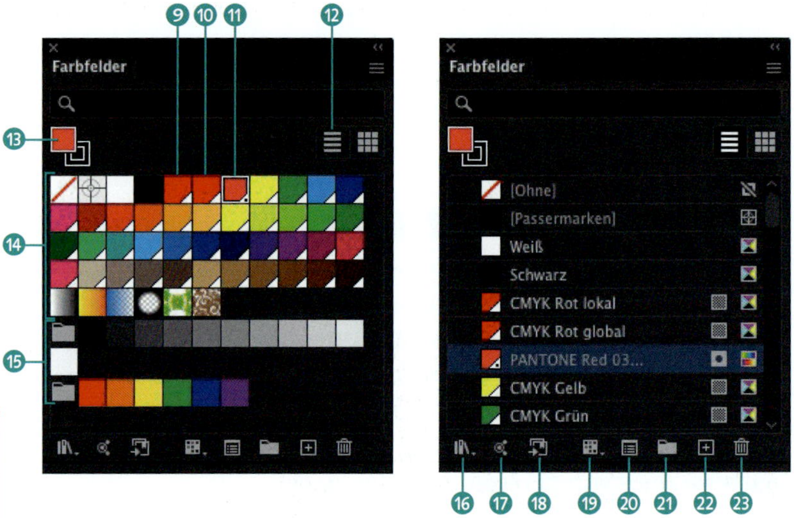

Abbildung 5.19 ▸
Kleines Bedienfeld – viele Funktionen: FENSTER • FARBFELDER. Links als Miniaturen, rechts als Liste.

Mit Klick auf den Button COLOR-SCHEMATA-BEDIENFELD ÖFFNEN ⑰ erscheint das besagte Bedienfeld. Über die Website *http://color.adobe.com/de* können Sie Farbschemata erstellen, die Sie über diesen Button direkt in Illustrator nutzen.

Der Button LIBRARY ⑱ speichert und synchronisiert die von Ihnen ausgewählten Farben mit einer Ihrer Cloud Librarys. So haben Sie Zugriff auf diese Farben sowohl in anderen Illustrator-Dokumenten als auch in anderen Programmen wie Adobe InDesign. Theoretisch können Sie eine Ihrer Librarys auch für Kunden oder Kollegen freischalten. So können Sie die Farben eines umfangreicheren Projekts teilen.

Mit dem Symbol FARBFELDARTEN EINBLENDEN ⑲ bestimmen Sie, ob Sie alle Arten von Farbfeldern aufgelistet haben möchten oder vielleicht nur VERLAUFSFELDER, MUSTERFELDER oder nur

Alle nicht verwendeten auswählen
Da Sie bei all den Farbfeldern schon mal den Überblick verlieren können, gibt es im Flyout-Menü den Eintrag ALLE NICHT VERWENDETEN AUSWÄHLEN. Wenn das geschehen ist, können Sie sie mit einem Klick auf das Papierkorb-Symbol am unteren Bedienfeldrand löschen. Das hilft dabei, die Übersicht zu wahren, wenn Sie die Datei am Ende Ihrer Arbeit an andere weiterleiten möchten.

FARBGRUPPEN. Der Button FARBFELDBIBLIOTHEKEN ⑯ führt Sie zu vorgefertigten Farbfeldern, die nach Themen zusammengestellt sind. Dort finden Sie übrigens auch unter FARBTAFELN die Sonderfarbenfächer Pantone, HKS etc. Ihre Standardfarbfelder sind dort übrigens auch – falls Sie sie mal gelöscht haben sollten.

Mit FARBFELDOPTIONEN ⑳ öffnen Sie die Farbwerte einer ausgewählten Farbe und können diese verändern. NEUE FARBGRUPPE ㉑ erstellt einen Ordner, sodass Sie sehr viele Farbfelder sortieren können. Hatten Sie ein oder mehrere Farbfelder ausgewählt, werden diese in den neuen Ordner verschoben. NEUES FARBFELD ㉒ öffnet das Menü NEUES FARBFELD und kreiert eine neue Farbe. Der Papierkorb ㉓ löscht ausgewählte Farbfelder (die Objekte behalten ihre Farbe aber natürlich).

Farbfeldoptionen

Der Button FARBFELDOPTIONEN ⑳ entspricht einem Doppelklick auf ein Farbfeld und öffnet den gleichnamigen Dialog.

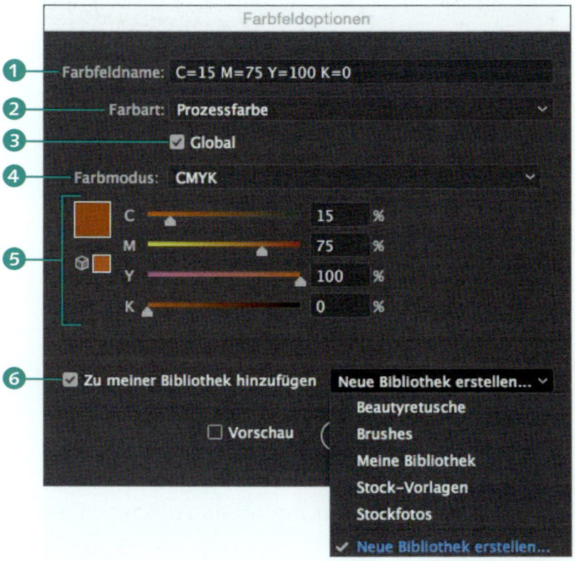

◂ **Abbildung 5.20**
Die Farbfeldoptionen

Mit den Farbfeldoptionen ändern Sie die Farbart einer bestehenden Farbe oder wandeln sie nachträglich in eine globale um. Oder Sie ändern lediglich die Farbwerte, also die Farbe an sich.

Mehrere/alle Farbfelder in globale umwandeln
Wenn Sie mehrere Farbfelder gleichzeitig aktivieren und auf den Button FARBFELDOPTIONEN klicken, erhalten Sie die Farbfeldoptionen (die Schieberegler sind natürlich ausgegraut). Dort können Sie den Haken für »global« setzen. (Musterfarbfelder dürfen dabei nicht mitaktiviert sein.)

In den Farbfeldoptionen verändern Sie eine Farbe mit den vier Schiebereglern ❺ (drei bei RGB). Stellen Sie eine Farbe auf Global ❸. Bei Farbart ❷ können Sie eine Farbe in eine Volltonfarbe umwandeln – auch dann, wenn bei Farbmodus ❹ CMYK steht! Lassen Sie sich also von »CMYK« nicht in die Irre führen: Es zeigt lediglich an, dass Sie diese Farbe selbst kreiert haben. Den Farbmodus stellen Sie auch dann um, wenn Sie für Webanwendungen RGB brauchen, mit Lab-Werten arbeiten oder nur Graustufen aus reinem Schwarz kreieren wollen.

▲ **Abbildung 5.21**
Dropdown-Menüs der Farbfeldoptionen: Oben: Farbart, unten: Farbmodus

Was Sie bei Farbfeldname ❶ (Abbildung 5.20) machen, dürfte klar sein. Ihre Arbeitsweise bestimmt, ob Sie Namen (»recht kräftiges Mittellindgrün«) oder Farbwerte (»40-0-80-0«) vergeben. Letztere erzeugt Illustrator für Sie automatisch, wenn Sie das Namensfeld unberührt lassen (C=40, M=0, Y=80, K=0); danach kommen Sie nicht mehr automatisch zu den Werten zurück und müssen diese wieder manuell eintippen.

Und zu guter Letzt haben Sie auch hier wieder den Button, mit dem Sie die Farbe, die Sie gerade mischen, direkt auch schon in eine Cloud Library speichern können ❻ (Abbildung 5.20). Haken Sie es an, wählen Sie einfach rechts aus, in welche Ihrer Librarys die Farbe hineinsoll. Oder erstellen Sie direkt von hier aus eine neue (Cloud-)Bibliothek. Erwähnte ich schon, wie praktisch so etwas in der Teamarbeit sein kann?

Das Farbhilfe-Bedienfeld

Mit dem Farbhilfe-Bedienfeld können Sie schnell eine Schattierung oder Farbtöne einer zuvor in den Farbfeldern aktivierten Farbe auswählen. Im Flyout-Menü sind noch zwei weitere Von-bis-Schemata auswählbar: Warm/kalt und Strahlend/gedeckt.

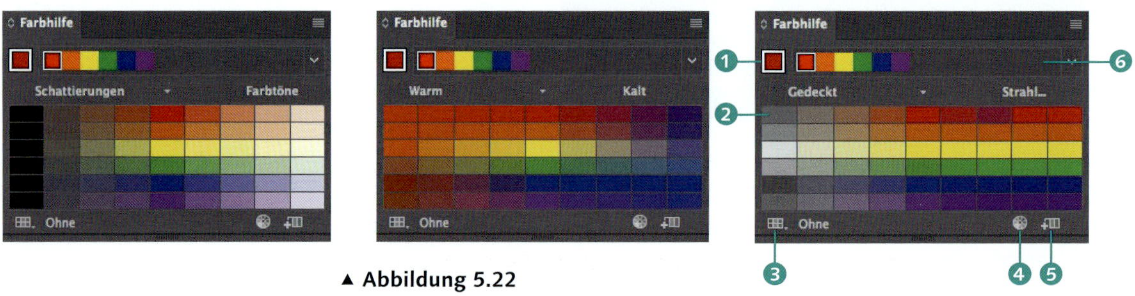

▲ **Abbildung 5.22**
Die Farbhilfe erleichtert Ihnen die Auswahl von Farbvarianten.

◂ **Abbildung 5.23**
Mit der Farbhilfe probieren Sie gezielt Farbvarianten aus, wie hier die Grundfarbe der Box.

In der Pulldown-Liste ❻ sind eine ganze Reihe von Harmonieregeln aufgelistet, die Ihnen zu den Ausgangsfarben weitere Farben auflisten, die der jeweiligen Harmonie entsprechen – auch jeweils zunehmend »verschattet« bzw. aufgehellt etc.

Der erste Button unten links am Bedienfeldrand schränkt die Harmoniefarben auf vorgefertigte Farbfeldbibliotheken ❸ ein, die Sie selbstverständlich auch auswählen können.

Der Button Farben bearbeiten ❹ öffnet das gleichnamige Bedienfeld – eine neue Welt, auf die ich später in diesem Kapitel noch eingehen werde. Der letzte Button ❺ speichert die nichtabgestuften Grundfarben in einem separaten Ordner in das Farbfelder-Bedienfeld.

Was Sie jeweils für Regeln ausgewählt haben, sehen Sie über den eigentlichen Farbfeldern ❷, in die Sie dann klicken, um eine Farbvariante zur Anwendung auf ein Objekt auszuwählen. Mit dem Feld ❶ wählen Sie eine Basisfarbe für die folgenden Farbvarianten.

Wählen Sie im Flyout-Menü die Farbhilfeoptionen, bestimmen Sie die Menge der Abstufungen, wenn es Ihnen zuvor zu grob gewesen sein sollte.

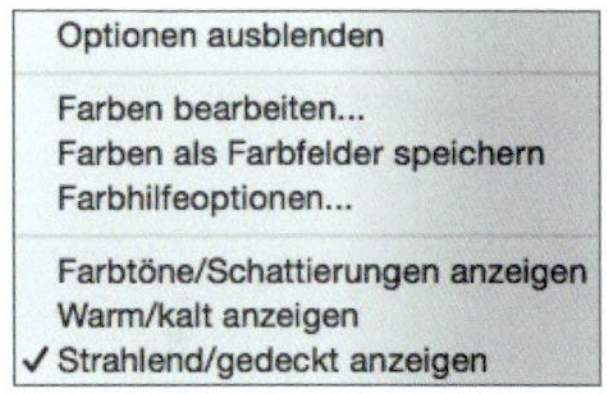

▴ **Abbildung 5.24**
Das Flyout-Menü der Farbhilfe

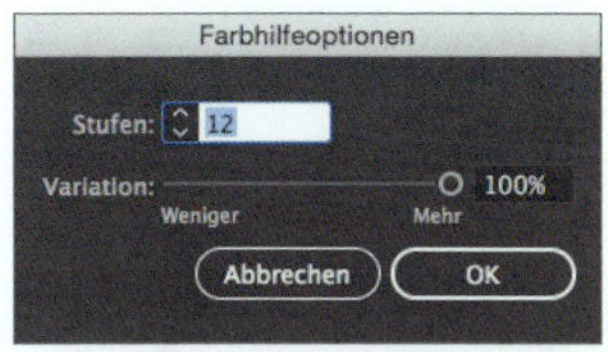

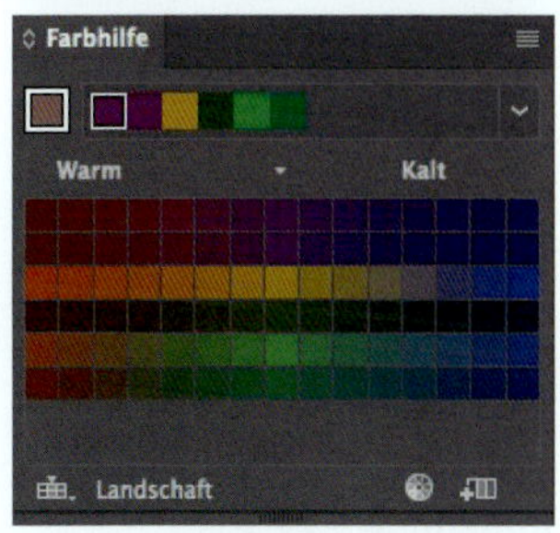

▴ **Abbildung 5.25**
Die Menge der Farbabstufungen bestimmen Sie.

Farben im Aussehen-Bedienfeld

Über das Aussehen-Bedienfeld haben Sie ja schon in Abschnitt 3.1 gelesen. Hinter den Begriffen Kontur und Fläche gelangen Sie mit einem Klick temporär in die Farbfelder. Dies ist eine äußerst praktische Art des Arbeitens, weil Sie mit dem Aussehen-Bedienfeld gleichzeitig noch andere Informationen für einen umfassenden Überblick bekommen.

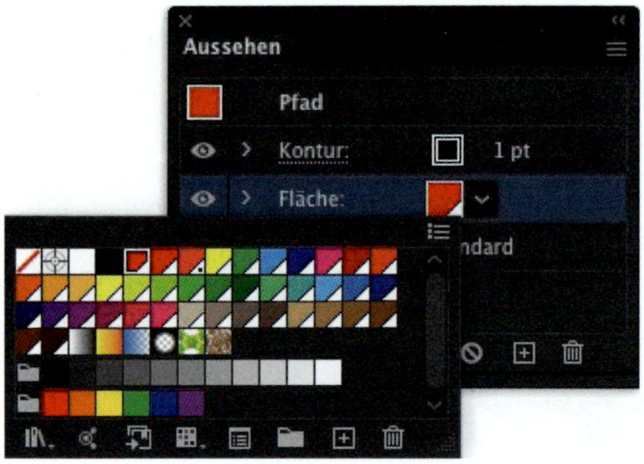

Abbildung 5.26 ▸
Vom Aussehen-Bedienfeld aus greifen Sie mit einem Klick auf die Farbfelder zu.

Farben im Eigenschaften-Bedienfeld

Über das Eigenschaften-Bedienfeld haben wir bereits gesprochen. Analog zum Aussehen-Bedienfeld gelangen Sie auch hier über KONTUR und FLÄCHE mit einem Klick temporär in die Farbfelder.

Abbildung 5.27 ▸
Vom Eigenschaften-Bedienfeld aus greifen Sie mit einem Klick auf die Farbfelder zu.

Farbe im Verlauf-Bedienfeld

Über das Verlauf-Bedienfeld werde ich in diesem Kapitel auch noch sprechen. Schon einmal vorab: Haben Sie einem Objekt einen Verlauf zugewiesen, gelangen Sie mit einem Doppelklick auf die Verlaufsregler temporär zu dem Farbfelder- oder Farbe-Bedienfeld und können dort Farben auswählen bzw. ändern.

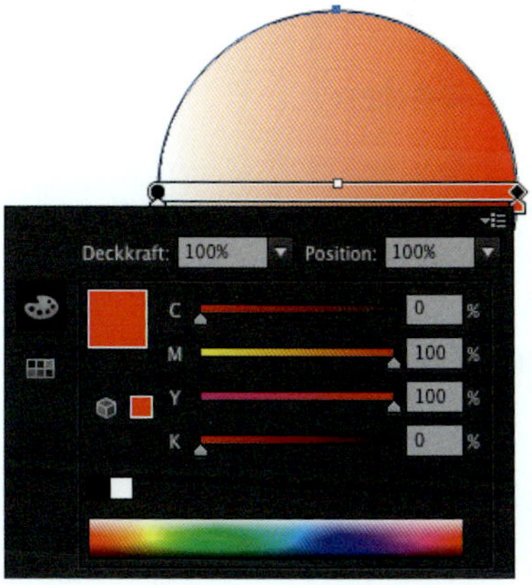

◂ **Abbildung 5.28**
Vom Verlauf am Objekt direkt mit einem Doppelklick auf den Reglerpfeil zum Farbe- oder Farbfelder-Bedienfeld

Farbe in der Werkzeugleiste

Auch in der Werkzeugleiste befinden sich Farbfelder für KONTUR und FLÄCHE. Ein Doppelklick darauf öffnet den Farbwähler, in dem Sie numerisch Farbwerte für HSB, RGB, CMYK und Hexadezimal eingeben oder »gefühlt« Farben aus einem Farbkeil vorauswählen, um sie dann im Farbspektrumfeld genauer auszuwählen.

▾ **Abbildung 5.29**
Über die Farbfelder der Werkzeugleiste gelangen Sie per Doppelklick zum Farbwähler (links Farbmodelle, rechts Farbfelder).

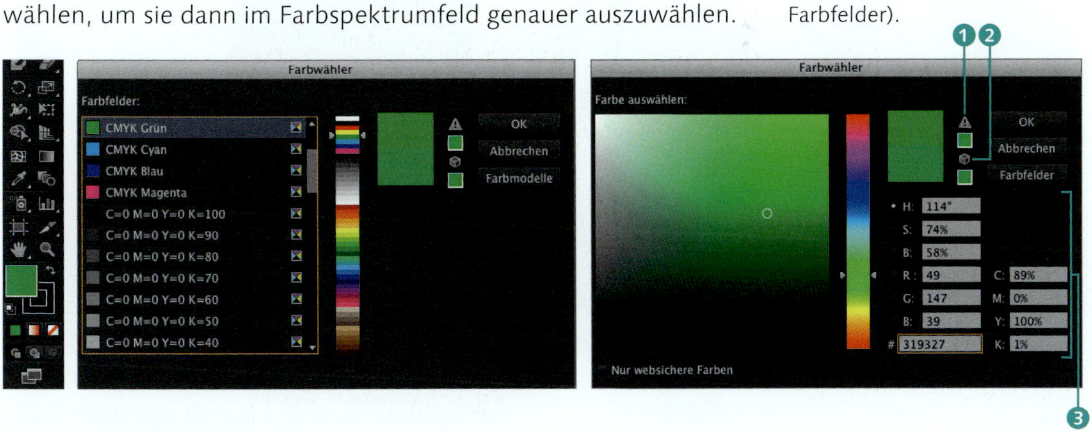

Da Sie hier anders als in den Schiebereglern auch Farben auswählen können, die außerhalb des druckbaren Spektrums liegen, werden Sie mit einem Warndreieck ❶ darauf hingewiesen. Das Farbfeld darunter zeigt die nächstdruckbare Farbe (in Abhängigkeit von Ihrem Arbeitsfarbraum). Das Gleiche gilt für sogenannte

Weiß und Schwarz
Soll ein Objekt eine weiße Fläche und eine schwarze Kontur haben, brauchen Sie bei aktiviertem Objekt nur D zu drücken. Die Kontur wird dabei auf eine Stärke von 1 pt gesetzt.

Farben tauschen
Sollten Sie sich mal verklickt haben und sollte die Flächen- und Konturfarbe vertauscht sein, hilft ⇧+X oder der kleine, runde Doppelpfeil in der Werkzeugleiste über den Farben: Die Fläche bekommt die Konturfarbe und umgekehrt.

websichere Farben, die mit einem kleinen Würfel angezeigt werden ❷ (siehe auch Abschnitt 10.1). Geben Sie nach Bedarf numerische Werte ein ❸, um eine ganz bestimmte Farbe zu erhalten.

5.3 Farben auf Objekte anwenden

Im Prinzip gibt es drei Arten, wie Sie einem Objekt eine Farbe zuweisen. Sie sollten zuvor aber in Ihrer Werkzeugleiste nachsehen, ob die Flächen- oder Konturfarbe oben liegt. Zum Ändern klicken Sie in eines der Icons hinein oder drücken X auf Ihrer Tastatur, um das jeweils andere nach vorn zu bringen.

1. Ist ein Objekt aktiv, brauchen Sie nur noch auf ein Farbfeld zu klicken. Alternativ dazu können Sie auch die Regler im Farbe-Bedienfeld verschieben bzw. Werte eingeben, oder Sie wählen aus dem Farbharmonie-Bedienfeld ein Farbfeld aus.

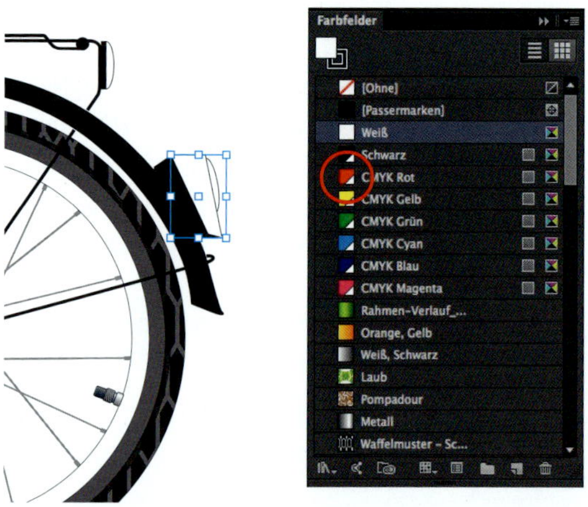

Abbildung 5.30 ▸
Klicken Sie bei aktivem Objekt auf ein Farbfeld.

2. Die zweite Methode lohnt sich, wenn das Objekt nicht aktiv ist. Dann können Sie ein Farbfeld mit der Maus auf das Objekt ziehen, um die Farbe zuzuweisen. Auch hier kommt es darauf an, ob Fläche oder Kontur oben liegt. Hat das Objekt noch keine Flächenfarbe, müssen Sie die Kontur treffen, um es einzufärben. In der Pfadansicht (Ansicht • Pfadansicht und zurück: Ansicht • Vorschau oder jeweils Strg/cmd+Y) müssen Sie in jedem Fall den Pfad oder, wenn vorhanden, den Mittelpunkt treffen.

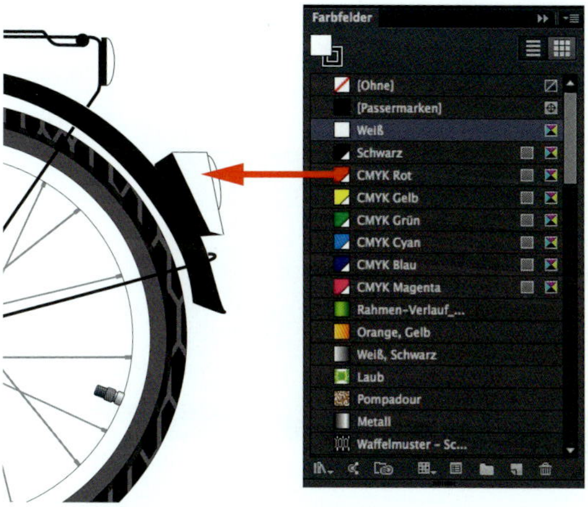

◂ **Abbildung 5.31**
Einfach ein Farbfeld auf ein Objekt ziehen

3. Die dritte Methode: Wählen Sie das Pipette-Werkzeug [I] aus, und klicken Sie bei aktivem Objekt auf jenes Objekt, dessen Flächen- und Konturfarbe es bekommen soll. Ist kein Objekt ausgewählt, nehmen Sie mit der Pipette die Farbinformationen auf. Nun können Sie sie mit gedrückter [alt]-Taste einem anderen Objekt zuweisen. Sie können mit der Pipette so auch eine Farbe aus einem Pixelbild »herauslesen«, bekommen aber sehr krumme Werte, die Sie besser im Farbe-Bedienfeld auf gerade CMYK-Werte runden.

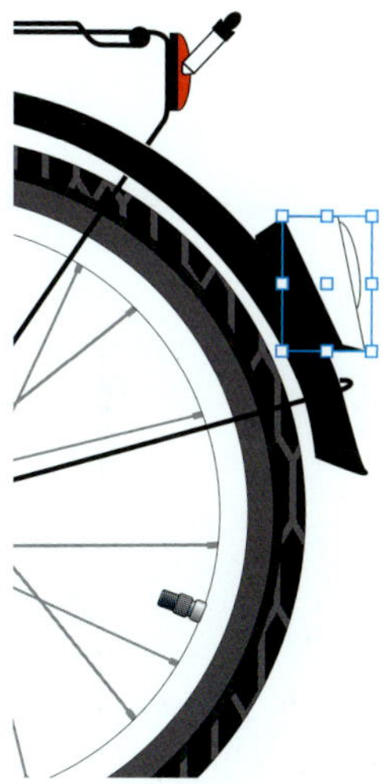

▴ **Abbildung 5.32**
Mit dem Pipette-Werkzeug nehmen Sie Farbe auf und weisen sie zu.

5.4 Farben verwalten

Gerade im Bereich Ihrer Farbverwaltung müssen Sie Ordnung halten, damit Sie auch immer alles wiederfinden.

Farbfelder zusammenfügen

Manchmal müssen Sie Farbfelder zusammenfügen, wenn Sie aus Versehen zwei Farben für mehrere Objekte angelegt haben, die nun doch die gleiche Farbe haben sollen. Das geht nicht mit lokalen Farben; es müssen eine oder mehrere globale (oder Volltonfarben) dabei sein. Die **zuerst** angeklickte Farbe bleibt am Ende übrig – auch dies darf keine lokale Farbe sein. Mehrere Farbfelder hintereinander können Sie mit der [⇧]-Taste auswählen (nicht hintereinanderliegende mit [Strg] bzw. [cmd]). Dann wählen Sie den

Eintrag Farbfelder zusammenfügen aus dem Flyout-Menü des Farbfelder-Bedienfelds aus.

Abbildung 5.33 ▶
Gibt es mehrere Farbversuche in einer Illustration, stellt das Zusammenfügen von Orange und Grün die Einheitlichkeit wieder her.

_AI-Buch-Dateien_CC2021.ase

▲ Abbildung 5.34
Eine ASE-Datei für den Austausch von Farben

Farben an Kunden senden

Um Kollegen, Dienstleistern oder Kunden genau die Farbfelder zukommen zu lassen, die Sie für ein Projekt angelegt haben, müssen Sie nicht am Telefon die Farbwerte von 20 Farben durchgeben. Löschen Sie zunächst alle unbenutzten Farbfelder (Flyout-Menü des Farbfelder-Bedienfelds: Alle nicht verwendeten auswählen und dann Farbfelder löschen), und wählen Sie dann den Eintrag Farbfeldbibliothek als ASE speichern aus. Sie wählen im folgenden Dialog einen passenden Namen und einen beliebigen Ort, an dem die ASE-Datei (ASE steht für Adobe Swatch Exchange) gespeichert werden soll. Hierhin wird eine ASE-Datei gespeichert, die von allen Adobe-Programmen gelesen werden kann, die selbst ein Farbfelder-Bedienfeld haben. Beachten Sie, dass nur »normale« Farbfelder so gespeichert werden können, also keine Verläufe und Muster.

Möchten Sie aber auch Verläufe und Muster speichern – diese sind dann nur für Illustrator lesbar –, wählen Sie im Flyout-Menü des Farbfelder-Bedienfelds den Eintrag Farbfeldbibliothek als AI speichern aus. Diese AI-Datei können Sie als neues Farbfelder-Bedienfeld laden: Wählen Sie im Flyout-Menü der Farbfelder Farbbibliothek öffnen • Andere Bibliothek. Dort müssen Sie zur gespeicherten Datei navigieren und sie öffnen (es kann natürlich auch eine ASE-Datei sein).

▲ **Abbildung 5.35**
Eine AI-Datei zum Austausch von Farben innerhalb von Illustrator

5.5 Verläufe

Eines der schönsten Dinge in Illustrator sind die Verläufe. Sie bringen häufig Schwung in die Illustrationen oder machen sie oft erst plastisch. Der sicherste Weg zu einem Verlauf ist es, ihn an einem aktiven Objekt live zu erstellen. Natürlich können Sie auch zuerst einen Verlauf kreieren und ihn dann einem Objekt zuweisen. Das ist aber schwieriger.

▲ **Abbildung 5.36**
Verläufe machen viele Objekte erst plastisch.

Verlauf auswählen

Wir arbeiten nun mit dem Verlauf-Bedienfeld (Abbildung 5.37). Über die Verlaufsfläche ❶ können Sie einen Verlauf auswählen und müssen ihn zunächst auch mit einem Klick auf dieses Icon dem Objekt zuweisen. Bestimmen müssen Sie, ob er gerade (Linear) oder Kreisförmig oder Freihand (dazu später in Abschnitt 5.7) ❼ sein soll. Wählen Sie, ob er sich auf die Fläche oder Kontur bezieht ❷. Die Farbreihenfolge können Sie umdrehen ❸. Sie können den Winkel des Verlaufs numerisch verstellen ❿, und wenn es sich um einen kreisförmigen Verlauf handelt, können Sie bestimmen, ob er rund oder linsenförmig werden soll (rund = 100 %) ⓫. Der Button Verlauf bearbeiten ❽ aktiviert das Verlaufwerkzeug [G].

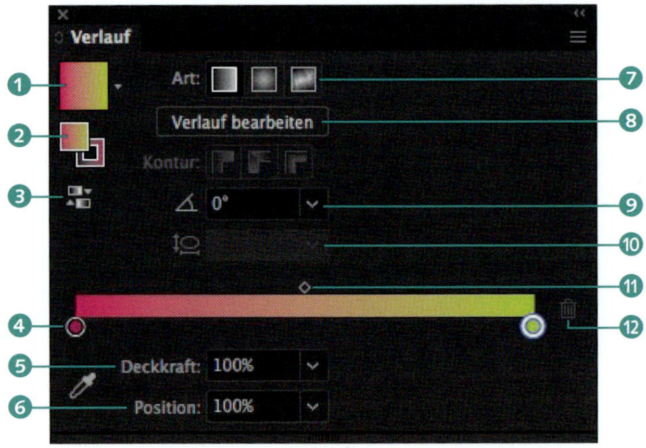

Abbildung 5.37 ▶
Das Verlauf-Bedienfeld

Einzelne Verlaufsfarben können auch transparent sein. Wie stark die Transparenz sein soll, bestimmen Sie mit der DECKKRAFT zwischen 0 % = durchsichtig und 100 % = deckend ❺.

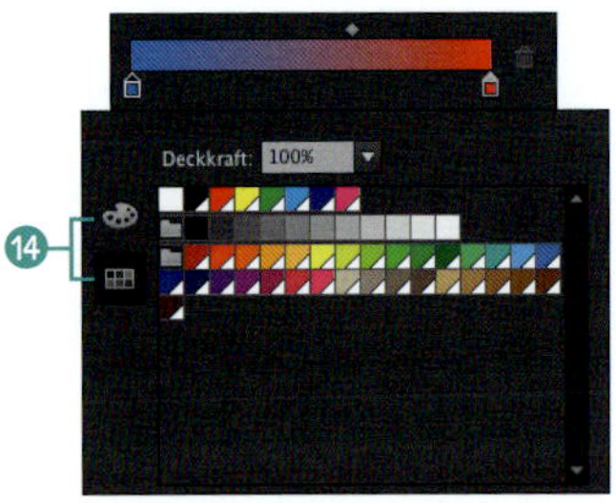

▲ **Abbildung 5.38**
Mit einem Doppelklick auf einen Verlaufsregler öffnen Sie die Bedienfelder zur Farbauswahl (hier: Farbfelder-Bedienfeld).

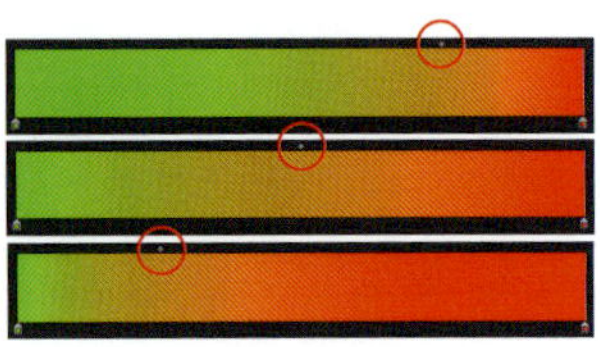

▲ **Abbildung 5.39**
Die Raute bestimmt die Position, also die Mitte zwischen zwei Farben.

Verläufe mit mehreren Farben erstellen

Wenn Sie mit mehreren Farben arbeiten, kann eine numerische Eingabe der POSITION ❻ hilfreich sein. Position 0 ist ganz links, Position 100 ganz rechts. Dies gilt immer für die Farbe, die Sie per Klick auf einen der sogenannten VERLAUFSREGLER ❹ ausgewählt haben. Ein Doppelklick auf einen bestehenden Verlaufsregler öffnet Ihnen temporär das Farbe- bzw. Farbfelder-Bedienfeld, um eine Farbe auszuwählen oder zu definieren. Es gibt einen Button für die Ansicht im Farbe-Bedienfeld und einen für das Farbfelder-Bedienfeld ⓮.

Klicken Sie an irgendeine Stelle unter der Verlaufsleiste, erscheint ein neuer Verlaufsregler mit der Farbe, die hier zu sehen ist. Klicken Sie gleich doppelt, können Sie dort eine weitere Farbe hinzunehmen und sofort die Farbe bestimmen. Ein Klick auf das Papierkorb-Symbol ⓭ löscht die ausgewählte Farbe aus dem Verlauf. Ein Schieben des Reglers ❹ (Abbildung 5.37) verändert die Farbposition ❻.

Der Verlauf wird immer zwischen zwei Farben errechnet. Nehmen wir als Beispiel Schwarz zu Weiß. Genau in der Mitte ist 50 % Schwarz. Soll ein Verlauf aber schneller ansteigen oder langsamer abfallen, verschieben Sie die kleine Raute ⓬ über der Verlaufsleiste. Sie gibt den Mittelpunkt zwischen je zwei Farben an. So kann das 50%ige Schwarz zu einer Seite verschoben werden.

Wenn Sie den Verlauf einer Kontur zuweisen, bestimmen Sie mit den drei Buttons ⑨, ob sich der Verlauf über die Kontur erstreckt (links), ohne deren Form zu berücksichtigen, ob er der Kontur vom Anfang bis zum Ende folgt (Mitte) oder ob er die Kontur in seiner Breite erfasst (rechts).

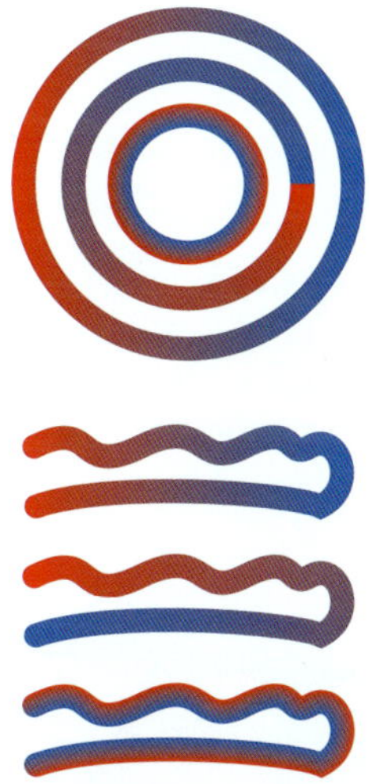

▲ **Abbildung 5.40**
Von außen nach innen bzw. oben nach unten: VERLAUF IN KONTUR, VERLAUF HORIZONTAL AUF KONTUR, VERLAUF VERTIKAL AUF KONTUR ANWENDEN

Verlauf am Objekt

Ist einem Objekt erst einmal ein Verlauf auf die Fläche zugewiesen, können Sie diesen direkt am Objekt mit dem Verlaufwerkzeug [G] steuern. Sobald das Werkzeug und ein Objekt mit einem linearen Verlauf ausgewählt sind, sehen Sie am Objekt eine »Stange« ①, die Verlaufsleiste, mit einem größeren Kreis ② als Startpunkt und einem kleineren Quadrat ③ als Endpunkt.

Kommen Sie mit der Maus in die Nähe dieser Stange, ändert sie ihr Aussehen ④ und ähnelt dann dem Verlauf-Bedienfeld mit den Verlaufsreglern und einem kleinen weißen Quadrat als Mittelpunkt zwischen den Farben. Das Auswählen und Verschieben der Farben funktioniert identisch – nur eben direkt am Objekt. So können Sie genau bestimmen, wo welche Farbe hinkommt.

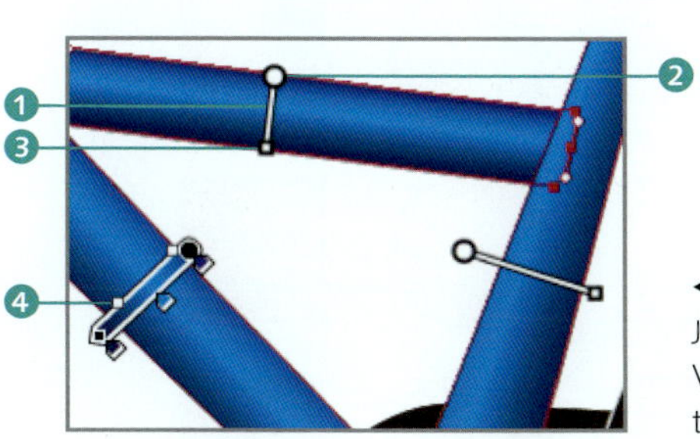

◂ **Abbildung 5.41**
Jedes Objekt hat seinen eigenen Verlauf mit Anfang, Ende, Richtung und Farben.

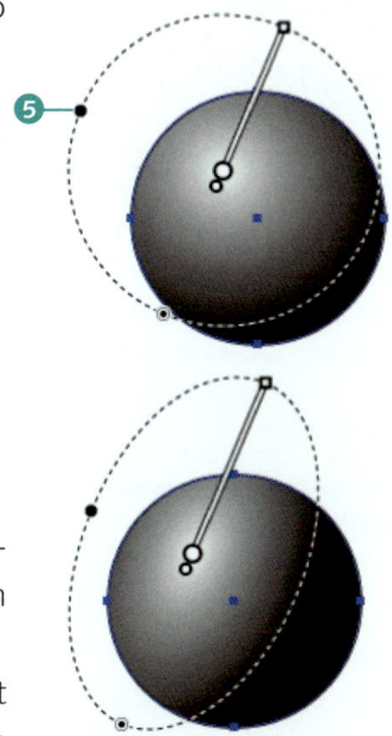

▲ **Abbildung 5.42**
Am schwarzen Punkt im Ring können Sie den kreisförmigen Verlauf zur Ellipse stauchen.

Ziehen Sie am Endpunkt ③ der Verlaufsleiste, können Sie den Verlauf verlängern – sogar über das Objekt hinaus. Fassen Sie am Startpunkt ② an, verschieben Sie den Verlauf.

Kommen Sie mit der Maus etwas außerhalb des Endpunktes, ist dieser dort um den Startpunkt herum zu drehen, egal ob es sich um einen linearen oder kreisförmigen Verlauf handelt. Der kreisförmige Verlauf hat noch einen schwarzen Punkt ⑤ im gestrichelten Ring. Mit diesem lässt sich die Kreisform zur Ellipse stauchen.

Sie können aber auch mit dem Verlaufwerkzeug ganz neu in das aktivierte Objekt hineinklicken (oder sogar außerhalb) und dabei ziehen. Ihr erster Klick ist der Startpunkt; und dort, wo Sie die Maus wieder loslassen, ist der Endpunkt.

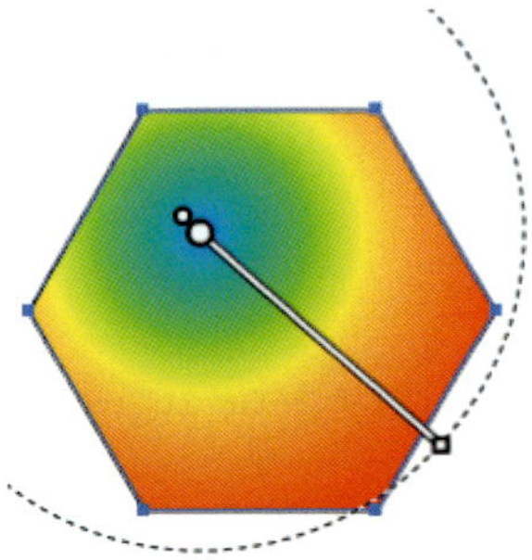

Abbildung 5.43 ▸
Der Startpunkt der Verlaufsleiste ist zugleich der Mittelpunkt bei kreisförmigen Verläufen.

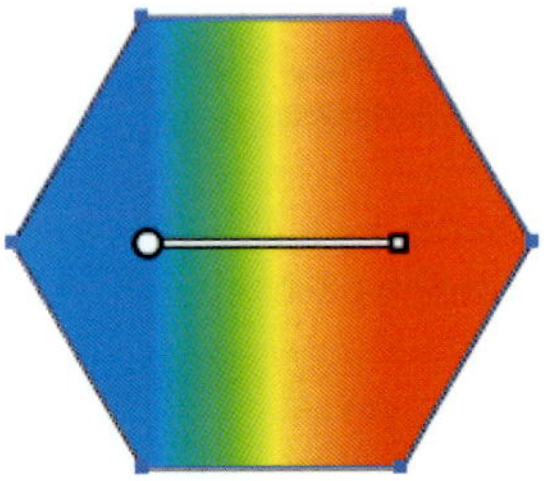

▲ Abbildung 5.44
Jenseits der Verlaufsleiste bleibt die letzte Farbe stehen.

Außerhalb von Start- und Endpunkt gibt es keinen Verlauf mehr; die letzte bzw. erste Farbe bleibt bestehen (Abbildung 5.44).

Haben Sie mehrere Objekte mit Verläufen gleichzeitig ausgewählt, erzeugt das Verlaufwerkzeug einen Verlauf über alle Objekte hinweg, über die Sie mit der Maus ziehen. Ein toller Effekt. Jedes Objekt hat nach wie vor seinen eigenen Verlauf, aber alle haben den gleichen Start- und Endpunkt.

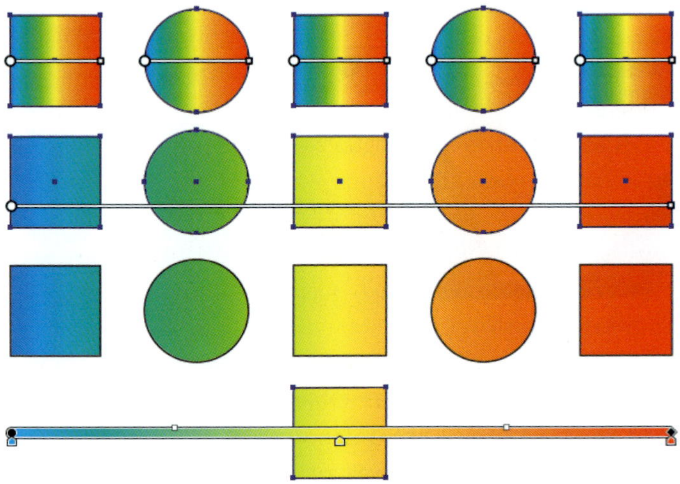

Abbildung 5.45 ▸
Oben: Jedes Objekt hat seinen eigenen Verlauf. Mitte: Alle Objekte bekommen einen Verlauf von ganz links nach ganz rechts. Unten: Blau und Rot liegen nur außerhalb des mittleren Quadrats, gehören aber (unsichtbar) zum Verlauf dazu.

Verlauf auf Kontur
Dass Verläufe seit CS6 auch auf unterschiedliche Konturen anzuwenden sind, ist eine fantastische Sache. Leider können die Verläufe von Konturen aber nicht direkt am Objekt bearbeitet werden.

Nutzen Sie auch die Möglichkeiten, die Illustrator Ihnen seit CS6 dadurch bietet, dass nun Verläufe auch auf Konturen angewendet werden können.

◂ **Abbildung 5.46**
Verlauf auf einer Kontur mit Breitenprofil oder auf einem Borstenpinsel angewendet

Schritt für Schritt
Ein Jackenknopf mit Verläufen

Wir wollen nun ein einfaches Objekt gestalten und mit einem Verlauf versehen.

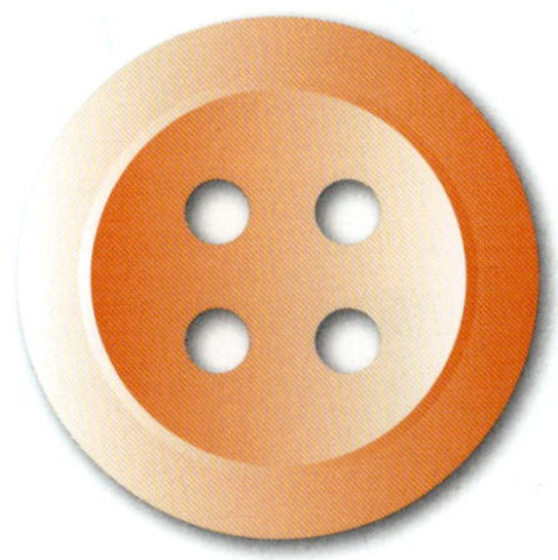

▴ **Abbildung 5.47**
Der fertige Knopf

1 Neue Datei

Diesmal legen Sie wieder selbst eine neue Datei an. Die Ausmaße und Farbmodi spielen hier keine wesentliche Rolle.

2 Koordinatenkreuz

Dies ist kein Muss, aber in manchen Fällen hilfreich: Erstellen Sie aus Hilfslinien ein Koordinatenkreuz, damit Sie besser die Mitte halten können. Besonders wenn Sie Objekte zerschneiden und diese dann keinen sichtbaren Mittelpunkt mehr haben, fehlt oft eine Orientierung.

Ziehen Sie aus den Linealen am Rand Ihrer Zeichenfläche eine waagerechte und senkrechte Hilfslinie. Bei eingeschalteten intelligenten Hilfslinien (Ansicht • Intelligente Hilfslinien) ziehen Sie den Schnittpunkt der Lineale auf den Schnittpunkt Ihrer beiden Hilfslinien.

▴ **Abbildung 5.48**
Ein Koordinatenkreuz

3 Kreise

Ziehen Sie vom Mittelpunkt Ihres Koordinatenkreuzes, mittig mit der [alt]-Taste, einen großen Kreis auf. Doppelklicken Sie auf das Skalieren-Werkzeug [S] . Sie bekommen das Eingabemenü Skalieren, in dem Sie bei Gleichmässig 75 % eingeben. Wählen

Sie aber KONTUREN UND EFFEKTE SKALIEREN ab, damit der innere Kreis nach dem Skalieren die gleiche Konturstärke hat wie der äußere. Nach einem Klick auf KOPIEREN haben Sie zwei Kreise mit dem gleichen Mittelpunkt und der gleichen Konturstärke.

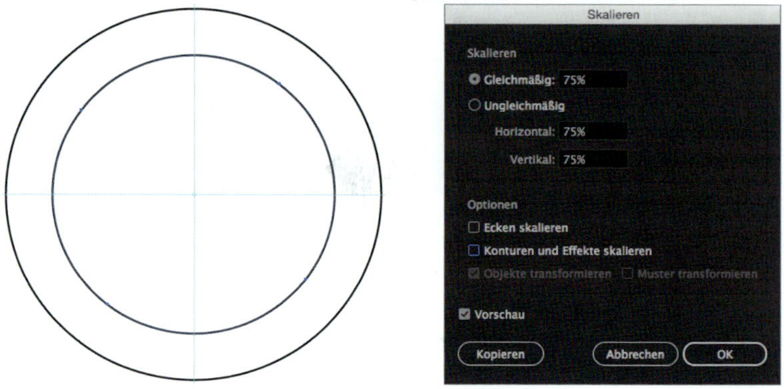

Abbildung 5.49 ▸
Den ersten Kreis beim Skalieren kopieren

4 Verläufe zuweisen

Aktivieren Sie den äußeren Kreis, und weisen Sie ihm im Verlauf-Bedienfeld den standardmäßig vorhandenen Schwarzweiß-Verlauf mit der ART LINEAR zu.

Mit einen Doppelklick auf den schwarzen Verlaufsregler gelangen Sie zu den Farbwählern und mischen sich im Farbe-Bedienfeld des Verlaufs ein Orange an.

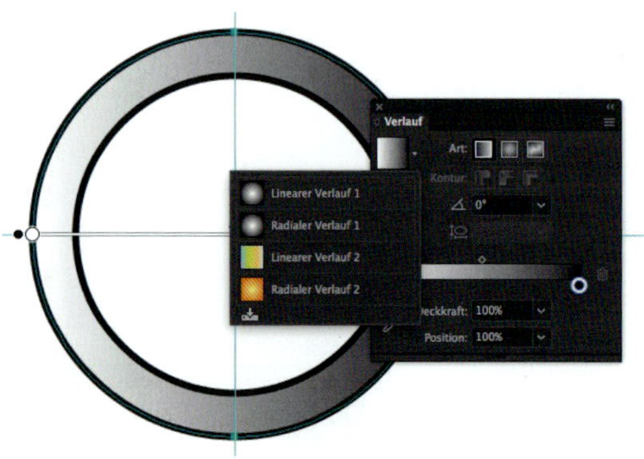

▲ Abbildung 5.50
Zunächst braucht der Kreis einen Verlauf, um bearbeitet zu werden.

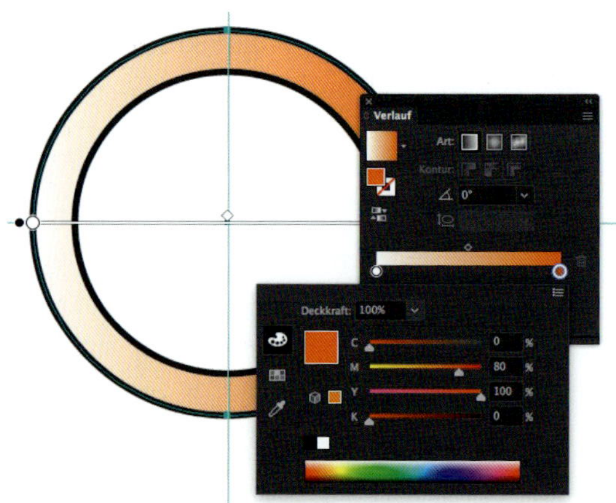

▲ Abbildung 5.51
Direkt aus dem Verlauf-Bedienfeld heraus mischen Sie sich die Farben an.

Anschließend aktivieren Sie den inneren Kreis und weisen ihm den gleichen Verlauf zu, drehen diesen aber mit dem Button VERLAUF UMKEHREN um.

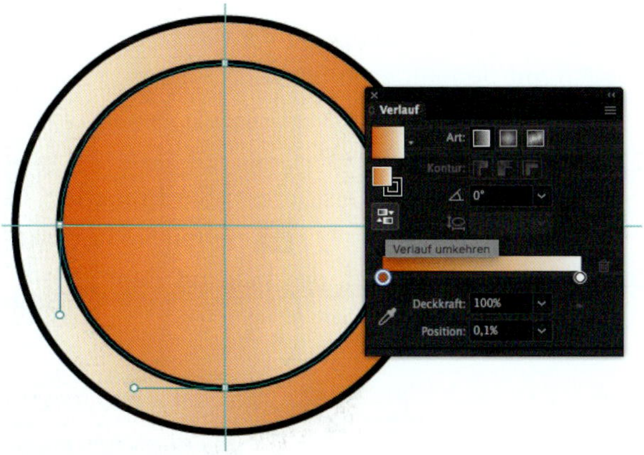

◂ **Abbildung 5.52**
Der innere Kreis bekommt einen gegenläufigen Verlauf.

5 Kreise drehen

Wenn Sie beide Kreise aktivieren, können Sie sie drehen, wenn Sie mit dem Auswahl-Werkzeug [V] an einer seiner Ecken ankommen. Steht das Weiß des äußeren Kreises oben links, ist die Plastizität glaubwürdiger.

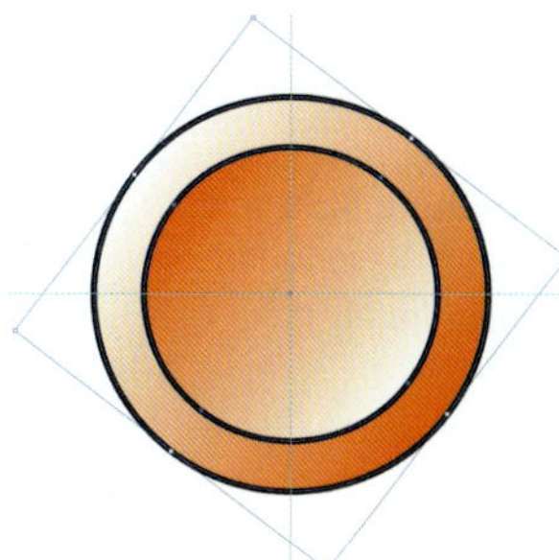

▴ **Abbildung 5.53**
Beide Kreise drehen

6 Knopflöcher

Ziehen Sie mit dem Ellipse-Werkzeug [L] ein Knopfloch auf, und duplizieren Sie es, indem Sie es waagerecht ([⇧]-Taste) zur Seite duplizieren (drücken Sie dazu die [alt]-Taste beim Ziehen). Das Gleiche machen Sie dann mit beiden aktivierten Knopflöchern nach unten.

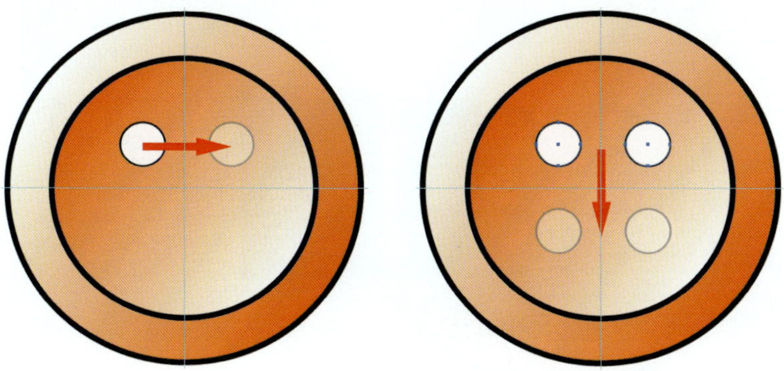

◂ **Abbildung 5.54**
Knopflöcher mit der [alt]-Taste duplizieren

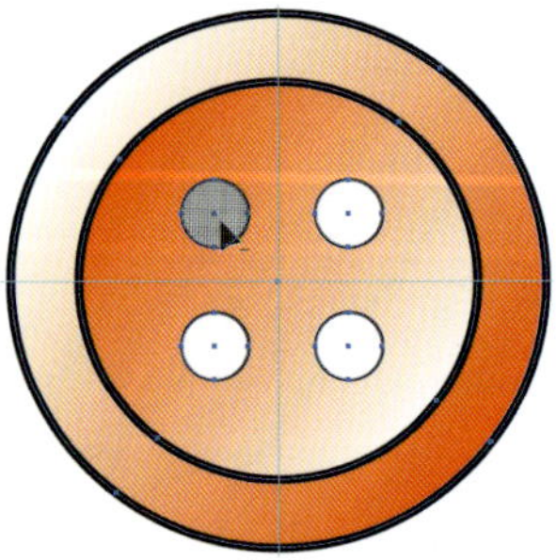

▲ **Abbildung 5.55**
Löcher mit dem Formerstellungswerkzeug aus dem Knopf stanzen

Aktivieren Sie alle Kreise – die kleinen und die großen –, und wählen Sie dann das Formerstellungswerkzeug (⇧+M). Halten Sie die alt-Taste gedrückt und kommen Sie über einen der Knopfloch-Kreise, wird dieser grau dargestellt. Klicken Sie in den Kreis, wird er aus allen Formen herausgestanzt; das Loch ist fertig. Verfahren Sie so auch mit den anderen Löchern.

7 Feintuning

Löschen Sie die Konturfarbe aller Kreise, denn Sie brauchen sie nicht mehr. Mit dem Ellipse-Werkzeug L ziehen Sie nun wieder von der Mitte her einen Kreis auf, der sich mit dem inneren Kreis deckt.

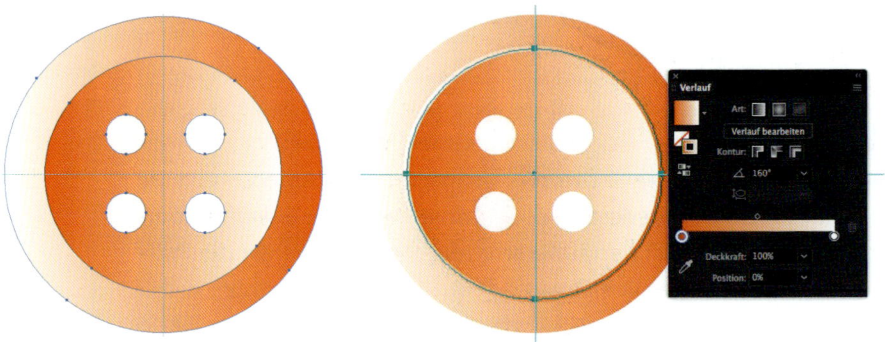

Abbildung 5.56 ▶
Verlauf auf eine Kontur legen

Doch bekommt dieser Kreis keine Flächenfarbe, sondern einen Verlauf auf die Kontur. Das macht den Knopf noch plastischer.

Geben Sie dem Knopf zum Abschluss einen kleinen Schlagschatten: EFFEKT • STILISIERUNGSFILTER • SCHLAGSCHATTEN.

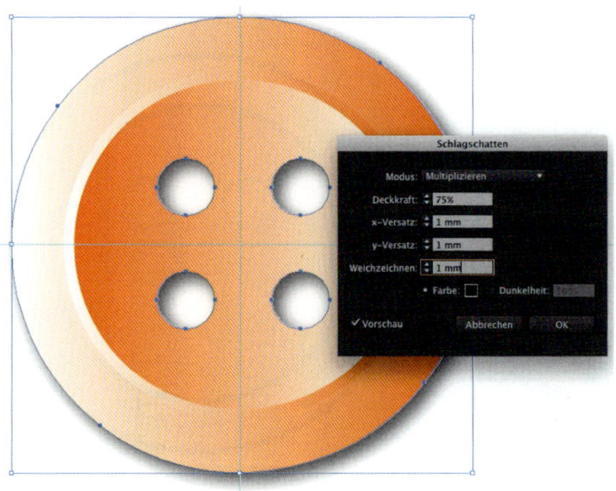

Abbildung 5.57 ▶
Am Ende noch einen Schlagschatten – fertig

5.6 Verlaufsgitter

Nicht immer werden Ihre Objekte dergestalt sein, dass ein linearer oder kreisförmiger Verlauf ausreicht, um Ihrem Objekt gerecht zu werden. Es gibt jedoch ein fantastisches Werkzeug, das es zulässt, dass die Farben eines Objekts mit dessen Formen »mitlaufen«: das Gitter-Werkzeug U.

Wenn Sie sich schon in Abschnitt 3.7 für die Verzerrungshüllen begeistern konnten, wissen Sie ja schon etwas mit Gittern anzufangen. Denn auch mit diesem Werkzeug erzeugen Sie ein Gitter. Diesmal tun Sie das aber nicht, um Objekte und Pfade zu verbiegen, sondern um deren Farben innerhalb des Objekts zu verbiegen.

▲ **Abbildung 5.58**
Wollen Sie so eine Blüte zeichnen, kommen Sie mit dem linearen oder kreisförmigen Verlauf nicht aus (Beispielillustration von Adobe Illustrator).

Verlaufsgitter erstellen

Am sichersten ist es, das Objekt, das Sie zu einem Verlaufsgitter-Objekt machen möchten, zuvor zu duplizieren. Denn es gibt keine saubere Rückverwandlung, wenn Sie es sich später anders überlegen sollten. Kopieren Sie es, fügen Sie es über BEARBEITEN • DAVOR EINFÜGEN ein, und blenden Sie die Kopie aus (OBJEKT • AUSBLENDEN • AUSWAHL oder Strg/cmd+3). Wenn es jetzt ganz schiefgeht, löschen Sie das fehlgeschlagene Objekt und holen sich das ausgeblendete zurück (Strg/cmd+alt+3).

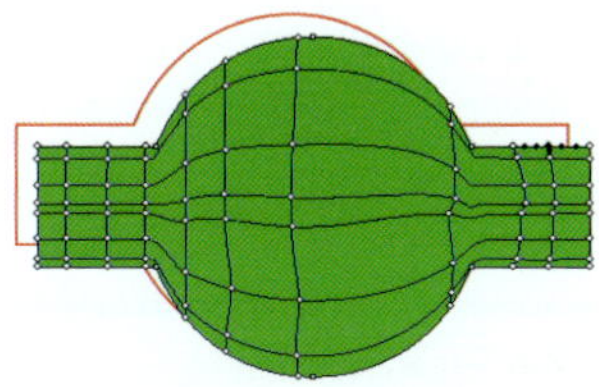

▲ **Abbildung 5.59**
Legen Sie eine Kopie des Objekts an, bevor Sie ein Verlaufsgitter erzeugen.

Es gibt zwei Wege zum Verlaufsgitter:

1. Automatisch geht es über OBJEKT • VERLAUFSGITTER ERSTELLEN. Sie bekommen ein Eingabefeld, in dem Sie bestimmen, wie viele waagerechte (ZEILEN) und senkrechte (SPALTEN) Unterteilungen Sie haben möchten. Mit dem AUSSEHEN können Sie schon einen Verlauf zu Weiß erzeugen. Dieser geht nur ZUR MITTE hin oder von der Mitte weg (ZUR KANTE) und ist meist uninteressant. Unter LICHTER geben Sie an, ob es sich um reines Weiß oder um ein dunkleres Weiß handelt.

▼ **Abbildung 5.60**
Bestimmen Sie die Anzahl der Zeilen und Spalten; setzen Sie aber nicht zu viele (rechts), damit es nicht unübersichtlich wird.

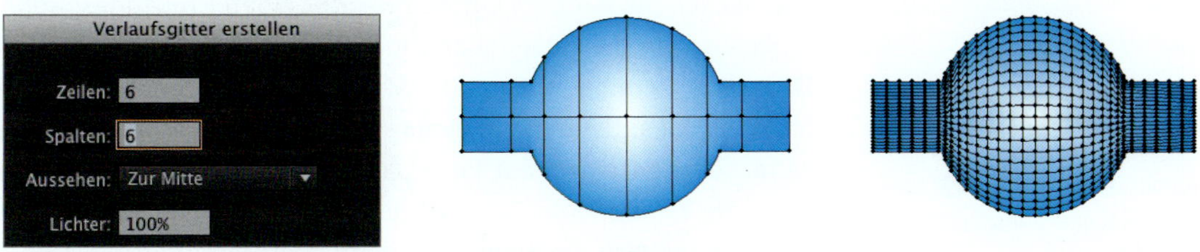

2. Der andere Weg ist spannender, weil Sie den Verlauf schon beim Erstellen bestimmen. Wählen Sie hierzu das Gitter-Werkzeug U. Mit diesem klicken Sie entweder auf die Außenkontur und bekommen eine von Illustrator der Objektform entsprechend ausgerechnete Zeile oder Spalte – je nachdem, ob Illustrator die Kontur, in die Sie klicken, als Senkrechte oder als Waagerechte interpretiert.

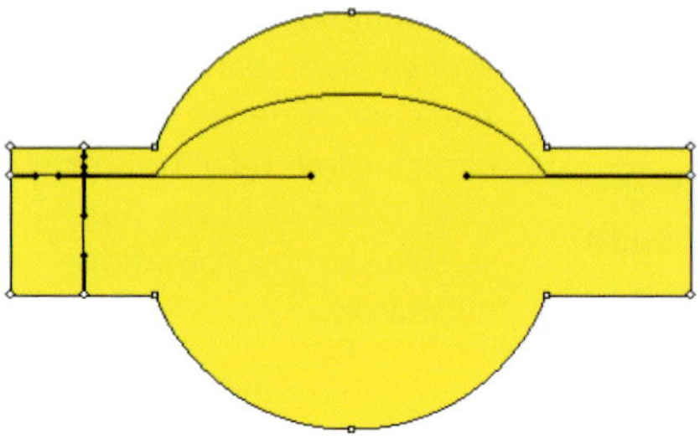

▲ **Abbildung 5.61**
Klicken Sie mit dem Gitter-Werkzeug in die Fläche, um von Illustrator einen Kreuzungspunkt errechnen zu lassen.

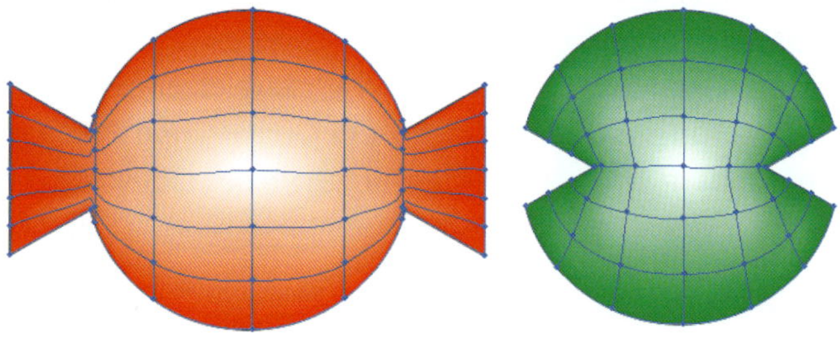

▲ **Abbildung 5.62**
Je nach Form des Objekts folgt Illustrator automatisch mit den Gitterlinien – so es möglich ist.

Sie müssen aber ein Pfadsegment treffen, nicht einen Ankerpunkt oder Griff. Oder Sie klicken gleich in die Fläche, dann erhalten Sie schon eine Kreuzung mit dem Schnittpunkt an der Mausposition. Auch hier errechnet Illustrator die Gitterlinie – was bei manchen Objekten nicht immer vorhersehbar ist, also ein Trial-and-Error bedeutet.

Perspektivenraster-Werkzeug
Sollten Sie das sehr ähnliche Perspektivenraster-Werkzeug aus Versehen gewählt haben: Ansicht • Perspektivraster • Raster ausblenden.

Verlaufsgitter bearbeiten

Wenn Sie auf die eine oder andere Weise ein Gitter erzeugt haben, müssen Sie es vielleicht korrigieren. Mit dem Gitter-Werkzeug U können Sie Zeilen oder Spalten hinzufügen. Sie können aber auch welche löschen. Halten Sie hierzu lediglich die alt-Taste, und klicken Sie auf eine Gitterlinie oder einen Kreuzungspunkt.

Sie können die Gitter auch modifizieren. Die Kreuzungspunkte ❶ lassen sich mit dem Direktauswahl-Werkzeug anfassen und verschieben (deaktivieren Sie eventuell zuvor das Objekt als Ganzes, damit Sie den einzelnen Punkt aktivieren können). Auch haben sie Griffe ❷, die Ihnen aus Kapitel 2, »Pfade«, bekannt sind. Auch damit lassen sich die Biegungen des Gitters verändern.

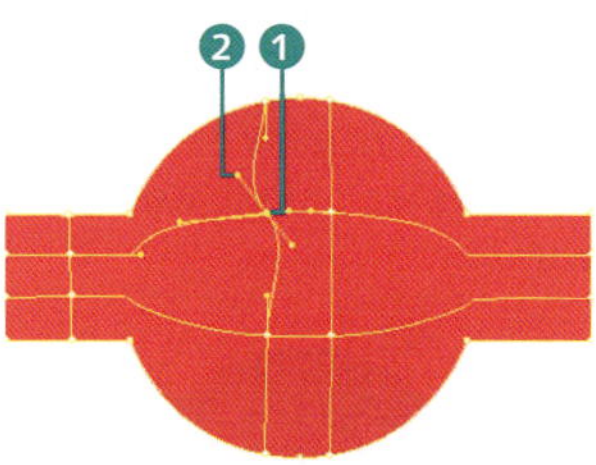

▲ **Abbildung 5.63**
Gitter haben Kreuzungspunkte ❶ und Griffe ❷, die Sie beliebig modifizieren können.

Wenn Sie mit dem Direktauswahl-Werkzeug [A] mitten in ein Feld hineinklicken, ist es als Ganzes mit seinen vier Kreuzungspunkten zu verschieben. Mit der [⇧]-Taste können Sie mehrere Felder auswählen.

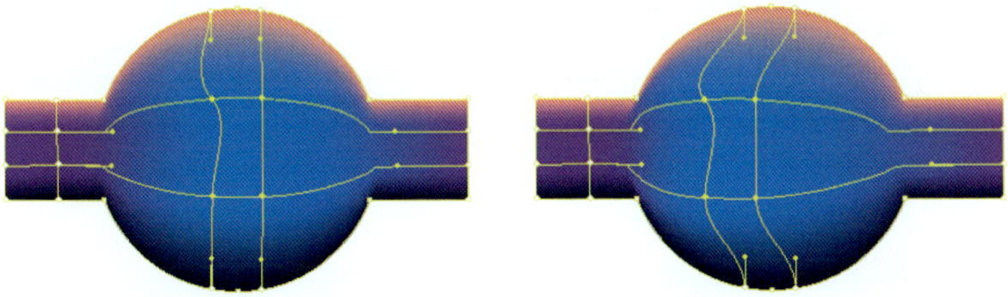

▲ **Abbildung 5.64**
Fassen Sie mit dem Direktauswahl-Werkzeug einfach ein Gitterfeld (statt eines Gitterpunktes) an, und verschieben Sie es als Ganzes.

Verlauf am Gitter erstellen

Jetzt kommen Sie zum eigentlichen Verlauf. Sind eine oder mehrere Kreuzungen ausgewählt, reicht ein Klick in ein Farbfeld, und die Farbe wird sich entsprechend Ihrer Auswahl ausbreiten. Das Lasso-Werkzeug [Q] eignet sich besonders gut, um Gitterpunkte auszuwählen und sie dann einzufärben. Umfahren Sie damit einfach die gewünschten Punkte. Mit [⇧] nehmen Sie weitere hinzu, mit [alt] wählen Sie schon ausgewählte wieder ab. Haben Sie das Farbe-Bedienfeld dabei offen, können Sie ohne Werkzeugwechsel in den Farbkeil klicken und weisen damit den ausgewählten Punkten Farbe zu.

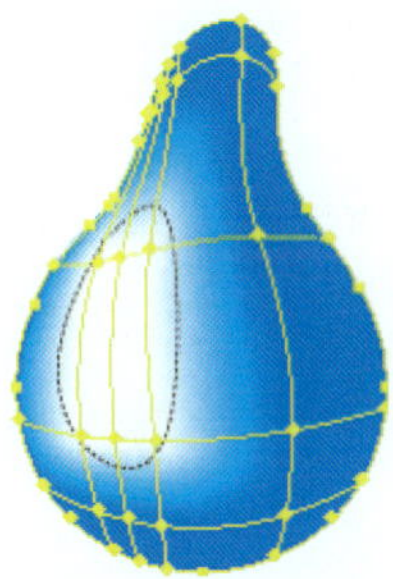

▲ **Abbildung 5.65**
Mit dem Lasso-Werkzeug lassen sich die Ankerpunkte des Gitters sehr gut auswählen.

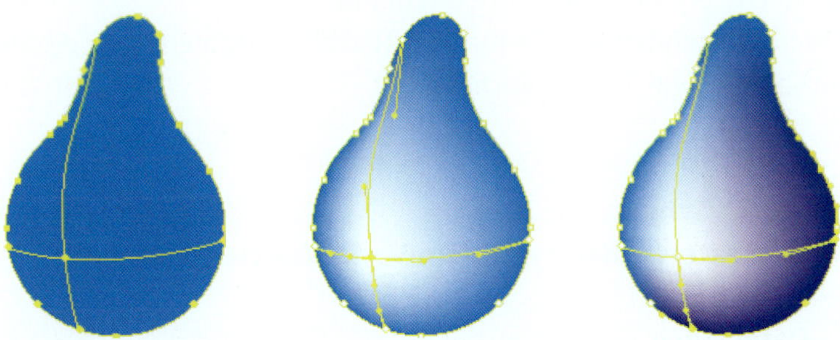

▲ **Abbildung 5.66**
Erst die Grundfarbe, dann das Spotlicht und zuletzt die Raumtiefe in einer dunkleren Farbe (rechts)

▲ **Abbildung 5.67**
Ein leckeres, glänzendes Eis. In der Mitte sehen Sie, dass der Glanz ein Verlaufsgitter ist, durch das die eigentliche Farbe des Eises mit seinen Streifen hindurchscheint. Rechts liegt zur Verdeutlichung ein Balken hinter dem eigentlichen Gitterobjekt.

Das Thema Transparenz behandele ich zwar erst in Kapitel 8, aber es ist wirklich unglaublich: Wenn Sie einzelne Punkte ausgewählt haben und das Transparenz-Bedienfeld (unter FENSTER) öffnen, können Sie bei DECKKRAFT im Dropdown-Menü einen kleineren Wert um die »0« auswählen und damit an dieser Stelle hintere Objekte durchscheinen lassen! Auf diese Weise wurde der Glanz auf dem Eis aus Abbildung 5.67 erzeugt. Links oben sitzt der Glanz, rechts unten die Schattierung, und dazwischen scheint das eigentliche Eis mit seinen Streifen hindurch.

In der folgenden Schritt-für-Schritt-Übung probieren wir dieses Prinzip an einem Theatervorhang aus.

Schritt für Schritt
Einen Theatervorhang mit dem Verlaufsgitter erstellen

1 Datei laden

Beispielmaterial: Theater.ai

Den Vorhang habe ich für Sie schon vorbereitet, sodass Sie »nur noch« das Verlaufsgitter anlegen müssen. Öffnen Sie die Datei »Theater.ai«.

▲ **Abbildung 5.68**
Dieser Theatervorhang ist das Ziel, und daneben sehen Sie das Scribble dafür.

2 Farben definieren

Der Rahmen ist vorerst gesperrt, damit Sie ihn beim Arbeiten nicht aus Versehen verschieben. Nun können Sie den Vorhang auswählen und in dem Farbfelder-Bedienfeld vier Rot-Schattierungen von hell bis dunkel anlegen. Achten Sie darauf, dass Ihre Farben GLOBAL sind!

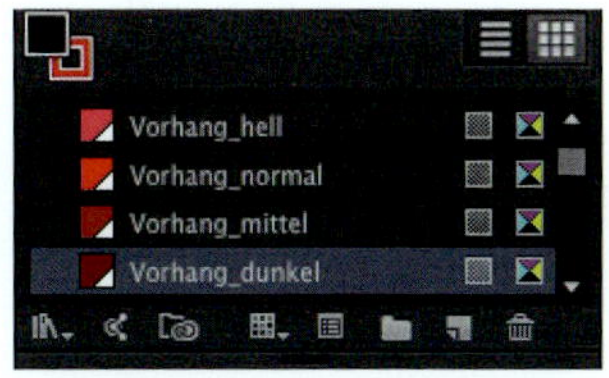

▲ **Abbildung 5.69**
Globale Farben und eine eindeutige Bezeichnung der Farbfelder erleichtern spätere Korrekturen.

3 Gitter erzeugen

Nun erzeugen Sie das Gitter, das danach als Verlaufsmaske dienen wird. Wählen Sie dazu das Gitter-Werkzeug [U] aus, und klicken Sie dort in die Außenkontur, wo Falten oder Schattierungen entstehen sollen. Sie sehen an dem kleinen Plus am Mauszeiger, wann das Werkzeug eine neue Gitterlinie erzeugen kann.

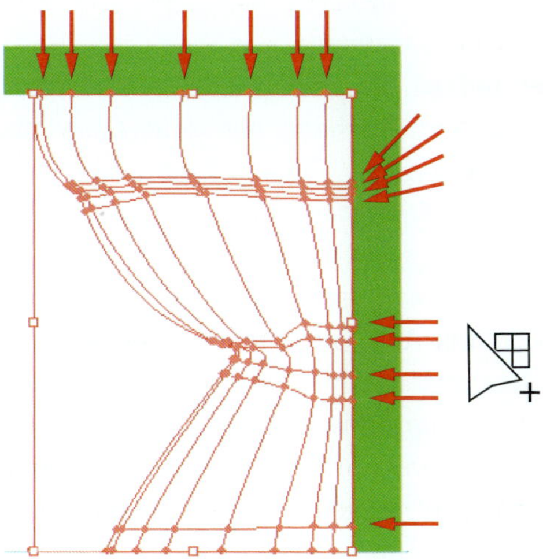

◀ **Abbildung 5.70**
Wenn Ihre Werkzeugspitze so aussieht (kleine Abbildung), erzeugt sie eine neue Gitterlinie.

4 Verläufe waagerecht erstellen

Färben Sie am besten den ganzen Vorhang rot, indem Sie ihn mit dem Auswahl-Werkzeug [V] aktivieren und auf Ihr GLOBALES FARBFELD »Vorhang_normal« (bzw. auf Ihren zweithellsten Rotton) klicken.

Nun wählen Sie mit dem Lasso-Werkzeug [Q] die oberste waagerechte Gitterlinie der Falte aus, indem Sie sie umfahren, und klicken auf Ihr drittdunkelstes Rot. Danach verfahren Sie mit der zweiten waagerechten Gitterlinie genauso und klicken auf Ihr dunkelstes Rot. Die dritte Linie bekommt das hellste Rot, und die vierte Linie behält das normale Rot. Nach gleichem Muster färben Sie anschließend auch die waagerechten Gitterlinien des mittleren Faltenwurfs ein.

Abbildung 5.71 ►►
Hat der Vorhang eine Grundfarbe, können Sie das Ergebnis besser einschätzen.

Abbildung 5.72 ►
Sehr hilfreich ist es, erst mal nur die waagerechten Falten zu setzen.

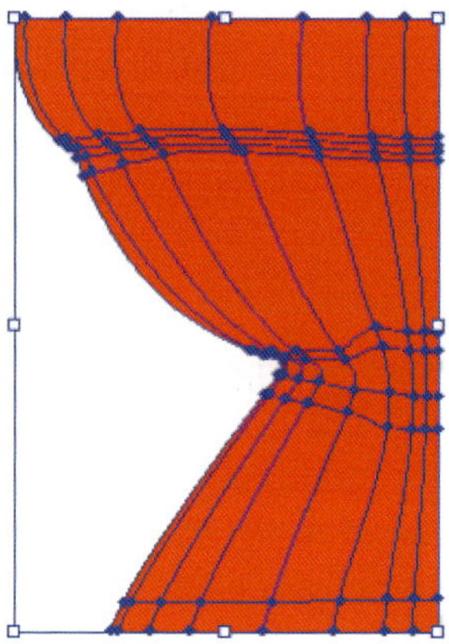

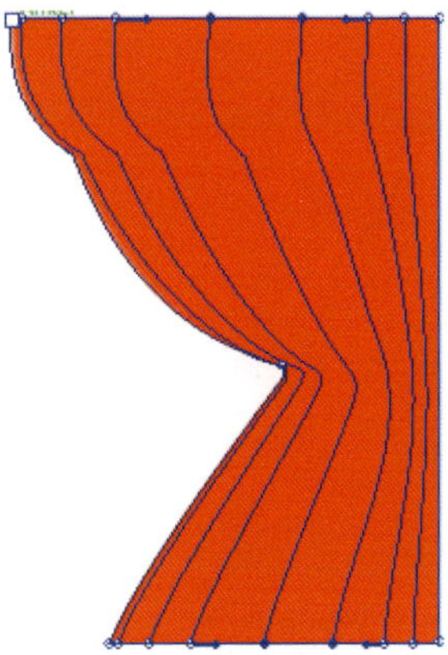

▲ Abbildung 5.73
Noch ist nichts von den waagerechten Falten zu sehen.

5 Verläufe senkrecht erstellen

Aktivieren Sie jetzt Ihren ganzen Vorhang mit dem Auswahl-Werkzeug [V]. Kopieren Sie ihn ([Strg]/[cmd]+[C]), und fügen Sie ihn davor ein ([Strg]/[cmd]+[F]). Er liegt jetzt deckungsgleich auf dem ersten Vorhang.

Mit dem Gitter-Werkzeug [U] und gehaltener [alt]-Taste klicken Sie nun auf alle waagerechten Gitterlinien, um diese zu löschen. Ihre Werkzeugspitze zeigt diesmal ein »–« an. Sie behalten nur noch ein senkrechtes Gitter ohne Verläufe.

Wenn Sie mit dem Direktauswahl-Werkzeug [A] am oberen Vorhangrand jeden zweiten Ankerpunkt ausgewählt haben, klicken Sie in Ihr dunkelstes Vorhang-Rot.

Wählen Sie jetzt die anderen Ankerpunkte dazwischen aus, und setzen Sie die Deckkraft im Steuerung-Bedienfeld (ganz oben links) auf »0«. Der untere Vorhang scheint durch.

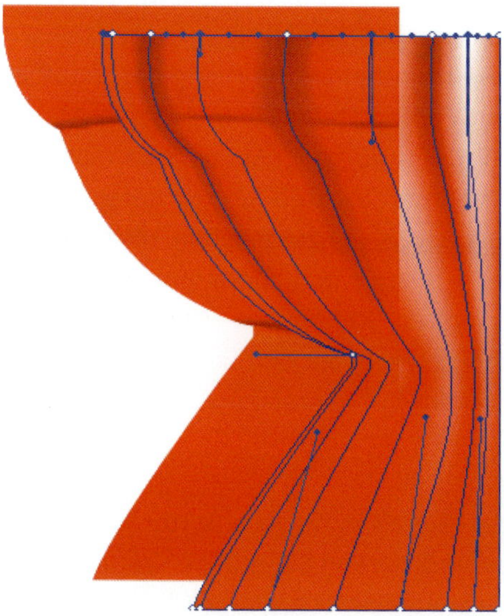

◄ **Abbildung 5.74**
Zur Verdeutlichung sind die Vorhänge in diesem Bild verschoben: Der untere scheint nun zwischen den senkrechten Falten durch. Transparente Gitterpunkte sind genial.

Die gleichen Schritte führen Sie am unteren Vorhangsaum durch. Dort nehmen Sie die jeweils anderen senkrechten Gitterlinien.

6 Dekoration und Rahmen

Zeichnen Sie z. B. mit dem Buntstift-Werkzeug [N] in die Wölbung und den Saum des Vorhangs noch eine Kontur, die Sie im Kontur-Bedienfeld stricheln ❷. Färben Sie sie dann gelb ein, und versehen Sie sie mit einem Schatten (Effekt • Stilisierungsfilter • Schlagschatten). Der Vorhang wirkt nun plastisch.

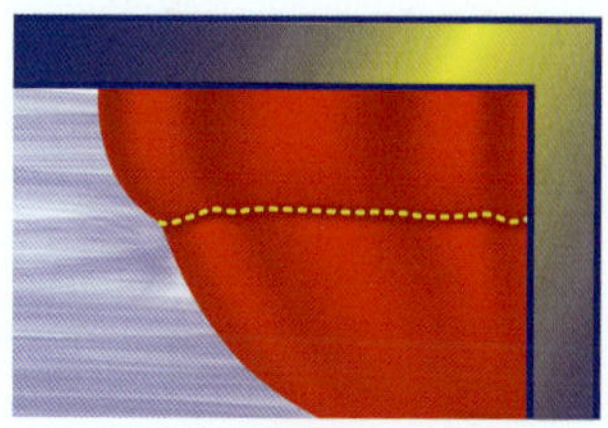

▲ **Abbildung 5.75**
Feintuning, wie hier bei der Kordel, macht die Musik.

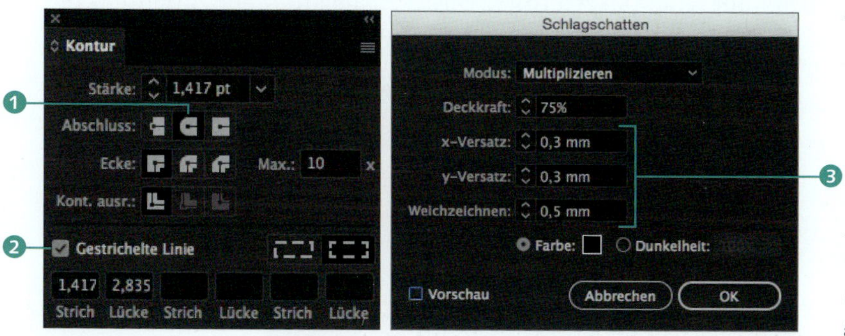

◄ **Abbildung 5.76**
Ein sehr kleiner Schatten ❸, runder Abschluss ❶ und eine gestrichelte Linie ❷

Setzen Sie schnell noch einen Verlauf in den grünen Rahmen – Sie müssen ihn zuerst wieder lösen, um ihn zu bearbeiten: OBJEKT • ALLE ENTSPERREN.

Plug-in für Verlaufsgitter
Es gibt ein Plug-in, das es einem manchmal erleichtert, schwierige Stellen des Verlaufsgitters zu bewältigen. Es heißt »Mesh-Tormentor« und muss im Programmordner unter PLUG-INS abgelegt werden, um unter FENSTER aufgerufen zu werden.

7 Vorhang spiegeln und links positionieren

Um auch die linke Bühnenseite mit einem Vorhang auszustaffieren, gehen Sie wie folgt vor: Ziehen Sie mit dem Auswahl-Werkzeug grob einen Rahmen um den Vorhang. Sie müssen nicht die gesamte Vorhangfläche einrahmen. Achten Sie nur darauf, nicht den Bühnenrand in Ihre Auswahl einzuschließen. Mit Strg/cmd+C kopieren Sie den Vorhang und fügen ihn mit Strg/cmd+F direkt vor dem ersten wieder ein. Unter OBJEKT • TRANSFORMIEREN • SPIEGELN spiegeln Sie den kopierten Vorhang vertikal und bringen ihn links am Bühnenrand an.

8 Hintergrund

In der Werkzeugleiste finden Sie als vorletzten Button das kleine Symbol zu den Zeichenmodi. Wenn Sie es eine Sekunde lang gedrückt halten, können Sie zwischen NORMAL ZEICHNEN, DAHINTER ZEICHNEN und INNEN ZEICHNEN wählen.

Entscheiden Sie sich jetzt für DAHINTER ZEICHNEN, wählen Sie das Pinsel-Werkzeug B in der Werkzeugleiste und einen Borstenpinsel über das Flyout-Menü des Pinsel-Bedienfelds: PINSEL-BIBLIOTHEK ÖFFNEN • BORSTENPINSEL.

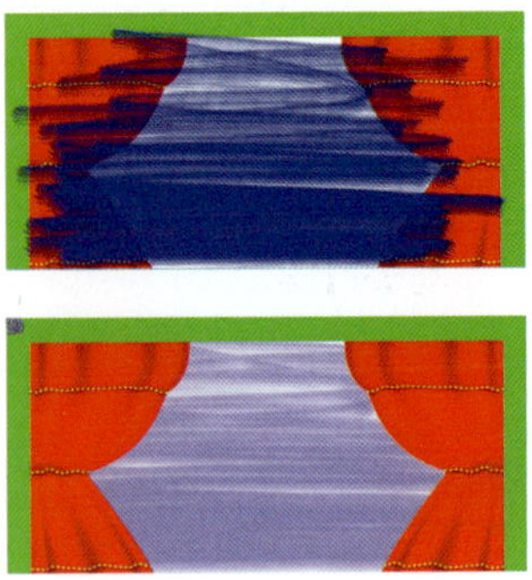

▲ **Abbildung 5.77**
Oben: während des Zeichnens mit dem Pinsel und mit der Einstellung DAHINTER ZEICHNEN; unten: nach dem Loslassen der Maus

Stellen Sie sicher, dass nichts aktiv ist, wählen Sie eine Konturfarbe aus, und malen Sie wild drauflos, um einen schönen Hintergrund zu kreieren. Malen Sie aber nicht über den Bühnenrand hinaus. Nach dem Loslassen der Maustaste wird der Pinselstrich in den Hintergrund gelegt. Vergessen Sie aber nicht, hinterher wieder auf NORMAL ZEICHNEN zurückzustellen. Mehr zu Pinseln finden Sie in Kapitel 7, »Muster, Pinsel und Symbole«.

Abbildung 5.78 ▶
Der fertige Theatervorhang – herzlichen Glückwunsch

5.7 Freihandverlauf

Neu und sehr cool ist der Freihandverlauf. Er ist ein Verwandter des Verlaufgitters, ist aber noch freier, wie sein Name schon sagt. Mit ihm erzeugen Sie Verläufe, die sich frei ausdehnen und daher keinen Formen oder Gittern folgen müssen.

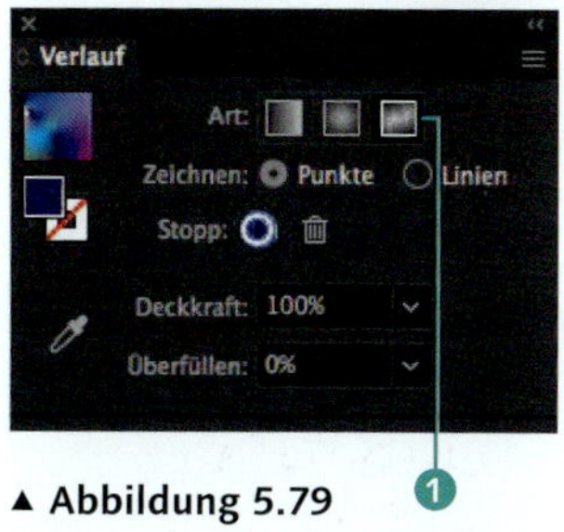

▲ **Abbildung 5.79**
Ein mit dem Freihandverlauf kolorierter Pfau

Freihandverlauf erstellen

Wie bei den vorherigen Verläufen auch aktivieren Sie ein beliebiges Objekt und öffnen das Verlauf-Bedienfeld. Dieses Mal klicken Sie in das rechte Icon für den Freihand-Verlauf (1).

Jetzt können Sie mit dem Verlaufwerkzeug per Klick Punkte setzen, die Sie mit Farben füllen (hier Grün und Gelb). Mit einem Doppelklick auf den Punkt selbst, einem Klick in eines Ihrer Farbfelder oder mit einem Doppelklick auf den Button STOPP im Verlauf-Bedienfeld weisen Sie dem aktiven Punkt im Objekt eine Farbe zu.

▲ **Abbildung 5.80**
Einen Freihandverlauf erstellen

Fassen Sie einen Punkt einfach mit der Maus an und ziehen ihn an eine beliebige Position innerhalb des Objekts. Möchten Sie einen Punkt löschen, ziehen Sie ihn aus dem Objekt heraus und lassen dort die Maus los, oder Sie aktivieren ihn und klicken im Bedienfeld auf das Papierkorb-Symbol.

◂ **Abbildung 5.81**
Der Pfau wird koloriert.

Freihandverlauf-Arten

▲ **Abbildung 5.82**
Einstellungen für den Freihandverlauf

Es gibt zwei Arten des Freihandverlaufs: Punkte und Linien. Das Prinzip des Punktes ist einfach: Sie setzen mit einem Klick einen Punkt und weisen ihm wie gewohnt eine Farbe zu. Diese Farbe breitet sich dann so weit aus, bis sie auf die Farbe eines anderen Punkts stößt, mit der sie sich vermischt. Kommen Sie mit der Maus über einen solchen Verlaufspunkt, erscheint ein gestrichelter Kreis, an dessen unterem Zenit ein Anfasser erscheint. Mit ihm können Sie den gestrichelten Kreis vergrößern und damit die Ausdehnung seiner Farbe erweitern oder zusammenziehen und die benachbarten Farben weiter verdrängen oder dichter heranlassen. Das ist die sogenannte »Überfüllung« eines Verlaufpunkts. Diese wird auch im Bedienfeld angepasst bzw. umgekehrt können Sie mit ÜBERFÜLLUNG die Ausdehnung der Farbe von 0 bis 100 % verändern.

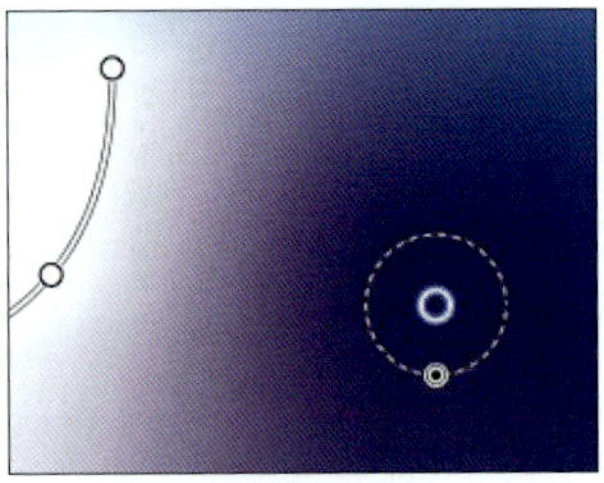

▲ **Abbildung 5.83**
Das Überfüllen-Symbol

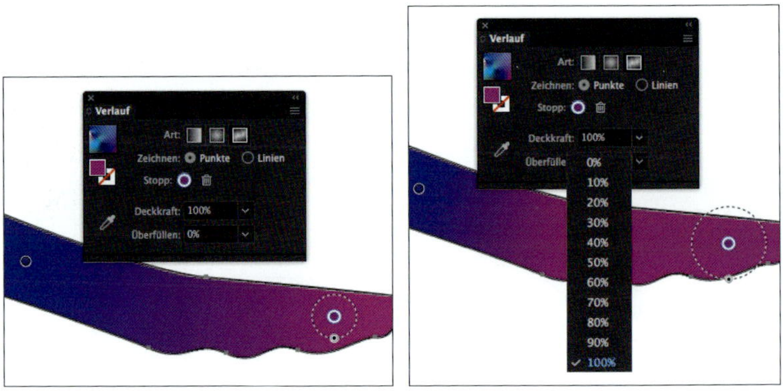

Abbildung 5.84 ▶
Überfüllung mit 0 % (links) und 100 % (rechts).

Die zweite Art ist der Pfad, zu aktivieren unter LINIEN. Sie klicken, nachdem Sie die Art im Verlauf-Bedienfeld aktiviert haben, mit der Maus mehrere Male. Sie erschaffen so eine Linie, entlang derer sich die Farbe ausbreitet. Jeden Punkt auf dieser Linie können Sie anklicken und ihm (wie im vorherigen Absatz beschrieben) eine jeweils andere Farbe zuweisen. Bei der Linie gibt es jedoch keine Überfüllung.

Sie können in Ihrer Illustration natürlich auch beide Arten des Freihandverlaufs verbinden. Sie müssen lediglich im Verlauf-Bedienfeld PUNKT oder LINIE auswählen. Möchten Sie die Art ändern, klicken Sie dort ein weiteres Mal auf eine der beiden Arten. So erzeugen Sie fantastische, individuelle Verläufe, ähnlich dem Verlaufsgitter, nur viel intuitiver und weniger technisch.

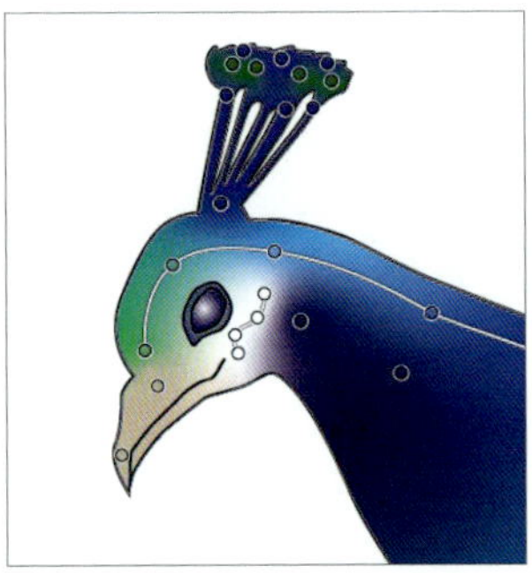

▲ **Abbildung 5.85**
Pfau mit zwei Freihandverlauf-Arten erstellt

Der Pfau weist sowohl Linien als auch Einzelpunkte des Freihandverlaufs auf (das Auge jedoch besteht aus separaten Objekten mit radialen Verläufen).

In der Abbildung 5.86 sehen Sie, dass Sie wirklich jedes Bedienfeld für Ihre Verläufe heranziehen können. Selbst das CMYK-Spektrum am unteren Rand des Farbe-Bedienfelds eignet sich.

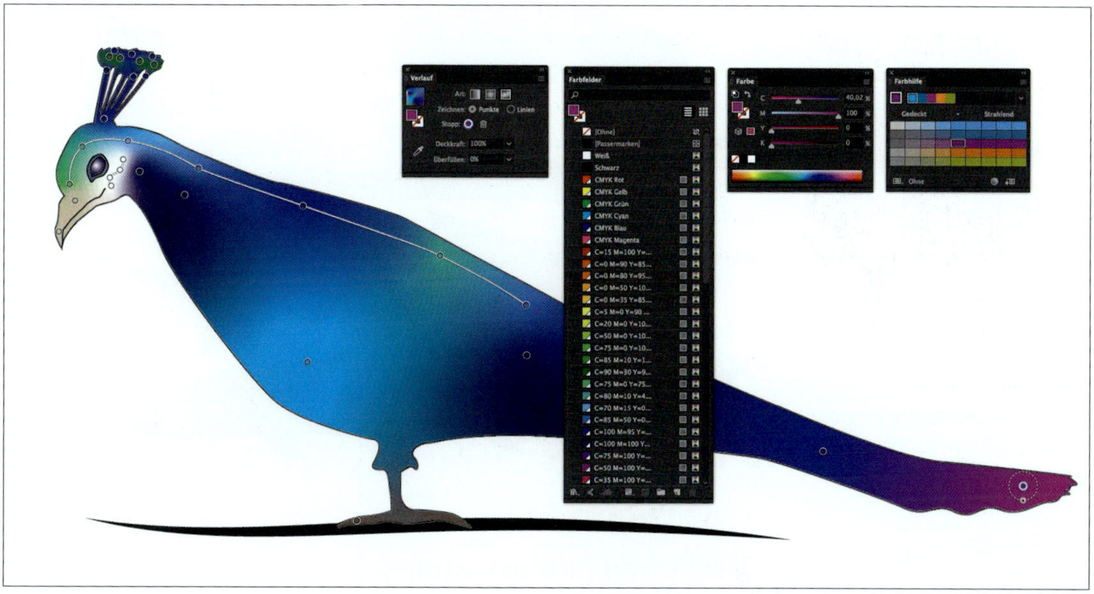

▲ **Abbildung 5.86**
Der Freihandverlauf ist unglaublich flexibel.

Sie sehen, wie leistungsstark dieses neue Illustrator-Tool ist. Soll also eine Grafik oder Illustration mit lebendigen Verläufen, aber grafischer Anmutung erstellt werden, ist diese Funktion genau richtig.

5.8 Interaktive Farbe: Bildmaterial neu färben

Illustrator hat mit den Möglichkeiten der interaktiven Farbe mächtige Werkzeuge geliefert, um intuitiv mit den Farben Ihrer Illustrationen zu »spielen« oder sie gezielt einzusetzen und zu verändern. Diese Werkzeuge sind hilfreich, wenn Sie von einer Illustration zum Beispiel mehrere Farbvarianten benötigen. Oder dann, wenn die Illustration zwar gelungen ist, die Farben aber an ein anderes Projekt angepasst werden müssen. Oder wenn die Objektfarben miteinander harmonisiert werden sollen. Lassen Sie sich inspirieren, und probieren Sie einfach selbst vieles aus. Sie werden dabei auf ganz neue Gedanken und Konzepte kommen.

Abbildung 5.87 ▸
Schnelle individuelle Farbveränderungen, neue Harmonien und mehr

Umfärben in Illustrator

Das Umfärben kennt man ja eher aus Photoshop, wo aus einem blauen T-Shirt ein orangefarbenes gemacht wird. Auch in Illustrator können Sie ganze Illustrationen umfärben.

Sie haben bereits gesehen, dass Sie durch globale Farben und das Ändern eines (globalen) Farbfelds alle Objekte dieser Farbe mit ändern können. Das kommt einem Umfärben schon recht nahe.

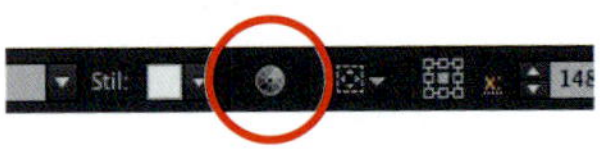

▴ Abbildung 5.88
Über das Steuerung-Bedienfeld am schnellsten zu erreichen: Bildmaterial neu färben

Jetzt soll es aber noch interaktiver werden, indem Sie nicht eine einzelne Farbe ändern, sondern alle Farben einer Illustration gleichzeitig. Wählen Sie zunächst eine Illustration oder eine Gruppe von Objekten aus. Nun klicken Sie im Steuerung-Bedienfeld auf Bildmaterial neu färben (siehe Abbildung 5.88) oder im Eigenschaften-Bedienfeld auf neu färben. Alternativ können Sie im Bearbeiten-Menü unter Farben bearbeiten das Bedienfeld auswählen. Klicken Sie nun auf Erweiterte Optionen und gehen Sie erst einmal auf den Reiter Zuweisen ❸.

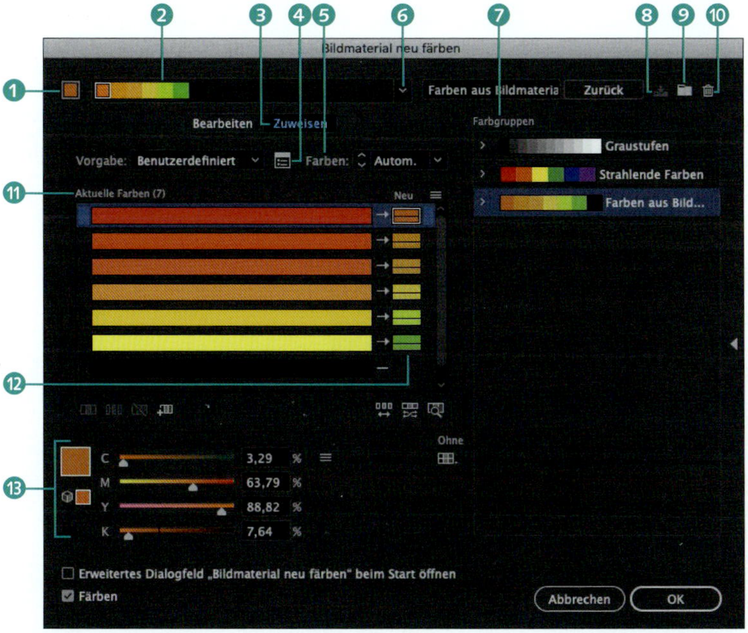

◂ **Abbildung 5.89**
Bildmaterial neu färben ist eigentlich keine Einsteigertechnik mehr, weil sich mit jedem Button wieder andere Menüs mit weiteren Reglern, Pulldown-Menüs und Eingabefeldern öffnen.

Basisfarbe ❶ ist eine Farbe aus Aktive Farben ❷, also eine aus Ihrer Illustration. Klicken Sie in eine andere, wird diese zum »Drehpunkt« Ihrer Umfärbung. Wählen Sie hier Harmonieregeln aus ❻, nach denen Ihre Illustration umgefärbt werden soll.

Farbgruppen ❼ zeigt im Farbfelder-Bedienfeld zu Gruppen sortierte Farbfelder. Sie können aber auch aus dem Umfärben entstandene Farben zu Farbgruppen speichern lassen: Neue Farbgruppe ❾. Die Farben, die aus Ihren Einstellungen hier entstanden sind, werden als eigene Gruppe in den Farbfeldern gespeichert. Anders reagiert der Button Änderung an Farbgruppe speichern ❽: Er ändert alle betroffenen Farbfelder im Farbfelder-Bedienfeld, anstatt neue Farbfelder anzulegen. Mit dem Papierkorb-Symbol ❿ löschen Sie *von hier aus* eine Farbgruppe aus dem Farbfelder-Bedienfeld.

Die Spalte Aktuelle Farben ⓫ listet die Farben der aktivierten Illustration auf. Hier können Sie sie einzeln mit einem Doppelklick auf den rechten Button bearbeiten ⓬ oder unten mit den Farbreglern ⓭ verstellen. So ist es Ihnen möglich, auch in umfangreichen Illustrationen nur ganz bestimmte Farben herauszufiltern und zu verändern. Unter Farben ❺ können Sie schnell aus einer mehrfarbigen Illustration eine monochrome erzeugen (also eine einfarbige mit Abstufungen).

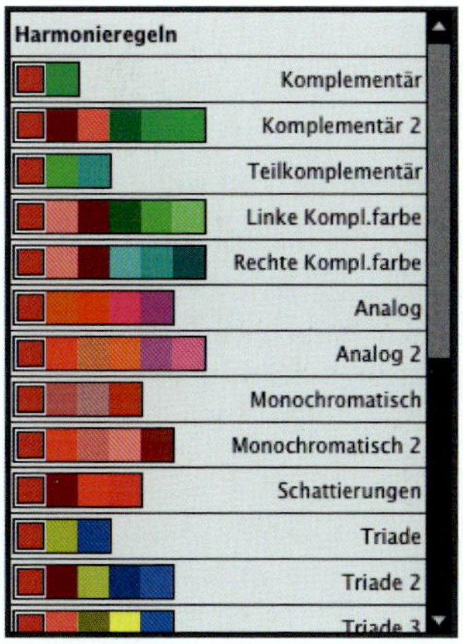

▴ **Abbildung 5.90**
Harmonien gibt es viele zum Ausprobieren ❻.

▴ **Abbildung 5.91**
Die Farbgruppen in den Farbfeldern (Ordnersymbol) sind der Schlüssel zu vielen Interaktiv malen-Funktionen.

Wählen Sie FARBREDUKTIONSOPTIONEN ❹. Sie kommen dadurch zum gleichnamigen Dialog. Hier können Sie eine FÄRBUNGSMETHODE ⓰ und die Anzahl der Farben ⓮ auswählen, mit denen gefärbt wird, oder Sie reduzieren die neuen Farben auf bestehende Farbbibliotheken ⓯.

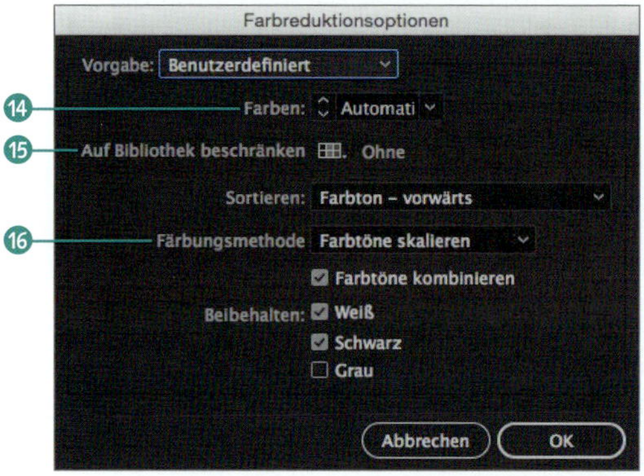

Abbildung 5.92 ▸
Die FARBREDUKTIONSOPTIONEN

Manuelle Farbverschiebungen

Wenn Sie im Menü BILDMATERIAL NEU FÄRBEN auf den Reiter BEARBEITEN ❶ (Abbildung 5.93) wechseln, ändert sich der linke Fensterteil.

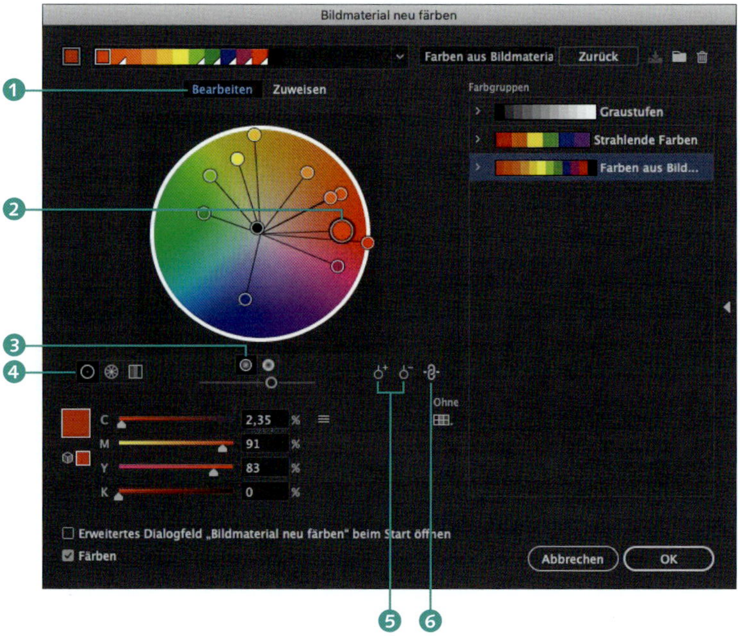

Abbildung 5.93 ▸
Das meiste ist identisch mit dem Bereich ZUWEISEN. Der Farbkreis ist aber sehr intuitiv. Lassen Sie den Haken bei FÄRBEN stehen, um live mitzuverfolgen, wie das Ergebnis aussieht.

▲ **Abbildung 5.94**
Alternativ können Sie sich auch ein segmentiertes Farbrad oder die Farbkontrollstreifen anzeigen lassen.

Sie bekommen das FARBRAD angezeigt und können es optional auf das SEGMENTIERTE FARBRAD oder den FARBKONTROLLSTREIFEN UMSTELLEN ❹. Hier lässt sich nun wirklich alles intuitiv einstellen.

Das Ziel ist hier wieder, Ihre aktive Illustration als Ganzes umzufärben. Ist das Ketten-Symbol ❻ dabei geschlossen, bleiben die Farbharmonien VERKNÜPFT. Wenn Sie an irgendeiner Farbe anfassen und sie an irgendeine beliebige Stelle drehen, bleibt also das *Verhältnis* der Farben zueinander bestehen, aber eben mit anderen Farben! Jeder Kreis in den Farbrädern entspricht dabei einer Farbe Ihrer Illustration. Der größte Kreis ❷ symbolisiert hier die Basisfarbe.

Mit geöffneter Kette können Sie einzelne Farben auf dem Farbrad verschieben, also eine einzelne Farbe Ihrer Illustration umfärben; die restlichen Farben bleiben so, wie sie sind. Sättigung und Helligkeit ❸ der Farben sind ebenfalls zu verstellen.

Mit den Werkzeugen unter ❺ können Sie im Farbrad eine FARBE ENTFERNEN und eine FARBE HINZUFÜGEN. Wählen Sie dafür einen der beiden Buttons (+ oder –) aus, und klicken Sie im Farbrad auf eine der aktiven Farben (in den Kreisen), um sie zu löschen, oder in die Farbfläche, um jene Farbe der Illustration hinzuzufügen.

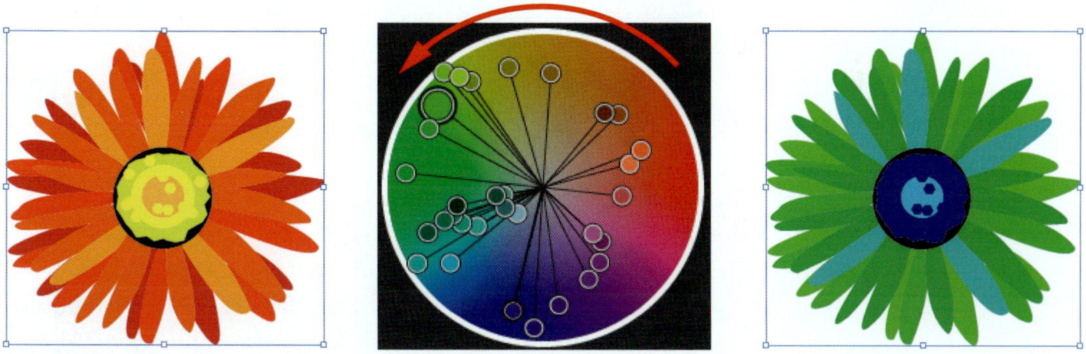

▲ **Abbildung 5.95**
Bei geschlossener Kette ❻ drehen Sie direkt an den Farben und ziehen hier vom roten Spektrum zum grünen.

Sie kommen auch direkt von einer Farbfeldgruppe, wenn Sie sie im Farbfelder-Bedienfeld ausgewählt haben, zu den interaktiven Einstellungen des Dialogs BILDMATERIAL NEU FÄRBEN. Wenn Sie nur die Farben einer Farbgruppe modifizieren möchten, haben Sie kein Objekt dabei aktiviert und verändern die Farben der ausge-

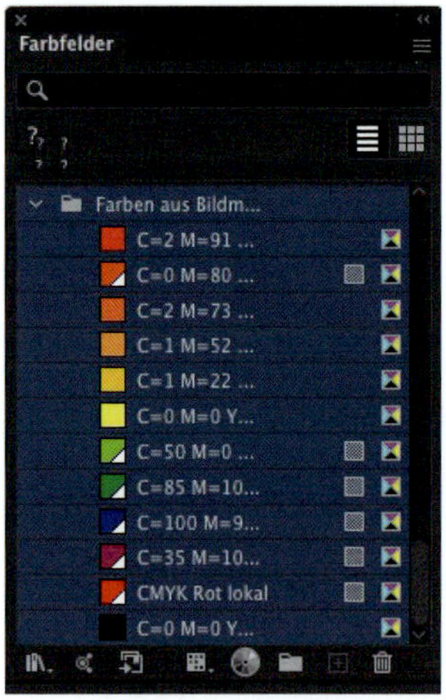

▲ **Abbildung 5.96**
Wenn Sie eine Farbgruppe im Farbfelder-Bedienfeld aktivieren, kommen Sie auch von hier direkt zu Bildmaterial neu färben. Übrigens auch ohne aktives Objekt, wenn Sie nur die Farben der Gruppe ändern möchten.

wählten Farbgruppe. Haben Sie ein Objekt aktiviert *und* wählen Sie eine Farbgruppe aus, wird das Objekt gleich in die Farben der Farbgruppe umgerechnet, wenn Sie per Klick auf den Button Farbgruppe bearbeiten den Dialog Bildmaterial neu färben öffnen.

Schritt für Schritt
Eine Blüte umfärben

1 Datei öffnen

Die Blüte ist schon vorbereitet, damit Sie sich ganz auf die Farbe konzentrieren können (im Beispielmaterial »hibiskus.ai«).

2 Blume duplizieren

Duplizieren Sie die Blume mehrfach, indem Sie sie mit dem Auswahl-Werkzeug und gedrückter [alt]-Taste nach rechts ziehen. (Lassen Sie erst die Maus und dann die Taste los.)

Abbildung 5.97 ▸
Erstellen Sie ein paar Blumen.

3 Bildmaterial neu färben

Beispielmaterial: Hibiskus.ai

Wenn Sie eine Blüte ausgewählt haben, brauchen Sie nur im Steuerung-Bedienfeld auf Bildmaterial neu färben zu klicken.

Hier stellen Sie erst mal sicher, dass Sie sich im Bereich Zuweisen ❶ befinden, und durch einen Klick auf ❸ sorgen Sie dafür, dass die Farben der Blüte der Ausgangspunkt der Einstellungen sind.

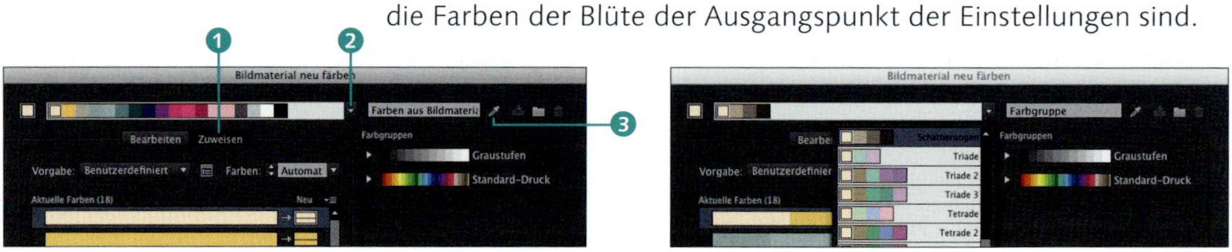

▲ **Abbildung 5.98**
Auswählen einer Farbharmonieregel ❷ in Bildmaterial neu färben

Wählen Sie nun aus den vielen FARBHARMONIEN ❷ eine beliebige aus, um die erste Umfärbung vorzunehmen.

4 Neue Farben sichern

Sie können einen Namen für Ihre Umfärbung vergeben ❹. Dieser Name wird dann auch für eine neue FARBGRUPPE ❻ verwendet, die Sie sich per Klick auf ❺ aus der Harmonie erstellen lassen können.

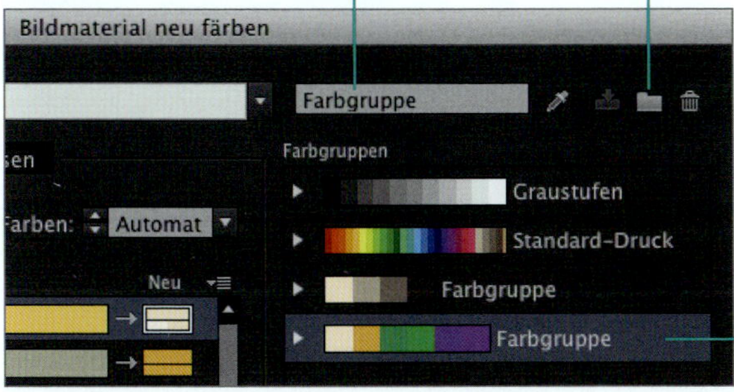

◀ **Abbildung 5.99**
Speichern Sie sich am besten immer die neu kreierten Farben als Farbgruppe in die Farbfelder ab.

5 Farben manuell ändern

Wechseln Sie zunächst in den Bereich BEARBEITEN ❼, und öffnen Sie das Ketten-Symbol ❾ mit einem Klick.

Nun können Sie jede Farbe einzeln an ihrem Kreis ❽ anfassen und an eine andere Position, also auch an eine andere Farbe, drehen. Ich empfehle Ihnen, anschließend immer mit den Reglern ❿ die Werte zu begradigen. Auch die neue Umfärbung speichern Sie bitte als neue Farbgruppe.

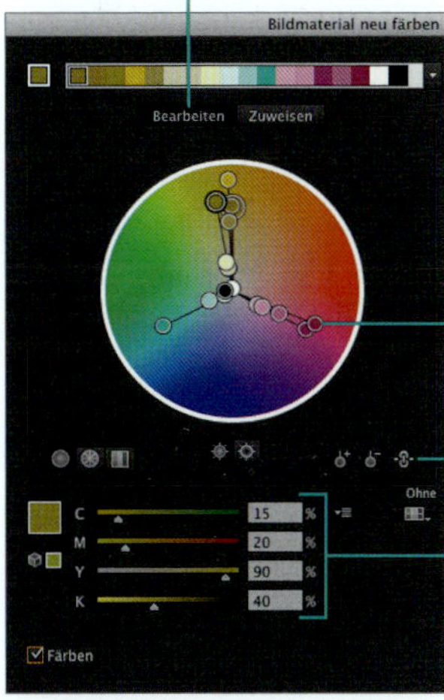

▲ **Abbildung 5.100**
Gerade Werte, individuelle Farben

6 Umfärben einer bestehenden Farbgruppe

Wechseln Sie wieder auf ZUWEISEN, und klicken Sie einfach auf die bestehende Farbgruppe GRAUSTUFEN ⓫. Da die Graustufen aber zu dicht beieinanderliegen, um sie gut unterscheiden zu können, klicken Sie die einzelnen Farben ⓬ an und erhöhen den Kontrast im Schwarz-Regler ⓭.

Sie können auch auf die jeweilige Farbe ⓯ doppelklicken und damit den FARBWÄHLER aufrufen (siehe Abbildung 5.103). Im Farbwähler klicken Sie auf eine beliebige Farbe im Farbfeld ⓮. Mit dem Farbregler ⓯ verschieben Sie das Farbspektrum. Die neue Farbe ⓰ wird Ihnen angezeigt. Auf diese Weise ist es Ihnen möglich, einer einzelnen Graustufe eine Farbe zuzuweisen.

▲ **Abbildung 5.101**
Der untere Kanal »K« steht im CMYK-Modus für das Schwarz.

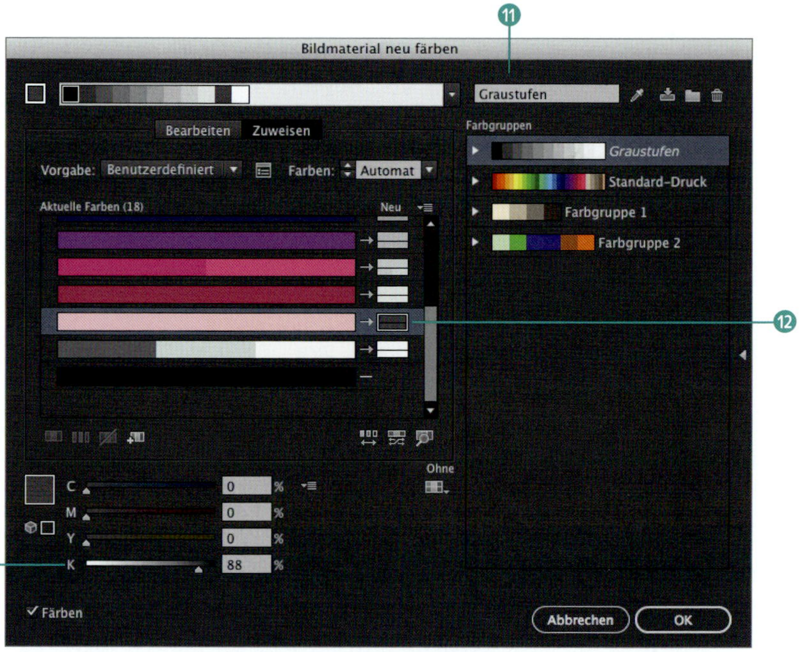

Abbildung 5.102 ▸
Auswahl einer bestehenden Farbgruppe und einzelner Farben aus dem Bild

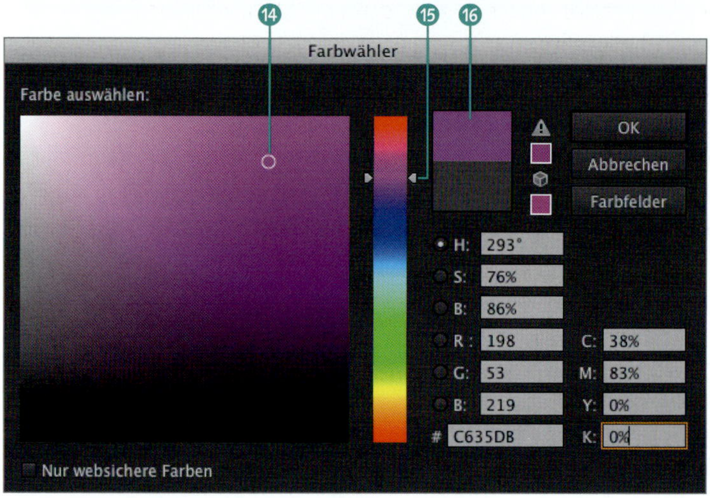

Abbildung 5.103 ▸
Auch per Mausklick im Farbwähler können Sie Farben auswählen.

▴ Abbildung 5.104
Bestätigen Sie diesen Dialog mit Ja, werden nicht nur die Farben Ihrer Illustration, sondern auch die Farben im Farbfelder-Bedienfeld geändert.

7 Gruppenfarben ändern oder nicht?

Wenn Sie eine bestehende Gruppe ändern und dann das Bildmaterial neu färben-Fenster mit OK bestätigen, werden Sie gefragt, ob Sie die Farbgruppe speichern möchten. Das würde aber bedeuten, dass Sie nicht nur das Objekt, sondern auch die ganze Farbgruppe »überschreiben« würden. Im Zweifelsfall sagen Sie lieber Nein, denn die Farben haben Sie ja am Objekt.

▲ **Abbildung 5.105**
Ihre Hibiskusvarianten haben Sie im Handumdrehen durch BILDMATERIAL NEU FÄRBEN erzeugt.

Sie sehen: Der Aufwand des Umfärbens ist gering, der Effekt aber groß. Und damit auch die Möglichkeiten der Zeitersparnis. Wenn Sie also das nächste Mal eine Weinkarte gestalten (oder Ähnliches), zeichnen Sie nicht dreimal dasselbe Glas mit jeweils einer anderen Farbkombination, sondern wählen nur den Wein (statt Glas) aus und färben nach Bedarf um. Rot, Weiß, Rosé …

◂ **Abbildung 5.106**
Farbvariationen für Ihre Weinkarte mit wenigen Klicks durch BILDMATERIAL NEU FÄRBEN

5.9 Umfärben mit Farbreferenz

Sie können Ihre Objektgruppe bzw. Illustration nicht nur wie bisher beschrieben manuell oder anhand von Farbharmonien umfärben. Sie können sie sogar anhand anderer Illustrationen oder – wow – anhand eines Fotos umfärben.

Vektorobjekt als Referenz

▲ **Abbildung 5.107**
Das Originalplakat

Wenn Sie eine Illustration oder, wie in meinem Beispiel, ein ganzes Artboard wie das Plakat für eine geführte Wanderung in der Lüneburger Heide illustrieren möchten, können Sie andere Vektorobjekte als Farbreferenz heranziehen.

Wählen Sie Ihre Illustration aus und öffnen Sie wie bisher den Dialog BILDMATERIAL NEU FÄRBEN, doch klicken Sie diesmal nicht auf ERWEITERTE OPTIONEN. Stattdessen aktivieren Sie den Button FARBSCHEMA-AUSWAHL ①. Ihr Mauszeiger wird zur Pipette. Klicken Sie hiermit auf eine Gruppe von Vektorobjekten, wird Ihre Illustration nach deren Farbschema umgefärbt.

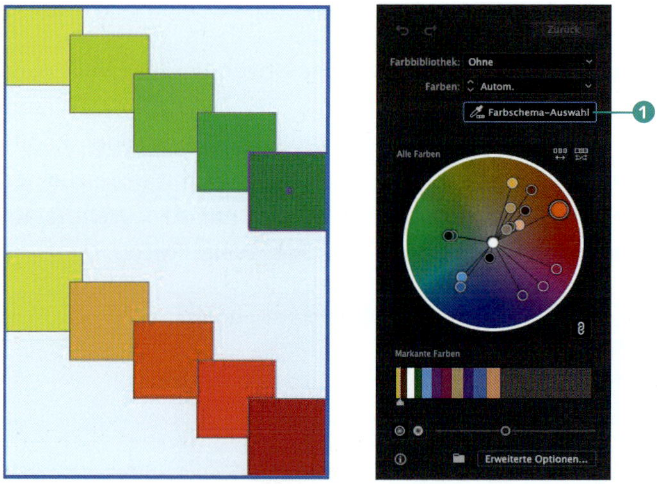

Abbildung 5.108 ▸
Erstellen Sie sich eine Reihe von Referenzobjekten. Öffnen Sie nun BILDMATERIAL NEU FÄRBEN und wählen dort FARBSCHEMA-AUSWAHL.

Abbildung 5.109 ▸
Nach einem Klick mit der Pipette auf die Vektorobjekte wird Ihr Plakat eingefärbt.

Von hier aus kommen Sie über den Button Erweiterte Optionen... in die Einstellungen, die Sie schon im vorherigen Abschnitt kennengelernt haben, und können Ihre Illustration editieren. Sind Sie zufrieden, klicken Sie einfach mit dem Auswahl-Werkzeug auf Ihre Zeichenfläche. Wenn Sie aber mit der Pipette nicht auf die Gruppe der Vektorobjekte klicken, sondern wie mit einem Lasso nur die Objekte umkreisen, deren Farbschema Sie aufnehmen möchten, werden auch nur sie zu Ihren neuen Farben.

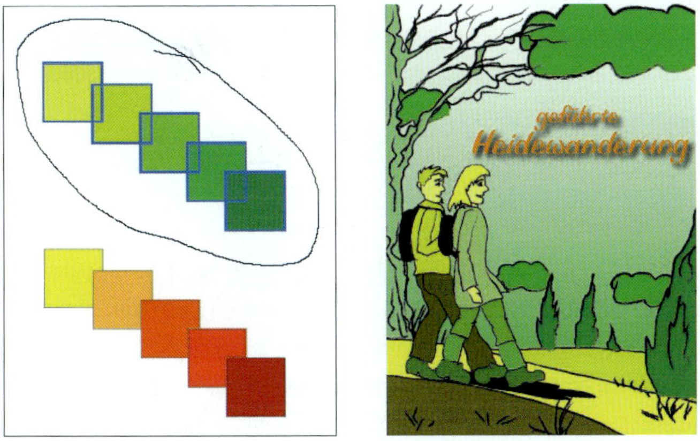

◂ **Abbildung 5.110**
Auswahl innerhalb einer Referenzgruppe und Ergebnis

Foto als Referenz

Wenn Sie Ihre Illustration harmonisch in ein Layout einpassen möchten, können Sie das über Bildmaterial neu färben im Farbschema des Bildes wie gerade beschrieben erreichen. Hier zwei Beispiele:

▾ **Abbildung 5.111**
Sonnenaufgangsstimmung und entsprechende Umfärbung

▲ **Abbildung 5.112**
Blühende Heide und umgefärbte Illustration

Lasso funktioniert nicht
Die Lasso-Funktion funktioniert bei Pixelbildern nicht. Hier wird immer das ganze Bild als Referenz genommen.

Doch was, wenn nun eine Farbe im Foto zu dominant ist und damit auch Ihre Illustration einen »Farbüberhang« bekommt? Das Verdrehen des Farbrads mit den einzelnen Farben kennen Sie schon. Doch werfen wir einen kurzen Blick auf den unteren Bereich MARKANTE FARBEN. Fahren Sie nämlich mit der Maus die aufgeführten Farben entlang, läuft eine kleine Markierung mit. Und an genau der können Sie ziehen, um einzelne Farben stärker oder schwächer zu gewichten.

Abbildung 5.113 ▶
Einzelne Farben stärker gewichten

Eine insgesamt tolle Funktionserweiterung, die Illustrator zur Version 2021 erhalten hat. Sie ist gerade in der Zusammenarbeit mit Layoutprojekten wie InDesign extrem leistungsstark. Und wenn

Sie durch separate Auswahl gezielt nur Teile Ihrer Illustration umfärben, erweitern Sie die Möglichkeiten noch einmal.

5.10 Angleichungen

Angleichungen sind eine »Verschmelzung« verschiedener Objekte mit all ihren Attributen, wie Form und Farbe. Das ist ja ganz nett, aber was hat das Ganze mit Verläufen zu tun?

Illustrator kennt (leider) nicht so viele verschiedene Arten von Verläufen – so auch nicht den, der sich an der Objektform orientiert. Also müssen Sie etwas tricksen, um solche Verläufe wie in Abbildung 5.114 zu kreieren.

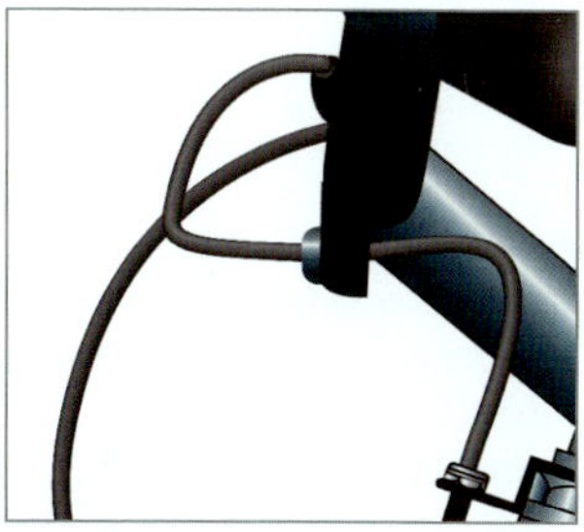

▲ **Abbildung 5.114**
Verläufe »um die Ecke«, wie beim Kabel, funktionieren sehr gut mit Angleichungen.

Das Prinzip der Angleichung

Sie aktivieren zwei Objekte, gehen zu Objekt • Angleichen • Erstellen und erhalten ohne weiteres Nachfragen von Illustrator eine Angleichung.

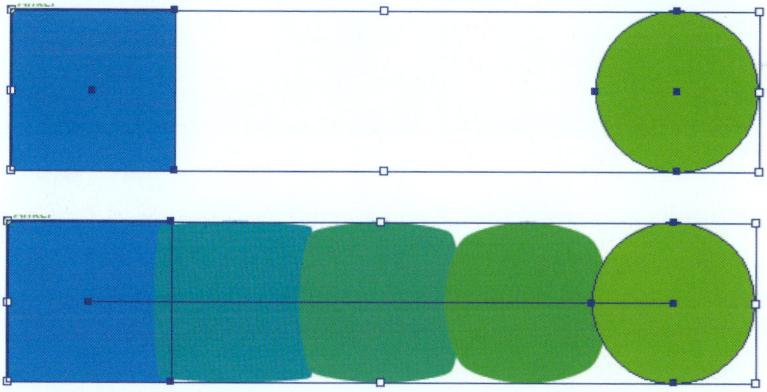

▲ **Abbildung 5.115**
Mit der Angleichen-Funktion werden Objekte miteinander verrechnet – sowohl ihre Formen als auch die Farben.

Hatten Ihre Objekte aber sowohl eine Flächenfarbe als auch eine Konturfarbe – womöglich Schwarz –, sehen Sie nach der Angleichung vielleicht nur noch die Konturfarbe. Es ist also wichtig, diese bei beiden Objekten zuvor auf Ohne zu stellen.

Angleichung als Verlauf

Um die Anzahl der Stufen zu verändern, haben Sie diesmal kein Bedienfeld zur Verfügung. Sie müssen zu Objekt • Angleichen • Angleichung-Optionen gehen. Hier wählen Sie aus dem Pull-down-Menü Abstand die Option Festgelegte Stufen und können nun endlich die Anzahl der Stufen bestimmen.

Abbildung 5.116 ▸
In den Angleichung-Optionen legen Sie fest, ob die Zwischenschritte sichtbar sind oder »verschwimmen«.

Erhöhen Sie nämlich die Anzahl auf über eine Handvoll, sehen Sie, dass die Stufen immer feiner werden, bis sie einen Verlauf ergeben. Und das machen Sie sich für Verläufe zunutze, die sich an der Form orientieren.

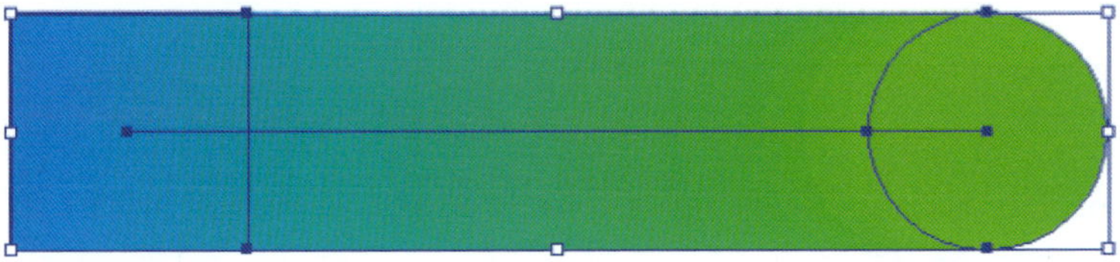

Abbildung 5.117 ▸
Ab einer genügend großen Anzahl an Angleichungsstufen ergeben die Farben einen Verlauf.

Es gibt keine Formel, die Sie anwenden können, um die Anzahl der Stufen zu berechnen, die einen sauberen Verlauf ergeben – denn zehn Stufen auf einem Millimeter sind sehr fein, auf einem Zentimeter aber deutlich sichtbar. Wenn Sie bei Abstand aus der Pulldown-Liste den Eintrag Farbe glätten wählen, errechnet Illustrator die erforderliche Anzahl an Stufen für Sie.

▴ Abbildung 5.118
Manuell festgelegte Angleichungspunkte laden zum Spielen und Gestalten ein.

Das Angleichen-Werkzeug

Mit einem Doppelklick auf das Angleichen-Werkzeug [W] gelangen Sie schneller in die Angleichung-Optionen. Doch das Angleichen-Werkzeug hat noch andere Funktionen. Mit ihm können Sie selbst bestimmen, von welchem Punkt zu welchem eine Angleichung errechnet wird. Wenn Sie dazu mit ihm auf einen Ankerpunkt des einen Objekts und als Nächstes auf einen Ankerpunkt des zweiten Objekts klicken, wird eine Angleichung errechnet.

◄ **Abbildung 5.119**
Bestimmen Sie die beiden Angleichungspunkte, muss Illustrator bei allen anderen Punkten nachziehen.

Eine fertige Angleichung ist ein Gebilde aus den Angleichungsobjekten und den Zwischenstufen. Beides ist miteinander zur Angleichungsgruppe gruppiert.

Angleichung als Verlauf nach innen

Erzeugen Sie ein einfaches Objekt, und erstellen Sie ein Duplikat, indem Sie es bei gehaltener `alt`-Taste skalieren. Das kleinere der beiden Objekte muss aber oben liegen. Gleichen Sie die Objekte aneinander an, erhalten Sie einen Verlauf nach innen.

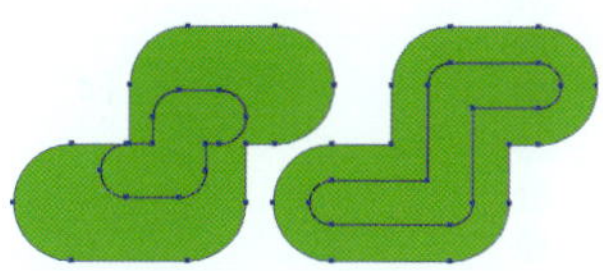

▲ **Abbildung 5.120**
Ein Duplikat erzeugen: links per Skalieren; rechts per Pfad verschieben

Wie in Abbildung 5.120 zu sehen ist, lässt sich durch das Skalieren aber nicht jedes Objekt so verkleinern, dass die Konturen parallel liegen. Deshalb gibt es Objekt • Pfad • Pfad verschieben. Wenn Sie hier unter Versatz einen negativen Wert eingeben, verkleinern Sie das Objekt, und umgekehrt vergrößern Sie es bei einem positiven Wert.

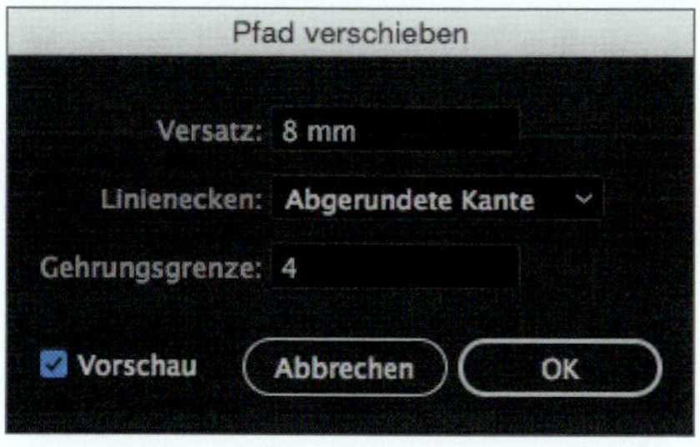

◄ **Abbildung 5.121**
Negative Werte erzeugen ein verkleinertes Duplikat.

▲ **Abbildung 5.122**
Die scheinbar einfachen Formen sind zu unterschiedlich für das Angleichen (unten).

Leider hat der Spaß aber auch schnell ein Ende, wenn die Formen, die nach innen angeglichen werden sollen, zu unterschiedlich sind. Manchmal können Sie noch manipulieren, denn mit dem Direktauswahl-Werkzeug [A] ist es Ihnen möglich, das erste (das unterste) und das letzte Objekt auszuwählen. Dann können Sie auch einzelne Ankerpunkte anfassen und verschieben; oft reicht es auch, nur die Griffe zu verändern. Manchmal müssen Sie nur einen weiteren Ankerpunkt mit dem Zeichenstift-Werkzeug [P] in den Pfad setzen.

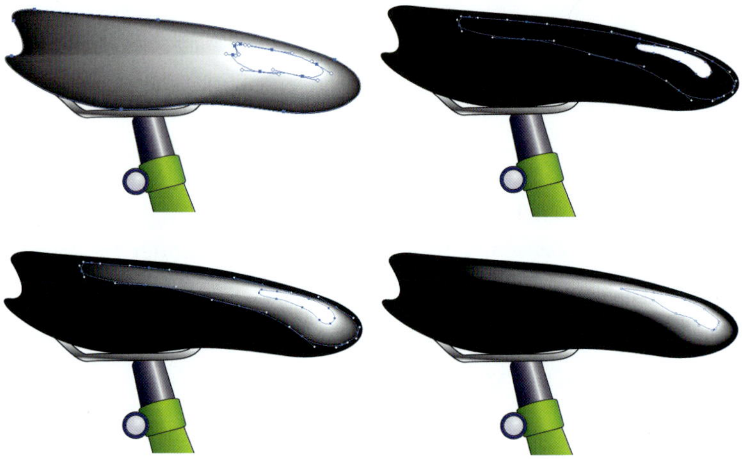

▲ **Abbildung 5.123**
Die Sattelform ist zu kompliziert, um sie 1 zu 1 anzugleichen (von links). Es muss eine eigene Form her: hier Schwarz zu Weiß. Doch auch hier müssen Sie noch mit dem Direktauswahl-Werkzeug ein paar Änderungen vornehmen, um zu einem guten Ergebnis zu kommen (rechts).

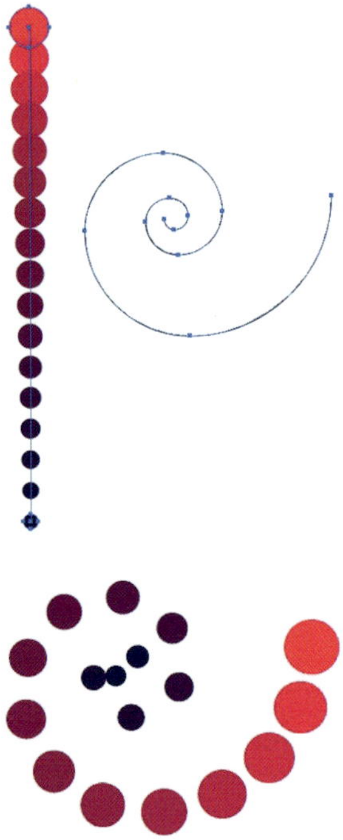

▲ **Abbildung 5.124**
Eine Angleichung richtet Ihren Verlauf an einem Pfad aus.

Angleichung mit nichtlinearer Richtung

Wenn Sie eine Angleichung erstellt haben, können Sie diese an einem x-beliebigen Pfad ausrichten lassen. Auf diese Weise erzeugen Sie mit ACHSE ERSETZEN Muster oder Verläufe, die beispielsweise um die Ecke laufen. Der Kreativität sind hier kaum Grenzen gesetzt.

Aktivieren Sie die Angleichung und den Pfad gemeinsam, und gehen Sie zu OBJEKT • ANGLEICHUNG • ACHSE ERSETZEN. Sollte die Richtung nicht passen, kehren Sie die Achse an gleicher Stelle um.

5.11 Tastaturkürzel

Auch in diesem Kapitel können Sie sich das Arbeiten erleichtern, indem Sie die schnellen Tastaturkürzel anwenden. Natürlich gibt es immer viel mehr Kürzel, als in Tabelle 5.2 aufgeführt sind, aber das sind die wichtigsten.

Zweck	PC	Mac
Gitter-Werkzeug	U	U
Lasso-Werkzeug	Q	Q
Verlaufwerkzeug	G	G
Angleichen-Werkzeug	W	W
Angleichung erstellen	Strg + alt + B	cmd + alt + B
Flächen- oder Konturfarbe auswählen	X	X
Flächen- und Konturfarbe tauschen	⇧ + X	⇧ + X
Weiße Fläche, schwarze 1-pt-Kontur	D	D
Farbeinstellungen des Programms	Strg + ⇧ + K	cmd + ⇧ + K
Gruppieren	Strg + G	cmd + G
Aktives Objekt ausblenden	Strg + 3	cmd + 3
Alle Objekte wieder einblenden	Strg + alt + 3	cmd + alt + 3

◂ **Tabelle 5.2**
Die wichtigsten Tastenkombinationen, die in diesem Kapitel vorkommen

6 Ebenen

Schicht um Schicht zur Illustration

- Was sind Ebenen?
- Wie lassen sich Ebenen sinnvoll anlegen?
- Wie wird die Ebenen-Verschachtelung genutzt?
- Wie werden bestimmte Objekte über die Ebenen ausgewählt?
- Wie werden Aussehen-Effekte auf eine ganze Ebene angewendet?

6 Ebenen

▲ **Abbildung 6.1**
Möchten Sie in komplizierteren Dateien (wie hier bei einer Fahrradnabe) den Überblick behalten, werden Sie froh sein, mit Ebenen gearbeitet zu haben.

Wenn Sie sich schon mit Ebenen in Photoshop beschäftigt haben, werden Sie es hier nicht schwer haben, weil Sie dann das Prinzip von Ebenen bereits kennen. Dennoch funktionieren die Ebenen in Illustrator etwas anders, weil auf einer Ebene viele Objekte gleichzeitig enthalten sein können. Kennen Sie sie von InDesign, dann werden Sie noch weniger Probleme haben, denn InDesign hat sich am Ebenen-Aufbau Illustrators orientiert – auch wenn das von den InDesign-Anwender*innen aus Unkenntnis leider viel zu wenig genutzt wird.

6.1 Was sind Ebenen?

Ebenen – Photoshop vs. Illustrator
Anders als in Photoshop werden in Illustrator einzelne Objekte, die auf derselben Ebene liegen, nicht zusammengerechnet. Jedes einzelne Objekt lässt sich nach wie vor anfassen, verschieben und für sich bearbeiten.

Beim Arbeiten mit Ebenen geht es darum, durch Übereinanderlegen von Objekten oder Objektgruppen Struktur und Übersicht in Ihre Illustrationen zu bekommen. Eine Illustration kann aus Hunderten von Pfaden und Objekten bestehen. Da will das Richtige ausgewählt sein und bearbeitet werden. So können Sie Objekte einer Kategorie auf eine Ebene legen und diese gegen versehentliches Verschieben sperren, um Objekte einer anderen Kategorie auszuwählen und zu bearbeiten. Es geht also um Strukturierung und Übersichtlichkeit beim Arbeiten mit aufwendigeren Illustrationen und Grafiken.

Ebenen sind wie aufeinandergestapelte Glasscheiben, auf die Sie Ihre Objekte legen. Objekte einer Kategorie, wie der Rahmen des Fahrrads aus Abbildung 6.2 zum Beispiel, liegen auf einer »Glasscheibe«, während die Reifen auf einer anderen »Glasscheibe« darunter liegen und so weiter.

Nun können Sie aber auch mehrere Objekte auf eine dieser Ebenen legen, denn der Rahmen des Fahrrads besteht ja immerhin aus rund zehn Einzelobjekten und ein Rad mit all seinen Speichen, der Nabe, Profilnoppen und Ventil schon aus circa hundert.

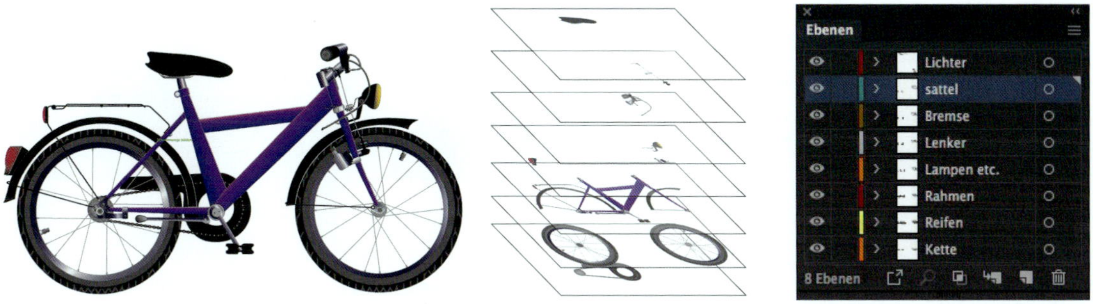

▲ **Abbildung 6.2**
Eine aufwendige Illustration mit acht Ebenen

Auch diese Objekte überlagern sich gegenseitig und verdecken sich partiell. Dieses Aufeinanderliegen nenne ich mal »Stapeln«, um es von den eigentlichen Ebenen zu unterscheiden. Diese müssen Sie auch speziell anlegen, aber dazu kommen wir später.

In Illustrator gibt es zwei Arten von Ebenen: die (Haupt-)Ebenen, mit denen Sie ganze Objektkategorien wie den erwähnten Fahrradrahmen übereinanderlegen, und die Unterebenen. Dabei kann es sich um weiter untergeordnete Ebenen handeln oder um eine Auflistung aller Objekte, die sich auf einer Ebene befinden.

Ein Objekt besteht immer aus mindestens einem Pfad (siehe Kapitel 2, »Pfade«). Dieser kann eine Kontur haben, eine Fläche oder Effekte. Sind die Flächen und Konturen deckend, können Sie nicht hindurchsehen. Sind sie transparent, scheint oder wirkt alles, was unter ihnen liegt, entsprechend dem Grad und der Art der Transparenz mehr oder weniger durch. Haben Ihre Objekte Löcher, wie das »O« in einer Schrift zum Beispiel, können Sie durch diese Löcher alles sehen, was darunterliegt – bis zur nächsten voll deckenden Fläche. Überall dort, wo kein Objekt die Sicht versperrt, sehen Sie bis zur Zeichenfläche. Um zu sehen, wo kein Objekt liegt – also auch kein weißes – drücken Sie Strg/cmd+⇧+D. Ein grau-weißes Transparentraster (wie Sie es vielleicht schon aus Photoshop kennen) wird Ihnen angezeigt. Denn ist ein Objekt nur weiß, unterscheidet es sich nicht vom Untergrund Ihrer Zeichenfläche. Das ist also eine sehr nützliche Funktion, um beispielsweise sicher zu gehen, dass ein erstelltes Loch wirklich durchsichtig ist.

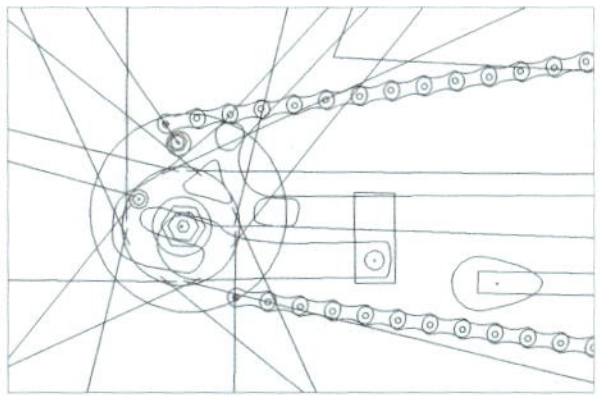

▲ **Abbildung 6.3**
Die Pfadansicht verrät die Menge der Einzelobjekte am besten.

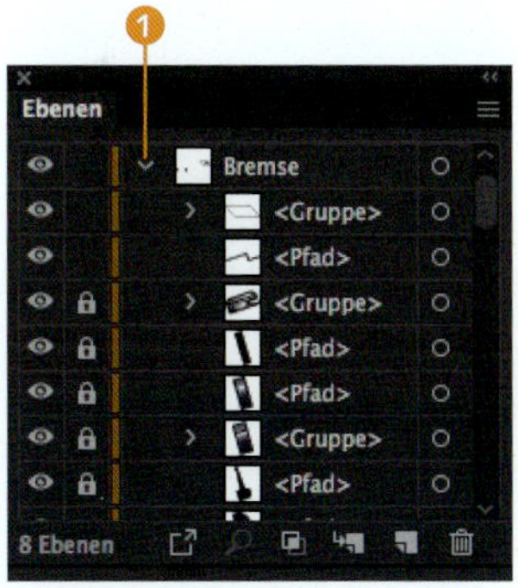

▲ **Abbildung 6.4**
Auf der Ebene »Bremse« liegen zig Einzelobjekte und Objektgruppen. Sie sind zu sehen, wenn man die Ebene aufklappt 1.

Abbildung 6.5 ▸
Überschneiden sich die Objekte nicht, sieht man auch nicht, dass sie eigentlich übereinanderliegen, also gestapelt sind.

6.2 Das Ebenen-Bedienfeld

Der Dreh- und Angelpunkt des Arbeitens mit Ebenen ist das Ebenen-Bedienfeld. Es wirkt zunächst unscheinbar, hat es aber in sich!

Mit einem Doppelklick auf den Ebenennamen ❹ können Sie eine Ebene umbenennen. Wenn Sie rechts neben den Namen in das leere Feld ❺ klicken, gelangen Sie zu den Ebenenoptionen, wo Sie ebenfalls die Möglichkeit haben, die Ebene zu benennen (siehe Abbildung 6.12). Dort können Sie Ihren Ebenen Farbetiketten geben, um auch farblich Struktur in Ihre Datei zu bringen. Die Hervorhebung der Pfade wird dann ebenfalls in den Farben Ihres Ebenenetiketts angezeigt.

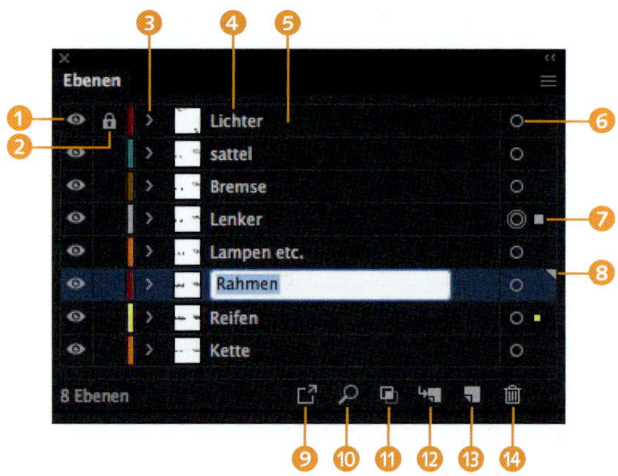

◂ **Abbildung 6.6**
Geben Sie Ihren Ebenen sinnvolle Namen – in der Ebene selbst oder den Ebenenoptionen.

▴ **Abbildung 6.7**
Sie versuchen, auf einer gesperrten Ebene zu zeichnen.

▴ **Abbildung 6.8**
Auch Einzelobjekte können in den Ebenen mit einem Doppelklick auf den Namen benannt werden, um sie später leichter wiederzufinden.

Wenn Sie nur an einer Kategorie von Objekten arbeiten, also auf einer bestimmten Ebene, können Sie die anderen Ebenen sperren ❷. Die Objekte auf den gesperrten Ebenen sind nicht mehr zu aktivieren und anzufassen. Damit verhindern Sie, dass Sie sie aus Versehen verschieben. Ein Klick in das Augen-Symbol ❶ blendet die Ebene und ihre Objekte sogar ganz aus. Das Dreieck ❸ vor dem Ebenen-Icon öffnet die Sicht auf die Unterebenen, d.h. die Auflistung der Objekte auf dieser Ebene.

Haben Sie ein Objekt markiert, wollen Sie es vielleicht in Ihrer Ebenenstruktur finden, um es eventuell auszublenden, zu sperren oder an eine andere Position zu schieben. Das Lupen-Symbol ⑩ zeigt das Objekt in den Ebenen für Sie an.

Sie können ausgewählte Objekte zu einer **Schnittmaske** ⑪ machen. Das oberste Objekt dieser Ebene dient dann als die Schnittmaske, und alle darunterliegenden Objekte (dieser Ebene) werden in das obere eingesetzt und sind außerhalb dieses Objekts nicht mehr sichtbar (Abbildung 6.9).

Mit dem Symbol ⑫ erzeugen Sie in einer (Haupt-)Ebene eine neue Unterebene und hiermit ⑬ eine neue Ebene. Mit dem Papierkorb ⑭ können Sie im Ebenen-Bedienfeld ausgewählte Objekte oder ganze Ebenen löschen. Ein Klick auf das Quadrat ⑦ wählt alle Objekte dieser Ebene aus. Achtung: Die Zielauswahl selbst ⑥ aktiviert zwar auch die auf dieser Ebene befindlichen Objekte, ist aber dafür bestimmt, das Aussehen dieser Ebene (bzw. seiner Objekte) grundsätzlich zu bestimmen. Und die Hervorhebung mit der weißen Ecke ⑧ zeigt Ihnen, auf welcher Ebene Sie gerade arbeiten. Der Button Für Export sammeln ⑨ ruft den gleichnamigen Dialog auf, der in Abschnitt 10.2 beschrieben wird.

▲ **Abbildung 6.9**
Oben: Die Objekte ragen über den oben liegenden Rahmen hinaus. Eine Schnittmaske fügt sie in diesen Rahmen ein (unten).

6.3 Mit Ebenen arbeiten

Das Arbeiten mit Ebenen soll Ihnen helfen, Ihre Illustrationen zu sortieren, zu strukturieren und den Überblick zu behalten. Dafür aber müssen Sie sie auch sinnvoll anwenden. Einige Anwender meinen es zu gut, legen für fast jedes Objekt eine eigene Ebene an und finden sich am Ende nicht mehr in ihrem Dokument zurecht. Auch hier kommt es auf das richtige Maß an.

▼ **Abbildung 6.10**
Eine Datei sollte ausreichend viele Ebenen haben. Wie viele, hängt vom Thema und von Ihrer Arbeitsweise ab. Oben sehen Sie die Struktur der Lautsprecherbox, unten die des Fahrrads.

Ebenen ausblenden

Sie können Ebenen, an denen Sie nicht arbeiten, einfach ausblenden. Sie sind dann nicht mehr zu sehen und versperren Ihnen nicht die Sicht auf die Objekte der Ebene, an denen Sie gerade arbeiten wollen. Logisch, dass sie dann ebenfalls nicht mehr zu aktivieren sind. Ein Klick in das Augen-Symbol blendet sie aus.

▲ **Abbildung 6.11**
Wollen Sie nur an dem Rahmen arbeiten, stören all die anderen Objekte wie die Kette, Felgen und Speichen. Blenden Sie einfach alles andere aus – am einfachsten mit einem `alt`-Klick auf das Auge der Ebene, die sichtbar bleiben soll.

Ebenen erstellen und einrichten

Sie möchten mehr als nur eine Ebene haben? Klicken Sie entweder auf das Symbol für das Erstellen einer neuen Ebene am unteren Bedienfeldrand (Neue Ebene erstellen), oder wählen Sie im Flyout-Menü Neue Ebene... aus.

Die Ebenenoptionen

Mit einem Doppelklick neben den Namen der Ebene öffnen Sie die Ebenenoptionen. Diese bekommen Sie übrigens unmittelbar beim Anlegen einer Ebene, wenn Sie mit der `alt`-Taste auf das Symbol für eine neue Ebene klicken.

Abbildung 6.12 ▸
Die Ebenenoptionen steuern so wichtige Dinge wie Sichtbarkeit und Druckbarkeit.

In den Ebenenoptionen haben Sie Einstellmöglichkeiten, die das Aussehen oder Verhalten Ihrer Ebene steuern. Zunächst können Sie natürlich den Namen festlegen. Das ist sinnvoll, um schnell die richtige Ebene zu finden. Dazu sollte er aber auch aussagekräftig sein.

Als Zweites die Farbe: Sie können sie ganz nach Ihrem Geschmack festlegen, oder Sie nutzen die Ebenenfarben für die Übersicht, indem Sie zum Beispiel von unten nach oben hellere bis dunklere Farben wählen. Oder die Farben entsprechen dem Thema: Himmelebene = Blau, Textebene = Schwarz etc.

Wenn Sie bei VORLAGE einen Haken setzen, sind die Objekte nicht druckbar, gesperrt, und die Pixelobjekte dieser Ebene werden aufgehellt dargestellt. In Abschnitt 4.2, »Interaktiv nachzeichnen und interaktiv malen«, habe ich den Sinn erklärt, wenn Sie z. B. Logos oder Skizzen nachzeichnen wollen.

EINBLENDEN meint die Sichtbarkeit, ebenso wie das Augen-Symbol des Bedienfelds. VORSCHAU dagegen stellt die Objekte dieser Ebene, wenn Sie den Haken wegnehmen, als Pfadansicht dar. FIXIEREN ist das Gleiche wie das Schloss-Symbol: Es sperrt die Ebene, sodass die Objekte auf ihr nicht mehr aktivierbar sind.

DRUCKEN erlaubt das Drucken der Objekte oder verhindert es. Die Fotovorlage zum Beispiel, die Sie nur haben, um sich beim Zeichnen daran zu orientieren, wollen Sie ja gar nicht mitdrucken. Und dafür sorgen Sie hier.

BILDER ABBLENDEN AUF: Sie bekommen die Möglichkeit, selbst zu steuern, wie stark Ihre Vorlage aufgehellt wird. Ist Ihre Vorlage sowieso schon recht schwach, gehen Sie weiter in Richtung 100%. Ist Ihre Vorlage sehr dunkel und unruhig, sodass Sie Ihre eigene Zeichnung davor kaum erkennen können, geben Sie einen kleineren Prozentwert ein; das Bild wird heller.

Objekte den Ebenen zuweisen

Wenn Sie ein Objekt auswählen, erkennen Sie, dass es aktiv ist, weil sein Begrenzungsrahmen oder seine Ankerpunkte angezeigt werden. Beides wird Ihnen in der jeweiligen Ebenenfarbe angezeigt. Außerdem erhält die Ebene, auf der sich das aktive Objekt befindet, noch das kleine Quadrat ❶ in der sogenannten Auswahlspalte. Es steht stellvertretend für das bzw. für alle gerade ausgewählten Objekte.

◂ **Abbildung 6.13**
Jedes Quadrat in der rechten Spalte steht für ein oder mehrere aktive Objekte der entsprechenden Ebene.

Stimmt die Reihenfolge der Ebenen nicht, fassen Sie die Ebene mit der Maus an und ziehen sie an die richtige Position. Die Objekte auf den Ebenen stehen dann entsprechend richtig untereinander.

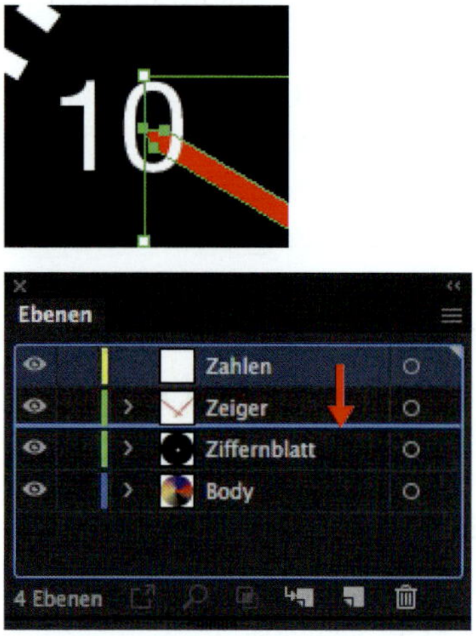

▲ **Abbildung 6.14**
Noch liegen die Zeiger der Uhr unter den Zahlen. Die Ebene »Zahlen« wird nun aber unter die »Zeiger« verschoben.

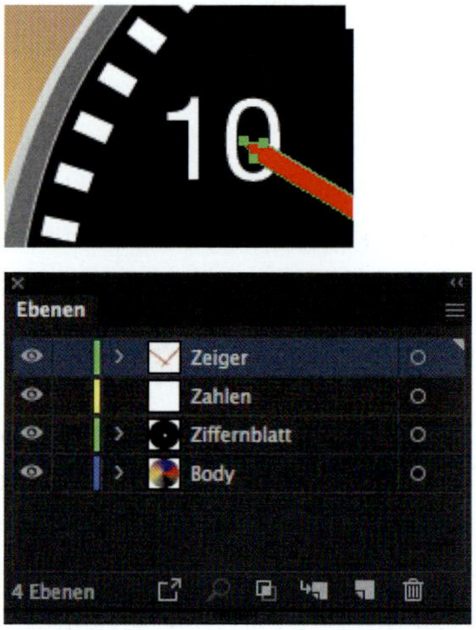

▲ **Abbildung 6.15**
Die Zeiger liegen jetzt in der Illustration und in den Ebenen über den Zahlen.

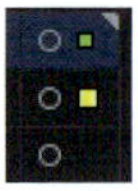

▲ **Abbildung 6.16**
Sie verschieben Objekte auf eine andere Ebene, indem Sie das Auswahl-Quadrat im Ebenen-Bedienfeld verschieben.

Haben Sie mehrere Objekte ausgewählt, die sich auf unterschiedlichen Ebenen befinden, bekommt jede Ebene, auf der sich ein ausgewähltes Objekt befindet, auch das kleine Quadrat in der Auswahlspalte. Möchten Sie, dass ein Objekt nun von einer Ebene zu einer anderen verschoben wird – es muss aktiviert sein –, schieben Sie das kleine Quadrat im Ebenen-Bedienfeld einfach mit der Maus zu der Ebene, auf der das Objekt liegen soll. Sie sehen nach dem Loslassen der Maus, dass auch der Begrenzungsrahmen und die Ankerpunkte ihre Farbe geändert haben – in die der neuen Ebene.

Objekte in Ebenen verschieben
Sie können Objekte nur in nicht gesperrte Ebenen verschieben. Versuchen Sie es trotzdem, bekommen Sie keinen Warndialog!

Objekte über die Ebenen auswählen

Bisher haben Sie, um ein Objekt auszuwählen, mit der Maus und einem der Auswahl-Werkzeuge daraufgeklickt: auf seine Fläche, wenn es eine Flächenfarbe hat, ansonsten auf seinen Pfad. Doch auch das Ebenen-Bedienfeld gibt hierzu die Möglichkeit. Und das ist bei komplizierten Illustrationen ausgesprochen hilfreich.

Wenn Sie beim gewünschten Objekt in die Auswahlspalte ① klicken, **aktivieren** Sie es.

Mehrere Objekte können Sie auswählen, wenn Sie beim Klicken in die Auswahlspalte die ⇧-Taste halten. Möchten Sie das Objekt oder eine Gruppe im Ebenen-Bedienfeld auswählen, nicht aber das Objekt auf der Zeichenfläche aktivieren, klicken Sie nicht in die Auswahlspalte, sondern auf den Namen.

Liegen zwei Objekte direkt übereinander, können Sie natürlich auch auf der Zeichenfläche bei gedrückter Strg/cmd-Taste zweimal draufklicken und damit zum nächsten darunterliegenden Objekt »durchgreifen«; doch oft werden Sie über das Ebenen-Bedienfeld schneller zum Objekt kommen, wenn Sie es wie oben beschrieben in der Ebenenstruktur aktivieren.

Klappen Sie die Liste der Ebene auf, sehen Sie alle Objekte dieser Ebene. Sie können nun die **Reihenfolge** der Objekte ändern, indem Sie eines anfassen und über (oder unter) ein anderes schieben; oder Sie aktivieren eines, um es zu bearbeiten.

Manchmal gibt es auch **Objektgruppen** (wie in Abbildung 6.17 die gruppierten Digitalziffern), die noch einmal zusammengefasst sind. Jede Gruppe hat wieder ein Aufklappdreieck, um ihre Gruppenmitglieder preiszugeben, die dann wiederum auf gleiche Weise auswählbar sind.

Wenn Sie öfter auf ein bestimmtes Objekt zugreifen müssen, können Sie ihm auch einen Namen geben, um es schneller zu finden. Ein Doppelklick in seine Bezeichnung (z. B. »Pfad«) aktiviert den Namen. Sie können jetzt einen eigenen Namen eintippen.

▲ **Abbildung 6.17**
In der Ebenenstruktur können Sie die Ziffer »1« mit einem Klick auf die Auswahlspalte ① direkt auswählen.

▲ **Abbildung 6.18**
Geben Sie per Doppelklick im Ebenen-Bedienfeld Ihren Objekten oder Objektgruppen eigene Namen.

6.4 Schnittmasken über das Ebenen-Bedienfeld erstellen

Eine Schnittmaske bedeutet in Illustrator, dass ein Objekt in ein anderes eingefügt ist, sodass es nur innerhalb dieses Objekts zu sehen ist. Das Objekt, in das ein anderes eingefügt wird, verliert dabei all seine Farben und Konturen und dient somit nur noch als eine (Schnitt-)Maske.

Recht einfach erzeugen Sie so eine Schnittmaske über das Ebenen-Bedienfeld. Haben Sie eine Ebene oder Unterebene ausgewählt, ist das Bedienfeld-Symbol SCHNITTMASKE ERSTELLEN/

Schnittmaske ebenenunabhängig
Aktivieren Sie das Schnittmaskenobjekt und alle Objekte, die dort hineinsollen, und gehen Sie zu Objekt • Schnittmaske • Erstellen. An gleicher Stelle können Sie sie auch zurückwandeln.

Zurückwandeln (1) auswählbar. Wenn Sie diesen Button anklicken, wird das oberste Objekt dieser Ebene zu einer Schnittmaske gemacht, und alle anderen Objekte derselben Ebene werden in das Maskenobjekt eingefügt und sind außerhalb dieses (obersten) Objekts nicht mehr sichtbar. Derselbe Button macht es übrigens auch wieder rückgängig.

Daher ist es sinnvoll, auf der entsprechenden Ebene dasjenige Objekt als Letztes anzulegen (bzw. es ganz oben anzuordnen), in das alle untergeordneten Objekte hineinsollen. Über Objekt • Anordnen • In den Vordergrund stellen Sie Objekte innerhalb einer Ebene ganz nach oben.

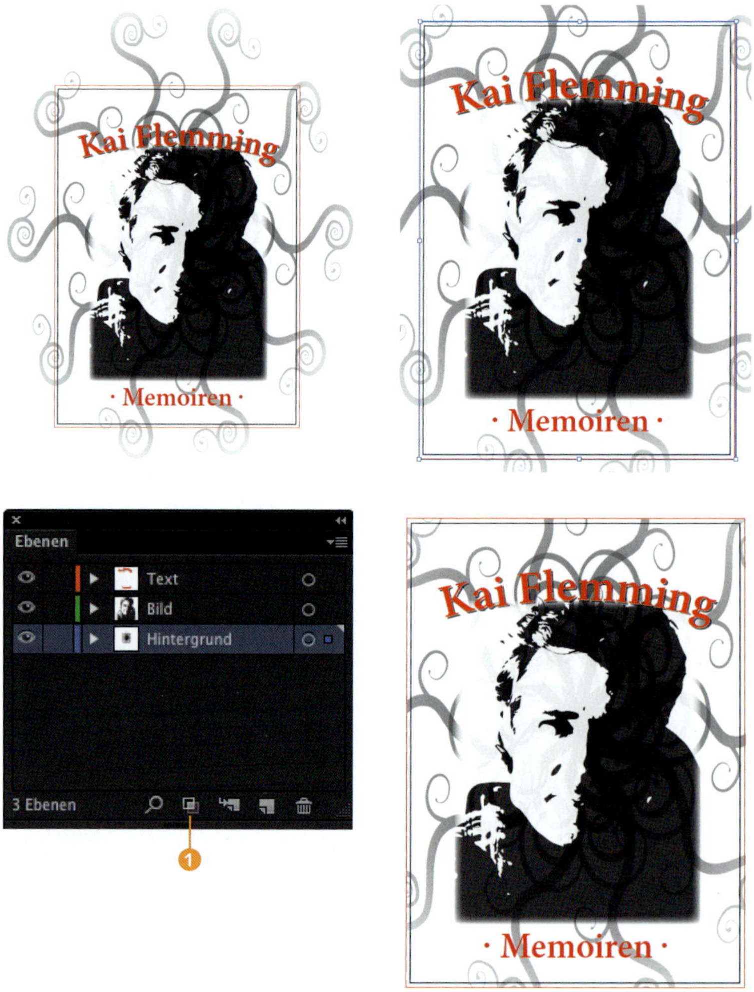

Abbildung 6.19 ▸
Wenn Sie einen Rahmen in Größe der Zeichenfläche mit Beschnitt aufziehen (rechts oben) und auf Schnittmaske erstellen im Ebenen-Bedienfeld klicken, wird alles, was herausragt, ausgeblendet (rechts unten).

In der Pfadansicht sind die Pfade aller Objekte und auch die der Maske sichtbar und können mit dem Direktauswahl-Werkzeug [A] ausgewählt werden.

Über das Ebenen-Bedienfeld ist es einfach, einzelne Objekte auszuwählen, denn auch die Objekte einer Schnittmaske werden aufgelistet. Das oberste der Objekte ist dann der »Zuschneidungspfad«, und alle nachfolgenden sind sein Inhalt.

▲ **Abbildung 6.20**
In der Pfadansicht sehen Sie auch die Pfade außerhalb der Schnittmaske.

6.5 Ebenen und das Aussehen von Elementen

Wenn alle Objekte einer Ebene das gleiche Aussehen haben sollen, müssen Sie nicht allen diesen Objekten einzeln ein Aussehen zuweisen. Sie können es über das Zielsymbol (den kleinen Kreis) der Ebene tun. Ist die Zielspalte der Ebene aktiviert, sind auch alle Objekte dieser Ebene aktiv. Ändern Sie jetzt die Flächenfarbe, gilt das für alle Objekte – auch für die, die Sie später dieser Ebene hinzufügen.

Richtig gut ist diese Funktion aber erst im Zusammenhang mit Effekten. Denn wenn Sie der Ebene so einen Effekt zuweisen (zum Beispiel einen Schatten: Effekt • Stilisierungsfilter • Schlagschatten), erhalten alle Objekte dieser Ebene diesen Schatten. Verschieben Sie später aber einzelne Elemente auf eine andere Ebene, verlieren diese auch den Schatten, denn dieser ist nur der Ebene zugeordnet, nicht dem Einzelelement. In der folgenden Schritt-für-Schritt-Anleitung wird dies deutlich.

Beispielmaterial: Umgebungsplan.ai

Schritt für Schritt
Ein Umgebungsplan mit Ebenen

1 Datei öffnen und Ebenen anlegen

Öffnen Sie die Datei »Umgebungsplan.ai«, und rufen Sie das Ebenen-Bedienfeld auf. Sie finden eine abgeschlossene Ebene vor. Auf dieser befindet sich Ihre Vorlage, nach der Sie nun den Umgebungsplan anlegen können. Legen Sie nun zunächst sechs Ebenen mit folgender Bezeichnung und Reihenfolge an: Hintergrund, Straßen, Sonstiges, Grünanlagen, Symbole und Schrift.

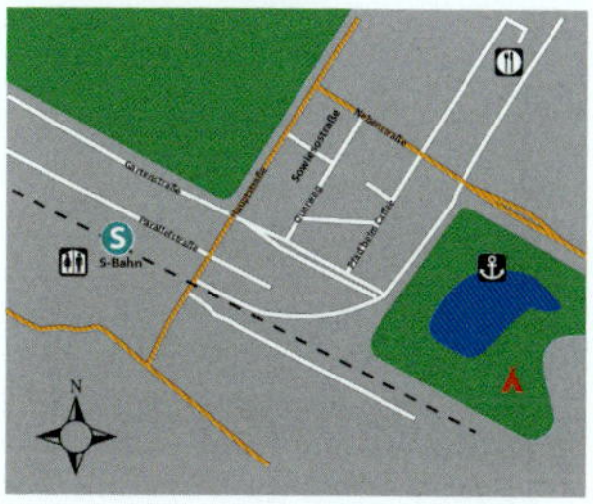

▲ **Abbildung 6.21**
Der fertige Umgebungsplan

▲ **Abbildung 6.22**
Die Ebenen des Umgebungsplans

2 Straßen zeichnen

Um jetzt auf der richtigen Ebene zu arbeiten, klicken Sie einmal mit der Maus auf die Ebene »Straßen«. Wählen Sie das Zeichenstift-Werkzeug [P] , schalten Sie die Flächenfarbe in der Werkzeugleiste auf Ohne, und geben Sie im Steuerung-Bedienfeld eine schwarze Kontur von etwa 1 pt ein.

Nun zeichnen Sie alle Straßen (auch die Hauptstraßen) nach. Bleiben Sie dabei immer in der Mitte der Straßen. Nachdem Sie eine Straße nachgezeichnet haben, drücken Sie [↵], um für die nächste Straße einen neuen Pfad zu beginnen. Zeichnen Sie so jede Straße für sich mit allen Ecken und Kurven. Die Straßen werden sich überschneiden; das ist okay so.

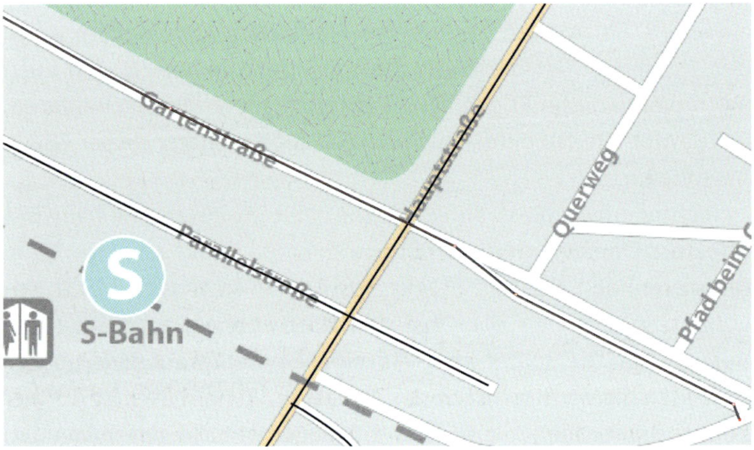

▲ **Abbildung 6.23**
Zeichnen Sie die Straßen ruhig durch, sodass sie sich kreuzen.

▲ **Abbildung 6.24**
Das Aussehen der einzelnen Straßen

3 Aussehen der Stadtstraßenebene

Auf der Straßenebene haben Sie nicht viel mehr als Pfade. Das soll sich ändern, indem Sie der Ebene ein spezifisches Aussehen geben. Doch zuvor aktivieren Sie alle Straßen, indem Sie in den Auswahlbutton der Straßenebene klicken 2, und geben ihnen eine weiße Konturfarbe und eine Konturstärke von 3 pt 1.

Im Aussehen-Bedienfeld wählen Sie im Flyout-Menü 3 Neue Kontur hinzufügen aus. Dies erzeugt eine zweite Kontur über der ersten (nicht zu verwechseln mit dem Pfad; dieser bleibt, wie er ist). Dies gilt nun für alles, was auf dieser Ebene zu liegen kommt.

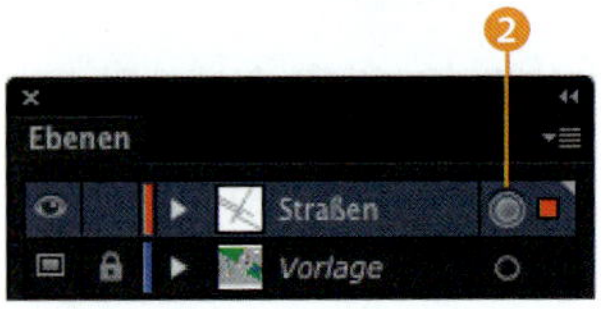

▲ **Abbildung 6.25**
Aktivieren des Zielbuttons der Straßenebene im Ebenen-Bedienfeld

Im Symbol für die Konturfarbe ④ wählen Sie Schwarz, und im Eingabefeld für die Konturstärke geben Sie »4 pt« ein. Wird Ihnen die Konturstärke voreinstellungsbedingt in Millimeter (mm) angezeigt, überschreiben Sie sie einfach mit »pt«. Der Wert wird für Sie umgerechnet. Nun müssen Sie hier im Aussehen-Bedienfeld nur noch KONTUR mit gedrückter Maustaste unter INHALT ziehen.

Ihre Straßen sind nun genial miteinander verbunden: Kreuzungen überschneiden sich, doch die schwarzen Outlines laufen außen herum!

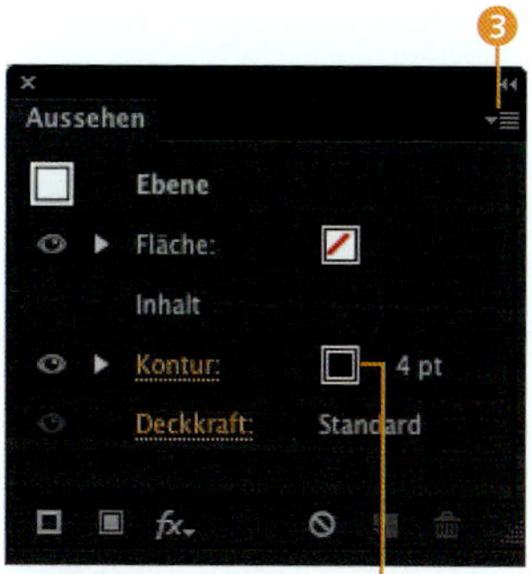

▲ **Abbildung 6.26** ④
Das Aussehen der Ebene mit einer zusätzlichen schwarzen Kontur – unter dem »Inhalt«, also den einzelnen Straßen

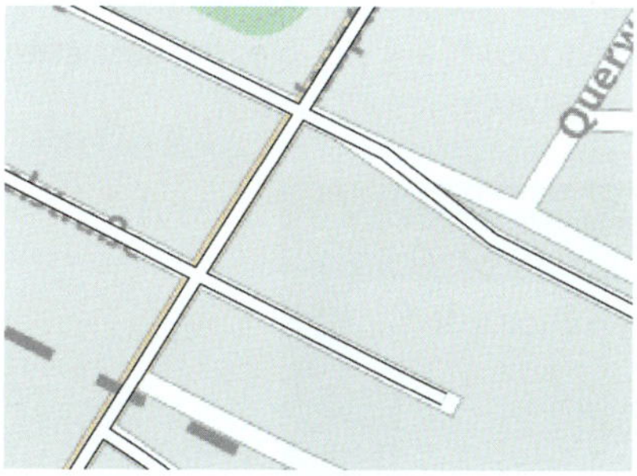

◂ **Abbildung 6.27**
Um die Straßen herumlaufende (extra) Konturen

4 Aussehen der Hauptstraßen

Aktivieren Sie mit dem Direktauswahl-Werkzeug [A] die Hauptstraßen, und geben Sie den Konturen ein ansprechendes Orange.

Sollten die weißen Nebenstraßen in die orangefarbenen Hauptstraßen hineinlaufen, ordnen Sie die Hauptstraßen ganz im Vordergrund an (OBJEKT • ANORDNEN • IN DEN VORDERGRUND).

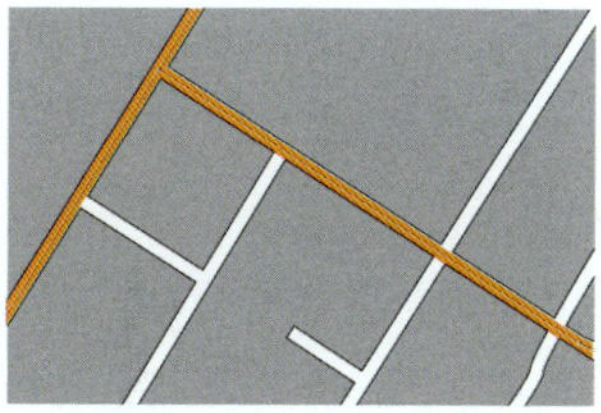

▲ **Abbildung 6.28**
Die Hauptstraßen verbinden sich mit den Nebenstraßen.

5 Bahnlinie erstellen

Auf der Ebene »Sonstiges« (aktivieren Sie sie mit einem Klick im Ebenen-Bedienfeld) zeichnen Sie jetzt mit dem Zeichenstift-Werkzeug [P] in Schwarz die Bahnlinie ein und setzen diese im Kontur-Bedienfeld auf GESTRICHELTE LINIE, indem Sie dort Werte für den Strich und seine Lücke eingeben ⑤.

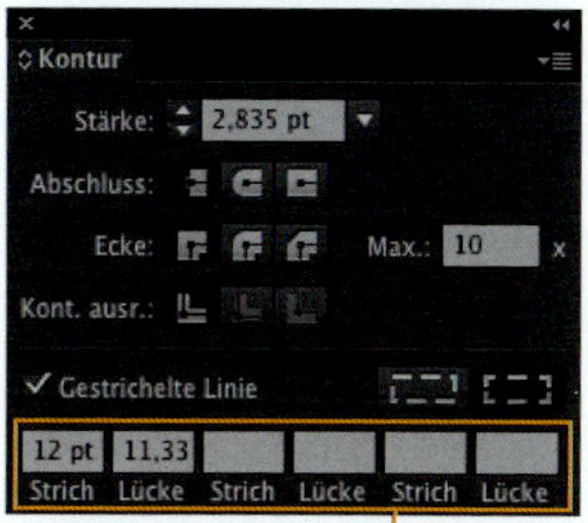

▲ **Abbildung 6.29** ⑤
Die gestrichelte Linie für die Bahn

6 Symbole ergänzen

Als Nächstes aktivieren Sie die Ebene »Symbole«. Am unteren Rand des Symbole-Bedienfelds gelangen Sie zu den SYMBOL-BIBLIOTHEKEN ⑥ (Abbildung 6.30). Dort finden Sie auch die Bibliothek KARTEN, in der passende Symbole für Ihre Karte zu finden

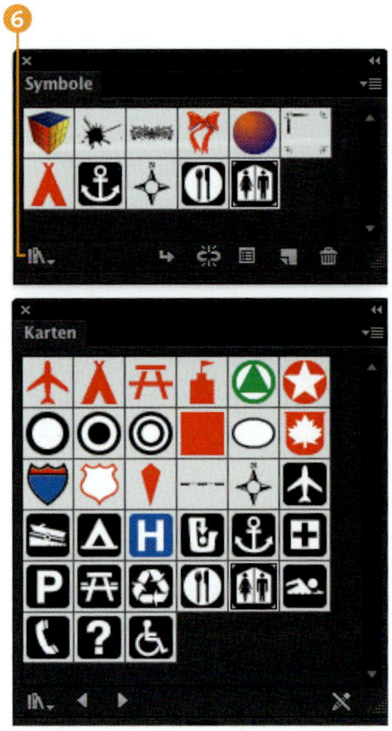

▲ **Abbildung 6.30**
Illustrator bietet Ihnen Symbole, die zum Umgebungsplan passen: »Karten«.

sind. Ziehen Sie die Symbole auf Ihre Zeichenfläche, und passen Sie sie in der Größe an.

7 Grünflächen

Nun aktivieren Sie die Ebene »Grünanlagen« und zeichnen Rasen, Parkanlagen oder Seen mit dem Zeichenstift-Werkzeug [P] ein.

Mit dem Auswahl-Werkzeug [V] aktivieren Sie eine Grünfläche. Am unteren Rand des Farbfelder-Bedienfelds gelangen Sie zu den Farbbibliotheken ①. Wählen Sie hier Muster • Einfache Grafiken • Einfache Grafiken_Strukturen. Suchen Sie sich eine Struktur aus, und klicken Sie doppelt auf sie. Das ausgesuchte Muster finden Sie jetzt auch im Farbfelder-Bedienfeld.

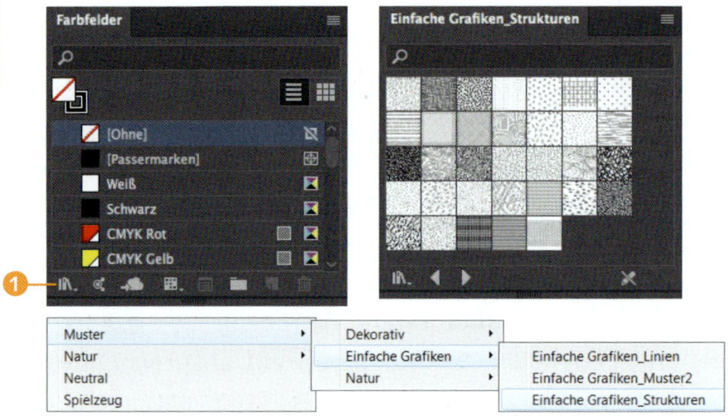

Abbildung 6.31 ▶
Strukturen als Farbfelder

Rufen Sie nun das Aussehen-Bedienfeld auf, und fügen Sie dort über das Flyout-Menü eine neue Fläche hinzu. Wenn Sie hier der unteren Fläche des Rasens Grün zuweisen und der neu angelegten, oberen die eben ausgewählte Struktur, erhalten Sie einen strukturierten Rasen. Passen Sie zuletzt noch die Konturenfarbe der Grünfläche an.

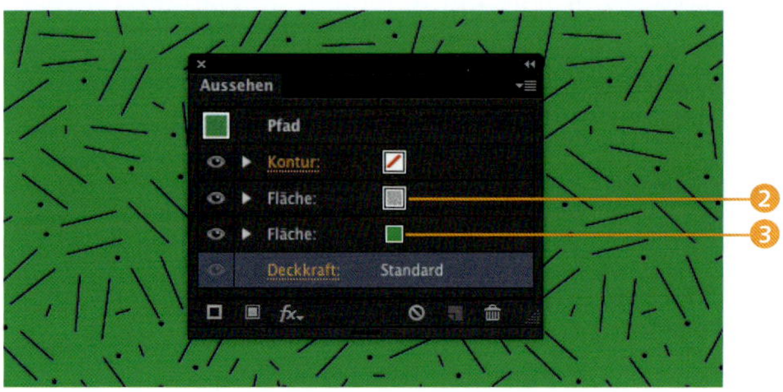

Abbildung 6.32 ▶
Obere Fläche mit Struktur ②, untere mit grüner Farbe ③

8 Straßennamen anlegen

Auf Ihrer Ebene für die Straßennamen (Ebene »Schrift«) klicken Sie mit dem Text-Werkzeug [T] einmal auf die Zeichenfläche. Der Text-Cursor fängt an zu blinken, und Sie können einen Straßennamen eintippen. Markieren Sie den eingegebenen Namen, und formatieren Sie die Schrift. Dazu wählen Sie im Steuerung-Bedienfeld eine Schriftart und eine Schriftgröße aus.

◄ **Abbildung 6.33**
Schriftart, -schnitt und -größe auswählen

Wählen Sie nun das Auswahl-Werkzeug [V] aus. Wenn Sie mit dem Cursor einer Ecke des Begrenzungsrahmens der Schrift nahekommen, erscheint ein kleiner Doppelpfeil, mit dem Sie den Text in die Richtung drehen können, in die Ihre Straße läuft. So gehen Sie bei jeder Straße vor, die Sie benennen wollen.

▲ **Abbildung 6.34**
Drehen Sie Ihre Beschriftung in Richtung der Straße, zu der sie gehört.

9 Hintergrund und Schnittmaske

Auf der Ebene »Hintergrund« ziehen Sie nun mit dem Rechteck-Werkzeug [M] ein großes Rechteck in der Größe Ihrer Zeichenfläche auf und weisen ihm die Flächenfarbe Grau zu.

Da einige Elemente über den Rand der Karte hinausragen, legen Sie nun zum Schluss noch eine weitere Ebene ganz oben an. In diese Ebene ziehen Sie alle anderen Ebenen gemeinsam hinein. Aktivieren Sie die einzelnen Ebenen dazu im Ebenen-Bedienfeld mit der [⇧]-Taste.

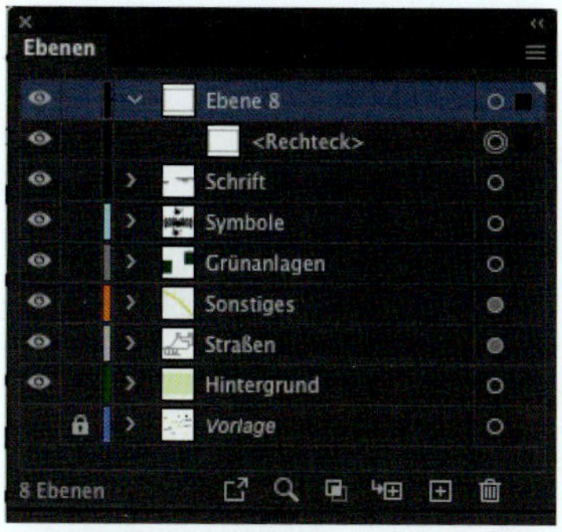

◄ **Abbildung 6.35**
In die neue Ebene (»Ebene 8«) verschobene Ebenen und der Rahmen (»Rechteck«) für die Schnittmaske als oberstes Element

Und wieder ziehen Sie über alles ein großes Rechteck in der Größe der Zeichenfläche auf, in dem die Karte noch sichtbar sein soll. Achten Sie darauf, dass wirklich die oberste Ebene aktiv ist!

Nun brauchen Sie nur noch auf das Schnittmasken-Symbol im Ebenen-Bedienfeld zu klicken, und alles Überstehende ist ausgeblendet.

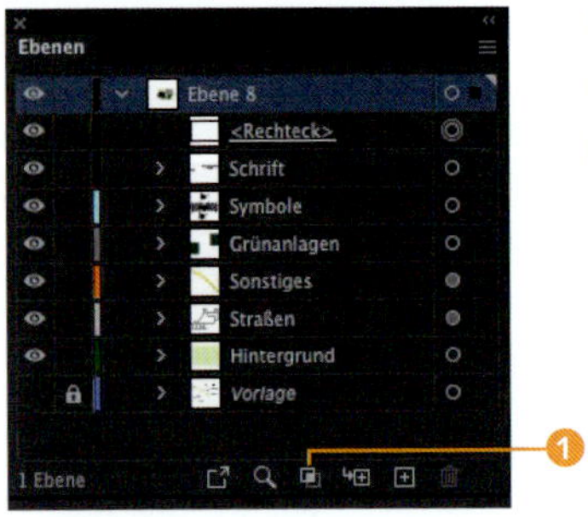

▲ **Abbildung 6.36**
Schnittmasken-Symbol im Ebenen-Bedienfeld (Das Objekt »Rechteck« wird als Schnittmasken-Element unterstrichen.)

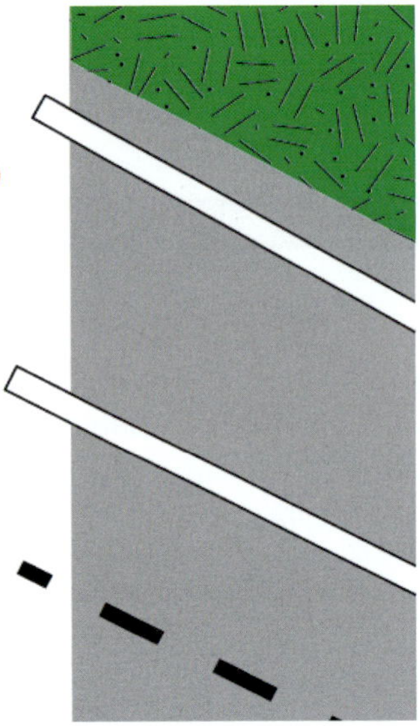

Abbildung 6.37 ▸
Überstehende Elemente auf der Karte

Das Ergebnis unserer Arbeit kann sich wirklich sehen lassen.

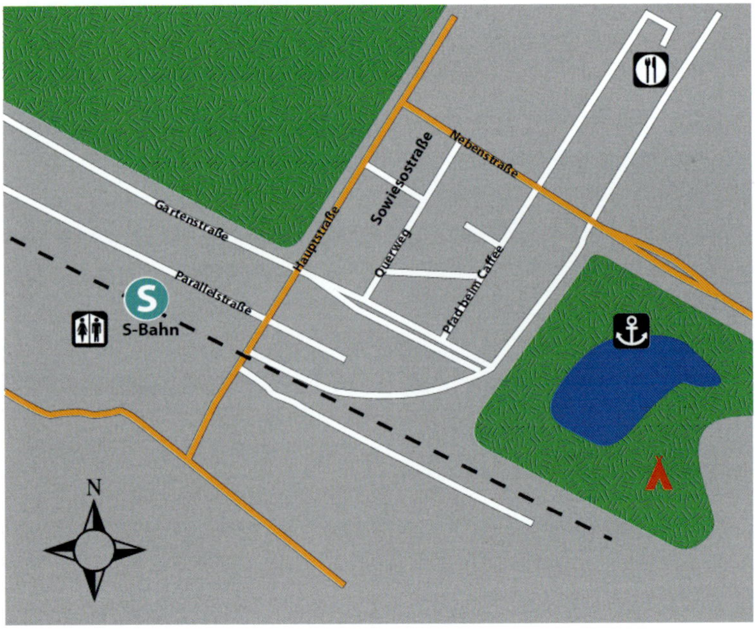

Abbildung 6.38 ▸
Der fertige Umgebungsplan

7 Muster, Pinsel und Symbole

Von der Zeichnung zu den Bildern

- Was sind Muster, und wo sind sie zu finden?
- Wie lassen sich Muster generieren und anwenden?
- Wie werden Muster transformiert?
- Wie arbeitet man effektiv mit Pinseln?
- Was verbirgt sich hinter dem unscheinbaren Breitenwerkzeug?
- Was macht man mit dem Tropfenpinselwerkzeug?
- Wie werden Symbole in Illustrator angewendet?
- Wie erzeugt man selbst spannende Symbole?

7 Muster, Pinsel und Symbole

In diesem Kapitel möchte ich Sie in die Welt der Muster, Symbole und Pinsel von Adobe Illustrator einführen. Ich zeige Ihnen auch, dass Sie mit dem Programm nicht nur einfache Linien oder Konturen zeichnen können, sondern mannigfache Pinsel zur Verfügung haben, die tolle Konturen für Sie zaubern.

Bei allen drei Gestaltungsmitteln/Werkzeugen können Sie entweder auf die sehr umfangreichen Bibliotheken zugreifen, die Ihnen viele Symbole, Muster und Pinsel anbieten, oder Sie erzeugen sich sogar ganz eigene.

Abbildung 7.1 ▼
Die vielen Musterbibliotheken von Illustrator, jeweils als Beispiel auf T-Shirts angewandt

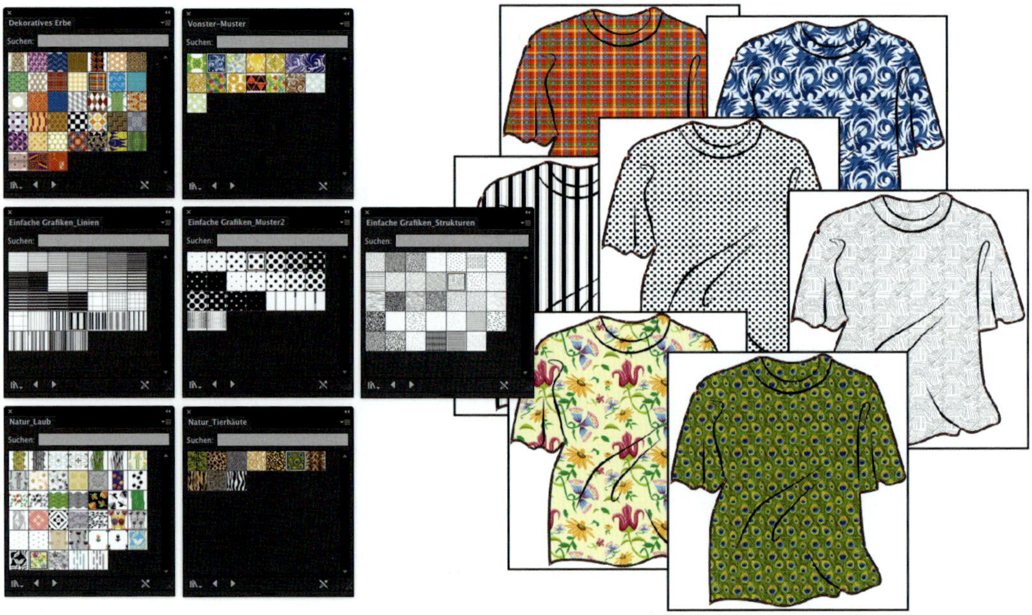

7.1 Muster

Was sind Muster überhaupt? Ein Muster ist eine Gruppe von Elementen, die auf ein Objekt angewandt wird, wobei die Elemente nicht jedes Mal neu und einzeln gezeichnet werden müssen. Stellen Sie sich vor, Sie müssten ein gepunktetes Objekt erzeugen und jeden Punkt einzeln zeichnen. Eine riesige Menge von Einzelobjekten käme da zusammen. Wenn Sie diese auch noch verändern müssten, hätten Sie anschließend keine Lust mehr, weiterzuarbeiten.

Deshalb gibt es Muster als Funktion. Ist das Muster erst einmal kreiert und als solches definiert, können Sie es auf beliebige Objekte anwenden. Aber es besteht nur ein einziges Muster im Hintergrund. Illustrator erzeugt nur weitere Instanzen davon, und die Datenmenge bleibt klein. Verändern müssen Sie bei Bedarf nur das Muster, nicht Hunderte von einzelnen Elementen.

▲ **Abbildung 7.2**
Nicht jeder Punkt hier ist ein einzelnes Objekt; es ist als Ganzes *ein* Muster.

Wo gibt es Muster?

Muster sind eine Form der Farbfelder. Öffnen Sie also das Farbfelder-Bedienfeld, und scrollen Sie in Ihrer Liste ganz nach unten. Dort finden Sie Farbfelder, die Muster enthalten. Wenn Sie das Bedienfeld-Symbol Farbfeldarten einblenden ❷ auswählen, können Sie die Anzeige der Farbfelder auf Muster ❸ beschränken, um diese besser auffinden zu können.

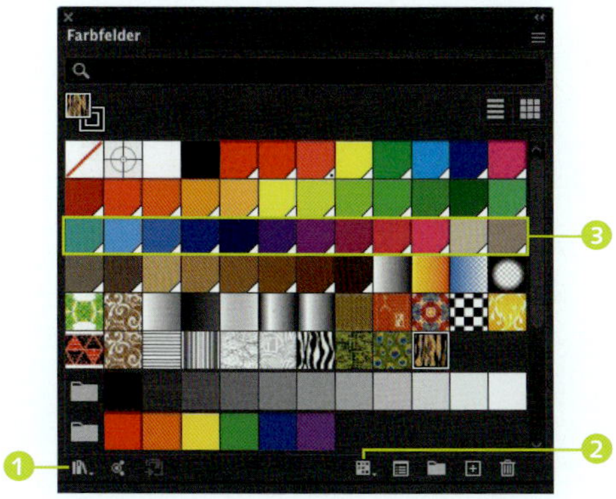

◄ **Abbildung 7.3**
Die Muster in den Farbfeldern in der Ansicht

Im Farbe-Bedienfeld sehen Sie nur dann ein Muster, wenn es in den Farbfeldern ausgewählt ist oder wenn ein Objekt mit Musterfüllung aktiv ist. Hier können Sie keine Muster auswählen.

Das Farbfeldbibliotheken-Symbol ❶ des Farbfelder-Bedienfelds ist der Button Ihrer Wahl, denn Illustrator speist Sie nicht mit den paar Mustern ab, die schon in den Farbfeldern liegen. Navigieren Sie dort zu Muster • Dekorativ/Einfache Gra-

FIKEN/NATUR. Hinter jeder dieser drei Auswahlen liegen wieder mehrere Musterbibliotheken.

Wenn Sie eine Musterbibliothek auswählen, erhalten Sie ein weiteres Bedienfeld, das die Musterfarbfelder als Liste oder Miniatur anzeigt, je nachdem, was Sie im Flyout-Menü auswählen. Sieben Bibliotheken gibt es für Sie schon – von Strukturen über dekorative Muster bis hin zu Naturformen.

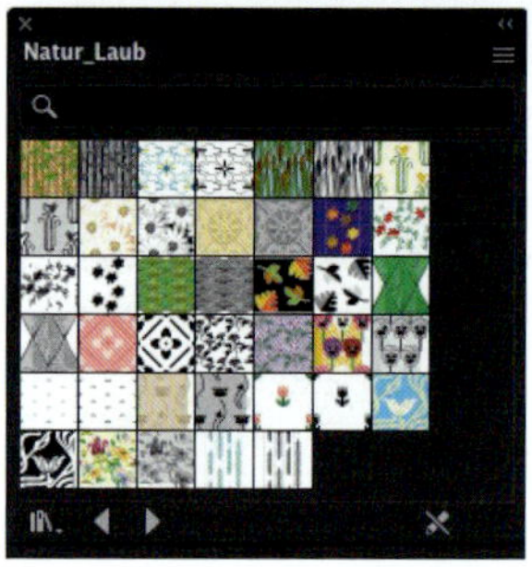

Abbildung 7.4 ▸
Rufen Sie eine Musterbibliothek auf. Sie wird in einem eigenen Bedienfeld angezeigt.

Muster zuweisen

Das Zuweisen eines Musters zu einem Objekt ist ganz einfach. Es funktioniert genauso, wie Sie eine »normale« Farbe aus den Farbfeldern zuweisen: Ist ein Objekt aktiv, reicht ein Klick in ein Musterfarbfeld. Ist es nicht aktiv, ziehen Sie ein Muster einfach auf seine Fläche. Seien Sie hierbei vorsichtig: Treffen Sie aus Versehen die Kontur, erhält diese das Muster. Korrigieren Sie es, indem Sie Konturfarbe und Flächenfarbe tauschen: Drücken Sie bei aktivem Objekt [⇧]+[X].

▲ **Abbildung 7.5**
Sie können ein Muster einfach in die Fläche des Objekts ziehen oder auf das Musterfeld klicken, wenn das Objekt aktiv ist.

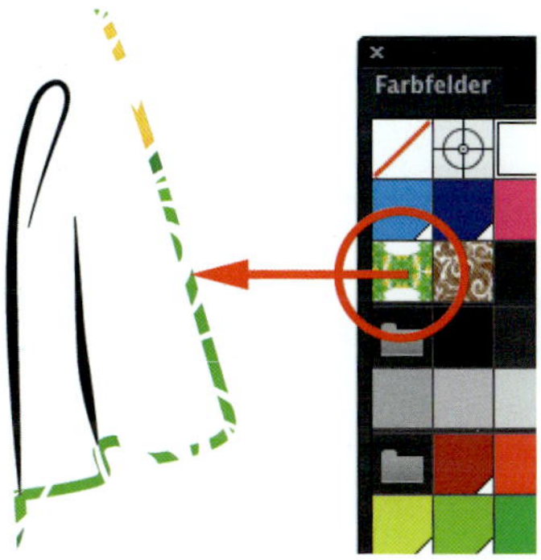

▲ **Abbildung 7.6**
Vorsicht: Es können auch Konturen mit einem Muster versehen werden.

Muster transformieren

Nun entspricht die Größe einer Musterung vielleicht nicht immer dem Objekt, dem das Muster zugewiesen wurde. Sie müssen sowohl die Größe als auch die Ausrichtung des Musters ändern, womit wir wieder beim Transformieren-Bedienfeld sind (siehe auch Abschnitt 3.4, »Objekte transformieren«). Entscheidend ist, was Sie im Flyout-Menü eingestellt haben. Soll das ganze Objekt inklusive seines Musters transformiert werden, nur das Muster oder nur das Objekt ohne Muster? Fast genauso wichtig ist, ob Sie die Kette geschlossen haben ④. Wenn ja, verzerrt sich das Muster nicht; sein Breiten- und Höhenverhältnis bleibt erhalten.

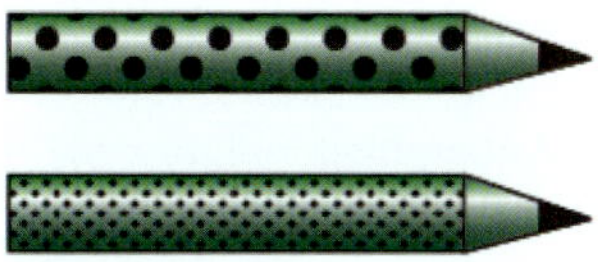

▲ **Abbildung 7.7**
Mustergrößen sollen dem Objekt angepasst werden.

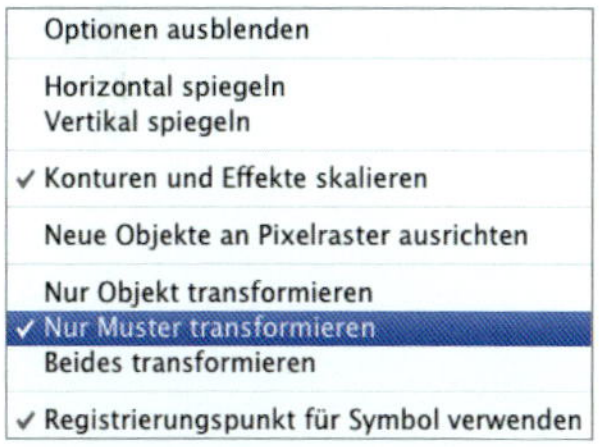

▲ **Abbildung 7.8**
Flyout-Menü des Transformieren-Bedienfelds: Hier bestimmen Sie, was transformiert werden soll.

◂ **Abbildung 7.9**
Ungleichmäßige Transformation mit gebrochener Kette ④. Die Kreise des Stiftes wurden zu Ellipsen.

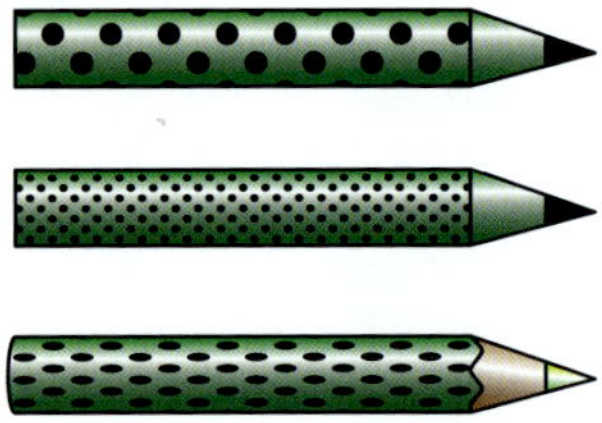

▲ **Abbildung 7.10**
Gleichmäßige Größenskalierung mit geschlossener Kette (Mitte) und mit Skalierung nur in der Höhe (unten)

Wenn Sie aber NUR MUSTER TRANSFORMIEREN angehakt haben, wird Ihnen das Warndreieck 5 angezeigt. (Ein Klick darauf ändert die Einstellung wieder in BEIDES TRANSFORMIEREN.) Haben Sie sich für NUR MUSTER TRANSFORMIEREN entschieden, legen Sie die x-y-Position des Musters fest 2 (Abbildung 7.9), verschieben es also innerhalb seines Objekts. Welcher Bezugspunkt dafür zurate gezogen wird, entscheiden Sie auch noch 1. Meist ändern Sie in erster Linie die Größe des Musters 3 mit Breite und Höhe.

Möchten Sie ein Muster DREHEN 6 oder VERBIEGEN 9 (Abbildung 7.9)? Geben Sie numerisch den Winkel ein. Ob Konturen und Effekte mittransformiert werden 8, ist für die Mustertransformation nicht wichtig. Auch das Mitskalieren von Ecken nicht 7.

Über die Unzulänglichkeit des Eigenschaften-Bedienfeldes habe ich mich früher schon ausgelassen. Arbeiten Sie aber damit, können Sie natürlich auch dort Muster, Objekte oder beides transformieren, nicht aber einstellen, was von den drei Möglichkeiten passieren soll. Das müssen Sie weiterhin im Transformieren-Bedienfeld tun oder im ersten Reiter der Voreinstellungen.

Am Pixelraster ausrichten
Kennen Sie Illustrator schon ein wenig, vermissen Sie hier vielleicht diesen Button. Das Ausrichten am Pixelraster für Webgrafiken nehmen Sie nun über ANSICHT • AN PIXEL AUSRICHTEN vor. Oder über die Buttons der Steuerleiste rechts (dazu mehr in Kapitel 10, »Grafiken für Web und Screen«).

Muster selbst erstellen

Es ist zwar sehr praktisch, auf eines der zahlreichen Muster von Illustrator zuzugreifen, aber Sie können auch mühelos selbst welche erstellen. Nehmen Sie dazu ein Objekt oder eine Objektgruppe, und ziehen Sie das jeweilige Element einfach in Ihr Farbfelder-Bedienfeld. Das zumindest ist die einfachste Art. Und nun können Sie es auf jedes beliebige Objekt anwenden.

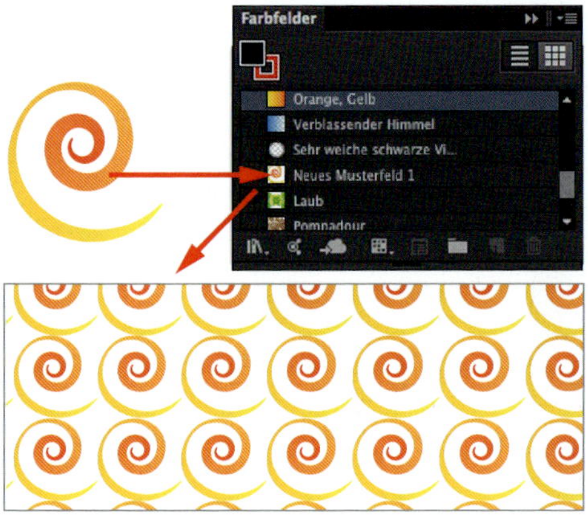

Abbildung 7.11 ▶
Ein Objekt, das Sie in die Farbfelder ziehen, ergibt ein Musterfarbfeld, das wiederum auf andere Objekte angewendet werden kann.

Sie sehen, dass Ihr Muster, wenn es auf so einfache Weise erzeugt wird, die einzelnen Musterelemente direkt neben- und übereinander anordnet. Das ist nicht immer schlecht oder langweilig, doch erzeugen Sie so sehr schnell »Kachelungen«.

Wie aber kriegen Sie es hin, dass sich keine Kacheln bilden? Was müssen Sie tun, damit die Einzelobjekte einen Abstand zueinander haben?

Aktivieren Sie das Objekt, aus dem Sie ein Muster kreieren möchten, rufen Sie FENSTER • MUSTEROPTIONEN auf, und wählen Sie aus dessen Flyout-Menü MUSTER ERSTELLEN. Wenn es bereits als Muster vorhanden ist oder Sie ein Objekt gerade in das Farbfelder-Bedienfeld gezogen haben, können Sie auch einen Doppelklick darauf machen.

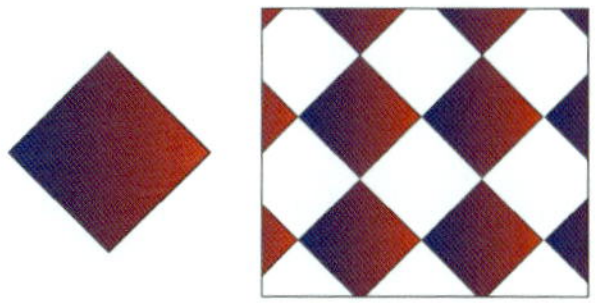

▲ **Abbildung 7.12**
Das Prinzip dieser einfachen Musterbildung

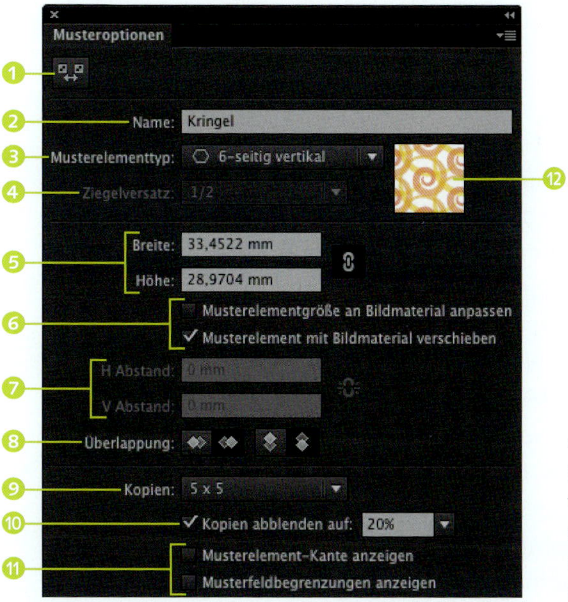

◄ **Abbildung 7.13**
Sie können die MUSTEROPTIONEN auch durch Doppelklick auf das Musterfarbfeld aufrufen.

Geben Sie Ihrem Muster einen Namen ❷, und wählen Sie einen MUSTERELEMENTTYP ❸. Dieser legt fest, wie die Einzelelemente zueinander angeordnet werden sollen. Haben Sie beim Typ HORIZ. VERSATZ oder VERT. VERSATZ ausgewählt, können Sie unter ZIEGELVERSATZ bestimmen, wie sehr die einzelnen Reihen zueinander versetzt werden sollen ❹. Die Farbfeld-Vorschau ⓬ zeigt Ihnen in Klein an, wie das Muster später aussehen wird, doch sehen Sie es besser auf Ihrer Zeichenfläche.

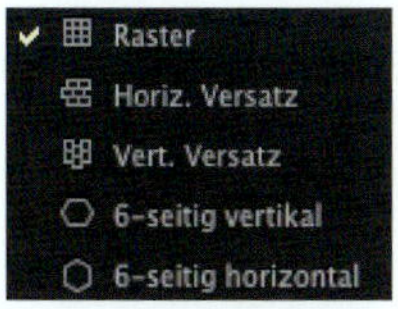

▲ **Abbildung 7.14**
Musterelementtyp

Mit der Breite und Höhe ⑤ steuern Sie, ob sich die Elemente überschneiden (kleinerer Wert) oder »gekachelt« nebeneinanderliegen (größerer Wert). Auch hier finden Sie wieder das Ketten-Symbol, um Breite und Höhe im proportionalen Verhältnis skalieren zu können.

Abbildung 7.15 ▸
Mithilfe von Breite und Höhe legen Sie fest, ob sich die Elemente überschneiden oder ob sie nebeneinanderliegen.

▲ Abbildung 7.16
Wer überschneidet wen? Das regeln Sie mit der Überlappung.

Die nächsten beiden Checkboxen ⑥ bringen die Musterkreation in Abhängigkeit zum Ausgangsobjekt (Bildmaterial). Entsprechend können Sie dann auch den horizontalen und vertikalen Abstand ⑦ der Elemente zueinander numerisch bestimmen.

Welche Reihe der Elemente welche überschneidet, bestimmen Sie mit den Buttons Überlappung ⑧.

Die Menge der Kopien ⑨ spricht für sich. Missverständlich ist aber das Abblenden ⑩, weil dies nur zur Ansicht beim Kreieren der Muster dient, so wie auch das Anzeigen der Musterelement-Kante und der Musterbegrenzungen ⑪ nur beim Gestalten helfen soll. Jedoch können Sie mit dem Musterelement-Werkzeug ① auch an Ihrem Element arbeiten und so zu interessanten Ergebnissen kommen. Überhaupt ist hierbei Ihr Spieltrieb gefragt, weil vieles mehr durch Ausprobieren entstehen wird als durch meine Erklärungen.

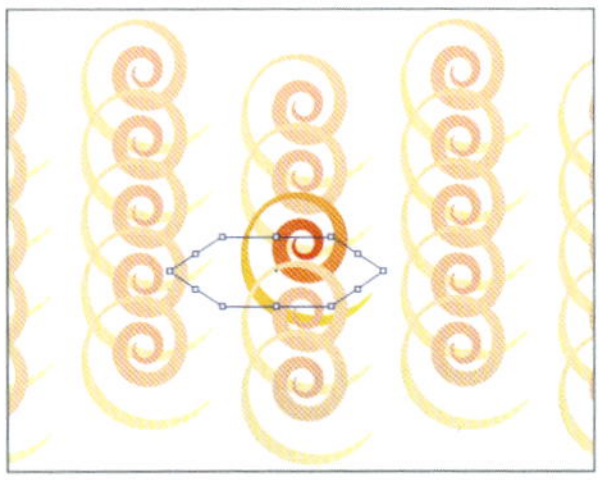

▲ Abbildung 7.17
Wenn Sie mit dem Musterelement-Werkzeug ① die Grundform des Typs verändern, ändert sich auch die Musteranordnung.

Verlassen Sie die Musteroptionen wieder, indem Sie auf den Pfeil links oben an Ihrer Zeichenfläche oder doppelt auf die Zeichenfläche klicken.

▲ Abbildung 7.18
Verlassen, Kopieren oder Abbrechen der Musteroptionen

Möchten Sie übrigens, dass die sich überschneidenden Musterelemente **transparent** sind, aktivieren Sie mit dem Auswahl-Werkzeug das Ausgangsobjekt und verringern im Transparenz-Bedienfeld die Deckkraft.

Unsichtbares Rechteck
Wenn Ihr Rechteck weder eine Flächen- noch eine Konturfarbe hat, ist es auch nicht sichtbar. In der Pfadansicht jedoch zeigt es seinen Pfad (und natürlich wenn es aktiviert ist).

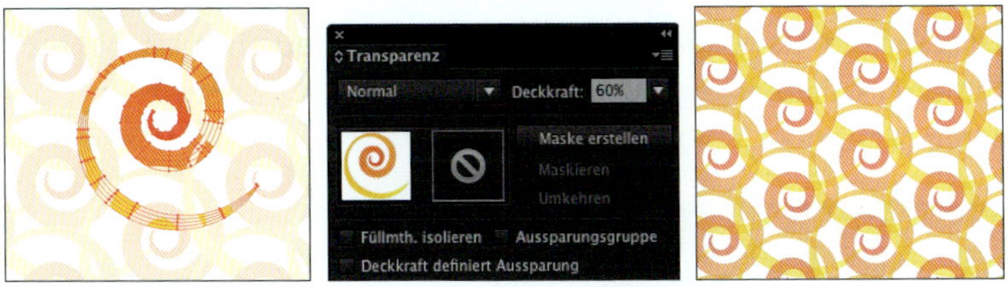

▲ **Abbildung 7.19**
Links: Ausgewähltes Ausgangsobjekt. Mitte: Verringern der Deckkraft. Rechts: Muster mit Transparenzen.

Möchten Sie aber ein ganz eigenes **unregelmäßigeres Muster** kreieren, das trotzdem nicht so gekachelt aussieht, ziehen Sie einen quadratischen Rahmen auf, der weder Kontur- noch Flächenfarbe hat, und legen über (!) diesen Rahmen die Elemente, die zum Muster werden sollen. Wenn Sie nun die Elemente und den Rahmen in die Farbfelder ziehen, entsteht ein Muster, das sehr individuell sein kann.

▲ **Abbildung 7.20**
Wichtig: Der unten liegende Rahmen darf weder Flächen- noch Konturfarbe haben.

◂ **Abbildung 7.21**
Ihre unregelmäßige Musterkreation mit farblosem Rahmen unter (!) den Elementen erzeugt ein spannendes Muster.

▲ **Abbildung 7.22**
Ein weißes T-Shirt, noch ganz »blanco«

Schritt für Schritt
Ein Modeentwurf per Muster

1 Datei öffnen
Ich habe für Sie eine Datei vorbereitet (»T-Shirt.ai«). Sie finden dort ein T-Shirt auf zwei Ebenen verteilt: Eine Ebene ist für die

Schattierungen bestimmt und eine für die Muster selbst, die nun kreiert werden sollen, denn weiße T-Shirts sind recht langweilig.

2 Muster anwenden

Im Farbfelder-Bedienfeld klicken Sie auf MUSTERFELDER EINBLENDEN ①. Die Liste der Felder ist sehr überschaubar. Also nehmen Sie erst mal eines der zwei Felder und weisen es dem T-Shirt per Drag & Drop zu.

▲ **Abbildung 7.23**
Ziehen Sie ein Muster mit der Maus in das T-Shirt.

Wollen Sie dem Kragen zum Beispiel eine Farbe und kein Muster zuweisen, obwohl im Farbfelder-Bedienfeld ja nur Muster zu sehen sind, erledigen Sie dies im Steuerung- oder im Eigenschaften-Bedienfeld; dort sind immer alle Farbfelder ② zu sehen.

3 Muster transformieren

Wählen Sie mit dem Direktauswahl-Werkzeug [A] das T-Shirt aus oder mit der [⇧]-Taste auch den Kragen dazu.

Öffnen Sie das Transformieren-Bedienfeld, und setzen Sie im Flyout-Menü den Haken bei NUR MUSTER TRANSFORMIEREN. Jetzt können Sie bei Breite oder Höhe andere Werte eingeben, oder – besser noch – Sie markieren den derzeitigen Wert und drücken nur [↑] bzw. [↓]. Sie können die Änderungen so live mitverfolgen. Drehen oder verbiegen Sie das Muster auch einmal. Leider wird nach DREHEN und VERBIEGEN immer wieder die »0« angezeigt.

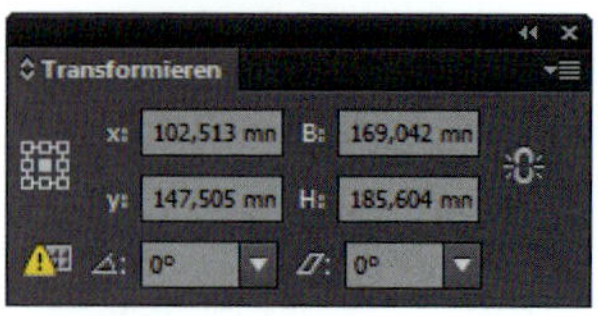

▲ **Abbildung 7.25**
Transformieren des Musters

4 Eigenes Muster kreieren

Nichts gegen das Pyjama-Muster, aber irgendwie wäre ein anderes Muster vielleicht cooler. Zeichnen Sie etwas, was Ihnen gefällt, und greifen Sie dabei ruhig auf die Symbole (FENSTER • SYMBOLE und SYMBOL-BIBLIOTHEK ÖFFNEN im Flyout-Menü) zurück.

Wie wär's mit einer Kreation aus Flecken (aus den Standard-Symbolen von Illustrator)? Ziehen Sie sie einfach auf die Zeichenfläche und von da in das Farbfelder-Bedienfeld und von dort wieder aufs T-Shirt. Das übriggebliebene Muster-Symbol auf der Zeichenfläche können Sie jetzt getrost löschen.

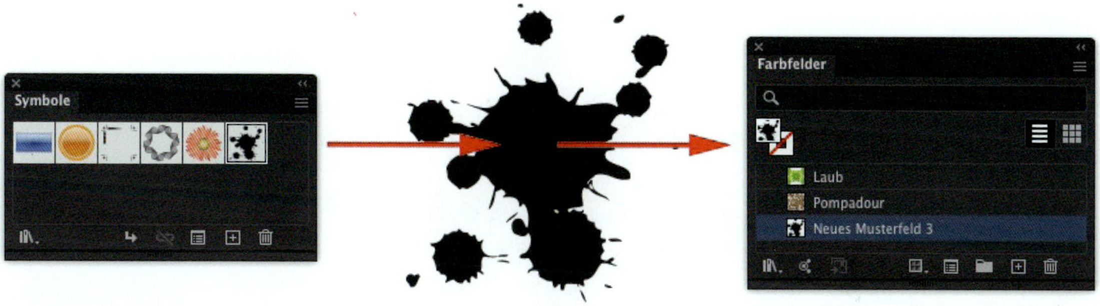

▲ **Abbildung 7.26**
Von den Symbolen auf die Zeichenfläche und in die Farbfelder

Mit einem Doppelklick auf das neue Musterfeld gelangen Sie zu den Musteroptionen. Dort können Sie ein bisschen herumspielen, bis es passt.

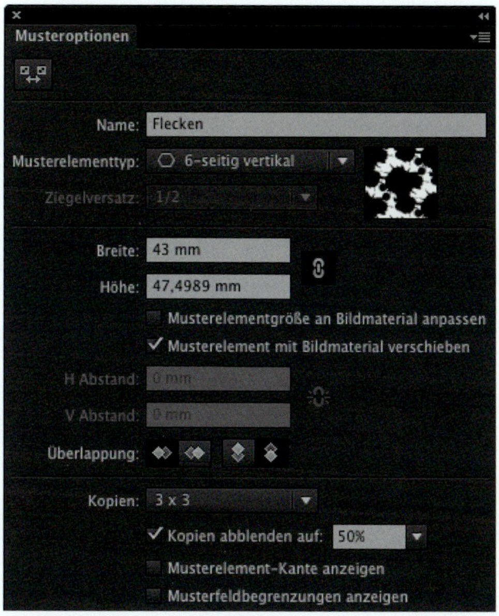

◄ **Abbildung 7.27**
Musteroptionen für das neue Fleckenmuster

▲ **Abbildung 7.28**
Deckkraftreduktion

Jetzt reduzieren Sie noch im Transparenz-Bedienfeld die Deckkraft und wählen im Farbfelder-Bedienfeld (oder über das Steuerung- oder Eigenschaften-Bedienfeld) eine schmucke Farbe …

… und fertig ist Ihre Kreation!

Abbildung 7.29 ▸
Nicht gerade punkig, aber eigen und schnell gemacht

5 Variationen anlegen

Gehen Sie im Flyout-Menü des Zeichenflächen-Bedienfelds auf Zeichenflächen duplizieren, und kreieren Sie weitere T-Shirt-Variationen für Ihre Kollektion.

Abbildung 7.30 ▸
Eine Kollektion ist im Handumdrehen zusammengestellt.

7.2 Pinsel

So, und hier nun kommen alle Illustrator*innen auf ihre Kosten. Denn die Pinselfunktionen lassen Sie so Zeichnen und Malen, wie Sie es sonst auch mit »richtigen« Zeichenstiften tun. Doch auch Modedesigner*innen können jetzt eine Linie an exakter Position zeichnen, ihr dann aber das Aussehen eines Reißverschlusses oder das einer Hosennaht geben.

Um mit Pinseln gut arbeiten zu können, müssen Sie zunächst verstehen, was bei den Pinselfunktionen im Hintergrund bei Illustrator passiert.

Mit dem Pinsel-Werkzeug B zeichnen Sie zunächst einmal Pfade, wie Sie es auch mit anderen Werkzeugen in Kapitel 2, »Pfade«, getan haben. Die Kontur des Pinselstrichs hingegen bekommt ein Aussehen. Jenes Aussehen simuliert dann zum Beispiel einen klassischen Pinselstrich. Der Pfad bleibt dabei unangetastet, egal wie der Pinselstrich aussieht. Haben Sie ein Aussehen gewählt, können Sie drauflosmalen wie mit einem Bleistift, Tuschkastenpinsel etc.

▲ **Abbildung 7.31**
Ein Pinselstrich ist auch nur ein Pfad (oben), der ein Aussehen bekommen hat (unten).

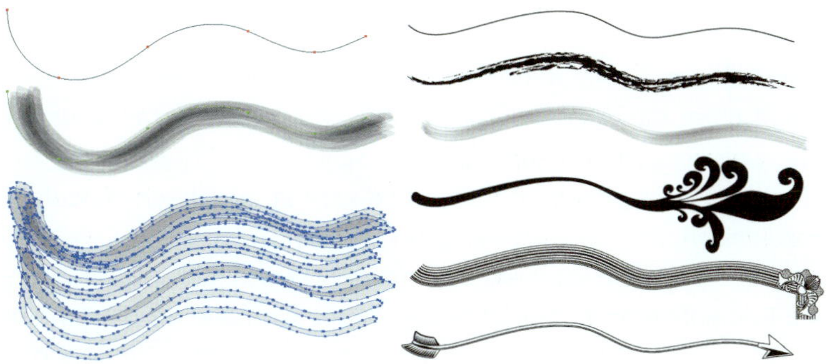

◄◄ **Abbildung 7.32**
Der Borstenpinsel besteht letztlich aus verschiedenen transparenten Flächen, die sein Aussehen simulieren. Oben: Pfad; Mitte: Pinselstrich; unten: Aussehen umgewandelt.

◄ **Abbildung 7.33**
Unterschiedlichste Designs sind für einen Pinselstrich vorstellbar. Er bleibt trotzdem immer nur ein Pfad.

Wenn die Kontur aber nur ein Aussehen darstellt, kann ein Pinselstrich als Pfad auch alles Mögliche sein: ein Ornament, ein Pfeil oder eben eine Hosennaht.

Pinsel auswählen

Meistens werden Sie sich bei den Pinseln wohl auch für das Pinsel-Werkzeug B entscheiden, wobei ein Pinselaussehen auch auf Pfade angewendet werden kann, die mit anderen Werkzeugen erzeugt wurden! Das Pinsel-Werkzeug verhält sich beim Arbeiten aber am ähnlichsten zu dem normalen Pinsel aus Holz und Haar. Wenn Sie dann noch über ein Grafiktablett verfügen, fühlt es sich auch fast so an. Mehr noch: Illustrator erkennt bei guten Tablets beim Pinsel die Neigung, den Druck und bei neueren Tablets auch die Drehung des Stiftes.

Öffnen Sie das Pinsel-Bedienfeld, und wählen Sie dort eine Pinselspitze ① aus Abbildung 7.34.

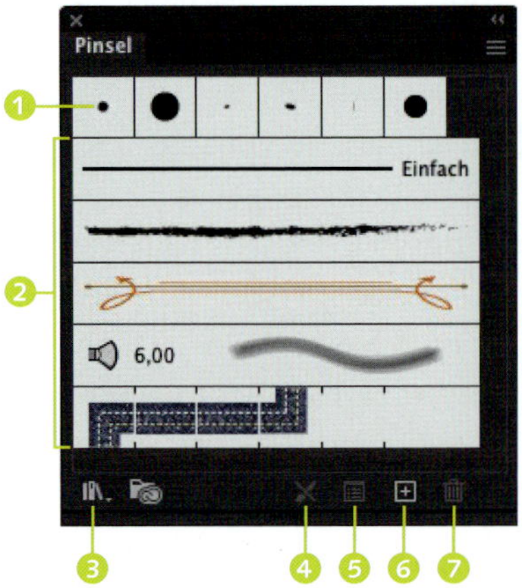

Abbildung 7.34 ▸
Die Standardpinsel des Pinsel-Bedienfelds

▲ Abbildung 7.35
Hinter jeder der Pinselbibliotheken verbirgt sich eine kleine Welt, die Ihnen das Leben leichter machen möchte.

Wenn Sie nun mit dem Pinsel-Werkzeug eine Linie zeichnen, erhält diese das Aussehen des Pinsels. Zeichnen Sie mit anderen Pfadwerkzeugen, müssen Sie nachträglich (bei aktivem Pfad) auf eine der Pinselspitzen im Bedienfeld klicken, um deren Aussehen zuzuweisen.

Ihnen reicht die Auswahl der Pinselspitzen nicht? Gut, am unteren Bedienfeldrand finden Sie wie immer Symbole, die Sie schnell zu den gewünschten Funktionen bringen, ohne dass Sie über das Flyout-Menü gehen müssen. Als Erstes finden Sie die Pinselbibliotheken ③. Navigieren Sie hier im Dropdown-Menü zu einer der vielen Bibliotheken.

Mit dem Button Pinselkontur entfernen ④ löschen Sie nicht den Pfad, sondern nur sein Pinselaussehen, während Sie mit dem Button Optionen für ausgewähltes Objekt ⑤ das Aussehen und Verhalten eines Pinselstrichs nachträglich ändern.

Dass Sie mit Neuer Pinsel ⑥ selbst einen Pinsel kreieren, ist klar. Meist nehmen Sie dafür ein aktives Objekt oder eine Objektgruppe, die zum Pinsel werden soll. Doch auch das obligatorische Papierkorb-Symbol ⑦ ist wichtig, denn Sie werden bestimmt immer wieder verschiedene Pinsel ausprobieren, die dann alle, auch ungenutzt, im Bedienfeld herumliegen. Die, die Sie aber nutzen, können Sie hier schnell auswählen – mit einem einfachen Klick in eine der Pinselvorschauen ②.

▲ Abbildung 7.36
Pinsel können ein sehr unterschiedliches Aussehen haben, je nach Ziel und Stil.

Pinsel modifizieren

Sie können die Pinsel so benutzen, wie sie aus dem Bedienfeld kommen, oder Sie basteln sie sich noch so zurecht, wie es der Arbeit, die Sie verrichten, angemessen erscheint.

Es gibt drei Einstellmöglichkeiten zum Modifizieren des Pinsels:

- nur die Pinseloptionen für ein aktiviertes Objekt ändern
- Pinsel grundsätzlich verändern
- Verhalten des Pinsel-Werkzeugs verändern

Sie haben schon einen Pinselstrich ausgewählt und klicken im Pinsel-Bedienfeld auf OPTIONEN FÜR AUSGEWÄHLTES OBJEKT ⑤ und verändern so lediglich **das aktivierte Objekt**. Es erscheint das Menü KONTUR-OPTIONEN (BILDPINSEL). Sie können hier mit den beiden Reglern die kleinste und die größte Größe des Pinselstrichs angeben ⑩, wenn sie variieren ⑧ soll. An dieser Stelle legen Sie auch fest, ob die Startseite ⑨ des Strichs links oder rechts liegt und was an den Stellen geschieht, an denen er eine Schlaufe macht und sich selbst überschneidet ⑪ (ÜBERLAPPUNG).

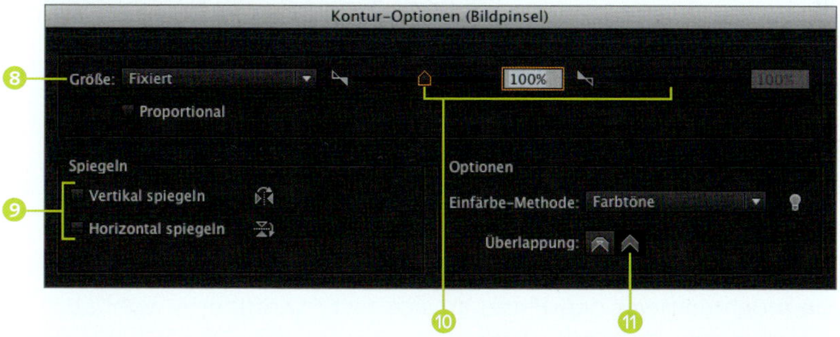

◂ **Abbildung 7.37**
Optionen für einen ausgewählten Pinselstrich

Wenn Sie einen Pinsel des Pinsel-Bedienfelds **grundsätzlich verändern** möchten, doppelklicken Sie auf eben diesen Pinsel, um zu seinen pinselspezifischen Einstellungen zu gelangen. Je nachdem, auf was für einen Pinsel Sie im Bedienfeld doppelklicken, werden Ihnen auch die unterschiedlichen Pinseloptionen angeboten: BILDPINSEL-OPTIONEN, BORSTENPINSELOPTIONEN u.a. Die Einstellmöglichkeiten sind ähnlich. Ich zeige sie hier am Beispiel der Bildpinsel-Optionen.

Benennen Sie den Pinsel als Erstes um ⑫. Auch hier stellen Sie wieder ein, ob sein Aussehen variieren ⑭ soll. Jedoch sind die Optionen, die sich hier verbergen, nur relevant, wenn Sie mit einem

Grafiktablett arbeiten, da Sie hier mit dem DRUCK auf das Tablett oder der NEIGUNG des Stiftes das Aussehen des Pinselstrichs beeinflussen. Das proportionale Skalieren ⑬ vergrößert den Strich, wenn er länger gezeichnet wird. Das Einpassen zwischen Hilfslinien erkläre ich weiter unten. Mehr zu den Einstellungen in den Pinseloptionen finden Sie im nächsten Abschnitt »Neuer Pinsel«.

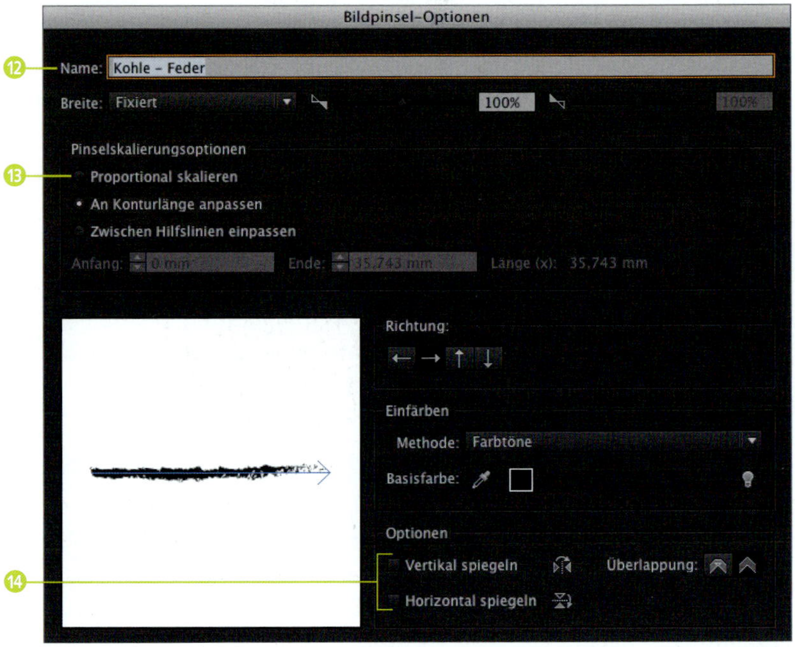

Abbildung 7.38 ▸
Sie können Pinseloptionen durch Doppelklick auf den Pinsel im Bedienfeld aufrufen.

Sie möchten zwar den Pinsel an sich nicht verändern, wohl aber das **Verhalten des Pinsel-Werkzeugs**. Wenn Sie auf das Pinsel-Werkzeug in der Werkzeugleiste doppelklicken, erhalten Sie die Möglichkeit, das Verhalten des Werkzeugs zu ändern, was oft ebenso entscheidend ist wie die Auswahl des richtigen Pinsels selbst. Es öffnen sich die OPTIONEN FÜR PINSEL-WERKZEUG.

Wie genau liegt der Strich an Ihrer Mausbewegung bzw. wie »krakelig« oder glatt ist er ①? Behalten Sie die Auswahl bei ②, können Sie ihn gleich mit dem Direktauswahl-Werkzeug bearbeiten. AUSGEWÄHLTE PFADE BEARBEITEN ③ erlaubt es Ihnen sogar, den Strich durch das Ziehen eines neuen zu korrigieren, wenn Sie dem ersten Strich innerhalb der eingegebenen Toleranz nahe genug kommen ④.

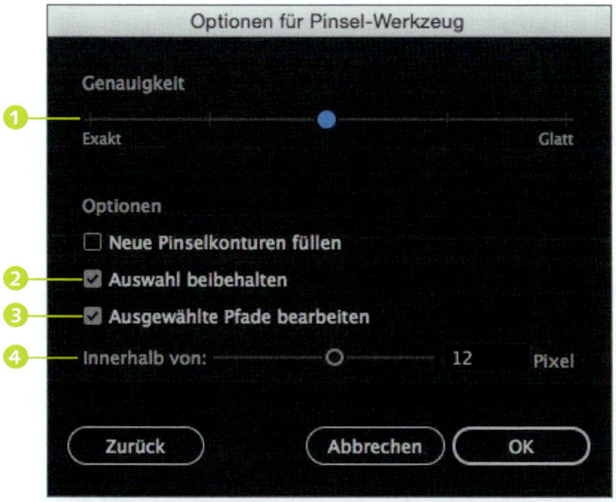

◂ Abbildung 7.39
Das Verhalten des Pinsel-Werkzeugs durch Doppelklick auf das Pinsel-Werkzeug einrichten

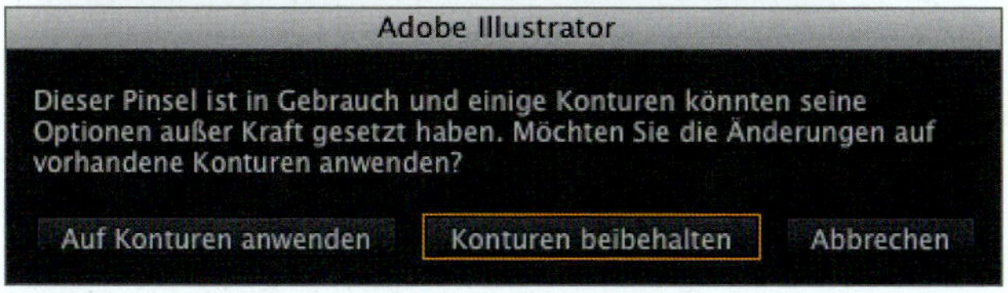

◂ Abbildung 7.40
Diese Nachfrage erscheint, wenn Sie Pinseloptionen von bereits benutzten Pinseln verändern.

Ändern Sie Pinseloptionen von Objekten, die mit diesem Pinsel bereits erstellt wurden, werden Sie oft gefragt, ob Sie die Änderungen auf die Konturen (also die schon gezeichneten Pinselstriche) anwenden möchten. Wenn Sie KONTUREN BEIBEHALTEN wählen, ändert sich Ihre Zeichnung nicht, sondern nur die Pinselspitze, die Sie dann im Folgenden zuweisen können. Wenden Sie diese Einstellung auf Konturen an, verändert sich entsprechend der Änderung des Pinsels alles, was Sie damit bereits gezeichnet haben.

◂ Abbildung 7.41
Das Arbeiten an einer auch einfachen Illustration erfordert das stetige Anpassen des Pinsels. In der Illustration mit der Katze wurden die Strichstärke über das Steuerung-Bedienfeld und das Pinselverhalten durch Doppelklick auf den Pinsel und auf das Pinsel-Werkzeug angepasst.

Der **Borstenpinsel** hat zum Beispiel unglaublich viel Ähnlichkeit mit einem normalen Pinsel. Sie können fast genauso damit arbeiten; er bleibt ein Vektorobjekt, und jeder Strich ist editierbar. Jedoch entstehen viele Transparenzobjekte, um die Pinselanmutung zu simulieren, und dadurch mitunter sehr große Dateien. Daher lohnt es sich eventuell, nach getaner Arbeit die Illustration umzuwandeln: OBJEKT • IN PIXELBILD UMWANDELN. Dann lässt sich aber nichts mehr editieren; seien Sie also bei dieser Entscheidung vorsichtig. Da Sie bei jedem Speichern erneut gefragt werden, können Sie die Frage für dieses Dokument unterdrücken.

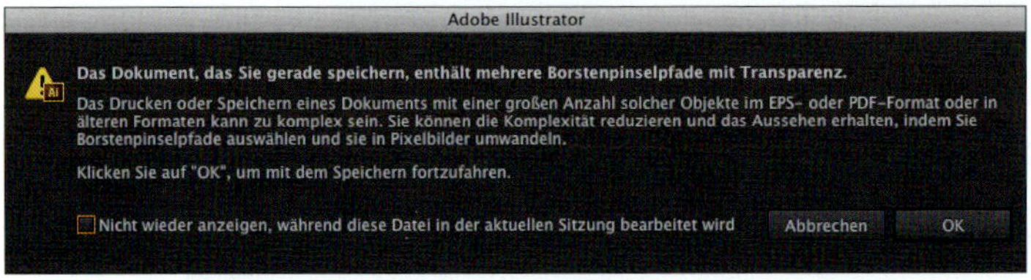

Abbildung 7.42 ▸
Viele Borstenpinsel erzeugen große Dateien.

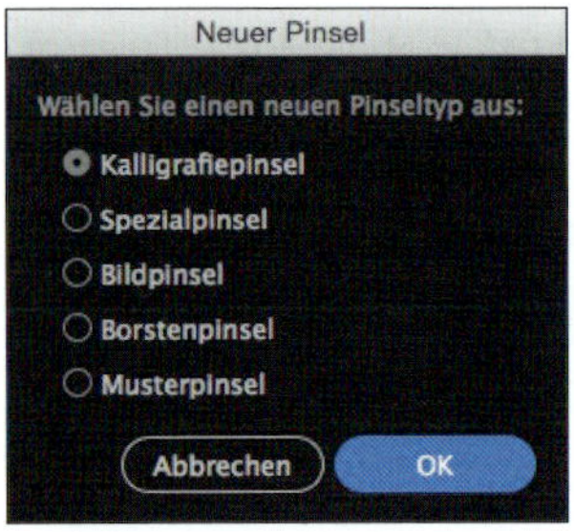

▴ **Abbildung 7.43**
Die fünf verschiedenen Pinselarten von Illustrator

Neuer Pinsel

Mit dem Button NEUER PINSEL des Pinsel-Bedienfelds gelangen Sie zum Dialog, in dem Sie sich für eine Pinselart entscheiden müssen. Nur wenn ein Objekt auf Ihrer Zeichenfläche aktiv ist, stehen Ihnen alle fünf Pinseltypen zur Verfügung, weil der SPEZIALPINSEL und der BILDPINSEL aus eigenen Objekten Pinsel kreieren.

▴ **Abbildung 7.44**
Oben fixiert, unten mit Variation durch Druck des Stiftes auf einem Grafiktablett

▴ **Abbildung 7.45**
Spezialpinsel

▴ **Abbildung 7.46**
Der Stern als Bildpinsel passt sich dem Pfad an.

▴ **Abbildung 7.47**
Ein klassischer Borstenpinselstrich

▴ **Abbildung 7.48**
Musterpinsel

- Der **Kalligrafiepinsel** ist rund oder oval, sodass er je nach Strichrichtung schmaler oder breiter wird. In den folgenden Optionen stellen Sie die Rundheit, Größe und Neigung der Pinselspitze ein. Wenn Sie die RUNDHEIT unter 100% legen (also weniger als kreisrund), können Sie auch den WINKEL der Ellipse verändern.

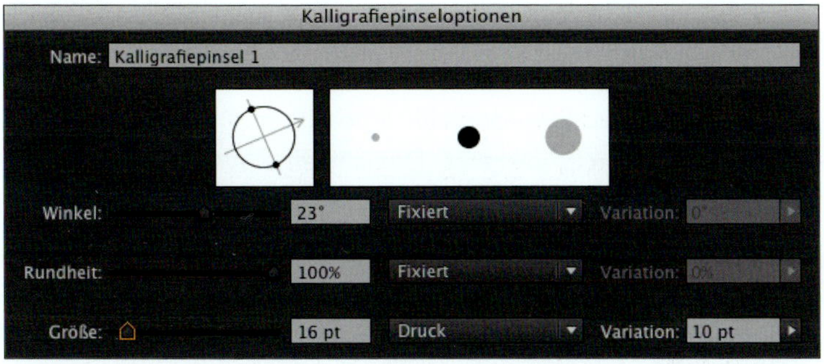

◀ **Abbildung 7.49**
In den KALLIGRAFIEPINSELOPTIONEN bestimmen Sie das Aussehen des Kalligrafiestrichs.

Die GRÖSSE bestimmen Sie hier; sie hängt aber auch von der Strichstärke ab, die Sie z. B. im Steuerung-Bedienfeld angeben. Arbeiten Sie mit einem Grafiktablett, stehen Ihnen weitere Varianten außer FIXIERT zur Verfügung, sodass Sie auch noch Variationen angeben können, um z. B. mit dem Druck Ihres Stiftes die Größe des Strichs zu bestimmen.

- Mit dem **Spezialpinsel** nehmen Sie aktivierte Objekte als Pinselaussehen hinzu. In den Optionen (Abbildung 7.51) bestimmen Sie, wie dicht sich diese Objekte wiederholen sollen und in welche Richtung sie zeigen: Wählen Sie DREHUNG RELATIV ZU • PFAD (1), läuft Ihr Muster immer in Richtung Ihres Pfades.

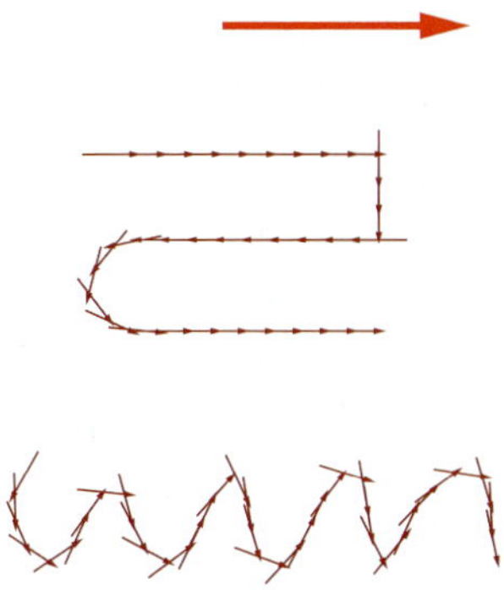

▲ **Abbildung 7.50**
Mit ABSTAND und GRÖSSE bestimmen Sie, wie eng Ihr Objekt sich wiederholt oder gar überschneidet.

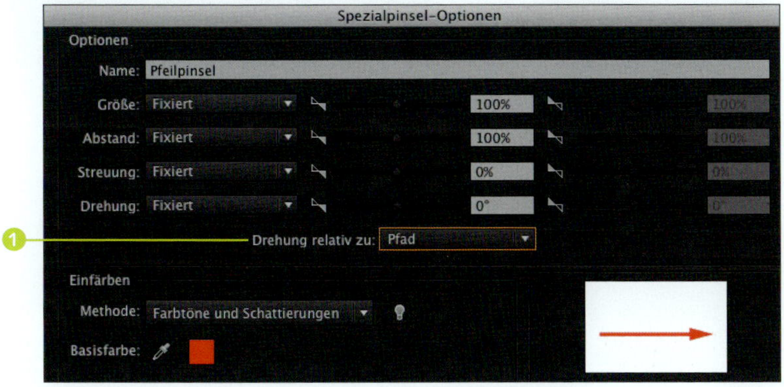

◀ **Abbildung 7.51**
Die SPEZIALPINSEL-OPTIONEN; hier mit einem Pfeil als Pinselaussehen

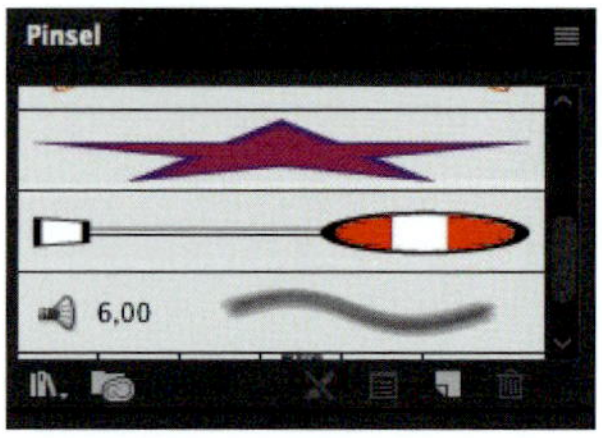

▲ **Abbildung 7.52**
Stern und Straßenschild als Bildpinsel im Pinsel-Bedienfeld

- Der **Bildpinsel** hat mit Fotos nichts zu tun; er nimmt ebenfalls ein auf der Zeichenfläche aktiviertes Objekt als Pinselaussehen. Doch anders als der Spezialpinsel erzeugt er keine Vervielfältigungen auf dem Pfad. Stattdessen nimmt er das Objekt und passt es dem Pfad an.
  Sehr genial ist ZWISCHEN HILFSLINIEN EINPASSEN ❷. Wenn Sie diese Checkbox aktivieren und im Vorschaufenster ❸ die Hilfslinien verschieben, wird nur verzerrt, was sich zwischen ihnen befindet. So wird in Abbildung 7.54 rechts nur der Stiel kürzer, weil nur er zwischen den Hilfslinien liegt. Die Rosette oder der Fuß werden nicht verzerrt. Das einzelne Windrad ist ja nur ein einfacher Strich (links in Abbildung 7.54), dem der Bildpinsel zugewiesen wurde.

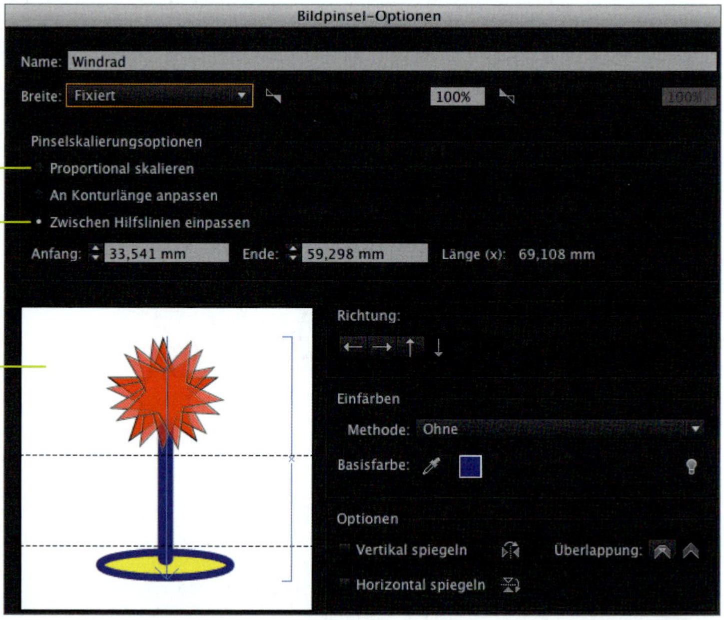

▲ **Abbildung 7.53**
Die BILDPINSEL-OPTIONEN

Auch hier gilt wieder: Bei PROPORTIONAL SKALIEREN ❶ wird das Objekt entsprechend der Strichlänge größer.

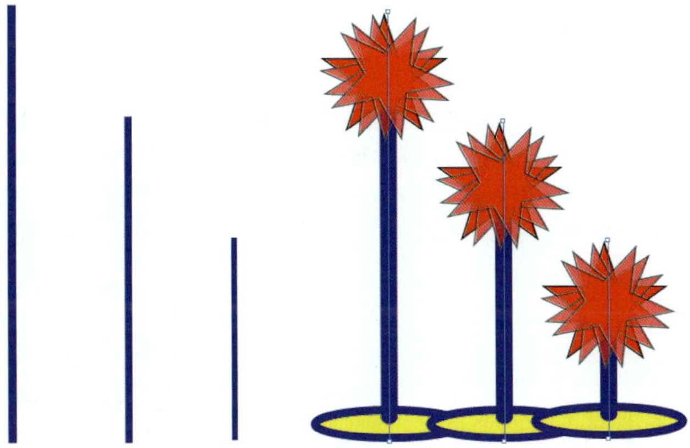

◂ **Abbildung 7.54**
Links sehen Sie einfache Pfade, die rechts den Bildpinsel zugewiesen bekommen haben.

- Der **Borstenpinsel** kommt einem traditionellen Pinsel am nächsten. Erst müssen Sie sich für eine Form entscheiden, dann stellen Sie die Pinseloptionen und seinen Namen ein. So legen Sie z. B. die Borstenlänge und Steifigkeit fest, aber auch die Menge und Dicke der Borsten. Ebenso wählen Sie unter Farbdeckkraft die Transparenz, also wie »wässrig« der einzelne Strich wird. Hier dürfen Sie nach Lust und Laune experimentieren.

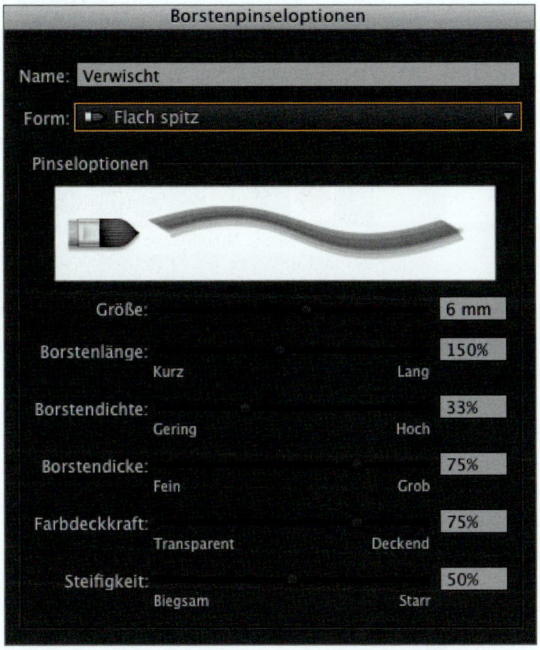

◂ **Abbildung 7.55**
Die umfangreichen Borstenpinseloptionen

- Die **Musterpinsel-Optionen** sind noch umfangreicher.

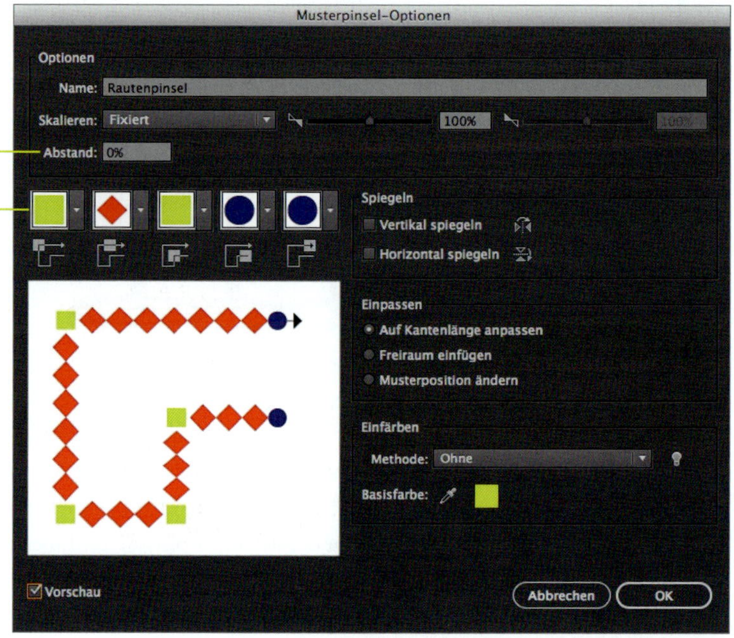

Abbildung 7.56 ▸
Die Musterpinsel-Optionen

Sie müssen ein Muster 2 für gerade Pfade auswählen, eventuell eines für Eckpunkte und eines für Start- und Endpunkte, indem Sie für jede Pfadart in den Pfeil neben seinem Icon klicken.

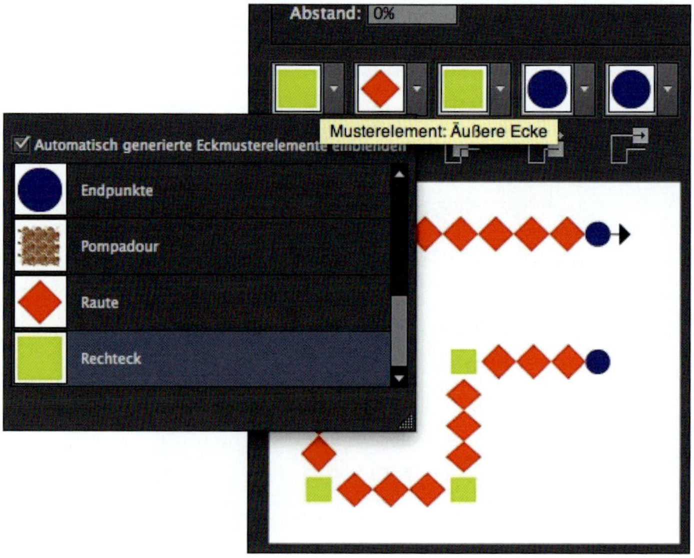

Abbildung 7.57 ▸
Auswählen des jeweiligen Musters für die Pfadarten Äussere Ecke, Kante, Innere Ecke, Anfang und Ende

Sie dürfen aber keine Muster auswählen, die aus Objekten gemacht wurden, die selber Muster oder Verläufe enthalten. Voraussetzung ist, dass Sie zuvor auch die Elemente, die Sie gerne als Muster für den Musterpinsel haben möchten, in das Farbfelder-Bedienfeld gezogen und so zu Mustern gemacht haben.

Mit dem Abstand ❶ bestimmen Sie dann, wie dicht die Elemente, die das Muster auf dem Pfad bilden, beieinanderstehen. Da man oft keine Ahnung hat, wie denn nun eine Innen- oder Außenecke für ein bestimmtes Muster aussehen kann, und es mitunter sehr schwer ist, solche verzerrten Eckelemente zu zeichnen, macht Illustrator im Musterpinsel-Dialog selbst Vorschläge für die Ecken ❸. Sehr erleichternd!

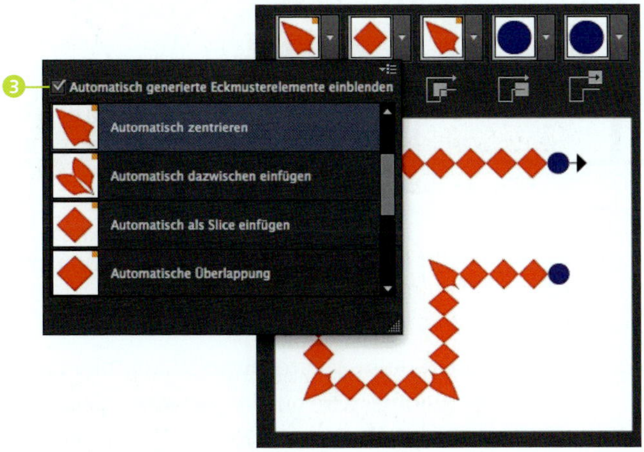

◂ **Abbildung 7.58**
Vorschläge von Illustrator für die Ecken

Pixelbilder als Pinselstriche

Wahnsinn, mit Illustrator können Sie sogar Fotos zu Pinselstrichen machen! Damit das funktioniert, muss das Foto eingebettet sein.

Natürlich braucht man auch ein passendes Motiv; aber dann … Ziehen Sie Ihr eingebettetes Bild einfach in das Pinsel-Bedienfeld. Sie können drei verschiedene Pinselarten auf diese Weise kreieren: Spezialpinsel, Bildpinsel und Musterpinsel.

Das Vorgehen ist identisch mit dem für die »normalen«, also aus Vektorelementen erzeugten Pinsel. Die Ergebnisse sind aber faszinierend, zum Beispiel dieses Foto einer Mohnblume (in Photoshop freigestellt).

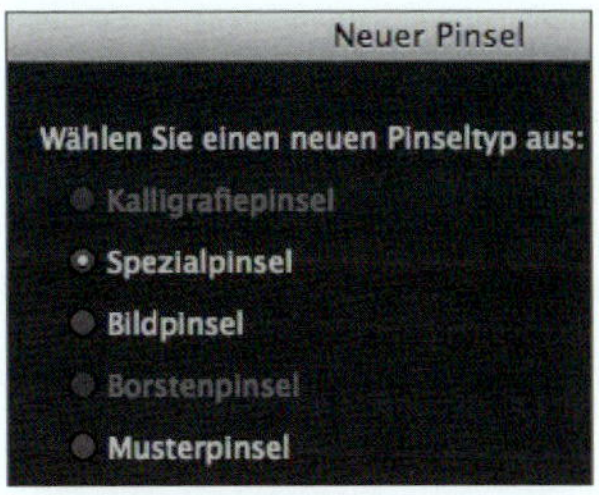

▲ **Abbildung 7.59**
Pinsel, die Pixel verwenden können

Beispielmaterial: Mohnblume.ai

Schließen Sie nur den Stängel zwischen den Hilfslinien beim Bildpinsel ein, wird dieser beliebig skaliert und verzerrt; die Blüte aber, auf die es ankommt, bleibt bestehen. Sie können kurze oder lange Stängel zeichnen oder sie sogar kringeln.

▲ **Abbildung 7.60**
Ziehen Sie das Foto einfach in das Pinsel-Bedienfeld hinein.

▲ **Abbildung 7.61**
Ist das Bild erst einmal ein Pinsel, kann damit alles Mögliche gemacht werden.

Pixelbilder funktionieren auch beim Musterpinsel. Auch hier läuft alles wie gehabt. Die Mohnblume wird in die geraden Pfadstrecken eingepasst, und für die Ecken macht Ihnen Illustrator tolle Vorschläge. Die Ergebnisse können sich sehen lassen.

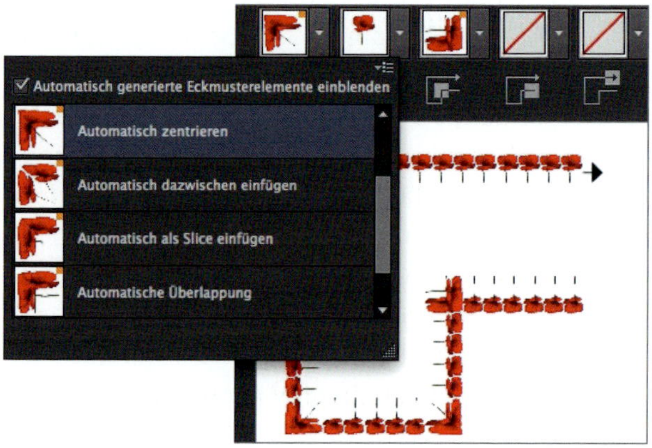

Abbildung 7.62 ▶
Automatische Eckenoptionen beim Musterpinsel mit Pixelbildern

▲ **Abbildung 7.63**
Auch der Spezialpinsel lässt die Mohnblumen schnell wachsen.

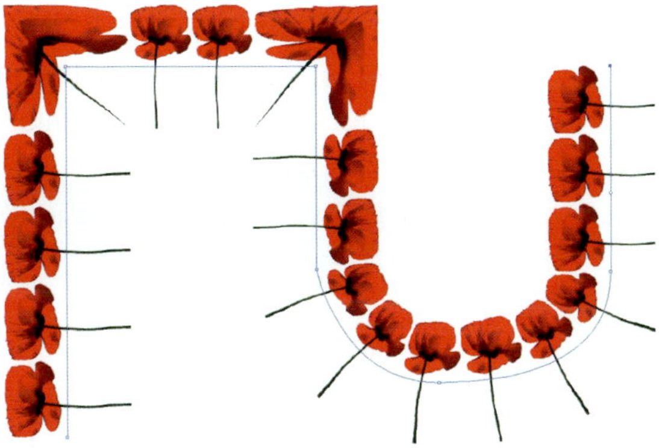

▲ **Abbildung 7.64**
So kann es aussehen.

7.3 Das Breitenwerkzeug

Wie auch bei den Pinselwerkzeugen verändert das Breitenwerkzeug (⇧+W) nicht den eigentlichen Pfad, sondern nur sein Aussehen – genauer gesagt das Aussehen seiner Kontur. Die Kontur bleibt dabei immer editierbar. Sie können mit diesem Werkzeug nichts anderes machen, als die Stärke einer Kontur zu verändern. Aber das werden Sie nicht mehr missen wollen.

▲ **Abbildung 7.65**
Ob gerade oder gebogen oder gar ein Pinselstrich – alle können sie in der Breite verändert werden.

Die Konturstärke ändern

Eine Kontur muss nicht einmal aktiv sein. Es reicht, mit dem Breitenwerkzeug an irgendeine Stelle der Kontur zu ziehen. In der Mitte der Kontur wird der Breitenpunkt ❶ (Abbildung 7.68) mit seinen beiden Griffen ❷ sichtbar. Nun können Sie die Kontur an den Griffen weiter auseinanderziehen oder auch wieder zusammenschieben – es ist auch möglich, sie schmaler zu machen, als sie vorher war. Wenn Sie die alt-Taste beim Ziehen halten, können Sie auch nur eine Seite der Kontur verändern.

Fassen Sie den Breitenpunkt an, können Sie ihn auf dem Pfad verschieben – und mit ihm die Breiten der Kontur.

Mit ⇧ wählen Sie mehrere Breitenpunkte aus, die Sie vielleicht gesetzt haben. Diese lassen sich dann gemeinsam verschieben, und alle ausgewählten Breitenpunkte verändern gemeinsam

▲ **Abbildung 7.66**
Oben die »normale« Kontur; unten mit dem Breitenwerkzeug verändert

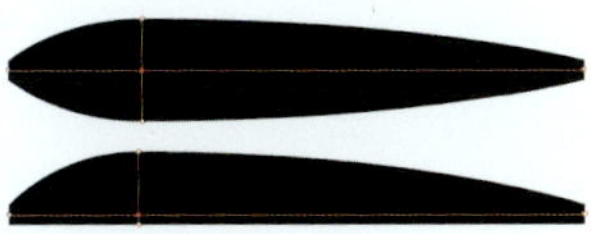

▲ **Abbildung 7.67**
Oben eine zu beiden Seiten verbreiterte Kontur; unten eine mit der alt-Taste nur nach oben verbreiterte Kontur

Was machen, wenn Illustrator das Bild zu groß findet?
Gehen Sie bei aktiviertem Bild zu OBJEKT • IN PIXELBILD UMWANDELN, wählen Sie dort bei AUSLÖSUNG: MITTEL, und probieren Sie, ob es reicht.

ihre Stärke. Die übrigen Breitenpunkte bleiben an ihrer Position und behalten auch ihre Breite bei.

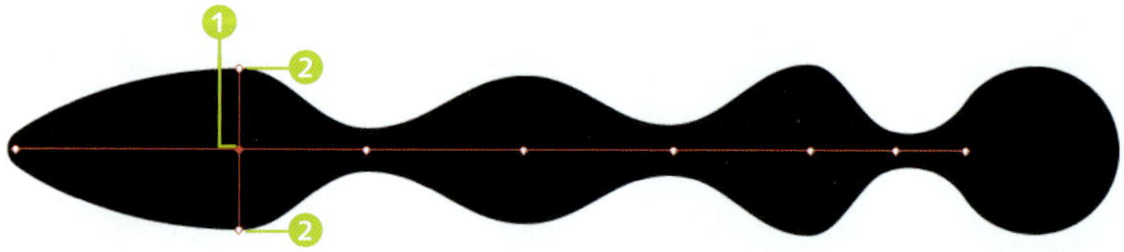

▲ **Abbildung 7.68**
Sie können so viele Breitenpunkte setzen, wie Sie wollen: hier an einer Kontur mit abgerundetem Abschluss.

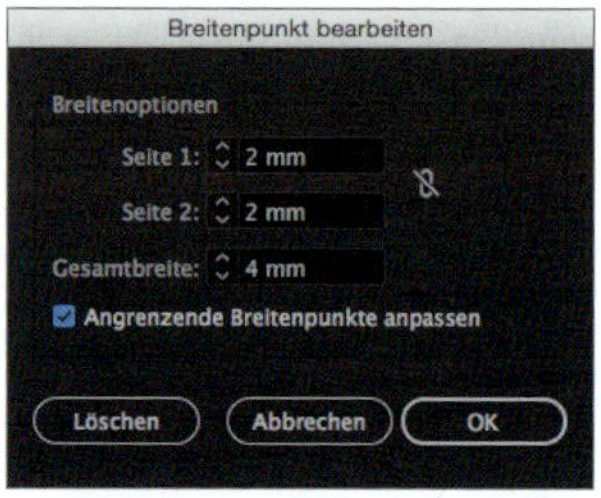

▲ **Abbildung 7.69**
Numerische Veränderungen der Breiten

Wenn Sie nur einen Breitenpunkt auswählen und beim Ziehen ⇧ halten, bewegen sich alle anderen Punkte mit – in Position und Breite. Halten Sie beim Ziehen eines Breitenpunktes auf dem Pfad `alt`, duplizieren Sie einen Punkt.

Mit einem Doppelklick auf einen Breitenpunkt bekommen Sie ein numerisches Dialogfeld, BREITENPUNKT BEARBEITEN. Das macht aber längst nicht so einen Spaß, wie am Pfad herumzuziehen.

Anwendungsbeispiele des Breitenwerkzeugs

Das Werkzeug wirkt vielleicht unscheinbar, doch ich möchte es auf keinen Fall mehr missen. Während Sie bei der linken Elbe in Abbildung 7.70 je Ufer 27 Ankerpunkte bearbeiten müssen, brauchen Sie mit dem Breitenwerkzeug zusammen nur 14 Ankerpunkte zu koordinieren und erzielen ein viel besseres Ergebnis.

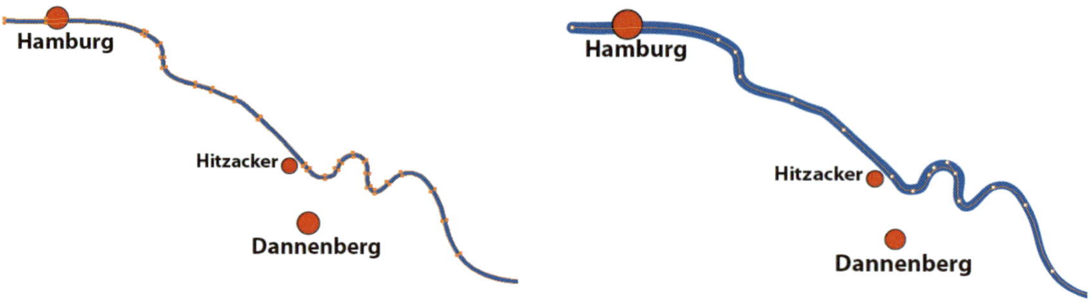

▲ **Abbildung 7.70**
Das Breitenwerkzeug erleichtert nicht nur das Arbeiten, es erzeugt auch viel ansprechendere Konturen.

Doch weil es bei aufwendigeren Illustrationen immer noch anstrengend wäre, zwanzig Pfade einzeln dynamischer zu gestalten, können Sie eine einmal erstellte Kontur speichern, und zwar als Variables Breitenprofil im Steuerung-Bedienfeld. Rufen Sie dort die Profile auf ③, und speichern Sie Ihr selbst erzeugtes Profil hier ④, um es fortan immer auf eine Kontur anwenden zu können.

Bei Illustrationen wie dem picassoesken Porträt aktivieren Sie alle Pfade und weisen ihnen im Steuerung- oder Kontur-Bedienfeld ein Profil zu.

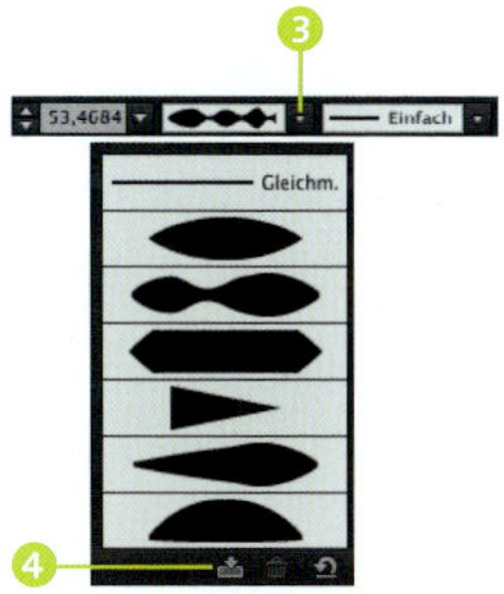

▲ **Abbildung 7.71**
Das variable Breitenprofil im Steuerung-Bedienfeld

◄ **Abbildung 7.72**
Dynamischere Konturen durch das Breitenprofil

7.4 Das Tropfenpinselwerkzeug

Auch das Tropfenpinselwerkzeug (⇧+B) kann nachträglich ein Objekt verändern. In diesem Fall wird nicht die Kontur variiert, sondern die Fläche. Denn Objekte, die mit dem Tropfenpinselwerkzeug gemalt wurden oder verändert werden sollen, dürfen keine Konturen besitzen.

Objekte neu malen

Wenn Sie mit dem Tropfenpinsel malen, werden Flächen erzeugt, die keine Konturen haben. Überschneiden sich Flächen beim Malen, werden diese zu einer Form zusammengefügt.

Wechseln Sie aber die Flächenfarbe des Werkzeugs und malen dann über eine schon bestehende Fläche, wird ein neues Objekt gemalt, und das darunterliegende bleibt unberührt. Es entsteht dann keine Verbindung zu einer Form.

▲ **Abbildung 7.73**
Sie malen mit dem Tropfenpinselwerkzeug Flächen ohne Kontur.

Abbildung 7.74 ▸
Haben die Flächen unterschiedliche Farben, werden sie nicht miteinander verbunden.

Tropfenpinsel-Optionen

Auch dieses Werkzeug zeigt Ihnen seine Optionen an, wenn Sie darauf doppelklicken.

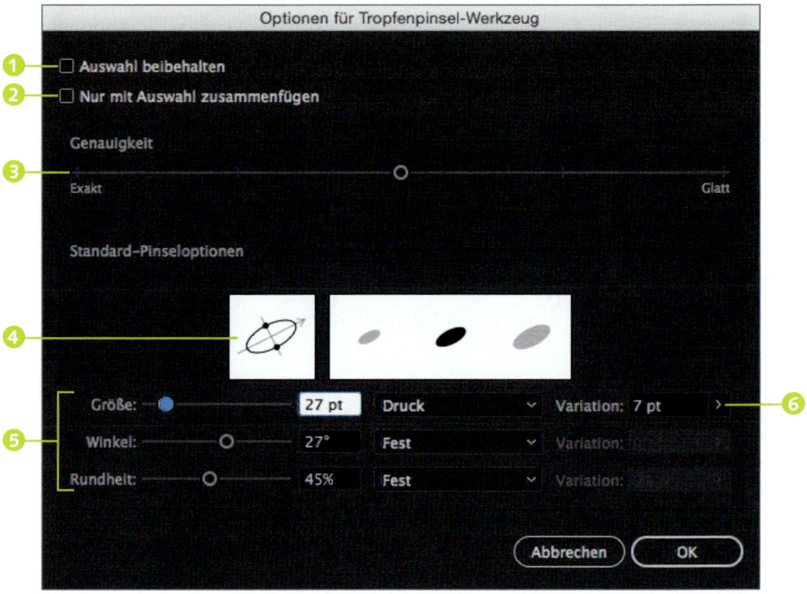

Abbildung 7.75 ▸
Die Optionen für das Verhalten des Tropfenpinselwerkzeugs

1 AUSWAHL BEIBEHALTEN macht Sinn mit der Option darunter, weil Sie so gleich mit dem nächsten Strich, den Sie zeichnen, die Form erweitern können.

2 NUR MIT AUSWAHL ZUSAMMENFÜGEN fügt dann die Flächen zusammen, wenn ein Objekt ausgewählt ist, wurde oder bleibt, wie unter 1. Sie malen dann auch nach dem Absetzen der Maus am gleichen Objekt weiter.

3 Den TOLERANZBEREICH kennen Sie ja schon aus anderen Kapiteln. Je kleiner der Genauigkeitswert ist, desto feinere Mausbewegungen werden registriert. Je höher die GLÄTTUNG ist, umso glatter werden »Wackler« gezogen.

④ In den Pinseloptionen sehen Sie eine Vorschau der Einstellungen darunter.

⑤ Was GRÖSSE macht, ist klar. Wenn die RUNDHEIT nicht 100% ist, können Sie die Neigung der Ellipse bei WINKEL einstellen. Arbeiten Sie dann noch mit einem Grafiktablett, stehen wieder Optionen für den Druck oder die Neigung des Stiftes bereit. Sie können dann zum Beispiel die Strichstärke um einen Wert variieren lassen ⑥.

Formen korrigieren mit dem Tropfenpinsel

Das Tropfenpinselwerkzeug können Sie auch zum Korrigieren von Formen nutzen. Jedoch dürfen diese wie gesagt keine Konturen haben. Es lohnt sich aber häufig, die Konturen zu löschen und nach der Tropfen-Korrektur neu hinzuzunehmen. Die Objekte dürfen zwar Muster als Flächenfarbe haben, aber keine Transparenzen.

Um sicherzugehen, dass Sie die gleiche Flächenfarbe bzw. das gleiche Muster ausgewählt haben, nehmen Sie das Pipette-Werkzeug [I] und klicken damit einmal auf das zu korrigierende Objekt, um dessen Flächenfarbe in die Werkzeugauswahl zu übernehmen.

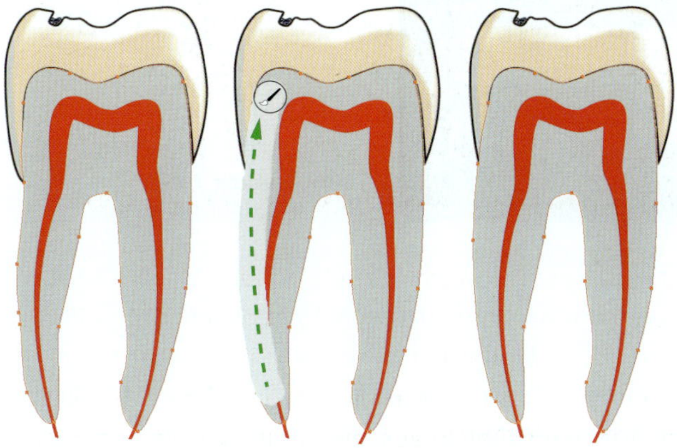

◂ **Abbildung 7.76**
Die Zahnwurzel soll korrigiert werden. Mit dem Tropfenpinsel ist das kein Problem.

7.5 Symbole

Ein Symbol ist ein beliebiges Objekt, das Sie immer wieder in Ihre Grafik einfügen möchten, ohne es jeweils neu zeichnen oder

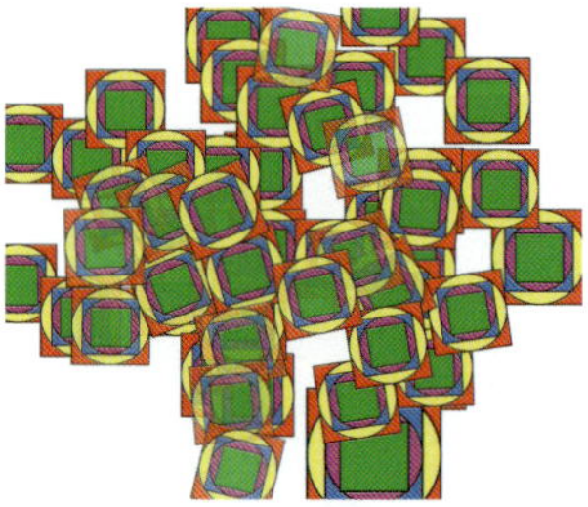

▲ **Abbildung 7.77**
Symbole lassen sich schnell vervielfältigen. Hier wurde nur ein Quadrat als Symbol angelegt.

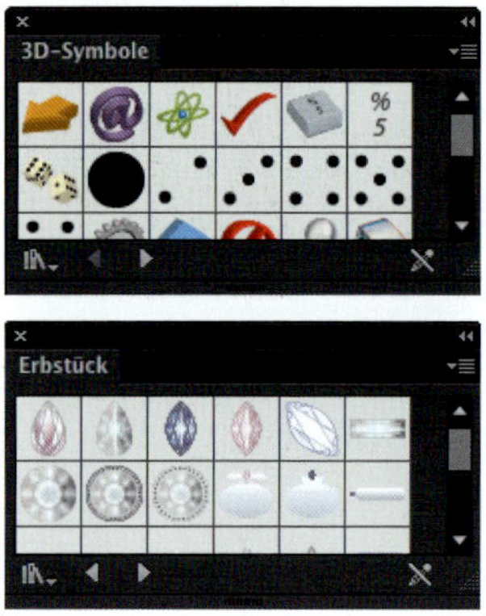

▲ **Abbildung 7.78**
Eine kleine Auswahl von Illustrator-Symbolen

Begrenzungsrahmen
Sollte der Begrenzungsrahmen einmal nicht zu sehen sein, aktivieren Sie ihn über ANSICHT • BEGRENZUNGSRAHMEN EINBLENDEN.

kopieren zu müssen. Illustrator greift bei einer Vervielfältigung eines Symbols auf nur eine Instanz zurück, sodass die Dateigröße klein bleibt.

Wie bei den Pinseln auch greift Illustrator auf ein bestimmtes Aussehen zurück. Nur wird dieses nicht auch auf andere Objekte (wie beim Pinsel auf eine Kontur) angewendet, sondern das Symbol wird selbst auf die Zeichenfläche aufgetragen.

Ein gutes Argument für den Einsatz von Symbolen bei wiederkehrenden Elementen ist, dass es einfacher ist, ein Blatt zu ändern (das Symbol), als 100 einzelne Blätter des Baumes, den Sie damit gezeichnet haben, einzeln zu korrigieren.

Symbole anwenden

Der einfachste Weg, ein Symbol zu nutzen, besteht darin, sein Icon aus dem Symbole-Bedienfeld FENSTER • SYMBOLE mit der Maus auf die Zeichenfläche zu ziehen. Im Flyout-Menü stellen Sie wieder ein, ob Sie die Symbole lieber als Miniaturen oder als Liste (inklusive Namen) sehen möchten. Sie können so viele Symbole auf Ihre Zeichenfläche ziehen, wie Sie wollen.

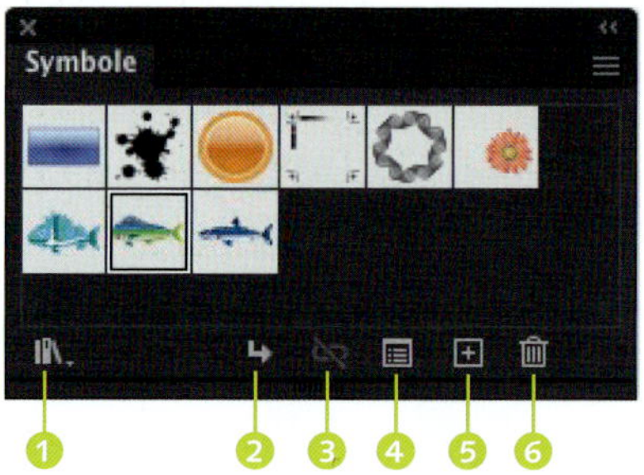

◀ **Abbildung 7.79**
Das Symbole-Bedienfeld

Sie können auch ohne Drag & Drop ein Symbol auf Ihrer Zeichenfläche platzieren ❷. Gerade dann, wenn es viele sein sollen, ist das hilfreich. Für die Bequemen unter uns sind die vordefinierten Bibliotheken ❶ obligatorisch.

Symbole modifizieren

Ist ein Symbol auf Ihrer Zeichenfläche, verhält es sich wie ein einzelnes Objekt. Aktivieren Sie es, bekommt es seinen Begrenzungsrahmen mit den neun Positionierungspunkten, an denen Sie es vergrößern bzw. verkleinern können (proportional mit gedrückter [⇧]-Taste).

Jedes Symbol zeigt einen sogenannten Registrierungspunkt ➐: ein kleines »+«. Skalieren Sie das Symbol über das Transformieren-Bedienfeld, ist dies der Punkt, um den transformiert wird. Soll der Punkt stattdessen einer der neun Anfasser des Begrenzungsrahmens sein, entfernen Sie im Flyout-Menü des Transformieren-Bedienfelds das Häkchen bei Registrierungspunkt für Symbol verwenden.

Sie können diesen Registrierungspunkt verschieben. Aber Achtung, diese Aktion wirkt sich auf alle schon platzierten Symbole aus, die entsprechend verschoben würden. Sie wollen es trotzdem tun? Doppelklicken Sie auf eine beliebige Instanz des Symbols auf Ihrer Zeichenfläche oder auf das Symbol im Bedienfeld. Dann startet der Isolationsmodus, in dem Sie das Objekt modifizieren können. Sie können es zum Registrierungspunkt verschieben, umfärben oder verbiegen. Alle Instanzen verändern sich mit, wenn Sie den Isolationsmodus verlassen. Doppelklicken Sie dazu auf die Zeichenfläche, oder klicken Sie in den Isolationsmodus-Pfeil oben links am Dokumentenfenster ➑.

Wenn Sie nur ein einzelnes Symbol verändern wollen, nicht aber die, die Sie schon auf Ihrer Zeichenfläche platziert haben, klicken Sie zuvor in Verknüpfung mit Symbol aufheben ➌.

Wenn Sie ein Symbol löschen ➏, werden Sie zunächst gefragt, ob die Symbole, die Sie schon platziert haben, umgewandelt werden sollen (sie sehen dann so aus wie zuvor, sind aber keine Symbolinstanz mehr) oder ob alle Instanzen in Ihrer Datei mit gelöscht werden sollen.

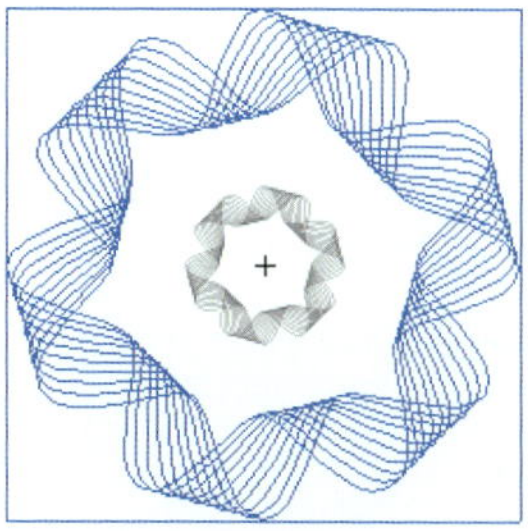

▲ **Abbildung 7.80**
Ein Symbol skalieren – von der Mitte her

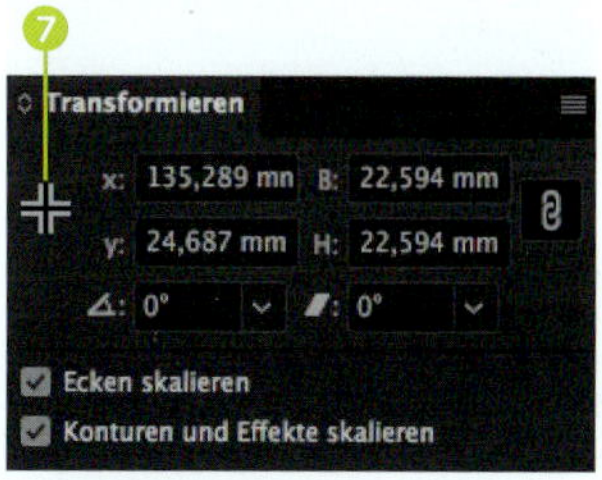

▲ **Abbildung 7.81**
Der Registrierungspunkt, um den skaliert wird ➐

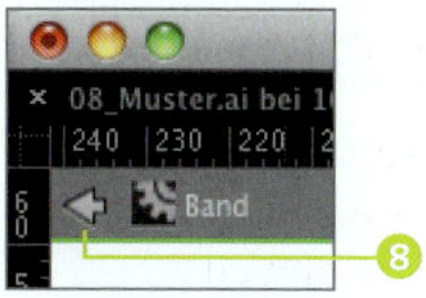

▲ **Abbildung 7.82**
Verlassen Sie den Isolationsmodus, wenn Sie die Bearbeitung des Symbols abgeschlossen haben.

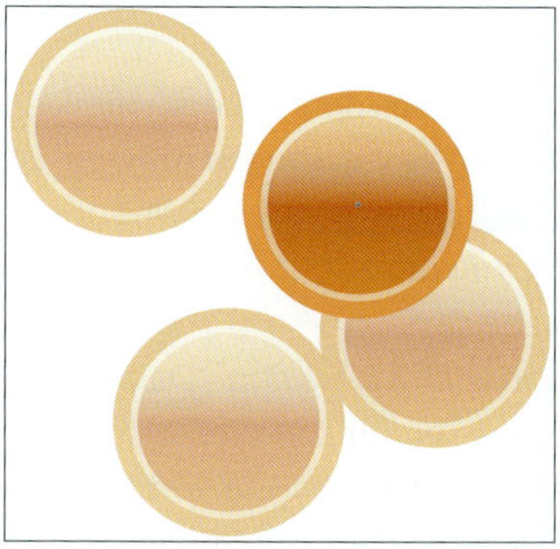

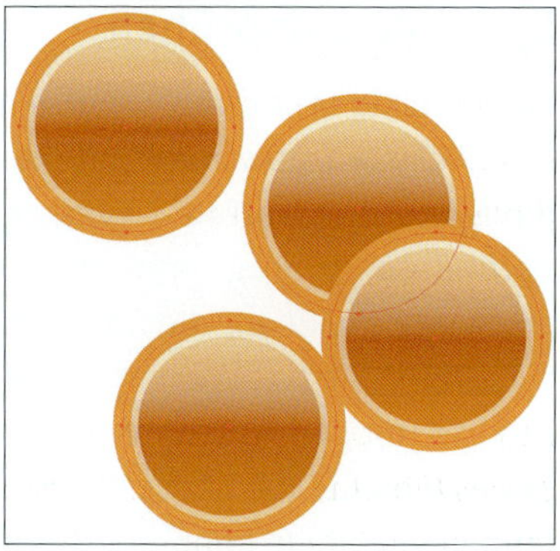

◄◄ **Abbildung 7.83**
Im Isolationsmodus werden alle anderen Objekte abgeschwächt dargestellt.

◄ **Abbildung 7.84**
Umgewandelte Symbole haben kein kleines »+« mehr in der Mitte.

Ein Symbol erstellen

Schön ist, dass Sie ein ausgewähltes Objekt oder eine Gruppe, wenn sie ausgewählt ist, zu einem Symbol machen können ❺ (Abbildung 7.79).

Über den Button ❹ im Symbole-Bedienfeld gelangen Sie zu den Symboloptionen und können zunächst einen Namen für das ausgewählte Symbol vergeben. Wenn Sie einen Haken bei Hilfslinien für die 9-Slice-Skalierung aktivieren setzen, können Sie Bereiche des Symbols in Fireworks oder Flash gegen das Skalieren schützen. Die Optionen unter Art (Filmclip oder Grafik) haben für Illustrator selbst ebenfalls keine Relevanz.

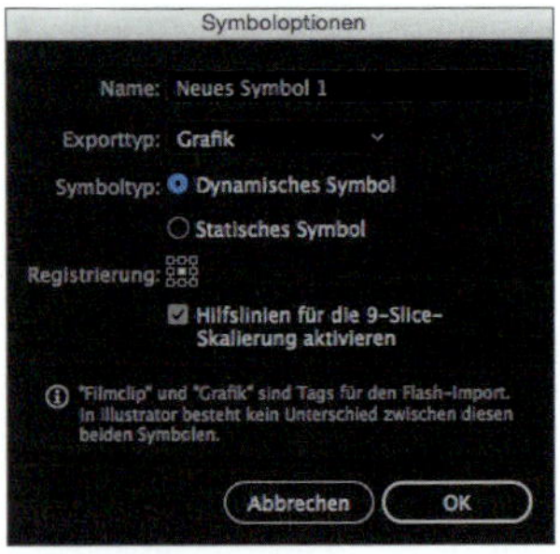

▲ **Abbildung 7.85**
Optionen für ein Neues Symbol

Im Flyout-Menü ist noch der letzte Punkt bemerkenswert (Symbol-Bibliothek speichern), denn Sie können eine Symbol-Bibliothek an einem beliebigen Ort auf Ihrer Festplatte speichern. Verschicken Sie diese AI-Datei an Kollegen, die mit Ihnen am gleichen Projekt arbeiten, oder öffnen Sie sie für sich selbst, weil in einer neuen Illustrator-Datei immer nur die Standardsymbole angezeigt werden. Wählen Sie aus dem Flyout-Menü des Bedienfelds Symbol-Bibliotheken öffnen • Andere Bibliothek..., und navigieren Sie zu der gesuchten Symbol-Bibliothek.

Wenn Sie beim Erstellen eines neuen Symbols den Haken bei Dynamisches Symbol setzen, verhält es sich so, dass Sie Änderungen an einer einzelnen Instanz vornehmen können (wie Farbe und anderes mehr). Wenn Sie aber über Symbol • Bearbeiten in der Steuerleiste etwas am »Hauptsymbol« verändern, wird sich in allen Instanzen nur genau das mitverändern, ohne dass sich (wie beim statischen Symbol) alles verändert.

Symbole aufsprühen

Eine geniale Erfindung, wenn's mal bunt werden soll und Sie viele Symbolinstanzen schnell auf die Zeichenfläche bringen müssen, ist das Symbol-aufsprühen-Werkzeug (⇧+S). Sein Symbol, die Sprühdose, ist Programm, denn mit ihr können Sie ein ausgewähltes Symbol wild auf die Zeichenfläche sprühen.

Wählen Sie das Werkzeug aus und auch ein Symbol. Dann sprühen Sie mit gedrückter Maustaste das Symbol auf die Zeichenfläche. Wenn Sie die Maus loslassen, bleibt die Gruppe von Symbolen aktiv, und Sie können erneut hineinsprühen. Wollen Sie später

Symbole mit dazunehmen, aktivieren Sie den Symbolsatz mit dem Auswahl-Werkzeug und sprühen dann hinein.

▲ **Abbildung 7.86**
Ein zum Symbol gemachter Hai wird auf die Zeichenfläche aufgesprüht und modifiziert.

▲ **Abbildung 7.87**
Mit einem Grafiktablett kann auch der Druck des Stiftes das Verhalten steuern (in der Mitte wurde stärker aufgedrückt).

▲ **Abbildung 7.88**
Eine höhere Dichte sprüht die Symbole enger aufeinander.

Wie eng die Symbole zueinander stehen ❸ und wie schnell sie aus der Sprühdose kommen ❷, steuern Sie mit den Werten in den Symbol-Werkzeug-Optionen, zu denen Sie mit einem Doppelklick auf das Werkzeug kommen.

Bei der Intensität ❷ gibt es noch eine Dropdown-Liste mit Einstellungen für Grafiktabletts. Auch die Größe Ihrer Werkzeugspitze ❶ steuern Sie mit einem numerischen Wert.

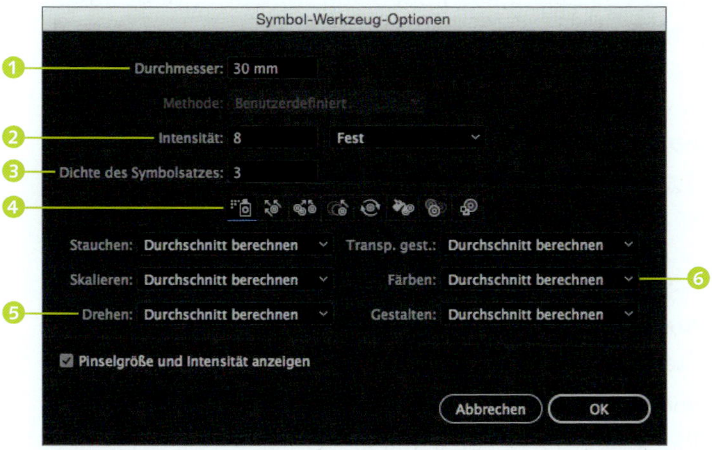

◀ **Abbildung 7.89**
Symbol-Werkzeug-Optionen

Sie können auch das Verhalten des Symbol-aufsprühen-Werkzeugs ❹ steuern ❺. Stellen Sie zum Beispiel bei Drehen auf Benutzerdefiniert, dreht sich das Symbol zu Ihrer Mausbewegung. Stellen Sie bei Färben ❻ auf eine andere Farbe um, wird

Ihr Symbol sogar schon beim Aufsprühen mit der ausgewählten Flächenfarbe eingefärbt.

Abbildung 7.90 ▸
Benutzerdefiniert beim Drehen: Die Rose dreht sich mit dem Pfad mit.

Aufgesprühte Symbole nachträglich steuern

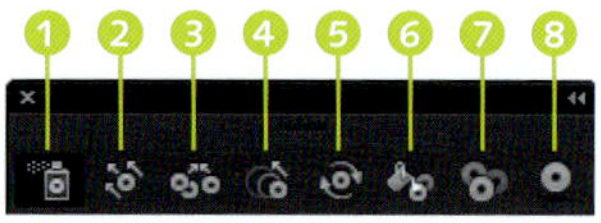

▲ Abbildung 7.91
Sieben Möglichkeiten, im Symbolsatz zu gestalten

Doch nicht nur die Steuerung schon beim Aufsprühen ist sehr leistungsstark. Da das Werkzeug ja recht intuitiv arbeitet, ist eine Nachbesserung der aufgesprühten Symbole leicht. Dafür gibt es dann sieben weitere Werkzeuge. Wichtig zu wissen: Der Symbolsatz, also die aufgesprühte Gruppe von Symbolen, muss ausgewählt sein. Die Namen der Werkzeuge von links:

1 **Symbol-aufsprühen-Werkzeug:** Dieses wurde schon im letzten Abschnitt beschrieben.

2 **Symbol-verschieben-Werkzeug:** Mit diesem Werkzeug verschieben Sie alle Symbole, die Sie mit der Werkzeugspitze treffen. Diese vergrößern Sie in den Werkzeugoptionen. Mit `alt`+`⇧` stellen Sie das getroffene Symbol hinter die anderen, mit `⇧` vor die anderen Symbole.

3 **Symbol-stauchen-Werkzeug:** Wenn Sie die Maustaste drücken und mit der Werkzeugspitze mehrere Symbole treffen, werden diese zusammengeschoben.

4 **Symbol-skalieren-Werkzeug:** Die Symbole, die Sie mit der Werkzeugspitze treffen, werden vergrößert, und mit `alt` verkleinern sie sich.

5 **Symbol-drehen-Werkzeug:** Mit diesem Werkzeug drehen Sie die Symbole durch Ziehen mit der Maus. Treffen Sie eines voll, dreht es sich schneller als eines, das Sie nur tangieren.

▲ Abbildung 7.92
Die getroffenen Symbole werden hervorgehoben.

❻ **Symbol-färben-Werkzeug:** Wählen Sie als Erstes eine Grundfarbe über Ihre Farbfelder aus. Dann klicken Sie kurz oder lang auf die Symbole, die entsprechend gefärbt werden sollen.

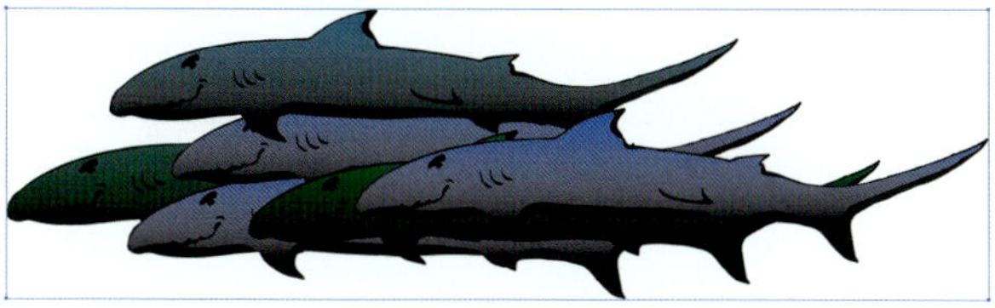

◄ **Abbildung 7.93**
Umgefärbte Symbole in einem Symbolsatz

❼ **Symbol-transparent-gestalten-Werkzeug:** Die Transparenz der Symbole können Sie mit diesem Werkzeug gut steuern. Beginnen Sie mit einer geringen Intensität in den Werkzeugoptionen, oder klicken Sie erst einmal nur kurz auf die Symbole.

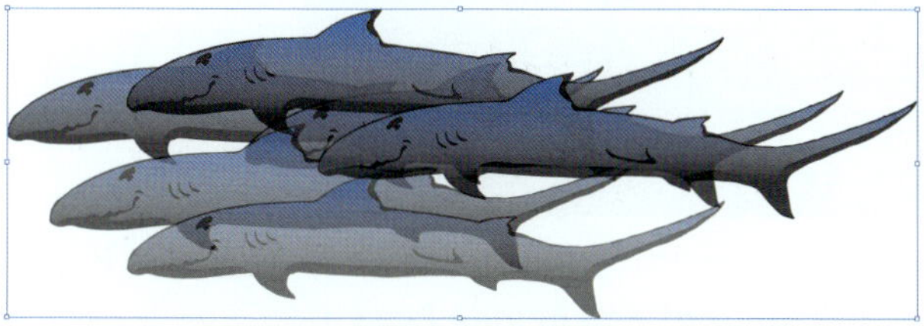

◄ **Abbildung 7.94**
Transparente Symbole

❽ **Symbol-gestalten-Werkzeug:** Um dieses Werkzeug anwenden zu können, müssen Sie das Bedienfeld GRAFIKSTILE auswählen (unter FENSTER). Aktivieren Sie einen Stil, können Sie ihn auf die Symbole anwenden, die Sie anklicken. Über das Grafikstile-Bedienfeld gelangen Sie zu weiteren Grafikstil-Bibliotheken (Flyout-Menü: GRAFIKSTIL-BIBLIOTHEK ÖFFNEN…). Jedoch müssen Sie einen Grafikstil aus einer anderen Bibliothek erst per Drag & Drop in das Grafikstile-Bedienfeld ziehen, um es auf die Symbole anwenden zu können. Die Effekte können fantastisch sein, aber auch viel Rechenzeit benötigen! Gehen Sie also sparsam mit den Stilen um.

▲ **Abbildung 7.95**
Symbole, die Grafikstile zugewiesen bekommen haben

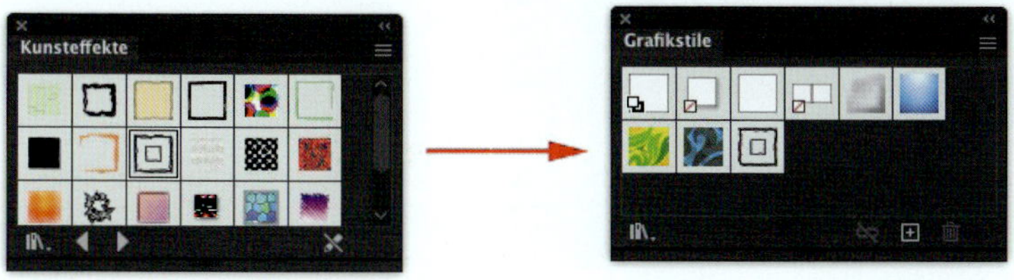

◄ **Abbildung 7.96**
Sie können einen Grafikstil von einer Bibliothek in das Grafikstile-Bedienfeld ziehen, um ihn für Symbole zugänglich zu machen.

Schritt für Schritt

Eine Anzeige mit fertigen und eigenen Symbolen gestalten

1 Datei öffnen

Beispielmaterial: Seafoodcompany.ai

Öffnen Sie die Datei »Seafoodcompany.ai« aus Ihrem Beispielordner. Sie werden eine Zeichenfläche mit zwei großen übereinanderliegenden Rahmen vorfinden. Der untere hat einen Blau-Verlauf, der obere ein Muster.

Abbildung 7.97 ▸
So sieht Ihre Anzeige in acht Minuten aus.

2 Muster transparent erscheinen lassen

Aktivieren Sie den oberen Rahmen mit dem Auswahl-Werkzeug [V] , und öffnen Sie das Transparenz-Bedienfeld. Dort stellen Sie DECKKRAFT auf nur 30%, sodass der Verlauf gut hindurchscheint.

▴ Abbildung 7.98
Zwei Rahmen übereinander – mit Verlauf und mit Muster

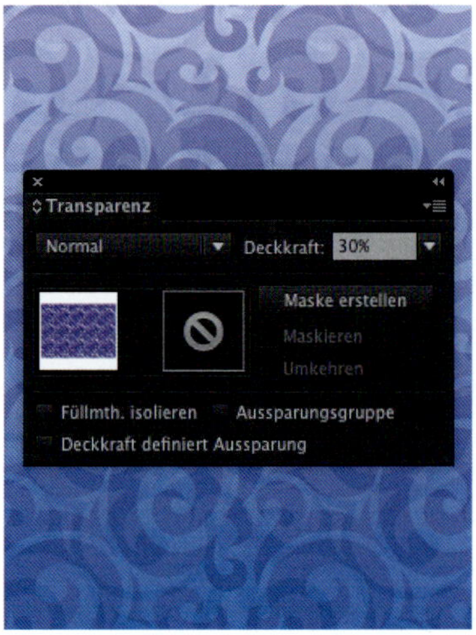

Abbildung 7.99 ▸
Deckkraft des Musters herabsetzen

3 Symbole einbringen

Im Symbole-Bedienfeld finden Sie die Fische von Illustrator. Ziehen Sie den grünen Fisch auf Ihre Zeichenfläche.

Nachdem Sie den grünen Fisch deaktiviert haben (Strg/cmd+⇧+A), klicken Sie einmal auf den Hai und wählen dann das Symbol-aufsprühen-Werkzeug (⇧+S) aus. Sprühen Sie nun rund um den grünen Fisch die Haie auf die Zeichenfläche.

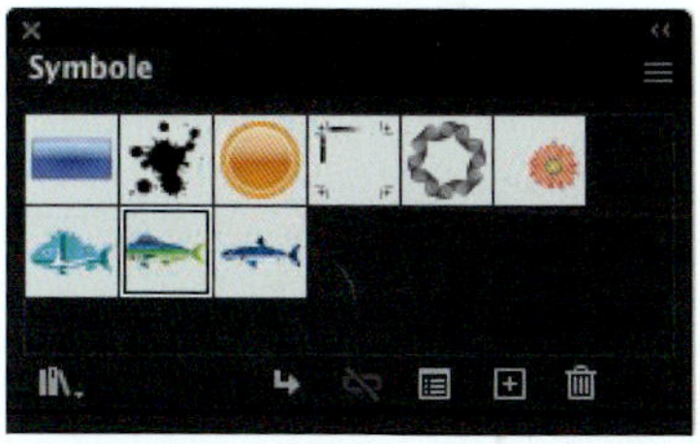

▲ **Abbildung 7.100**
Die Fisch-Symbole liegen schon bereit.

▲ **Abbildung 7.101**
Sprühen Sie die Haie auf die Zeichenfläche.

4 Die Headline setzen

Schreiben Sie mit dem Text-Werkzeug T die Headline »Seafoodcompany« auf die Zeichenfläche, und platzieren Sie sie mit dem Auswahl-Werkzeug V an die richtige Stelle. Anschließend formatieren Sie die Schriftgröße über das Steuerung-Bedienfeld. Dann setzen Sie den süßen blauen Fisch zum Namen – aus dem Symbol-Bedienfeld.

▲ **Abbildung 7.102**
Schriftformatierung im Steuerung-Bedienfeld

▲ **Abbildung 7.103**
Die Headline mit Fisch-Logo

5 Ein Symbol selbst kreieren: die Luftblase

Wir wollen dem Fisch noch einige Luftblasen mitgeben. Zeichnen Sie mit dem Ellipse-Werkzeug L einen Kreis mit weißer Flächenfarbe, und setzen Sie die Deckkraft auf nur 30%. Darüber zeichnen Sie den Glanzfleck mit dem Zeichenstift-Werkzeug P mit einer Deckkraft von vielleicht 70%. Aktivieren Sie beides, und gruppieren Sie es mit Strg/cmd+G.

Nun ziehen Sie den Kreis mit Glanzfleck in das Symbole-Bedienfeld und bestätigen den Dialog – fertig ist Ihr Blasen-Symbol. Die Blase auf der Zeichenfläche können Sie entfernen.

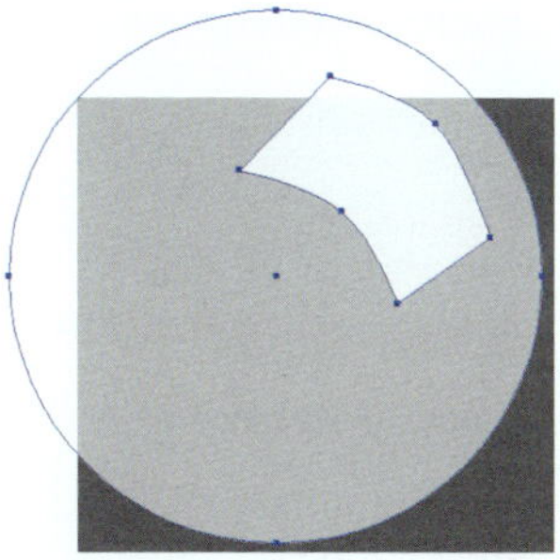

▲ **Abbildung 7.104**
Die einzelne Blase

Abbildung 7.105 ▸
Dialog zum Bestätigen des Symbols

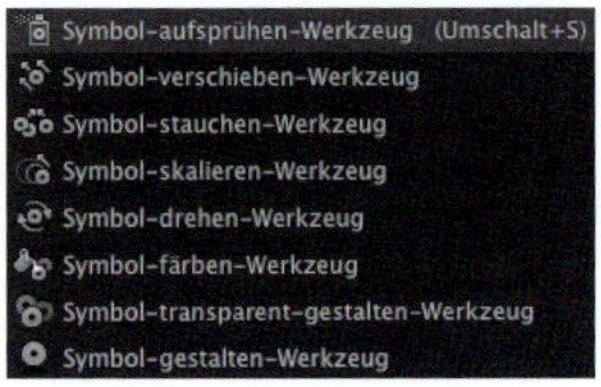

▴ Abbildung 7.106
Die anderen Symbol-Werkzeuge

6 Blasen aufsprühen

Wählen Sie Ihre Blase als Symbol aus, und sprühen Sie dieses nun üppig mit dem Symbol-aufsprühen-Werkzeug (⇧+S) über Ihre Illustration. Mit den anderen Werkzeugen, wie dem Symbol-skalieren- oder dem Symbol-transparent-gestalten-Werkzeug, modifizieren Sie noch die einzelnen Blasen, damit das Bild spannend aussieht. Fertig!

7.6 Tastaturkürzel

In diesem Kapitel tauchten wieder ein paar Tastaturbefehle auf, die die Arbeit mit Mustern und Symbolen ökonomischer gestalten. Die wichtigsten sind in Tabelle 7.1 für Sie aufgelistet.

Tabelle 7.1 ▾
Tastaturbefehle fürs schnelle Arbeiten

Zweck	PC	Mac
Pinsel-Werkzeug	B	B
Symbol-aufsprühen-Werkzeug	⇧+S	⇧+S
Breitenwerkzeug	⇧+W	⇧+W
Tropfenpinselwerkzeug	⇧+B	⇧+B
Pfadansicht	Strg+Y	W+Y
Begrenzungsrahmen aus-/einschalten	Strg+⇧+B	cmd+⇧+B
Auswahl aufheben	Strg+⇧+A	cmd+⇧+A
Intelligente Hilfslinien ein-/ausschalten	Strg+U	cmd+U
Wechsel zwischen Zeichenmodus: Normal, Dahinter, Innen	⇧+D	⇧+D

8 Transparenzen und Effekte

Anscheinend durchscheinend

- Was sind Transparenzen?
- Wie werden Transparenzen angewendet?
- Was gibt es für Effekte?
- Wie editiert man Effekte?
- Wo wendet man Effekte an?
- Was ist im Druck zu beachten?

8 Transparenzen und Effekte

▲ **Abbildung 8.1**
Eine Seifenblase mit Effekten und Transparenzen

▲ **Abbildung 8.2**
Die klassischen Effekte Schatten, runde Ecken und weiche Kanten – doch Illustrator hat noch mehr drauf.

In Illustrationen und Grafiken aus Adobe Illustrator versuchen wir oft, eine grafische Anmutung der Realität wiederzugeben. Den Fotorealismus überlassen wir dabei Adobe Photoshop. Betrachten wir Objekte genauer, stellen wir fest, dass sie oft nur durch ihre Plastizität glaubhaft erscheinen – hervorgerufen durch Glanzlichter, Schatten und Transparenzen. Wir müssen in Illustrator immer wieder Objekte durch andere durchscheinen lassen, damit dieser Eindruck erweckt wird, Spiegelungen oder Schatten einbauen, um glaubwürdig zu sein.

Ein eigenes Bedienfeld ist für die »Transparenz« zuständig: das Transparenz-Bedienfeld. Und Illustrator hat sogar ein ganzes Hauptmenü namens EFFEKT. Die Effekte können Sie auf Ihre Vektorobjekte anwenden, ohne sie zu zerstören. Die Effekte und die Objekte bleiben also weiterhin editierbar, d.h. veränderbar. Hier geht es oft um Schatten, weiche Kanten und Glanz.

Doch wenn Sie Transparenzen für Druckerzeugnisse anwenden, müssen Sie sich auch mit der Produktion beschäftigen. Lesen Sie dazu bitte auch Kapitel 14, »Ausgabe für den Druck«, in dem es u.a. um die Ausgabe von Dokumenten mit Transparenzen geht.

Abbildung 8.3 ►
Von links: Deckkraftreduzierung, Schatten oder die weiche Kante sind alles Spielarten der Transparenz.

8.1 Transparenz

▲ **Abbildung 8.4**
Der schnellste Weg zur Deckkraft ist das Steuerung- oder das Eigenschaften-Bedienfeld.

Mit Transparenz meint man, dass ein Objekt mehr oder weniger durchsichtig ist. Doch es gibt noch andere Arten von Transparenz, sodass Illustrator die »Durchsichtigkeit« mit **Deckkraft** bezeichnet. In Prozent ausgedrückt, bedeutet eine 100%ige Deckkraft, dass das Objekt vollkommen deckend ist und Sie kein unter ihm liegendes Objekt sehen können. 50%ige Deckkraft heißt demnach, dass das Objekt zur Hälfte Durchblick auf unter ihm liegende Objekte gewährt. Dass auch bei 100% Deckkraft Objekte von unten erscheinen, kann durch andere Arten von Transparenz entstehen. Dazu folgt gleich mehr.

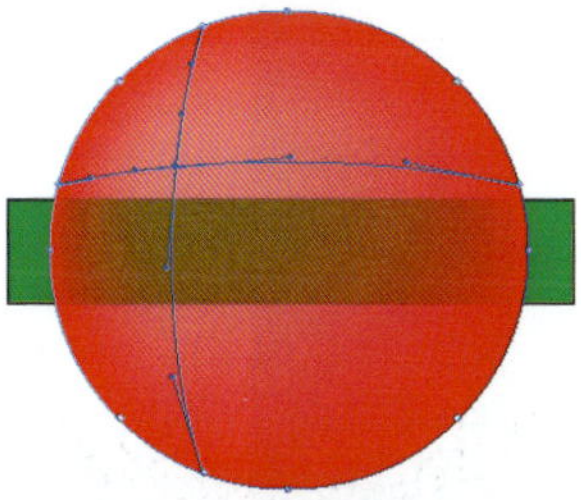

▲ **Abbildung 8.5**
Deckkraft, auf einen Gitterpunkt eines Verlaufsgitters angewandt

Transparenz durch Deckkraft

Beginnen wir aber mit der eigentlichen Durchsichtigkeit. Im Steuerung- oder im Eigenschaften-Bedienfeld gibt es den Eintrag DECKKRAFT mit einem Prozentwert. Mit diesem Dropdown-Menü verändern Sie ganz einfach die Deckkraft eines Objekts von 0 bis 100% in vorgegebenen 10er-Schritten oder numerisch mit eigenen Werten. Alles unter ihm Liegende scheint durch, sodass sich die Farben mischen.

Das geht natürlich auch mit mehreren Transparenz-Objekten übereinander. Sehr deutlich sieht man es bei dem Kristall aus Abbildung 8.6. Diese Zeichnung besteht aus vielen gefächerten Dreiecken übereinander, mit jeweils einem Hellblau-Dunkelblau-Verlauf und unterschiedlichen Deckkraft-Prozenten.

▲ **Abbildung 8.6**
Ausschließlich durch Deckkraftreduzierung erzeugte Transparenzanmutung

Im Transparenz-Bedienfeld sehen Sie natürlich auch noch einmal die Deckkraft. Versteckter ist sie im Verlauf-Bedienfeld, wo Sie eine ausgewählte Farbe in ihrer Deckkraft verändern können. Und natürlich gibt es auch den Link zur Deckkraft im Aussehen-Bedienfeld.

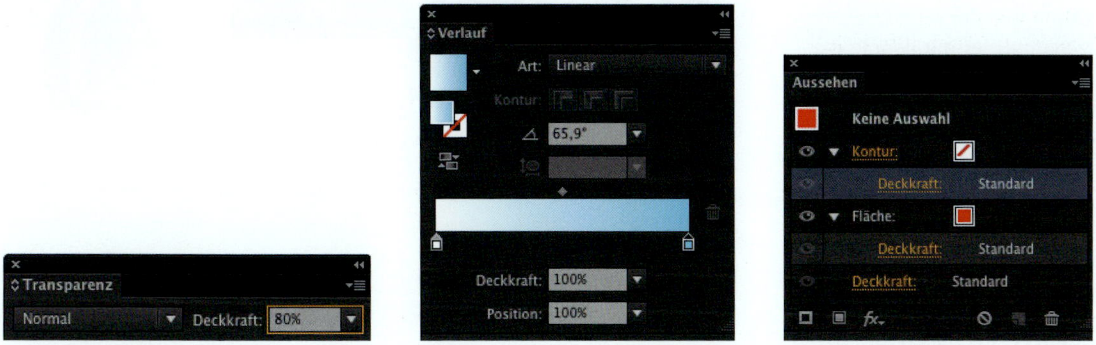

▲ **Abbildung 8.7**
Sie können Deckkraft an den verschiedensten Orten einstellen.

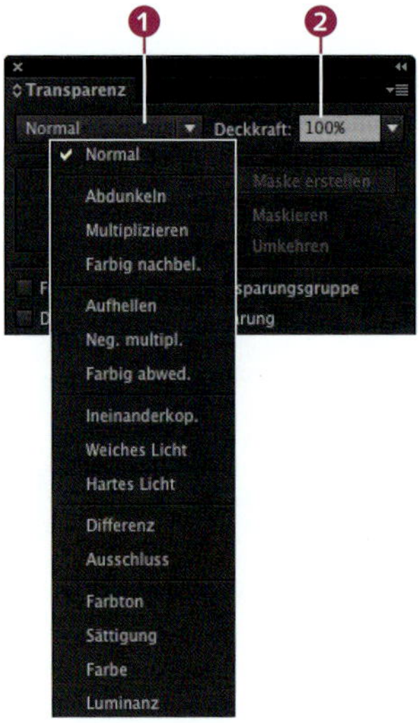

▲ **Abbildung 8.8**
Die Füllmethoden: eine Fundgrube für Spielkinder und Profis gleichermaßen

Transparenz als Füllmethode

Wenn Sie mehrere übereinanderliegende Objekte durchscheinend gestalten wollen und deren Deckkraft abschwächen, wird auch die Grundfarbe schwächer, was vielleicht nicht so sein soll. Öffnen Sie in solchen Fällen das Transparenz-Bedienfeld. Neben der DECKKRAFT ❷, die es ja auch in der Steuerung gibt, finden Sie die FÜLLMETHODEN ❶, die den Photoshoppern unter Ihnen bereits bekannt sind.

Was bedeutet das nun? Füllmethoden verrechnen ein Objekt nach verschiedenen Methoden mit den unter (!) ihm liegenden Objekten. Ihr Spieltrieb ist an dieser Stelle wieder einmal gefordert. Doch zur Orientierung kann man vereinfacht sagen, dass die ersten drei (ABDUNKELN, MULTIPLIZIEREN, FARBIG NACHBELICHTEN) dunklere Mischungen erzeugen und die zweiten drei (AUFHELLEN, NEGATIV MULTIPLIZIEREN, FARBIG ABWEDELN) hellere. Die Ergebnisse der dritten Dreiergruppe (INEINANDERKOPIEREN, WEICHES LICHT, HARTES LICHT) sind sehr von den zu verrechnenden Farben abhängig, während die nächsten beiden (DIFFERENZ, AUSSCHLUSS) meistens dunklere Farben erzeugen. FARBTON und FARBE entsprechen oft einem Einfärben, SÄTTIGUNG analysiert die Leuchtkraft/Reinheit einer Farbe und LUMINANZ ausschließlich deren Helligkeit.

Abbildung 8.9 ▸
Damit sich das schwarzweiße Verlaufsgitter mit dem Rot des Flakons verbindet, steht es auf MULTIPLIZIEREN.

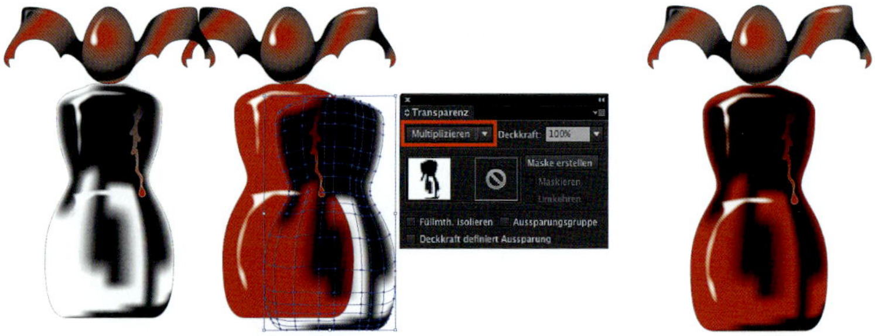

Abbildung 8.10 ▸
Links: ohne Transparenz; Mitte: Deckkraft auf 25 %; rechts: Füllmethode zusätzlich MULTIPLIZIEREN

Auch die Füllmethoden wirken sich immer nur auf das Aussehen der Objekte unterhalb aus. Doch ob Deckkraft oder Füllmethode, vieles hängt natürlich von den Farbkombinationen ab, weshalb Sie einerseits tatsächlich ausprobieren müssen und andererseits mit einem kalibrierten Monitor auf der etwas sichereren Seite wären.

Transparenz in Gruppen

Eine besondere Sache sind Transparenzen in Objektgruppen. Sie bestimmen das Verhalten der Gruppenmitglieder untereinander und als Gruppe zu Nicht-Gruppenmitgliedern. Diese Gruppendynamik kommt vielleicht selten zum Tragen, kann dann aber sehr nützlich sein. Es ist wichtig zu wissen, dass diese Optionen eine Spielart der Füllmethode sind, nicht eine der Deckkraft. Haben Sie also mehreren Objekten jeweils (!) eine Füllmethode zugewiesen und sie dann (!) gruppiert (Objekt • Gruppieren), entscheiden Sie, was miteinander reagiert. In Abbildung 8.12 haben alle Einzelelemente die Füllmethode Negativ multiplizieren.

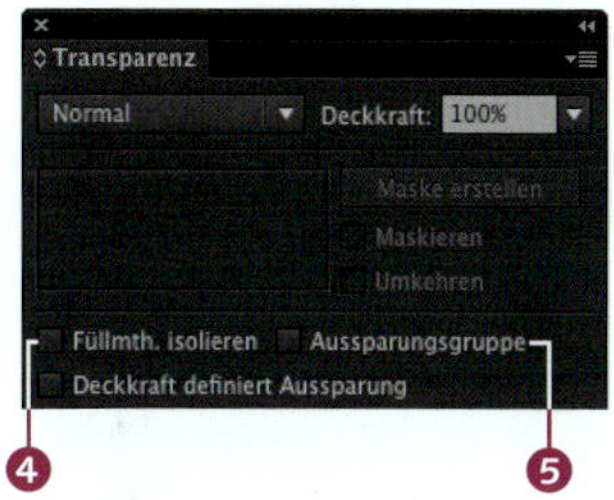

▲ **Abbildung 8.11**
Checkboxen für das Transparenzverhalten von Gruppen

Im Transparenz-Bedienfeld finden Sie (Optionen über Flyout-Menü einblenden) zwei Checkboxen, die das Transparenzverhalten von Gruppen bestimmen: Füllmethode isolieren und Aussparungsgruppe.

- Ist keine Checkbox aktiviert ❸, reagieren die Elemente alle zueinander *und* zum Untergrund (das ist hier der braune Balken).
- Die Objekte sollen sich untereinander mischen, während sie den Untergrund ignorieren. Wählen Sie dafür Füllmethode isolieren ❹.
- Die Objekte verrechnen sich mit dem Untergrund, aber nicht zueinander, wenn Aussparungsgruppe aktiviert ist ❺.

▼ **Abbildung 8.12**
Steuern Sie im Transparenz-Bedienfeld, wer sich mit wem verrechnet.

Transparenz als Deckkraftmaske

Immer wieder kommt es vor, dass sich verschlungene Objekte an mehreren Stellen überschneiden. An manchen Stellen muss dann das vordere Objekt durchsichtig sein, um so zu tun, als wäre es *hinter* dem anderen statt davor. Um das zu realisieren, brauchen Sie sogenannte Deckkraftmasken.

Zum Erstellen einer Deckkraftmaske benötigen Sie also einerseits Ihr Objekt, das partiell durchsichtig sein soll, und andererseits ein Objekt, das bestimmt, an *welcher* Stelle Ihr Objekt nun durchsichtig sein soll. Letzteres ist die Deckkraftmaske.

Eine Deckkraftmaske deckt Objekte ganz oder teilweise ab. Die Maske ist dabei selbst nicht zu sehen. Ihre Aufgabe ist es lediglich, zu bestimmen, an welcher Stelle ein Objekt durchscheinend ist und an welcher nicht. Ich möchte dies am Beispiel der goldenen Ringe erläutern.

▲ **Abbildung 8.13**
Die Ringe liegen übereinander, sollen aber ineinander verschlungen sein.

▲ **Abbildung 8.14**
Scheinbar ineinander verschlungene Objekte müssen teilweise an den Überschneidungen durchsichtig sein, um diesen Effekt zu bewirken.

▲ **Abbildung 8.15**
Die Maskenobjekte ❶ in Schwarz über dem obersten Ring

Der obere Ring muss an drei Stellen durchsichtig sein, um dort, aber auch nur dort, scheinbar hinter den anderen Ringen zu liegen. Ich zeichne an diesen Stellen einfache Formen, die mit Schwarz gefüllt sind und über (!) dem Ring liegen.

Wenn Sie beides aktiviert haben – die drei Maskenobjekte und den Ring –, öffnen Sie das Transparenz-Bedienfeld und klicken einmal auf Maske erstellen. Achten Sie darauf, dass im linken Icon der Ring zu sehen ist und im rechten die Maskenobjekte und dass nichts weiter angehakt ist.

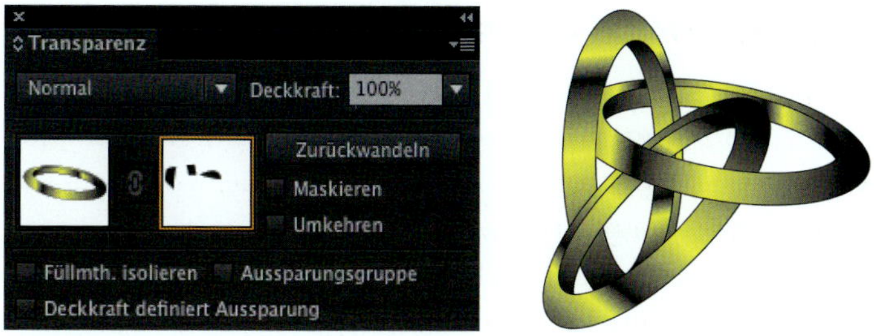

▲ **Abbildung 8.16**
Links: die Deckkraftmaske; rechts: das Ergebnis

▲ **Abbildung 8.17**
Die fertigen Ringe, die in »Wahrheit« übereinanderliegen

Das gleiche Prinzip wende ich dann auch noch auf den mittleren Ring an, sodass auch dieser sich mit den anderen verschlingt.

Wenn eine schwarze Maske das abzudeckende Objekt durchsichtig macht, kann man folgern, dass eine graue Maske das Objekt halb durchsichtig macht. Und ja, genau so ist es (siehe Abbildung 8.18).

Und wenn dem so ist, dann müsste eine von Weiß zu Schwarz verlaufende Maske auch einen Übergang von sichtbar zu unsichtbar zaubern. Und ja, auch das ist so (siehe Abbildung 8.19)!

Achten Sie aber darauf, dass, wenn Sie weiterarbeiten, das linke Icon im Transparenz-Bedienfeld (also das Objekt an sich) ausgewählt ist, weil Sie sonst außer der Maske nichts aktivieren können. Wollen Sie jedoch die Maske modifizieren, aktivieren Sie das rechte Icon und bearbeiten die Maske, verändern also den Verlauf oder ihre Form.

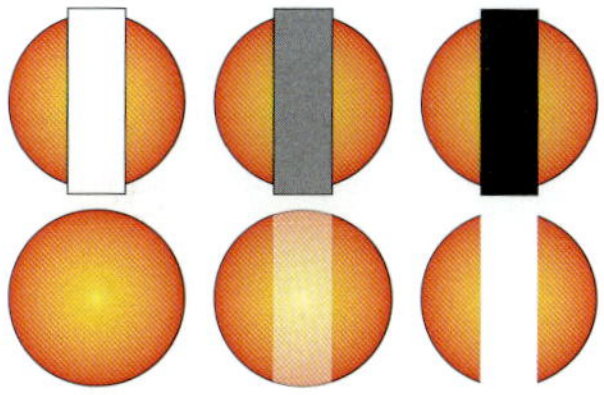

▲ **Abbildung 8.18**
Je nachdem, wie dunkel die Maske ist (oben), lässt sie das Objekt mehr oder weniger durchscheinen.

▲ **Abbildung 8.19**
Oben der Schwarzweiß-Verlauf, unten zur Maske gemacht

◂ **Abbildung 8.20**
Die normale Zeichenebene ist aktiviert ❷. Das Masken-Icon ❸ zeigt die halbtransparente Pfütze. Und die Checkbox MASKIEREN ❹ blendet alles andere als die Pfütze aus. So entsteht eine schöne Spiegelung des Flakons.

8.2 Transparenzreduzierung

▲ **Abbildung 8.21**
Das durch Transparenz entstandene violette Quadrat (oben) wird zu einem eigenen Vektorobjekt (unten), der Schatten aber muss in Pixel gerastert werden.

Transparenzreduzierung hört sich kompliziert an, und einfach ist das Thema auch wirklich nicht. Es betrifft aber vor allem die Druckproduktion, denn lange war es schwierig, Transparenzen sicher und fehlerfrei zu drucken. Die Programme benutzten immer häufiger Transparenzen für die Gestaltung, aber die Maschinen konnten sie so, wie sie von den Programmen geliefert wurden, nicht ausgeben. Die Transparenzen mussten umgerechnet (geflattet) werden.

Dazu wird dort, wo Objekte transparent zueinander sind, ein drittes Objekt generiert, das dann den Anschein einer Transparenz erzeugt. In Abbildung 8.21 ersetzt ein violettes Quadrat die Mischung der Farben. Der Schatten aber kann nicht als Vektorobjekt dargestellt werden; er besteht aus vielen kleinen, dichter werdenden Punkten. Er wird an dieser Stelle also in Pixel umgewandelt, damit die PostScript-basierten Geräte den Schattenverlauf ausgeben können.

Erst in jüngerer Zeit wurden Ausgabegeräte entwickelt, die mit offenen Transparenzen so umgehen, dass die Transparenzen dafür nicht »flachgerechnet« werden müssen. Aber immer noch nicht jede Druckerei oder jede Schildermacherei etc. hat schon diese sogenannten RIPs, die offene Transparenzen verarbeiten können.

Deshalb ist es so wichtig, dass Sie schon beim Anlegen einer neuen Datei darauf achten, die richtige Rastereffekt-Einstellung zu nehmen – eine, die hoch genug ist, um entsprechend gedruckt werden zu können (siehe Abschnitt 1.3, »Ein neues Dokument anlegen«).

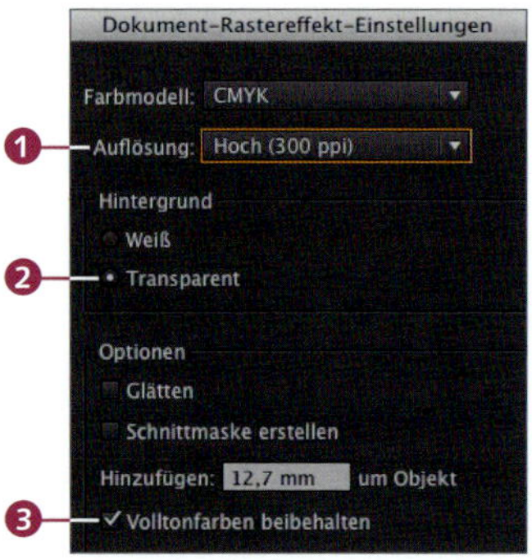

▲ **Abbildung 8.22**
Die Einstellungen zum Dokument-Rastereffekt sollten auf HOCH stehen.

Wollen Sie die Einstellung ändern, gehen Sie zu EFFEKT • DOKUMENT-RASTEREFFEKT-EINSTELLUNGEN... Hier sollten Sie folgende drei Checkboxen standardmäßig ausgewählt haben: Die Auflösung für Effekte stellen Sie auf HOCH (300 PPI) ❶ und den Hintergrund auf TRANSPARENT ❷. Sorgen Sie auch dafür, dass VOLLTONFARBEN BEIBEHALTEN ❸ werden und nicht in CMYK umgewandelt werden, da es sonst bei den Transparenzeffekten zu Farbverschiebungen kommen kann.

Transparenzreduzierungsvorgaben

Es gibt noch einen weiteren Ort, der den Umgang mit Transparenz regelt: BEARBEITEN • TRANSPARENZREDUZIERUNGSVORGABEN. Hier geht es nicht nur um die Effekte, sondern um einen generellen Umgang mit Transparenzen. Denn wenn Sie eine Illustration, die Transparenzen enthält, auf Ihrem Tintenstrahldrucker drucken, benötigen Sie weniger hohe Vorgaben, als wenn im Offsetdruck gedruckt wird.

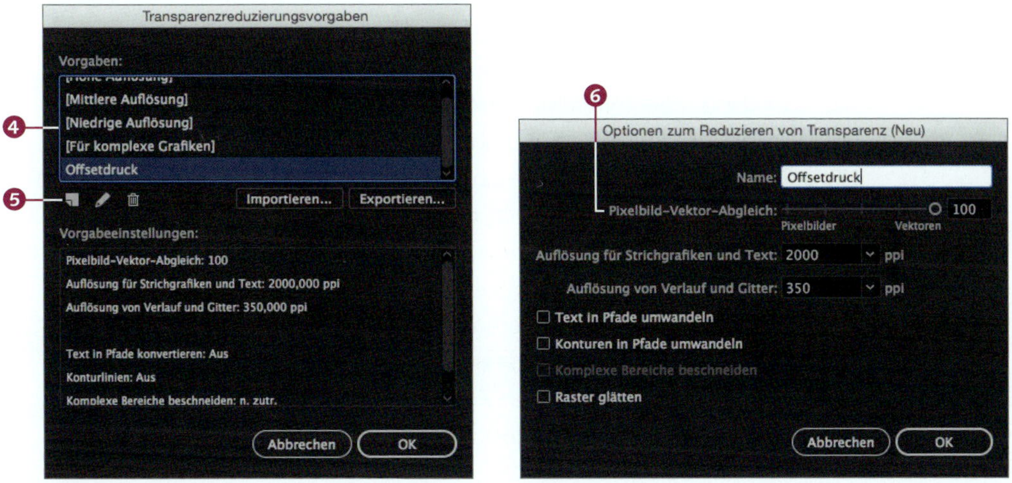

▲ **Abbildung 8.23**
Einstellungen zur Auswahl von Transparenzreduzierungen

Es reicht normalerweise [HOHE AUFLÖSUNG] ❹, es sei denn, Ihr Druckdienstleister benötigt etwas anderes. Dann können Sie bei NEU... ❺ andere Einstellungen vornehmen. Fragen Sie Ihre Druckerei, was sie haben möchte, und geben Sie dies bei den OPTIONEN ZUM REDUZIEREN VON TRANSPARENZEN ein. Soll möglichst früh eine Transparenz in Pixel aufgelöst werden, steht der Schieberegler für den PIXELBILD-VEKTOR-ABGLEICH ❻ ganz links. Steht er ganz rechts, versucht Illustrator, wenn es irgendwie geht, Vektoren zu erhalten, was zum Beispiel die Kanten der Grafiken sauberer macht.

Später beim Speichern Ihrer Datei in ein PDF-Dokument werden Sie eine dieser Vorgaben (so auch Ihre selbst angelegte) auswählen müssen, wenn Transparenzen reduziert werden müssen, wie bei einem PDF-X-Dokument. Auch beim Speichern von EPS-

Dateien werden Sie eine Transparenzreduzierung auswählen müssen. Doch schon an dieser Stelle sei gesagt: Verzichten Sie, wenn es nicht ausdrücklich von Ihrem Dienstleister gefordert wird, auf das veraltete und den heutigen Bedingungen nicht mehr gerecht werdende EPS-Format. Lesen Sie bitte zu dieser ganzen Thematik unbedingt auch Kapitel 14, »Ausgabe für den Druck«.

8.3 Effekte

▲ **Abbildung 8.24**
Illustrator-Effekte

▲ **Abbildung 8.25**
Photoshop-Effekte in Illustrator

Die Effekte von Illustrator finden Sie in einem eigenen Menü EFFEKTE. Sie teilen sich in zwei Kategorien auf: Im oberen Teil stehen die Illustrator-Effekte und unten die Photoshop-Effekte. Auf die 3D-Effekte gehe ich in Kapitel 12, »3D und Perspektive in Illustrator«, gesondert ein; sie werden hier nicht weiter erwähnt.

Effekte sind editierbar. Mit anderen Worten: Sie können zum Beispiel einen Kreis, den Sie per Effekt zu einem Quadrat gemacht haben, jederzeit korrigieren, den Effekt verändern oder rückgängig machen. In der Objektaktivierung in Abbildung 8.26 sehen Sie gut, dass das »Y« zu jeder Zeit ein »Y« geblieben ist. Lediglich sein Aussehen wurde verändert.

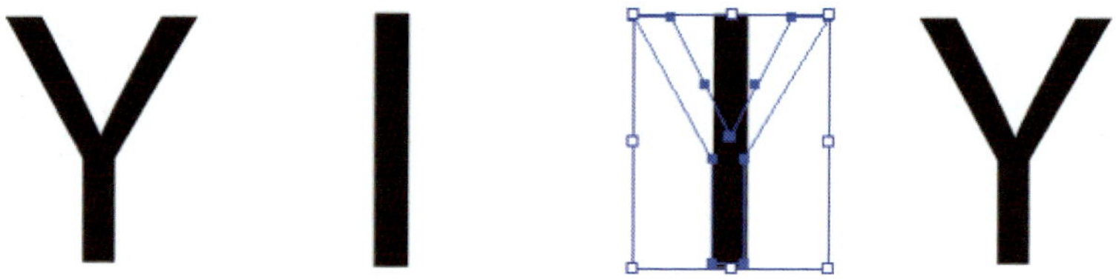

▲ **Abbildung 8.26**
Machen Sie ein »Y« zu einem »I« und wieder zum »Y« über den Effekt IN FORM UMWANDELN.

Effekte anwenden

Einen Effekt anzuwenden, ist leicht. Aktivieren Sie ein Objekt, und gehen Sie in das Hauptmenü EFFEKT. Wenn Sie irgendeinen dieser Effekte auswählen, bekommen Sie in den meisten Fällen ein Popup-Menü, in dem Sie noch verschiedene Einstellungen vornehmen können: welchen Radius z. B. die abgerundeten Ecken bekommen sollen, wie viel Millimeter der Kante eines Objekts

weichgezeichnet werden sollen, um wie viel Grad sich die Verwirbelung drehen soll etc.

◂ **Abbildung 8.27**
Schlagschatten als editierbarer Effekt: EFFEKT • (unter ILLUSTRATOR-EFFEKTE) STILISIERUNGSFILTER • SCHLAGSCHATTEN...

Bei den Photoshop-Effekten öffnet sich ein Fenster mit einer extragroßen Vorschau. Lassen Sie sich nicht verwirren: In dieser Vorschau heißen die Effekte (wie bei Photoshop) »Filter«. Es sind hier aber Effekte, die also editierbar bleiben. Wenn Sie auf einen beliebigen anderen Effekt (Filter) klicken, sehen Sie im Vorschaufenster das Ergebnis.

▴ **Abbildung 8.28**
Vorher und nachher: Basrelief-Effekt

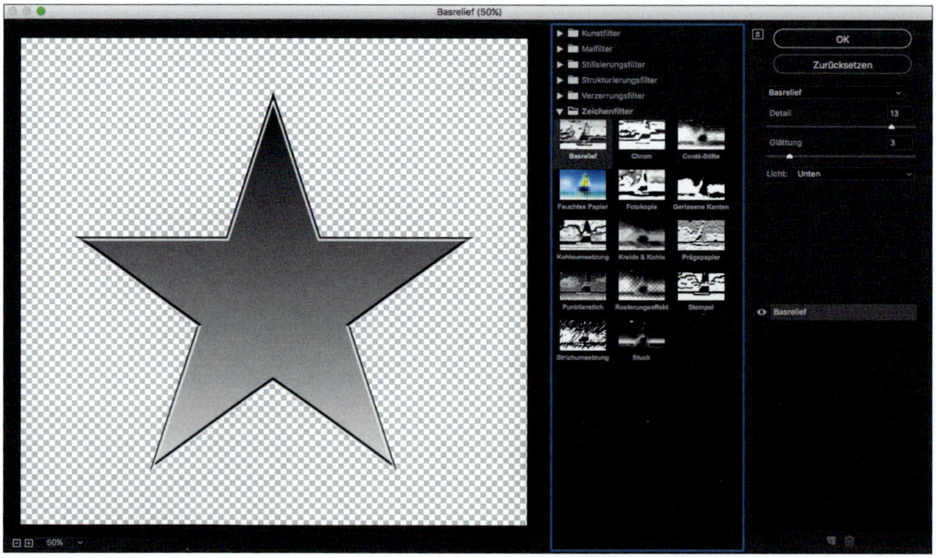

▴ **Abbildung 8.29**
Die Eingabemaske für einen Photoshop-Effekt

Effekte auf Gruppen anwenden

Weisen Sie mehreren Objekten, die Sie gruppiert haben, einen Effekt zu, gilt dieser für die Gruppe als Ganzes, wird aber jedem einzelnen Mitglied zugewiesen. Wenn Sie ein Gruppenmitglied ausschneiden (aktivieren Sie es mit dem Direktauswahl-Werkzeug [A] über seine Fläche, und drücken Sie [Strg]/[cmd]+[X]) und es irgendwo anders wieder einfügen, ist auch der Effekt für dieses Objekt verloren. Wenn Sie andersherum irgendein Objekt einer Gruppe mit einem Effekt hinzufügen (Gruppenmitglied mit [A] (!) aktivieren und mit [Strg]/[cmd]+[F] oder [B] davor oder dahinter einfügen), dann bekommt auch das neue Objekt den Effekt zugewiesen.

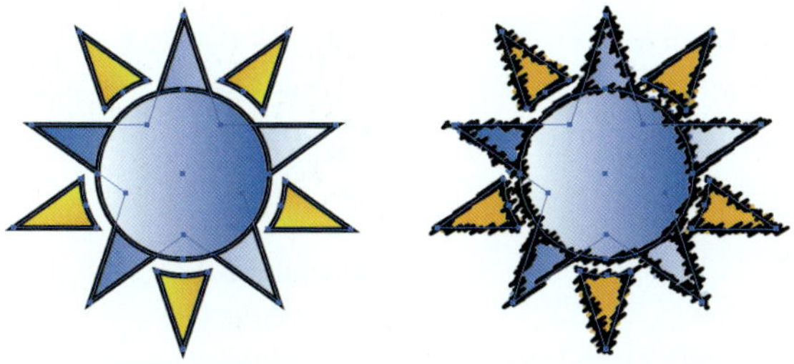

▲ **Abbildung 8.30**
Sind mehrere Objekte ausgewählt, bekommen auch alle den Effekt. Hier ist es der Effekt »Scribble«.

▲ **Abbildung 8.31**
Ohne seine Gruppe (links) geht auch der Effekt verloren; kommt ein Objekt zu einer Gruppe hinzu, wird auch der Effekt hinzugenommen (rechts).

Effekt editieren

Wieder sind Sie bei der heimlichen Schaltzentrale von Illustrator angekommen: dem Aussehen-Bedienfeld. Sein Name passt hier sehr gut, weil es sich bei den Effekten ja tatsächlich »nur« um das Aussehen der Objekte handelt, denn ihre wirkliche Form – die in der Pfadansicht sichtbar ist – wird nicht verändert.

Abbildung 8.32 ►
Links: mit Scribble-Effekt; Mitte: die Pfadansicht; rechts: das Aussehen-Bedienfeld

Im Aussehen-Bedienfeld sehen Sie an dem mit »fx« gekennzeichneten Effekt ❷, ob der Effekt einer Gruppe zugewiesen wurde ❶. Mit INHALT sind die Einzelobjekte einer Gruppe gemeint.

. Um einen Effekt zu verändern, klicken Sie einfach auf den unterstrichenen Namen des Effekts oder doppelt auf das fx-Zeichen dahinter. Erneut öffnet sich die zugehörige Effekte-Option, und Sie können den Effekt ändern.

Wie Sie einen Effekt löschen, ist klar: über den Papierkorb-Button ❹ am unteren Bedienfeldrand. Oder Sie fügen einen weiteren Effekt hinzu: Klicken Sie auf den FX-Button ❸ ebenfalls am unteren Bedienfeldrand.

Die gebräuchlichsten Effekte wie SCHLAGSCHATTEN, ECKEN ABRUNDEN, WEICHE KANTE oder SCHEIN NACH INNEN finden Sie in den Illustrator-Effekten STILISIERUNGSFILTER. Diese XML-basierten SVG-Effekte müssen Sie, wenn Sie auch noch andere Effekte anwenden, im Aussehen-Bedienfeld an die unterste Stelle schieben.

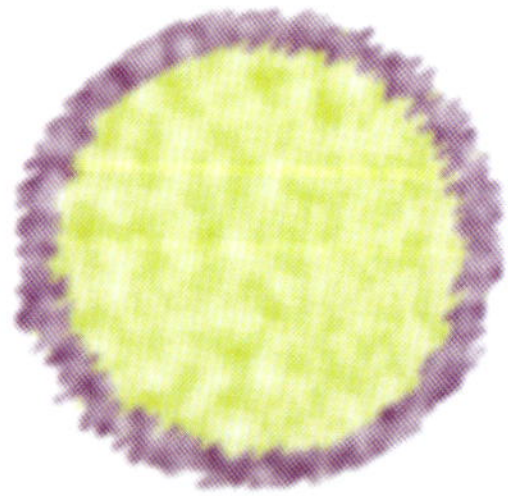

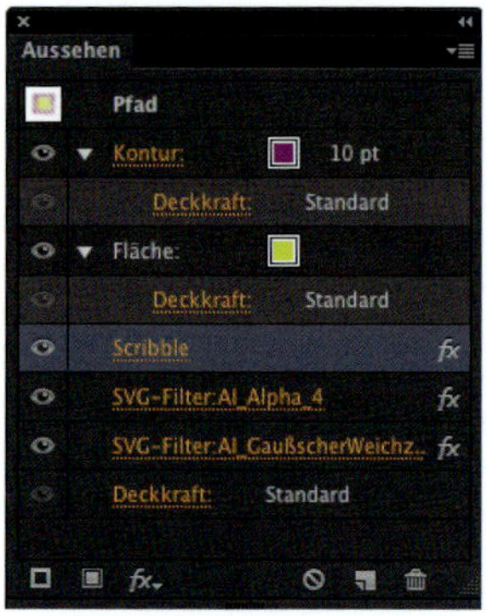

▲ **Abbildung 8.33**
Ziehen Sie SVG-Filter im Aussehen-Bedienfeld nach unten.

Effekte auf Konturen oder Flächen anwenden

Eine Besonderheit der Effekte ist, dass Sie einen Effekt nicht nur auf ein ganzes Objekt legen können, sondern auch nur auf seine Kontur oder Fläche.

Hierfür benötigen Sie, wie so oft, das Aussehen-Bedienfeld. Aktivieren Sie mit einem Klick neben die Kontur oder Fläche eines von beiden, wird der Eintrag blau hervorgehoben. Wenn Sie nun wie gehabt einen Effekt anwenden, wird auch nur die Kontur oder nur die Fläche verändert.

Effekt für Gruppen
Haben Sie eine Gruppe ausgewählt und wollen Sie einen Effekt nur auf die Konturen anwenden, dann müssen die Konturen ein identisches Aussehen haben.

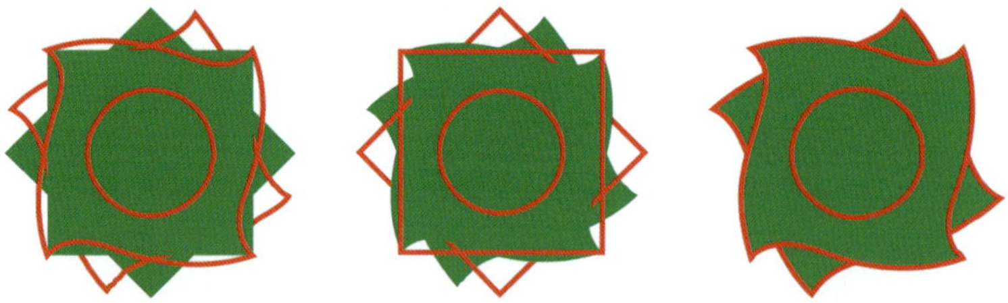

◄ **Abbildung 8.34**
Nur auf die Kontur (links), auf die Fläche (Mitte) oder auf beides (rechts) angewandter Wirbel-Effekt

Gemein ist allerdings, dass der Effekt nach dem Anwenden scheinbar nicht mehr im Aussehen-Bedienfeld auftaucht, um ihn zu editieren. Vor dem Namen (Kontur oder Fläche) ist ein kleines Drei-

eck, hinter dem sich ein Aufklappmenü verbirgt. Hier sind auch die zugehörigen Effekte aufgelistet.

Wenn Sie mit einem gruppierten Objekt arbeiten, zeigt das Aussehen-Bedienfeld nur »Inhalt«. Mit einem Doppelklick teilt sich auch die Gruppe in Kontur und Fläche auf.

▲ **Abbildung 8.35**
Versteckte Effekte im Aussehen-Bedienfeld

Ich möchte mit Ihnen nun eine Schritt-für-Schritt-Übung machen, in der es um viel mehr als allein um Transparenz geht. Nehmen Sie sich etwas Zeit dafür, denn sie ist etwas ausführlicher.

Schritt für Schritt
Ein Weinglas mit Transparenzen

1 Vorlage platzieren

Beispielmaterial: Weinglas.psd

Platzieren Sie mittig in einer neu angelegten DIN-A4-Datei als Vorlage das Bild »Weinglas.psd«. Öffnen Sie einmal das Schloss-Symbol der Vorlagenebene, und schieben Sie das Weinglas mit dem Auswahl-Werkzeug V an die obere Zeichenflächenkante. Danach schließen Sie das Schloss wieder und klicken einmal auf die Ebene 1. Legen Sie auch gleich ein Koordinatenkreuz aus Hilfslinien als Spiegelachse an.

Unter Ansicht • Hilfslinien sperren Sie sie gegen versehentliches Verschieben. Bei eingeschalteten intelligenten Hilfslinien ziehen Sie auch den Nullpunkt aus den Linealen auf das Koordinatenkreuz.

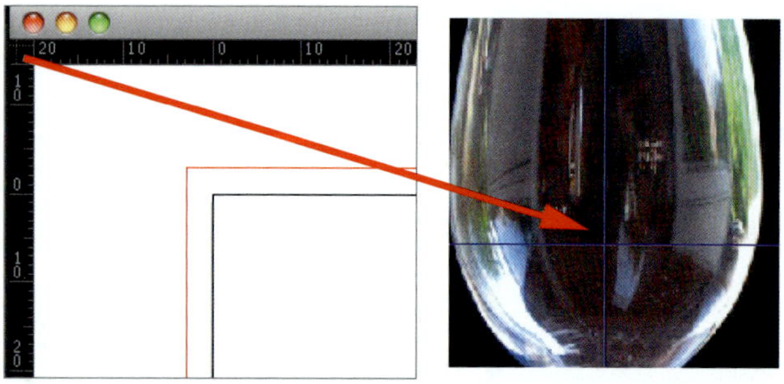

◂ **Abbildung 8.36**
Ein Koordinatenkreuz aus Hilfslinien. Ziehen Sie den Nullpunkt auf den Schnittpunkt.

2 Kelch-Grundform zeichnen

Bevor es nun mit dem Zeichnen losgeht, benennen Sie die »Ebene 1« in »Kelch« um. Mit dem Zeichenstift-Werkzeug [P] zeichnen Sie nur die rechte Seite des Kelches – von Hilfslinie zu Hilfslinie. Wenn Sie die Flächenfarbe löschen, können Sie die Vorlage besser sehen.

Wählen Sie den halben Kelch mit dem Auswahl-Werkzeug [V] aus, wechseln Sie zum Spiegeln-Werkzeug [O], klicken Sie einmal auf die senkrechte Hilfslinie (irgendwo), und duplizieren Sie mit [alt] und [⇧] die Kelchhälfte auf die linke Seite.

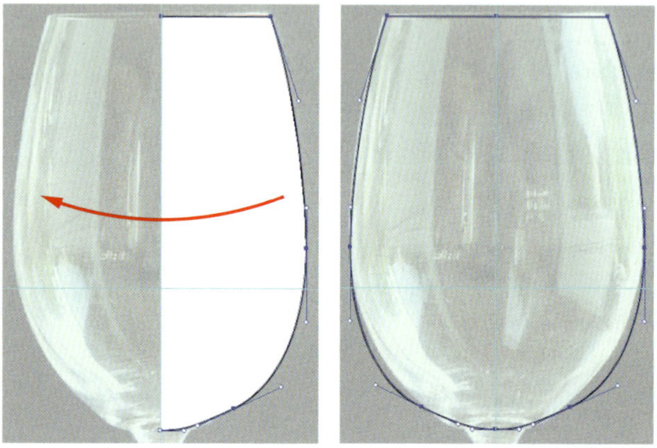

◂ **Abbildung 8.37**
Spiegeln der Kelchhälfte auf die linke Seite – als Duplikat mit der gedrückten [alt]+[⇧]-Taste

Verbinden Sie beide Seiten miteinander, indem Sie sie gemeinsam aktivieren und Objekt • Pfad • Zusammenfügen ([Strg]/[cmd]+[J]) wählen.

3 Materialstärke

Aktivieren Sie nun den ganzen Kelch, und wählen Sie Objekt • Pfad • Pfad verschieben... In die Eingabemaske geben Sie einen

negativen Wert von z. B. –1,5 mm ein. Der Kelch bekommt ein etwas kleineres Duplikat nach innen.

Die oberen Ankerpunkte der beiden Pfade ziehen Sie mit dem Direktauswahl-Werkzeug [A] aufeinander ❶, die unteren etwas voneinander weg ❷. So bekommt Ihr Glas eine glaubwürdigere Stärke.

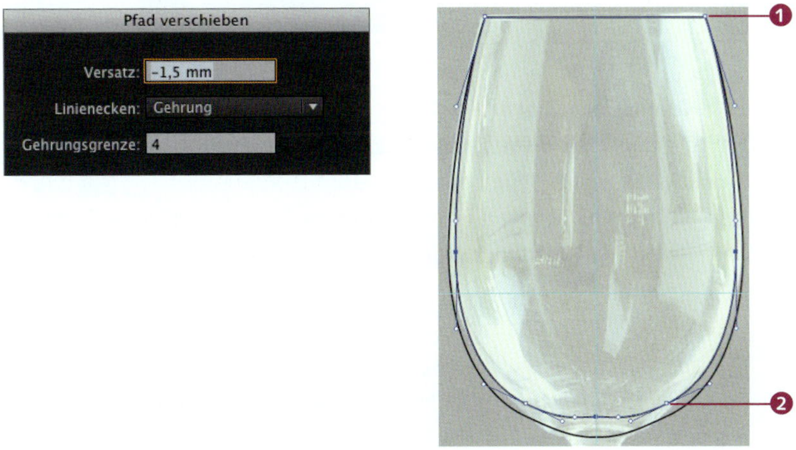

Abbildung 8.38 ▸
Mit negativem Wert verschieben Sie den Pfad, dupliziert nach innen (links). Eine ungleichmäßige Materialstärke (rechts) wirkt realistischer.

4 Farbe und Transparenz

Geben Sie dem äußeren Kelch einen Blau-Verlauf, der nach oben hin heller wird. Dem oberen Kelch geben Sie einen waagerechten Verlauf mit 2 × Blau und 2 × Weiß. Diesen stellen Sie im Transparenz-Bedienfeld auf die Füllmethode Neg. multipl. und reduzieren die Deckkraft auf ca. 80 %.

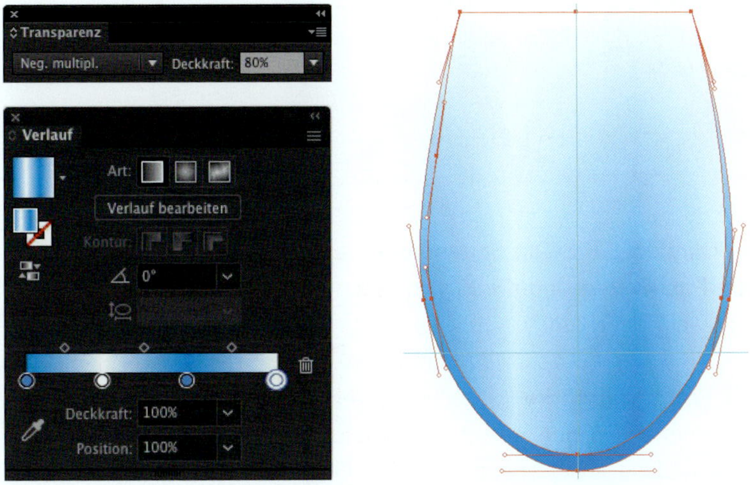

Abbildung 8.39 ▸
Sie können Füllmethoden und Deckkraft auch mischen, wenn die Effekte ansonsten zu stark ausfallen.

5 Glasinhalt

Wählen Sie mit Strg/cmd+A alles aus, und setzen Sie die Kontur auf Ohne. Aktivieren Sie nun mit dem Auswahl-Werkzeug V den inneren Kelch, und duplizieren Sie ihn direkt davor (drücken Sie erst Strg/cmd+C, dann Strg/cmd+F). Dann schneiden Sie ihn auf halber Höhe mit dem Schere-Werkzeug C (links und rechts durch Klicken auf den aktiven Pfad) auf. Die obere Kelchhälfte können Sie nun löschen. Deaktivieren Sie eventuell erst alles durch Strg/cmd+⇧+A, und wählen Sie dann mit dem Gruppenauswahl-Werkzeug die obere Hälfte zum Löschen.

Stellen Sie im Transparenz-Bedienfeld eine Deckkraft von 100% und als Füllmethode Abdunkeln ein. Legen Sie nun mit dem Verlaufswerkzeug G einen schönen bordeauxroten, kreisförmigen Verlauf zu Weiß in die untere Fläche. Der Kelch ist fertig.

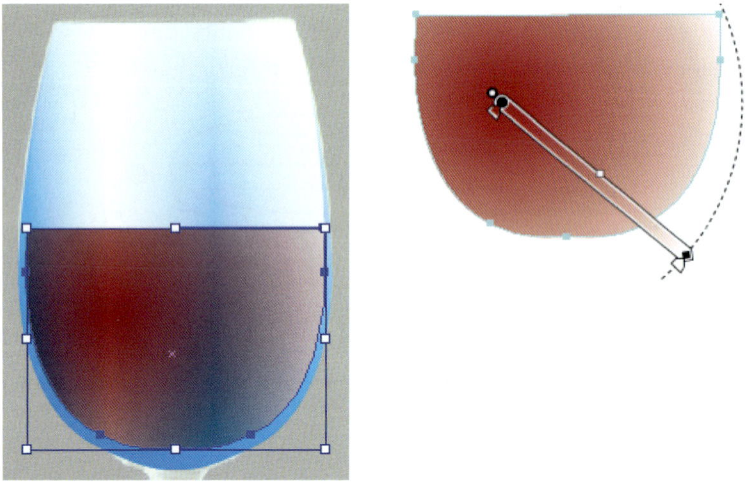

◂ **Abbildung 8.40**
Durch das Abdunkeln scheint im weißen Teil des Verlaufs mehr Glas hindurch.

▴ **Abbildung 8.41**
Die Stiel-Ebene sollte unter der Kelch-Ebene stehen.

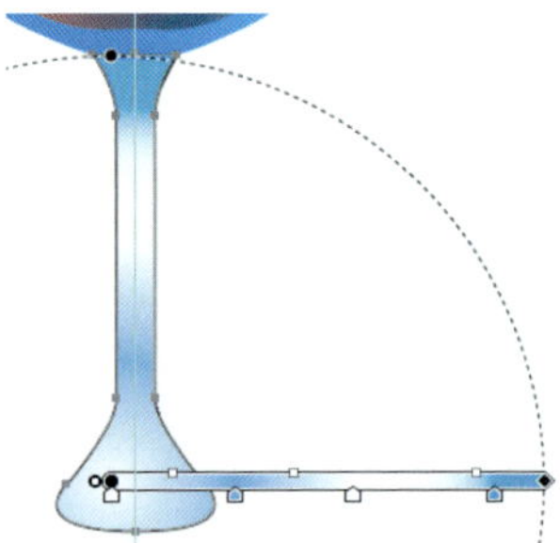

▴ **Abbildung 8.42**
Der Kreis-Verlauf wird im Stiel zu Streifen und im Fuß zu einem Lichtfleck.

6 Weinglasstiel zeichnen

Am besten legen Sie sich jetzt eine neue Ebene »Stiel« an, die Sie vorsichtshalber unterhalb der Kelch-Ebene arrangieren. Zeichnen Sie den Weinglasstiel mit dem Zeichenstift-Werkzeug P. Sie können hier freihändig arbeiten (klicken Sie auf das Rechteck links neben »Vorlage Weinglas Bild« im Ebenen-Bedienfeld) oder das Weinglas-Foto eingeblendet lassen. Ein kreisförmiger Verlauf (Blau und Weiß im Wechsel wie in Abbildung 8.42) bietet sich an. Wenn Sie die Deckkraft etwas zurücknehmen, wird später der Fuß etwas durchscheinen.

7 Weinglasfuß zeichnen

Der Fuß besteht eigentlich aus zwei Ellipsen ❶ (Abbildung 8.43). Ich empfehle auch hier wieder, eine neue Ebene (»Fuß«) darunter anzulegen. Ziehen Sie mit dem Ellipse-Werkzeug L eine blau gefärbte Ellipse auf. Schieben Sie sie mit dem Auswahl-Werkzeug V zum Duplizieren mit alt hoch.

Doch auch hier brauchen Sie die Materialstärke. Kopieren Sie zuvor eine Ellipse in die Zwischenablage Strg/cmd+C. Ziehen Sie ein schmales, waagerechtes Rechteck auf ❷, das die beiden Ellipsen miteinander verbindet, und aktivieren Sie alle drei Elemente: beide Ellipsen und das Rechteck.

Mit dem Formerstellungswerkzeug (⇧+M) und gehaltener ⇧-Taste ziehen Sie über alles hinweg: Sie erhalten eine geschlossene Form ❸. Während die neue Form noch aktiv ist, setzen Sie die Ellipse aus der Zwischenablage davor ein (Strg/cmd+F) ❹. Gruppieren Sie nun die Elemente des Fußes, und stellen Sie ihn mittig zum Stiel. Der Fuß ist fertig.

Abbildung 8.43 ▸
In wenigen Schritten zum Fuß des Weinglases

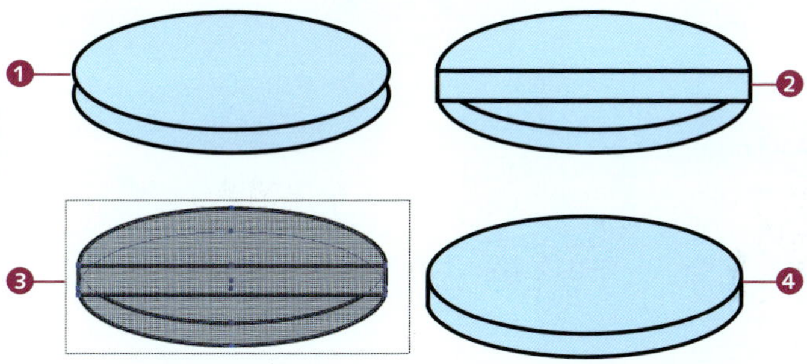

8 Spiegel-Duplikat

Legen Sie noch eine Ebene »Spiegelung« unter allen anderen an, und wählen Sie mit Strg/cmd+A alles aus, was Sie haben.

Kopieren Sie alles über Strg/cmd+C, fügen Sie alles auf der Ebene »Spiegelung« ein (Strg/cmd+F), und gruppieren Sie das davor Eingefügte (Strg/cmd+G). Durch das Gruppieren werden alle aktiven Objekte leider auf eine Ebene gebracht, was in diesem Fall aber durchaus gewünscht ist.

Ziehen Sie nun die Gruppe bzw. deren Auswahl-Symbol im Ebenen-Bedienfeld (kleines Quadrat) auf die neue, unterste Ebene. Nun haben Sie ein Duplikat des gesamten Weinglases auf der untersten Ebene.

▴ Abbildung 8.44
Verschieben der Gruppe von der Kelch-Ebene zur Spiegelung-Ebene

9 Spiegelung

Markieren Sie auf der Ebene »Spiegelung« mit [Strg]/[cmd]+[A] das gesamte Glas. Mit dem Spiegeln-Werkzeug [O] und einem Klick in die Mitte des Fußes legen Sie den Spiegelpunkt fest. Nun ziehen Sie mit [⇧] nach unten, um eine Spiegelung nach unten zu bekommen. Damit es aber noch toller aussieht, ziehen Sie ein großes Rechteck über die gesamte Spiegelung und geben diesem einen senkrechten Verlauf von Schwarz zu Weiß. Doch ziehen Sie mit dem Verlaufwerkzeug nur bis zur Unterkante der Zeichenfläche.

Als Letztes aktivieren Sie das gespiegelte Weinglas und das Rechteck mit dem Verlauf (am leichtesten bei gesperrten anderen Ebenen) und wählen im Flyout-Menü des Transparenz-Bedienfelds den Punkt Deckkraftmaske erstellen aus. Eventuell müssen Sie noch Häkchen bei Maskieren und Umkehren 5 setzen. Mit [Strg]/[cmd]+[A] markieren Sie nun das Glas und seine Spiegelung und schieben es mit dem Auswahl-Werkzeug [V] etwas höher. Passen Sie zudem, während Sie [⇧] gedrückt halten, die Größe an.

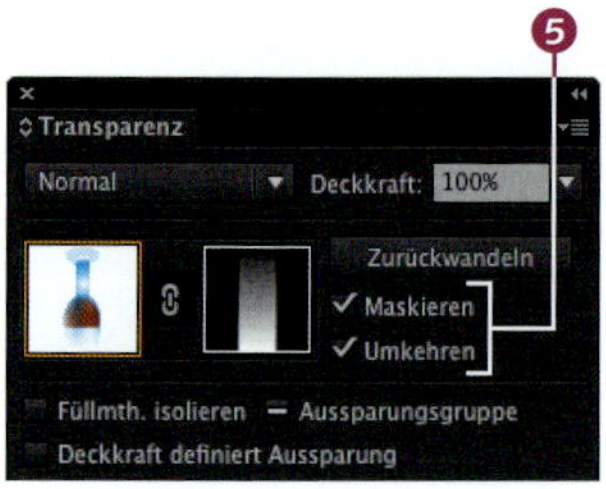

▲ **Abbildung 8.45**
Deckkraftmaske zum Spiegeln des Weinglases

◄ **Abbildung 8.46**
Spiegeln (links), Maske (Mitte), spiegelndes Glas (rechts)

10 Besser werden

Spielen Sie ruhig ein wenig mit Transparenzen und Effekten. Sie werden Ihren Spaß daran haben und sehen, dass Ihr Glas ständig besser wird.

◂ **Abbildung 8.47**
Eine Variante

9

Text

Zeichen, Zahlen und Glyphen

- Welche typografischen Grundbegriffe sollten Ihnen bekannt sein?
- Wie wähle ich Schriften aus und gestalte sie?
- Wo finde ich Sonderzeichen für Feintypografie?
- Wie arbeitet man effektiv mit Absatz- und Zeichenformaten?
- Wie wird ein Kreissatz für ein Etikett gesetzt?
- Wie lässt man Text um Objekte herum laufen?
- Wie werden Texteffekte und Bilder in Texten erzeugt?

9 Text

Diesem Kapitel möchte ich voranstellen, dass Adobe Illustrator kein Textprogramm ist und auch nicht wie InDesign für Layoutaufgaben entworfen wurde. Wenn Sie also eine ganze Broschüre, ein Booklet oder Ähnliches erstellen möchten, sollten Sie sich lieber mit InDesign beschäftigen. Die Zusammenarbeit der Programme untereinander ist gut, und oftmals ist es einfacher und effektiver, eine Illustrator-Grafik in InDesign zu platzieren, um dort am Layout weiterzuarbeiten.

Doch unterschätzen dürfen Sie die Textfunktionen von Illustrator auch wieder nicht. Besonders zeigt es seine Stärken im Entwickeln von Wortmarken (Logos mit Text). Seit der Version CC 2017 sind auch einige Funktionen hinzugekommen, die sich Illustrator nun von InDesign abgeguckt hat. Wer sich dort auskennt, weiß, wonach es sich zu suchen lohnt.

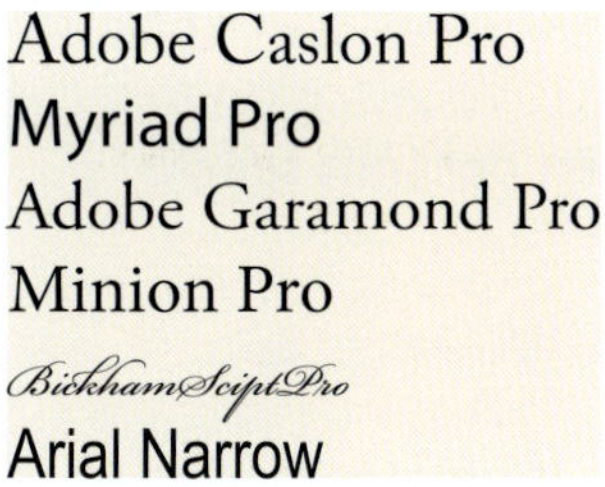

▲ **Abbildung 9.1**
Sechs verschiedene Schriften ansich gleicher Größe

9.1 Grundbegriffe der Typografie

Das Thema Typografie füllt ganze Bücher, und ich werde es nur so weit anreißen, dass Sie die Begriffe des Programms verstehen und nachvollziehen können, worüber überhaupt gesprochen wird. In Abbildung 9.1 sehen Sie den Aufbau einer Schrift.

Abbildung 9.2 ▶
Die wichtigsten Grundbegriffe zu einer Schrift

▲ **Abbildung 9.3**
Verschiedene Schnitte einer Schrift

Sie können Ihre Schriften auf vielfältige Weise einstellen. Als Erstes entscheiden Sie natürlich über die **Schriftart**, also um welche Schrift es sich handelt. Ist es eine »Minion« oder eine »Garamond« oder vielleicht eine »Adobe Caslon Pro«?

Der **Schriftschnitt** besagt, ob die Schrift »normal« oder »kursiv« ist, ob sie vielleicht »light« ist oder ganz »fett« geschnitten ist. Der **Schriftgrad** ist die Größe einer Schrift, die meistens in Punkt (pt) gemessen wird und seit Illustrator 2021 ganz einfach auch in mm eingegeben werden kann.

Adobe unterscheidet zwischen dem **Kerning** (dt. Unterschneidung) einer Schrift, das den Abstand einzelner Zeichen zueinander bezeichnet, und der **Laufweite**, womit der Abstand der Zeichen eines ganzen Wortes, einer Zeile oder eines Textes gemeint ist.

Der Begriff **Glyphe** wird für jedwede Art von Zeichen benutzt: Buchstaben, Zahlen, Abstände, Symbole und Sonderzeichen, eben für alles, was eine Schrift hergibt.

▲ **Abbildung 9.4**
Das Kerning zwischen zwei Buchstaben

▲ **Abbildung 9.5**
Die Laufweite eines Wortes oder Textes

	!	"	#	$	%	&	’	(	)	*	+
,	-	.	/	0	1	2	3	4	5	6	7
8	9	:	;	<	=	>	?	@	A	B	C
D	E	F	G	H	I	J	K	L	M	N	O
P	Q	R	S	T	U	V	W	X	Y	Z	[
\	]	^	_	‘	a	b	c	d	e	f	g
h	i	j	k	l	m	n	o	p	q	r	s

◄ **Abbildung 9.6**
Alle Zeichen einer Schrift nennt man Glyphen, auch wenn es keine Buchstaben sind.

Es gibt auch eine Reihe unterschiedlicher Schrifttypen. Von Adobe schon lange mitentwickelt und von seinen Programmen natürlich schon ebenso lange unterstützt sind die **OpenType-Schriften**. OpenType-Schriften können Tausende von Zeichen mit unterschiedlichsten Schnitten, Varianten und Sprachen enthalten. Illustrator hat dafür sogar ein eigenes Bedienfeld (Fenster • Schrift • OpenType), mit dem Sie auf die Besonderheiten dieser Schriften zugreifen können.

9.2 Text in Illustrator erstellen

Wenn Sie schon einmal mit Adobe InDesign gearbeitet haben, werden Sie sich bei der Texterstellung in Illustrator leichttun. Vergegenwärtigen wir uns erst einmal, welche Möglichkeiten es gibt, Text in Illustrator einzugeben.

Textarten

Illustrator kennt drei Arten, Text zu setzen: Punkttext, Flächentext und Pfadtext.

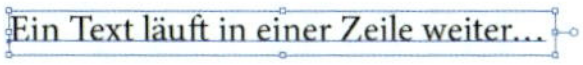

▲ **Abbildung 9.7**
Punkttext schreibt so lange in eine Zeile, bis Sie selbst einen Umbruch erzwingen.

Punkttext | Wenn Sie das Text-Werkzeug [T] T wählen und irgendwo auf Ihre freie Zeichenfläche klicken, erscheint der Text-Cursor, und Sie können Text eintippen. Illustrator schreibt dabei so lange in eine Zeile, bis Sie selbst die Zeilenschaltung [↵] drücken. Selbst über die Zeichenfläche hinaus kennt der Punkttext kein Halten.

▲ **Abbildung 9.8**
Illustrators »Starthilfe« beim Arbeiten mit Text

Damit Sie es leichter haben, sich vorzustellen, wo Ihr Text nun erscheinen wird und wie er aussieht, erscheinen sofort beim Klicken mit dem Text-Werkzeug zwei Wörter. Sie haben es erraten: »Lorem ipsum«. Die Wörter sind schon automatisch hervorgehoben und ausgewählt, sodass Sie nur noch loszutippen brauchen.

Natürlich können Sie auch vor dem Tippen schon Ihre Schrift formatieren; dazu später in diesem Kapitel.

Flächentext | Sie nehmen auch für diese Art von Text das Text-Werkzeug, wenn Sie den Text von einem Rahmen begrenzen lassen wollen. Doch statt nur in die Zeichenfläche zu klicken, ziehen Sie mit dem Werkzeug einen Rahmen auf, der später den Text enthalten soll. Wenn Sie nun Text eingeben, umbricht er automatisch am Rand des Rahmens. Wenn Sie den Rahmen mit Text füllen, wird er den Text zur Seite und nach unten begrenzen.

Abbildung 9.9 ▶
Ein mit dem Text-Werkzeug aufgezogener Textrahmen für den Text

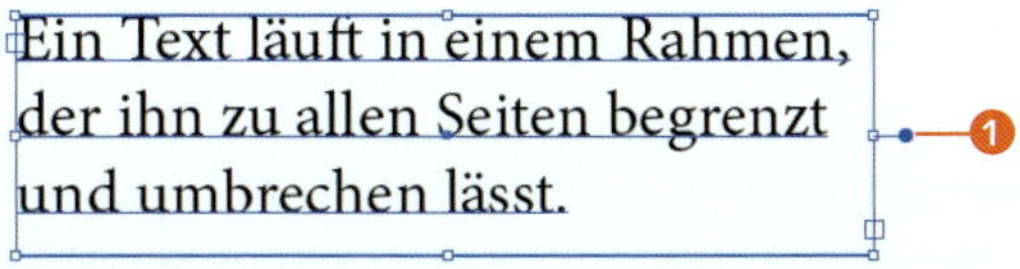

Auch hier füllt Illustrator für Sie schon einmal den aufgezogenen Rahmen mit Blindtext, was sehr hilfreich ist. Doch halte ich persönlich von dem pseudolateinischen Text gar nichts, weil Sie an seinem Beispiel den Lauf und Umbruch eines realen Textes nicht wirklich erkennen können. Doch Illustrator hilft auch hier: Sie können einen Blindtext schreiben (oder im Internet generieren lassen) und diesen als reine Textdatei ohne Formatierung, also im Format *.txt* statt *.rtf* o. Ä., speichern. Nennen Sie die Datei »Place-

holder.txt«, und speichern Sie sie direkt in den Programmordner von Illustrator. Von nun an bekommen Sie richtigen Text (nach dem nächsten Neustart des Programms).

▼ **Abbildung 9.10**
Blindtext selbst wählen/schreiben

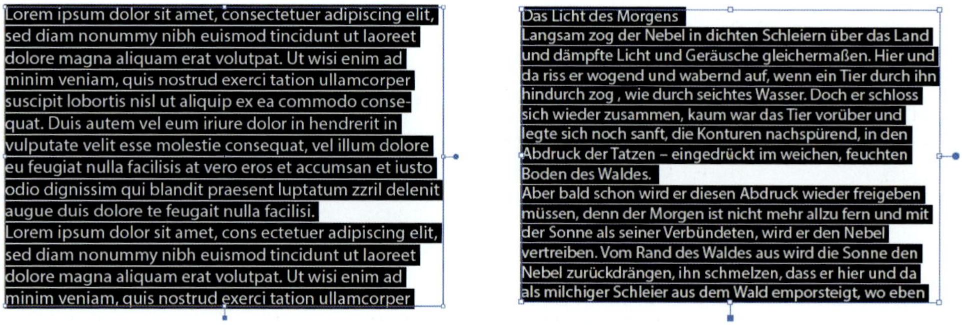

Ist Ihr Text zu lang für den Rahmen, weil Sie zum Beispiel nachträglich Text hinzufügen, erhalten Sie sogenannten Übersatz. Dieser wird Ihnen mit einem kleinen, roten »Plus« unten rechts am Textrahmen angezeigt. Damit der Text wieder hineinpasst, können Sie den Rahmen vertikal mit einem Doppelklick auf das Symbol Textrahmen vertikal vergrößern **1** vergrößern.

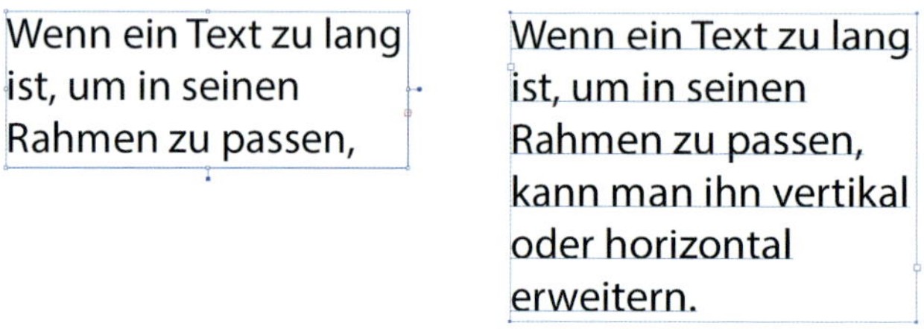

◀ **Abbildung 9.11**
Links: zu viel Text für einen zu kleinen Textrahmen. Rechts: Jetzt passt es.

Machen Sie stattdessen einen Doppelklick auf das Symbol rechts, denkt Illustrator, Sie wollen aus dem Flächentext einen Punkttext machen – wobei allerdings der Übersatz verloren ginge.

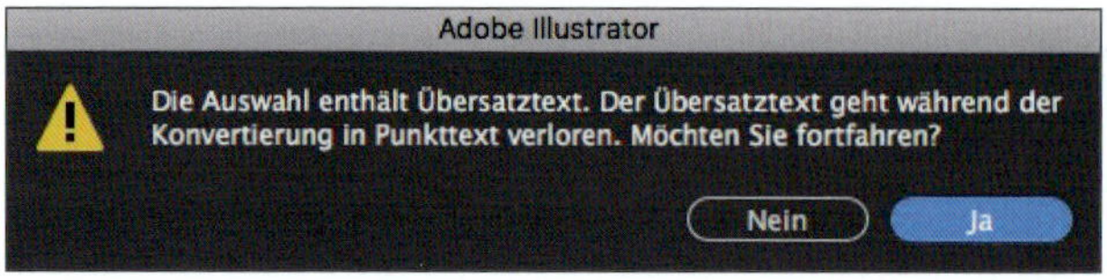

◀ **Abbildung 9.12**
Übersatz geht bei einer Umwandlung in Punkttext verloren.

Möchten Sie Text in eine schon bestehende Vektorform schreiben, wählen Sie dafür das Flächentext-Werkzeug und klicken

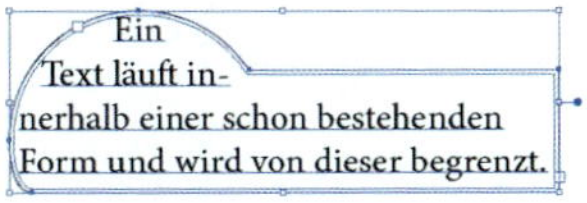

▲ **Abbildung 9.13**
Auch schon fertige Objekte dienen Text als Rahmen.

auf den Pfad dieser Form. Der Text-Cursor blinkt jetzt innerhalb der Form, die den Text begrenzen wird. Ist die Form an einer Stelle geöffnet, denkt sich Illustrator eine Gerade zwischen den Endpunkten, an der er den Text begrenzt.

Pfadtext | Diese Art von Text braucht nicht nur ein eigenes Werkzeug, das Pfadtext-Werkzeug, sondern auch einen Pfad, an dem der Text entlanglaufen soll. Dieser Pfad muss noch nicht einmal ausgewählt sein: Klicken Sie einfach darauf, und schon blinkt der Text-Cursor am Pfad, sodass Sie nun Text eingeben können. Der Pfad selbst verliert dabei seine Attribute.

Abbildung 9.14 ▼
Text entlang eines Pfades

Umwandeln der Textarten

Wenn Sie einen Text mit dem Auswahl-Werkzeug anklicken (dem schwarzen Pfeil), erscheint rechts in der Mitte des Begrenzungsrahmens ein Symbol 1. Bei einem Flächentext ist es ausgefüllt, bei einem Punkttext ist es in der Mitte weiß. Gehen Sie mit dem Auswahl-Werkzeug darüber, verwandelt sich Ihr Mauszeiger und zeigt an, was passiert, wenn Sie dort doppelklicken:

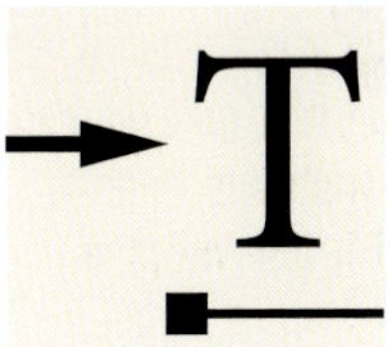

▲ **Abbildung 9.15**
Der Flächentext wird zu einem Punkttext.

In beiden Fällen behält Ihr Text seinen Umbruch bei. Schreiben Sie ab hier weiter, verhält er sich so, wie man es erwartet. Bei dem Flächentext, der nun Punkttext geworden ist, setzt Illustrator an die Zeilenenden, die vom Textrahmen erzwungen wurden, Absatzumbrüche.

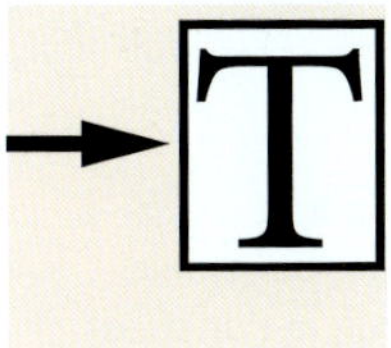

▲ **Abbildung 9.16**
Der Punkttext wird zu einem Flächentext.

Die Text-Werkzeuge

Für jede Art Text hat Illustrator ein Werkzeug. Das »normale« Text-Werkzeug ist dabei Ihr Arbeitswerkzeug, denn wenn Sie erst einmal einen Punkttext, Flächentext oder Pfadtext angelegt haben, können Sie ihn immer mit dem »normalen« Text-Werkzeug weiterbearbeiten.

Alle Werkzeuge gibt es zweimal: einmal in normaler, horizontaler Ausrichtung und einmal in vertikaler Ausrichtung. Der Text, den Sie damit schreiben, läuft dann beim Punkttext und beim Flächentext senkrecht. Beim Pfadtext liegen die Buchstaben auf dem Pfad, anstatt darauf zu stehen. Und dann ist da noch das Touch-Type-Textwerkzeug, mit dem Sie einzelne Buchstaben modifizieren können. Doch dazu später in diesem Kapitel (Abschnitt 9.10, »Texteffekte«).

Mit welchem Text-Werkzeug Sie einen bestehenden Text bearbeiten, ist völlig egal. Lediglich beim Erstellen müssen Sie sich für das entsprechende Werkzeug entscheiden.

Über die drei Text-Werkzeuge hinaus brauchen Sie noch die Auswahl-Werkzeuge, mit denen Sie aber nicht den Text, sondern nur die Textrahmen, Flächenformen oder Pfade bearbeiten. Wenn Sie mit dem Direktauswahl-Werkzeug [A] einen Ankerpunkt der Fläche verschieben oder wenn Sie gar mit dem Auswahl-Werkzeug [V] den ganzen Rahmen verzerren, wird der Text nicht mitverzerrt. Er verändert gegebenenfalls lediglich seine Position.

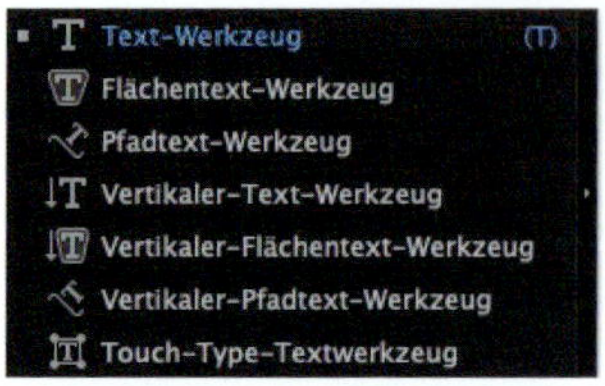

▲ **Abbildung 9.17**
Die Text-Werkzeuge

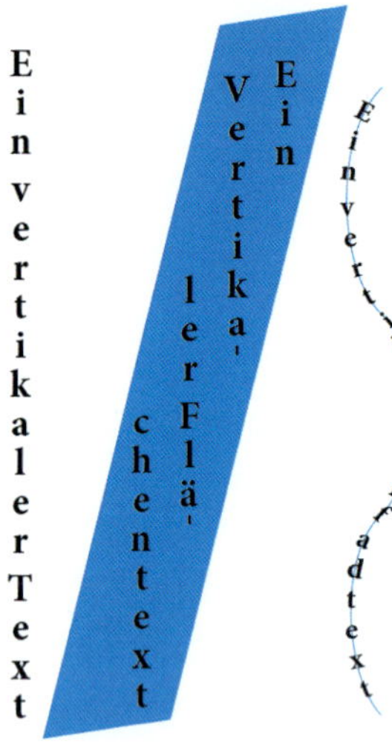

▲ **Abbildung 9.18**
Selten schön, aber möglich: vertikale Texte

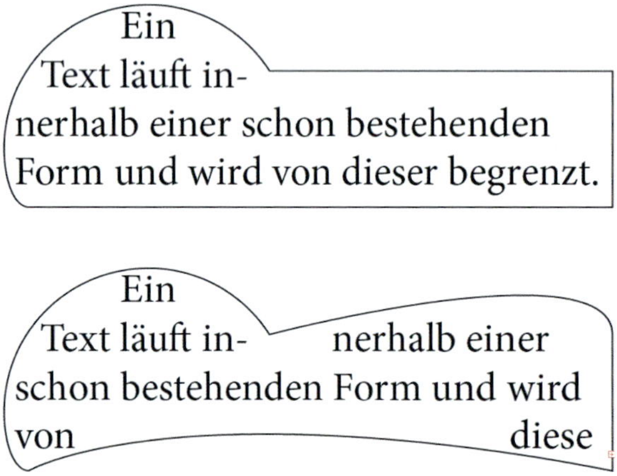

◂ **Abbildung 9.19**
Der Text wird nicht mitverzerrt. Er ändert nur seine Position.

Textverkettungen

Wenn Sie einen Rahmen aufgezogen haben und ihn mit Text füllen, kann es sein, dass Sie mehr Text haben, als Platz im Rahmen ist. Dieses Mehr an Text nennt man wie eben ja auch schon kurz erwähnt Überhangtext oder Übersatz. Der Übersatz wird Ihnen dann immer an der unteren rechten Ecke mit einem kleinen Plus-

Wechsel zwischen Rahmen und Text
Befinden Sie sich gerade mit dem Text-Cursor im Text selbst, tippen Sie einfach die [Esc]-Taste, um zur Rahmenansicht zu kommen. Per Doppelklick mit dem Auswahl-Werkzeug gelangen Sie zurück in den Text.

Symbol ③ angezeigt. Jeder Textrahmen hat nämlich einen Texteingang ① und einen Textausgang ②. Diese Symbole sind zunächst leer und auch nur dann sichtbar, wenn Sie den Rahmen mit dem Auswahl-Werkzeug aktiviert haben.

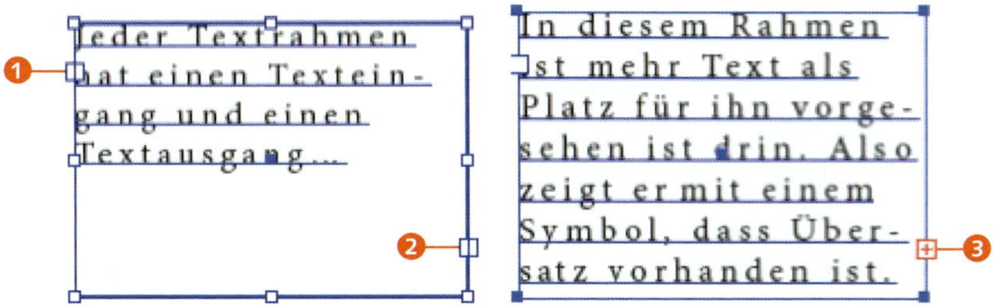

▲ **Abbildung 9.20**
Ein- und Ausgangssymbole der Textrahmen

Bei Übersatz ist das Symbol dafür auch dann sichtbar, wenn der Rahmen nicht aktiv ist. Mit dem Auswahl-Werkzeug [V] aktivieren Sie erst den Rahmen und klicken dann auf das Übersatz-Symbol. Ihr Mauszeiger verwandelt sich daraufhin in dieses Symbol:

Der gesamte Übersatz befindet sich nun »in« Ihrer Maus. Ziehen Sie damit einen neuen Rahmen auf, fließt der Übersatz-Text des ersten Rahmens in den neuen Rahmen weiter. Die Rahmen sind deutlich sichtbar miteinander verkettet.

Abbildung 9.21 ▶
Zwei verkettete Textrahmen

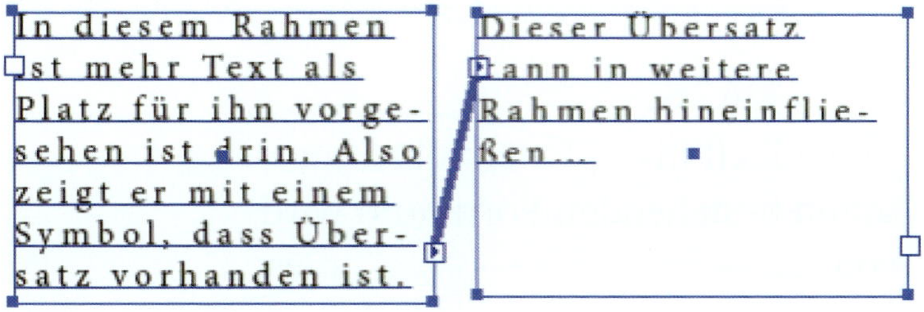

▲ **Abbildung 9.22**
Die linke obere Ecke eines Textrahmens mit dem Texteingangssymbol

Die Verkettung und deren Dreiecke im Ein- bzw. Ausgangsquadrat sehen Sie nur, wenn die Textrahmen mit dem Auswahl-Werkzeug aktiviert sind.

Sie können auf die gleiche Weise auch Textrahmen miteinander verketten, *bevor* sie mit Text gefüllt sind. Geben Sie danach Text ein, fließt er automatisch im nächsten verketteten Rahmen weiter, wenn der Platz des ersten nicht mehr ausreichen sollte.

Alternativ dazu können Sie auch Textrahmen, die schon bestehen, miteinander verketten. Kommen Sie nämlich mit der Maus über einen Textrahmen, ändert sich der Mauszeiger mit dem Übersatz in ein Ketten-Symbol .

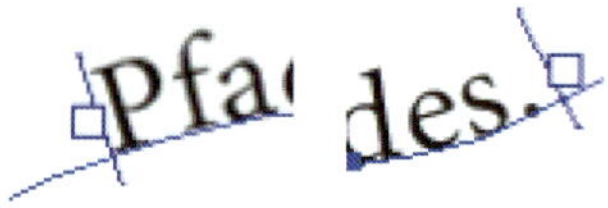

▲ **Abbildung 9.23**
Ein- bzw. Ausgangssymbol am Pfadtext

Wenn Sie damit in den Rahmen klicken, werden diese beiden Textrahmen miteinander verkettet.

Was bei Flächentexten geht, finden Sie auch bei Pfadtexten wieder. Auch hier hat jeder Text einen mit kleinen Quadraten gekennzeichneten Textein- und -ausgang, wenn Sie ihn mit dem Auswahl-Werkzeug aktivieren.

Möchten Sie eine Textverkettung wieder lösen, aktivieren Sie den Textrahmen oder -pfad und klicken auf das Texteingangssymbol mit dem Dreieck. Steht Ihre Maus dann über dem Textrahmen, zeigt sie eine zerbrochene Kette .

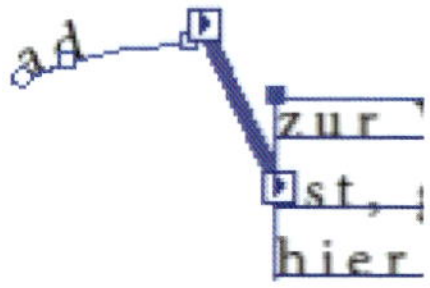

▲ **Abbildung 9.24**
Verkettung von Pfad- zu Flächentext

Wenn Sie damit in den Textrahmen klicken, lösen Sie die Verkettung, und der erste Rahmen zeigt wieder an, dass er Übersatz enthält.

Sie haben zwei verkettete Textrahmen und möchten nun aber doch noch einen dritten dazwischenstellen. Klicken Sie mit dem Auswahl-Werkzeug auf das Texteingangssymbol des zweiten Textrahmens. Steht Ihre Maus nicht über dem Textrahmen, zeigt sie auch nicht die zerbrochene Kette an, sondern das Symbol für Übersatz. Sie können einen neuen Textrahmen aufziehen, der mit dem Übersatz gefüllt wird und am Ende die Verkettung zum letzten Rahmen beibehält.

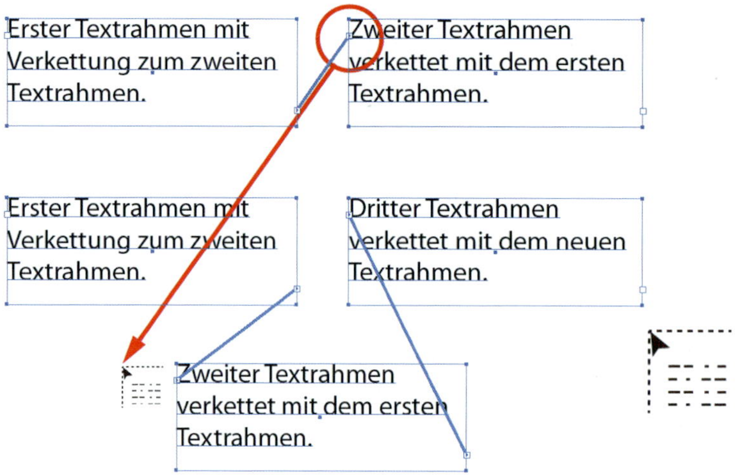

◀ **Abbildung 9.25**
Sie können einen weiteren Textrahmen (nach einem Klick auf das Eingangssymbol) zwischen verketteten Textrahmen aufziehen.

Flächentextoptionen

Wenn Sie mit Flächentext arbeiten, stehen Ihnen noch mehr Optionen zur Verfügung. Sie können Ihren Textrahmen zum Beispiel in Spalten aufteilen.

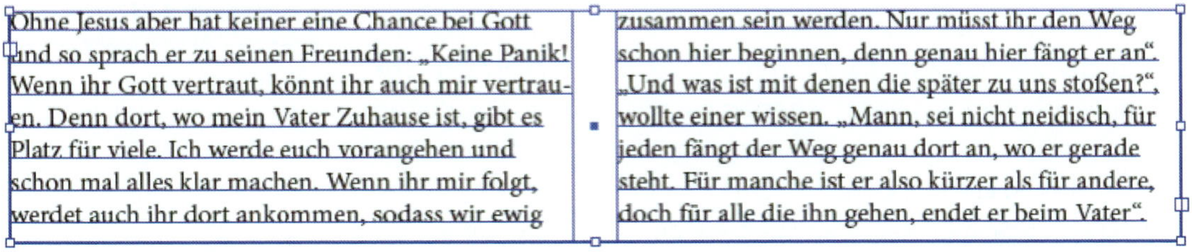

▲ **Abbildung 9.26**
Gestalten Sie Text mit Spalten.

Diesmal gelangen Sie zu den Flächentextoptionen über das Schriftmenü (SCHRIFT • FLÄCHENTEXTOPTIONEN). Alternativ doppelklicken Sie auf das Text-Werkzeug [T], wenn ein Flächentext ausgewählt ist.

Abbildung 9.27 ▶
Die Flächentextoptionen

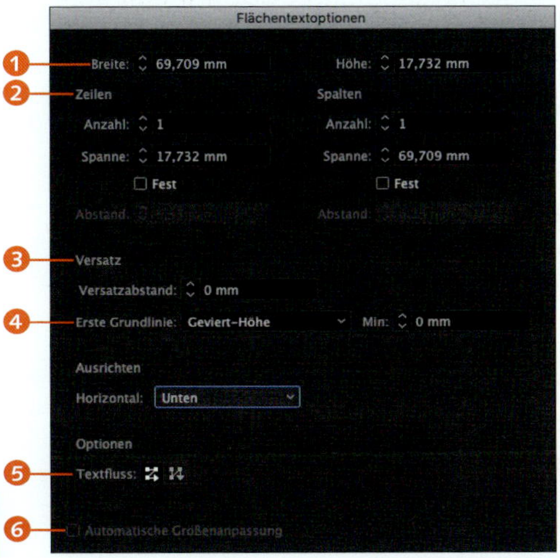

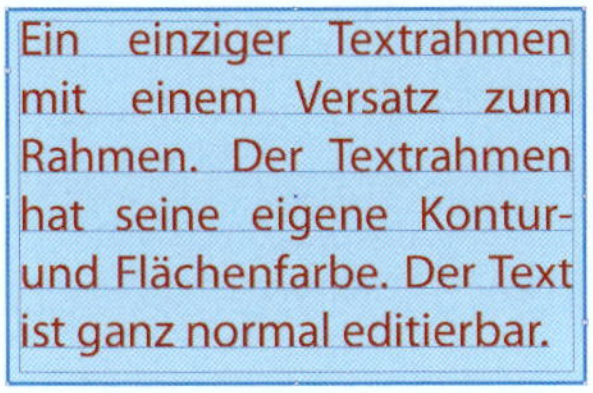

▲ **Abbildung 9.28**
Text, Rahmen und Fläche sind nur ein einziger Textrahmen, dem Kontur und Fläche zugewiesen wurden.

Mit der BREITE und HÖHE ❶ stellen Sie die Gesamtbreite und -höhe des Textrahmens ein.

Sie können einen Textrahmen in waagerechte ZEILEN und senkrechte SPALTEN ❷ einteilen. Geben Sie hier die ANZAHL der Spalten und Zeilen ein. Die SPANNE meint die Höhe bzw. Breite der jeweiligen Zeilen und Spalten. Wenn Sie einen Haken bei FIXIERT setzen, bleibt die Spanne von Zeile bzw. Spalte beim Aufziehen

des Textrahmens erhalten, sodass Spalten hinzugefügt oder weggenommen werden. Setzen Sie hier keinen Haken, verändert sich die Spaltenbreite mit der Textrahmengröße. Unter Abstand versteht man die Breite zwischen den Zeilen/Spalten.

Der Versatz ❸ gibt Ihnen gute Gestaltungsmöglichkeiten, weil Sie damit steuern können, dass der Text nicht am Rahmen »klebt«. Besonders, wenn der Textrahmen selbst Kontur und Flächenfarbe hat, sieht es mit etwas Versatz besser aus.

Die erste Grundlinie ❹ bestimmt, auf welcher Höhe der Text beginnt, und zwar gemessen an der Grundlinie der ersten Textzeile. Min: steuert den Abstand der ersten Grundlinie. Sie geben einen vertikalen Versatz an.

- Oberlänge: Die Oberlänge der Schrift liegt an der Oberkante des Rahmens an.
- Großbuchstabenhöhe: Die Höhe der Großbuchstaben (Versalien) liegt an der Oberkante des Rahmens an.
- Zeilenabstand: Die erste Grundlinie ist so weit vom oberen Rahmen entfernt wie der Zeilenabstand, den Sie im Absatz-Bedienfeld festgelegt haben.
- x-Höhe: Die Oberkante eines »x« der jeweiligen Schrift liegt an der Rahmenoberkante an.
- Geviert-Höhe: Der Abstand zwischen der Rahmenoberkante und der ersten Grundlinie ist so groß, wie der Schriftkegel hoch ist (Geviert).
- Fixiert: Der Wert, den Sie bei Min: eingeben, ist der Wert Ihrer Grundlinie, von der Rahmenoberkante aus gemessen. Bei »0« sind Rahmenkante und Grundlinie deckungsgleich.
- Alt: Stellt die Standardwerte alter Illustrator-Versionen bis zur Version 10 ein.

▲ **Abbildung 9.29**
Einstellungsmöglichkeiten für die Grundlinie

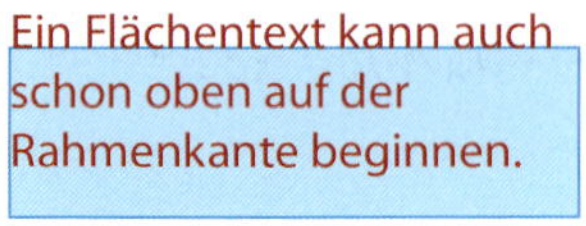

▲ **Abbildung 9.30**
Der Text kann auf der Rahmenoberkante beginnen (Fixiert = 0 mm).

Der Textfluss ❺ bestimmt die Richtung, in der der Text bei mehreren Zeilen und Spalten weiterfließen soll. Der Text kann von links nach rechts und dann in der nächsten Zeile weiterfließen, oder er fließt erst von oben nach unten und dann in der nächsten Spalte weiter.

Wenn Sie Automatische Grössenanpassung ❻ aktiviert haben, erweitert bzw. verkleinert sich der Textrahmen vertikal, je nachdem, wie viel Text enthalten ist. Löschen Sie Text, verkleinert sich auch der Textrahmen – und umgekehrt.

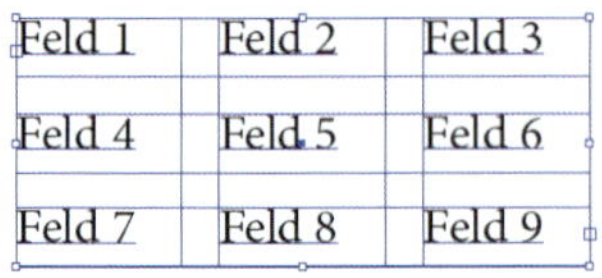

▲ **Abbildung 9.31**
Der Textfluss mit der Option Reihenweise von links nach rechts

Pfadtext

Eine spannende Möglichkeit, Text zu setzen, besteht darin, ihn entlang von Pfaden laufen zu lassen. Zu den Textein- und -ausgangssymbolen aktiver Texte kommen beim Pfadtext noch jeweils eine Startlinie und eine Endlinie hinzu, von Adobe »Klammern« genannt. Die dritte Klammer ist genau in der Mitte der beiden ersten Klammern.

Abbildung 9.32 ▼
Textklammern am Eingang, am Ausgang und in der Mitte des Pfadtextes

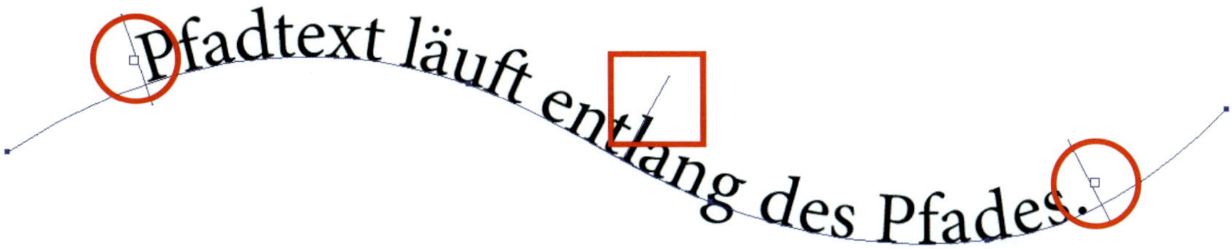

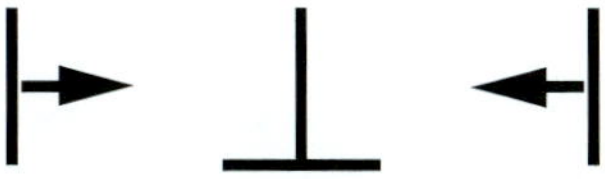

▲ Abbildung 9.33
So werden die Text-Start-, Mittel- und Endklammer an der Maus angezeigt.

Die Klammern können Sie mit der Maus auf dem Pfad entlangbewegen und damit den Beginn des Textes bzw. mit der Endklammer das Ende des Textes bestimmen. Schieben Sie beide so nah zueinander, dass der Text nicht mehr dazwischen passt, bekommt die Endklammer wieder das bekannte Symbol für Übersatz.

Mit der mittleren Klammer verschieben Sie den gesamten Text auf dem Pfad, ohne dabei die mögliche Textmenge zu verändern. Sie erkennen, dass Sie eine der Klammern mit der Maus erwischt haben, wenn Ihnen eines der drei Symbole an der Maus mit angezeigt wird. Sie müssen aber sehr aufpassen, dass Sie nicht aus Versehen in das kleine Quadrat klicken statt in die Klammer, da Sie sonst die Textverkettung aktivieren.

Eine der häufigsten Anwendungen ist der sogenannte Kreissatz, der oft für runde Etiketten eingesetzt wird. Dabei läuft der Text entlang eines geschlossenen Kreises. So einen Kreissatz möchte ich nun mit Ihnen in einer Schritt-für-Schritt-Übung ausprobieren.

Schritt für Schritt
Kreissatz für ein Etikett

1 Datei anlegen

Legen Sie für diese Übung irgendeine Art von Illustrator-Datei neu an; es kommt hier nicht auf das Format oder das Farbsystem an.

2 Kreis zum Pfadtext-Objekt machen

Ziehen Sie mit dem Ellipse-Werkzeug [L] und gedrückter [⇧]-Taste einen Kreis auf. Wählen Sie dann das Pfadtext-Werkzeug , und klicken Sie irgendwo auf den Pfad des Kreises. Da der Kreis nun seine Farb- und Konturattribute verliert, brauchen Sie sich vorher nicht darum zu kümmern.

▲ **Abbildung 9.34**
Das fertige Etikett mit Verläufen und Biene-Symbol

3 Schrift eingeben

Schreiben Sie ein Wort Ihrer Wahl, z. B. »Wendländer«. Wenn Sie nun bei aktivem Text das Auswahl-Werkzeug [V] auswählen, sehen Sie drei Klammern. Klicken Sie als Erstes im Steuerung- oder Eigenschaften-Bedienfeld auf das Symbol für ZENTRIEREN. Der Schriftzug springt auf die Mittel-Markierung (unten in diesem Fall).

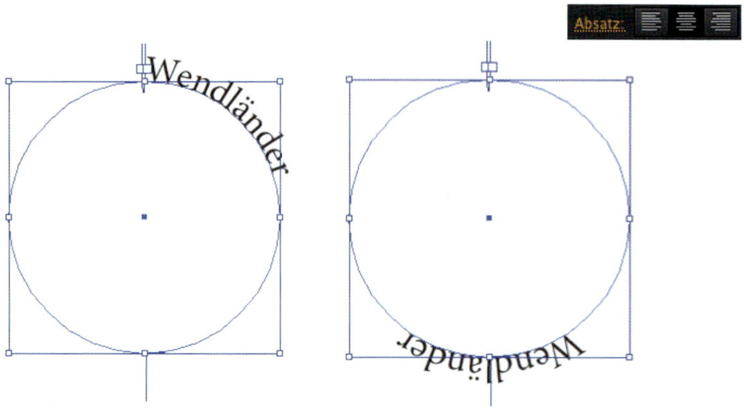

◂ **Abbildung 9.35**
Den Schriftzug zu zentrieren, erleichtert das weitere Arbeiten.

Fassen Sie dann die mittlere Klammer an, und drehen Sie den Text wieder nach oben.

Ebenfalls im Steuerung- oder Eigenschaften-Bedienfeld wählen Sie eine Schriftart und eine Schriftgröße.

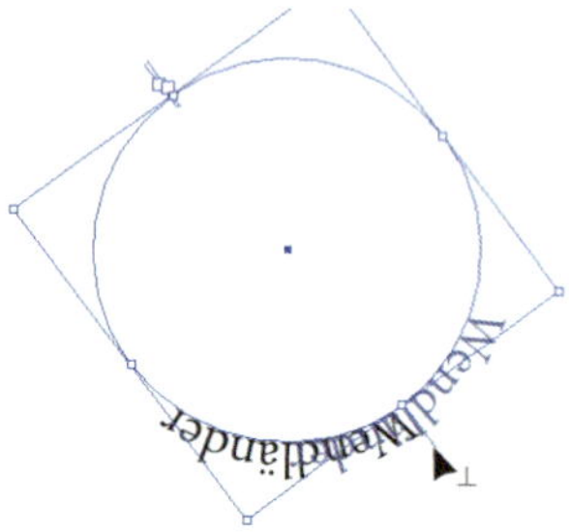

▲ **Abbildung 9.36**
Den Schriftzug an seiner Mittelklammer drehen

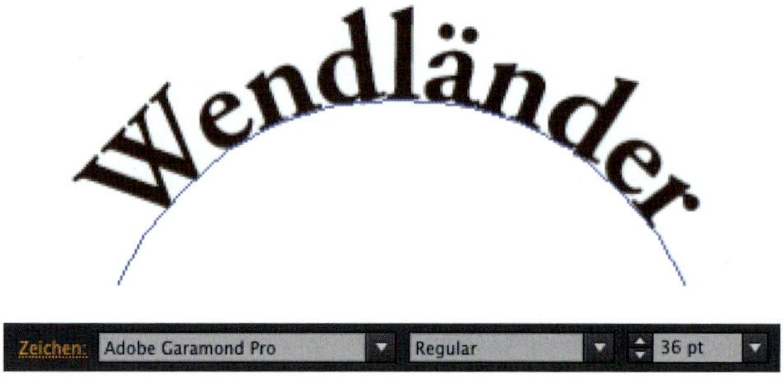

◂ **Abbildung 9.37**
Die Schriftart und -größe anpassen

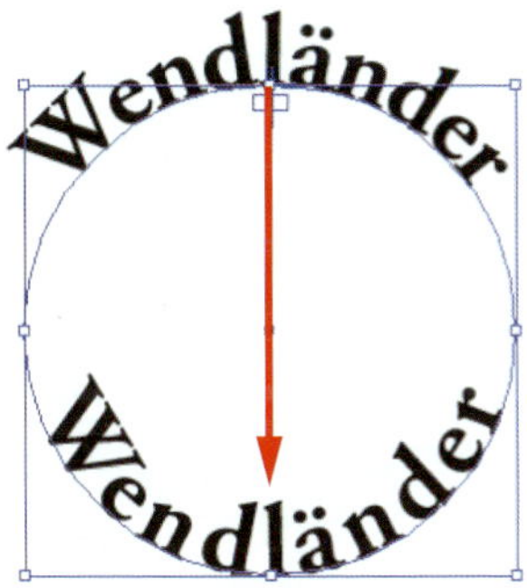

▲ **Abbildung 9.38**
Duplizierten Text nach innen ziehen

Weiteres
Die Biene kommt übrigens aus der Illustrator-Symbol-Sammlung »Natur« (siehe Kapitel 7, »Muster, Pinsel und Symbole«). Wie Sie einen Kreisverlauf auf einen Kreis anwenden und ihn unter die Biene legen, lesen Sie in Kapitel 5, »Farbe und Verläufe«.

4 Text duplizieren und drehen

Aktivieren Sie das ganze Textobjekt mit dem Auswahl-Werkzeug [V], kopieren Sie es mit [Strg]/[cmd]+[C], und setzen Sie es mit [Strg]/[cmd]+[F] als Duplikat vor den ersten Text.

Fassen Sie auch diesen Text mit dem Auswahl-Werkzeug [V] an seiner Mittelklammer an, und drehen Sie ihn nach unten. Führen Sie Ihre Maus aber innerhalb des Kreises, damit der Text gespiegelt wird und nicht auf dem Kopf steht.

5 Unteren Text editieren

Aktivieren Sie den unteren Text mit [Strg]/[cmd]+[A], während der Text-Cursor im Text steht. Er wird schwarz hervorgehoben. Nun geben Sie das Wort »Bienenhonig« ein.

6 Abstand zum Text

Da der untere Text nicht genauso zur Kreislinie steht wie der obere, müssen Sie ihn erneut mit dem Text-Werkzeug [T] markieren.

Öffnen Sie das Zeichen-Bedienfeld (Fenster • Schrift • Zeichen). Im Flyout-Menü wählen Sie Optionen einblenden. Nun geben Sie bei Grundlinienversatz einstellen ❶ einen negativen Wert ein, bis die Oberlänge des Wortes an den Kreis stößt. Gleichen Sie noch die dadurch vergrößerte Laufweite ❷ mit einem negativen Wert aus, bis der untere Text optisch mit dem oberen harmoniert.

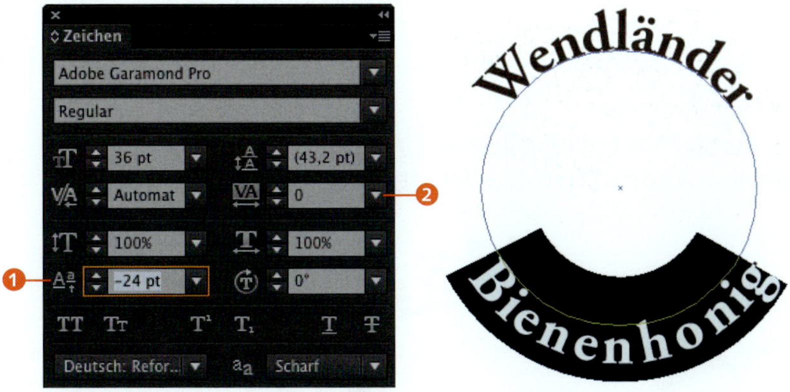

▲ **Abbildung 9.39**
Mit der Laufweite und dem Grundlinienversatz passen Sie den Schriftzug an den Kreis an.

9.3 Text bearbeiten

Zum Arbeiten mit Text gehört natürlich auch das Feintuning – also wie Sie Schriften in Größe und Laufweite anpassen, Umbrüche erzwingen oder verhindern etc.

Zur Erinnerung
In den meisten Eingabefeldern haben Sie die Möglichkeit, einen numerischen Wert einzugeben, den Wert, der schon im Eingabefeld steht, mit den Auf- und Abwärtspfeilen zu erhöhen oder zu verringern oder einen der Standardwerte aus der Pulldown-Liste zu wählen.

Zeichen

Das wichtigste Bedienfeld für das Bearbeiten von Text ist das Zeichen-Bedienfeld mit seinem Flyout-Menü (Fenster • Schrift • Zeichen). Wenn Ihnen nur der obere Teil des Bedienfelds angezeigt wird, wählen Sie aus dem Flyout-Menü Optionen einblenden.

Für alle Zeicheneinstellungen müssen Sie auch ein oder mehrere Zeichen bzw. den ganzen Text aktiviert haben. Mit dem Text-Werkzeug [T] T ziehen Sie über das betreffende Zeichen. Sind es mehrere, können Sie den Text-Cursor vor das erste Zeichen setzen und mit gedrückter [⇧]-Taste hinter das letzte Zeichen klicken. Soll der ganze Text eines Textrahmens oder eines Pfadtextes aktiviert werden, klicken Sie irgendwo in den Text, sodass der Cursor im Text blinkt, und drücken [Strg]/[cmd]+[A].

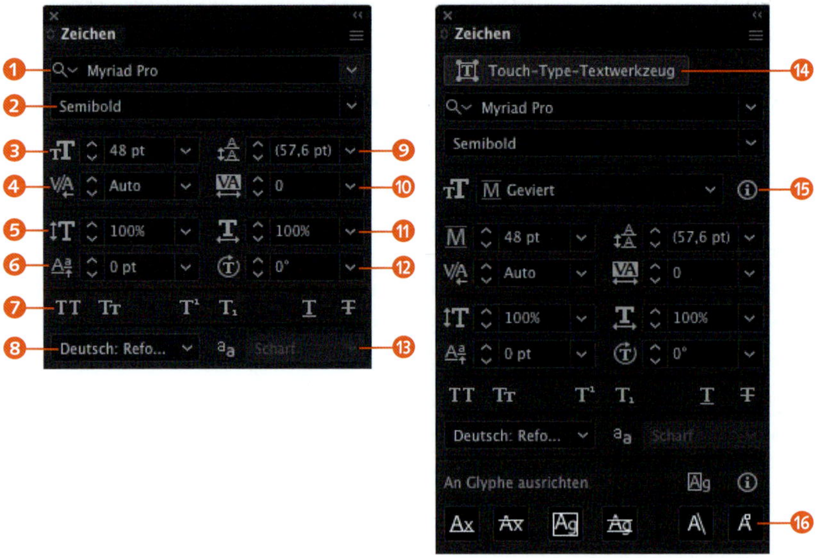

◂ **Abbildung 9.40**
Das Zeichen-Bedienfeld kann Ihnen noch mehr als die »klassischen« Zeicheneinstellungen anbieten, wenn Sie das in den Optionen anhaken.

Wählen Sie eine Schriftart ❶ und auch einen Schnitt ❷. Ganz wichtig ist natürlich die Schriftgrösse ❸. Bei mehrzeiligen Tex-

AUSGLEICH
AUSGLEICH

▲ **Abbildung 9.41**
Manuelle Unterschneidung einzelner Buchstaben mit dem Kerning (unten)

Ich laufe eng.
Ich laufe normal.
Ich laufe weit.

▲ **Abbildung 9.42**
Unterschiedliche Laufweiten

Wandland

▲ **Abbildung 9.43**
Wenn es mal passt, kann man über ZEICHENDREHUNG spielen

VERSALIEN

▲ **Abbildung 9.44**
Großbuchstaben über das Flyout-Menü

ECHTE KAPITÄLCHEN
FALSCHE KAPITÄLCHEN

▲ **Abbildung 9.45**
Kapitälchen. Doch nicht jede Schrift hat eigene, also echte Kapitälchen.

H2O H_2O H_2O
102 10^2 10^2

▲ **Abbildung 9.46**
Hoch- und tiefgestellte Zeichen

ten brauchen Sie auch einen ZEILENABSTAND ❾. Steht der Wert in Klammern, ist es der automatische Wert. Illustrator setzt hier 120% der Schriftgröße ein. In der Pulldown-Liste können Sie auch AUTOMATISCH wählen. Vergrößern Sie die Schrift, wächst der Zeilenabstand mit.

Das Kerning (dt. Unterschneidung), also der ABSTAND ZWISCHEN ZWEI ZEICHEN ❹, funktioniert dann, wenn Sie den Cursor nur zwischen die Zeichen stellen, ohne sie zu aktivieren. Nun können Sie sie näher zusammen- oder weiter auseinanderschieben. Ganz wichtig ist dieser Ausgleich bei der Gestaltung von Logos. Sie können so einzelne Buchstaben optisch harmonisieren.

Möchten Sie eine ganze Zeile oder den ganzen Text in seiner LAUFWEITE ❿ verändern, müssen die betreffenden Zeichen oder der Text aktiviert sein.

Typografisch zu Recht sehr verpönt ist das HORIZONTALE ❺ und VERTIKALE SKALIEREN ⓫. Den GRUNDLINIENVERSATZ ❻ brauchen Sie hingegen öfter, denn manchmal benötigen auch einzelne Zeichen wie das @-Zeichen leichte Grundlinienkorrekturen.

Für besondere Effekte können Sie einzelne Zeichen, die Sie aktiviert haben, auch drehen (ZEICHENDREHUNG ⓬). Da sich der Schriftkegel dabei mitdreht, müssen Sie in aller Regel danach die Zeichenabstände wieder korrigieren.

Sie können hier ein aktiviertes Wort, das Sie mit großem Anfangsbuchstaben und kleinen Folgebuchstaben gesetzt haben, unter GROSSBUCHSTABEN ❼ komplett auf Versalien stellen. Kommt Ihr Artdirector vorbei und will es anders, ist es nur ein einziger Klick, und das Wort ist wieder normal, ohne es neu tippen zu müssen.

KAPITÄLCHEN setzt alle Buchstaben in Versalien; doch die ursprünglichen Kleinbuchstaben behalten dabei ihre Höhe – sie werden quasi »kleine« Versalien. Aber Achtung: Besitzt die Schrift keinen Zeichensatz mit Kapitälchen, skaliert Illustrator die kleinen Versalien runter, sodass unterschiedliche Balkenstärken entstehen, die schlecht und unprofessionell aussehen. Diese nennt man falsche Kapitälchen.

HOCHGESTELLT und TIEFGESTELLT brauchen Sie ebenfalls von Zeit zu Zeit. Manchmal lohnt es sich, das Zeichen nachträglich über den Grundlinienversatz auszugleichen (jeweils rechts in Abbildung 9.46). Auch das Unter- oder Durchstreichen von Text ist möglich.

Die Glättungsmethode ⓭ ist nicht für einzelne Zeichen zu aktivieren, sondern nur für den ganzen Text. Sie müssen dafür den Textrahmen mit dem Auswahl-Werkzeug aktivieren. Diese Einstellung ist nur für das Web interessant, weil die Bildschirmdarstellung der Schriften hiermit gesteuert wird.

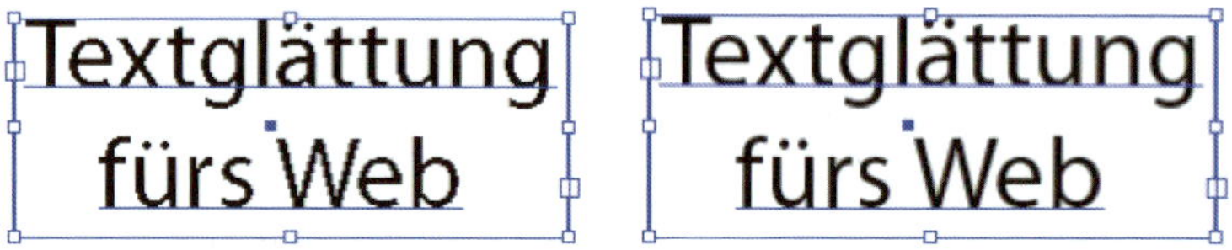

▲ **Abbildung 9.47**
Ohne Glättung (links) und mit Glättung (rechts)

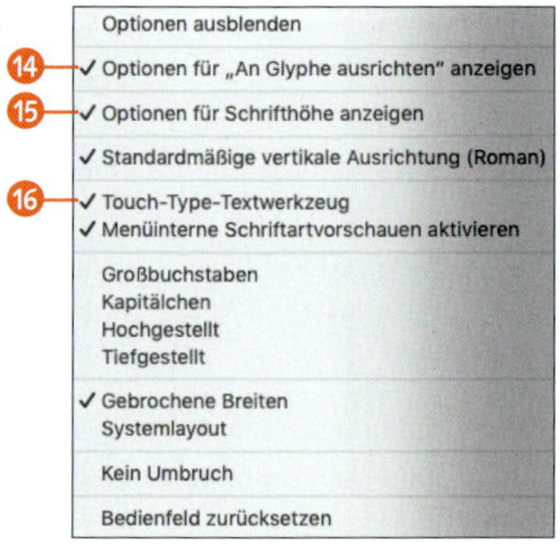

▲ **Abbildung 9.48**
Das Flyout-Menü des Zeichen-Bedienfelds

Wenn Sie unter Sprache ❽ die Sprache, in der Sie schreiben, aus der Pulldown-Liste auswählen, kann Illustrator die Wörter richtig trennen, sofern sie dem Programm bekannt sind.

Haben Sie in den Bedienfeld-Optionen den Haken bei Touch-Type-Werkzeug ⓰ gemacht, lesen Sie in Abschnitt 9.10, »Texteffekte«, nach, was Sie Schönes damit anfangen können. Haken Sie Optionen für Schrifthöhe anzeigen ⓯ an, können Sie entscheiden, an welchem Teil der Schrift Sie sich orientieren wollen, und können die genaue Größe der Großbuchstaben (Versalien) bestimmen, damit sie zu anderen Elementen passt.

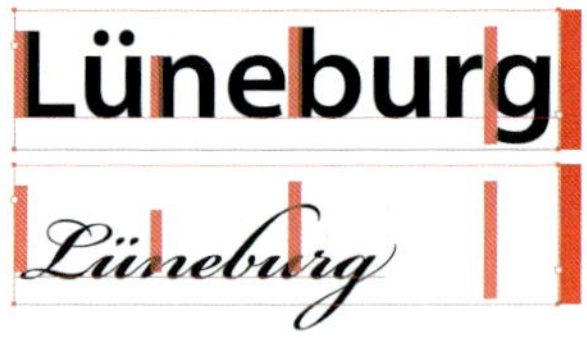

▲ **Abbildung 9.49**
Zwei Schriften (Schriftfamilien): Zwei völlig verschiedene Höhen trotz gleicher Schriftgröße

Genau dazu passend noch ein Häkchen: Optionen für An Glyphe ausrichten • anzeigen ⓮. Mit den Buttons am Fuss des Bedienfelds bestimmen Sie nämlich, an welchen der verschiedenen Höhen einer Schrift sich andere Objekte ausrichten sollen. Bisher orientierten sich andere Objekte nur an den Rahmen der Schrift, was, wie in der Abbildung zu sehen ist, nicht besonders hilfreich ist. Doch seit Illustrator 2021 geht es auch anders.

Im Flyout-Menü des Zeichen-Bedienfelds finden Sie noch weitere interessante Funktionen, an die Sie nur dort herankommen und nicht auf der Oberfläche des Bedienfelds:

- Wenn Sie Text setzen, der im Web erscheinen soll, wählen Sie Systemlayout statt Gebrochene Breiten. Damit sorgen Sie dafür, dass Schrift nur auf ganzen Pixeln gesetzt wird.
- Immer wieder wird ein Wort am Ende des Textrahmens oder des Pfades getrennt. Sie können eine Trennung verhindern, indem Sie das Wort komplett markieren und Kein Umbruch anhaken.

Maße
Normalerweise werden Ihnen die Schriftgrößen in Punkt [pt] angezeigt. In den Voreinstellungen unter Einheit könnten Sie das ändern. Besser ist es jedoch, Sie geben nur dann, wenn Sie es wirklich brauchen, direkt im Eingabefeld eine andere Maßeinheit ein: »mm« für Millimeter, »cm« ginge genauso.

Suchen und Sortieren von Schriften

▲ **Abbildung 9.50**
Klassifizierung und Eigenschaften im Schrift-Bedienfeld

Sie können dort, wo der Name der aktuell ausgewählten Schrift angezeigt wird, einfach den Namen der von Ihnen gesuchten Schrift eintippen, um schnell zu ihr zu springen. Illustrator bietet uns aber auch ein ganze Reihe sehr praktischer Filter an, die das Auffinden einer bestimmten, passenden Schrift sehr erleichtern. So können Sie an gleicher Stelle auch einen Schriftschnitt, wie zum Beispiel »Bold«, eintippen und bekommen alle Bold-Schnitte aller Schriften aufgelistet. Nun können Sie ausprobieren, welche Schrift passt. Das geht mit »Condensed« etc. natürlich genauso.

Auch genial sind die Filtermöglichkeiten nach bestimmten Klassifizierungen/Eigenschaften als Dropdown-Menü, die erscheinen, wenn Sie das kleine Dreieck neben der Schrift ❻ (Abbildung 9.51) öffnen. Es werden Ihnen diverse Filteroptionen angezeigt (teils abermals als Dropdown-Liste): Im ersten Filter ❶ können Sie verschiedene Eigenschaften wie stärkere oder schmalere Schriften auswählen (Abbildung 9.50). Diese können Sie auch miteinander mischen – und wenn Sie es übertrieben haben, mit Alle löschen oben rechts im Bedienfeld wieder aus der Filterung entfernen.

Abbildung 9.51 ▸
Nach Schnitt sortierte Schriften

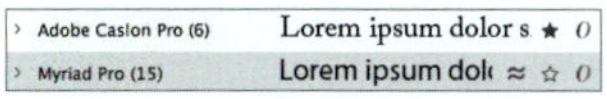

▲ **Abbildung 9.52**
Adobe Caslon Pro ist als Favorit markiert

Daneben finden Sie das Sternchen ❷, das Ihnen nur die Schriften anzeigt, die Sie selbst als Favoriten markiert haben. Wie Sie das machen? Gehen Sie mit der Maus über eine Schrift, erscheint rechts ein weißer Stern. Klicken Sie darauf, wird er schwarz, und die Schrift ist damit als Ihr Favorit markiert.

Nun folgt der praktische Filter, der mit einer Uhr symbolisiert wird ❸. Hier werden Ihnen die Schriften angezeigt, die Sie erst kürzlich geladen haben. Die Cloud-Wolke ❹ zeigt aktive Schriften aus der Creative Cloud an. Diese Schriften liegen nicht auf Ihrer Festplatte, daher müssen Sie immer mit der Adobe Cloud ver-

bunden sein, wenn Sie an einer Datei mit Cloud-Schriften arbeiten wollen.

Wie Ihnen die Schrift, die Sie suchen, angezeigt wird, können Sie rechts neben den Filtern einstellen. Sie können festlegen, welcher Beispieltext Ihnen angezeigt wird, und bestimmen, wie groß er präsentiert wird.

Wählen Sie eine Schrift aus, die kaputt ist oder fehlend, wird sie im Text rosa hinterlegt, damit Sie es schnell erkennen.

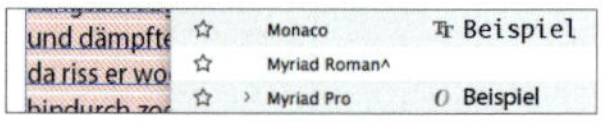

▲ **Abbildung 9.53**
Fehlt eine Schrift oder ist sie kaputt, wird das angezeigt.

Haben Sie eine Schrift, die Sie gerne verwenden würden, nicht in Ihrem System, schauen Sie doch mal bei Adobe Fonts rein. Vielleicht gibt es sie dort, und Sie können sie mit Ihrem Rechner synchronisieren. Achten Sie bitte nur darauf, dass mit Adobe Fonts synchronisierte Schriften nicht mitverpackt werden, wenn Sie Ihre Datei später weitergeben wollen. Aber jeder, der Ihre Datei öffnet und ebenfalls die Adobe Creative Cloud besitzt, kann Ihre Adobe Fonts-Schrift binnen Sekunden synchronisieren lassen. Das coole ist, dass Sie nun nicht mehr über Ihre Creative Cloud ins Netz müssen: Der Reiter rechts neben SCHRIFTARTEN heißt MEHR SUCHEN ❺. Dort werden Ihnen live viele, viele Schriften aufgelistet, die Adobe Ihnen über die Cloud zur Verfügung stellt. Wählen Sie einfach und unkompliziert eine aus – fertig.

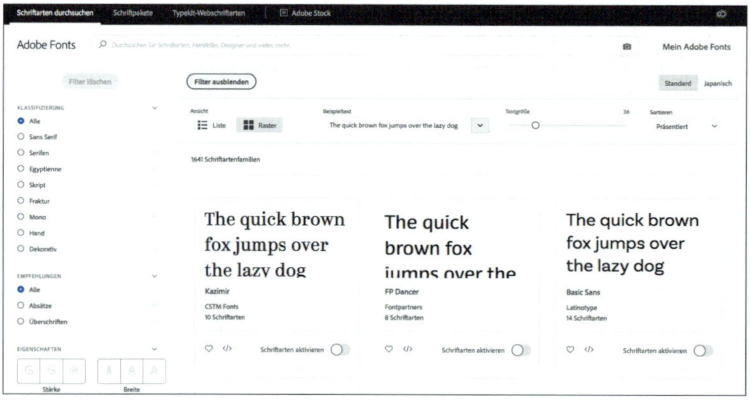

◀ **Abbildung 9.54**
Adobe Fonts im Netz: *www.fonts.adobe.com/fonts*

Absätze

Eingangs sagte ich ja bereits, dass Illustrator kein Textprogramm ist. In Logos oder manchmal in Illustrationen setzen Sie Einzelwörter oder einzelne Zeilen, die Sie mit den Zeichenfunktionen aus

Umbruch
Umbricht Ihr Text nicht am Ende des Textrahmens, haben Sie vielleicht aus Versehen das Zeichenattribut KEIN UMBRUCH im Flyout-Menü aktiviert.

dem vorangegangenen Abschnitt bearbeiten. Seltener arbeiten Sie mit Mengentext. Hier müssen Sie dann nicht nur die einzelnen Zeichen und die Schrift editieren, sondern auch ganze Absätze.

Ein Absatz ist der Text bis zur jeweils nächsten Zeilenschaltung [↵] 8. Sie können auch mit [⇧]+[↵] eine neue Zeile 9 erzwingen, haben dann aber keinen Absatz. Hilfreich kann es sein, sich über SCHRIFT • VERBORGENE ZEICHEN EINBLENDEN zu lassen, um besser am Text arbeiten zu können.

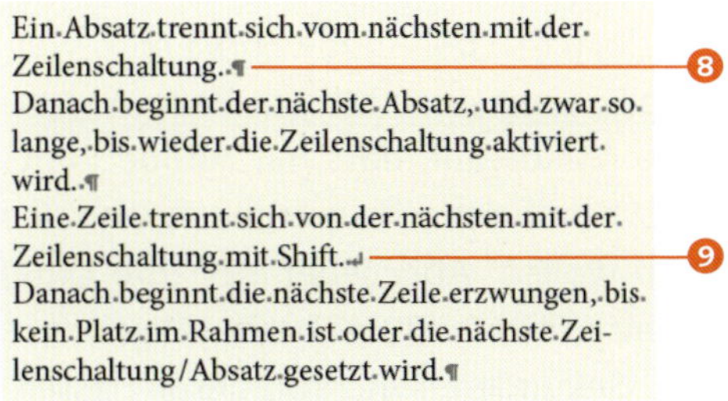

◀ **Abbildung 9.55**
Optisch sehen beide Texte gleich aus, technisch unterscheidet Illustrator aber zwischen ihnen.

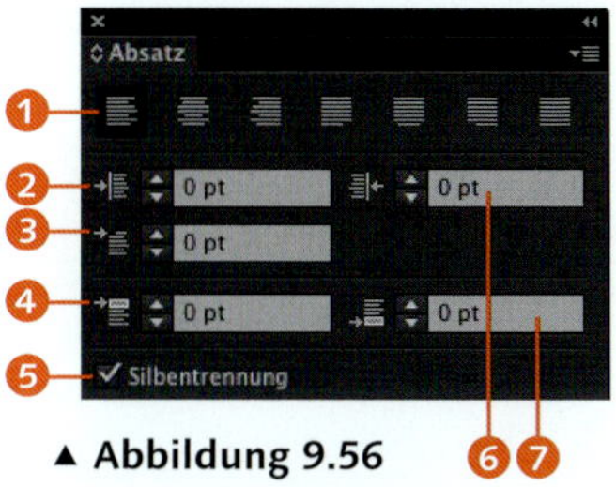

▲ **Abbildung 9.56**
Das Absatz-Bedienfeld

Für die Einstellungen der Absatzattribute reicht es aus, wenn der Cursor in dem betreffenden Absatz steht. Wollen Sie mehrere Absätze zugleich editieren, aktivieren Sie einfach die ganzen betreffenden Absätze und rufen über FENSTER • SCHRIFT das Absatz-Bedienfeld auf.

In der ersten Zeile 1 stehen die Ausrichtungen: LINKSBÜNDIG; ZENTRIERT; RECHTSBÜNDIG; BLOCKSATZ, LETZTE ZEILE LINKSBÜNDIG; BLOCKSATZ, LETZTE ZEILE ZENTRIERT; BLOCKSATZ, LETZTE ZEILE RECHTSBÜNDIG; BLOCKSATZ, ALLE ZEILEN (hier wird die letzte Zeile auf die gesamte Textrahmenbreite gezwungen).

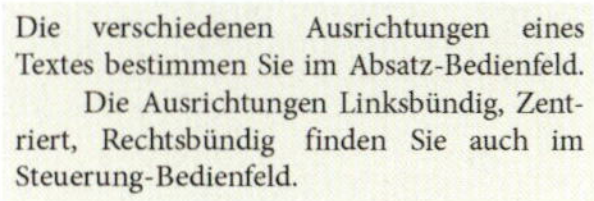

▲ **Abbildung 9.57**
Blocksatz, letzte Zeile linksbündig

Mit EINZUG LINKS 2 bestimmen Sie den Abstand, den der Text von der linken Textrahmenkante haben soll. Für EINZUG RECHTS 6 gilt Entsprechendes für die rechte Seite. EINZUG LINKS IN ERSTER ZEILE 3 kann für die erste Zeile einen anderen Wert angeben als für die übrigen, sodass z. B. nur die erste Zeile eingezogen ist.

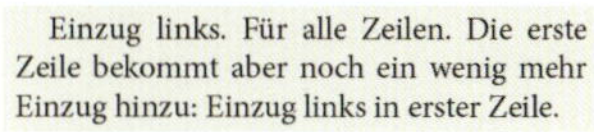

▲ **Abbildung 9.58**
Linker Einzug, erste Zeile mit Zusatzeinzug

ABSTAND VOR ABSATZ 4 (Abbildung 9.56) gibt einen Abstand zum vorherigen Absatz an, sodass die Absätze nicht direkt aneinanderkleben. ABSTAND NACH ABSATZ 7 rückt den nächsten Absatz etwas ab.

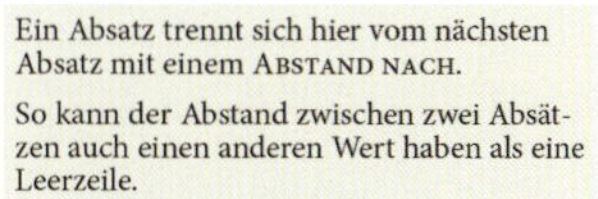

▲ **Abbildung 9.59**
Abstand nach Absatz

Mit SILBENTRENNUNG 5 bestimmen Sie, ob Wörter am Textrahmenrand getrennt werden sollen. Nach welchen Kriterien getrennt wird, lesen Sie nachfolgend.

Der Umbruch

Sehen Sie auch einmal ins Flyout-Menü des Absatz-Bedienfelds. Dort finden Sie wichtige Grundeinstellungen für die Gestaltung Ihrer Absätze bzw. Texte. Es gibt in Illustrator nämlich zwei grundsätzlich verschiedene Methoden, Absätze zu umbrechen.

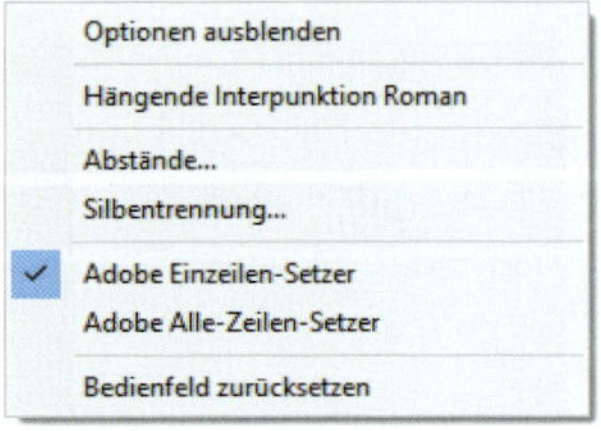

▲ **Abbildung 9.60**
Flyout-Menü des Absatz-Bedienfelds

Die verschiedenen Ausrichtungen eines Textes bestimmen Sie im Absatz-Bedienfeld. Die Grundausrichtungen Linksbündig, Zentriert und Rechtsbündig finden Sie auch im Steuerung-Bedienfeld.

Die verschiedenen Ausrichtungen eines Textes bestimmen Sie im Absatz-Bedienfeld. Die Grundausrichtungen Linksbündig, Zentriert und Rechtsbündig finden Sie auch im Steuerung-Bedienfeld.

◀ **Abbildung 9.61**
Oben: Blocksatz, alle Zeilen mit dem Adobe Einzeilen-Setzer
Unten: Adobe Alle-Zeilen-Setzer

Die erste Art interpretiert die einzelnen Zeilen. Passt ein Wort nicht mehr in eine Zeile, wird es getrennt, und die nächste Zeile wird untersucht. Ist diese durch den Wortteil der Zeile darüber zu voll geworden, wird auch hier am Ende Platz geschaffen und so weiter. Diese Methode nennt Illustrator den **Adobe Einzeilen-Setzer**.

Die **Adobe Alle-Zeilen-Setzer**-Methode untersucht hingegen den ganzen Absatz und versucht, die Wortabstände optimal zu gestalten. Dabei ist es durchaus möglich, dass Illustrator auch in Zeilen über jener, an der Sie gerade arbeiten, Text neu umbricht. Bei Mengentext erhalten Sie mit dieser Methode meistens deutlich bessere Ergebnisse.

Rufen Sie über das Flyout-Menü des Absatz-Bedienfelds den Eintrag Abstände auf, ist für den Einsteiger nur die unterste Pulldown-Liste Einzelnes Wort ausrichten wichtig. Kommt es nämlich vor, dass der Textrahmen an einer Stelle so eng wird, dass nur noch ein einzelnes Wort darin Platz findet, entscheiden Sie, ob dieses Wort auf die gesamte Breite ausgetrieben wird oder in einer anderen Ausrichtung läuft.

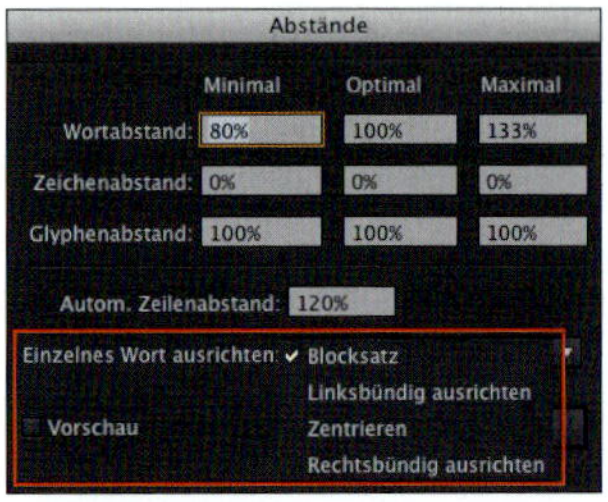

▲ **Abbildung 9.62**
Das Abstände-Bedienfeld

Mit der Silbentrennung..., die Sie im Flyout-Menü des Absatz-Bedienfelds aufrufen bzw. im Bedienfeld direkt, beeinflussen Sie den Umbruch Ihres Textes. Die Einstellungen gelten immer nur für den gerade aktivierten Absatz.

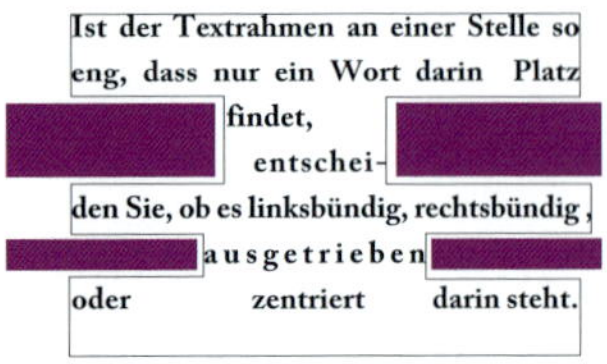

▲ **Abbildung 9.63**
Einzelwortausrichtung, wenn's mal eng wird

Auch hier können Sie einstellen, ob überhaupt Wörter getrennt werden sollen **1**. Wenn ja, legen Sie fest, wie lang ein Wort mindestens sein muss **2**, damit es getrennt werden darf. Dann ent-

▲ **Abbildung 9.64**
Die Silbentrennungsvorgaben

scheiden Sie, wie viele Zeichen ❸ mindestens vor der Trennung stehen müssen. Wie viele Zeichen in die nächste Zeile mitgenommen werden dürfen, entscheiden Sie hier ❹. Wenn in mehreren Zeilen untereinander getrennt werden müsste, kann ein optisches Loch entstehen; deshalb können Sie die Menge der Trennungen untereinander einschränken ❺.

Der TRENNBEREICH ❻ hat meist wenig Einfluss und besagt, in welcher Zone zum rechten Rand getrennt wird. Mit dem Schieberegler ❼ geben Sie den besseren Wortabständen (links) den Vorrang oder entscheiden sich dafür, dass Sie lieber weniger Trennungen untereinander haben wollen (rechts). Dass großgeschriebene Wörter getrennt werden dürfen ❽, macht in der deutschen Sprache Sinn.

9.4 OpenType

OpenType-Funktionen nützen Ihnen nur etwas, wenn auch die Schrift, die Sie benutzen, eine OpenType-Schrift ist. Aber nicht jede OpenType-Schrift verfügt über die gleichen Zeichensätze. Grundsätzlich bieten diese Schriften sehr viele Zeichen und Schriftschnitte an, sodass Sie oftmals auf Ligaturen oder echte Brüche zugreifen können.

Über FENSTER • SCHRIFT • OPENTYPE öffnen Sie das entsprechende Bedienfeld. Ein Zeichen bzw. der Text muss ausgewählt sein, wenn Sie eine OpenType-Funktion zuweisen wollen. Acht Funktionen können Sie mit den unteren Buttons anwählen. Ist ein Button nicht anwählbar, hat die aktuelle Schrift diese OpenType-Funktionalität nicht.

Abbildung 9.65 ▶
Das OpenType-Bedienfeld

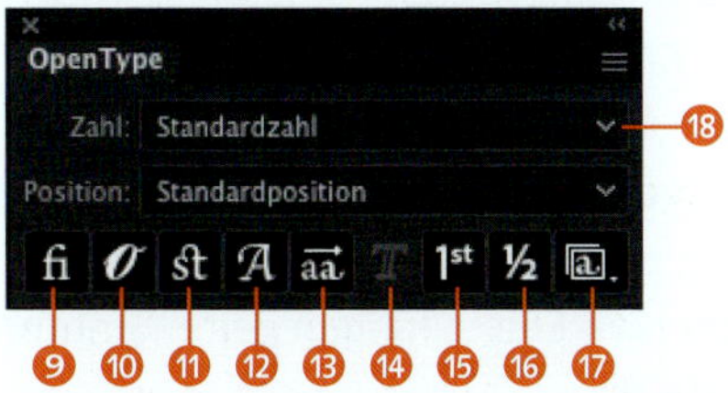

ohne Ligatur: fl, fi
mit Ligaturen: ﬂ, ﬁ

▲ **Abbildung 9.66**
Standardligaturen

❾ STANDARDLIGATUREN: Eine Ligatur fasst bestimmte Buchstabenpaare zusammen. »Th« oder »fi« sind klassische Beispiele solcher Buchstabenpaare.

⑩ KONTEXTBEDINGTE VARIANTEN benutzen je nach Buchstabenpaarung variierende Zeichen.

⑪ BEDINGTE LIGATUREN enthält noch weitere Alternativen zu den Standardligaturen (Abbildung 9.67).

▲ **Abbildung 9.67**
Bedingte Ligaturen

⑫ SCHWUNGSCHRIFT hat besonders stark ausgeprägte »Schnörkel«, die sich besonders in Schreibschriften gut machen.

⑬ FORMATVARIANTEN hält Alternativzeichen vor.

⑭ TITELSCHRIFTVARIANTEN benutzen Sie vornehmlich für Versalien, also Großbuchstaben.

⑮ ORDINALZEICHEN wie 1st im Englischen sind eigene Zeichenpaare, vergleichbar mit den Ligaturen.

⑯ BRÜCHE sind in diesem Fall »echte« Brüche. Wenn Sie 1 1/2 als Bruch (1½) haben möchten, dürfen Sie auch nur 1/2 auswählen, wenn Sie auf den Button BRÜCHE klicken.

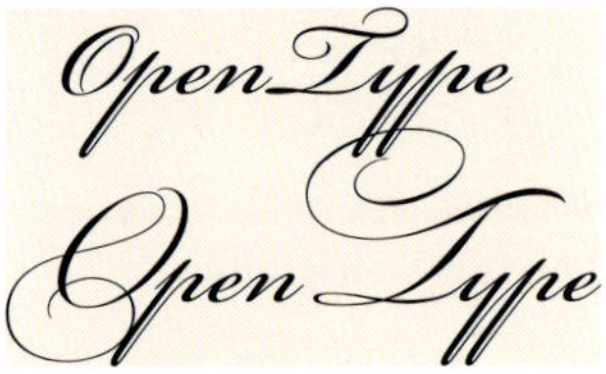

▲ **Abbildung 9.68**
Schwungschrift für die Anfangsbuchstaben

⑰ FORMATSÄTZE sind alternative Glyphengruppen einer Schrift. Hat der Entwickler einer Schrift mehrere zur Verfügung gestellt, werden sie hier aufgelistet und können auf einen Textblock angewendet werden (Abbildung 9.69).

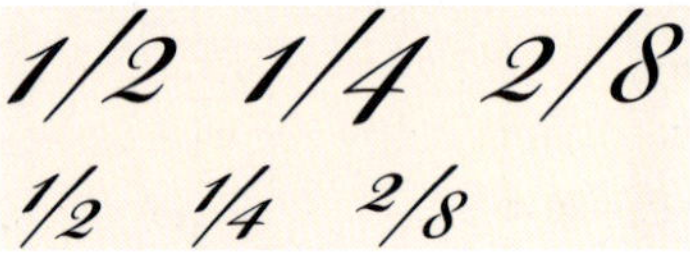

▲ **Abbildung 9.69**
Echte Brüche (unten)

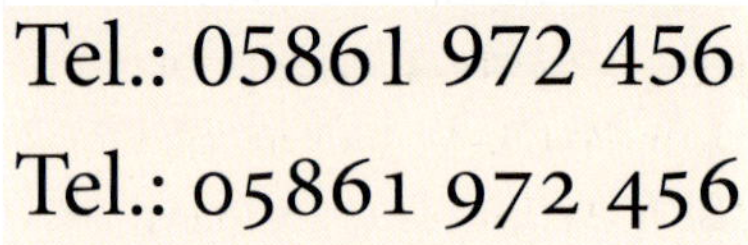

▲ **Abbildung 9.70**
Nutzen Sie Mediävalziffern, wenn's mal edel aussehen soll (unten).

Je nachdem, welche Schrift Sie ausgewählt haben, stehen Ihnen auch nur bestimmte OpenType-Funktionen zur Verfügung. So ist in der Abbildung zum Beispiel keine Titelschrift-Alternative verfügbar.

Bleiben noch die Zahlen der Pulldown-Liste ⑱. VERSALZIFFERN sind Zahlen, die so groß sind wie die Großbuchstaben. MEDIÄVALZIFFERN (Abbildung 9.70) sind die Zahlen, die mit ihrer Grundlinie variieren und zu passenden Gelegenheiten auch sehr edel aussehen können.

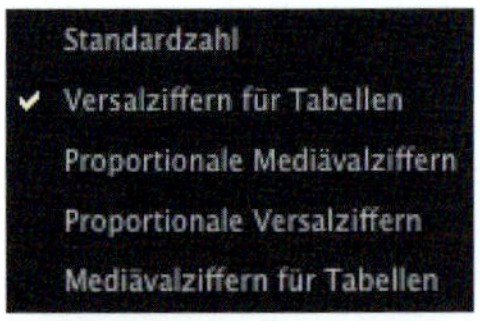

▲ **Abbildung 9.71**
Zahlenvariationen von OpenType

Unter PROPORTIONALE... versteht man, dass die Zahlen zueinander ausgeglichen sind und damit unterschiedliche Abstände aufweisen, während Zahlen FÜR TABELLEN (Abbildung 9.72) immer den gleichen Abstand zueinander haben. Sie sehen steifer aus, doch die einzelnen Ziffern stehen genau untereinander.

▲ **Abbildung 9.72**
Gleiche Abstände zwischen den Ziffern für Tabellen

9.5 Glyphen

Ein Zeichen ist eigentlich reine Information. Ein »A« ist demnach ein ganz bestimmter Buchstabe. Doch wie dieser letztendlich aussieht, steht auf einem anderen Blatt. Eine Glyphe ist die grafische Darstellung dieser Information, quasi die Ausarbeitung der Information »A«. Wie diese ausfällt, hängt in erster Linie von der Schrift ab. Es gibt aber auch viele Varianten und Abwandlungen. Jede dieser Abwandlungen ist eine Glyphe. Doch auch alle anderen Zeichen, die wir in unseren Texten benutzen, sind Glyphen, wie das @-Zeichen zum Beispiel.

Alle diese Glyphen finden Sie im Glyphen-Bedienfeld, das Sie über Fenster • Schrift • Glyphen aufrufen.

Um eine Glyphe einzusetzen, stellen Sie Ihren Text-Cursor an die Stelle, an der Sie ein Zeichen einfügen möchten, und doppelklicken das gewünschte Zeichen im Glyphen-Fenster an. Ist ein Zeichen in Ihrem Text ausgewählt, wird es ersetzt.

▲ **Abbildung 9.73**
Im Glyphen-Bedienfeld finden Sie jedes Zeichen der unten ausgewählten Schrift.

▲ **Abbildung 9.74**
Gut über das Glyphen-Bedienfeld zu finden: ausländische Schriftzeichen

Anzeige einstellen
Jedes Zeichen steht in einem Quadrat. Wie groß diese Darstellung ist, steuern Sie hier mit den zwei Bergen für größer und kleiner.

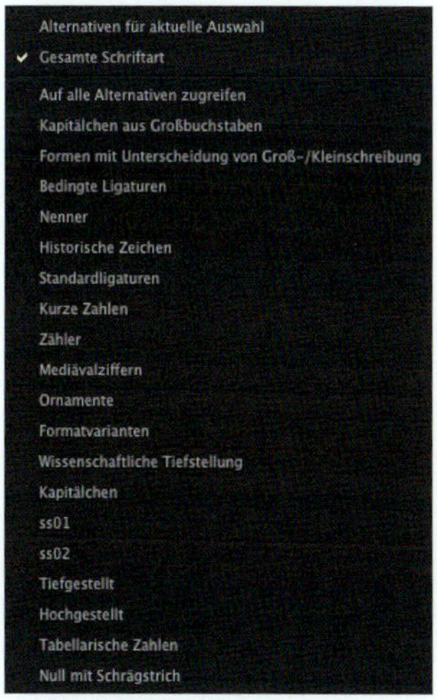

▲ **Abbildung 9.75**
Schränken Sie Ihre Suche nach bestimmten Glyphensätzen ein.

Bei OpenType-Schriften kann es leicht Tausende von Glyphen geben. Damit Sie auf der Suche nach einem bestimmten Zeichen nicht endlos scrollen müssen, können Sie Ihre Suche nach bestimmten Kriterien filtern ❶. Scrollen Sie im Glyphen-Fenster mit dem Scrollrad Ihrer Maus oder mit dem Trackpad Ihres Laptops statt aufwendig mit dem Scrollbalken, bis Sie die gewünschte Glyphe finden.

Wählen Sie, von welcher Schrift ❷ Illustrator die Glyphen anzeigt und in welchem Schnitt. Haben Sie Text aktiviert, werden automatisch die Glyphen dieser Schrift beim Aufrufen des Gly-

phen-Bedienfelds angezeigt. In manchen OpenType-Schriften gibt es noch Zeichenvarianten, was durch ein kleines Dreieck ❸ angezeigt wird. Wenn Sie es mit der Maus gedrückt halten, werden die Varianten angezeigt. Halten Sie die Maus weiterhin gedrückt, und ziehen Sie sie auf die gewünschte Variante, um sie auszuwählen.

Neu und nett ist, dass Sie nun direkt, wenn Sie einen Buchstaben bzw. eine Glyphe in Illustrator auswählen, deren alternative Zeichen angezeigt bekommen, sodass Sie sie unmittelbar auswählen können, ohne erst ins Glyphen-Bedienfeld zu müssen.

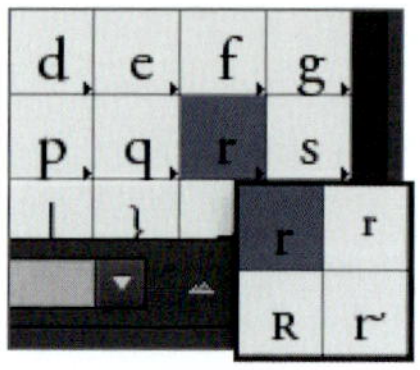

▲ **Abbildung 9.76**
Unter dem kleinen Dreieck verbergen sich Formvarianten.

9.6 Formatvorlagen

Wenn Sie mit Flächentext arbeiten, wählen Sie eine bestimmte Schrift, bestimmen die Abstände zu den Rändern oder zu nachfolgenden Absätzen und mehr. Haben Sie aber Text mit mehreren Absätzen, müssen Sie diese Einstellungen eventuell jedes Mal vornehmen. Das ist dann viel Arbeit. Mit Formaten können Sie vordefinierte Attribute schnell einem Text zuweisen.

▲ **Abbildung 9.77**
Anzeige alternativer Glyphen in einem Kontextmenü

Absatzformate

Um Ihnen die Arbeit zu erleichtern, gibt es Absatzformate. Absatzformate merken sich die einzelnen Einstellungen, sodass Sie sie nur noch mit einem Klick den Absätzen zuweisen müssen.

Am einfachsten erstellen Sie ein Absatzformat, indem Sie als Erstes einen Absatz formatieren, wie Sie ihn haben möchten. Dann öffnen Sie das Absatzformate-Bedienfeld (Fenster • Schrift • Absatzformate).

▲ **Abbildung 9.78**
Das Absatzformat-Flyout-Menü zur Organisation Ihrer Formate

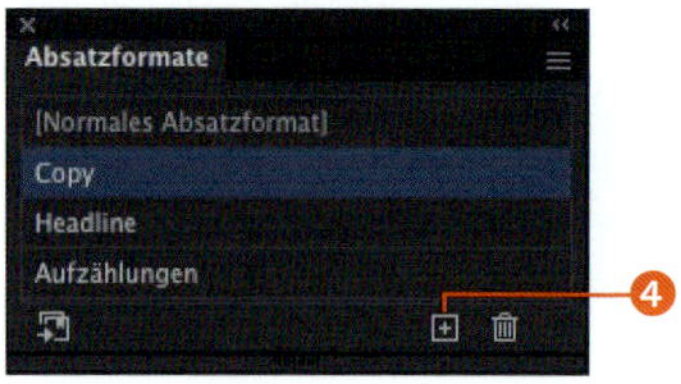

◄ **Abbildung 9.79**
Das Absatzformate-Bedienfeld mit mehreren definierten Formaten für entsprechende Anwendungen

Halten Sie `alt` beim Klicken auf den Button Neues Format erstellen ❹. Es öffnet sich der Dialog Absatzformatoptionen, der sich in zehn Kategorien unterteilt.

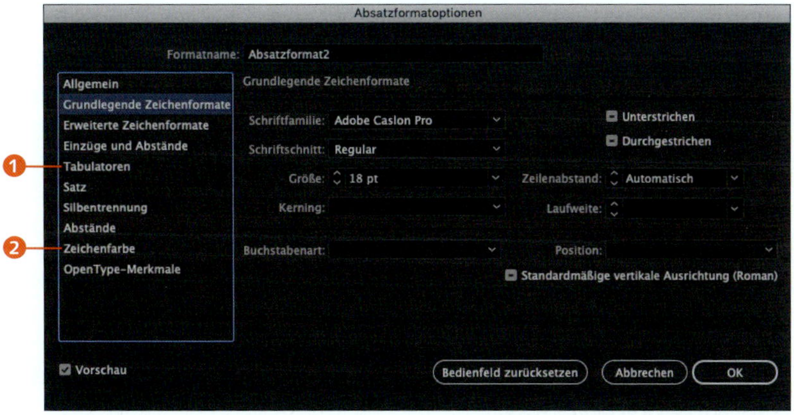

Abbildung 9.80 ▸
Links im Bedienfeld finden Sie die Kategorien für Zeichen, Abstände, Zeichenfarbe usw. Rechts sehen Sie jeweils die vielen Einstellmöglichkeiten dafür.

Checkbox-Auszeichnungen
Ist im Bedienfeld eine Checkbox mit einem Strich zu sehen, ignoriert Illustrator diese Funktion. Setzen Sie einen Haken, wendet Illustrator sie an; und bleibt die Checkbox frei, wird diese Funktion ausgeschlossen, also explizit nicht angewendet. Mit jedem weiteren Klick ändert sich der Status.

▲ Abbildung 9.81
Status einer Checkbox

Alles, was Sie auch in den Bedienfeldern für Zeichen und Absätze einstellen können, können Sie auch für ein Absatzformat definieren. Einzig die Zeichenfarbe ❷ kommt hier neu dazu. Sie wählen hier die Flächenfarbe für die eigentliche Zeichenfarbe. Eine Konturfarbe kann zwar zugewiesen werden, sie macht die Schrift aber dicker und meist hässlicher. (Wie Sie Tabulatoren ❶ einstellen, lesen Sie in Abschnitt 9.7.) In jeder Kategorie gibt es einen Button Bedienfeld zurücksetzen, der alle Einstellungen für die jeweilige Kategorie löscht.

Wie an vielen Stellen spielt Illustrator auch hier die Cloud-Karte. Haken Sie die Checkbox Zu meiner Bibliothek hinzufügen an, können Sie eine Ihrer Bibliotheken auswählen oder eine neue anlegen, um dieses Absatzformat dort für alle Adobe-Anwendungen zu speichern. Sollte die Checkbox ausgegraut sein, öffnen Sie bitte einmal Ihr Bedienfeld Bibliotheken. Danch sollte es angezeigt werden. Mehr dazu finden Sie im Kapitel 13, »Zusammenspiel über die Creative Cloud«.

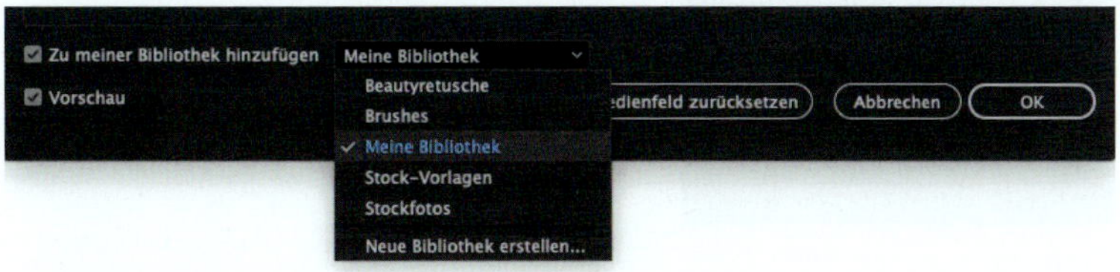

▲ Abbildung 9.82
Wenn Sie die Library in Illustrator schon offen hatten, können Sie auch direkt in den Absatzoptionen eine Ihrer Bibliotheken auswählen und dort hinein das neue Absatzformat speichern.

Sie können jederzeit mit einem Doppelklick ein Format öffnen und Änderungen daran vornehmen. Diese Änderungen werden dann auf alle Absätze mit diesem Format übertragen. So ändern Sie im Nu Ihr ganzes Dokument, ohne in jeden einzelnen Textrahmen klicken zu müssen und dort alles wieder von vorn zu formatieren.

Ändern Sie etwas an einem Absatz, der auf einem Absatzformat basiert, bekommt das Format ein kleines Plus hinter seinen Namen ❹. So wissen Sie, dass hier etwas anders ist als eigentlich eingestellt. Sie haben nun drei Möglichkeiten:

- Sie können es zur Kenntnis nehmen und lassen, weil es so gehört,
- Sie können die Abweichung löschen (im Flyout-Menü ABWEICHUNGEN LÖSCHEN) oder
- Sie können die Abweichungen auf alle Absätze dieses Formats anwenden (im Flyout-Menü ABSATZFORMAT NEU DEFINIEREN).

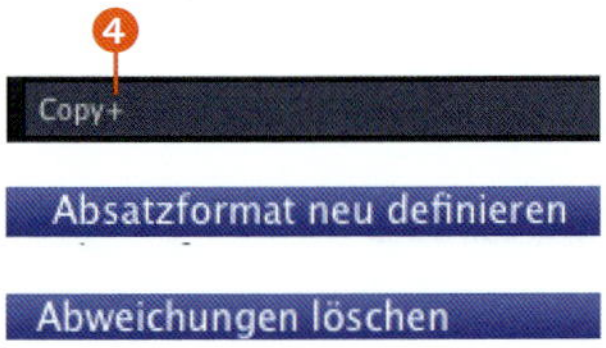

▲ **Abbildung 9.83**
Formatänderungen übernehmen oder löschen

Zeichenformate

Sie können einzelne Wörter in ihrem Aussehen verändern. Zum Beispiel geben Sie einem bestimmten Wort wie dem Firmennamen immer eine rote Farbe. Oder Sie setzen bestimmte Auszeichnungen in fetter Schrift. Auch für diese häufig wiederkehrende Arbeit können Sie ein Format anlegen, diesmal ein Zeichenformat (FENSTER • SCHRIFT • ZEICHENFORMAT).

Das Zeichenformat steht in der Rangfolge über dem Absatzformat. So können Sie einem Textabschnitt ein anderes Absatzformat zuweisen, ohne dass sich das Zeichenformat ändert. Das heißt: Haben Sie den Firmennamen mit einem Zeichenformat rot eingefärbt und weisen Sie ein Absatzformat zu, das Blau als Textfarbe definiert hat, bleiben die Firmennamen rot.

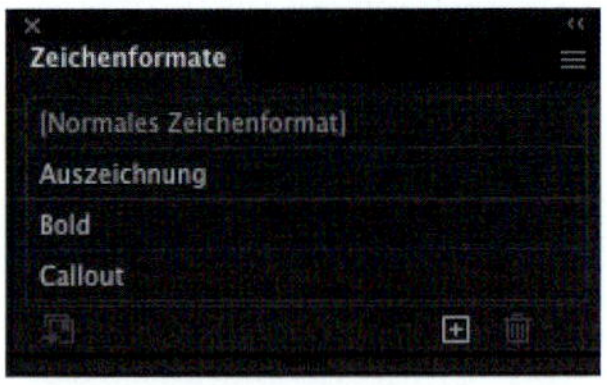

▲ **Abbildung 9.84**
Das Zeichenformate-Bedienfeld

▼ **Abbildung 9.85**
Links: der Text ohne Auszeichnungen; Mitte: mit roten Wörtern über ein Zeichenformat; rechts: die roten Wörter bleiben trotz Änderung des Absatzformats erhalten.

„Three Rings for the Elven-kings under the sky, Seven for the Dwarf-lords in their halls of stone, Nine for Mortal Men doomed to die, One for the Dark Lord on his dark throne, In the land of Mordor where the shadows lie. One Ring to rule them all, One Ring to find them, One Ring to bring them all, and in the darkness bind them, In the land of Mordor where the shadows lie." – J. R. R. Tolkien

„Three Rings for the Elven-kings under the sky, Seven for the Dwarf-lords in their halls of stone, Nine for Mortal Men doomed to die, One for the Dark Lord on his dark throne, In the land of Mordor where the shadows lie. One Ring to rule them all, One Ring to find them, One Ring to bring them all, and in the darkness bind them, In the land of Mordor where the shadows lie." – J. R. R. Tolkien

„Three Rings for the Elven-kings under the sky, Seven for the Dwarf-lords in their halls of stone, Nine for Mortal Men doomed to die, One for the Dark Lord on his dark throne, In the land of Mordor where the shadows lie. One Ring to rule them all, One Ring to find them, One Ring to bring them all, and in the darkness bind them, In the land of Mordor where the shadows lie." – J. R. R. Tolkien

Möchten Sie ein ganz bestimmtes Attribut in Ihr Zeichenformat aufnehmen, deaktivieren Sie allen Text, klicken mit `alt` auf den Button NEUES FORMAT ERSTELLEN und geben nur das Zeichenattribut ein, das Sie definieren wollen; alle anderen bleiben unangetastet. So wird das zugewiesene Wort zum Beispiel »Bold«, egal wie groß die Schrift gerade ist oder welche Schriftart der Text hat. Daran wird nichts geändert.

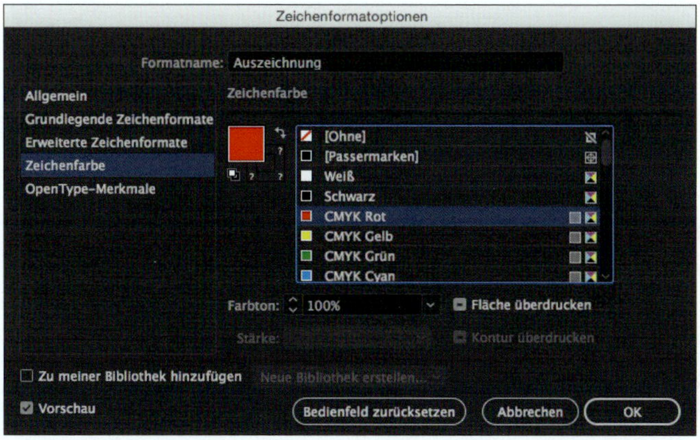

Abbildung 9.86 ▶
Nur die Textfarbe wurde auf Rot gesetzt, alles andere bleibt frei.

9.7 Tabulatoren

Mit Tabulatoren setzen Sie einen Einzug bis zu einer definierten Position, die vom linken Textrahmenrand gemessen wird. Dabei muss der Einzug nicht am Zeilenanfang stehen.

Es gibt vier verschiedene Arten von Tabulatoren: linksbündig, zentriert, rechtsbündig und dezimal. In Abbildung 9.87 markiert die rote Linie die jeweilige Tabulatorposition und Ausrichtung.

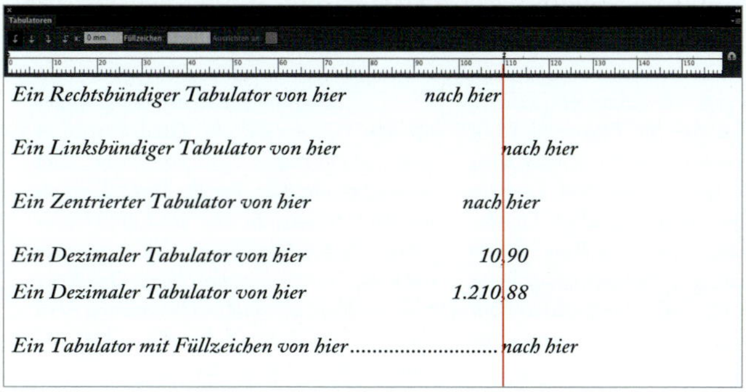

Abbildung 9.87 ▶
Verschiedene Tabulatorarten auf die gleiche Position

Zwei Dinge braucht ein Tabulator. Erstens müssen Sie an der Textstelle, von der aus ein »Sprung« zur nächsten stattfinden soll, einen Tabulator tippen: [⇥]. Zweitens müssen Sie dem Absatz sagen, an welchen Positionen (von links gemessen) der Text am Tabulator »einrasten« soll. Sie können auch mehrere Tabulatoren über das Tabulatoren-Bedienfeld definieren. Diese gelten aber für den gesamten Absatz, in dem der Text-Cursor steht oder ein Wort ausgewählt ist.

Fenster • Schrift • Tabulatoren ruft die Tabulatorenleiste auf. Haben Sie einen Textrahmen ausgewählt, klicken Sie auf den Magneten 7, damit sich die Tabulatorenleiste an die Oberkante des Textrahmens andockt. Sie haben so die beste Kontrolle über die Position der Tabulatoren. Klar ist, dass auch der gesamte Textrahmen im Monitor zu sehen sein muss.

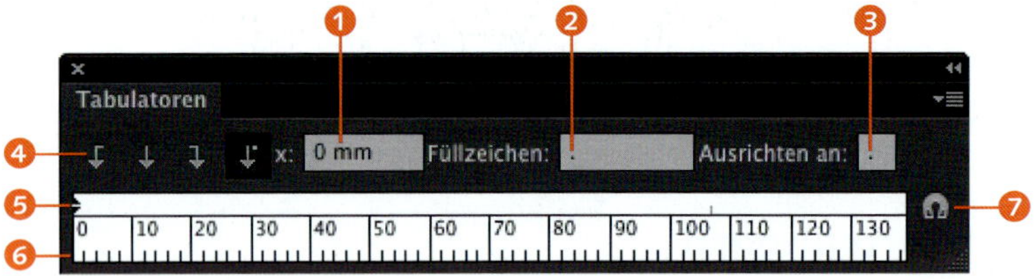

◂ **Abbildung 9.88**
Die Tabulatorenleiste

Klicken Sie mit der Maus an irgendeine Position im Lineal, um einen Tabulator zu setzen 6. Aktivieren Sie einen Tabulator mit einem Mausklick, oder verschieben Sie seine Position mit gedrückter Maustaste.

Die Bündigkeit 4 ersehen Sie aus Abbildung 9.88. Wenn Sie die Bündigkeit eines Tabulators ändern möchten, wählen Sie ihn erst in der Leiste aus und klicken dann auf den entsprechenden Button. Die Position des jeweils von Ihnen mit der Maus ausgewählten Tabulators können Sie im x-Feld 1 numerisch eingeben oder beim Verschieben ablesen.

Soll die Textlücke, die der Tabulator erzeugt, mit einem Zeichen (wie zum Beispiel Punkten) gefüllt werden, geben Sie diese als Füllzeichen 2 ein. Es können auch Striche oder sogar Buchstaben sein.

Tab löschen
Möchten Sie einen Tabulator löschen, ziehen Sie ihn mit der Maus aus der Leiste heraus.

Absätze über Tabulator einstellen
Über das Absatz-Bedienfeld sind Einzüge für die erste und die folgenden Zeilen leichter einzustellen, doch auch hier 5 könnten Sie es tun.

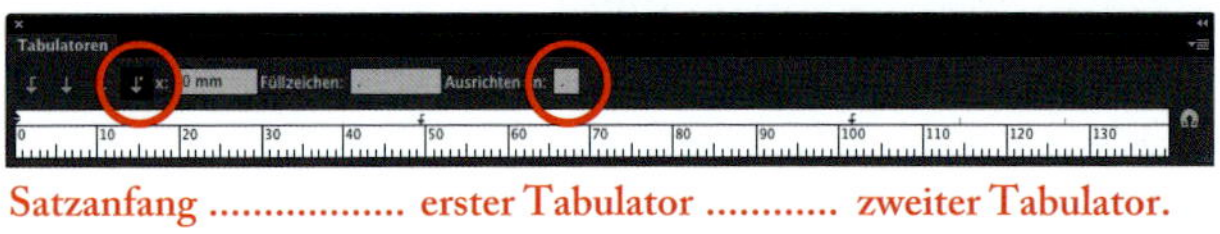

◂ **Abbildung 9.89**
Zwei Tabulatoren mit Punkten als Füllzeichen

Sollen Tabulatoren in mehreren Zeilen an der gleichen Position untereinanderstehen, aktivieren Sie vor den Eingaben in der Tabulatorenleiste alle betroffenen Zeilen. Sollen Zahlen mit dem Komma genau untereinanderstehen, wählen Sie AUSRICHTEN AN ❸ (Abbildung 9.88) und geben das Zeichen ein, an dem ausgerichtet werden soll. Sie müssen dafür aber auch den rechten der vier Tabulatoren ❹, den sogenannten dezimalen Tabulator, wählen.

9.8 Text importieren

In einem Layoutprogramm ist es Alltag, bei Illustrator eher selten: das Importieren von Text. Wenn Sie aber vom Kunden Text geliefert bekommen und ihn in Illustrator importieren müssen, gehen Sie wie bei Bildern und externen Grafiken auf PLATZIEREN (BEARBEITEN/DATEI • PLATZIEREN) und navigieren zur Textdatei. Halten Sie einen Textrahmen aktiv, wird der Text dort hineinplatziert.

Textimportoptionen

Je nachdem, um was für eine Art Datei es sich handelt, öffnet Illustrator den einen oder anderen Dialog, in dem Sie Voreinstellungen für den Textimport einrichten, bevor der ausgewählte Text in Illustrator platziert wird.

Abbildung 9.90 ▸
Dialoge beim Textimport von TXT-Dokumenten

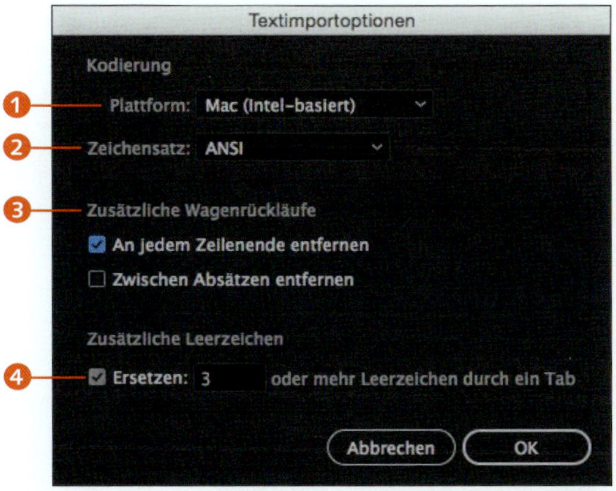

Bei reinen Textdateien (*.txt*) wählen Sie Ihre PLATTFORM aus ❶ und stellen als ZEICHENSATZ ❷ meist MITTELEUROPÄISCH ein (bei

verschiedenen Formaten probieren Sie am besten aus, welcher Zeichensatz auch alle Zeichen anzeigen kann).

Oftmals ist in der Textdatei hinter jeder Zeile ein Absatz gesetzt. Illustrator nennt dieses Zeichen, wie bei alten Schreibmaschinen, Wagenrücklauf ❸. Setzen Sie den ersten Haken, um diese Zeichen zu entfernen und den Text automatisch am Textrahmenrand umbrechen zu lassen. Sollen aber tatsächlich Absätze erhalten bleiben, erkennt Illustrator das, wenn zwei Wagenrückläufe gesetzt wurden, und lässt einen davon als richtigen Absatz stehen. Ganz häufig sind für Einzüge am Zeilenanfang leider mehrere Leerzeichen gesetzt worden. Diese können Sie durch einen Tabulator ersetzen lassen ❹.

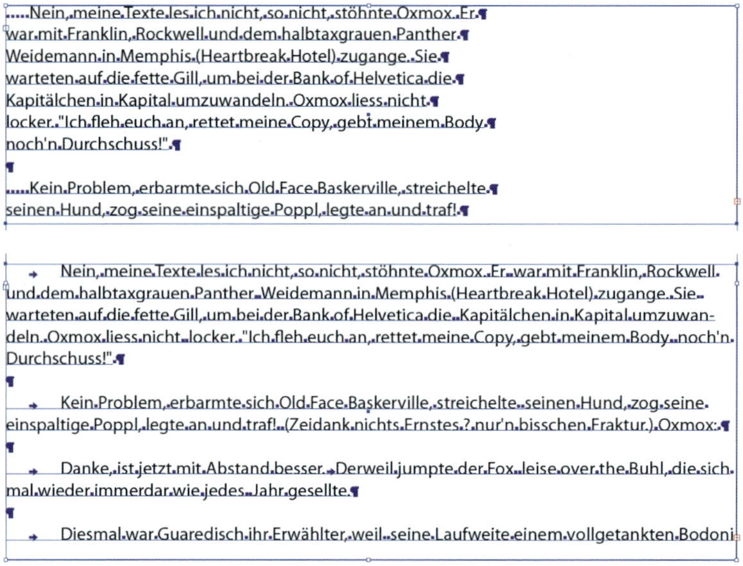

◄ **Abbildung 9.91**
Oben müssten Sie sich mit mehrfachen Leerschritten am Absatzbeginn und Absätzen hinter jeder Zeile herumschlagen. Erst der untere Text ist »arbeitsfähig«.

Word-Import

Bei Word-Dateien können Sie entscheiden, was Sie alles mit in das Platzieren einschließen wollen ❺, denn in einer Word-Datei können neben dem eigentlichen Text auch Fußnoten, Indextexte und Inhaltsverzeichnisse enthalten sein. Viel interessanter ist aber die letzte Checkbox TEXTFORMATIERUNG ENTFERNEN ❻. Damit können Sie alle Textformatierungen, wie Farbe, Schriftschnitte etc. löschen.

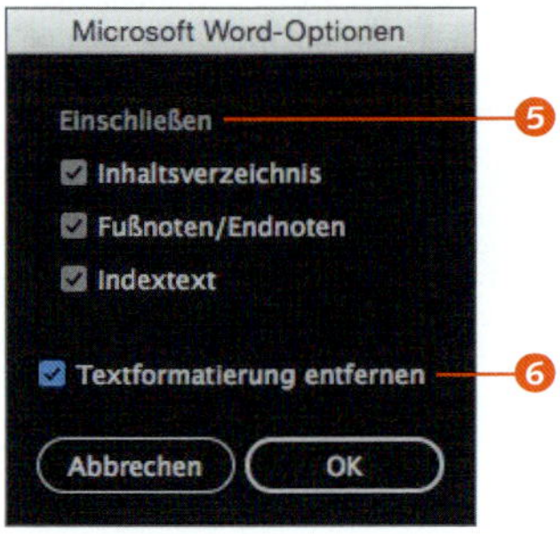

▲ **Abbildung 9.92**
Textimport bei Word-Dokumenten

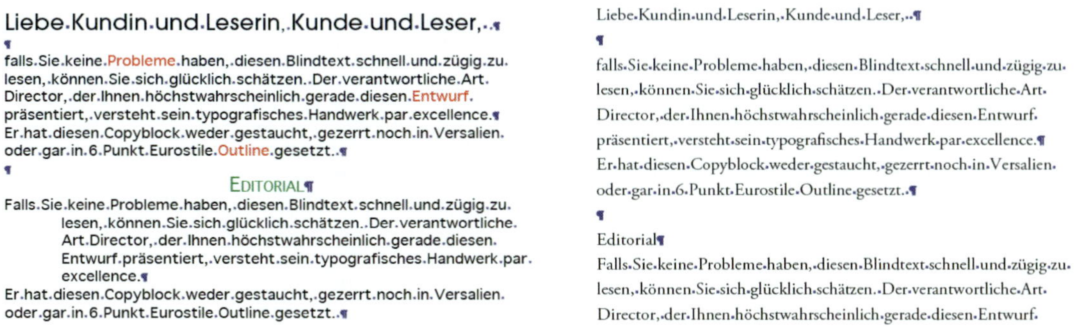

▲ **Abbildung 9.93**
Wenn Sie Textformatierungen schon beim Platzieren löschen, erhalten Sie reinen Text.

9.9 Text und Grafiken/Bilder

In Illustrator arbeiten Sie so gut wie nie ausschließlich mit Text, denn Illustrator ist ja schließlich kein reines Textprogramm. Also werden die Texte, mit denen Sie es zu tun haben werden, irgendwie im Zusammenhang mit Illustrationen, Grafiken oder Bildern stehen. Eine der attraktivsten Varianten des Zusammenwirkens ist dabei das Umfließen. Dabei müssen Sie grundsätzlich unterscheiden, ob die vom Text zu umfließenden Objekte Grafiken oder Bilder sind.

Text um Grafiken fließen lassen

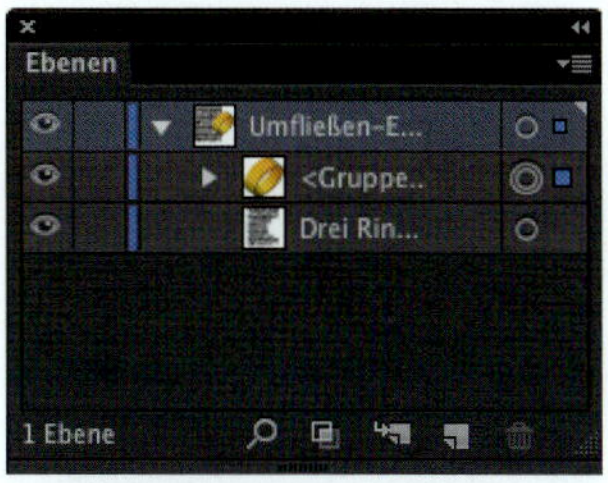

▲ **Abbildung 9.94**
Der Ring liegt auf der gleichen Ebene wie der Text, aber oberhalb von diesem!

Wenn Sie Text und Illustrationen zusammenbringen, soll oftmals der Text um eine Grafik herumfließen. Zwei Bedingungen müssen dafür mindestens erfüllt sein:

- Erstens müssen Text und Umfließen-Objekt auf einer Ebene sein, und
- zweitens muss das Umfließen-Objekt über dem Text liegen (Objekt • Anordnen • In den Vordergrund).

Wenn Sie diese Bedingungen erfüllt haben, wählen Sie die Grafik aus und gehen zu Objekt • Textumfluss • Erstellen. Der Text wird um die Grafik herumfließen. Solange die Grafik aktiviert ist, sehen Sie feine Hilfslinien, die anzeigen, wie groß der Abstand vom Text zum Objekt sein wird.

▲ **Abbildung 9.95**
Links liegt der Ring über dem Text, rechts wird er vom Text umflossen.

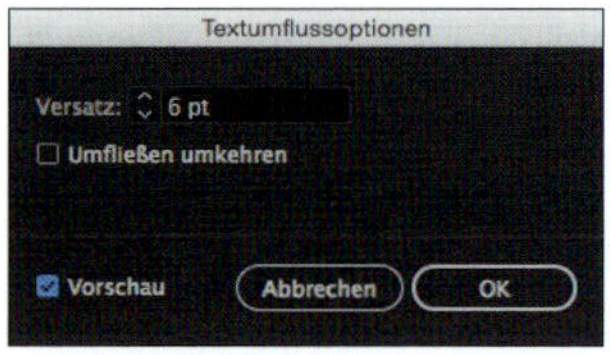

▲ **Abbildung 9.96**
Abstand des Textes zum Objekt, das er umfließt

Oft sieht der Textumfluss jetzt noch nicht optimal aus. Daher können Sie an gleicher Stelle (Objekt • Textumfluss) den Eintrag Textumflussoptionen... auswählen. Hier stellen Sie den Abstand zum Text ein. Die Option Umfliessen umkehren macht nur bei transparenten oder farblosen Objekten Sinn, weil der Text ja hinter dem Objekt liegt und sonst nur abgedeckt würde.

Text um Bilder fließen lassen

Bei Bildern ist die Erstellung eines Textumflusses komplizierter, es kommen noch drei weitere Bedingungen hinzu:

- Das Bild muss als TIF-Dokument gespeichert sein, was noch akzeptabel ist.
- Doch muss es auch in Photoshop freigestellt sein, und zwar mit einem Beschneidungspfad. Diesen Beschneidungspfad erkennt Illustrator und stellt dann das Bild daran selbstständig frei. Das bedeutet, dass der Freisteller auch scharfe Kanten hat und fürchterlich ausgeschnitten aussieht.
- Als Letztes dürfen Sie das Bild nur eingebettet platzieren (siehe Kapitel 4, »Bilder und Grafiken«).

Wenn Sie sich mit Photoshop auskennen, können Sie auch eine weiche Ebenenmaske anlegen, die aber auch in Photoshop angewendet sein muss.

▲ **Abbildung 9.97**
Aus einem Freistellpfad in Photoshop einen Beschneidungspfad machen

▲ **Abbildung 9.98**
Ebenenmasken aus Photoshop werden auch erkannt.

Umfließen per Illustrator-Pfad

Das sind aber Einschränkungen, die ich in meiner Arbeit so oft nicht akzeptieren kann, weil ich es nicht immer mit auf Weiß freigestellten Bildern zu tun habe. Deshalb empfehle ich in solchen Fällen, das Bild ganz normal, verknüpft, in Illustrator zu platzieren und das Umfließen mit einem ganz gewöhnlichen Illustrator-Pfad zu erzwingen.

Das Vorgehen ist dabei das gleiche wie bei Grafiken: Text unten, Bild oder Umfließenpfad oben (auf einer gemeinsamen Ebene), aktiver Pfad und unter Objekt • Textumfluss... • Erstellen. Das Schöne am Illustrator-eigenen Pfad ist, dass Sie diesen noch manuell mit dem Direktauswahl-Werkzeug [A] dort korrigieren können, wo er nicht ganz passt.

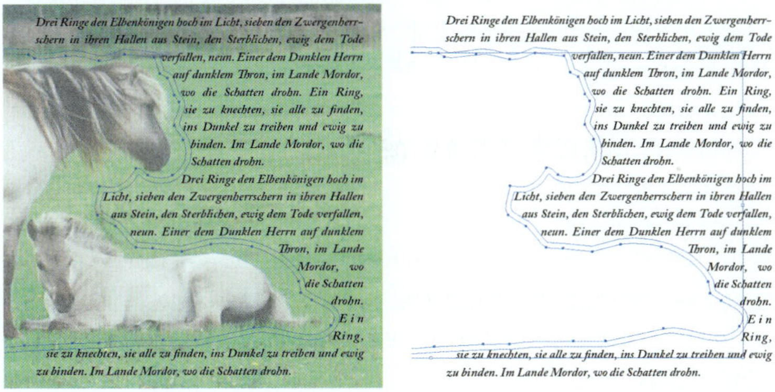

Abbildung 9.99 ▸
Das nicht freigestellte Bild liegt abgeschwächt im Hintergrund, während der Text von einem Illustrator-Pfad verdrängt wird (links).

Mit der Option Umfliessen umkehren können Sie den Text auch im statt um das Umfließen-Objekt laufen lassen. Hier gilt ebenfalls, dass Sie in Illustrator einen Pfad zum Umfließen angelegt haben müssen, der ohne Flächenfarbe ist, um den Text auf das Objekt zu bringen.

Soll das Objekt nicht mehr von Text umflossen werden, aktivieren Sie das Umfließen-Objekt und wählen Objekt • Textumfluss • Zurückwandeln.

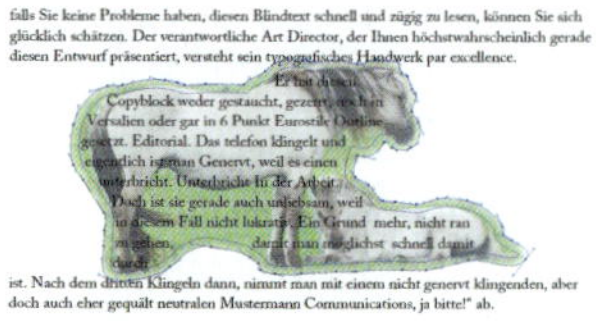

▲ **Abbildung 9.100**
Text fließt im Freisteller.

Grafiken und Text zueinander ausrichten

Wie Sie schon im Abschnitt 9.3 unter »Zeichen« gesehen haben, können Sie die Größe Ihrer Buchstaben nicht nur als sogenannte Schriftgröße in Punkt angeben, sondern haben auch die Möglichkeit, dies als exakte Versalhöhe zu tun. Warum sollten Sie das machen? Um Ihre Schrift mit anderen Elementen zu verbinden. Kreieren Sie zum Beispiel eine Wortmarke mit Versalien, kann die Wortmarke dieselbe Größe bekommen wie die Bildmarke.

Nehmen wir dieses Beispiel: Zunächst müssen Wort- und Bildmarke zueinander ausgerichtet werden, wozu Sie in den Optionen des Zeichen-Bedienfelds die Ausrichtungsbuttons einschalten. Sie können sie einzeln aktivieren, um zu bestimmen, an welcher Kategorie der Schrift sich ein Element ausrichten soll.

Wenn im Hauptmenü Ansicht die Funktion Intelligente Hilfslinien aktiviert ist, sehen Sie anhand der grünen Hilfslinien, ob Ihr Element z. B. mit der Grundlinie der Schrift übereinstimmt.

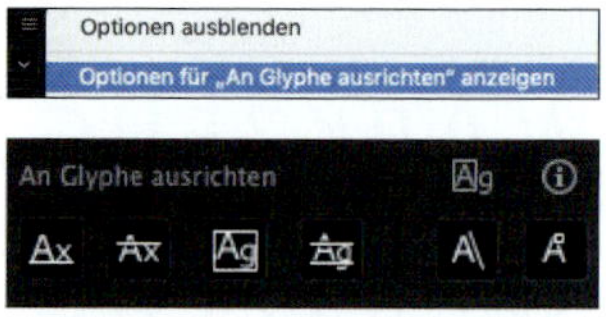

▲ **Abbildung 9.101**
Die Optionen, an welchen Teilen der Schrift sich ein Objekt ausrichten soll: An Glyphe ausrichten

▲ **Abbildung 9.102**
Die unterste Grundlinie stimmt mit der Unterkante der Bildmarke überein.

Wenn Sie auch noch in den Schrifthöhen die x-Höhe, also die Höhe für die Kleinbuchstaben, auswählen, können Sie deren Größe mit der des linken Gebäudes der Bildmarke in Übereinstimmung bringen.

▲ **Abbildung 9.104**
Höhen- und Grundlinien einer Schrift in Übereinstimmung mit Ihrem Design

So wird es Ihnen leichtfallen, mit den Optionen für die Schrifthöhen und denen für die Ausrichtung an Schriften ausgewogene Designs oder wie hier Wort-Bild-Marken zu kreieren (in der Abbildung zur Verdeutlichung mit grünen Linien hervorgehoben).

▲ **Abbildung 9.103**
Setzen Sie die x-Höhe auf den selben Wert des linken »Gebäudes«.

9.10 Texteffekte

Wenn Sie mit Illustrator Text setzen, möchten Sie vielleicht nicht nur Mengentext setzen wie im Layoutprogramm, sondern Effekte erzeugen – für Headlines, Sonderauszeichnungen, Kunst oder Logoentwicklung.

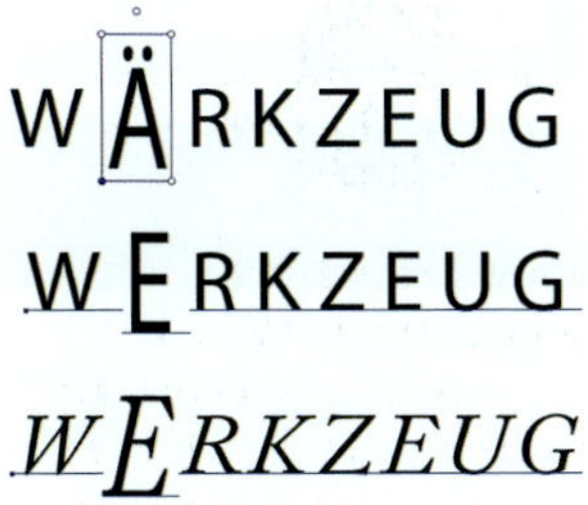

▲ **Abbildung 9.105**
Ein Buchstabe wurde skaliert, dann korrigiert und später die Schriftart des ganzen Wortes auf einmal geändert.

Touch-Type

Ein starkes Werkzeug, wenn es zum Beispiel um Wortmarken geht, ist das Touch-Type-Werkzeug. Mit ihm kann man einzelne Buchstaben in Größe, Breite oder Drehung transformieren, ohne dass der Text seine Editierbarkeit verliert. Das heißt, Sie können einen Buchstaben eines Wortes vergrößern und dennoch zu einem späteren Zeitpunkt die Schriftart, den Schriftschnitt oder gar die Schreibweise ändern.

Wählen Sie hierzu das Werkzeug aus der Werkzeugleiste (unter den Text-Werkzeugen) über ⇧+T oder, falls eingeblendet, über das Zeichen-Bedienfeld. Nun klicken Sie einfach auf einen beliebigen Buchstaben.

Der Buchstabe wird mit einem Begrenzungsrahmen hervorgehoben. An seiner linken oberen Ecke lässt er sich in der Höhe skalieren, an der rechten oberen Ecke in seiner Größe und rechts unten in seiner Breite. An der linken unteren Ecke oder in seiner Mitte können Sie seine Position verändern. Ziehen Sie ihn einfach höher oder tiefer oder weiter nach rechts (nach links geht er nicht über den nächsten Buchstaben hinaus). Wenn Sie mit der Maus am Kreis über dem Begrenzungsrahmen anfassen, können Sie ihn drehen.

▲ **Abbildung 9.106**
Ein Begrenzungsrahmen wird bei Touch-Type sichtbar.

Alle Transformationen, die Sie an einem Buchstaben vornehmen, werden Ihnen auch im Zeichen-Bedienfeld angezeigt – in Abhängigkeit von seiner Originalgröße. So haben Sie auch die Möglichkeit, eine numerische Feinjustierung vorzunehmen oder einzelne Attribute zurückzusetzen.

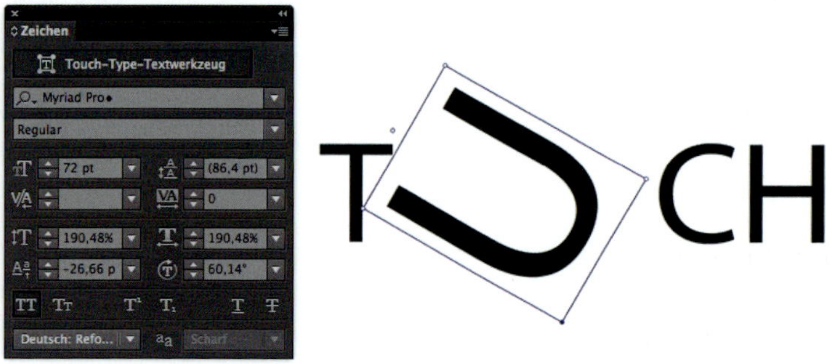

◂ **Abbildung 9.107**
Änderungen werden auch im Zeichen-Bedienfeld angezeigt.

▴ **Abbildung 9.108**
Vom einfachen Wort über Touch-Type-Veränderungen bis zur Gestaltung mit Effekten wie Schlagschatten und Verläufen

Und so sind Ihnen beim Manipulieren von Buchstaben kaum Grenzen gesetzt. Gute Gestaltung steht auf einem anderen Blatt und wird von mir hier nicht weiter behandelt. Hier entlasse ich Sie in Ihre Eigenverantwortung. Doch empfehle ich sehr, sich mit Möglichkeiten und gestalterischen Grenzen anderweitig auseinanderzusetzen.

Bild im Text

Einer der vielleicht häufigsten Effekte ist, die Schrift mit einem Bild zu füllen. Dazu tippen Sie zunächst den Text und platzieren ein beliebiges Pixelbild in Ihre Datei. Setzen Sie das Bild unterhalb des Textes in gewünschter Größe. Aktivieren Sie nun beide Objekte mit dem Auswahl-Werkzeug [V] und gedrückter [⇧]-Taste, und wählen Sie dann Objekt • Schnittmaske • Erstellen.

▴ **Abbildung 9.109**
Bild unterhalb des Textes

◂ **Abbildung 9.110**
Das Einfügen von Bildern in Buchstaben funktioniert auch mit per Touch-Type manipuliertem Text.

▲ **Abbildung 9.111**
Schnittmaske erstellen

Möchten Sie das Bild innerhalb des Textes verschieben, wählen Sie OBJEKT • SCHNITTMASKE • INHALTE BEARBEITEN. Nun können Sie das Bild verschieben oder skalieren; vermeiden Sie es aber, auf die Schrift zu klicken, denn damit kommen Sie wieder zum gesamten Objekt zurück. An gleicher Stelle (OBJEKT • SCHNITTMASKE • ZURÜCKWANDELN) wandeln Sie die Schnittmaske auch wieder in zwei einzelne Objekte zurück, wenn Ihnen das Ergebnis nicht gefällt.

Verlauf im Text

Es ist zwar nicht so einfach wie das Einfügen von Bildern, einen Verlauf in einer Schrift zu erzeugen und die Schrift trotzdem editierbar zu halten, aber die Mühe lohnt sich.

Schreiben Sie Ihren Text, und wählen Sie ihn anschließend mit dem Auswahl-Werkzeug [V] aus. Nun öffnen Sie das Aussehen-Bedienfeld (FENSTER • AUSSEHEN). In dessen Flyout-Menü wählen Sie NEUE FLÄCHE HINZUFÜGEN. Solange diese neue Fläche im Aussehen-Bedienfeld ausgewählt ist, wählen Sie einen Verlauf aus den Farbfeldern, um ihn dem Text zuzuweisen.

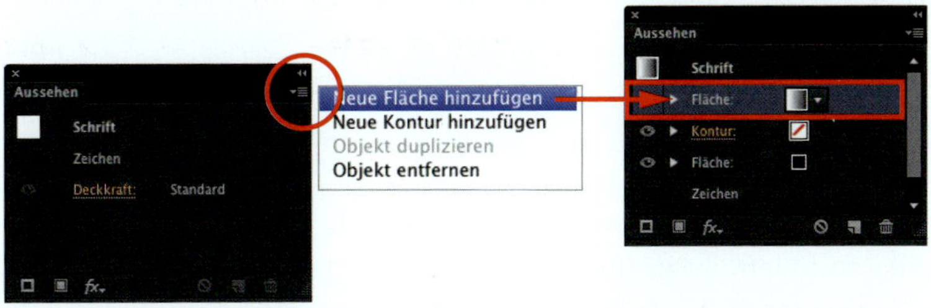

Abbildung 9.112 ▶
Neue Fläche für Verläufe

Mit dem Verlaufwerkzeug [G] editieren Sie den Verlauf. Den Text können Sie nach Belieben verändern. Mehr zu Verläufen erfahren Sie in Kapitel 5, »Farbe und Verläufe«.

Abbildung 9.113 ▶
Passen Sie den Verlauf mit dem Verlaufwerkzeug direkt an der Schrift an (oben). Weitere Effekte (unten) sind »Basrelief« links und »Schlagschatten« rechts.

9.11 Überdrucken von Text

In verschiedensten Projekten werden Sie mit Schrift arbeiten, die auf farbigem Untergrund steht. Manches Mal werden die Schriften außerdem recht klein ausfallen (vielleicht nur 7 Punkt). Wenn Ihre Grafik dann im Layoutprogramm auch noch verkleinert eingesetzt wird, schrumpft die reale Schriftgröße dort noch mehr.

Weiße »Blitzer« ❶, die im Druckproduktionsprozess entstehen können, machen kleine Schriften unleserlich. Verhindern können Sie die »Blitzer«, indem Sie Ihre schwarzen (!) Texte auf Überdrucken stellen: Dazu aktivieren Sie den schwarzen Text, öffnen das Attribute-Bedienfeld (über Fenster) und setzen einen Haken bei Fläche überdr. Das Schwarz wird dann auf die darunterliegende Fläche »draufgedruckt«. Vorsicht bei farbigem Text: Die Textfarbe mischt sich beim Überdrucken mit dem Untergrund und kann im schlimmsten Fall optisch verschwinden (Abbildung 9.116). Ansicht • Überdruckenvorschau simuliert für Sie das Ergebnis.

Weiterlesen
Das Problem »Überdrucken« erkläre ich ausführlicher in Kapitel 14, »Ausgabe für den Druck«. Bitte lesen Sie es unbedingt, damit es später nicht zu bösen Überraschungen kommt.

▲ **Abbildung 9.114**
»Blitzer« im Druck machen kleine Schriften unleserlich.

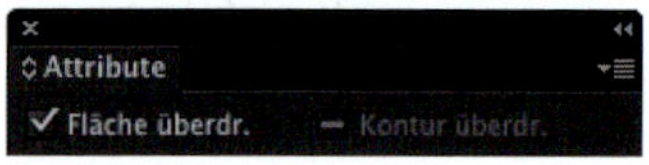

▲ **Abbildung 9.115**
Schwarzer Text sollte auf Fläche überdr. stehen.

▲ **Abbildung 9.116**
Achtung: Der gelbe Text überdruckt die rote Fläche und verschwindet dadurch.

Schritt für Schritt

Der Briefbogen

1 Datei öffnen

Ich habe Ihnen eine Datei vorbereitet. Es ist ein Briefbogen. Außer dem Hintergrund ist aber noch nichts zu sehen. Öffnen Sie die Datei »Geschaeftsausstattung.ai« aus Ihrem Beispielordner.

2 Logo platzieren und einrichten

Platzieren Sie das Logo, das Sie in Kapitel 2, »Pfade«, erstellt haben, über das Menü Datei • Platzieren. Klicken Sie Importoptionen anzeigen an. Alternativ finden Sie das Logo auch zum Download (»Logo_fertig.ai«).

▲ **Abbildung 9.117**
Der fertige Briefbogen, den wir nun kreieren

▲ **Abbildung 9.118**
Nach der Platzierung des Logos.

Im PLATZIEREN-Dialog wählen Sie bei BESCHNEIDEN AUF • BILDMATERIAL, damit Sie auch nur das Logo bekommen und nicht die ganze Zeichenfläche.

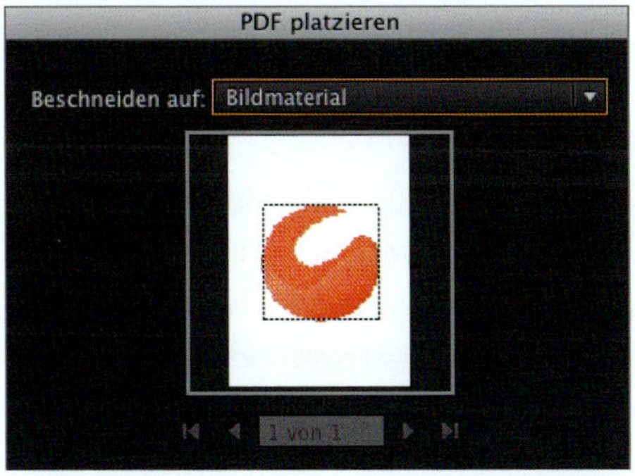

◂ **Abbildung 9.119**
Platzieren des Logos

Mit dem Auswahl-Werkzeug [V] schieben Sie das Logo nach oben rechts. Während Sie die [⇧]-Taste gedrückt halten, können Sie durch Ziehen oder Schieben an den Ecken des Logos die von Ihnen gewünschte Größe einstellen.

Wenn Sie mögen, können Sie es auch noch mit einem Schlagschatten versehen: EFFEKT • (ILLUSTRATOR-EFFEKTE) • STILISIERUNGSFILTER • SCHLAGSCHATTEN…

3 Textrahmen anlegen

Wählen Sie das Text-Werkzeug [T], und ziehen Sie einen Textrahmen rechts unter dem Logo auf. Hier soll später der Text des Adressfelds stehen. Wenn Sie INTELLIGENTE HILFSLINIEN im Menü ANSICHT aktiviert haben ([Strg]/[cmd]+[U]), können Sie die Position leichter an das Logo anpassen.

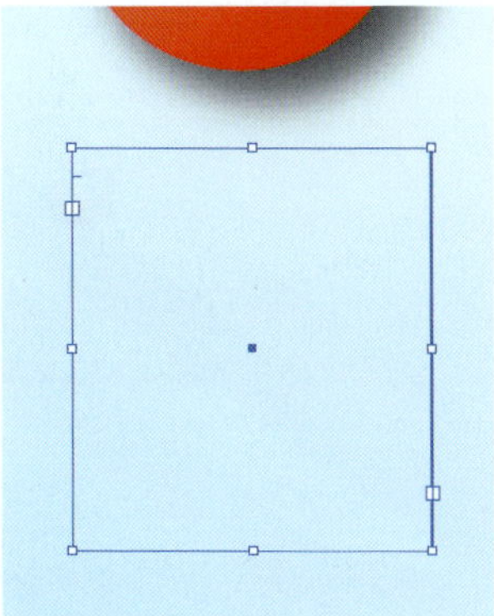

▲ **Abbildung 9.120**
Aufziehen eines Textrahmens mit dem Text-Werkzeug

4 Texteingabe und -formatierung

Gehen Sie mit dem Text-Werkzeug so nah an die rechte Textrahmenkante heran, dass Ihr Cursor das Symbol statt diesem anzeigt, und klicken Sie hinein. Sie können die Schrift, deren Größe und Ausrichtung im Steuerung- oder Eigenschaften-Bedienfeld bestimmen (z. B. Myriad Pro, Regular, 10 pt, zentriert).

▲ **Abbildung 9.121**
Schriftart und Größe sowie Ausrichtung

Dann geben Sie eine beliebige Adresse in folgender Anordnung ein: Firma | Name || Straße | Ort || Telefonnummer || E-Mail.

Überall, wo zwei senkrechte Striche stehen (||), setzen Sie einen Absatz [↵]; dort, wo nur einer steht, setzen Sie eine neue Zeile ([⇧]+[↵]).

5 Absatzformatierung

Aktivieren Sie mit dem Text-Werkzeug [T] den gesamten Text, oder drücken Sie [Strg]/[cmd]+[A]. Bei aktivem Text öffnen Sie das Absatz-Bedienfeld (Fenster • Schrift • Absatz) und geben bei Abstand nach Absatz einen Wert von 8 pt ein. Die Adressdaten gruppieren sich nun lesbarer.

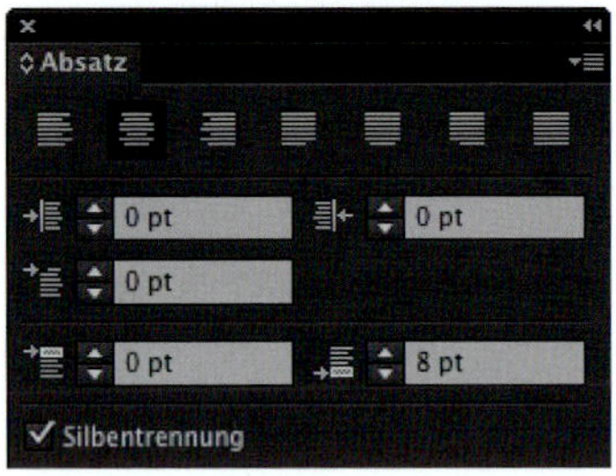

◀ **Abbildung 9.122**
Abstand nach Absatz 8 pt

Aktivieren Sie nun nur die Firma, den Namen und die Telefonnummer, und wählen Sie den Bold-Schnitt der Schrift. Dann markieren Sie die Telefonnummer und öffnen das Bedienfeld OpenType (Fenster • Schrift • OpenType). Dort wählen Sie bei Zahl die Option Proportionale Mediävalziffern.

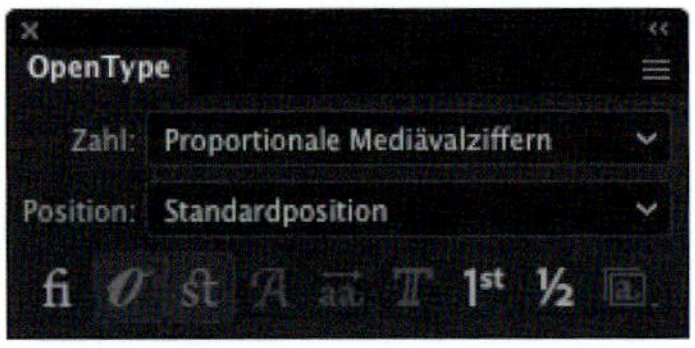

◀ **Abbildung 9.124**
Proportionale Mediävalziffern

▲ **Abbildung 9.123**
So sollte nun Ihr formatierter Adressteil aussehen.

6 Fußzeile

Legen Sie mit dem Text-Werkzeug [T] noch mittig am unteren Rand eine Fußzeile mit den Bankverbindungen an und darüber am besten eine mit dem Zeichenstift-Werkzeug gezogene Linie.

Wenn Sie beides aktivieren und im Steuerung- oder Eigenschaften-Bedienfeld erst An Zeichenfläche ausrichten auswäh-

len und dann HORIZONTAL ZENTRIERT AUSRICHTEN ❶ anklicken, steht die Fußzeile schön mittig zur Seite.

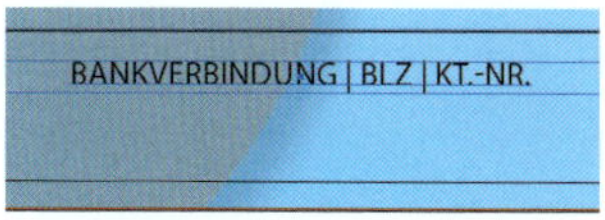

▲ **Abbildung 9.125**
Die Fußzeile des Briefbogens

◂ **Abbildung 9.126**
Ausrichten zur Zeichenfläche

Sie haben sich die ganze Zeit gefragt, warum denn da oben rechts so eine kleine Zeichenfläche liegt? Das soll Ihre Visitenkarte werden, die Sie nun selbstständig anfertigen. Viel Spaß.

10

Grafiken für Web und Screen

Mit Illustrator für den Bildschirm gestalten

- Was muss man bei der Monitordarstellung beachten?
- Wie exportiere ich für Bildschirmanwendungen?
- Was wird beim Speichern für das Web eingestellt?
- Wie arbeitet man mit Slices?
- Welche Bildformate gibt es überhaupt für das Internet?

10 Grafiken für Web und Screen

Voranstellen möchte ich diesem Kapitel sehr deutlich, dass Adobe Illustrator kein Programm zur Erstellung von Webseiten ist. Durch einige Funktionen der letzten Programmversionen waren User immer wieder versucht, genau das zu probieren.

Manche Dinge, die im Programm noch vorhanden sind, sodass ich sie für Sie auch kurz anreißen werde, sind nicht mehr zeitgemäß. So werden Sie kaum mit Slices arbeiten, die Ihr Design in Tabellenzellen unterteilen, da Sie heutzutage bitte keine tabellenbasierten Webseiten mehr basteln.

Und doch gibt es dieses Kapitel, denn in Illustrator können Sie ganz hervorragend Elemente *für* Ihre Webseiten erstellen. Seien es Buttons und andere Steuerelemente oder Logos, die nicht nur im Druck glänzen sollen, sondern auch auf Ihrer Website scharf dargestellt sein möchten.

Ein paar Dinge in diesem Kapitel überschneiden sich übrigens mit Themen anderer Kapitel, wie beispielsweise dem Kapitel 14, »Ausgabe für den Druck«, wo es um das Speichern und Aufbereiten der Illustrator-Daten gehen wird. Finden Sie also nicht das Gewünschte, schauen Sie bitte im Index ganz hinten, ob es woanders noch einmal vorkommt.

10.1 Die Besonderheiten der Monitordarstellung

Zunächst hier einen kleinen Ausflug in Besonderheiten, die das Arbeiten für den Monitor (und das Web) von der Arbeit für den Druck unterscheiden. So stellen Monitore ihren Inhalt in Form von Pixeln dar, deren Anzahl gegenüber dem Druck sehr begrenzt ist. Sie arbeiten also mit einer sehr viel geringeren Auflösung, als es für die Druckausgabe nötig wäre.

An Pixelraster ausrichten

Der Monitor ist in ein feines Raster unterteilt. Jede Rasterzelle entspricht einem Pixel. Deshalb nennt Illustrator dieses Raster auch **Pixelraster**. Sie können sich über ANSICHT • PIXELVORSCHAU oder [Strg]/[cmd]+[alt]+[Y] eine Vorschau anzeigen lassen.

▲ **Abbildung 10.1**
Links das Vektorobjekt, in der Mitte in Pixelraster dargestellt, rechts zur Verdeutlichung vergrößert

▲ **Abbildung 10.2**
Ab einer bestimmten Vergrößerung erkennen Sie auch das Raster an sich.

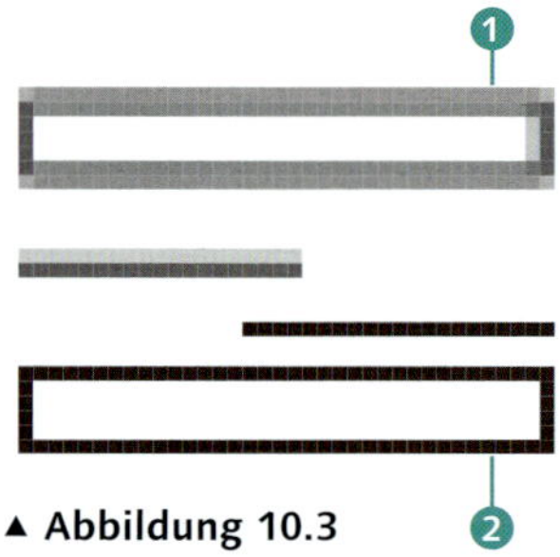

▲ **Abbildung 10.3**
Linien, die nicht mit dem Raster am Monitor konform laufen, sehen undeutlich aus (oben). Unten: AN PIXELRASTER AUSRICHTEN.

In dieser Ansicht sehen Sie, wie Ihre Grafiken in einer Monitordarstellung aussehen würden. In der Vergrößerung erkennen Sie dann deutlich die Pixelung auch Ihrer Vektorelemente, die ja sonst in jeder Vergrößerung scharf blieben, und stark vergrößert auch das Raster selbst.

Wenn Sie beispielsweise eine dünne Linie zeichnen, die zufällig nicht genau mit dem Pixelraster der Datei übereinstimmt, ist die Darstellung dieser Linie entsprechend schlecht ❶. Deshalb gibt es die Einstellung AN PIXELRASTER AUSRICHTEN. Wissen Sie, dass Sie für Web und Monitore zeichnen werden, wählen Sie auch eine dieser Einstellungen beim Anlegen eines neuen Dokuments aus. Dann nämlich aktiviert Illustrator den Button ganz rechts in der Steuerleiste zum permanenten Ausrichten am Pixelraster für Sie. AN PIXELRASTER AUSRICHTEN bewirkt dann, dass Objekte, die Sie zeichnen, minimal verschoben werden, wenn sie nicht kongruent zum Pixelraster laufen ❷, um dann damit übereinzustimmen.

Für die Arbeit an Web- oder Screendesign-Projekten kennt Illustrator verschiedene Zeichenflächendarstellungen, die Sie auch unter PROFIL (siehe Abbildung 10.5) schon beim Anlegen einer neuen Datei auswählen sollten, wenn Sie für Monitordarstellungen arbeiten.

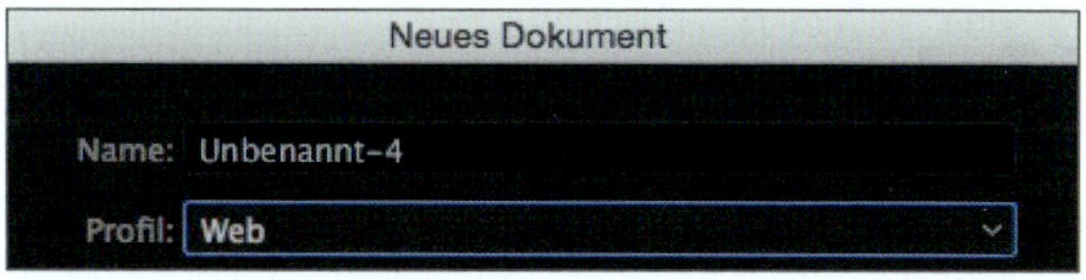

Abbildung 10.4 ▶
Der Dialog Neues Dokument (oberer Teil)

▲ **Abbildung 10.5**
Die verschiedenen Profile beim Anlegen eines neuen Dokuments – Adobe-Vorgaben und eigene

▲ **Abbildung 10.6**
Nachträgliches Anpassen von Objekten ans Pixelraster

Wenn Sie sich erst später entscheiden, Ihre Grafik auch für Webanwendungen zu nutzen, können Sie Ihre Objekte nachträglich an das Pixelraster anpassen. Wählen Sie alle bisherigen Objekte aus (oder diejenigen, die für das Web bestimmt sind), und aktivieren Sie den Button der Steuerleiste zum Ausrichten ausgewählter Elemente Ausgewählte Zeichnung an Pixelraster ausrichten.

Illustrator hat den derzeitigen Anforderungen an das Erstellen von Elementen für das Web oder Monitore allgemein Rechnung getragen, indem es uns die sehr komfortable Möglichkeit gibt, mitzubestimmen, wie sich das Programm in dieser Thematik verhalten soll.

Ist Ihnen neben dem Button zur Pixelausrichtung der kleine Pfeil zum Aufklappen des Dropdown-Menüs aufgefallen? Probieren Sie ihn mal aus.

Abbildung 10.7 ▶
Die Optionen beim Ausrichten am Pixelraster

Herrlich! Eigentlich erklären sich die Funktionen durch ihre Bezeichnungen selbst. Falls nicht, bewegen Sie Ihre Maus über einen der drei Bereiche Beim Zeichnen an Pixeln ausrichten,

Beim Bewegen an Pixeln ausrichten und Beim Skalieren an Pixeln ausrichten. Im oberen Panel-Bereich wird das, was passiert, in einer Animation dargestellt. Beim Bewegen bestimmen Sie sogar noch darüber, welche Elemente Ihrer Zeichnung sich ans Raster anpassen sollen.

Auflösung des Web-Dokuments

Bei der Erstellung Ihres neuen Web-Dokuments sollten Sie sich gleich für die richtige Zielauflösung entscheiden. Die klassische Einstellung 800 × 600 Pixel ist jedoch veraltet, weil kein Mensch mehr mit so niedrig auflösenden Monitoren arbeitet. Selbst immer mehr Tablets erreichen eine Auflösung von mehr als 1.024 × 768 Pixeln. Programmieren Sie Ihre Webseiten selbst, wissen Sie, welche Auflösungen Sie haben möchten. Zeichnen Sie nur Elemente für Monitoranwendungen, sprechen Sie sich bitte mit Ihrem Programmierer ab, bevor Sie neue Dateien anlegen.

▲ **Abbildung 10.8**
Vorgegebene Auflösungen unter Grösse im Profil Web

Farben für den Bildschirm

Die Farben des Farbfelder-Bedienfelds sind bei einem neuen Dokument, das auf einem anderen Dokumentprofil als Druck basiert, im RGB-Modus, und das sollte auch so sein. Wenn Sie eine neue Farbe anlegen, wird in jedem Fall eine RGB-Farbe angelegt, auch wenn Sie bei Farbmodus ❸ CMYK auswählen würden. Unabhängig davon können Sie auch im RGB-Modus Farben als Global ❷ definieren (siehe Abschnitt 5.2, »Illustrator und seine Farben«).

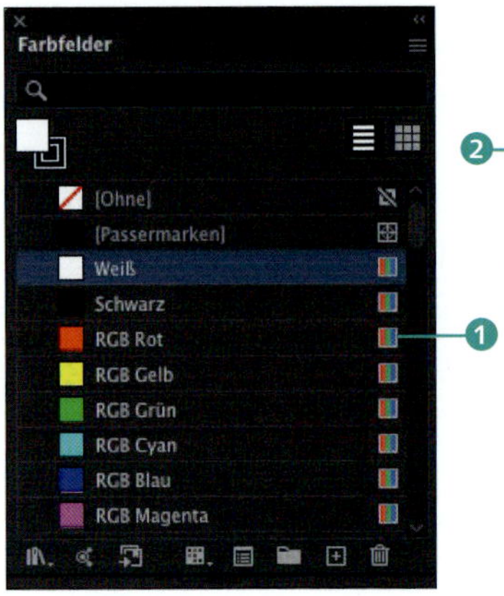

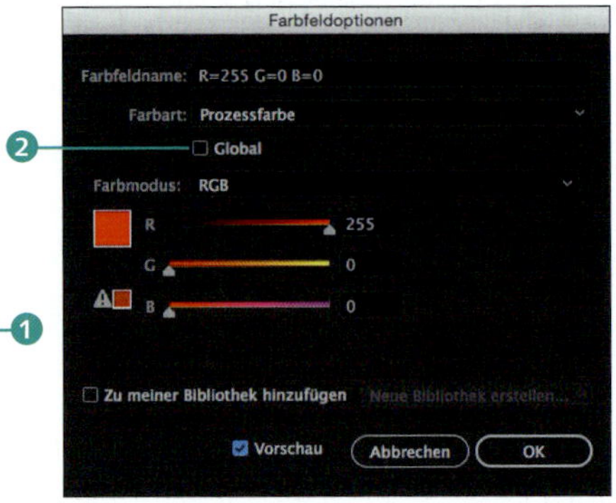

◂◂ **Abbildung 10.9**
Die Farbfelder zeigen Ihnen das Symbol für den RGB-Farbraum an ❶.

◂ **Abbildung 10.10**
Anlegen eines neuen Farbfelds im RGB-Farbmodus

▲ **Abbildung 10.11**
Die eingeschränktere Farbauswahl bei websicheren Farben

Viele Webdesigner lieben es aber, mit dem Farbwähler zu arbeiten und die Farben eher »intuitiv« auszuwählen. Klicken Sie dafür in der Werkzeugleiste doppelt auf Fläche oder Kontur. Im Verlaufsbalken ❸ wählen Sie eine ungefähre Farbe aus, die Sie in der großen Farbvorschau ❶ genauer bestimmen. Speziell für das Webdesign ist die Checkbox Nur websichere Farben ❷ vorgesehen, mit der Sie die Farben auf diejenigen reduzieren, die von den meisten Browsern sicher wiedergegeben werden können. Sehr hilfreich ist die numerische Eingabemöglichkeit von Hexadezimalfarben ❺, die ebenfalls die websicheren Farben wiedergibt (seit CC 2015 auch per Copy & Paste einzugeben). Von hier aus kommen Sie übrigens auch zu Ihren Farbfeldern ❹, wenn Sie doch lieber dort Farben auswählen wollen.

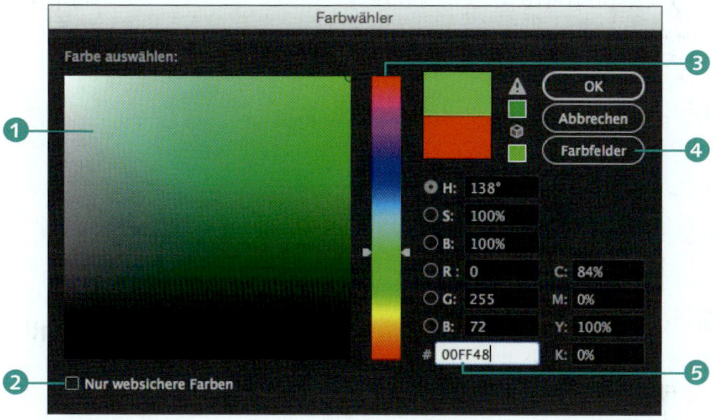

Abbildung 10.12 ▶
Der Farbwähler bietet viele Möglichkeiten für das Webdesign.

10.2 Export für Bildschirme

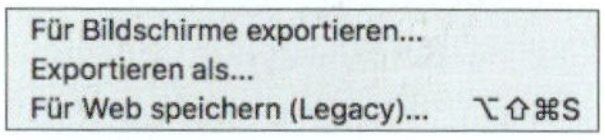

▲ **Abbildung 10.13**
Verschiedene Optionen für den Bildexport

Wie oben schon mal erwähnt, zeichnen wir in Illustrator eher Elemente für das Web, als dass wir Webseiten gestalten. Entsprechend hat Adobe die Möglichkeiten, unsere Objekte für Bildschirme zu exportieren, deutlich verbessert. In anderen Programmen wie Photoshop zum Beispiel heißt es »Bild-Assets«, in Illustrator Für Bildschirme exportieren, zu finden unter Datei • Exportieren. Der Dialog Auswahl exportieren... darunter bezieht sich auf das gerade von Ihnen ausgewählte Element.

Als Erstes haben Sie, was ziemlich cool ist, die Möglichkeit, einzelne Elemente oder (die) ganze Zeichenfläche(n) zu exportieren ❽. Gehen Sie zuvor schon einmal zu Datei • Auswahl expor-

TIEREN, werden Ihnen alle Elemente angezeigt und zur Auswahl gestellt, die Sie schon einmal erfasst haben ❻. Mit einer kleinen Checkbox unten links am Icon ❼ entscheiden Sie, welche Ihrer Elemente Sie nun exportieren möchten.

▲ **Abbildung 10.14**
In der Fußleiste des Bedienfeldes EXPORT VON ELEMENT finden Sie den Button FÜR BILDSCHIRME EXPORTIEREN…, mit dem Sie zum gleichnamigen Dialog springen, um dort, wie beschrieben, genaue Exportvorgaben einzustellen.

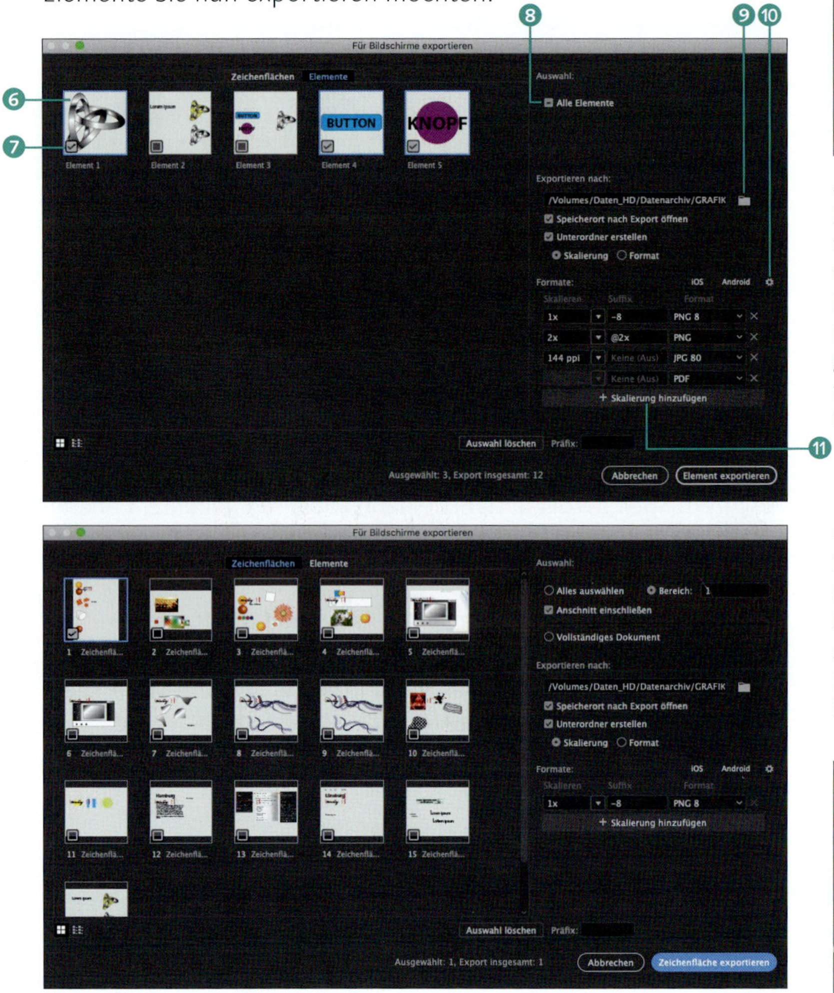

◀ **Abbildung 10.15**
Der Dialog FÜR BILDSCHIRME EXPORTIEREN, oben die Exportmöglichkeiten für einzelne Elemente, unten die Exportmöglichkeiten für die Zeichenflächen

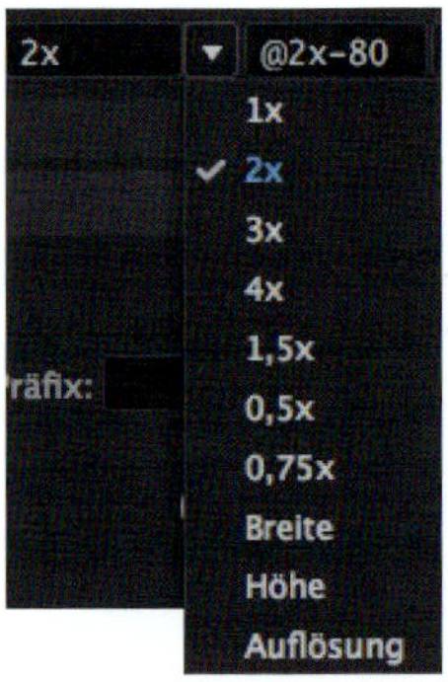

▲ **Abbildung 10.16**
Statt eines Vergrößerungsfaktors kann auch eine feste Auflösung oder ein Pixelmaß in Höhe oder Breite bestimmt werden.

Nun geben Sie einen Ordner an, in den hinein Ihr Export gespeichert werden soll ❾. Und unter FORMATE ❿ bestimmen Sie natürlich, in welches Format exportiert werden soll. Doch mehr noch! Auch die Bildqualität z. B. beim JPG wählen Sie oder geben an, ob es sich um ein PNG-8 oder -16 handeln soll. Als wenn das nicht genug ist, kann auch noch ein Vergrößerungsfaktor ⓫ eingegeben werden.

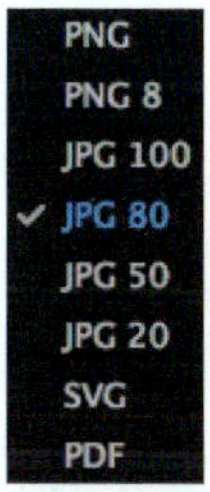

▲ **Abbildung 10.17**
Die zur Auswahl stehenden Exportformate

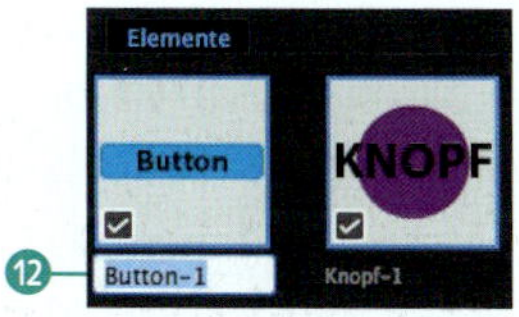

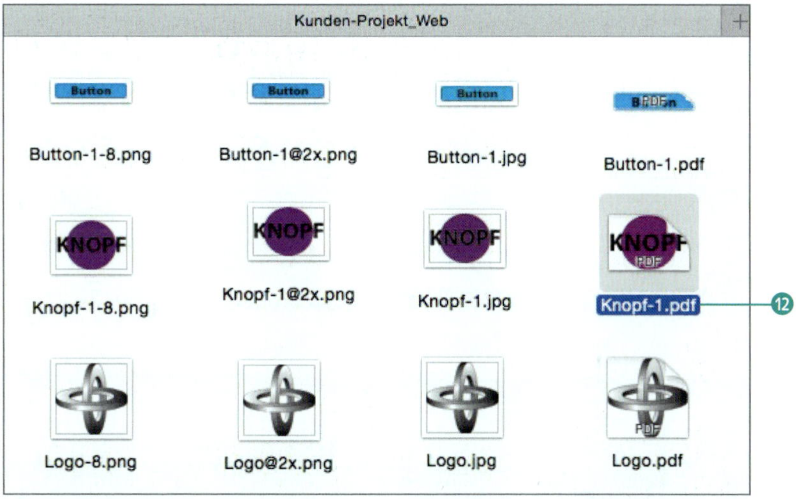

◄▲ **Abbildung 10.18**
Benennung der Exportobjekte und der Exportordner

An Ihrem Speicherort finden Sie dann alle Ihre Elemente, benannt nach der Reihenfolge und dem Format. (Eine PDF-Joboption kann leider nicht ausgewählt werden. Vielleicht kommt das in der nächsten Version.) Wenn Sie es noch professioneller gestalten möchten, benennen Sie vor dem Export mit einem Klick auf den Namen unter dem Icon noch Ihre Einzelelemente ⓬ (Abbildung 10.18).

10.3 Die Ausgabe für das Web

Am Ende einer jeden Illustrator-Arbeit steht immer die Ausgabe, also das Speichern oder Exportieren Ihrer Datei zum Weiterleiten, Ausdrucken oder zum Einbinden in andere Programme. Vielleicht ist das durch die neue Funktion des Exportierens für Bildschirme im vorherigen Abschnitt nicht mehr nötig. Wollen Sie aber die ganze Zeichenfläche exportieren und darüber genauere Einstellungen für die zu exportierende Seite vornehmen, wählen Sie Datei • Exportieren • Für Web speichern (Legacy). Sie haben Zugriff auf alle Einstellungsmöglichkeiten, die Sie für die Webausgabe benötigen.

▲ **Abbildung 10.19**
Der Dialog Für Web speichern (Legacy)

Das Vorschaufenster ❸ zeigt Ihnen die Datei, die Sie speichern, so wie in den Einstellungen rechts eingegeben. Lassen Sie sich nur das Original, die optimierten Eingaben oder den Vergleich zweier Einstellungen ❶ anzeigen.

In der Werkzeugleiste ❷ finden Sie verschiedene Werkzeuge: Wenn Sie einen anderen Ausschnitt der Datei sehen möchten, verschieben Sie ihn im Vorschaufenster mit dem Hand-Werkzeug [H]. Einzelne Slice-Typen definieren Sie mit dem Slice-Auswahl-Werkzeug und doppelklicken auf den gewünschten Slice (mehr zu Slices im folgenden Abschnitt). Vergrößern Sie die Vorschau mit der Lupe, oder verkleinern Sie sie mit [alt] und einem Klick in die Vorschau. Mit der Pipette nehmen Sie Farbe aus dem Bild auf und lassen sich die Farbwerte im Farbwähler darunter anzeigen. Wenn die Slices Sie bei der Beurteilung des Speichern-Ergebnisses stören, blenden Sie sie einfach aus.

Den Ausschnitt im Vorschaufenster bestimmen Sie über die Prozentwerte ❹. Eine Vorschau im Browser erhalten Sie mit einem Klick auf diesen Button ❺. Daneben ❻ bestimmen Sie, mit welchem Browser Sie die Browservorschauen sehen möchten. Wie es

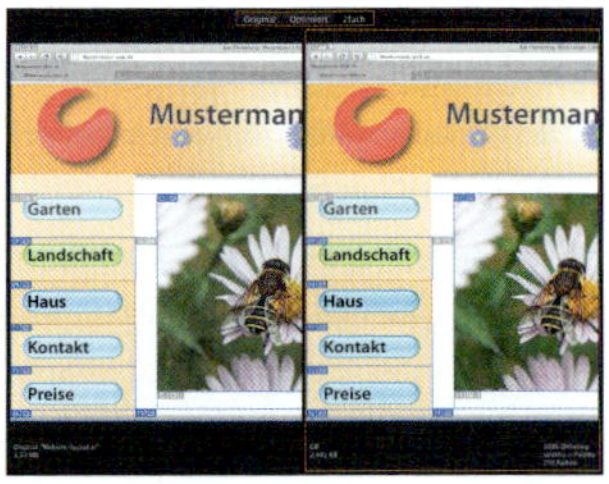

▲ **Abbildung 10.20**
Vergleichen Sie im Vorschaufenster, wie sich verschiedene Einstellungen auf die Qualität auswirken.

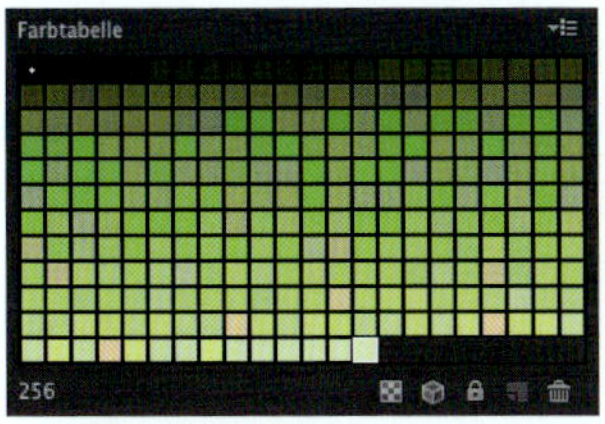

▲ **Abbildung 10.21**
Die Farben eines ausgewählten Slices können Sie noch bearbeiten.

im Browser aussehen würde (ohne diesen erst zu öffnen), können Sie auch simulieren lassen.

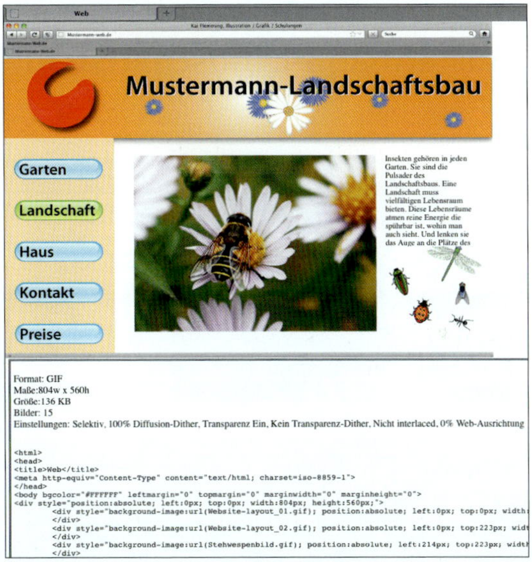

Abbildung 10.22 ►
Die Vorschau im Webbrowser zeigt an, wie Ihre Seite dort aussehen würde. Sie verrät auch etwas über die Struktur (unten).

▲ **Abbildung 10.23**
Sollen alle Slices gespeichert werden oder nur ein ausgewählter?

Mobile Geräte
Oft wird mit Illustrator nicht nur für das Web, sondern für die Präsentation auf Handys, iPads und Co gestaltet. Die Ausgabe auf diesen Geräten unterscheidet sich von der für das Web und von der für Video und Film nicht – außer in der Auflösung. Alles Wissenswerte finden Sie in diesen Abschnitten.

Die eigentlichen Speichereinstellungen nehmen Sie auf der rechten Seite des SPEICHERN-Dialogs vor. Bestimmen Sie im oberen Teil, in welchem Format (GIF, PNG, JPG, SWF, SVG, WBMP) Sie speichern möchten ❼. Dann legen Sie fest, ob durchsichtige Stellen Ihrer Datei auch im Webformat durchsichtig sein sollen (TRANSPARENZ) ❽, wie viele FARBEN ❾ es maximal gibt und ob dort, wo Ihre Grafik durchsichtig ist, eine andere HINTERGRUNDFARBE erscheinen soll ❿.

Wechseln Sie im Abschnitt darunter ⓫ die Optionen zur BILDGRÖSSE, um in Pixelwerten oder in Prozent zum Original die Größen Ihrer Grafiken zu verändern. In der FARBTABELLE ⓬ ist es an dieser Stelle noch möglich, eine einzelne Farbe anzuklicken, um sie entweder mit dem Papierkorb-Symbol zu löschen oder mit dem Schloss-Symbol davor zu schützen. Reduzieren Sie dann die Anzahl der Farben, wird diese Farbe nicht entfernt.

Wollen Sie nur die Einstellungen für Ihre Slices festlegen, speichern Sie nicht, sondern bestätigen mit FERTIG. Wenn Sie jedoch SPEICHERN, werden Sie nach einem Ort zum Speichern gefragt und bekommen dort einen Ordner angelegt, der nun alle einzelnen Slices enthält oder, je nach Ihrer Vorgabe, nur ein einzelnes Element.

10.4 Das Slice-Werkzeug

Seitdem in Websites nur noch seltener Tabellen, sondern zunehmend CMS-Systeme eingesetzt werden, werden auch weniger Slices benutzt.

Es kann vorkommen, dass Sie nur Teile Ihrer Grafik, z. B. für Navigationsleisten, verwenden möchten. In diesem Fall können Sie sie mit dem Slice-Werkzeug »zerschneiden«. In Wirklichkeit bleibt Ihre Illustrator-Grafik vollständig erhalten; sie wird nur in Bereiche aufgeteilt, die Sie dann einzeln für das Web speichern können. Jeder einzelne Slice kann dabei ganz eigene Speicheroptionen erhalten. Meine Empfehlung bleibt aber, solche Elemente auch schon separat zu gestalten und anzulegen.

▲ **Abbildung 10.24**
Slice-Werkzeug und Slice-Auswahlwerkzeug

Slice
Ein Slice ist eine Definition eines Bereichs auf Ihrer Zeichenfläche, kein Objekt im eigentlichen Sinne.

Slices anlegen

Wenn Sie mit der Gestaltung fertig sind und nun für das Webprogramm Einzelteile der Gestaltung brauchen, wählen Sie das Slice-Werkzeug (⇧+K).

Das Slice-Werkzeug erzeugt beim Ziehen mit der Maus Rahmen und unterteilt Ihre Seite. Selbst wenn Sie in der Mitte anfangen sollten, einen Rahmen aufzuziehen, setzt es darüber, daneben und darunter selbstständig Rahmen, die von oben links beginnend durchnummeriert werden.

◀ **Abbildung 10.25**
Das mittlere Rechteck wurde mit dem Slice-Werkzeug aufgezogen. Dadurch unterteilt sich die gesamte Zeichenfläche in durchnummerierte Slices.

Sie können in jeden dieser Rahmen mit dem Slice-Werkzeug weitere Unterteilungen ziehen. Die Nummerierungen werden dabei angepasst. Noch leichter ist es, einen mit dem Slice-Auswahlwerkzeug aktivierten größeren Slice automatisch über Objekt • Slice • Slices unterteilen… aufteilen zu lassen. Geben Sie im Dialog die Anzahl der waagerechten oder senkrechten Unterteilungen oder die Größe der Slices in Pixeln ein. Neue Slices werden erstellt, und die bisherige Nummerierung aller Slices wird angepasst.

▲ **Abbildung 10.26**
Die (automatische) Unterteilung eines Slices passt auch die Nummerierung an.

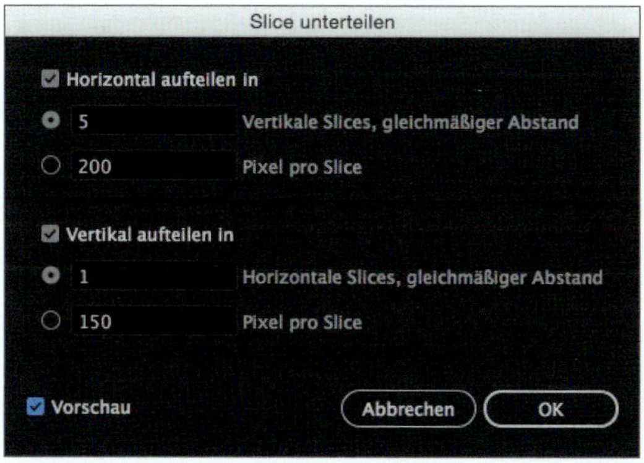

◀ **Abbildung 10.27**
Lassen Sie automatisch einen Slice unterteilen.

Browserfenster
Legen Sie sich am besten einen Screenshot eines Browserfensters hinter Ihr Weblayout, weil die ganzen Navigationsleisten noch von Ihrem Platz für Gestaltung abgehen – sie beanspruchen meist mehr Raum, als man denkt.

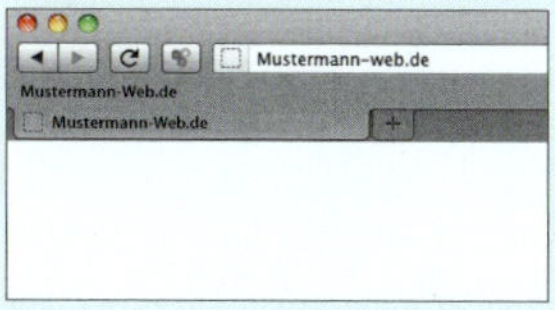

Benötigen Sie nicht die ganze Seite als Slice, sondern nur eine bestimmte Grafik, aktivieren Sie diese mit dem Auswahl-Werkzeug V und wählen Objekt • Slice • Erstellen. Wenn im gleichen Menüpunkt auch noch Ganze Zeichenfläche exportieren angehakt ist, wird die ganze Seite automatisch mit Slices versehen. Wenn Sie den Haken beim Zeichenflächenexport weglassen und nur auf Erstellen gehen, verschiebt sich der Slice zusammen mit dem Objekt. Löschen Sie das Objekt später, verschwinden auch die Slices.

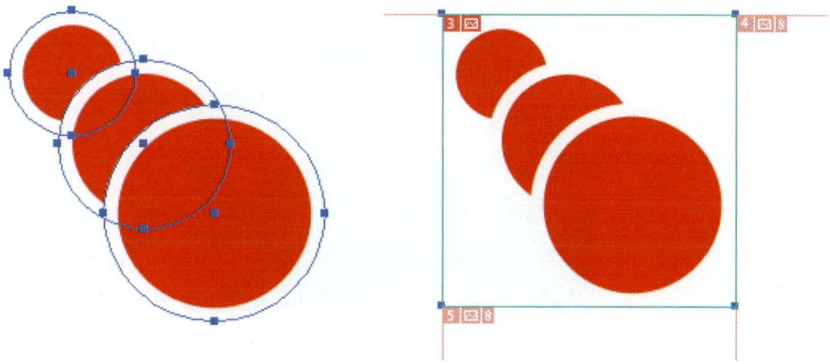

Abbildung 10.28 ▶
Eine Objektgruppe ist ausgewählt und dient als Basis für die Slice-Erstellung (unten).

Slices korrigieren

Wechseln Sie zum Korrigieren der Slices zum Slice-Auswahlwerkzeug . Mit diesem klicken Sie in die Slice-Rahmen und korrigieren sie in gleicher Weise, wie Sie normale Objektrahmen mit dem Auswahl-Werkzeug korrigieren würden: durch Ziehen an den Eck- und Seitenanfassern. Es lohnt sich schon der Übersichtlichkeit wegen, Überschneidungen der Slices zu korrigieren und zurückzuschieben.

◀ **Abbildung 10.29**
Schieben Sie die Slices mit dem Slice-Auswahl-Werkzeug einfach wie sonst ganz gewöhnliche Objekte an die passende Stelle, oder verkleinern bzw. vergrößern Sie sie, indem Sie an den Eckpunkten ziehen.

Übrigens können Sie Slices, deren Nummern heller dargestellt sind, nicht verschieben, weil diese nur indirekt durch nebenliegende Slices entstanden sind. Sie haben sie also nicht mit dem Slice-Werkzeug selbst aufgezogen.

Möchten Sie hingegen einen Slice löschen, aktivieren Sie ihn mit dem Slice-Auswahlwerkzeug und wählen Objekt • Slice • Zurückwandeln.

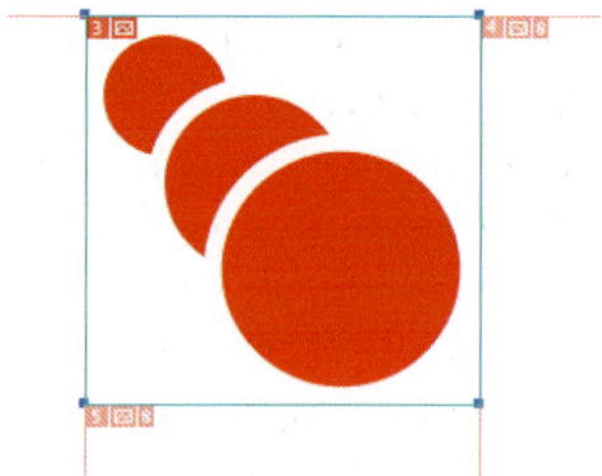

▲ **Abbildung 10.30**
Nur der Slice Nr. 3 wurde erstellt. Die angrenzenden Slices werden abgeschwächt dargestellt und sind nicht auswählbar.

Slice-Typ festlegen

Es gibt drei Arten von Slices:

- Kein Bild steht für Vektorflächen.
- Bild definiert den Slice als Pixelbild.
- HTML-Text legt fest, dass es sich bei dem Slice um Text handelt.

Die Typisierung der verschiedenen Slices macht Sinn, weil ein Bild eher als JPG gespeichert wird, während eine Vektorgrafik gern ein PNG-Format sein darf. Wählen Sie einen Slice mit dem Slice-Auswahlwerkzeug aus, und rufen Sie die Slice-Optionen über Objekt • Slice • Slice-Optionen... auf. Im Dropdown-Menü bei Slice-Typ wählen Sie aus, um welchen Typ es sich handelt.

Alternativ dazu rufen Sie Datei • Für Web speichern... auf. Dort öffnen Sie mit Doppelklicks auf die jeweiligen Slices den glei-

▲ **Abbildung 10.31**
Optionen für einzelne Slices

chen Dialog, kommen aber schneller ans Ziel und können noch weitere Ausgabeparameter festlegen. Anstatt zu speichern, können Sie nach der Festlegung der Slice-Typen auf den Button FERTIG klicken, um zurück zur Zeichenfläche zu gelangen (siehe den folgenden Abschnitt).

▲ **Abbildung 10.32**
Den Slice-Typ noch im FÜR WEB SPEICHERN-Dialog festlegen

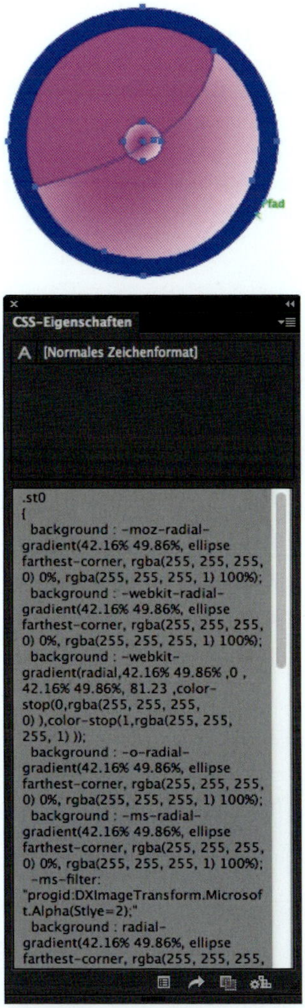

▲ **Abbildung 10.33**
Ein paar Verläufe und Transparenzen, und der Code wird richtig lang.

10.5 CSS-Code aus Illustrator

An sich ist dieses Thema nichts für ein Einsteigerbuch, doch wollte ich es nicht unerwähnt lassen. Illustrator kann nämlich von einzelnen Objekten oder gar einem ganzen Layout einen CSS-Code generieren. Dieser kann dann in eine CSS-Struktur hineinkopiert werden, um als Webelement in Erscheinung zu treten.

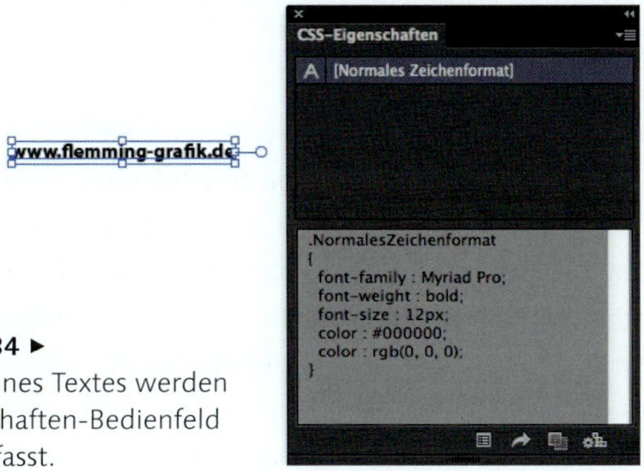

Abbildung 10.34 ▶
Die Attribute eines Textes werden im CSS-Eigenschaften-Bedienfeld automatisch erfasst.

Der große Haken besteht darin, dass Sie zuvor schon eine CSS-Programmierung brauchen, und zwar eine sehr saubere. Und genau diese Struktur, aber nicht nur die Struktur, auch exakt dieselben Benennungen der Objekte, müssen Sie in Ihr Illustrator-Dokument mit aufnehmen. Kurz: Sie brauchen jemanden, der sich sehr gut in der CSS-Programmierung auskennt, und müssen in sehr enger Absprache mit ihm zusammenarbeiten. Wer also erwartet hat, man kopiert einfach ein Objekt oder dessen Code und fügt es in irgendeine Website oder gar einen Webbrowser ein, sieht sich enttäuscht.

Sie programmieren außerhalb von Illustrator eine CSS-basierte Website und erstellen in Illustrator das jeweilige Aussehen der (vor-)programmierten Objekte. Für Webprofis, die sehr gut mit Illustrator umgehen können, kann das ein praktischer Weg zur Website sein.

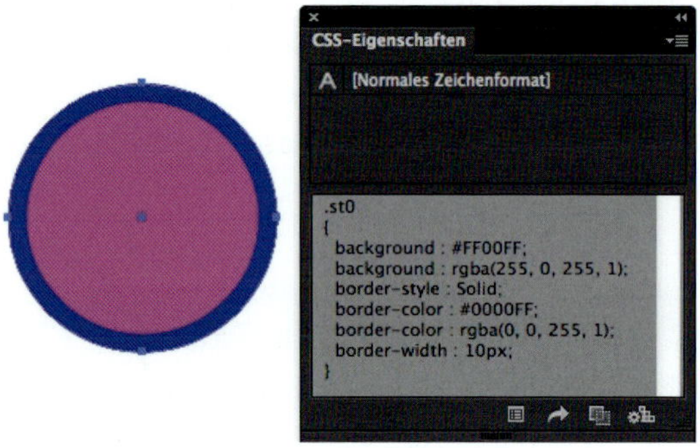

▲ **Abbildung 10.35**
Ein einfaches Objekt mit kurzem Code

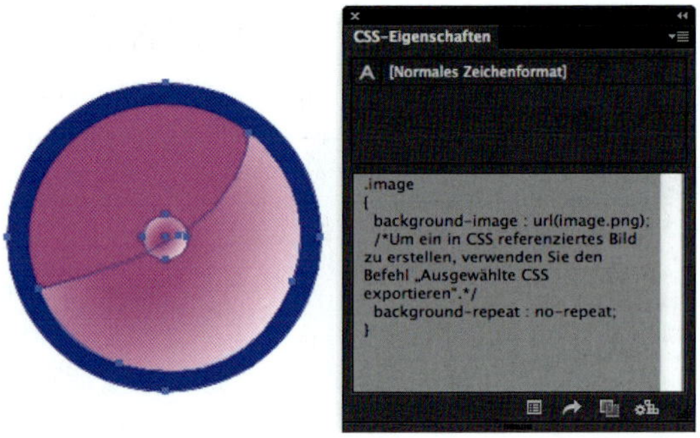

▲ **Abbildung 10.36**
Gruppieren Sie Objekte, werden Sie aufgefordert, die Gruppe als eigenes CSS-Element zu exportieren.

CSS-Eigenschaften-Bedienfeld

Im oberen Teil des Bedienfelds werden die angewendeten Zeichenformate aufgelistet ❶. (Lesen Sie in Kapitel 9, »Text«, mehr über Zeichenformate.) Doch mehr noch, auch Ihre Grafikstile werden aufgelistet, sofern sie auf ein Objekt angewendet wurden. Darunter ist der Code ❷ für ein Objekt, eine Objektgruppe oder auch Ihr ganzes Layout.

▲ **Abbildung 10.37**
Die CSS-Datei und der Button als Bild

In der Fußzeile des Bedienfelds finden Sie den Button für die Exportoptionen ❸, in denen Sie definieren, was alles mit in den Code geschrieben werden soll (Flächen, Konturen, Transparenzen

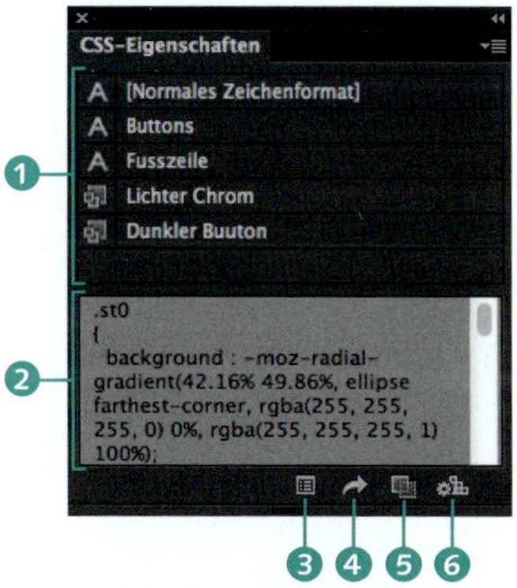

▲ **Abbildung 10.38**
Das CSS-Eigenschaften-Bedienfeld

oder Auflösung der Rastereffekte, wie Schatten zum Beispiel). Der zweite Button ❹ erzeugt eine CSS-Datei, die aus Illustrator heraus exportiert wird. Mit dem dritten Button kopieren Sie den CSS-Code ❺, den Sie zuvor mit dem vierten Button generiert haben ❻.

10.6 Ausgabe für Video und Film

Verwechseln Sie Illustrator nicht mit einem der Programme, mit denen Sie Filme schneiden oder bearbeiten. Mit Illustrator erstellen Sie lediglich Illustrationen oder Grafiken *für* Filme.

Anlegen einer Datei für Video

Wenn Sie für Video und Film gestalten, müssen Sie vorab auch klären, welches der vielen Formate benutzt werden soll. Beim Anlegen einer neuen Datei wählen Sie zunächst Video und Film als Profil ❶ aus, aber dann müssen Sie sich auch schon für eine Grösse ❷ entscheiden, d.h. für die Filmformate, die Sie aus der Dropdown-Liste auswählen.

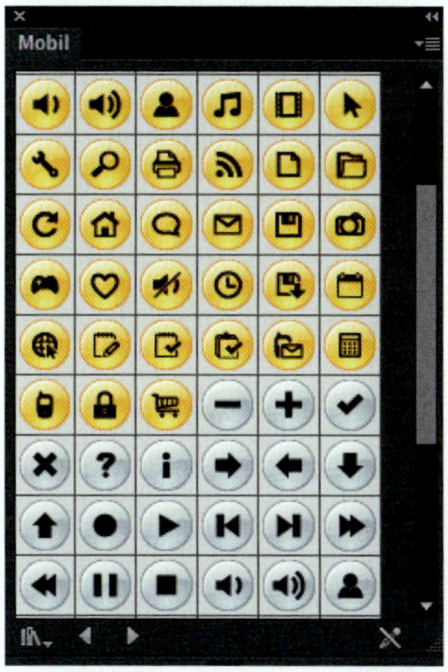

▲ **Abbildung 10.39**
Auch praktisch: Symbole für Audio/Video-Schalter und für mobile Geräte

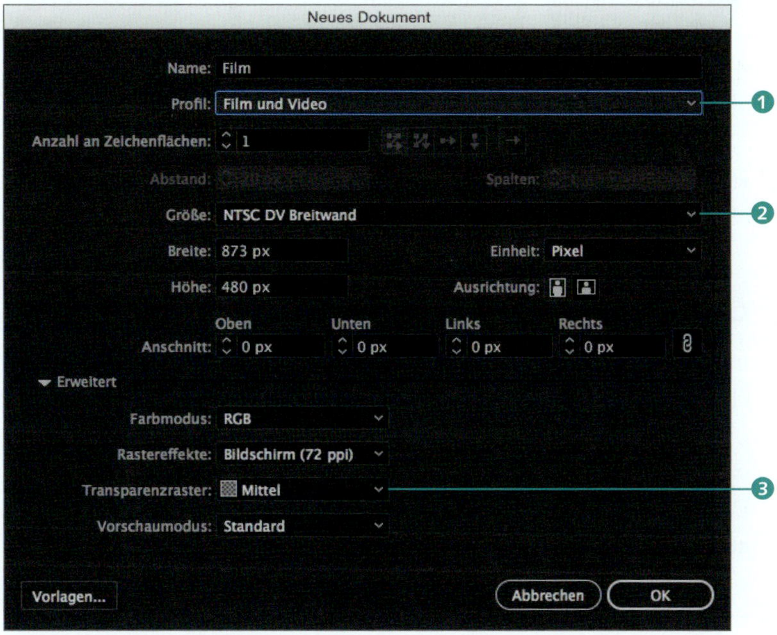

Abbildung 10.40 ►
Neues Dokument für Video und Film

Die Zeichenfläche eines Dokuments für VIDEO UND FILM sieht anders aus als bei WEB oder EINFACHES RGB: Hier wird ein Transparenzraster ❸ eingeblendet. Wenn Sie es nicht brauchen, blenden Sie es mit dem Kürzel Strg/cmd+⇧+D aus. Nun können Sie drauflosgestalten.

Transparenzraster
Das Raster lässt Sie schnell erkennen, an welchen Stellen Objekte liegen und welche frei, also transparent sind. Die Schnittbereiche (grüne Linien) bleiben auch bei ausgeblendetem Raster (TRANSPARENZRASTER • AUS) sichtbar.

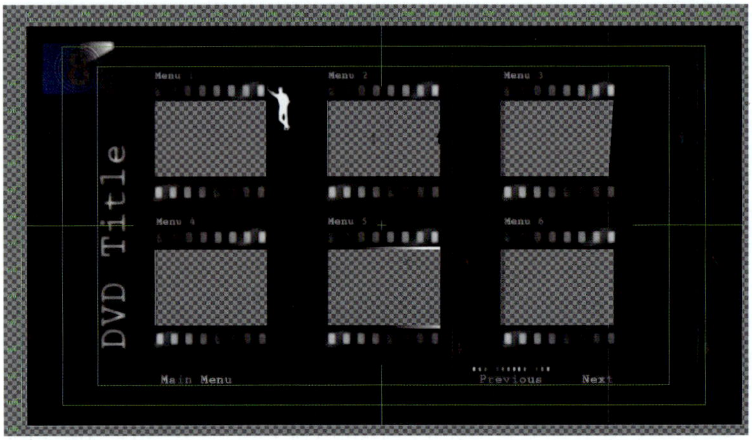

▲ **Abbildung 10.41**
Transparente Bereiche werden durch das Transparenzraster sichtbar.

10.7 Bildformate für das Web

Wenn Sie Ihre Illustrationen für das Web speichern, müssen Sie auch die Bildformate kennen:

- **GIF** ist ein Bildformat speziell für das Web. Es hat eine auf maximal 256 Farben beschränkte Palette, was GIF-Dateien recht klein und dadurch schnell in der Anzeige macht. Einzelne Farben können aus der Farbpalette, die das Format aus dem Bild herausliest, gelöscht werden. Deshalb eignet es sich auch gut für Logos, die im Netz stehen, weil nur noch »reine« Farben übrig bleiben. Für »normale« Webbilder ist es vom PNG abgelöst, findet aber als animiertes GIF weiterhin Anwendung.
- **JPEG** (oder JPG) ist das Format für Fotos im Netz. Seine Datenkomprimierung ist zwar verlustbehaftet, aber Sie können das Verhältnis von Datenmenge zu Bildqualität selbst bestimmen. So können Sie Bilder mit recht kleiner Datenmenge erzeugen, die trotzdem am Monitor gut aussehen.

- **PNG-8** und **PNG-24** sind die Nachfolgermodelle des GIF-Formats. Sie sind in der Lage, Transparenzen und Alpha-Transparenzen in Bilder zu legen und diese mit Hintergrundfarben aufzufüllen. Das 24er kann auch für höher aufgelöste Bilder verwendet werden.
- **SVG** ist ein spezielles Format für mobile Geräte, wie Handys etc. Es speichert Vektorgrafik, Pixel und Schrift ab. Weitere Metadaten werden in seiner XML-Struktur mitgeliefert.

Die Formate GIF, JPG und PNG sind über Für Web speichern zu erreichen. Zu SVG gelangen Sie über den Speichern unter-Dialog. Unter Exportieren (Datei • Exportieren...) finden Sie auch andere Formate wie Photoshop, TIFF, CAD oder TXT.

11 Diagramme

Von Torten, Balken und Kurven

- Wie werden Diagramme angelegt?
- Was für Diagrammarten gibt es?
- Wie werden die Werte eingegeben und verändert?
- Was für Design-Möglichkeiten gibt es?
- Wie werden eigene Designs angelegt?
- Wie werden Fotomaterial und Effekte in Diagramme eingebunden?

11 Diagramme

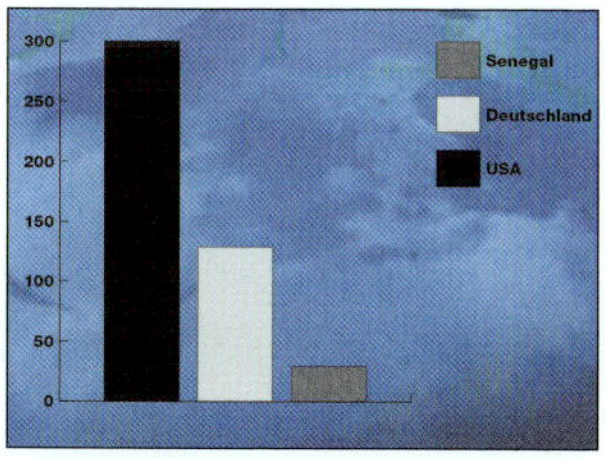

▲ **Abbildung 11.1**
Balkendiagramm vor Foto

Dieses Kapitel fällt aus dem Rahmen, denn Sie werden hier nicht zeichnen, malen und entwerfen und auch nicht Grafiken anderer Anwendungen transformieren. Wenn es um Diagramme geht, geht es im Wesentlichen um Zahlen, meistens um Verhältniszahlen. Diese Zahlen, 2009 x Euro Umsatz, 2010 y Euro Umsatz etc., weisen Sie bestimmten Diagrammdarstellungen zu. Sie werden es also mit Tabellen zu tun haben, in die Sie Werte und die zugehörigen Begriffe eingeben. Trotzdem dürfen Sie kreativ sein; ich zeige Ihnen, wie.

11.1 Diagramme anlegen

Zum Anlegen eines Diagramms wählen Sie das Diagramm-Werkzeug [J] und ziehen damit auf Ihrer Zeichenfläche ein Rechteck, das so groß ist, wie auch Ihr Diagramm werden soll.

▲ **Abbildung 11.2**
Verschiedene Werkzeuge für diverse Diagrammarten

Wenn Sie die Maus nach dem Aufziehen mit einem Diagramm-Werkzeug loslassen, erstellt Illustrator zunächst zwei Dinge:

- ein »Diagramm« mit nur einem Balken und
- die Datentabelle dazu.

Es ist nicht ganz einfach abzuschätzen, aber schon in diesem ersten Schritt bestimmen Sie das künftige Aussehen, und zwar, indem Sie eher ein hochformatiges oder eher ein querformatiges Rechteck aufziehen.

Abbildung 11.3 ▶
Links: breit aufgezogenes Rechteck; rechts: senkrecht aufgezogen

◂ **Abbildung 11.4**
Die dazugehörige Datentabelle mit einem Wert

Werte eingeben

Schon wenn Sie zwei Werte eingeben, bekommen Sie ein Verhältnis. Dieses wird Ihnen visuell angezeigt, was oft ja schon ausreichend sein kann, um einen Sachverhalt deutlich zu machen.

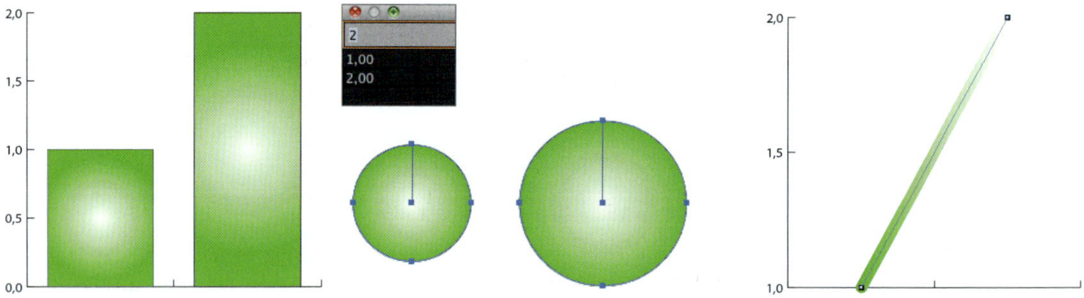

▴ **Abbildung 11.5**
Von links: Balkendiagramm, Tortendiagramm, Liniendiagramm mit zwei Daten an der y-Achse der Datentabelle

Nun können Sie weitere Werte in die Datentabelle einfügen. Dabei wird die **x-Achse** (horizontale Achse) des Diagramms in den Spalten der Datentabelle widergespiegelt, die **y-Achse** des Diagramms (senkrechte Achse) findet sich in den Zeilen des Diagramms wieder. In den Spalten tragen Sie die **Kategorien** ein, in den Zeilen die **Legenden**.

Wenn Sie nur in der ersten Spalte eine Kategorie eingeben und in der zweiten Spalte die Werte, sieht Ihr Balkendiagramm so wie in Abbildung 11.6 aus.

▾ **Abbildung 11.6**
Ein »richtiges« Diagramm mit Werteskala links, Erläuterungen unten und den Balken, rechts die Tabelle dazu mit Bezeichnungen und Werten

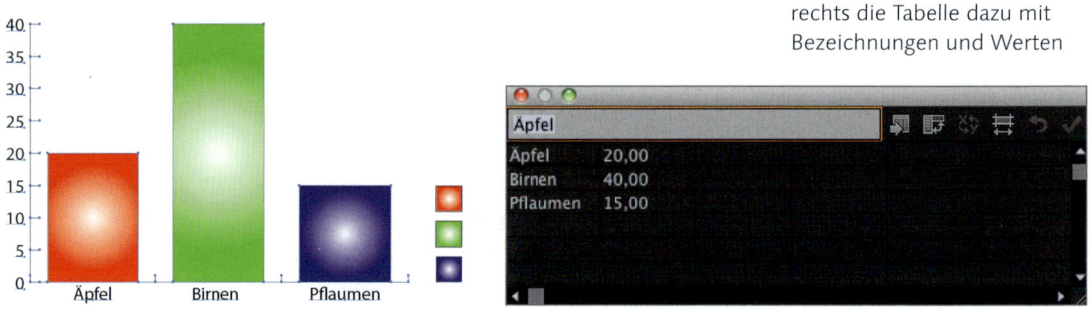

Wenn Sie in der ersten Zeile noch Informationen für die Legende eingeben, sieht Ihr Diagramm so wie in Abbildung 11.8 aus. Das erste Feld ❶ bleibt dann leer. Im Diagramm werden Ihnen die Werte ❷ (maximal der höchste eingegebene Wert) und die Jahre ❸ angezeigt und nun auch noch die Begriffe ❹ – farblich abgestuft als Legende. Aber: Die Jahreszahlen müssen Sie in der Wertetabelle in Anführungszeichen setzen, damit Illustrator sie als Wörter versteht, nicht als Werte!

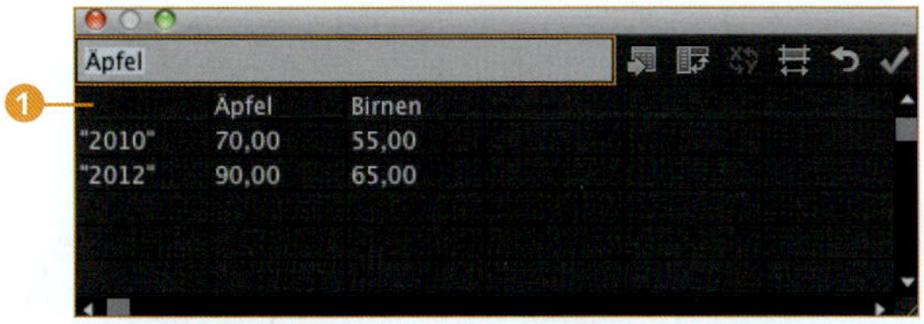

▲ **Abbildung 11.7**
Dateneingabe mit Jahreszahlen

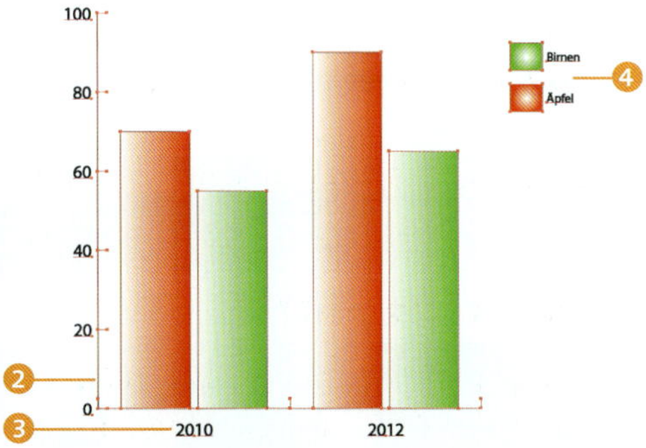

▲ **Abbildung 11.8**
Die Werte stehen links, die Jahreszahlen unten; und die Legende mit den Begriffen sehen Sie rechts oben.

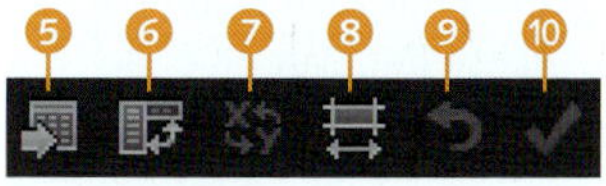

▲ **Abbildung 11.9**
Die Buttons der Datentabelle:
❺ Daten importieren
❻ Reihe/Spalte vertauschen
❼ x/y vertauschen
❽ Zellen einstellen
❾ Zurück zur letzten Version
❿ Anwenden

Die Datentabelle

Die Datentabelle stellt noch einige Buttons zur Verfügung:

- Daten importieren ❺: Hier greifen Sie auf Datensätze anderer Programme (wie z. B. Excel) oder auf einfache Textdateien zu. Die Werte müssen durch Tabulatoren bzw. Zeilenschaltung voneinander getrennt sein und dürfen nur Zahlen und ein Dezimalkomma enthalten (10.000,00 wird allerdings dabei nicht akzeptiert).
- Reihe/Spalte vertauschen ❻: Klicken Sie auf diesen Button, würde das Beispiel aus Abbildung 11.8 in der Legende die Jahreszahlen auflisten, und unter den Balken stünde dann »Äpfel« und »Birnen«, so wie in Abbildung 11.10 zu sehen.
- x/y vertauschen ❼: Dies gilt nur für Streudiagramme und vertauscht die zweite und dritte Spalte der Werte.
- Zellen einstellen ❽: Sie können hier die Breite der Zellen numerisch verändern und die Anzahl der Dezimalstellen bestimmen.

- ZURÜCK ZUR LETZTEN VERSION ⑨: Damit springen Sie zu den letzten Eingabewerten zurück.
- ANWENDEN ⑩: Dieses Symbol zeigt Ihnen das Ergebnis der aktuellen Werte.

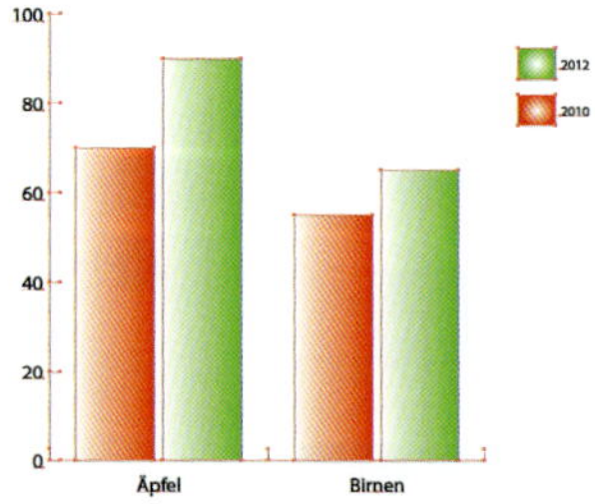

▲ **Abbildung 11.10**
Tauschen von Reihe und Spalte

Das Diagrammdaten-Fenster bleibt übrigens so lange offen, bis Sie es schließen. Selbst wenn Sie das Werkzeug wechseln, wird es nur ausgegraut. Falls Sie auf den SCHLIESSEN-Button des Menüfensters klicken, aber den ANWENDEN-Button noch nicht gedrückt haben, werden Sie erst noch gefragt, ob Sie die letzten Werte bestätigen möchten (SPEICHERN).

Sie werden auch dann gewarnt, wenn Sie in Ihre Tabelle keine Zahlen eingeben, weil Illustrator dann nicht weiß, was zu tun ist.

Daten importieren

Manchmal bekommen Sie auch Daten aus externen Quellen, wie Excel-Dateien Ihrer Kunden, die Sie hier einfach per DATEN IMPORTIEREN ⑤ einfließen lassen können. Dazu muss die Tabelle des Ausgangsprogramms in »Text mit Tab-Stopps« umgewandelt und als TXT-Dokument abgespeichert sein. Dann übernimmt Illustrator die Daten gerne.

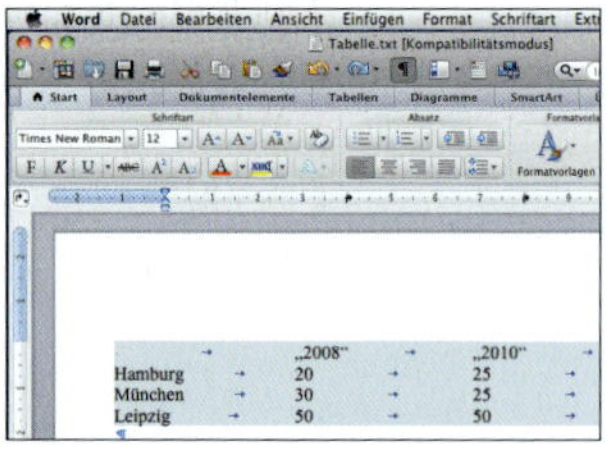

▲ **Abbildung 11.11**
Eine Word-Tabelle wurde für den Datenimport in Text mit Tab-Stopps umgewandelt.

11.2 Diagramme bearbeiten

Wenn Sie ein Diagramm erstellt haben und es bearbeiten wollen, aktivieren Sie es mit dem Auswahl-Werkzeug [V] und gehen zu OBJEKT • DIAGRAMM. Leichter noch gelangen Sie mit der rechten Maustaste zu diesen Optionen.

Werte verändern

Sind es die Werte, die nicht stimmen, wählen Sie hier DATEN. Sie gelangen wieder zu der Datentabelle, in der Sie einfach die falschen Daten/Werte überschreiben und am Ende die Eingabe mit dem ANWENDEN-Button speichern.

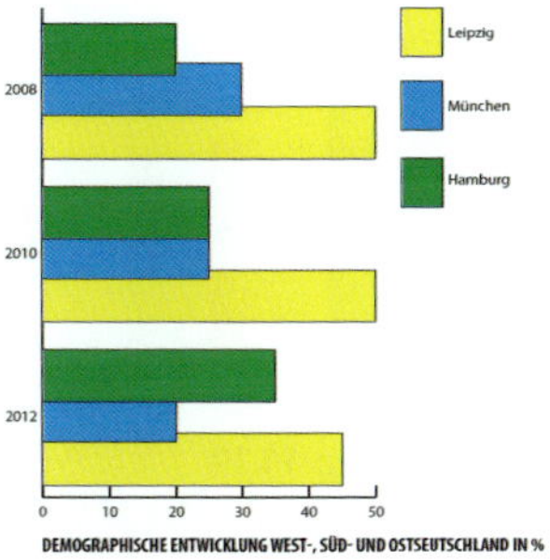

▲ **Abbildung 11.12**
Horizontales Balkendiagramm

Diagrammart ändern

Vielleicht möchten Sie lieber doch eine andere Darstellungsart (z. B. Torten- statt Balkendiagramm) verwenden: Dann wählen Sie Art. Dies entspricht auch einem Doppelklick auf ein beliebiges Diagramm-Werkzeug. Nun öffnet sich das Diagrammattribute-Fenster.

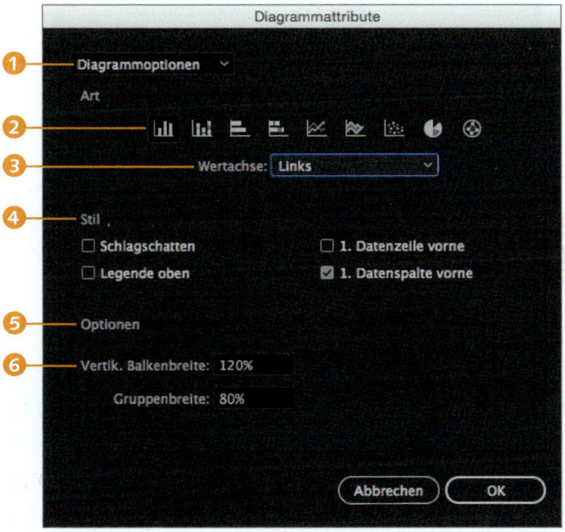

Abbildung 11.13 ►
Diagrammattribute zum Steuern des Diagrammaufbaus, hier am Beispiel des horizontalen Balkendiagramms. Andere Diagrammarten haben auch andere Diagrammattribute.

Hier wählen Sie als Erstes Ihr gewünschtes Diagramm per Klick auf den Art-Button ❷ aus. Nicht jede Art von Diagramm besitzt weitere Optionen ❶ im Aufklappmenü unter Diagrammoptionen für so spezielle Dinge wie eine Werte- bzw. Kategorieachse. Dort könnten Sie die Länge oder Unterteilung von Teilstrichen bestimmen. Im Kreisdiagramm entscheiden Sie zum Beispiel, ob die Legende im Segment steht statt neben dem Diagramm.

Besitzt die ausgewählte Diagrammart eine Wertachse ❸, bestimmen Sie noch, auf welcher Seite diese stehen soll. (Sie haben die Wahl zwischen Unten, Oben, Links, Rechts und Auf beiden Seiten). Bei Stil ❹ verzichten Sie lieber auf Schatten (der so gern gesetzt wird), weil Sie das mit den Effekten von Illustrator viel ansprechender machen können.

Mit den Optionen ❺ steuern Sie artspezifische Parameter. Bei den Balkendiagrammen heißt das, dass Sie die Balkenbreite ❻ anpassen können. Geben Sie z. B. einen Wert über 100 % ein, überschneiden sich die Balken wie in Abbildung 11.12.

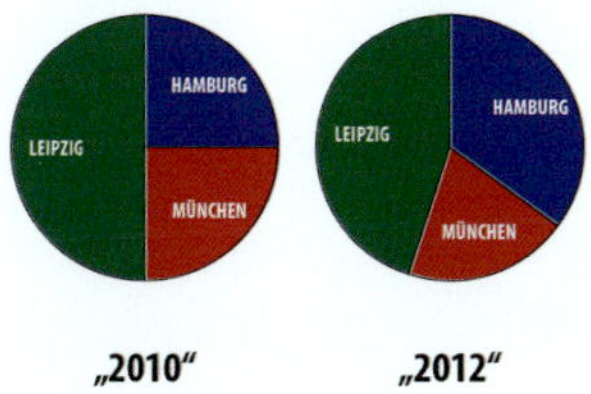

▲ **Abbildung 11.14**
Legende in den Segmenten

11.3 Diagrammdesign

Mir geht es jetzt darum, dass ich mit dem Aussehen der angelegten Diagramme so meist nicht zufrieden bin. Ich denke, auch Sie möchten Ihre Diagramme verändern, hübscher und ansprechender machen und ihnen Farbe zuweisen. Denn wenn Sie ein Diagramm anlegen, ist es zunächst schwarz und grau.

Manuelles Design: Farbe und Schrift anpassen

Das Werkzeug der Wahl ist das Gruppenauswahl-Werkzeug. Es funktioniert bei Diagrammen ganz fantastisch, weil diese sehr strukturiert aufgebaut sind. Einzelne Kategorien sind gruppiert und mit der nächsthöheren Strukturebene wieder gruppiert. (Im Ebenen-Bedienfeld wird Ihr Diagramm aber nur als »Diagramm« 7 aufgeführt, sodass Sie darüber nicht in einzelne Bereiche kommen.)

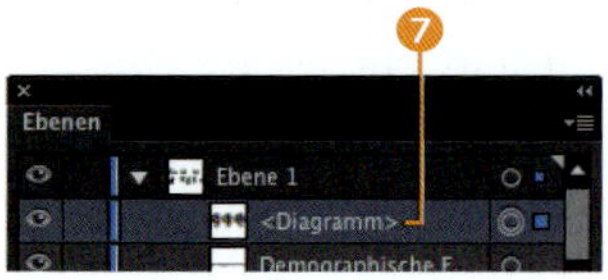

▲ **Abbildung 11.15**
Diagramme sind in den Ebenen nur Objekte.

Möchten Sie Balken eines Balkendiagramms **umfärben**, klicken Sie mit dem Gruppenauswahl-Werkzeug auf einen Balken. Er wird ausgewählt. Mit einem zweiten Klick auf den Balken wählen Sie dann alle gleichfarbigen Balken aus. Mit einem dritten Klick nehmen Sie auch noch die entsprechende Legende hinzu. Klicken Sie dann auf eines Ihrer Farbfelder, werden die Balken umgefärbt. Das Tolle daran ist: Wenn Sie jetzt die Daten, also die Werte, korrigieren, bleibt die neue Farbe erhalten. Selbst wenn Sie noch eine weitere Kategorie hinzunehmen, wird die Farbe für den neuen Balken übernommen.

Diagramm als Gruppierung
Achtung: Diagramme, bei denen Sie die Gruppierung aufheben, verlieren endgültig die Verbindung zu den Diagrammfunktionen.

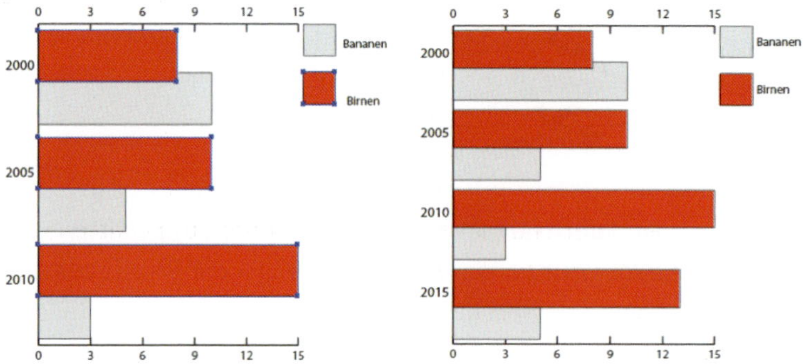

▲ **Abbildung 11.16**
Eine weitere Jahreszahl kommt hinzu. Die manuell geänderten Farben werden übernommen.

Ich empfehle in meinen Schulungen immer, sich zuvor Farbgruppen anzulegen und diese mit spezifischen Farbfeldern zu bestücken, um beim Umfärben von Diagrammen schnell darauf zugreifen zu können.

▲ **Abbildung 11.17**
Es lohnt sich, auch Verläufe zu speichern.

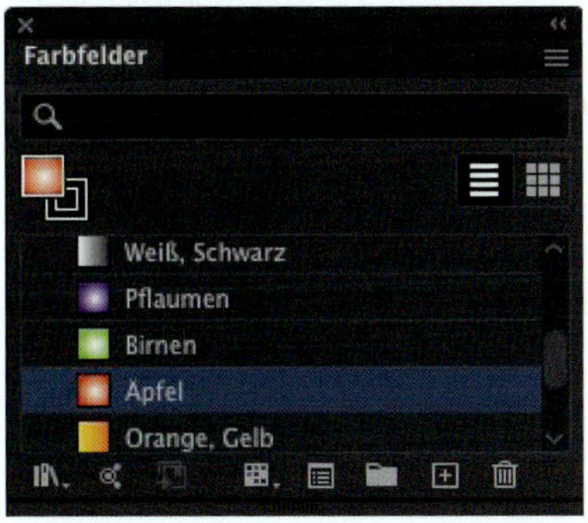

Abbildung 11.18 ▸
Mit dem Gruppenauswahl-Werkzeug ausgewählte Farbe

Seit Illustrator CS6 sind endlich Verläufe auf Konturen möglich, sodass Sie nun auch Liniendiagramme spannender gestalten können, ohne die Editierbarkeit des Diagramms zu verlieren. Wählen Sie einfach die Linien eines Liniendiagramms mit dem Direktauswahl-Werkzeug [A] aus, verstärken Sie die Kontur (über das Steuerung- oder Eigenschaften-Bedienfeld), und weisen Sie der Kontur einen Verlauf über das Verlauf-Bedienfeld zu.

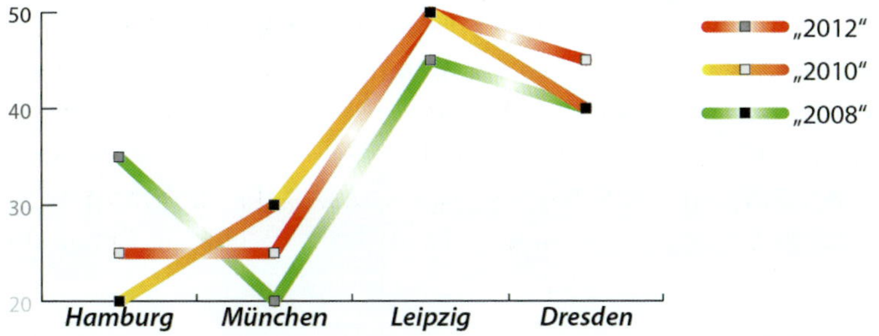

Abbildung 11.19 ▸
Verläufe an Konturen im Liniendiagramm

Effekte gehen verloren
Achtung: Anders als die Verläufe und Farben gehen Effekte bei Änderungen an den Diagrammdaten oder der Art des Diagramms wieder verloren.

Doch auch die **Schriftart** können Sie anpassen. Dazu wählen Sie – wieder mit dem Gruppenauswahl-Werkzeug – die Schrift aus und entscheiden sich über das Steuerung- oder Eigenschaften-Bedienfeld für eine andere. Sollen sich alle Schriften Ihres Diagramms ändern, reicht es, das Diagramm als Ganzes mit dem Auswahl-Werkzeug [V] auszuwählen. Die Schriftgröße oder -farbe können Sie natürlich auch ändern.

Wenn Sie also **Einzelteile** der Diagramme auswählen können, muss es auch möglich sein, diese separat zu verändern – über die Färbung hinaus. Wählen Sie eine Balkenkategorie aus einem Diagramm, und gehen Sie zu EFFEKT • (ILLUSTRATOR-EFFEKTE) STILISIERUNGSFILTER • SCHLAGSCHATTEN. So erhalten Sie einen richtigen, weichen Schlagschatten, den Sie jederzeit über das Aussehen-Bedienfeld editieren können.

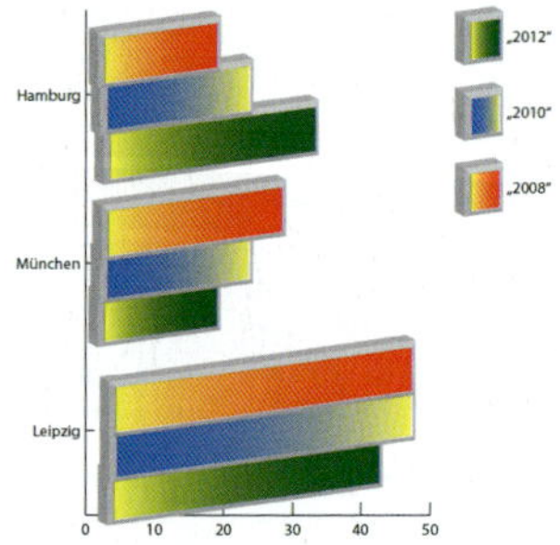

▲ **Abbildung 11.20**
Effekte sind schnell erzeugt.

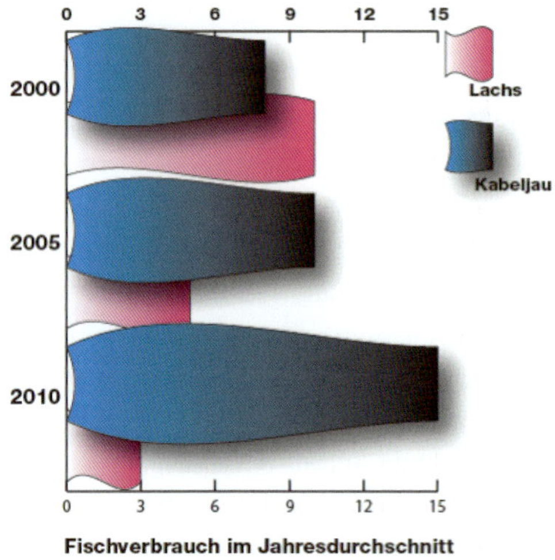

◄ **Abbildung 11.21**
Schnell bringen Sie mit Effekten Schwung in Ihre Diagramme.

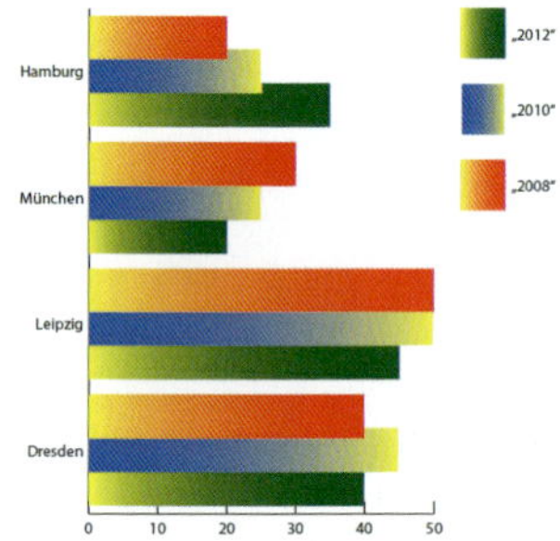

▲ **Abbildung 11.22**
Verändern sich die Daten (hier kommt eine weitere Stadt hinzu), gehen die Effekte verloren.

Es wird Sie sicher ärgern, dass die Effekte beim Verändern der Werte verloren gehen. Da hilft ein kleiner Trick: Wenn Sie nämlich vorher einen Balken mit einem Effekt und vielleicht noch einem Verlauf per Drag & Drop in das Grafikstile-Bedienfeld ziehen, speichern Sie so sein Aussehen ab. Aktivieren Sie nach der Diagrammkorrektur eine Balkenkategorie und klicken auf den gespeicherten Grafikstil, bekommen die Balken im Handumdrehen ihr früheres Aussehen zurück.

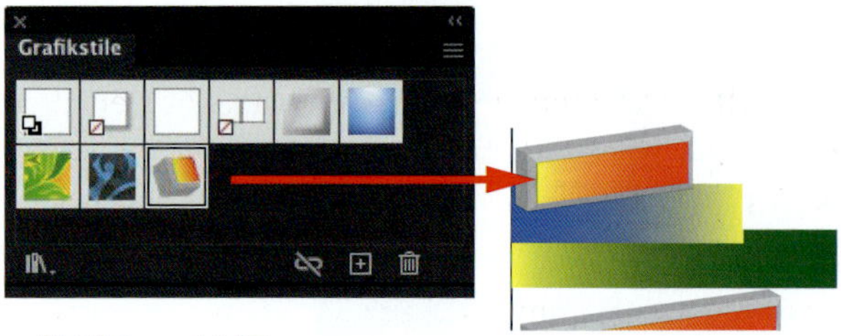

▲ **Abbildung 11.23**
Zuweisen von Grafikstilen, die Sie zuvor gespeichert haben

Design als Diagrammfunktion

Unter OBJEKT • DIAGRAMM finden Sie auch den Punkt DESIGNS. Mit dieser Funktion können Sie die Balken oder Punkte von Liniendiagrammen mit Objekten versehen. So erhalten Sie statt der rechteckigen Balken das Objekt, das Sie als Design ausgewiesen haben. Am besten erkläre ich es Ihnen in einer Schritt-für-Schritt-Anleitung.

Schritt für Schritt
Ein Balkendiagramm mit Design

1 Dokument öffnen

Beispielmaterial: Reisdiagramm.ai und Reisdiagramm.txt

Im Ordner UEBUNGEN liegen zwei Dateien: »Reisdiagramm.ai« und »Reisdiagramm.txt«. Öffnen Sie zunächst die Illustrator-Datei »Reisdiagramm.ai«.

2 Das Design anlegen

Sie finden in Ihrer Datei ein großes Reiskorn vor. Navigieren Sie bei aktivem Reiskorn zu OBJEKT • DIAGRAMM • DESIGNS. Im DIAGRAMMDESIGN-Dialog klicken Sie erst auf NEUES DESIGN, um das Reiskorn hinzuzufügen, und dann auf UMBENENNEN, um dem Reiskorn einen Namen zu geben (z. B. »Reiskorn_senkrecht«). Bestätigen Sie zweimal mit OK.

▲ **Abbildung 11.24**
Ein Reiskorn wird zum Design.

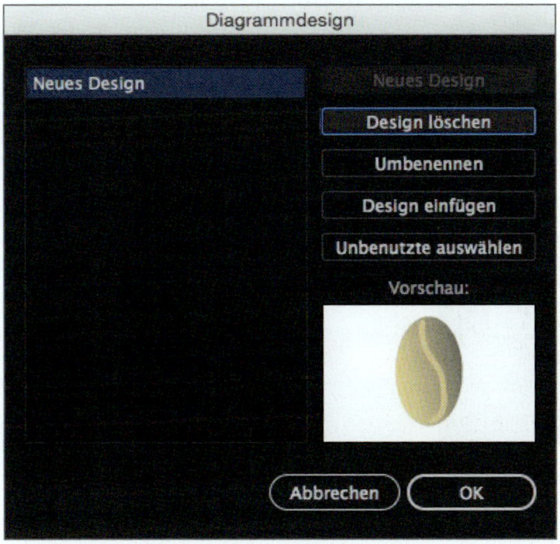

Abbildung 11.25 ►
Benennen Sie das Reiskorn.

3 Diagrammdaten importieren

Nun ziehen Sie mit dem vertikalen Balkendiagramm-Werkzeug ein Diagramm auf. Es wird einen Balken enthalten und Ihnen die Wertetabelle anzeigen mit der »1,00« an der ersten Position. Mit einem Klick auf DATEN IMPORTIEREN (1) öffnet sich das Importieren-Fenster. Hier navigieren Sie zu der Datei »Reisdiagramm.txt« im Übungsordner.

Die Daten der Textdatei werden automatisch in die Wertetabelle eingelesen. Sie brauchen nur noch mit ANWENDEN (2) zu bestätigen, und schon sieht Ihr Diagramm so aus wie ein richtiges Diagramm. Schließen Sie Ihre Datentabelle wieder.

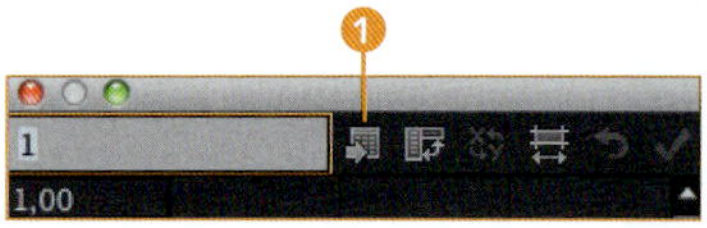

▲ **Abbildung 11.26**
Importieren Sie separat erstellte Werte.

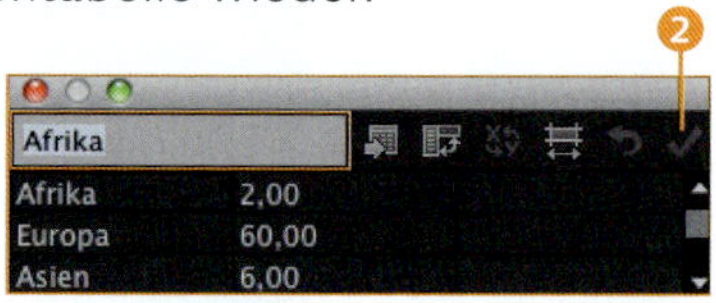

▲ **Abbildung 11.27**
Die importierte Wertetabelle für Ihr Diagramm

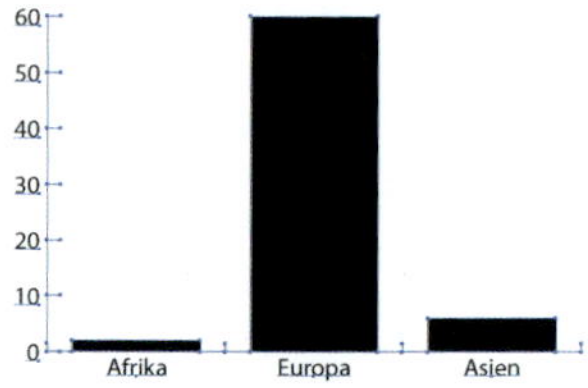

▲ **Abbildung 11.28**
Ihr Diagramm, noch ohne Design

4 Design anwenden

Während Ihr Diagramm aktiviert ist, navigieren Sie zu OBJEKT • DIAGRAMM • BALKEN. Hier wählen Sie aus der Liste Ihr neues Design »Reiskorn_senkrecht« (3) aus und wählen aus der Dropdown-Liste BALKEN (4) den Eintrag VERTIKAL SKALIERT aus. Und schon kann jeder schnell erfassen, wie es um die Verteilung von Lebensmitteln steht (hier nur ein fiktiver Wert zum Üben).

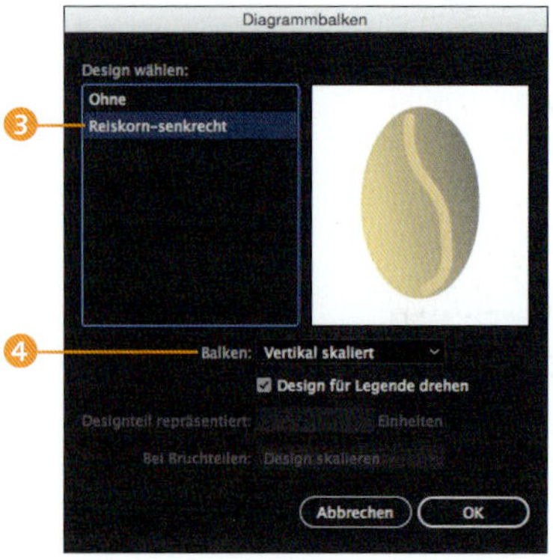

▲ **Abbildung 11.29**
Zuweisen Ihres eigenen Designs

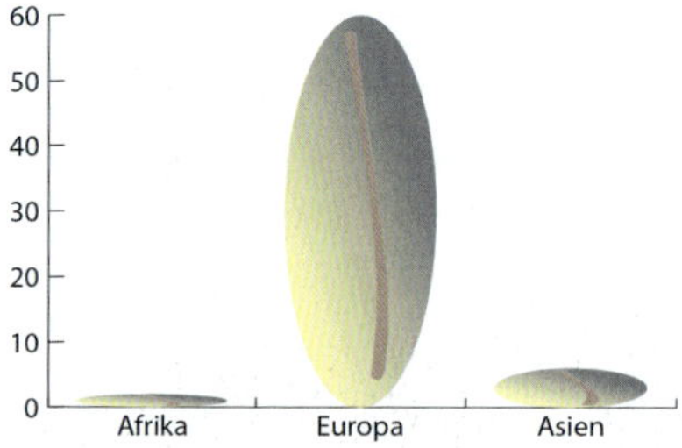

▲ **Abbildung 11.30**
Ihre Tabelle mit dem Design »Reiskorn senkrecht«

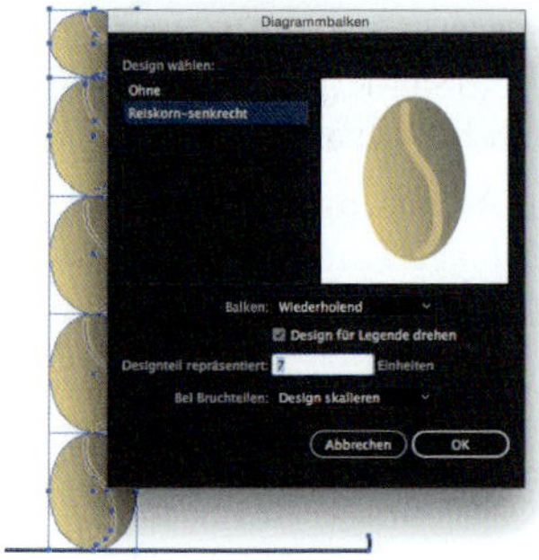

▲ **Abbildung 11.31**
So sähe das Design mit WIEDERHOLEND aus.

5 Umfärben

Um den Sachverhalt noch zu verdeutlichen, können Sie die einzelnen Reiskörner auch unterschiedlich umfärben. Wenn Sie in Kapitel 5, »Farbe und Verläufe«, gut aufgepasst haben, wissen Sie ja, wie man umfärbt: Objekt mit dem Direktauswahl-Werkzeug A auswählen, im Steuerung-Bedienfeld BILDMATERIAL NEU FÄRBEN wählen, dort erst einmal den Button ERWEITERTE OPTIONEN... drücken und dann bei BEARBEITEN die Farben neu mischen und anschließend mit OK bestätigen.

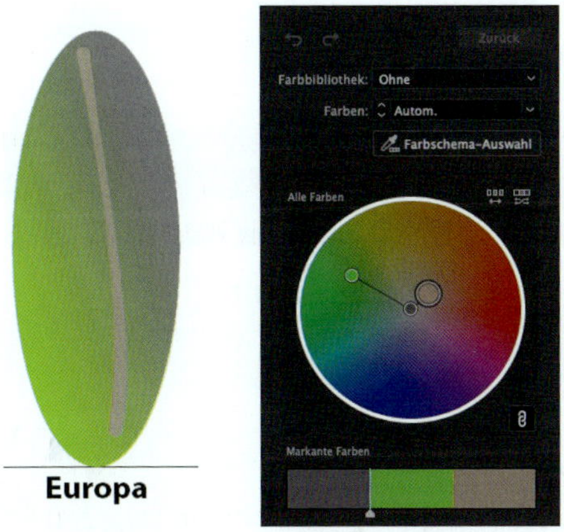

Abbildung 11.32 ▶
Umfärben der Reiskörner

6 Effekte

Wählen Sie wieder nur die Reiskörner aus, und navigieren Sie im Effekt-Menü auf STILISIERUNGSFILTER (ILLUSTRATOR-EFFEKTE), um dort SCHLAGSCHATTEN auszuwählen und an Ihr Diagramm anzupassen. Sie können sich dabei an den Einstellungen in Abbildung 11.33 orientieren. Fertig ist Ihr individuelles Balkendiagramm.

▲ Abbildung 11.33
Schlagschatten für die Reiskörner

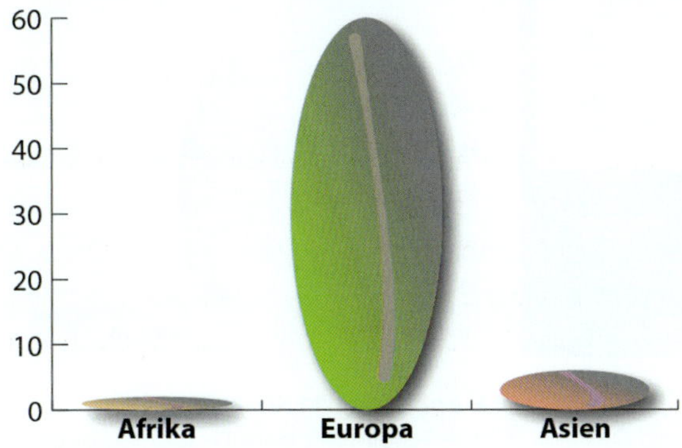

Abbildung 11.34 ▶
So oder so ähnlich sieht jetzt Ihr Diagramm aus. Fertig.

11.4 Zusammenspiel mit Bildmaterial und 3D

Diagramme können mit einfachen Mitteln in Illustrator noch attraktiver gestaltet werden.

Diagramme mit Fotos gestalten

Eine Möglichkeit, Diagrammen ein besonderes Aussehen, ein bestimmtes Design zu geben, besteht darin, sie mit Fotomaterial zu kombinieren.

Relativ einfach und doch effektiv ist es schon, ein Foto hinter das Diagramm zu stellen. Platzieren Sie hierfür ein Foto, und positionieren Sie es so, wie es zum Diagramm stehen soll. Dann stellen Sie es hinter das Diagramm: Klicken Sie mit der rechten Maustaste auf das Bild, und wählen Sie ANORDNEN • IN DEN HINTERGRUND.

▲ **Abbildung 11.35**
Diagramm mit Hintergrundfoto

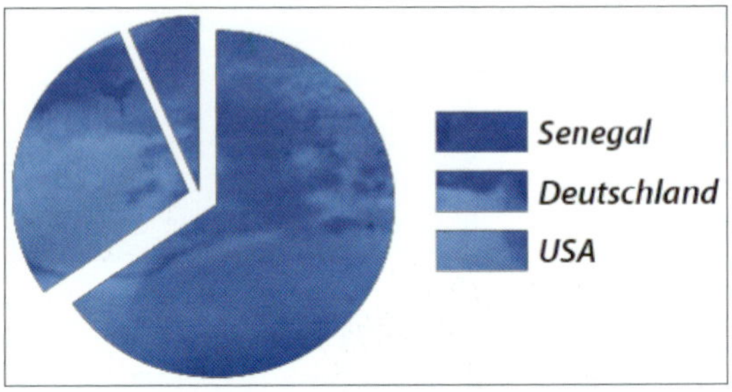

▲ **Abbildung 11.36**
Ein Tortendiagramm wurde mit einem Foto gefüllt.

Spannend kann es auch sein, wenn das Bild nur *in* den Diagrammflächen sichtbar ist. Leider können Sie aber gerade bei einem Tortendiagramm keine Designs anwenden. Wandeln Sie das Diagramm deshalb durch Entgruppieren um, was am Ende der Arbeit durchaus möglich ist. Es darf danach aber keine Änderungen mehr geben, weil Sie die Werte dann ja nicht mehr aktualisieren können.

In der folgenden Schritt-für-Schritt-Anleitung zeige ich Ihnen, wie Sie etwas schummeln können.

Schritt für Schritt
Ein Kreisdiagramm mit Design

1 Diagramm anlegen

Beispielmaterial: Wasser-Foto.tif

Legen Sie sich ein beliebig großes Dokument neu an. Wählen Sie aus der Werkzeugleiste das Kreisdiagramm aus. Mit diesem Werkzeug ziehen Sie nun einen Rahmen in der Größe auf, die die Torte später haben soll. Automatisch erscheint auch die Datentabelle mit dem einzelnen Wert »1,00«.

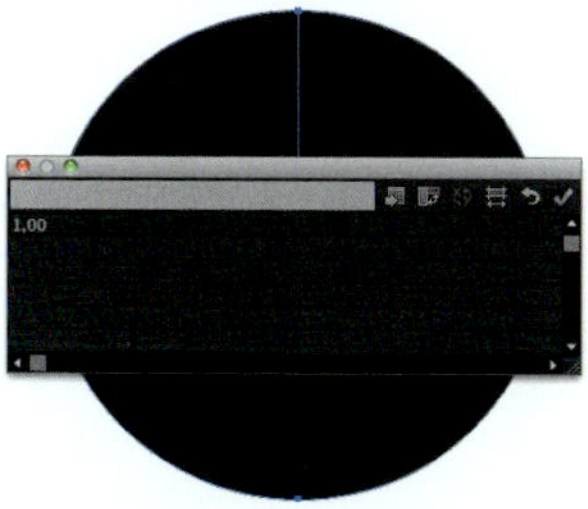

▲ **Abbildung 11.37**
Der Start eines jeden Tortendiagramms

2 Werte eingeben

Geben Sie die Werte für den Wasserverbrauch und die Ländernamen so ein, wie in Abbildung 11.38 zu sehen ist. Bestätigen Sie Ihre Eingaben mit ANWENDEN ❷. Stehen die Kategorien in der ersten Spalte, bekommen Sie drei Kreise (obere Abbildung). Stehen die Kategorien in der ersten Zeile, erhalten Sie einen aufgeteilten Kreis. Um beide Darstellungsweisen miteinander zu vergleichen, klicken Sie einfach auf REIHE/SPALTE VERTAUSCHEN ❶.

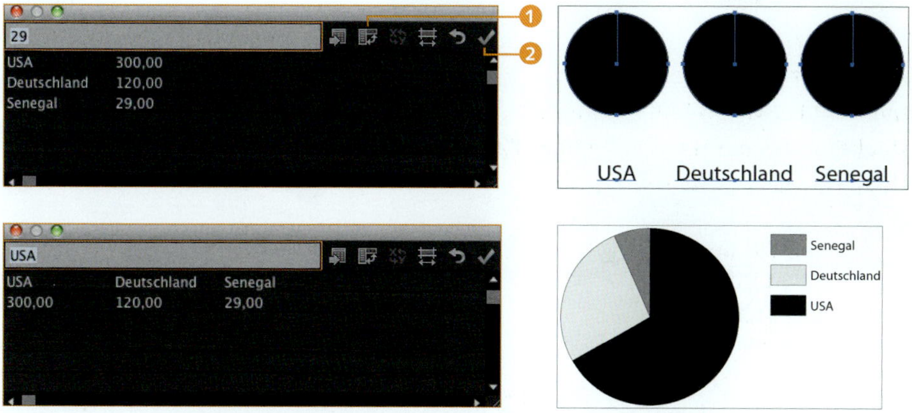

▲ **Abbildung 11.38**
Die Anordnung der Werte entscheidet darüber, ob Sie drei Kreise oder einen einzigen Kreis erhalten.

3 Optional: Legende anzeigen lassen

Je nachdem, wie Ihr letztes Kreisdiagramm ausgesehen hat, kann es passieren, dass Sie gar keine Legende sehen oder eine, die innerhalb der Kreissegmente liegt. Doppelklicken Sie auf das Kreisdiagramm in der Werkzeugleiste. Im Diagrammattribute-

Menü stellen Sie bei Legende die Option Normale Legende ein und setzen, wenn das nicht schon angezeigt wird, die Position auf Gleichmässig.

▲ **Abbildung 11.39**
Darstellungsoptionen des Tortendiagramms

4 Legende verschieben

Die Legenden liegen oft viel zu weit außerhalb des Diagramms. Wählen Sie das Direktauswahl-Werkzeug [A], und ziehen Sie einen Rahmen sowohl um die Legendenfelder als auch um deren Bezeichnungen. Nun schieben Sie sie an die gewünschte Position.

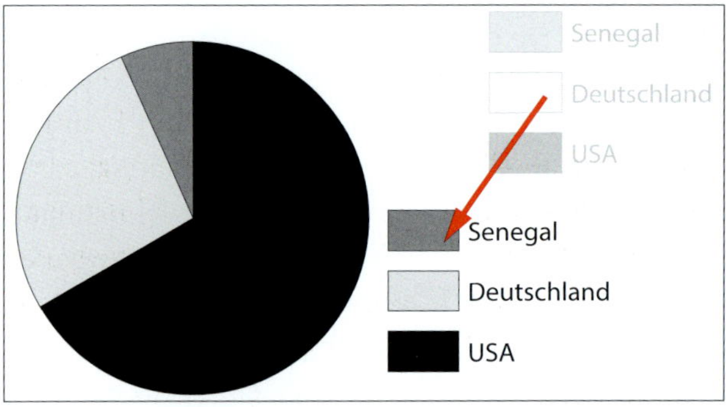

◂ **Abbildung 11.40**
Verschieben der Legende

5 Tortenstücke verschieben

Mit dem Direktauswahl-Werkzeug [A] können Sie die Tortenstücke etwas auseinanderziehen. Fassen Sie sie aber in den Flächen an, nicht an den Konturen.

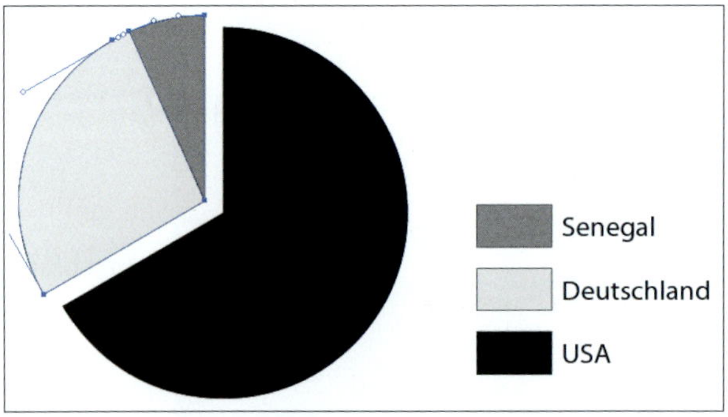

◂ **Abbildung 11.41**
Verschieben der Tortenstücke

6 Bild platzieren

Wählen Sie Datei • Platzieren, und navigieren Sie zum Ordner mit unseren Beispieldateien; dort finden Sie die Datei »Wasser-Foto.tif«.

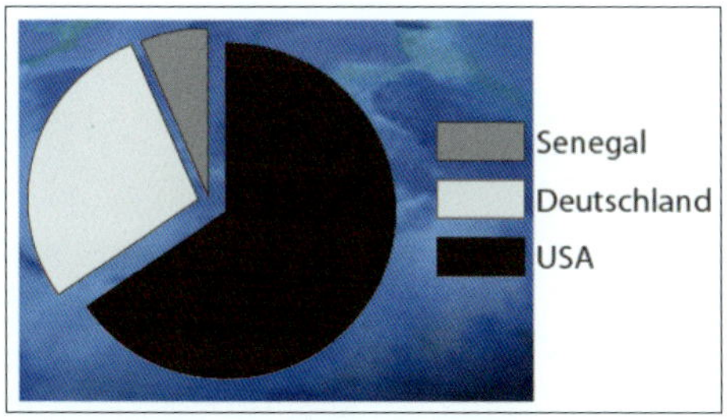

Abbildung 11.42 ▸
Foto hinter dem Diagramm einfügen

Legen Sie das Bild so auf Ihr Diagramm, dass es alle Flächen verdeckt. Notfalls müssen Sie es an seinem Begrenzungsrahmen skalieren. Als Letztes stellen Sie es dann über OBJEKT • ANORDNEN in den Hintergrund.

7 Duplizieren der Flächen

Mit dem Gruppenauswahl-Werkzeug klicken Sie mehrmals auf ein Kreissegment, bis alle Flächen ausgewählt sind. Kopieren Sie sie dann mit [Strg]/[cmd]+[C]. Bevor Sie sie wieder einfügen, deaktivieren Sie aber das Diagramm mit [Strg]/[cmd]+[⇧]+[A].

Wenn Sie sie jetzt durch [Strg]/[cmd]+[F] einfügen, kommen die einzelnen Kreissegmente direkt vor denen des Diagramms zu liegen.

8 Foto in die Flächen einfügen

Ganz wichtig: Während die eingefügten Flächen noch aktiv sind, gehen Sie zu OBJEKT • ZUSAMMENGESETZTER PFAD • ERSTELLEN. Die einzelnen Flächen verhalten sich nun wie eine.

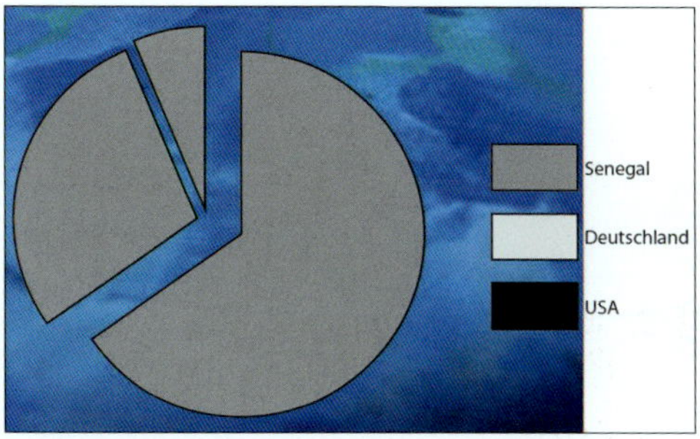

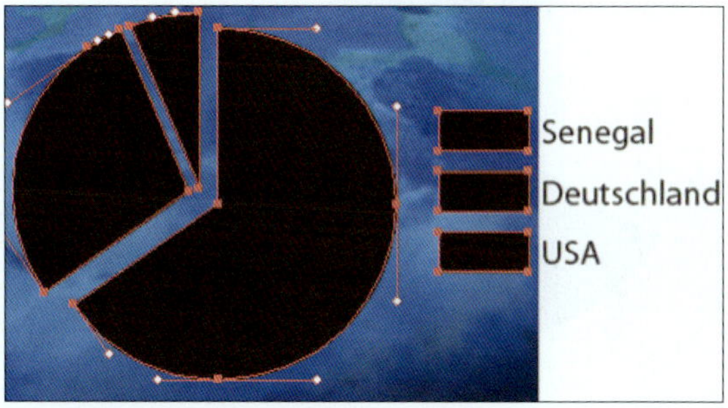

▲ Abbildung 11.43
Die Flächen eines zusammengesetzten Pfades reagieren wie ein einziger Pfad.

Jetzt nehmen Sie mit dem Auswahl-Werkzeug [V] und gedrückter [⇧]-Taste noch das Bild im Hintergrund zur Auswahl hinzu und gehen zu OBJEKT • SCHNITTMASKE • ERSTELLEN.

Mit Effekten und weiteren Beschriftungen machen Sie das Diagramm noch hübsch.

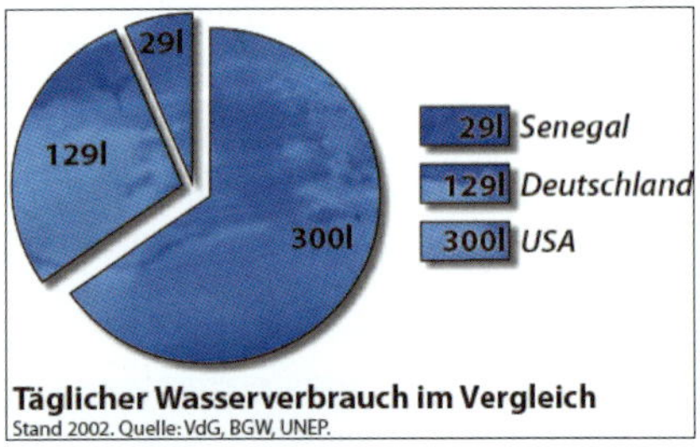

▲ **Abbildung 11.44**
Das fertige Tortendiagramm (rechts mit Effekten)

Diagramme und 3D

In Kapitel 12 wird es um die 3D-Funktion von Illustrator gehen. Da 3D aber auch immer gern für Diagramme benutzt wird, verliere ich hier schon ein paar Worte dazu. Kreieren Sie ein gewöhnliches Tortendiagramm, und wählen Sie mit dem Direktauswahl-Werkzeug [A] nur die Tortenstücke aus.

Unter Effekt • 3D • Extrudieren und abgeflachte Kante öffnen Sie die 3D-Optionen. Bei Tiefe der Extrusion ❷ geben Sie ein, wie tief nach hinten die Grafik gezogen wird. Bei Abgeflachte Kante ❸ können Sie Profile auswählen, damit die Kanten nicht so abgehackt aussehen. Dort bestimmen Sie auch unter Höhe ❺, wie stark diese Kante profiliert wird.

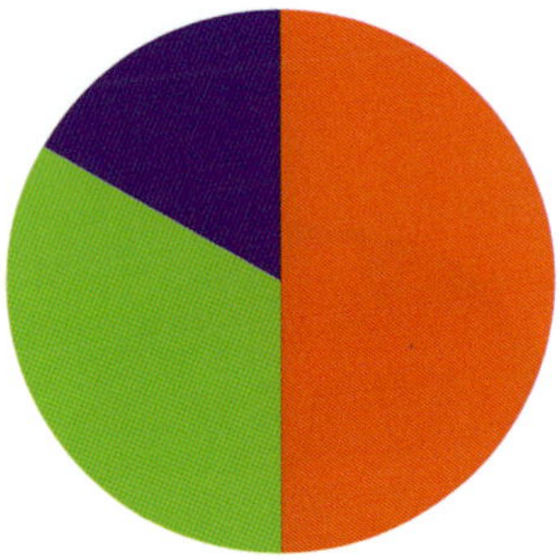

▲ **Abbildung 11.45**
Ein gewöhnliches Tortendiagramm

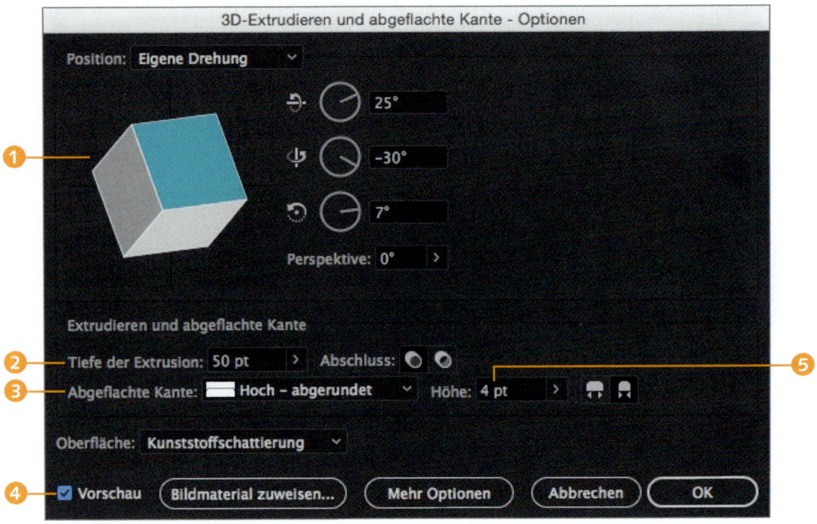

◄ **Abbildung 11.46**
Die 3D-Optionen für das Extrudieren und die abgeflachte Kante

Wenn Sie den Dialog bestätigen, wird Ihr Diagramm in der räumlichen Ausrichtung dargestellt, die Sie mit der Maus im Vorschaukreis ❶ eingestellt haben. Zur Kontrolle während der Eingaben setzen Sie den Haken bei VORSCHAU ❹.

Möchten Sie doch etwas verändern, klicken Sie im Aussehen- oder Eigenschaften-Bedienfeld auf den Link zum 3D-Effekt ❻. Wollen Sie lieber keinen solchen Effekt, ziehen Sie das »fx«-Zeichen in den Mülleimer.

Abbildung 11.47 ▸
Über das Aussehen-Bedienfeld kehren Sie zum 3D-Dialog zurück.

Vorsicht: Löschen Sie, bevor Sie 3D-Einstellungen vornehmen, die Konturen, die Ihr Diagramm eventuell hat, weil es sonst zu unerwarteten Ausfällen kommt (siehe Abbildung 11.48).

Die spiegelnden Flächen werden über BILDMATERIAL ZUWEISEN des 3D-Effekts erzeugt; doch dazu lesen Sie mehr im nächsten Kapitel. Der Schatten ist eine einfache Ellipse mit schwarzer Flächenfarbe, die mit dem EFFEKT • (ILLUSTRATOR-EFFEKTE) • STILISIERUNGSFILTER • WEICHE KANTE erzeugt wurde. Viel Spaß beim Experimentieren!

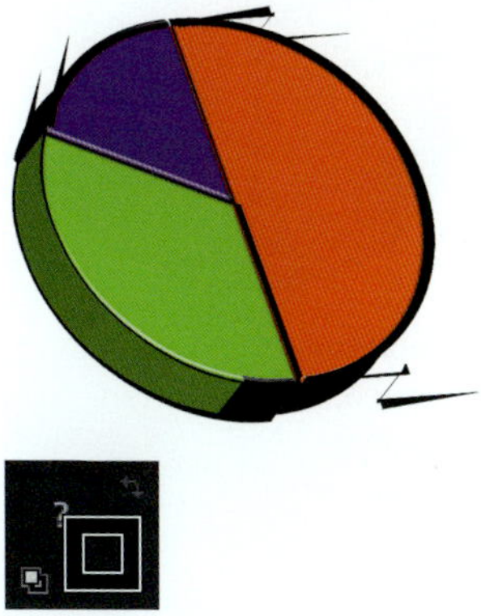

▴ Abbildung 11.48
Konturen und 3D vertragen sich nicht sonderlich gut.

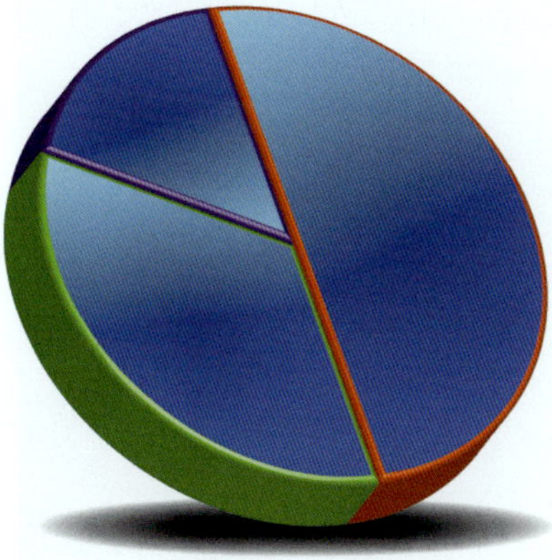

◂ Abbildung 11.49
Ein finales Diagramm

12

3D und Perspektive in Illustrator

Willkommen in der dritten Dimension

- Wann wird welche Art der 3D-Effekte verwendet?
- Was bedeutet es, Objekte zu extrudieren?
- Wie werden runde Objekte gekreiselt?
- Wie wird Bildmaterial auf die 3D-Objekte gerendert?
- Wofür wird ein Perspektivenraster verwendet?
- Wie zeichnet man mit Perspektivenraster?

12 3D und Perspektive in Illustrator

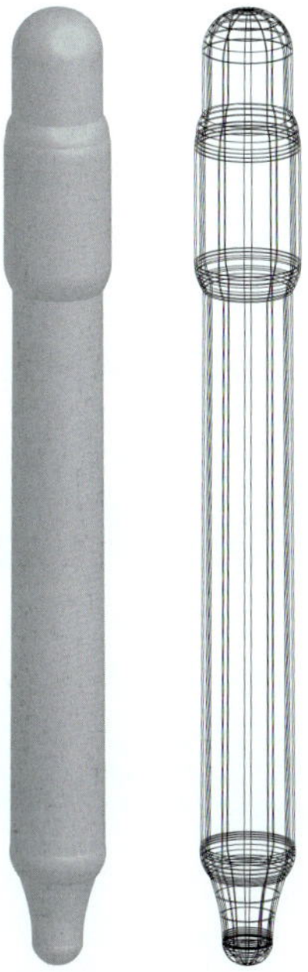

▲ **Abbildung 12.1**
3D-Modell mit Drahtgitterdarstellung (rechts)

Wir beobachten gerade zwei Tendenzen in der Illustration. Die eine Art, die vorgibt, per Hand gezeichnet worden zu sein, sie wird immer flacher und unplastischer. Sie taucht häufig in animierter Form auf. Die andere Tendenz in der Illustration sind Objekte, die in 3D kreiert wurden. Meines Erachtens wären mehr wirklich handgezeichnete Illustrationen – mit entsprechendem Duktus – passender als viele der 3D-Zeichnungen. Dass viele 3D-Zeichnungen aber so deplatziert und unglaubwürdig aussehen, liegt aber an der irrigen Annahme, man müsse für 3D nicht zeichnen können, weil die Programme es ja selbst machen.

Sie müssen sich also überlegen, welches Ziel Sie verfolgen, wenn Sie eine der 3D-Funktionen von Illustrator nutzen möchten, und warum es 3D sein soll/muss. Illustrator ist ja kein klassisches 3D-Programm. Es verfügt aber über Funktionen, die an gegebener Stelle sehr gut funktionieren. Ich denke, dass Sie am Ende des Kapitels gut entscheiden können, wo Sie die 3D-Funktionen von Illustrator in Anspruch nehmen, wo Sie Perspektive nur durch Licht- und Farbführung simulieren oder wo Sie auf 3D ganz verzichten oder dieses gar mit professionellen 3D-Programmen machen.

12.1 Die 3D-Effekte

Extrudieren und abgeflachte Kante...
Kreiseln...
Drehen...

▲ **Abbildung 12.2**
Illustrator kennt drei verschiedene 3D-Effekte.

3D-Effekte finden Sie unter Effekte • (Illustrator-Effekte) • 3D. Dabei kennt Illustrator drei verschiedene 3D-Effekte. Um eine 3D-Funktion zu nutzen, brauchen Sie erst mal ein Objekt, auf das einer der drei Effekte angewendet werden soll.

Abbildung 12.3 ▶
Ausgangsobjekt Quadrat: Extrudieren, Kreiseln, Drehen (von links)

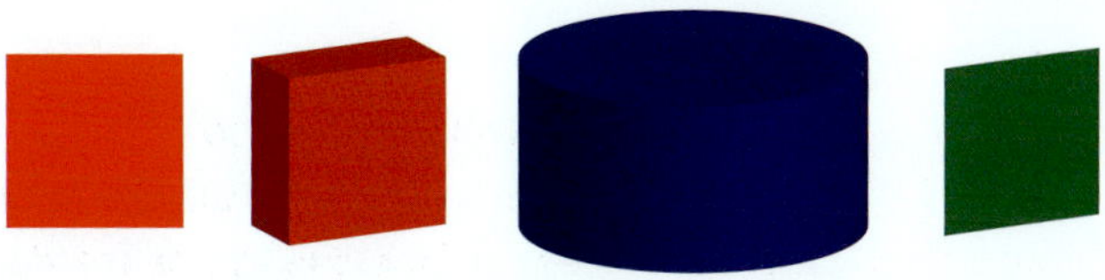

In den folgenden Abbildungen sehen Sie links das Ausgangsobjekt und daneben die 3D-Effekte Extrudieren und abgeflachte Kante, Kreiseln und Drehen, wobei Sie den dritten Effekt seltener anwenden werden. Doch sehen Sie selbst:

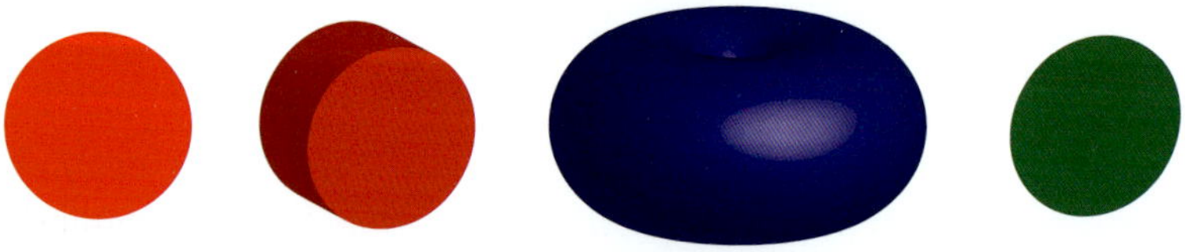

◀ **Abbildung 12.4**
Ausgangsobjekt Kreis: Extrudieren, Kreiseln, Drehen (von links)

◀ **Abbildung 12.5**
Ausgangsobjekt Kontur: Extrudieren, Kreiseln, Drehen (von links)

Was Sie an diesen Beispielen schon sehen können, ist das Prinzip der einzelnen 3D-Funktionen:

- Extrudieren und abgeflachte Kante: Diese Funktion kippt das Objekt perspektivisch und konstruiert eine Raumtiefe hinzu.
- Kreiseln: Die Funktion tut genau das – kreiseln. Sie nimmt das Objekt und vervielfältigt es so viele Male um eine Achse, dass es wie ein dreidimensionaler Körper aussieht. Deshalb nehmen Sie hierbei auch meistens einen offenen Pfad, weil sich dieser dann, um die Achse gedreht, optisch wieder schließt.

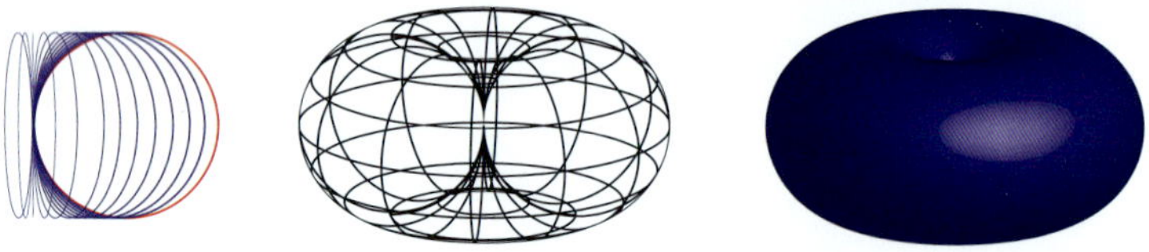

◀ **Abbildung 12.6**
Links wird der (rot hervorgehobene) Kreis um seine linke Kante gekreiselt. Daneben sehen Sie das Gittermodell und rechts das gerenderte, fertige Objekt.

- Drehen: Diese Funktion generiert keine plastischen Objekte wie die beiden oberen, sondern »kippt« das Objekt lediglich in den Raum hinein. Sie kennen die Funktion auch schon als Verbiegen-Werkzeug .

Um einen dieser Effekte anzuwenden, wählen Sie also ein beliebiges Objekt und öffnen Effekt • (Illustrator-Effekte) • 3D. Hier müssen Sie sich dann entscheiden, auf welche Weise Sie das

Objekt in Form bringen wollen. Klar: Für eine eckige Dose kann Kreiseln nicht das erwartete Ergebnis bringen, und ebenso wenig werden Sie ein Weinglas extrudieren. Die Frage ist also, ob Ihr Ausgangsobjekt rund oder eckig ist.

Extrudieren und abgeflachte Kante

▲ Abbildung 12.7
Ob Fläche oder Kontur: Alles ergibt ein 3D-Objekt.

Sie haben ein eckiges Objekt ausgewählt. Dabei ist es egal, ob das Objekt offen oder geschlossen ist, ob es nur Flächen, Flächen und Konturen oder nur eine Kontur hat. In jedem Fall wird es zu einem 3D-Objekt. Doch unter bestimmten Bedingungen sehen Konturen nicht aus wie erwartet. Objekte, die nur eine Fläche ohne Konturfarbe haben, sind leichter in Perspektive zu bringen.

Auch wenn Sie nur eine Linie, also einen offenen Pfad mit dem Aussehen einer Kontur haben, wird Ihr Objekt extrudiert, selbst wenn sich der Pfad überschneidet. Hat die Kontur einen Verlauf, wird dieser nicht mit übernommen und mit einer monochromen Fläche ersetzt. Alle Objekte bekommen dann 3D-Schattierungen, die die Raumtiefe simulieren.

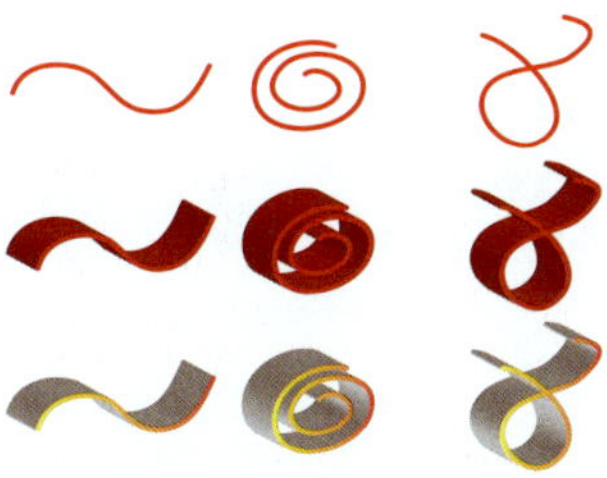

▲ Abbildung 12.8
Offene Linien werden auch zu 3D-Objekten.

Wenn Sie zum Extrudieren-Befehl (EFFEKT • (ILLUSTRATOR-EFFEKTE) • 3D) navigieren, finden Sie sich im recht umfangreichen 3D-Optionen-Menü wieder.

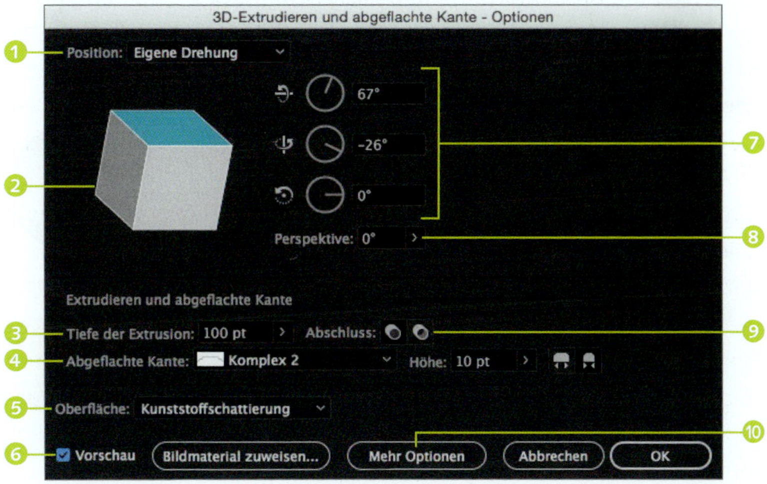

Abbildung 12.9 ▶
Die Optionen für das Extrudieren

Dort können Sie als Erstes aus einer Liste vordefinierter Positionen ❶ wählen. Das Vorschaufenster ❷ stellt Ihnen diese Ansichten

schematisch anhand eines Würfels dar. Sie können in das Vorschaufenster aber auch selbst eingreifen, indem Sie den Würfel mit der Maus anfassen und perspektivisch nach Lust und Laune drehen. Die blaue Fläche symbolisiert dabei das Ausgangsobjekt. Sie können die Veränderungen Ihres Objekts auch live mitverfolgen, wenn Sie die Vorschau ❻ aktivieren.

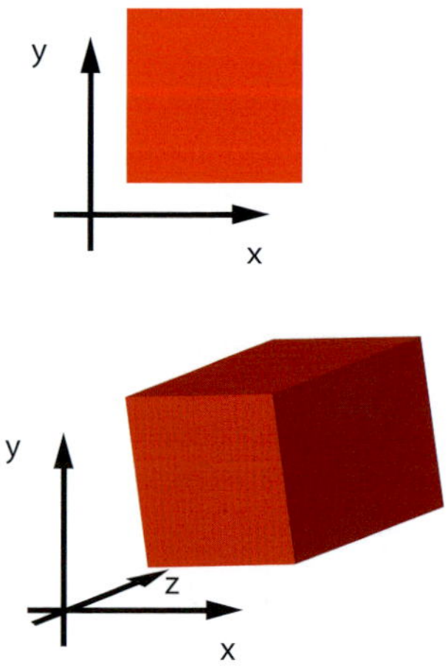

▲ **Abbildung 12.10**
Die Raumachsen zum besseren Verständnis

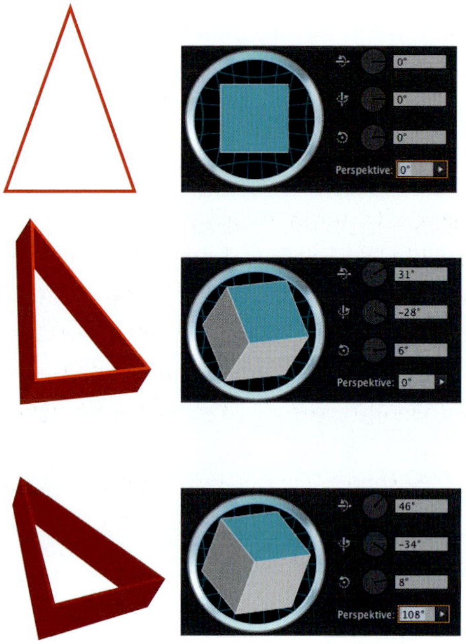

◂ **Abbildung 12.11**
Verfolgen Sie die Drehungen live mit.

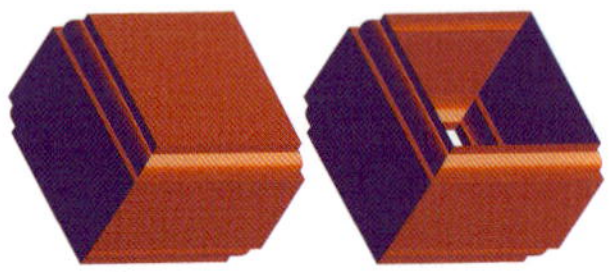

▲ **Abbildung 12.12**
Der Abschluss lässt die Objekte an den Enden offen oder schließt sie.

Sie können die Drehung auch über numerische Werte ❼ eingeben. Der obere Wert dreht das Objekt um eine waagerechte x-Achse, der mittlere Wert um eine senkrechte y-Achse, und der untere Wert steht für die Tiefenachse z (siehe Abbildung 12.11). Die Perspektive ❽ in Grad bestimmt die Verkürzung in den Raum hinein.

Mit Tiefe der Extrusion ❸ »ziehen« Sie Ihr Objekt in die Perspektiventiefe hinein. Je höher der Wert ist, desto länger ragt das Objekt in den Raum hinein. Der Abschluss ❾ entscheidet dabei, ob das 3D-Objekt an den Enden geschlossen oder wie eine Röhre offen ist.

Mit Abgeflachte Kante ❹ bekommen die Objekte längs der Raumtiefenkante ein Relief. Aus der Dropdown-Liste können Sie sich eines auswählen. Wie stark das Relief aufträgt, geben Sie

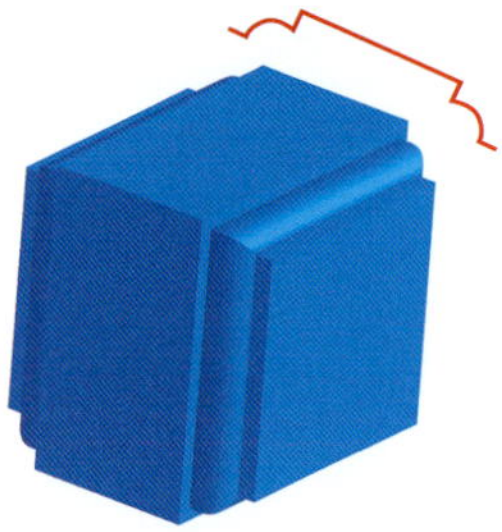

▲ **Abbildung 12.13**
Der Reliefpfad, der der abgeflachten Kante zugrunde liegt

Rendern
Es ist eine Sache, einem Objekt eine Raumtiefe über die Richtungen seiner Kanten zu geben. Räumlich wird das Objekt aber erst durch die Textur und den Lichteinfall auf seiner Oberfläche. Dies nennt man »Rendern«.

mit seiner Höhe ein. In Abbildung 12.13 sehen Sie eine komplexe abgeflachte Kante mit Bögen und Ecken und das Schema dahinter.

Mit der Oberfläche ⑤ rendern Sie noch das Aussehen. Sie können statt einer ebenen Fläche auch ein Drahtmodell wählen, um die Konstruktion des 3D-Objekts zu zeigen.

Unter Mehr Optionen ⑩ stehen Ihnen noch Beleuchtungsoptionen für die Oberflächengestaltung zur Verfügung. Sie bestimmen dort, von wo das Licht kommt, das Ihr Objekt moduliert ⑮. Verschieben Sie es einfach mit der Maus. Auch können Sie es hinter das Objekt stellen, eine weitere Lichtquelle hinzunehmen oder sie wieder löschen ⑫.

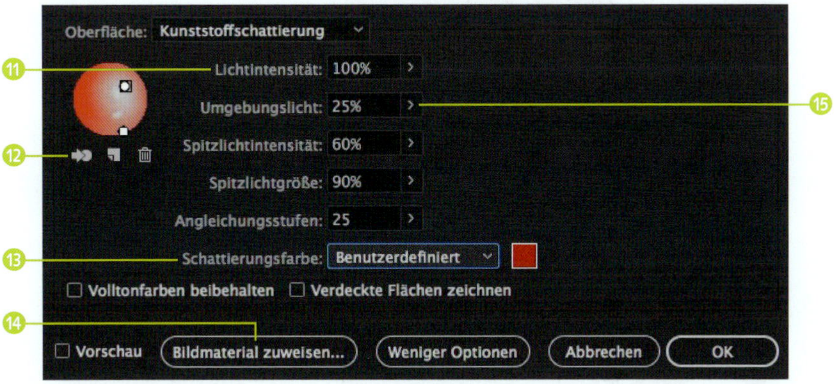

▲ **Abbildung 12.14**
Die Oberflächengestaltung

▲ **Abbildung 12.15**
Links: mit neutraler Beleuchtung; rechts: eingefärbt

Soll das Objekt nicht neutral angeleuchtet sein, wählen Sie unter Schattierungfarbe eine Lichtquellenfarbe ⑬ und steuern die Lichtintensitäten Ihren Wünschen entsprechend ⑪.

Bei Bildmaterial zuweisen ⑭ können Sie auf Ihre 3D-Illustrationen Bilder und Grafiken legen – ich erkläre es später in der Schritt-für-Schritt-Anleitung.

Einen 3D-Effekt editieren | Wenn Sie Ihr 3D-Objekt später ändern möchten (es aus einer anderen Perspektive sehen, mit mehr oder weniger Raumtiefe, anderen Lichtquellen oder einer anderen abgeflachten Kante etc.), öffnen Sie bei aktiviertem Objekt das Aussehen-Bedienfeld. Hier sehen Sie die derzeit eingestellten Effekt-Parameter. Mit einem Klick auf einen Link ① öffnet sich dann erneut der 3D-Dialog mit den Einstellungen des

Objekts. Ändern Sie, was Sie gerne möchten, und verfolgen Sie Ihre Änderungen über die Vorschau. Anschließend bestätigen Sie die Einstellungen mit OK.

Alle anderen Effekte werden (wie in Kapitel 3, »Objekte erstellen und bearbeiten«, schon besprochen) auch hier auf diese Weise angezeigt. Haben Sie mehrere Effekte auf ein Objekt angewendet, werden diese aufgelistet. Möchten Sie einen Effekt nicht mehr für Ihr Objekt haben, ziehen Sie ihn einfach auf das Mülleimer-Symbol.

◂ **Abbildung 12.16**
Der 3D-Effekt im Aussehen-Bedienfeld

Schritt für Schritt
Eine Keksdose in 3D

1 Datei öffnen

Wenn Sie die Datei »Dose.ai« öffnen, finden Sie schon drei Elemente vor: einen Pfad, einen in Pfade umgewandelten Schriftzug und eine Grafik eines Hasen. Unser Ziel ist es, mit dem 3D-Effekt aus diesen Elementen eine Keksdose zu kreieren.

Beispielmaterial:
Dose.ai

2 Die Dosenkante speichern

Die Dose hat eine Tiefenkante, ein sogenanntes Relief (siehe Abbildung 12.17). Um das Relief in den 3D-Optionen auswählen zu können, muss es sich aber in einer speziellen Illustrator-Datei befinden, auf die beim Extrudieren vom Programm zugegriffen wird.

Diese Datei ist etwas versteckt und heißt »Abgeflachte Kanten.ai«. Sie befindet sich in Ihrem Adobe-Illustrator-Programmordner: Support Files • Required • Resources • de_DE (wenn Sie mit der deutschen Version arbeiten) • Abgeflachte Kanten.ai. Windows-User müssen hier möglicherweise erst mit einem

▴ **Abbildung 12.17**
Die Keksdosenkante

Rechtsklick die Dateieigenschaften öffnen, um die Schreibrechte einzuschalten (eventuell auch von Ordnern auf höheren Hierarchieebenen). Auch auf dem Mac kann es passieren, dass Sie die Schreibrechte erst zuweisen müssen. Im Finder wählen Sie dann die Datei aus und öffnen mit Rechtsklick die INFORMATIONEN, wo Sie unten die Schreibrechte verwalten können.

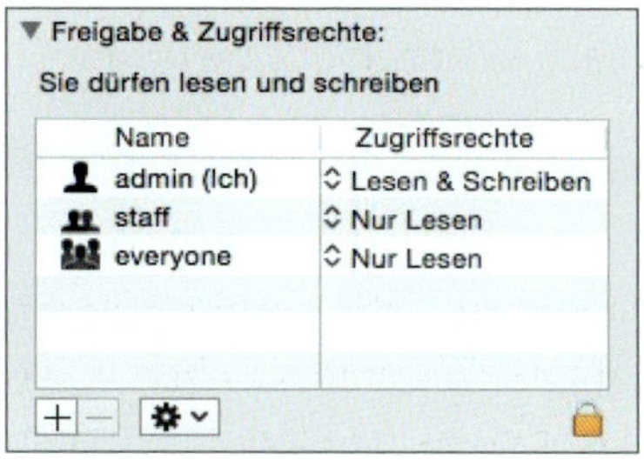

▲ **Abbildung 12.18**
Schreibrechte am Mac

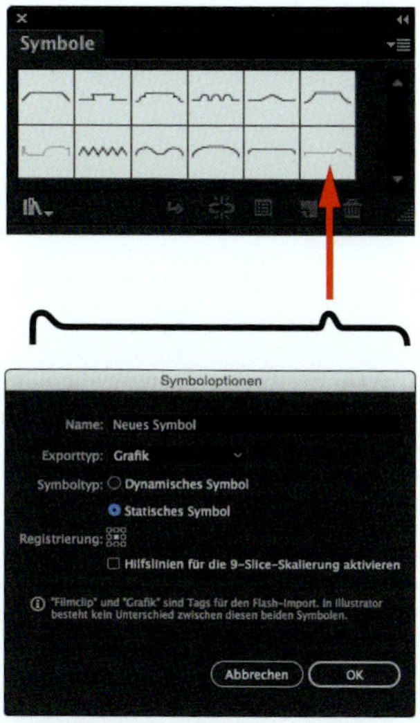

▲ **Abbildung 12.19**
Das Speichern eines eigenen Pfades für ABGEFLACHTE KANTE

Diese Datei, »Abgeflachte Kanten.ai«, öffnen Sie und kopieren den Reliefpfad hinein, den ich für Sie in die Keksdosendatei gelegt habe. Öffnen Sie dort das Symbole-Bedienfeld, und ziehen Sie den Pfad einfach per Drag & Drop hinein. Nun nennen Sie ihn auf Nachfrage »Kekspfad« und speichern die Datei. Bestätigen Sie die Frage nach dem Speichern in eine ältere Programmversion ruhig an dieser Stelle. So können Sie später auch mit eigenen Pfaden verfahren.

Leider richtig doof: Sie müssen jetzt Illustrator beenden (speichern Sie zuvor alle eventuell geöffneten Dateien), um den Reliefpfad nach dem nächsten Neustart von Illustrator in der 3D-Funktion auswählen zu können.

Gerne würde ich Ihnen diese komplizierte Prozedur ersparen, doch das Arbeiten mit eigenen Reliefpfaden ist zu schön und zu effektiv, als dass ich es Ihnen vorenthalten wollte.

▲ **Abbildung 12.20**
Einfach nur ein Rechteck ohne Kontur

3 Grundform der Dose

Öffnen Sie nach einem Neustart von Illustrator wieder die Datei »Dose.ai«. Ziehen Sie mit dem Rechteck-Werkzeug [M] und gehaltener [⇧]-Taste ein Quadrat auf, das eine Seitenlänge von ca. 50 mm hat. Weisen Sie dem Quadrat die Farbe »Dose« aus den Farbfeldern zu, und löschen Sie eventuell die Konturfarbe.

4 Die Dose extrudieren

Gehen Sie zu Effekt • (Illustrator-Effekte) • 3D • Extrudieren und abgeflachte Kante, während das Quadrat ausgewählt ist (z. B. mit dem Auswahl-Werkzeug ▷). Wählen Sie unter Abgeflachte Kante Ihren Keksdosenpfad aus (»Keksdose«). Haben Sie die Vorschau aktiviert, sehen Sie schon die Form der Dose.

Passen Sie die Extrusionstiefe und die Reliefhöhe der Größe Ihres Rechtecks an. Bestätigen Sie Ihre Eingaben mit OK.

▲ **Abbildung 12.21**
Tiefe der Dose und Höhe der Reliefkanten

5 Bildmaterial vorbereiten

Um Bildmaterial, gleich ob Vektor oder Pixel, auf die 3D-Dose zu legen, muss es als Symbol vorliegen. Sie haben schon gelernt, dass man ein Objekt nur in das Symbole-Bedienfeld ziehen muss, um es künftig in dieser Datei als Symbol verwenden zu können. Wichtig ist nur, dass Fotos oder andere platzierte Dateien dafür eingebettet sein müssen. Ziehen Sie nun die Hasengrafik und den Schriftzug in das Symbole-Bedienfeld. Sie werden jeweils nach einem Namen gefragt. (Bei Art wählen Sie Filmclip oder Grafik; das spielt innerhalb von Illustrator keine Rolle.)

◄ **Abbildung 12.22**
Machen Sie eingebettete Bilder oder Vektorgrafiken per Drag & Drop zu Symbolen.

6 Bildmaterial »aufkleben«

Aktivieren Sie mit dem Auswahl-Werkzeug [V] ▷ die Dose, und öffnen Sie das Aussehen-Bedienfeld. Die Extrusion hat einen eigenen Eintrag als Effekt. Sie wissen ja: Effekte sind jederzeit editierbar. Ein Klick auf den Namen des Effekts ❶ öffnet wieder das Optionsfenster von 3D-Extrudieren und abgeflachte Kante.

Aktivieren Sie die Vorschau, und klicken Sie auf Bildmaterial zuweisen. Nun wählen Sie zunächst eine Fläche ❸ (Abbildung 12.24) aus, auf die Sie das Bildmaterial aufbringen wollen. Mit den Vorwärts- und Rückwärtspfeilen blättern Sie die Flächen durch. Die jeweils ausgewählte Fläche wird an dem Objekt im Hintergrund auf Ihrer Zeichenfläche rot umrandet ❻ angezeigt.

▲ **Abbildung 12.23**
Das Aussehen-Bedienfeld mit dem 3D-Effekt

Abbildung 12.24 ▸
Der Bildmaterial zuweisen-Dialog

▴ Abbildung 12.25
Die ausgewählte Fläche wird rot hervorgehoben.

Wenn Sie die richtige Fläche gefunden haben (in unserem Fall die oberste und vorderste), wählen Sie aus der Dropdown-Liste Symbol ② zunächst das Hasensymbol für die obere Fläche aus. Auf Seitengrösse skalieren ⑤ passt die Hasengrafik zwar der Größe der Fläche an, verzerrt sie aber unter Umständen. An den Anfasspunkten ④ ziehend, können Sie sie skalieren. Halten Sie dabei die ⇧-Taste gedrückt, um eine unproportionale Verzerrung zu vermeiden. Wenn Sie mit der Maus in die Nähe eines Eckpunktes (nicht darauf) kommen, ist es zudem möglich, die Grafiken oder Schriftzüge zu drehen.

Navigieren Sie nun mit den Fläche-Pfeilen zu der vordersten Fläche, auf der der Schriftzug erscheinen soll. Passen Sie auch hier die Größe an. Bestätigen Sie nun erst das Zuweisen des Bildmaterials und dann das Extrudieren. Fertig ist Ihre Keksdose rechtzeitig zu Ostern. Sie können die Dose jederzeit in eine andere Perspektive drehen und auch sonst beliebig anpassen. Das »aufgedruckte« Bildmaterial wird sich mitdrehen.

Abbildung 12.26 ▾
Die fertige Keksdose – oder was Sie daraus machen

Kreiseln

Anders als das Extrudieren erschafft der 3D-Effekt Kreiseln grundsätzlich runde Formen, selbst dann, wenn die Grundform eine eckige ist.

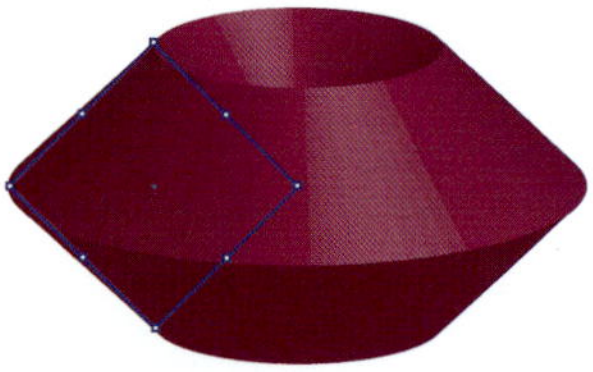

▲ **Abbildung 12.27**
Hier wurde ein auf der Spitze stehendes Quadrat gekreiselt.

Wählen Sie diese Form der 3D-Darstellung also lieber für runde Formen, wie zum Beispiel ein Weinglas. In Kapitel 8, »Transparenzen und Effekte«, haben Sie schon auf konventionellem Weg ein Weinglas gezeichnet. Das geht auch mit dem 3D-Effekt – schneller zwar, aber auch plakativer und nicht so ausgefeilt.

Sie können zum Kreiseln auch geschlossene Flächen verwenden, aber es bietet sich eher an, mit offenen Pfaden zu arbeiten. Jedoch gehört auch hier eine gewisse Vorstellungskraft dazu, weil Sie eine Schnittform (Querschnitt des fertigen Objekts) als Grundlage nehmen müssen. Andernfalls würde das ganze Glas um sich selbst gedreht werden (siehe Abbildung 12.29, links), anstatt sich durch das Kreiseln erst zum ganzen Glas zu verbinden.

▲ **Abbildung 12.28**
Ein »konventionell« gezeichnetes Weinglas

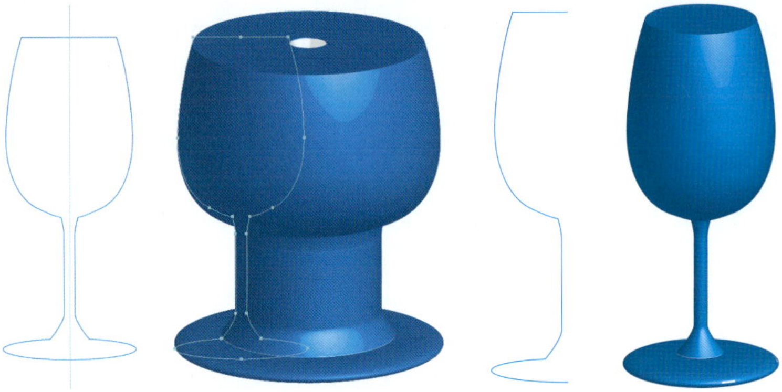

▲ **Abbildung 12.29**
Links: Das ganze Glas kreiselt noch mal um sich selbst. Rechts wird nur der Querschnitt des Glases als Kontur zum Glas gekreiselt.

Zeichnen Sie also immer einen Querschnitt des Objekts, das Sie zu 3D kreiseln wollen. Aktivieren Sie diesen Pfad mit dem Auswahl-Werkzeug [V], und weisen Sie ihm eine Konturfarbe zu, damit Ihr Glas bei einer schwarzen Kontur nicht pechschwarz erscheint. Anschließend gehen Sie bei immer noch ausgewähltem Pfad zu Effekt • (Illustrator-Effekte) • 3D • Kreiseln. Die unten abgebildeten Einträge sind die einzigen, die sich vom Extrudieren im vorherigen Abschnitt unterscheiden.

▲ **Abbildung 12.30**
Die Kreiseln-spezifischen Optionen

▲ **Abbildung 12.31**
Bei nur 270° wird die Form nicht geschlossen.

Mit dem Winkel bestimmen Sie, ob das Kreiseln einmal ganz herumgeht (360°), ob die Form also geschlossen wird oder teilweise offen bleibt. Geben Sie einen etwas geringeren Wert als 360° ein, wird ein Stück wie bei einer Torte ausgelassen.

Der Versatz dreht nicht um die direkte Außenkante, sodass ein Loch in der Mitte entsteht.

▲ **Abbildung 12.32**
Von 0 über 20 bis 40 pt Versatz

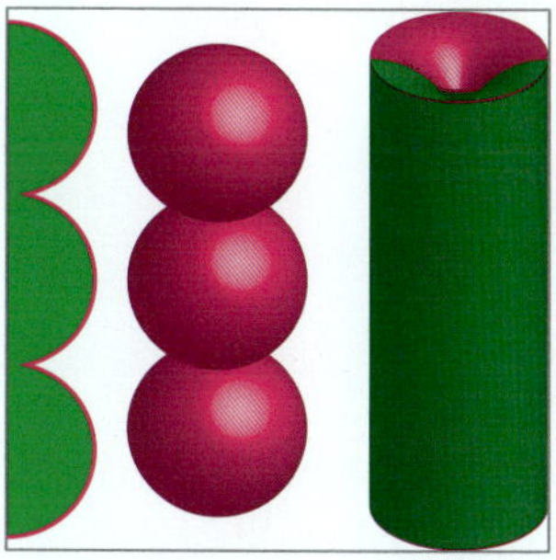

▲ **Abbildung 12.33**
Richtig und falsch herum gekreiselt

Je nachdem, ob Sie eine linke oder rechte Hälfte Ihres Objekts gezeichnet haben, müssen Sie wählen, um welche Kante gekreiselt wird. Haben Sie eine rechte Kontur und lassen sie linksherum kreiseln, erhalten Sie eine negative Form (siehe Abbildung 12.33).

Es wird berücksichtigt, ob die Konturen, die Sie kreiseln lassen, deckend oder transparent sind. Deutlich wird dies, wenn Sie mit Innenräumen arbeiten. Der folgende Weg verdeutlicht es:

1. Weinglashälfte zeichnen
2. Wein selbst passgenau in das Glas zeichnen
3. Flächenfarben zuweisen, Konturfarben löschen
4. Glas auf 30 %, Wein auf 80 % Transparenz stellen
5. Glas und Wein gruppieren
6. Glas-Wein-Gruppe kreiseln

◂ **Abbildung 12.34**
Kreiseln mit halbtransparenten Objekten

Drehen

Der einzige wirkliche Unterschied zum Verbiegen-Werkzeug ist die Perspektive in den Drehen-Optionen. Damit werden die Achsen des Objekts nicht nur in den Raum hinein *gekippt*, sondern auch *verjüngt*. Nutzen Sie das Drehen, wenn Sie numerisch Raumtiefe erzeugen wollen.

▴ **Abbildung 12.35**
3D-Drehen-Optionen

▴ **Abbildung 12.36**
»Konventionell« mit Skalieren und Verbiegen gezeichneter Würfel

Oft jedoch verleiten uns die vielen – und an richtiger Stelle auch nützlichen – Funktionen der ausgefeilten Grafikprogramme dazu, zu kompliziert zu denken. Das einfache Anlegen schräger Flächen erzeugt oftmals eine glaubwürdigere Ansicht; man muss aber schon räumliches Vorstellungsvermögen haben.

Schrift extrudieren

Diesem sehr kurzen Abschnitt möchte ich voranstellen, dass das Umwandeln von Schriften nach 3D in 97% aller Fälle eine typografische Unart ist. Aber es geht. Und in den 3% der Fälle, die übrig bleiben, müssen Sie in jedem Fall eine passende Schrift und Anmutung auswählen.

▲ **Abbildung 12.37**
Auch Schriften können in 3D umgewandelt werden.

Gestalten Sie eine Schrift (im Fall von Abbildung 12.37 sogar eine Schrift mit einem Verlauf), wählen Sie sie mit dem Auswahl-Werkzeug aus, und gehen Sie zu Effekt • (Illustrator-Effekte) • 3D • Extrudieren und abgeflachte Kante. Hier geben Sie wie bei anderen Objekten auch schon die Tiefe Ihrer Extrusion und die Drehung in den Raum ein. Fertig.

Abbildung 12.38 ▶
Text kann korrigiert und formatiert werden. Beachten Sie nur, dass sich die Position der Buchstaben durch den 3D-Effekt verändert (Mitte).

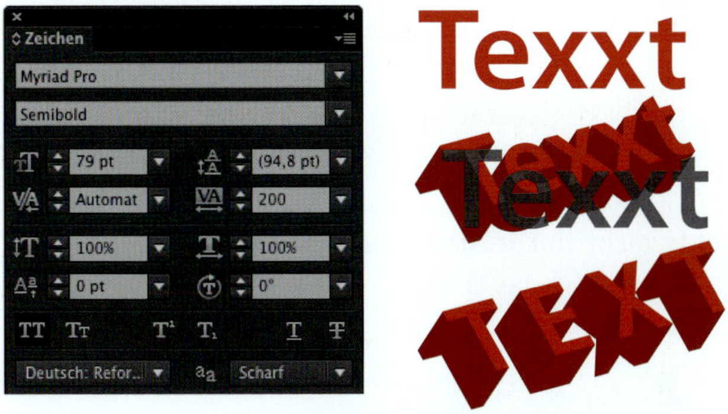

Die Schrift bleibt editierbar, d.h., Sie können jederzeit mit dem Text-Cursor in den Schriftzug klicken und ihn korrigieren oder auch eine andere Schrift auswählen. Illustrator wird sie dann sogleich in den schon angewendeten 3D-Effekt verrechnen.

▲ **Abbildung 12.39**
3D-Typo mit Verzerrungshülle – alles ist möglich.

12.2 Das Perspektivenraster

Wollen Sie perspektivisch korrekt zeichnen, bietet Ihnen das Perspektivenraster einige Hilfestellungen. Einerseits ist es Anhaltspunkt für Ihre Zeichnungen und hilft Ihnen rein visuell. Andererseits bringt es auch von Ihnen nichtperspektivisch gezeichnete Objekte durch Verformen in die richtige Perspektive.

▲ **Abbildung 12.40**
Zeichnen in Perspektive

Doch Perspektive ist nicht für jedermann etwas. Es erfordert trotz der Hilfestellungen, die Illustrator bietet, gutes räumliches

Vorstellungsvermögen. Und Sie sollten vor (!) dem Zeichnen wissen, wie in etwa Ihre Illustration hinterher aussehen soll.

Daher lohnt es sich, bei der Arbeit mit dem Perspektivenraster eine Skizze dessen anzulegen, was Sie sich vorstellen – auch dann, wenn Sie sich nicht für ein Zeichengenie halten. Scannen Sie Ihre Skizze ein, und platzieren Sie sie in den Hintergrund. Auch lohnt es sich, für viele dieser Arbeiten von vornherein ein Querformat anzulegen.

Ein Perspektivenraster anlegen

In dem Moment, in dem Sie das Perspektivenraster-Werkzeug (⇧+P) auswählen, erscheint so ein Raster direkt auf Ihrer Zeichenfläche. Selbst nach einem Werkzeugwechsel verschwindet es nicht mehr. Um es auszublenden, gehen Sie auf Ansicht • Perspektivenraster • Raster ausblenden (Strg/cmd+⇧+I).

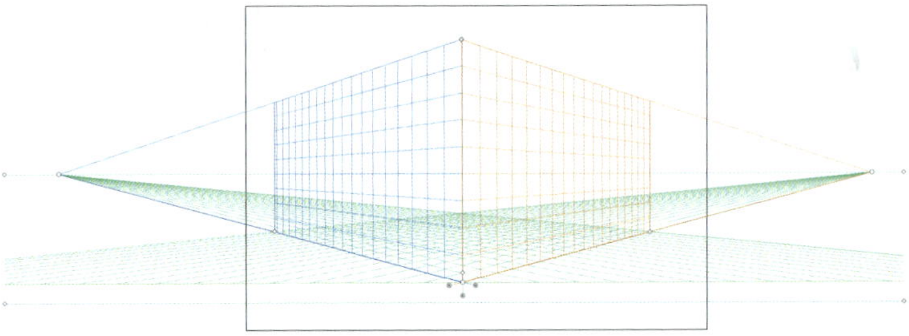

◀ **Abbildung 12.41**
Die Zeichenfläche mit einem Perspektivenraster

Das Raster zeigt Ihnen drei Raumtiefen:

- Nach links wird es mit einem blauen Gitter dargestellt. Ist diese Raumtiefe aktiv, zeigt Ihnen der Ebenenwähler (Abbildung 12.43) dies mit einer blauen Fläche an.
- Nach rechts hinten wird die zweite Raumtiefe mit Orange angezeigt.
- Der Boden wird mit Grün dargestellt.

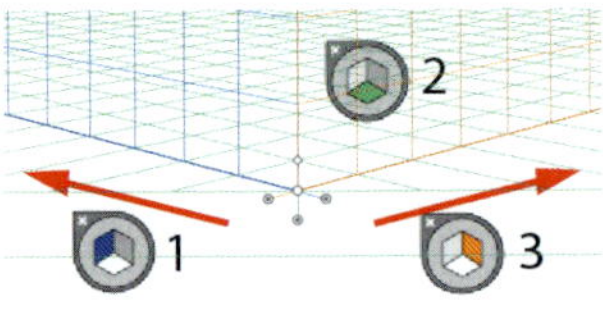

▲ **Abbildung 12.42**
Das Raster weist in drei Richtungen.

Ist eines der Perspektiven-Werkzeuge ausgewählt, wechseln Sie die aktive Ebene mit den Tasten 1, 2 oder 3; alternativ klicken Sie mit der Maus in eine Fläche des Würfels. Die Taste 4 deaktiviert die Perspektivenfunktion; klicken Sie in den Kreis, der den Würfel umgibt.

▲ **Abbildung 12.43**
Der Ebenenwähler zeigt die aktive Raumtiefe an.

Das Perspektivenraster anpassen

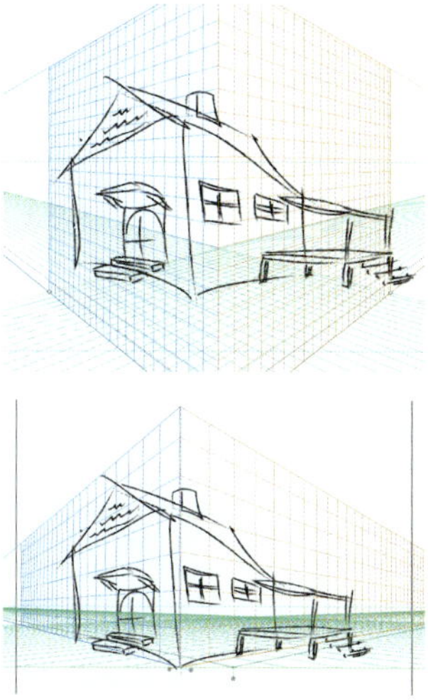

▲ **Abbildung 12.44**
Je genauer Sie das Raster an Ihre Skizze anpassen können, desto leichter wird das Arbeiten.

Nun geht es darum, eine gute Grundlage für die weitere Arbeit zu schaffen. Das Raster zeigt Ihnen ja die drei Dimensionen an, die auf zwei Fluchtpunkte zulaufen: die Senkrechte nach links und rechts sowie den Boden. Doch passt das vielleicht gerade nicht zu Ihrer Skizze oder Vorstellung.

Das Raster hat verschiedene Steuerelemente, die Sie nun so verschieben, dass das Raster (so gut es geht) mit Ihrer Vorlage übereinstimmt.

Mit dem Perspektivenraster-Werkzeug ⇧+P fassen Sie den ganz linken Anfasser an und schieben den Horizont 1 auf die gewünschte Höhe. Er kann nur in der Vertikalen bewegt werden. Danach schieben Sie den linken Fluchtpunkt 2 in der Waagerechten, bis die nach links fluchtenden Linien mit Ihrer Skizze übereinstimmen. Mit dem rechten Fluchtpunkt verfahren Sie anschließend ebenso. Tipp: Bei einem Haus zum Beispiel legen Sie die beiden Fluchtpunkte möglichst weit auseinander (gern auch außerhalb Ihrer eigentlichen Zeichenfläche), damit Ihre Illustration später nicht verzerrt erscheint.

Abbildung 12.45 ▶
Die Steuerelemente zum Anpassen des Perspektivenrasters

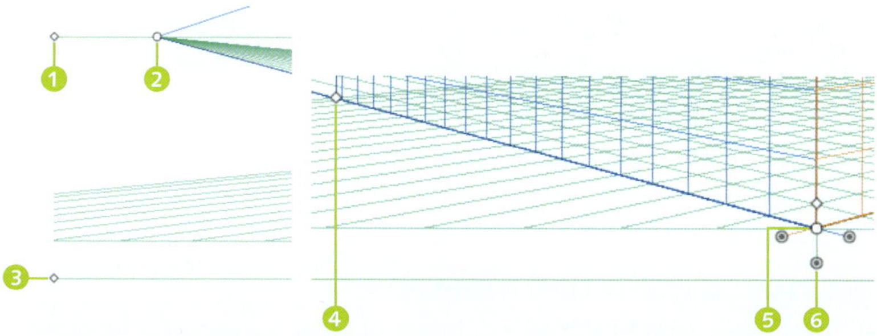

Mit dem Steuerelement für die horizontale Rasterebene 6 verschieben Sie die gesamte Bodenebene auf eine glaubwürdige Höhe. Der Rasterzellen-Punkt 5 vergrößert lediglich die Zellen, wenn Sie ihn nach oben schieben, und verfeinert sie, wenn Sie ihn nach unten ziehen. Er steuert also die Feinheit Ihres Rasters, da zu viele Rasterlinien Sie bei der Arbeit behindern können. Die Ausdehnung des Rasters schränken Sie mit dem Steuerelement zur Rasterausdehnung 4 ein oder erweitern sie. Wie weit soll Ihr Raster also in der Raumtiefe noch angezeigt werden?

Zum Verschieben des ganzen Rasters fassen Sie es an der Bodenebene ganz unten links oder rechts 3 an.

Raster ändern
Achtung: Das Perspektivenraster und die an ihm liegenden Elemente sind nicht interaktiv. Wenn Sie das Raster ändern, ändern sich die Objekte, die im Raster liegen, nicht mit, und die eigentliche Funktionalität ist zerstört. Das gilt auch für das Kopieren in eine andere Datei: Das Raster kommt nicht mit!

Doch achten Sie darauf, dass sich nach dem Anpassen des Rasters die blaue, orange und grüne Ebene wieder treffen. Die Steuerelemente müssen wieder aufeinanderliegen, wie in Abbildung 12.45 unten rechts zu sehen ist.

Perspektivisch zeichnen

Nachdem Sie nun das Raster eingestellt haben, wollen Sie bestimmt mit dem Zeichnen beginnen. Gut. Wenn Sie das Rechteck-Werkzeug [M] auswählen und der Ebenenwähler (7) die linke Ebene als aktive Ebene kennzeichnet, wird jedes Rechteck automatisch in der Perspektive der linken Ebene gezeichnet – selbst außerhalb des sichtbaren Rasters. Auch ein Kreis wird sogleich in der entsprechenden Perspektive aufgezogen.

Soll das Rechteck zur rechten Perspektive konform sein, klicken Sie im Ebenenwähler die rechte Würfelfläche an, bevor Sie zeichnen. Sie sehen, dass die Farben vom Ebenenwähler und dem aktiven Perspektivenraster immer übereinstimmen.

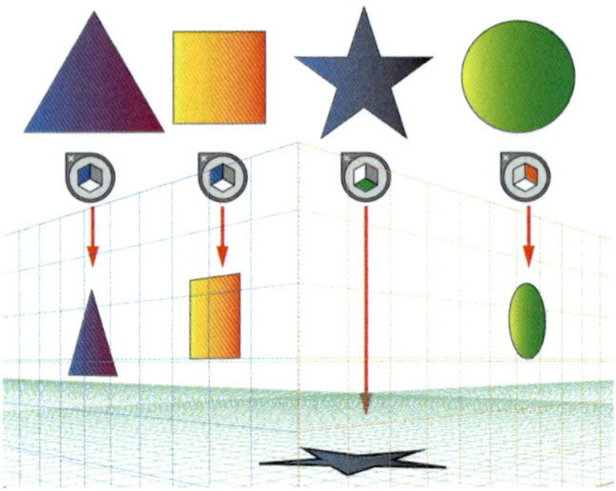

◂ **Abbildung 12.47**
Mit aktiven Perspektivenebenen und dem Perspektivenauswahl-Werkzeug ins Raster gezogene Objekte

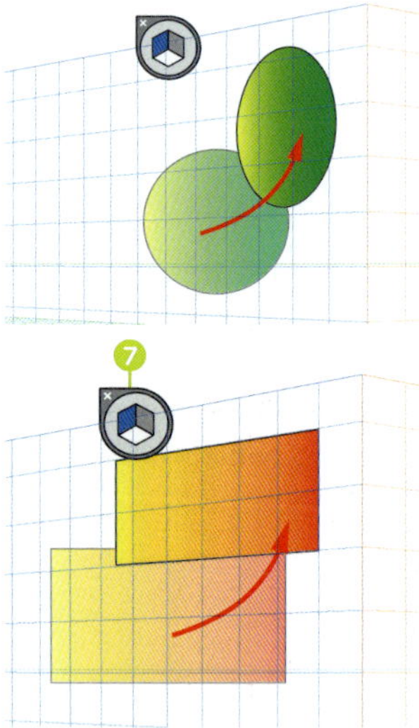

▴ **Abbildung 12.46**
Ein Objekt bei aktiver Perspektive gleich perspektivisch aufziehen

Möchten Sie erst einmal etwas zeichnen, ohne dass die Objekte gleich in irgendeine Richtung einrasten, schalten Sie die Perspektive ab. Dazu klicken Sie in den kleinen Kreis, der den Würfel des Ebenenwählers umgibt, oder drücken Sie [4] auf Ihrer Tastatur. Möchten Sie später dann das gezeichnete Objekt einer Perspektivenebene zuweisen, wählen Sie aus der Werkzeugleiste das Perspektivenauswahl-Werkzeug ([⇧]+[V]) und aktivieren eine Würfelfläche im Ebenenwähler. Klicken Sie auf das Objekt, wird es erst mal nur ausgewählt, doch sobald Sie es bewegen, springt es sofort in die aktive Perspektive.

Perspektive und ursprüngliche Formen
Beachten Sie bitte, dass ein einmal in die Perspektive gebrachtes Objekt nicht wiederhergestellt werden kann. Ziehen Sie daher lieber Kopien in Ihr Raster.

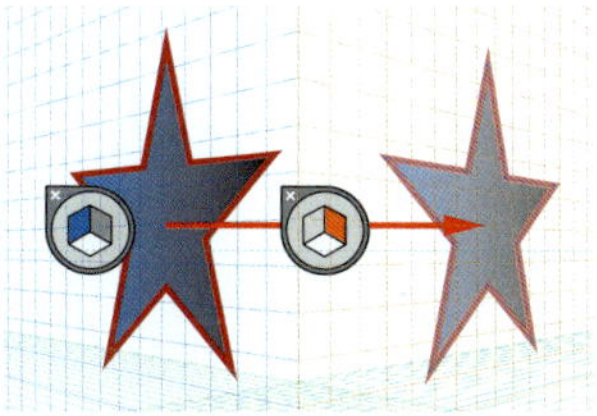

▲ **Abbildung 12.48**
Das Objekt wechselt seine Ebene.

▲ **Abbildung 12.49**
Mit der gedrückten Taste 5 verschieben Sie ein Objekt innerhalb seiner Raumebene in die Ferne.

Wenn Sie mit dem Perspektivenauswahl-Werkzeug ein Objekt verschieben, passt es sich in der Perspektive seiner aktiven Ebene an. Soll es aber seine Perspektivenebene wechseln, ziehen Sie es an die entsprechende Stelle und drücken dabei eine der Ebenen-Tasten: 1 steht für die linke Ebene, 2 für die Bodenebene, 3 für die rechte, und 4 schaltet die Perspektive aus.

Wenn Sie beim Ziehen auch noch die alt-Taste drücken, duplizieren Sie das Objekt dabei. Ein sehr ökonomischer Weg!

Eine Besonderheit gibt es noch. Wenn Sie nämlich ein der linken Ebene zugeordnetes Objekt mit dem Perspektivenauswahl-Werkzeug weiter nach rechts schieben, wird es größer. Wollten Sie es aber weiter nach rechts schieben, um es in die Ferne zu verschieben, halten Sie einfach beim Schieben die Taste 5 gedrückt.

Meine Empfehlung gerade an Einsteiger: Zeichnen Sie zum Beispiel ein Haus, zeichnen Sie es zuerst ohne Perspektive! Zeichnen Sie die linke Seite mit Fenstern, Türen etc., als würden Sie direkt auf diese Hausseite gucken. Danach wiederholen Sie dieses Vorgehen mit der rechten Hausseite. Erst jetzt schalten Sie das PERSPEKTIVENRASTER ein und ziehen die Hauselemente bei aktiver linker oder rechter Perspektive bzw. unterer Perspektive für den Rasen etc. in Ihr Raster.

Grünzeug wie Bäume (im Symbol-Bedienfeld zu finden) setzen Sie ohne Perspektivenfunktion auf die Zeichenfläche, weil diese sonst flach erscheinen.

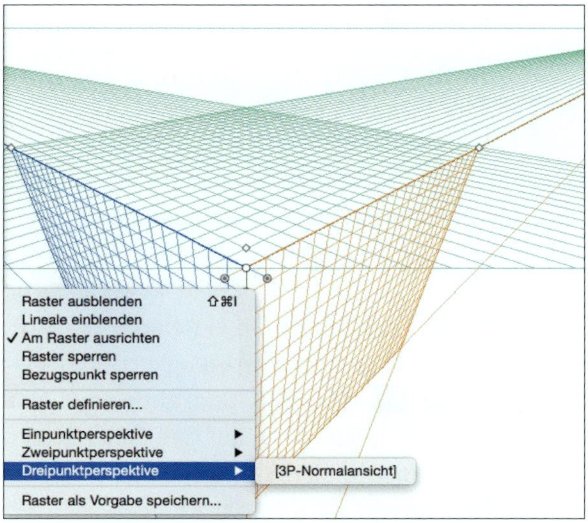

Abbildung 12.50 ▶
Wenn Sie sich mit dem Tool sicher fühlen, wagen Sie sich doch mal an schwierigere Perspektiven heran: ANSICHT • PERSPEKTIVENRASTER.

13

Zusammenspiel über die Creative Cloud

Illustrator und Bridge, InDesign und Photoshop

- Wie funktioniert die Zusammenarbeit über die Creative Cloud?
- Was sind Cloud-Bibliotheken?
- Was sind Cloud-Versionen?
- Welche Möglichkeiten zum Projektmanagement bietet die Bridge?
- Wie werden PSD-Ebenen in AI übernommen?
- Wie kommen Illustrator-Einzelobjekte zu Photoshop?
- Wie werden Pfade zwischen den Printprogrammen ausgetauscht?

13 Zusammenspiel über die Creative Cloud

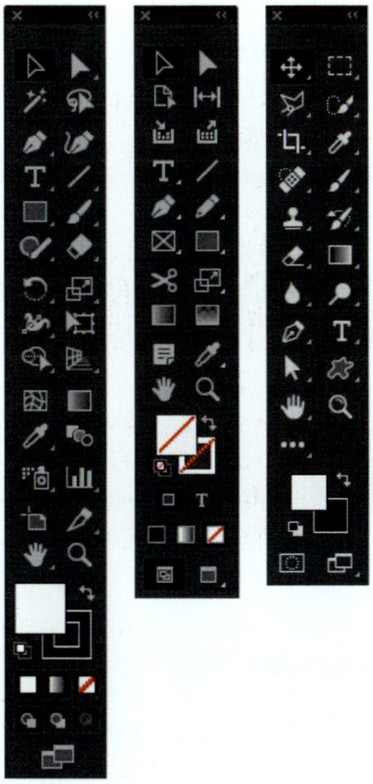

▲ **Abbildung 13.1**
Schon die Werkzeuge zeigen, wo Überschneidungen sind (von links: Adobe Illustrator, InDesign, Photoshop).

Es gibt zwei Arten der Zusammenarbeit in der Creative Cloud von Adobe:

1. Die Zusammenarbeit mit anderen Designer*innen an Ihren oder fremden Illustrator-Dokumenten über die Cloud.
2. Die Zusammenarbeit der verschiedenen Programme untereinander: Zeichnen Sie zum Beispiel mit Adobe Illustrator eine Form, die in Photoshop zu schwer umzusetzen ist, können Sie sie in Photoshop platzieren und dort mit den Photoshop-Möglichkeiten weiterbearbeiten.

Beides wollen wir uns hier jetzt anschauen. Beginnen wir mit der Zusammenarbeit untereinander, die immer wichtiger wird.

13.1 Zusammenarbeit über die Cloud

Wenn Sie ein Illustrator-Dokument geöffnet haben, finden Sie in der Anwendungsleiste ganz rechts dieses kleine Symbol, mit dem Sie jemand anderen zur Zusammenarbeit an diesem Dokument einladen können.

Dazu muss aber Ihr Dokument als Cloud-Dokument gespeichert sein. Und das tun Sie im Dialog SPEICHERN UNTER..., indem Sie nicht auf SICHERN klicken, sondern auf ALS CLOUD-DOKUMENT SPEICHERN ❶.

Abbildung 13.2 ▶
Sie können ein Dokument ALS CLOUD-DOKUMENT SPEICHERN, um an ihm mit anderen Designer*innen zusammenzuarbeiten.

Dass es sich dann um ein Cloud-Dokument handelt, das nicht wie sonst üblich auf Ihrer Festplatte liegt, sondern in der Cloud, sehen Sie im Kopf Ihres Dokuments.

▲ **Abbildung 13.3**
Die Wolke symbolisiert, dass es sich um ein Cloud-Dokument handelt.

Wenn Sie nun also jemanden zur Zusammenarbeit an diesem Dokument einladen, tippen Sie dessen E-Mail-Adresse ein und schreiben am besten noch einen kurzen Text, damit sie oder er weiß, worum es geht.

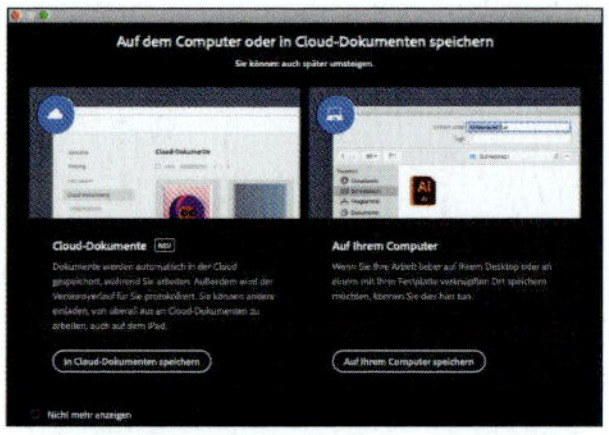

▲ **Abbildung 13.4**
Nachdem Sie zuletzt in die Cloud gespeichert haben, fragt Illustrator Sie beim SPEICHERN UNTER... auf diese Weise.

▲ **Abbildung 13.5**
Geben Sie einfach die Mail des/der Empfänger*in ein.

▲ **Abbildung 13.6**
Ihre Einladung mit Link zur Datei

Mit dem Button ÖFFNEN in der Mail, die Sie bzw. ihre Empfänger erhalten, gelangen Sie direkt zu der in der Cloud gespeicherten Datei und können an ihr weiterarbeiten.

In Ihrem Adobe-Cloud-Account, wo Sie sonst Ihre Programme updaten (APPLIKATIONEN), finden Sie oben den Reiter IHRE ARBEIT. Hier gibt es links drei Symbole: Für Bibliotheken (später hier im Kapitel), für Cloud-Dokumente und für Ihre Cloud im Web. Unter dem zweiten Icon CLOUD-DOKUMENTE finden Sie die in der Cloud gespeicherte Datei. Wenn Sie sie auswählen, bekommen Sie noch einmal ganz viele Optionen, was Sie nun tun können – mit den Symbolen ganz rechts:

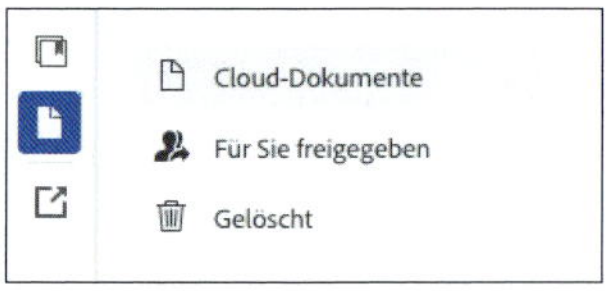

▲ **Abbildung 13.7**
Ihr Adobe Cloud-Account

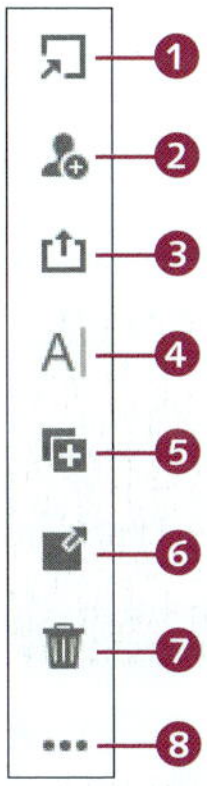

▲ **Abbildung 13.8**
Optionen für Ihr Cloud-Dokument

1. Öffnen
2. Zur Bearbeitung einladen
3. Freigeben
4. Umbenennen
5. Duplizieren
6. Verschieben zu...
7. Löschen
8. Weitere Aktionen

Die Begriffe sind selbsterklärend.

Kommentarfunktion | Wenn Sie oder die eingeladene Person über den Adobe-Account zu der Datei im Web gehen (zu finden unter dem untersten Symbol), können alle an diesem Dokument Arbeitenden rechts im Kommentarfeld direkt zu dieser Datei kommunizieren.

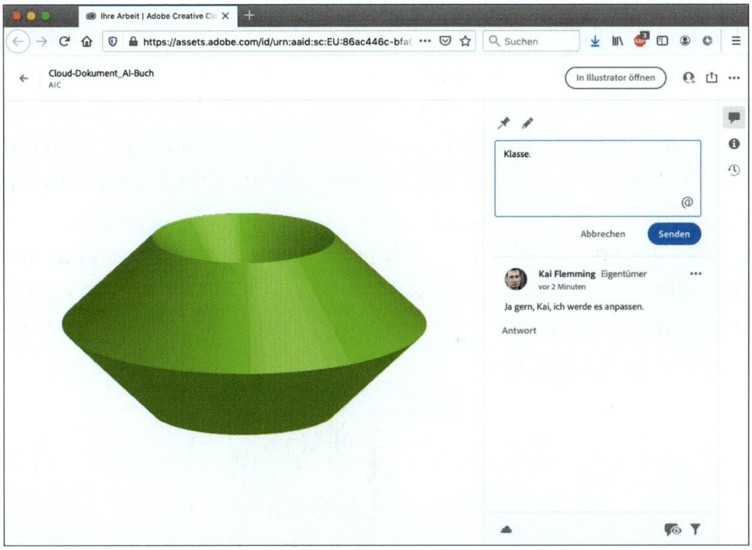

Abbildung 13.9 ▸
Ihr Cloud-Dokument in Ihrem Adobe-Account im Web

Ist das Schnick-schnack? Ganz und gar nicht! Stellen Sie sich vor, Sie arbeiten mit Kolleg*innen an mehreren Piktogrammen und müssten jetzt an alle ein Mail verschicken, in der Sie erklären, um welches der Symbole es sich handelt und dann, was sie dazu sagen wollen. Vormittags antwortet eine Person, mittags die zweite und abends die dritte. Am Ende müssen sie alle Mails zusammensuchen und den Symbolen zuordnen und so weiter und so weiter. Schrecklich! Doch mit den Kommentaren sehen Sie immer alles zusammengefasst und sortiert. Auch hier gibt es übrigens einen Button zum Öffnen der Datei.

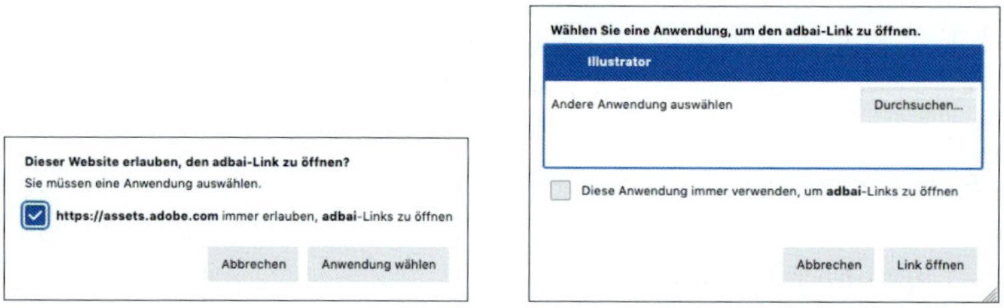

▲ **Abbildung 13.10**
Sie müssen nur noch zulassen, dass das Dokument geöffnet werden darf und festlegen, welche Anwendung verwendet werden soll.

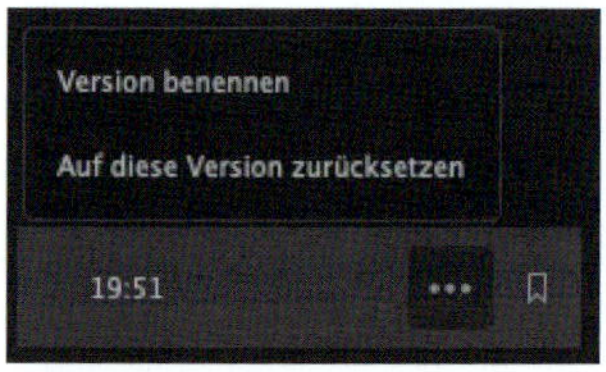

▲ **Abbildung 13.11**
Markieren oder auch zurücksetzen oder benennen.

Versionsverlauf | Apropos sortiert: Wenn nun mehrere Personen an einer Datei arbeiten und darüber diskutieren, kommt es natürlich auch vor, dass man eine Vorversion doch besser fand. Und dafür gibt es in Illustrator das Bedienfeld Versionsverlauf bzw. Version History unter Fenster • Versionsverlauf. Hier werden alle gespeicherten Versionen aufgelistet, sodass Sie mit einem Klick auf Zeit oder Datum eine Vorschau der jeweiligen Version sehen. Mit den Optionen können Sie dann Ihr Dokument auf eine andere Version zurücksetzen.

Hier aber noch ein ganz wichtiger Hinweis für alle Designer*innen: Ein Cloud-Dokument kann nicht in InDesign platziert werden! Ich hoffe, das wird sich noch in einem der kommenden Programmupgrades ändern.

Speicherzeitraum
Irgendwann würde es die Cloud sprengen, wenn alle Versionen aller Dateien für ewig mitgeführt würden. Daher bleiben sie nur 30 Tage im Speicher. Wenn Sie jedoch eine Version markieren, bleibt sie auch weiterhin bestehen.

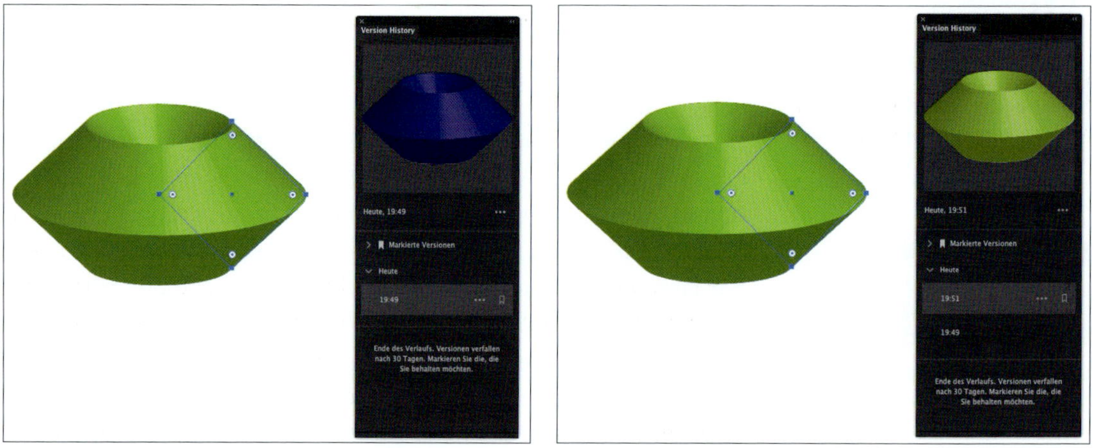

▲ **Abbildung 13.12**
Wenn Sie Ihr Dokument nach der Änderung speichern, erscheint die neue Version auch im Bedienfeld Versionsverlauf (Version History).

13.2 Bibliotheken der Creative Cloud

Mit den Bibliotheken der Creative Cloud schlagen wir die Brücke von der Zusammenarbeit mit anderen Designer*innen hin zur programmübergreifenden Arbeit. Die Objekte, die Sie in Illustrator in die Bibliothek hineinziehen, können auch in Photoshop oder InDesign verwendet werden – und natürlich auch umgekehrt. Sie können aber zu einzelnen Bibliotheken auch Kolleg*innen einladen, um mit ihnen zusammenzuarbeiten – diesmal nicht an einer Illustrator-Datei wie eben, sondern an Elementen, die Sie für Ihre Designs/Illustrationen benötigen und austauschen möchten.

Verwendung der Bibliothek

Eingebettet zu Illustrator
Ziehen Sie ein Objekt mit gedrückter [alt]-Taste aus der Bibliothek in ein Dokument, wird es nicht verknüpft, sondern eingebettet.

▲ **Abbildung 13.13**
Oben eingebettet, unten verknüpft

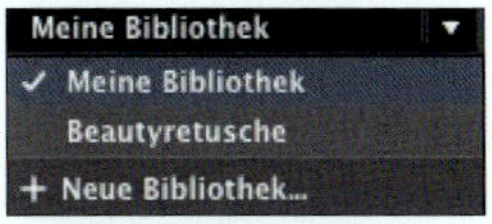

▲ **Abbildung 13.14**
Mehrere Bibliotheken anlegen

Öffnen Sie über FENSTER • BIBLIOTHEKEN das Bibliotheken-Bedienfeld. Legen Sie nun zunächst probehalber eine Bibliothek an. Ziehen Sie jetzt mit der Maus irgendein Objekt auf die Anzeigefläche ❸, ordnet die Bibliothek es automatisch seiner Kategorie zu (SCHRIFT, GRAFIK, FARBFELD …). Sind Sie mit dem Internet verbunden, wird es unmittelbar mit Ihrer Creative Cloud synchronisiert. Sie können das Objekt nun per Drag & Drop in jede beliebige Illustrator-Datei ziehen oder auch in InDesign oder Photoshop verwenden.

Sie können auch mit dem Pluszeichen in der Fußleiste des Bedienfelds Ihrer Datei weitere Objekte hinzufügen ❺. Daneben finden Sie das Ordner-Symbol ❻, das wie immer die Möglichkeit anzeigt, aktivierte Objekte zu gruppieren, was bei großen Bibliotheken sehr hilfreich sein kann. Und löschen können Sie die Objekte natürlich auch wieder ❹. Das Cloud-Symbol ❼ als Wolke in der Fußleiste zeigt den Status der Synchronisierung an.

Über ❶ können Sie andere zu einer Bibliothek einladen. Unter der Lupe ❷ können Sie nach Objekten suchen, aber vorher auch bestimmen, wo gesucht werden soll. Und wenn Sie in den kleinen Pfeil daneben klicken, kommen Sie in das Fenster, in dem Sie eine Ihrer Bibliotheken auswählen oder auch ein ganz neue anlegen – für einzelne Kunden, für einzelne Projekte, Aufgabe oder Programme. Sie können natürlich auch andersherum arbeiten: Ziehen Sie einfach ein Bild oder eine Grafik aus dem Bibliotheken-Bedienfeld auf Ihre Zeichenfläche in Illustrator hinein. Oder aktivieren

Sie mit dem Auswahl-Werkzeug einen Text und klicken Sie auf ein Zeichenformat in der Bibliothek, um es dem Text zuzuweisen. Ist ein Objekt ausgewählt, reicht ein Klick in ein Farbfeld der Bibliothek, um das Objekt damit einzufärben (selbst eines aus einer Farbgruppe).

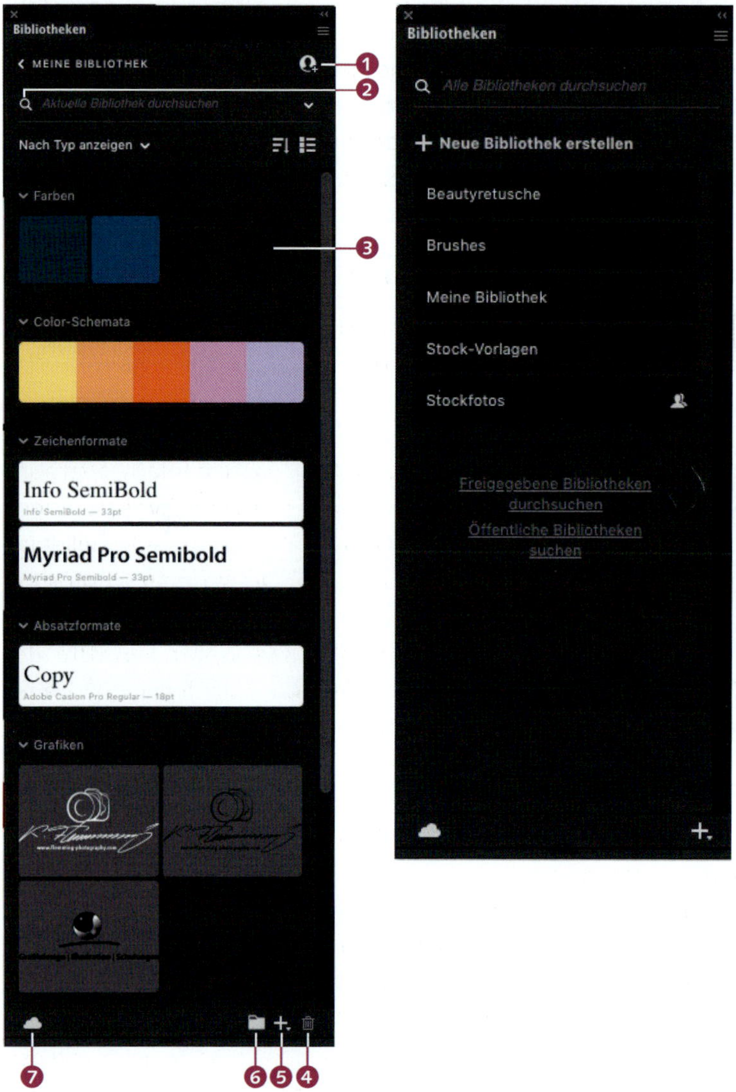

◂ **Abbildung 13.15**
Bibliotheken in Illustrator

Laden Sie doch Ihren Kund*innen oder externen Kolleg*innen zur Zusammenarbeit über eine eigens dafür eingerichtete Bibliothek ein und bestimmen Sie noch, ob sie nur Lese- oder auch

Schreibzugriffe haben. Dann kann auf der anderen Seite der Leitung nicht nur heruntergeladen werden (Zeichenformatierung, Farben etc.), es kann auch in Ihre Bibliothek hineingestellt werden. Anstatt dass die Kommunikationsdesigner*innen Ihnen das Logo der Firma, für die auch Sie illustrieren, per Mail schickt, stellen sie es einfach in Ihre Bibliothek, und Sie benutzen es sofort in jedem Programm.

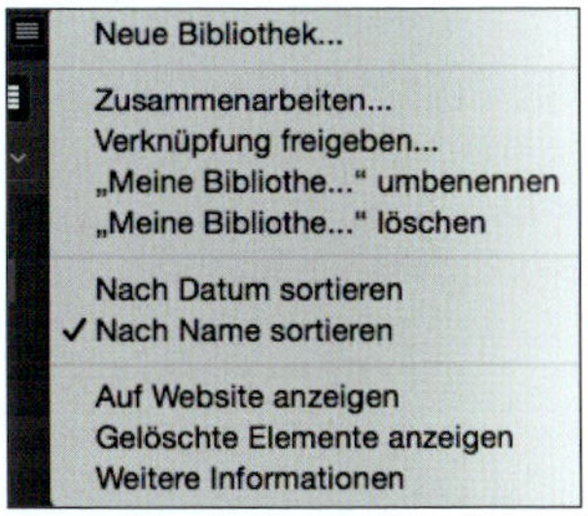

▲ **Abbildung 13.16**
Das Flyout-Menü der Bibliotheken

Bibliotheken exportieren | Eine sehr interessante Funktion im Flyout-Menü ist auch der Export einer Bibliothek. Dabei werden nicht die Bilder, Texte etc. als solche auf Ihre Festplatte kopiert, sondern eine sogenannte cclibs-Datei angelegt, die wiederum importiert werden kann.

Abbildung 13.17 ▶
Einladung zu einer Ihrer Bibliotheken

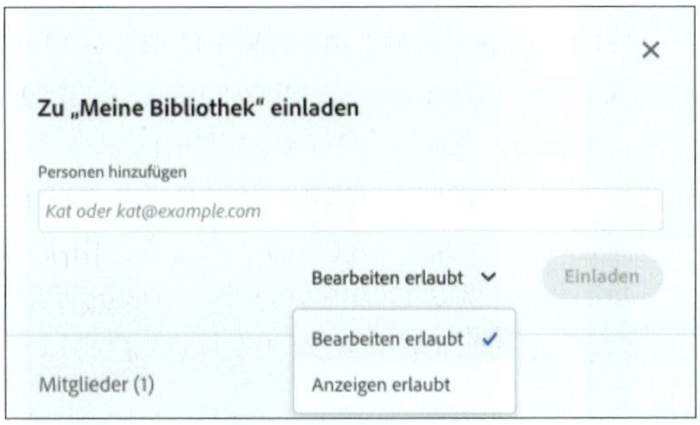

Abbildung 13.18 ▼
Ihre Bibliothek wie auch schon Cloud-Dokumente im Web in Ihrem Adobe Account

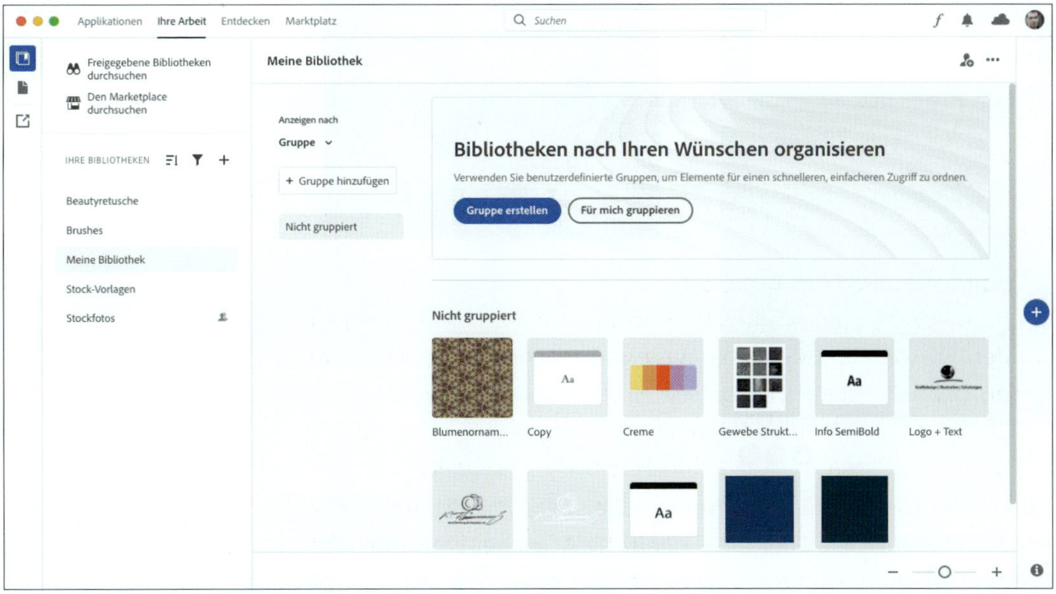

Bei aller berechtigten Skepsis den Clouds gegenüber – besonders, wenn die Server dafür nicht in Deutschland stehen –, hier kann die Cloud Ihre Arbeit wirklich erleichtern. Das gilt für die externe Zusammenarbeit, aber auch intern: Schluss mit der USB-Stick-Tragerei von einem zum anderen Raum oder selbst vom Standrechner zum MacBook! Dieses Tool macht die Zusammenarbeit der Programme untereinander sehr viel durchlässiger. Probieren Sie es einfach aus, Sie werden begeistert sein.

Bibliotheken/Cloud Librarys
In Illustrator und Photoshop heißen sie Bibliotheken, in InDesign »CC Librarys«, weil InDesign schon programminterne Bibliotheken hatte.

Illustrator als Einzelprogramm
Sollten Sie ein Einzelprogramm ohne die Cloud haben, können Sie diese Schritt-für-Schritt-Anleitung leider nicht mitmachen.

Schritt für Schritt
Ein CD-Cover mit der Creative Cloud erstellen

1 Start in der Bridge

Legen Sie sich einen Ordner auf Ihrem Computer an, und ziehen Sie dort alle drei Dateien »CD_Cover.indd«, »Muster.ai« und »Skizze.psd« aus Ihrem Ordner Beispieldateien • CD-Cover hinein.

Öffnen Sie die Bridge (die sich bei Ihren anderen Adobe-Creative-Cloud-Programmen befindet), und navigieren Sie zu Ihrem neuen Ordner. Sie sehen die eingescannte Bleistiftskizze (»Skizze.psd«). Mit einem Doppelklick darauf öffnet sich Photoshop.

Beispielmaterial: Ordner CD-Cover • CD_Cover.indd, Muster.ai und Skizze.psd

◂ **Abbildung 13.19**
Die Bleistiftskizze

2 Aufbereitung in Photoshop

In Photoshop öffnen Sie nun das Korrekturen-Bedienfeld, klicken auf den Button Gradationskurven und machen dort die Kurve steiler, um die grauen Striche des Bleistifts schwärzer werden zu lassen. Orientieren Sie sich dabei ruhig an meiner Abbildung 13.21.

Mit dem Zauberstab [Y] und dem in der Steuerleiste gesetzten Haken Benachbart klicken Sie in die weiße Fläche außerhalb des Tropfens. Klicken Sie nun bei gedrückter [⇧]-Taste in die beiden Glanzflecken, um diese auszuwählen.

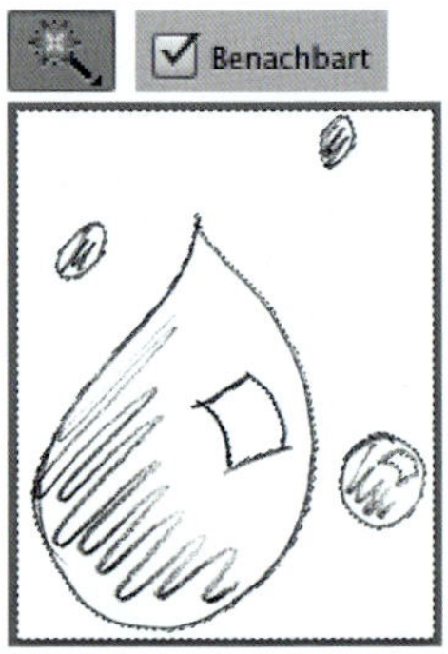

▴ **Abbildung 13.20**
So wählen Sie die Außenform der Tropfen aus.

▲ **Abbildung 13.21**
Die bearbeiteten Tropfen in Photoshop

Stellen Sie sicher, dass Sie bei den folgenden Schritten immer die Hintergrundebene aktiviert haben: Drücken Sie D, damit gewährleistet ist, dass die Farben Schwarz und Weiß im Farbwähler aktiv sind. Mit Strg/cmd+← füllen Sie mit der Vordergrundfarbe und färben so den Hintergrund und die Glanzflecken weiß ein.

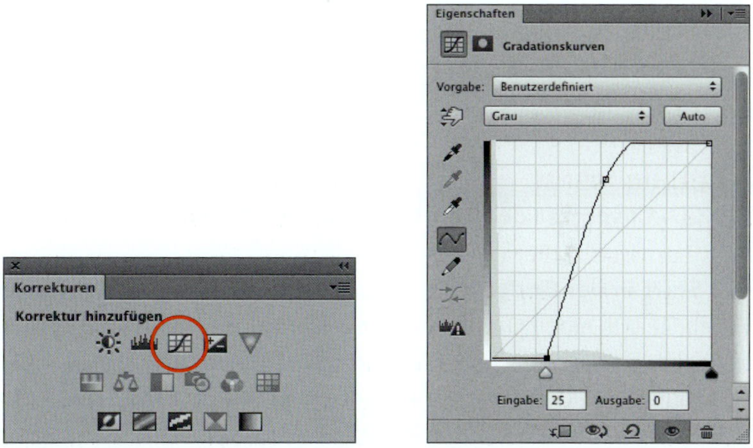

Abbildung 13.22 ▶
Korrekturen-Bedienfeld und Gradationskurve

Als Letztes drehen Sie mit Strg/cmd+⇧+I die Auswahl um. Damit die Tropfen schwarz eingefärbt werden, drücken Sie alt+←. Ihr Ergebnis ist jetzt schwarzweiß.

Sichern Sie die Veränderung an der Datei »Skizze.psd« mit Strg/cmd+S. Sie können Photoshop nun schließen.

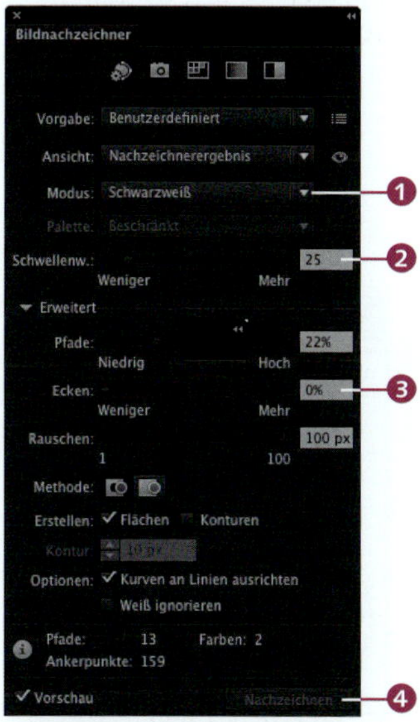

▲ **Abbildung 13.23**
Der Bildnachzeichner für den Tropfen

3 Nachzeichnen in Illustrator

Öffnen Sie eine neue Illustrator-Datei, und fügen Sie den bearbeiteten Tropfen mit Datei • Platzieren ein. Stellen Sie im Bildnachzeichner-Bedienfeld (Fenster • Bildnachzeichner) die Werte so wie in Abbildung 13.23 ein: Wählen Sie bei Modus die Option Schwarzweiss ❶, einen niedrigen Schwellenwert, z. B. 25, ❷ und unter Erweitert keine Ecken ❸. Danach klicken Sie auf Nachzeichnen ❹ und im Steuerung-Bedienfeld auf Umwandeln.

Mit den normalen Bordwerkzeugen von Illustrator wie dem Tropfenpinselwerkzeug ⇧+B oder dem Direktauswahl-Werkzeug A können Sie, wenn Sie wollen, noch die Form abrunden oder verändern. Wichtig ist, dass Sie am Ende die weiße Fläche, die um die Tropfen herum liegt, mit dem Direktauswahl-Werkzeug anklicken und löschen. Dazu deaktivieren Sie die Trop-

fengrafik mit [Strg]/[cmd]+[⇧]+[A], bevor Sie die weiße Fläche mit dem Direktauswahl-Werkzeug anklicken und dann [Entf] drücken.

Wenn Sie mögen, wählen Sie die einzelnen Tropfen mit dem Direktauswahl-Werkzeug und der gedrückten Taste [⇧] aus und weisen den Tropfen einen schönen Verlauf zu (siehe dazu Abschnitt 5.5, »Verläufe«). Zuletzt speichern Sie Ihre Tropfen in dem Ordner, in dem auch die anderen Projektdateien liegen.

▲ **Abbildung 13.24**
Weiße Außenflächen mit dem Direktauswahl-Werkzeug auswählen und löschen

4 Layout in InDesign

Wechseln Sie über DATEI • BRIDGE DURCHSUCHEN zur Bridge und doppelklicken Sie dort auf die bereits vorbereitete InDesign-Datei »Cover-CD.indd«. Wie erwartet öffnet sich InDesign. Dort öffnen Sie über DATEI • PLATZIEREN den Platzieren-Dialog von InDesign und navigieren wieder zu Ihrem Ordner, in dem Sie dann doppelt auf die Illustrator-Datei klicken.

▲ **Abbildung 13.25**
Das zu platzierende Bild befindet sich in der Maus.

Mit der Maus, in der sich nun der Tropfen befindet, ziehen Sie diesen großflächig über das CD-Cover. Stimmt die Größe oder die Position hinterher nicht, korrigieren Sie dies auf fast die gleiche Weise wie in Illustrator mit dem Auswahl-Werkzeug. Für die Positionsbestimmungen nutzen Sie das Auswahl-Werkzeug, und wenn Sie an den Ecken mit gehaltener [Strg]/[cmd]+[⇧]-Taste ziehen, können Sie die Größe ändern.

5 Korrekturen

Wenn Sie beim Layouten feststellen, dass die Farben des Tropfens nicht so recht passen oder dass er partiell Transparenzen haben sollte, doppelklicken Sie auf ihm mit gedrückter [alt]-Taste. Er öffnet sich in Illustrator und aktualisiert sich in InDesign nach dem Speichern automatisch.

◂◂ **Abbildung 13.26**
Ihr CD-Cover

◂ **Abbildung 13.27**
Die Deckkraft von Illustrator wird in InDesign übernommen.

13.3 Adobe Bridge

In meinen Schulungen fragen selbst gestandene Grafiker*innen immer wieder nach, was denn eine »Bridge« überhaupt sei und woher sie sie bekämen. Dabei ist die Bridge mit an Bord der Creative-Cloud-Programme und schon sehr, sehr lange fester Bestandteil des programmübergreifenden Arbeitens. In diesem Buch ist Ihnen die Bridge schon zweimal begegnet: in Kapitel 4, »Bilder und Grafiken«, wo sie zum Austausch von Bildern diente, und in Abschnitt 5.1, »Colormanagement«, wo sie für das Farbmanagement unerlässlich war. Die Bridge lässt sich über die Cloud-Verwaltung jederzeit installieren. In erster Linie hilft Ihnen die Adobe Bridge bei Ihrer Projektorganisation, denn sobald Sie mit mehreren Programmen arbeiten, haben Sie auch verschiedene Dateien für ein und dasselbe Projekt. Bei einem Katalog zum Beispiel kommen schnell Hunderte von Dateien zusammen – verschieden profilierte Fotos, viele Textdateien und -bausteine, zahlreiche Piktogramme, Logos, Illustrationen und Grafiken aus Illustrator. Da kann man schon mal den Überblick verlieren.

Projektorganisation

Da jedes Projekt unterschiedlich ist, möchte ich Ihnen mit dem Überblick über die Bridge Anregungen geben, wie Sie Ihre ganz eigene Ordnung schaffen können, wenn Sie sich entscheiden, die Bridge mit zu Ihren Programmen »aufsteigen« zu lassen.

Legen Sie sich auf der Betriebssystemebene Kundenordner an, und navigieren Sie in der Bridge am besten mit der Ordnerstruktur ❷ zu dem Ort Ihres Kundenordners (Sie können aber auch in der Bridge selbst neue Ordner anlegen: Datei • Neuer Ordner). Der Inhalt ❸ des Ordners wird Ihnen daraufhin angezeigt. Mit der rechten Maustaste können Sie ihn auch zu den Favoriten ❶ hinzufügen, damit Sie später schneller wieder an ihn herankommen und schnell zwischen wichtigen Ordnern hin und her springen können.

Die Filter zeigen Ihnen zum Beispiel von Ihnen vergebene Beschriftungen ❼ oder welche Dokumentarten ❾ sich überhaupt im Ordner befinden. Auf der anderen Seite sehen Sie die Metadaten ❹ einer aktivierten Datei ein. Eine größere Ansicht dieser Datei sehen Sie in der Vorschau ❺.

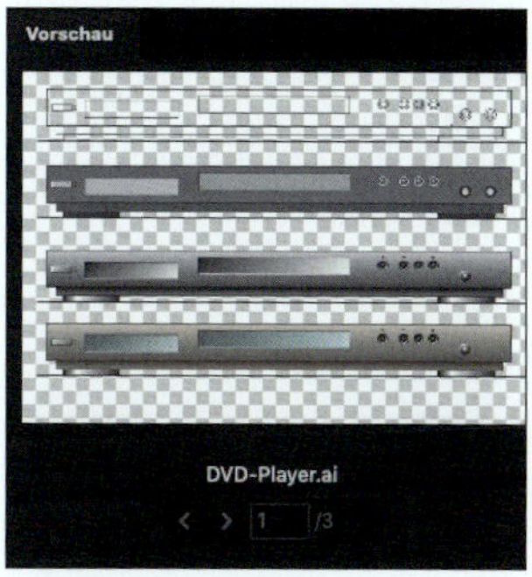

▲ Abbildung 13.28
Blättern Sie in der Vorschau durch Ihre Illustrator-Zeichenflächen.

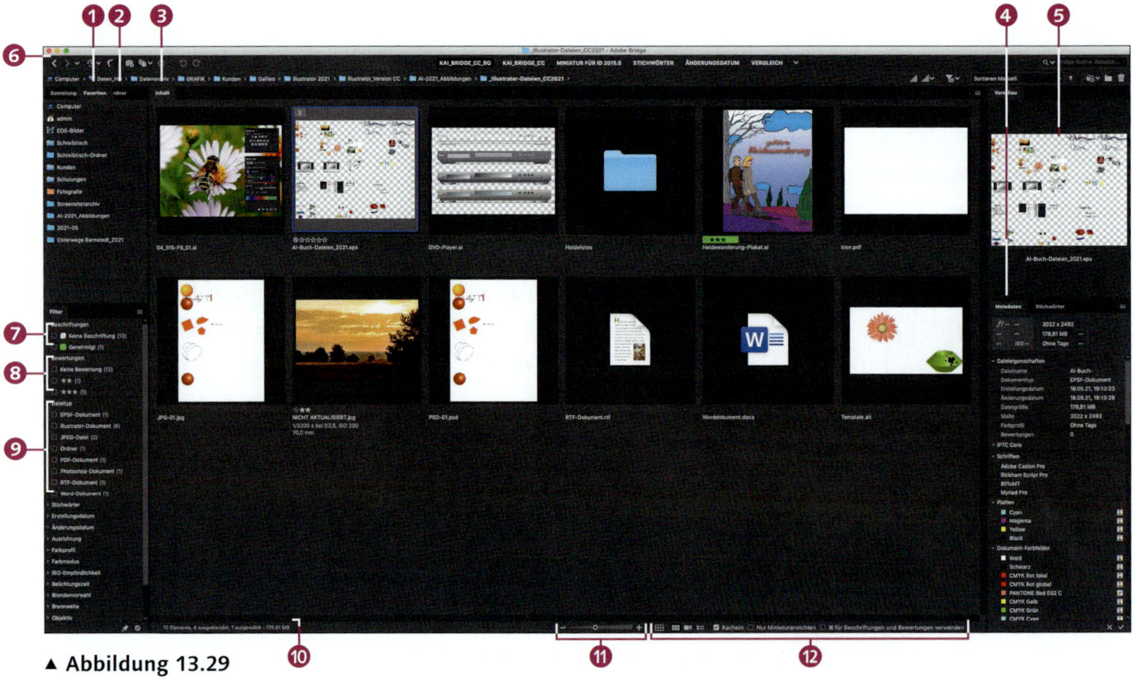

▲ **Abbildung 13.29**
Das Bridge-Fenster

Passen Sie die Anzeigengröße der Dateien an ⓫, oder wählen Sie aus verschiedenen Anzeigevorgaben ⓬. Alle Stege zwischen den Frames können Sie mit der Maus anfassen und verschieben – ganz nach Ihren eigenen Wünschen. Selbst die Frames selbst können Sie an ihren Titelleisten an andere Stellen ziehen und sich so Ihr eigenes Bridge-Fenster zusammenstellen.

▲ **Abbildung 13.30**
Die wichtigsten Infos stehen schon unter der Datei.

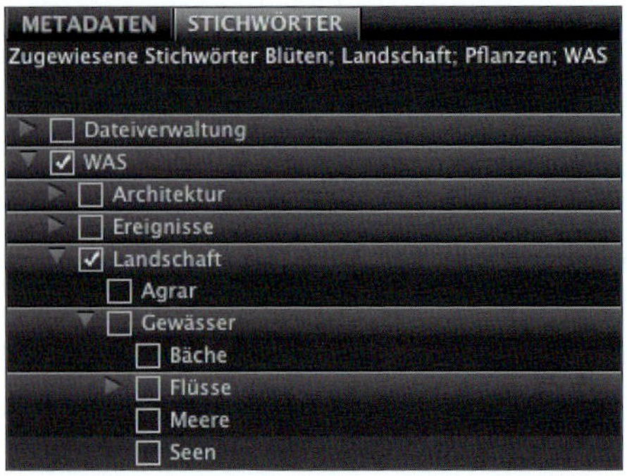

◄ **Abbildung 13.31**
Für das Arbeiten mit großen Fotoarchiven: Anlegen und Vergeben von Stichwörtern

▲ **Abbildung 13.32**
Metadaten eines Fotos, wie Blende, ISO-Wert oder Belichtungszeit

In der Steuerleiste ganz oben ❻ navigieren Sie innerhalb der Bridge: zum Beispiel eine Ordnerebene höher oder zu letzten Dateien oder zurück zu Photoshop etc.

▲ **Abbildung 13.33**
Filtern nach zuvor vergebenen Bewertungen

▲ **Abbildung 13.34**
Vergeben Sie Etiketten (Beschriftungen) für Dateikategorien.

Jede Datei ist mit ihrem Namen gekennzeichnet, und je nach Voreinstellung (BEARBEITEN • VOREINSTELLUNGEN... • MINIATUREN) gibt sie auch das Farbprofil und andere Ihnen wichtige Informationen ❿ preis, ohne dass Sie sie öffnen müssten. An dieser Stelle zeigt sich schon die erste Stärke der Arbeit mit der Bridge: Übersichtlichkeit und Schnellzugriff auf Informationen.

Unter BESCHRIFTUNG ❼ können Sie einer oder mehreren aktivierten Dateien eine Beschriftung mit Farbetiketten zuweisen. Ebenda stehen BEWERTUNGEN ❽, mit denen Sie Sternchen vergeben können. Mit diesen Filtern ist es so sehr schnell möglich, bestimmte Kategorien von Dateien herauszufiltern, indem Sie eine oder mehrere Kategorien anhaken und dann auch nur diese angezeigt bekommen (Abbildung 13.33 und Abbildung 13.34). Bedingung dafür ist natürlich eine sorgsame Kategorisierung Ihrer Dateien.

Mit einem Doppelklick auf eine Illustrator-Datei öffnet sie sich in Illustrator, um dort bearbeitet zu werden. Über DATEI • BRIDGE DURCHSUCHEN gelangen Sie von Illustrator wieder zurück zur Bridge.

Vorabkontrolle

▲ **Abbildung 13.35**
Die PLATTEN zeigen die Farbauszüge Ihrer Illustrator-Datei an – so auch die Pantone-Farbe ❶.

▲ **Abbildung 13.36**
Unter SCHRIFTEN werden die in Ihrer Illustrator-Datei verwendeten Schriften aufgelistet.

Hier ist die zweite Stärke von Illustrator: Illustrator hilft Ihnen auch bei der Kontrolle Ihrer Dokumente. Stellen Sie sich vor, Sie sollen das Logo eines Kunden, das Sie mit Illustrator erstellt haben, für einen 4c-Druck zu einem Kollegen schicken. In der Bridge aktivieren Sie die Datei mit einem einfachen Klick und sehen in den Metadaten sofort, ohne die Datei dafür geöffnet zu haben, dass das Logo eine Volltonfarbe ❶ enthält, die umgewandelt werden muss.

Ach, du Schreck, auch eine Schrift wird angezeigt, also benutzt! Wäre sie in Illustrator in Pfade umgewandelt worden, würde sie hier in der Bridge auch nicht angezeigt werden. Sie müssen die Schrift mit zu dem Kollegen schicken oder sie zuvor noch in Pfade umwandeln. Also: Die Bridge dient auch zur Vorabkontrolle Ihrer Dateien (was eine richtige Reinzeichnungskontrolle natürlich nicht ersetzt!).

13.4 Programmübergreifendes Arbeiten

Die Creative Cloud als Programmsample zeigt besonders dann ihre Stärke, wenn Sie mit mehreren Programmen gleichzeitig arbeiten.

Wie könnte ein Workflow aussehen? Sie entwerfen gerade das Cover einer CD und machen ein paar Scribbles auf Papier für ein grafisches Element, sagen wir, ein Piktogramm. Eines davon gefällt Ihnen, und Sie scannen es ein. In Photoshop bearbeiten Sie es noch ein wenig. Dann wechseln Sie zu Illustrator, um es dort zu vektorisieren. Anschließend platzieren Sie das Illustrator-Piktogramm in InDesign. In der Bridge verschaffen Sie sich währenddessen einen Überblick über alle Teile Ihres CD-Cover-Projekts. Das Piktogramm gefällt Ihnen so sehr, dass Sie es auch auf Ihrer Website verwenden möchten, und daher speichern Sie es von Illustrator aus: über FÜR WEB SPEICHERN oder über den EXPORTIEREN-Dialog – je nachdem, was Sie brauchen.

Auf dem ganzen Weg brauchen Sie sich kein einziges Mal Gedanken über Farbräume und -konvertierungen zu machen, weil Sie zuvor in der Bridge die Farbeinstellungen für dieses Projekt ausgewählt und die Programme entsprechend synchronisiert haben.

Auch wenn Ihr Illustrator-Piktogramm noch verändert werden muss, obwohl es in InDesign schon platziert wurde, doppelklicken Sie in InDesign mit gedrückter [alt]-Taste lediglich auf die Grafik, damit sie sich in Illustrator öffnet. Nach der Veränderung speichern und schließen Sie sie. Kehren Sie zu InDesign zurück, ist sie dort schon automatisch aktualisiert. Einfacher geht es nicht mehr.

Für den Printbereich speichern Sie Ihre Dateien offen ab. Das heißt, Photoshop-Dateien als »xxxx.psd« abzuspeichern und Illustrator-Dateien als »xxxx.ai«. Das gilt für Photoshop und auch für Illustrator, wobei Sie bei Illustrator ja auch das PDF-Format unter Beibehaltung der Illustrator-Bearbeitungsfunktionen wählen können.

Farbeinstellungen
Damit Sie innerhalb der Creative Cloud nicht aus Versehen mit unterschiedlichen Farbeinstellungen arbeiten (Dateien verschiedener Programme also nicht völlig andere Parameter aufweisen) und damit der Austausch auf farblicher Ebene reibungslos(er) funktioniert, wird das Farbmanagement zentral gesteuert – über die Bridge. Wie Sie die CC-Programme über BEARBEITEN • FARBEINSTELLUNGEN... synchronisieren und was alles dabei beachtet werden muss, lesen Sie in Abschnitt 5.4, »Farben verwalten«.

▲ **Abbildung 13.37**
Vereinheitlichte Farbeinstellungen innerhalb der Creative Cloud

Photoshop-Ebenen in Illustrator-Ebenen umwandeln

In einigen Fällen werden Sie Ebenen eines Photoshop-Bildes nach dem Platzieren in Illustrator benötigen. Das geht zwar, aber nur mit einer großen Einschränkung: Die Photoshop-Datei muss eingebettet sein. Beim Platzieren lassen Sie einfach den Haken vor VERKNÜPFEN weg.

▲ **Abbildung 13.38**
Ebenen eines Photoshop-Bildes

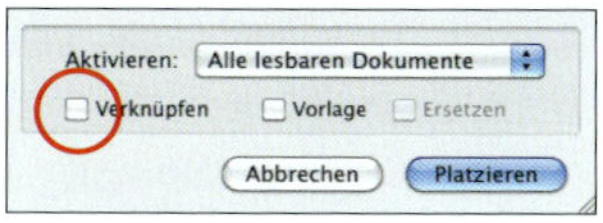

▲ **Abbildung 13.39**
Ohne Haken bei VERKNÜPFEN wird das Bild eingebettet.

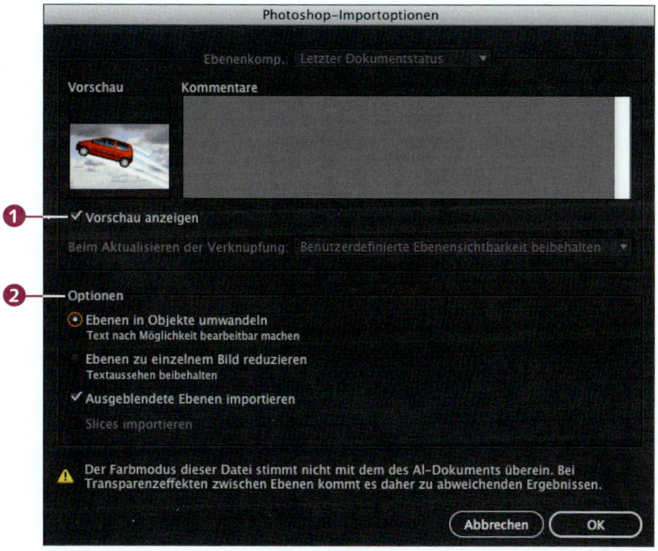

Abbildung 13.40 ▶
Der PHOTOSHOP-IMPORTOPTIONEN-Dialog in Illustrator

Foto ist schon verknüpft
Haben Sie die PSD-Datei schon verknüpft platziert, möchten aber auf deren Ebenen zugreifen, öffnen Sie das Verknüpfungen-Bedienfeld, gehen ins Flyout-Menü und wählen BILD EINBETTEN.

Wenn Sie ein Bild mit Ebenen (!) platzieren, erscheinen die Photoshop-Importoptionen, in denen Sie EBENEN IN OBJEKTE UMWANDELN ❶ anhaken; andernfalls bekommen Sie ein zusammengefasstes Bild. Möchten Sie in Illustrator auch Zugriff auf Photoshop-Ebenen haben, die aber nicht sichtbar sind, setzen Sie auch einen Haken bei AUSGEBLENDETE EBENEN IMPORTIEREN ❷.

Die einzelnen Photoshop-Ebenen werden als Objekte einer Unterebene in Illustrator erstellt ❹. Ein verknüpft platziertes Bild hingegen liegt als Einzelobjekt ❸ in den Ebenen von Illustrator.

Sie können nun jedes Objekt selbstständig aktivieren oder wie andere Objekte auch über das Augen-Symbol in den Ebenen ausblenden. Sie können sogar andere Objekte aus Illustrator zwischen die Ebenen des Photoshop-Bildes legen.

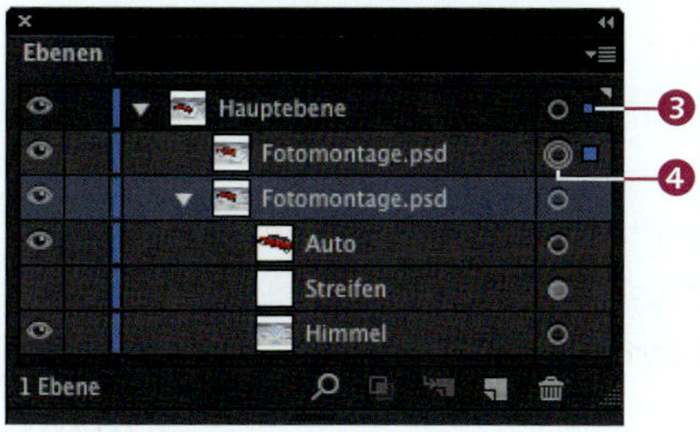

▲ **Abbildung 13.41**
Die Ebenenstruktur von Illustrator

▲ **Abbildung 13.42**
In Illustrator gezeichnete Striche wurden teilweise unter und über das Auto gelegt.

Von Illustrator zu Photoshop

Sehr häufig wird in Illustrator vorgezeichnet, um in Photoshop weiterzuarbeiten. Da Photoshop aber ein pixelbasiertes Programm ist, funktioniert es anders als Illustrator. Die Ebenen, die Sie in Illustrator angelegt haben, werden nicht einfach als Ebenen in Photoshop übernommen, und das gilt schon gar nicht für die einzelnen Elemente, von denen es in Illustrator ja schnell Hunderte geben kann. Photoshop hat aber einen genialen Weg gefunden, mit der Zusammenarbeit umzugehen: Es nutzt Smart-Objekte.

In Photoshop gehen Sie zu Datei • Platzieren und einbetten. Hier können Sie Ihre Illustrator-Datei auswählen, um sie in die bestehende Photoshop-Datei zu platzieren. Im folgenden Dialog wählen Sie Seite ❺ und den Begrenzungsrahmen ❻, um alle Objekte, nicht aber den leeren Bereich der Zeichenfläche von Illustrator zu platzieren.

◂ **Abbildung 13.43**
Der PDF platzieren-Dialog von Photoshop

Nach dem Platzieren können Sie die platzierte Datei noch an den Objektbegrenzungen ❶ skalieren, und Sie müssen in jedem Fall das Platzieren noch einmal mit der Eingabetaste oder dem Bestätigen-Button ⊘ ✓ in der Steuerleiste bestätigen bzw. links davon das Platzieren verwerfen.

Die AI-Datei ist jetzt automatisch zum Smart-Objekt in Photoshop geworden, was Sie am Icon ❷ im Ebenen-Bedienfeld erkennen. Sie haben nur eine Ebene hinzubekommen, doch wenn Sie auf das Smart-Objekt-Icon doppelklicken, öffnet sich Illustrator – mit den einzelnen Ebenen. Aber Achtung! Die Illustrator-Datei, die sich nun geöffnet hat, ist nicht Ihre Originaldatei! Es ist eine aus Photoshop generierte Kopie.

Platzieren Sie die Datei in Photoshop hingegen über Datei • Platzieren und verknüpfen, wird die Original-Illustrator-Datei

▴ **Abbildung 13.44**
Noch können Sie das Platzieren verwerfen oder das Objekt an den Anfassern skalieren.

geöffnet (statt einer Photoshop-internen Kopie). Das ermöglicht professionelles Arbeiten zwischen PS und AI, während noch an beiden Dateien gearbeitet wird, der Design-Prozess also noch offen ist.

Abbildung 13.45 ▸
Das Icon einer Smart-Ebene in Photoshop sieht anders aus als »normale« Ebenen.

▴ Abbildung 13.46
Photoshop öffnet aus der Smart-Ebene die Illustrator-Datei.

Sie können die Zeichnungen in Illustrator nun beliebig verändern und speichern. Kehren Sie nach dem Speichern zu Photoshop zurück, werden die Veränderungen dort automatisch übernommen. Ihr Original in Illustrator bleibt unangetastet. Sie können die Smart-Ebene immer wieder als Illustrator-Dokument öffnen, bis Ihnen die Veränderungen zusagen.

Pfade aus Illustrator exportieren

Manchmal will man nicht eine komplette Illustration, sondern nur einzelne Pfade von Illustrator nach InDesign oder Photoshop bringen. Das bewerkstelligen Sie per Copy & Paste. Wählen Sie mit dem Auswahl-Werkzeug [V] einen Pfad aus, kopieren Sie ihn mit [Strg]/[cmd]+[C], wechseln Sie zu Photoshop oder zu InDesign, und fügen Sie ihn über [Strg]/[cmd]+[V] ein.

In **Photoshop** wird es keine Probleme geben, weil Sie in jedem Fall gefragt werden, was mit dem zu platzierenden Element passieren soll. Wählen Sie PFAD, und bestätigen Sie dann den Dialog. Im Pfade-Bedienfeld steht jetzt der Illustrator-Pfad als Arbeitspfad. Soll der Pfad auch nach dem Schließen der Datei erhalten bleiben, müssen Sie auf ihn doppelklicken und ihn benennen.

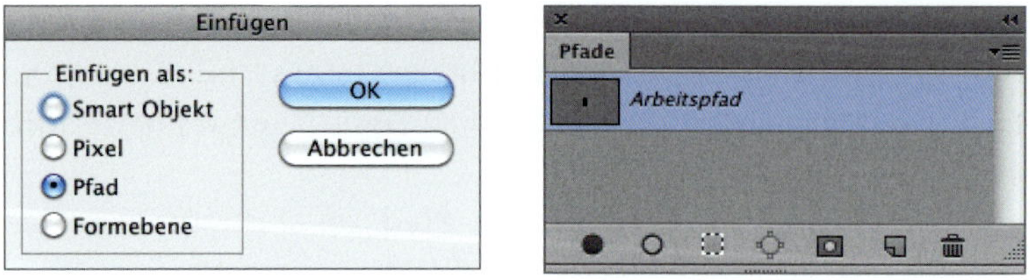

◂ **Abbildung 13.47**
In Photoshop per Drag & Drop eingefügter Pfad

In Photoshop haben Sie die Möglichkeit, den Pfad zu skalieren ([Strg]/[cmd]+[T]) und ihn dann für alle weiteren Photoshop-Operationen zu nutzen. Doch sollten Sie besser auf den Arbeitspfad doppelklicken, den Photoshop für Sie erstellt hat, und ihn benennen, damit er beim Schließen der Datei oder dem Benutzen des Zeichenstift-Werkzeugs nicht verloren geht.

Wenn das auch mit **InDesign** so leicht gehen soll, müssen Sie erst die Voreinstellungen von InDesign ändern: Bearbeiten/InDesign • Voreinstellungen • Dateien verarbeiten und Zwischenablage. Standardmäßig ist unter Zwischenablage die Option Beim Einfügen PDF bevorzugen aktiviert. Das ermöglicht das unproblematische Einfügen vieler Daten, sorgt aber auch dafür, dass ein Illustrator-Pfad als Bild eingefügt wird. Entfernen Sie für diese Operation den Haken, und fügen Sie den Illustrator-Pfad unkompliziert per Copy & Paste ein.

Sie können den Illustrator-Pfad in InDesign bearbeiten wie einen in InDesign selbst gezeichneten Pfad. Dabei ist es egal, ob der Pfad offen oder geschlossen ist.

Haben Sie mehrere Pfade von Illustrator gleichzeitig nach InDesign kopiert, sind diese gruppiert. Um an die einzelnen Pfade heranzukommen, müssen Sie nur Objekt • Gruppierung aufheben wählen. Illustrator-Farben werden dabei dem Farbfelder-Bedienfeld von InDesign hinzugefügt, ebenso Verläufe. Muster werden zumindest in Pfade gewandelt.

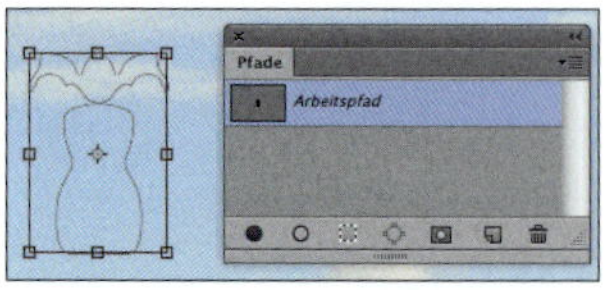

▴ **Abbildung 13.48**
Skalieren eines Pfades in Photoshop

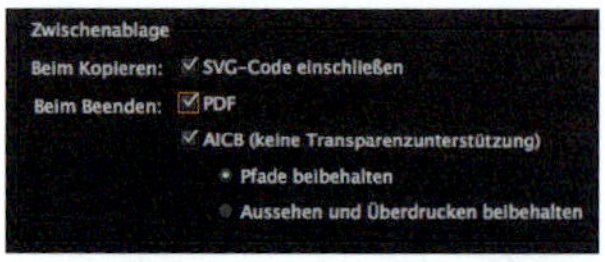

▴ **Abbildung 13.49**
Eine bessere Voreinstellung für den Austausch von Pfaden

▴ **Abbildung 13.50**
Muster aus Illustrator werden in InDesign in Pfade umgewandelt.

Pfade in Illustrator einfügen

Wenn Sie Pfade **aus InDesign** per Copy & Paste in Illustrator einfügen, sind diese Pfade zunächst in eine Schnittmaske eingebunden. Sie kommen mit dem Direktauswahl-Werkzeug [A] an die einzelnen Punkte heran; trotzdem bleibt der Pfad außerhalb seiner Schnittmaske unsichtbar.

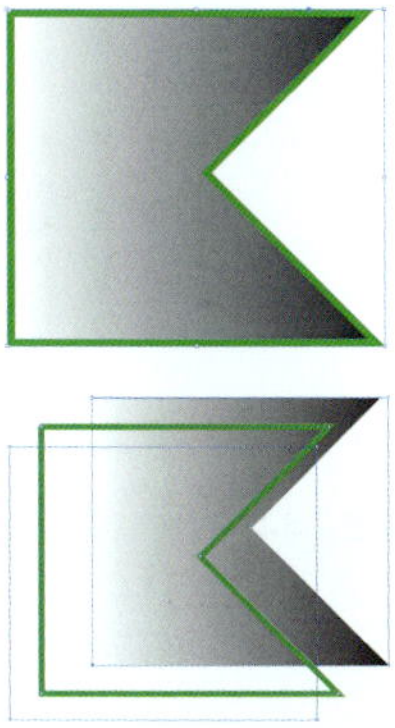

▲ **Abbildung 13.51**
Objekt zu Illustrator: Fläche, Kontur (Pfad), Schnittmaske

Aktivieren Sie einen eingefügten Pfad mit dem Auswahl-Werkzeug [V], und wählen Sie Objekt • Schnittmaske • Zurückwandeln. Nun liegt Ihnen der Pfad in InDesign so vor, als hätten Sie ihn in Illustrator selbst gezeichnet.

Möchten Sie einen **Photoshop-Pfad** zu Illustrator übertragen, öffnen Sie in Photoshop das Pfade-Bedienfeld (Fenster • Pfade), klicken dort einmal auf den entsprechenden Pfad, wählen das Direktauswahl-Werkzeug [A] (weißer Pfeil, wie in Illustrator) und klicken mit gehaltener [alt]-Taste auf den in der Datei sichtbaren Pfad. Nun ist er als Ganzes aktiviert. Sie können ihn kopieren und in Illustrator einfügen. Eventuell müssen Sie noch einmal zu Objekt • Zusammengesetzter Pfad • Zurückwandeln ([Strg]/[cmd]+[alt]+[⇧]+[8]), um frei an den Pfad und seine Ankerpunkte und Griffe zu kommen.

▲ **Abbildung 13.52**
Pfad in Photoshop aktivieren und kopieren und in Illustrator einfügen und verarbeiten

13.5 Farben austauschen

Wie ich in Abschnitt 5.4, »Farben verwalten«, schon beschrieben habe, können Sie Farbfelder in Illustrator speichern, um sie in anderen Adobe-Programmen zu benutzen: Öffnen Sie das Farbfelder-Bedienfeld, und wählen Sie im Flyout-Menü Alle nicht verwendeten auswählen. Als Zweites wählen Sie dort Farbfelder löschen. Es bleiben Ihnen nur die Farbfelder, die Sie tatsächlich benutzt haben. Nun wählen Sie an gleicher Stelle Farbfeldbibliothek als ASE speichern. Geben Sie im Dialog einen Namen und den Ort für die ASE-Datei an ❶. Sie kann jetzt von einigen anderen Adobe-Programmen geladen werden.

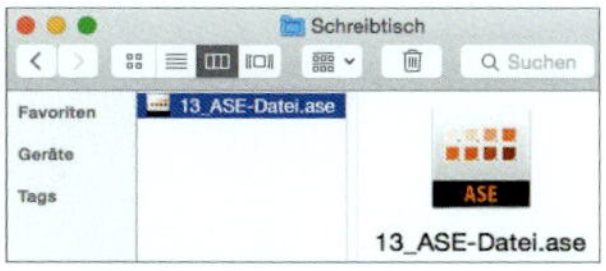

▲ **Abbildung 13.53**
Laden der ASE-Datei in InDesign

◂ **Abbildung 13.54**
Speichern der Farben zur ASE-Datei

Farbaustausch mit InDesign

In InDesign öffnen Sie ebenfalls das Farbfelder-Bedienfeld aus dem Fenster-Menü. In dessen Flyout-Menü wählen Sie dann FARBFELDER LADEN und navigieren zur gespeicherten ASE-Datei. Die Farbfelder der ASE-Datei werden zu den regulären InDesign-Farbfeldern mit hinzugenommen.

InDesign ist hier stärker als Illustrator, denn bei einem Austausch aus InDesign heraus reicht es, gezielt einzelne Farben auszuwählen (halten Sie bei mehreren Farben `Strg`/`cmd` dabei gedrückt) ❷ und dann im Flyout-Menü FARBFELDER SPEICHERN zu wählen (Abbildung 13.55). Geben Sie einen Namen und einen Ort an, fertig!

Um eine ASE-Datei in Illustrator zu laden, öffnen Sie das Farbfelder-Bedienfeld und gehen im Flyout-Menü zu FARBFELDBIBLIOTHEK ÖFFNEN • ANDERE BIBLIOTHEK. Im anschließenden Dialog navigieren Sie zur gewünschten Datei. Sie bekommen ein eigenes Farbfelder-Bedienfeld, in dem dann die Farben der ASE-Datei liegen (Abbildung 13.56).

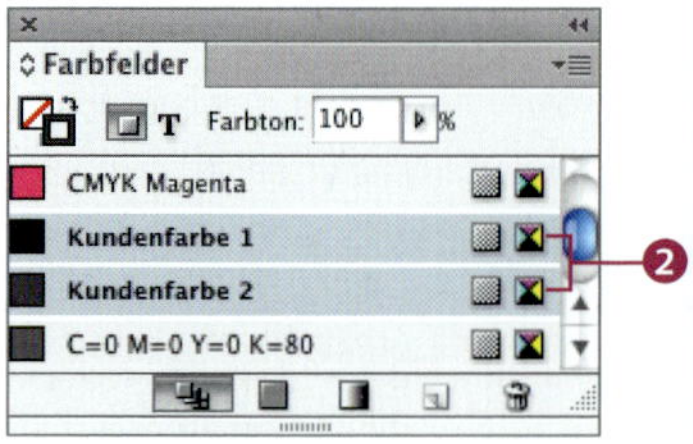

▴ **Abbildung 13.55**
Aus InDesign nur gezielt Farben zu ASE speichern

▴ **Abbildung 13.56**
Das Bedienfeld für geladene Farbfelder in Illustrator

Farbaustausch mit Photoshop

Der Austausch zwischen Illustrator und Photoshop ist identisch mit dem mit InDesign. Im Flyout-Menü der Farbfelder von Photoshop wählen Sie den Eintrag FARBFELDER LADEN und navigieren zur ASE-Datei. Deren Farbfelder werden in Photoshop an die bestehenden angehängt.

Aus Photoshop heraus wählen Sie im Flyout-Menü FARBFELDER FÜR AUSTAUSCH SPEICHERN. Leider speichert Photoshop auch nur

seine gesamten Farbfelder. Einzelne Farbfelder dort zu löschen, ist aufwendig: Sie müssten sie dafür alle einzeln mit `alt` anklicken.

In Illustrator können Sie aus ASE-Farbbibliotheken keine Farbfelder löschen. Andersherum wird jedes Farbfeld, das Sie anklicken, automatisch in das reguläre Farbfelder-Bedienfeld übernommen.

14

Ausgabe für den Druck

Speichern, Exportieren und Weitergeben

- Wie speichert Illustrator Dokumente?
- Welche Datenformate gibt es mit Illustrator?
- Wie werden PDFs produktionssicher generiert?
- Wie wird gedruckt und ausgedruckt?
- Was ist Überfüllen, was ist Überdrucken?
- Wozu legt man die Farbe Extraschwarz an?

14 Ausgabe für den Druck

▲ **Abbildung 14.1**
Das Nachmessen, Vergleichen, Besprechen, Kontrollieren und vieles mehr gehört zur Ausgabe.

In diesem Kapitel geht es darum, alles das, was Sie in Illustrator erschaffen haben, für andere zugänglich zu machen – sei es zur Weiterverarbeitung, sei es, um es in andere Programme einzubinden, um es ins Web einzustellen, um es selbst auszudrucken oder drucken zu lassen oder um ein PDF zur Präsentation oder zum Drucken zu erzeugen.

Der ganze Bereich der Ausgabe war früher ein eigener Beruf. Sie können sich vorstellen, dass ein gewisses Fachwissen vonnöten ist, um hier sicher zu agieren. Beschäftigen Sie sich deshalb auch über dieses Buch hinaus mit Themen wie Colormanagement, PDF und Acrobat, Druckverfahren heute etc.

Rücksprache halten
Sprechen Sie wie im vorherigen Kapitel auch schon angesprochen beim Speichern oder Exportieren immer mit denjenigen, die Ihre Datei verarbeiten werden (Drucker*innen, Schildermacher*innen etc.), weil Sie immer eine ganze Menge an Optionen haben.

14.1 Speicherformate für den Druck

Es gibt unter DATEI zwei Einträge zum Speichern: SPEICHERN und SPEICHERN UNTER. Unter FORMAT wählen Sie aus, in welchem Format die Datei gespeichert werden soll.

▲ **Abbildung 14.3**
Der SPEICHERN UNTER-Dialog

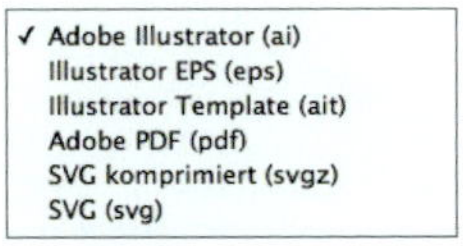

▲ **Abbildung 14.2**
Die Speicherformate von Illustrator

Adobe Illustrator (ai)

Das AI-Format ist das native Format von Illustrator. Wenn Sie Ihr Dokument in der aktuellen Version abspeichern, gibt es keinerlei

Einschränkungen, damit in Illustrator zu einem späteren Zeitpunkt weiterzuarbeiten. Auch InDesign und Photoshop akzeptieren das native, auch »offen« genannte AI-Format. Haken Sie hier dann aber unbedingt PDF-KOMPATIBLE DATEI ERSTELLEN ③ an, damit andere Anwendungen Ihre Dateien auch sicher darstellen können.

▲ **Abbildung 14.4**
Das Ai-Icon

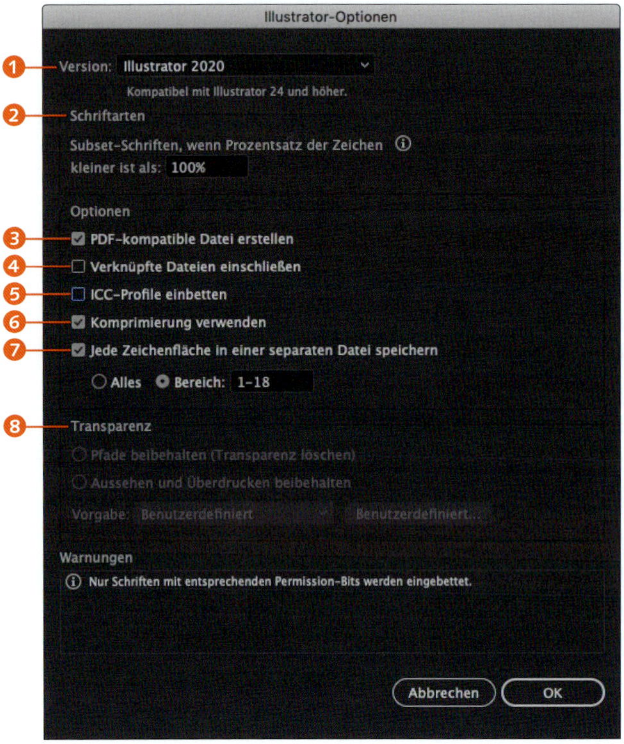

◀ **Abbildung 14.5**
Speicheroptionen für eine AI-Datei

Cleverprinting.de
Auf der Website Cleverprinting.de erhalten Sie eine Ausgabe des Prepress-Handbuchs »PDF/X und Colormanagement« im Freeload-Bereich. Hier finden Sie komprimiert und für das schwere Thema sehr verständlich erklärt, was Sie sonst mühsam aus diversen Büchern herauslesen müssten – und das sogar kostenlos zum Downloaden.

Wählen Sie eine Illustrator-Version ① aus. Bis zu Version 3 zurück könnten Sie speichern, was aber meist keinen Sinn macht, weil die Bearbeitbarkeit von neueren Funktionen dabei natürlich verloren geht. Speichern Sie Ihr Dokument nur auf Nachfrage von Dienstleistern in früheren Versionen.

Schriften können eingebettet ② werden. Falls Sie aber nur ein paar Zeichen einer Schrift benutzen, würde die Datei unnötig groß werden, wenn trotzdem alle Zeichen eingebettet werden. Deshalb steht der Standard auf 100%, womit quasi immer nur Untergruppen eingebettet werden. Hüten Sie sich aber vor Missverständnissen: Die Schriften müssen zum Bearbeiten der Datei trotzdem auf Ihrem Computer installiert sein.

Mehrere Zeichenflächen
Im Zeichenflächen-Bedienfeld vergeben Sie Namen, indem Sie auf das jeweilige Seiten-Symbol ganz rechts neben dem Namen klicken. Im Flyout-Menü können Sie die ZEICHENFLÄCHEN NEU ANORDNEN. Beim Speichern sind sie bei Bedarf zusätzlich als Einzelseiten zu speichern.

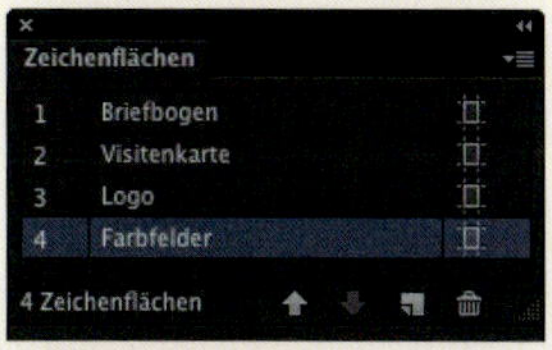

Falls Sie die verknüpften Dateien einschließen lassen ❹, werden diese Bestandteil der Illustrator-Datei und sind dann nicht mehr verknüpft (siehe Abschnitt 4.1 unter »Verknüpfen oder einbetten?«). Dadurch steigt die Dateigröße des AI-Dokuments an.

In Illustrator-Dateien betten Sie meist keine ICC-Profile ein ❺, damit die Vektorflächen in anderen Anwendungen nicht durch Farbkonvertierungen verändert werden, was z.B. bei Firmenlogos vermieden werden muss. Da Sie Ihre Illustrator-Dateien meist in Layoutanwendungen wie InDesign platzieren, entscheiden Sie sich dort für entsprechende Ausgabeprofile. Die AI-Datei gibt dafür lediglich die CMYK-Werte vor. Drucken Sie direkt aus Illustrator, wählen Sie das Ausgabeprofil (ICC-Profil) im Druckdialog aus.

PDF-Dateien werden in Illustrator komprimiert ❻. Es wird empfohlen, die Funktion auszuschalten, wenn der Speichervorgang dadurch länger als acht Minuten dauert.

Sie können das Dokument so speichern, wie es ist, oder Sie lassen *zusätzlich* zum Masterdokument noch Zeichenflächen als einzelne Illustrator-Dateien speichern ❼. Voraussetzung ist natürlich, dass Ihre Datei über mehr als eine Zeichenfläche verfügt.

Der Punkt TRANSPARENZ ❽ ist völlig anachronistisch, weil das erst ab einem Rückwärtsspeichern der Version 8 aktiv ist. Die gab es ungefähr 1989. Ältere Versionen als die CS6 gibt es eigentlich auf keinem laufenden Rechner mehr.

Illustrator EPS (eps)

▲ **Abbildung 14.6**
Das EPS-Icon

Grundsätzlich ist das EPS-Format ein Auslaufmodell und wird über kurz oder lang von der Bildfläche verschwinden. Es ist von den Anforderungen, die heute an Ausgabedaten gestellt werden, überholt worden. Das EPS kann keine Transparenzen enthalten, muss diese also umrechnen. Lesen Sie in Abschnitt 8.2, »Transparenzreduzierung«, worin die Probleme bestehen.

Trotzdem werden Sie aber von Zeit zu Zeit ein Illustrator-EPS generieren müssen, zum Beispiel für Schilder- und Stempelmacher oder für Dienstleister, die Daten plotten.

Wählen Sie eine Illustrator-Version ❾ in Absprache mit Ihrem Dienstleister aus, da Sie für sich selbst ja kein EPS wählen würden. Beim EPS wird sehr oft noch die recht alte Version 10 erbeten.

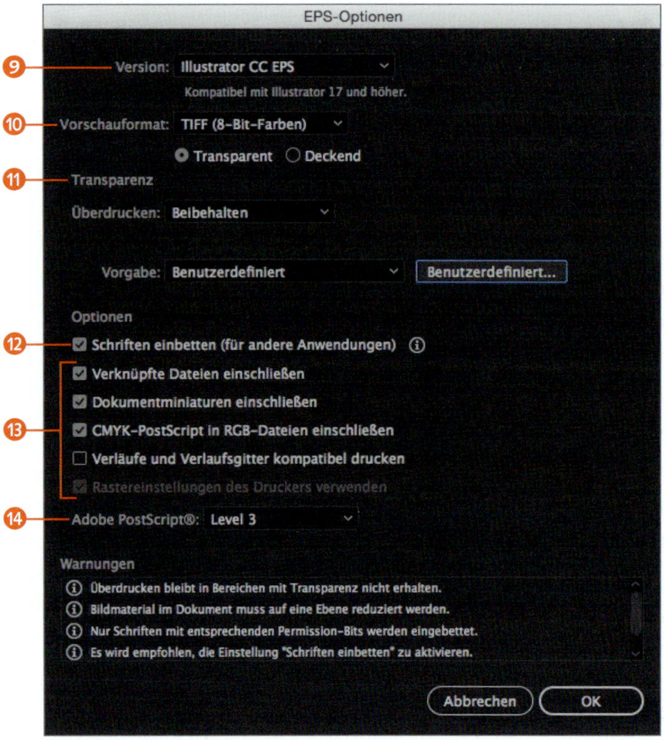

◂ **Abbildung 14.7**
EPS-Speicheroptionen

Die VORSCHAU ⑩ gibt an, in welcher Form Ihnen z. B. beim Einfügen eine Vorschau der Daten gezeigt wird. Lassen Sie am besten TIF (8-BIT-FARBEN) und die Option TRANSPARENT ausgewählt.

Unter TRANSPARENZ ⑪ ist ÜBERDRUCKEN nur anwählbar, wenn Sie in Ihrer Datei Objekte im Attribute-Bedienfeld auf ÜBERDRUCKEN gestellt haben. BEIBEHALTEN simuliert das überdruckte Aussehen, was in den meisten Fällen gewünscht ist. Wählen Sie unter VORGABE eine HOHE AUFLÖSUNG, wenn Ihre Daten gedruckt werden sollen. Besprechen Sie aber auch mit Ihrem Dienstleister, welche Einstellungen er haben möchte.

Sie können SCHRIFTEN EINBETTEN ⑫, damit sie beim Platzieren in anderen Anwendungen vorhanden sind; auf Ihrem Computer müssen sie dafür aber dennoch installiert sein.

In den OPTIONEN ⑬ entscheiden Sie sich, ob Sie VERKNÜPFTE DATEIEN EINSCHLIESSEN (also einbetten). Ferner geben Sie an, ob z. B. im Finder Miniaturen der Datei angezeigt werden sollen, was standardmäßig angehakt ist und recht praktisch sein kann. Wenn Sie eine Illustrator-Datei in RGB speichern, diese aber in

einer Anwendung öffnen, die nur CMYK anzeigen kann, wird auf das eingeschlossene CMYK-EPS zugegriffen. Die eigentliche RGB-Datei bleibt unangetastet. VERLÄUFE UND VERLAUFSGITTER KOMPATIBEL DRUCKEN müssen Sie nur anhaken, wenn Sie mehrere Versionen rückwärts speichern oder wenn es beim Ausdrucken Probleme mit den Verläufen gegeben hat.

Als Letztes ⑭ wechseln Sie auf LEVEL 3, wenn Ihr Dienstleister nichts anderes von Ihnen verlangt (LEVEL 2 ist für inzwischen sehr alte Geräte).

Illustrator Template (ait)

▲ **Abbildung 14.8**
Das AIT-Icon

Das Illustrator-Template ist schnell erklärt, denn es speichert Ihre Illustrator-Datei quasi als offene AI-Datei ab. Aber anders als eine normale AI-Datei überschreiben Sie das Template nicht, wenn Sie es wieder öffnen: Illustrator legt eine neue, unbenannte Datei an, weshalb Sie beim anschließenden Speichern auch zum SPEICHERN UNTER-Dialog gelangen. Das Template dient Ihnen also nur als »Vorlagen-Datei« und bleibt Ihnen erhalten. Wenn Sie beispielsweise für einen Kunden immer wieder Illustrationen anlegen, die sein Logo und ganz bestimmte Farben bereithalten, brauchen Sie nur das Template zu öffnen, in dem Sie all das schon gespeichert haben.

Unter DATEI • NEU AUS VORLAGE greifen Sie schnell auf bestehende AI-Dateien zu, ohne diese selbst zu verändern. Navigieren Sie im Dialog zu einer Datei, und öffnen Sie sie mit NEU. Das Original wird nicht überschrieben.

SVG komprimiert (scgz) und SVG (svg)

▲ **Abbildung 14.9**
Das SVG-Icon

SVG ist ein spezielles Format für mobile Geräte wie Handys etc. Es speichert Vektorgrafik, Pixel und Schrift ab. Weitere Metadaten werden in seiner XML-Struktur mitgespeichert.

Wählen Sie unter SVG-PROFIL ① SVG TINY 1.2; es unterstützt die meisten Geräte. Wenn Sie TEXT • IN KONTUREN UMWANDELN ② auswählen, ist die Schrift anschließend nicht mehr editierbar, wird aber so angezeigt, wie Sie sie in Illustrator sehen. Das SUBSETTING ③ bindet Schriften in die Datei ein. NUR VERWENDETE GLYPHEN sorgt dafür, dass die benutzten Zeichen angezeigt werden können und die Datenmenge trotzdem gering bleibt.

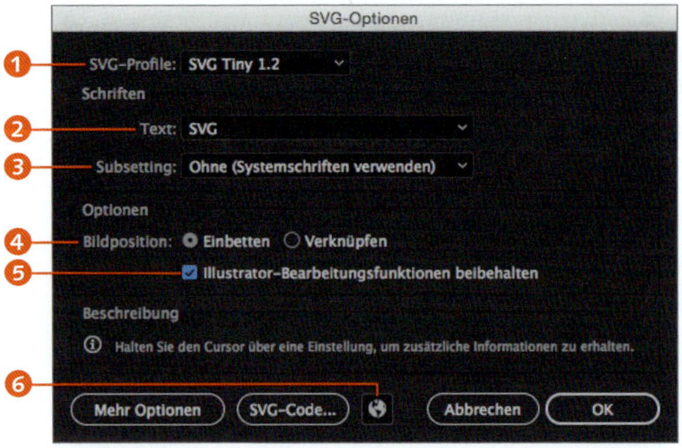

◂ **Abbildung 14.10**
SVG-Optionen

EINBETTEN ④ speichert Ihre verknüpften Bilder in die Datei hinein. ILLUSTRATOR-BEARBEITUNGSFUNKTIONEN BEIBEHALTEN ⑤ bettet zusätzlich eine AI-Datei in die SVG-Datei mit ein, um später Änderungen daran vornehmen zu können, solange die SVG-Datei noch nicht geändert wurde. Sie können sich die Datei auch schon in Ihrem Standardbrowser ⑥ in einer Vorschau anzeigen lassen.

Adobe PDF (pdf)

Das PDF-Format ist zum Standardformat für die Druckausgabe geworden. Kaum eine Druckerei nimmt offene Dateien überhaupt noch an.

▴ **Abbildung 14.11**
Das PDF-Icon

Auch innerhalb der Creative Cloud werden Daten zwischen den Programmen sehr oft als PDF-Daten ausgetauscht. Es geht sogar so weit, dass PDF im Hintergrund von Illustrator läuft.

Wenn ich weiter oben davon sprach, dass das EPS-Format ein Auslaufmodell ist, dann ist das PDF-Format dabei, ihm den Todesstoß zu geben. Denn was PostScript nicht kann, ist bei PDF selbstverständlich geworden: Transparenzen. Auch die nachträglichen Bearbeitungsmöglichkeiten des PDFs überzeugen.

Allgemein | Nach dem Auswählen des Formats PDF befinden Sie sich direkt im Register ALLGEMEIN.

Wie alle ADOBE PDF-VORGABEN ① (Abbildung 14.12) steht auch ILLUSTRATOR-STANDARD in eckigen Klammern. Diese Einstellung speichert Ihr Dokument zwar als PDF, verhält sich beim Öffnen in Illustrator selbst aber so, als wäre es eine ganz normale AI-Datei – ohne Einschränkungen! Der große Vorteil ist der, dass

andere Programme die Datei wie ein PDF importieren/platzieren können. Adobe-Programme brauchen das aber nicht, sie arbeiten auch mit offenen AI-Dateien.

Abbildung 14.12 ▼
Der PDF SPEICHERN-Dialog

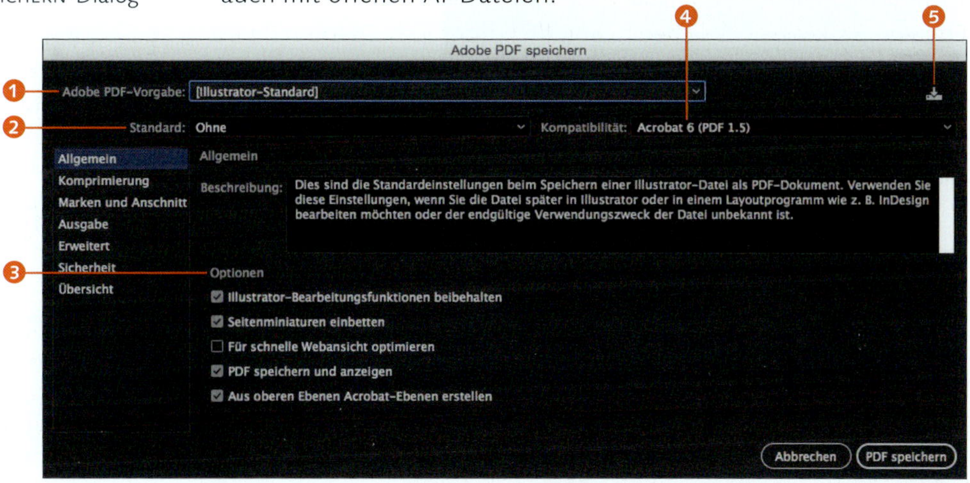

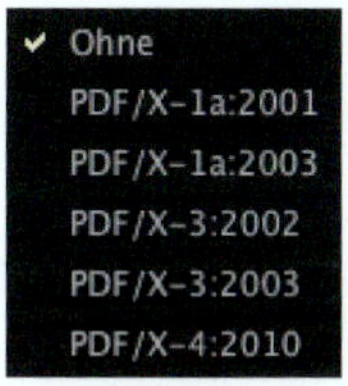

▲ Abbildung 14.13
PDF/X-Vorgaben im Dropdown-Menü STANDARD

STANDARD ❷ bietet Ihnen in der Druckindustrie gebräuchliche Standards zur Auswahl. Möchte eine Druckerei einen dieser Standards, werden alle Einstellungen der folgenden Menüs entsprechend angepasst. Doch die Anpassungen sind der absolute Minimalkonsens, der noch lange kein gutes PDF ausmacht.

Die KOMPATIBILITÄT ❹ zeigt einerseits an, mit welcher Acrobat-Version das PDF lesbar ist. Deshalb sollten Sie nicht die aktuellste auswählen, damit auch Empfänger mit älteren Versionen Ihr PDF lesen können. Andererseits verhalten sich die verschiedenen Versionen in der Druckproduktion unterschiedlich. PDF 1.3 wird für die PDF/X-Standards 1 bis 3 verwendet; PDF 1.4 unterstützt Live-Transparenzen. Sie wählen es aus, wenn Sie mit Transparenzen gearbeitet haben und keinen PDF/X-Standard verwenden.

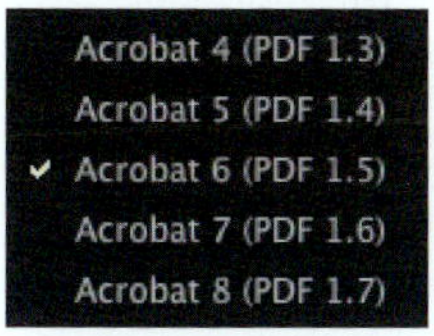

▲ Abbildung 14.14
Acrobat-Versionen unter KOMPATIBILITÄT

In den OPTIONEN ❸ setzen Sie einen Haken bei ILLUSTRATOR-BEARBEITUNGSFUNKTIONEN BEIBEHALTEN, wenn Sie die Datei uneingeschränkt in Illustrator weiterbearbeiten möchten. Die SEITENMINIATUREN erleichtern im PDF das Auffinden der richtigen Seiten. NUR SCHNELLE WEBANSICHT OPTIMIEREN sollten Sie nur dann anhaken, wenn das PDF auch online gelesen werden soll.

PDF SPEICHERN UND ANZEIGEN öffnet Ihnen nach dem Speichern automatisch das Dokument in Acrobat, was für die Druckausgabe auch sehr wichtig ist. Wollen Sie das PDF aber in erster

Linie als Illustrator-Dokument behandeln, würde ich den Haken wegnehmen, weil sich sonst bei jedem Speichern Acrobat öffnet, was ziemlich nerven kann. Auch Acrobat arbeitet schon lange mit Ebenen. Sie können die Ebenen von Illustrator also übernehmen.

Speichern Sie Ihre Einstellungen als Vorgabe ❺, um sie das nächste Mal unter den Vorgaben ❶ schnell auszuwählen. Mit PDF SPEICHERN sichern Sie Ihr PDF, wenn Sie alle Register abgearbeitet haben.

PDF/X oder nicht X?
In der Fachwelt wird viel und kontrovers über den Sinn und Nutzen von PDF/X diskutiert. Das Ziel von PDF/X ist es, die Bedingungen beim Druck und die Druckdaten zu standardisieren, um konstante Ergebnisse zu erzielen. Es werden aber auch sehr viele Kompromisse gemacht, um alle unter einen Hut (PDF/X) zu bringen. Fragen Sie Ihre Druckerei, ob sie PDF/X haben möchte oder nicht.

Komprimierung | Nach den allgemeinen Einstellungen wählen Sie in der linken Liste das Register KOMPRIMIERUNG, in dem Sie die Datenmenge reduzieren können.

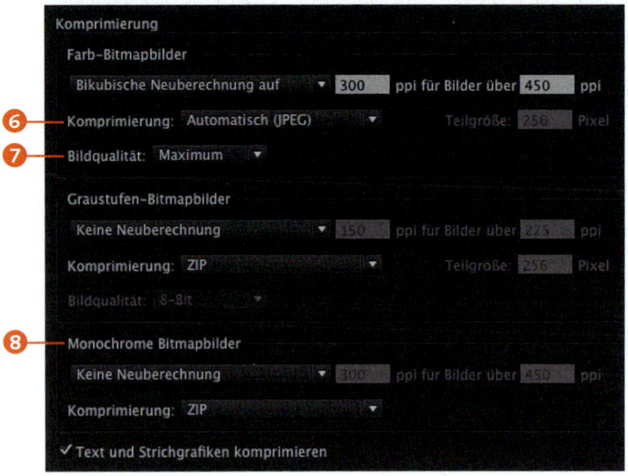

◂ **Abbildung 14.15**
Hier stellen Sie die PDF-Komprimierung ein.

Unter KOMPRIMIERUNG ❻, die es jeweils für Farb-, Graustufen- und monochrome Bilder gibt, können Sie keine Komprimierung (OHNE) oder eine verlustfreie Komprimierung (ZIP) wählen, was bei Vektorillustrationen auch die erste Wahl ist, weil die Datenmengen sich ohnehin in Grenzen halten. Enthält Ihre Datei aber so viele Pixelbilder in hoher Auflösung, dass die Datenmenge zu groß für Präsentations- oder Web-PDFs wird, kann eine stärkere Komprimierung (JPEG2000 oder JPEG) sinnvoll sein.

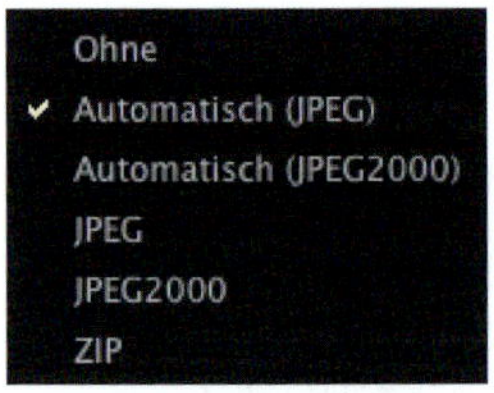

▴ **Abbildung 14.16**
Formate für die Komprimierung

Bei MAXIMUM ❼ ist die Bildqualität gemeint, nicht das Maximum an Komprimierung. Bei Online-PDFs oder welchen, die Sie nur zur Ansicht per E-Mail verschicken, reicht meist auch NIEDRIG. Monochrome Bitmapbilder ❽ brauchen Sie aus Illustrator normalerweise nicht anders als mit ZIP zu komprimieren.

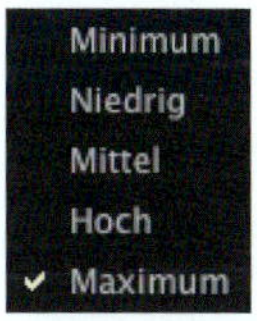

▲ **Abbildung 14.17**
Bildqualität der Komprimierung

Marken und Anschnitt | Nachdem Sie die Komprimierung festgelegt haben, wechseln Sie in das nächste Register, Marken und Anschnitt.

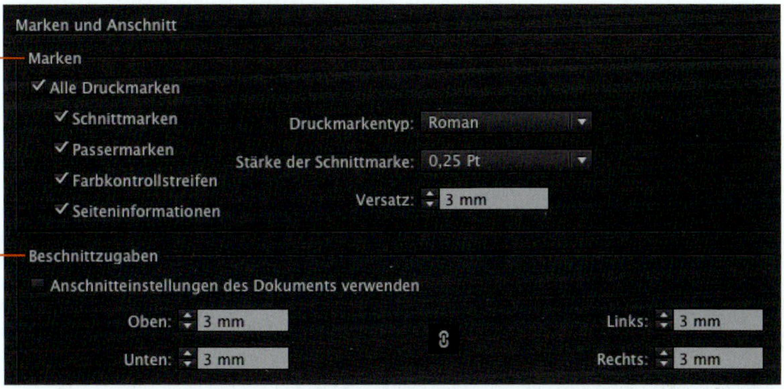

▲ **Abbildung 14.18**
Druckermarken und Beschnitt festlegen

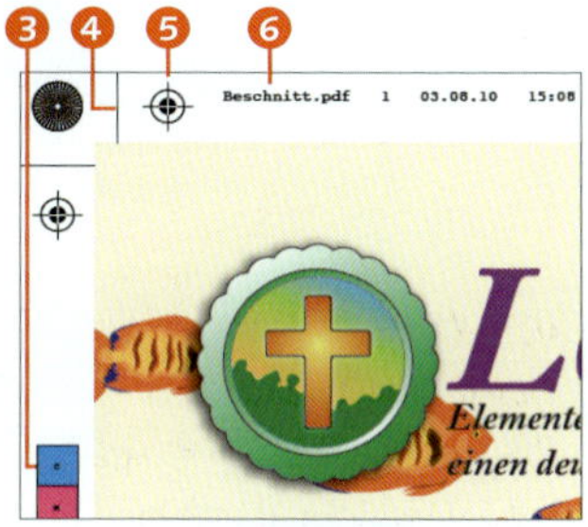

▲ **Abbildung 14.19**
Die Druckermarken

Unter Marken ❶ finden Sie alle Markierungen und automatischen Informationen, die auf dem Druckbogen mit ausgegeben werden können und die die Druckerei gegebenenfalls braucht.

- Schnittmarken ❹ bestimmen die Position, an der nach dem Druck das Papier auf Maß beschnitten wird. Man spricht auch vom **Beschnitt** oder **Anschnitt**. Elemente, die »im Anschnitt« liegen, werden auch »randabfallend« genannt.
- Passermarken ❺ sind dafür da, die einzelnen Farben im Druckprozess zur Deckungsgleichheit auszurichten (die Schnittmarken sind nicht dafür da).
- Farbkontrollstreifen ❸ geben der Druckerei eine Farbreferenz.
- Seiteninformationen ❻ geben außerhalb des Formats den Namen der Datei und das Ausgabedatum an, was für Rückfragen sehr nützlich sein kann.
- Den Druckmarkentyp lassen Sie am besten auf Roman, die Stärke der Schnittmarke auf 0,25 pt, und den Versatz (also den Abstand der Marken zum Papierformat) setzen Sie auf 3 mm.

Bei Beschnittzugaben ❷ geben Sie Ihrem Papierformat noch einmal 3 mm hinzu, die in der Verarbeitung wieder abgeschnitten

werden. In diese Zugabe legen Sie alle Elemente hinein, die bis zum Papierrand reichen. Elemente, die nicht angeschnitten werden sollen, rücken Sie vorsichtshalber etwas vom Papierrand ab. Wenn Sie beim Anlegen der Datei schon einen Beschnitt angelegt haben, reicht ein Haken in der Checkbox ANSCHNITTEINSTELLUNGEN DES DOKUMENTS VERWENDEN.

Ausgabe | Im Register AUSGABE wählen Sie in Abhängigkeit vom Druckverfahren aus, was mit den Farben der Datei passieren soll.

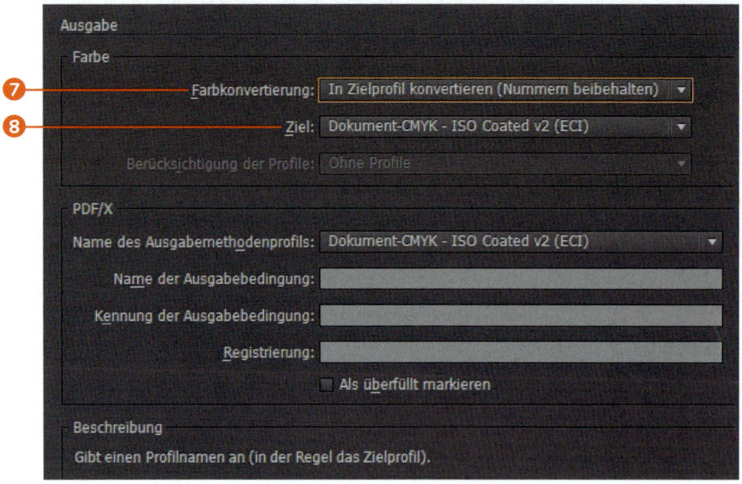

◂ **Abbildung 14.20**
Wenn alle Objekte, Bilder und die Datei schon im Ausgabeprofil sind, brauchen Sie keine Farbkonvertierung.

Es gibt drei Einstellungen unter FARBKONVERTIERUNG 7:

1. Wenn Sie Ihre Datei als PDF speichern, um sie zum Beispiel in InDesign einzubinden, und hier selbst keine Pixelbilder platziert haben, können Sie den Standard KEINE UMWANDLUNG verwenden. Es werden keine Farben konvertiert.
2. Möchten Sie Ihre Datei aber direkt drucken lassen oder haben Sie Pixelbilder platziert, sollten Sie sich erkundigen, mit welchen ICC-Profilen die Druckerei drucken wird. Diese wählen Sie bei ZIEL 8 aus, wenn Sie sie auf Ihrem Computer installiert haben. Damit CMYK-Daten aber nicht noch einmal in CMYK umgewandelt werden, wodurch es zu leichten Farbverschiebungen kommen kann, wählen Sie IN ZIELPROFIL KONVERTIEREN (NUMMERN BEIBEHALTEN) 7.
3. Die dritte Einstellung, IN ZIEL KONVERTIEREN, ist nur etwas für Colormanagement-Kenner.

ICC-Profile herunterladen
Die ECI bietet Ihnen auf ihrer Website die von den meisten Druckereien benutzten ICC-Profile zum Download an: *www.eci.org*. Auf Windows-Rechnern reicht ein Rechtsklick auf ein heruntergeladenes Profil, um es zu installieren. Mac-Anwender legen es in folgenden Ordner: LIBRARY • APPLICATION SUPPORT • ADOBE • COLOR • PROFILES.

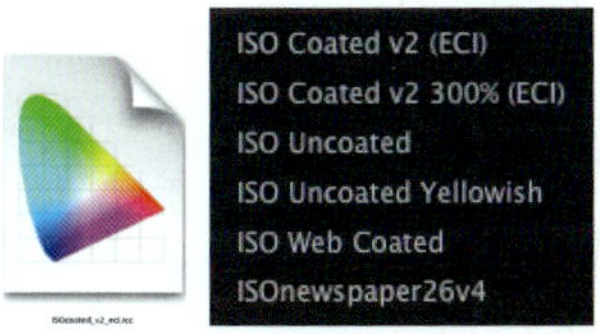

▲ **Abbildung 14.21**
Je nach Druckbedingungen brauchen Sie auch das entsprechende Profil.

Generieren Sie ein PDF/X (unter KOMPATIBILITÄT), wird bei NAME DES AUSGABEMETHODENPROFILS der CMYK-Arbeitsfarbraum eingetragen. Wenn von Ihrer Druckerei nichts anderes verlangt wird, lassen Sie die anderen Felder leer, sie dienen nur Informationszwecken.

Erweitert | Unter ERWEITERT beschäftigen Sie sich mit der Einbettung von Schriftarten und den wichtigen Transparenzoptionen.

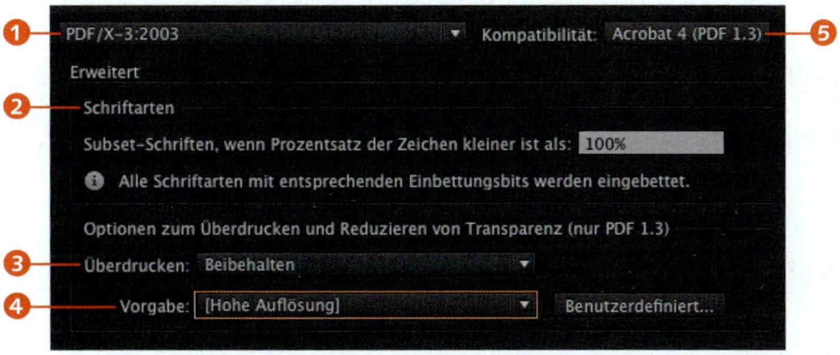

Abbildung 14.22 ▶
Transparenzreduzierung bei PDF/X

Überdrucken und Aussparen
Lesen Sie hierzu bitte Abschnitt 14.4 weiter hinten in diesem Kapitel.

Nur wenn Ihre Kompatibilität 5 auf ACROBAT 4 (PDF 1.3) steht, was beim Schreiben von PDF/X-Dateien 1 der Fall ist, müssen Sie unter VORGABE 4 auch die Höhe der Auflösung bestimmen. Wählen Sie HOHE AUFLÖSUNG für den Offsetdruck. Wenn Sie dann noch über das Attribute-Bedienfeld Objekte auf ÜBERDRUCKEN gestellt haben, lassen Sie mit BEIBEHALTEN 3 die Funktion ÜBERDRUCKEN aktiv. Ansonsten wird das Objekt ausgespart, und seine Flächen- oder Konturfarbe mischt sich nicht mit den darunter liegenden Objekten.

Betten Sie in Ihre PDF-Datei Schriften 2 ein. Wenn Sie nicht alle Zeichen (also weniger als 100 %) in Ihrer Datei benutzen, werden auch nur die benutzten Zeichen eingebettet, damit Sie nicht den gesamten Font mit Ihrer Datei »herumschleppen«.

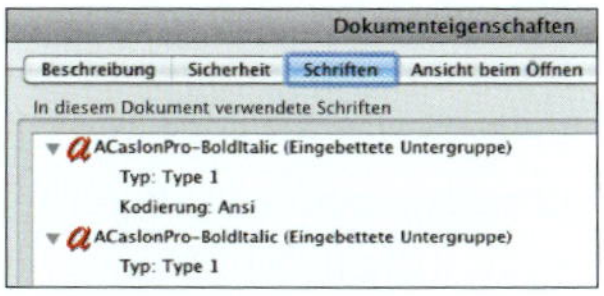

▲ **Abbildung 14.23**
Ob Schriften im PDF eingebettet sind, erfahren Sie bei den Dokumenteigenschaften des PDFs.

Sicherheit | Das vorletzte Register beschäftigt sich mit der Sicherheit Ihrer PDF-Datei. Wenn Sie mit vertraulichen Daten zu tun haben, vergeben Sie zum Öffnen des PDFs 6 ein Passwort, das Sie dem Empfänger separat zukommen lassen.

Sie können aber auch nur die Verwendung 7 einschränken, damit das PDF nicht oder in nur geringer Auflösung gedruckt werden kann oder damit keine Texte herauskopiert werden können.

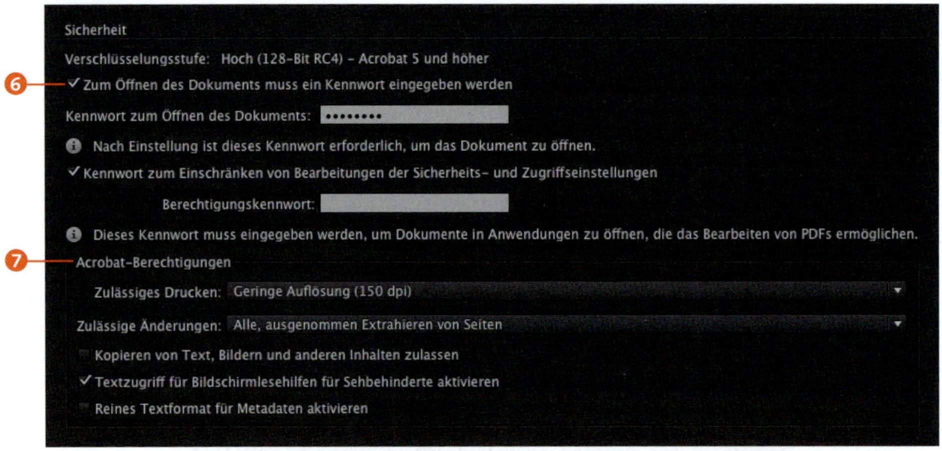

▲ **Abbildung 14.24**
Passwortvergabe beim PDF

14.2 Exportieren

Illustrator gibt Ihnen die Möglichkeit, direkt in verschiedene Datenformate zu exportieren. Je nach Format exportieren Sie die gesamten Zeichenflächen, einzelne Zeichenflächen oder auch nur aktivierte Objekte. Das Ziel ist es, nicht in den verschiedenen Applikationen zu versuchen, eine AI-Datei zu importieren, sondern die Grafik, Illustration, das Diagramm (oder was Sie auch immer gestaltet haben) ohne Umwege zu den entsprechenden Anwendungen zu »bringen«. Bitte lesen Sie auch Kapitel 10, »Grafiken für Web und Screen«.

Datei • Exportieren • Exportieren als bringt Sie zum Exportieren-Dialog. Unter Dateityp (Windows) bzw. Format (Mac) wählen Sie das gewünschte Datenformat aus. Meist öffnet sich nach Ihrem Klick auf den Sichern/Exportieren-Button ein weiterer Dialog. In diesem geben Sie dann genauere Einstellungen für das jeweilige Format an (hier die wichtigsten).

◀ **Abbildung 14.25**
Wählen Sie zwischen diversen Formaten.

PNG

Haben Sie sich für das inzwischen sehr gängige PNG-Format entschieden, das als Nachfolger für GIF entwickelt wurde, können Sie beim Exportieren einen Haken bei ZEICHENFLÄCHEN VERWENDEN (Abbildung 14.25) setzen, um nur ganz bestimmte Zeichenflächen zu exportieren. Doch der Infobalken leitet Sie weiter zu den Exporteinstellungen für Bildschirme.

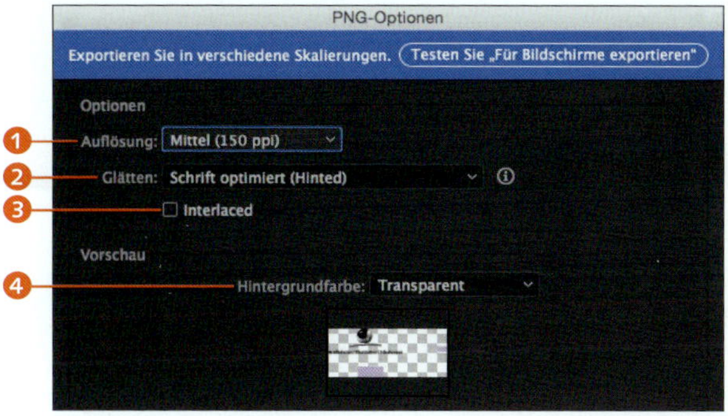

Abbildung 14.26 ▸
Exportoptionen für das PNG-Format

▲ Abbildung 14.27
Oben wurde ohne einen Hintergrund und unten mit schwarzem Hintergrund exportiert.

Bestätigen Sie den Dialog, erscheint der PNG-OPTIONEN-Dialog, in dem Sie die AUFLÖSUNG ❶ bestimmen (für Web 72 ppi). Die Hintergrundfarbe macht auf TRANSPARENT ❹ Sinn. Andernfalls legen Sie auch in Illustrator eine Farbe hinter Ihre Grafik; diese wird dann mitgespeichert. Wenn Ihre Datei Schriften enthält, lohnt es sich, diese GLÄTTEN ❷ zu lassen, damit sie am Bildschirm sauberer aussehen. INTERLACED ❸ vergrößert zwar die Datenmenge, baut Ihre Datei im Browser aber in mehreren Schritten auf, was sich also nur bei sehr großen Bildern lohnt.

BMP

Das BMP-Format speichert alles, was Sie an Elementen angelegt haben, gnadenlos über Ihre Zeichenflächen hinweg. Wollen Sie nur einen Teil Ihrer Arbeit als Pixelbild speichern, kopieren Sie es in eine neue Datei und exportieren von dort aus. Brauchen Sie das Bild im CMYK-Modus, müssen Sie es in Photoshop umwandeln, weil es als RGB, Graustufen oder Bitmap exportiert wird. Die Auflösung wird in aller Regel auf 72 ppi stehen. Entscheiden Sie sich nach dem Bestätigen mit OK noch für das Betriebssystem und die passende Datentiefe.

CSS
Lesen Sie über CSS-Dateien bitte in Kapitel 10, »Grafiken für Web und Screen«.

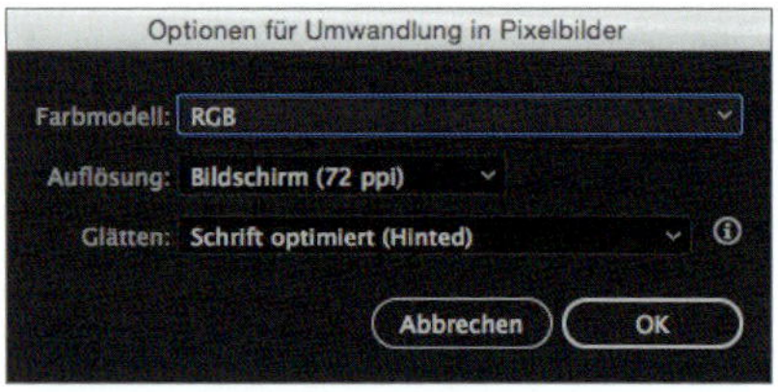

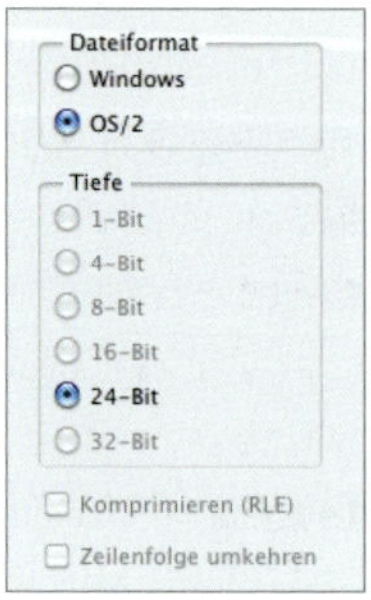

◂ **Abbildung 14.28**
BMP-Speicheroptionen

EMF

Wenn Sie Illustrator-Daten für MS-Office-Programme zur Verfügung stellen möchten, können Sie sie im *Enhanced Metafile Format* (EMF) speichern. Es ist das Nachfolgeformat vom WMF und speichert Vektor- und Pixeldaten in einem Bild.

PSD und TIF

Der Unterschied zwischen dem TIF- und dem Photoshop-Export besteht darin, dass das TIF auf eine Hintergrundebene reduziert wird und damit ein einfaches Pixelbild geworden ist, während die Illustrator-Ebenen und viele ihrer Einzelelemente zu Photoshop-Ebenen werden, wenn Sie ins Photoshop-Format exportieren. Der Anwendungszweck bestimmt hier Ihre Entscheidung. Denn wenn Sie Ihre Illustration einfach nur als Bild haben möchten, kann eine PSD-Datei mit sieben Ebenengruppen und achtunddreißig Einzelebenen etc. schon übertrieben und unübersichtlich sein.

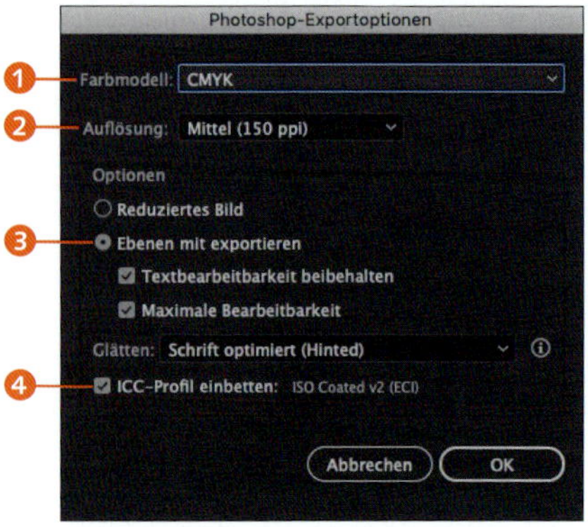

◂ **Abbildung 14.29**
Photoshop-Exportoptionen

Bereits beim Export entscheiden Sie über das Farbmodell ❶ und die Auflösung ❷ sowie darüber, ob die Illustrator-Ebenen auch

in Photoshop übernommen werden ❸. Nur wenn Bilder in Ihrer AI-Datei eingebunden sind, setzen Sie den Haken bei ICC-Profil einbetten ❹.

JPG

Ganz ähnlich wie der PSD-Export funktioniert der JPG-Export, wenn Sie Ihr Design aus Illustrator vielleicht mal schnell zur Kundenfreigabe oder zum Besprechen mit Kollegen mailen möchten. Doch auch hier entscheiden Sie über das Farbmodell ❺ und die Auflösung ❼. Und wie immer beim JPG wählen Sie eine Komprimierungsstufe ❻ aus.

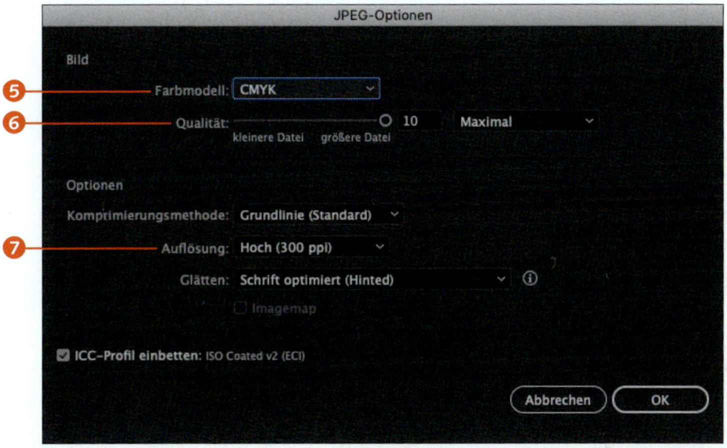

Abbildung 14.30 ►
JPEG-Optionen

14.3 Drucken

PDFs zum Drucken
Wie Sie druckfähige PDFs erstellen, lesen Sie in Abschnitt 14.1, denn die Druckereien verlangen mittlerweile fast alle PDFs für den Druck.

Das Drucken können Sie direkt aus der Illustrator-Datei heraus erledigen, denn nicht immer ist es notwendig, ein Druck-PDF zu erstellen. Auch hier kann es ganz unterschiedliche Anforderungen geben, die Sie zuvor klären müssen.

- Drucken Sie digital ein fertiges Produkt in größerer Menge?
- Belichten Sie per Druckbefehl aus der offenen Datei heraus (statt vom PDF aus)?
- Machen Sie »nur« einen Ausdruck auf einem Tintenstrahl-/Laserdrucker, um Ihr Ergebnis auf Papier zu sehen bzw. es Ihrem Kunden zu präsentieren?

Je nach Antwort auf diese Fragen sind andere Einstellungen für Sie wichtig.

Der Drucken-Dialog (Datei • Drucken) teilt sich in fünf Bereiche auf: Der Bereich 8 (Abbildung 14.31) bietet Ihnen Einstellungs- und Druckervorgaben. Je nachdem, welche Vorgaben Sie hier wählen, erhalten Sie im nächsten Bereich darunter unterschiedliche Einstellmöglichkeiten. Im Bereich 9 wählen Sie dann die einzelnen Einstellungen aus. Sie müssen jedes Register 10 nacheinander durchgehen und jeweils rechts Ihre Einstellungen vornehmen. Es wird Ihnen immer eine aktuelle Vorschau 11 dessen gezeigt, was Sie inzwischen eingestellt haben. Der unterste Bereich 12 steuert den Drucker auf Systemebene an (Drucker...), startet den Druck (Einrichten) oder speichert die oben vorgenommenen Einstellungen (Fertig), ohne zu drucken.

Deaktiviert?
Wenn bei Ihnen bestimmte Checkboxen oder Menüauswahlen deaktiviert sein sollten, stellt Ihr unter 8 ausgewählter Drucker diese Funktionen nicht zur Verfügung. Dies ist vor allem bei TrueType-Druckern (also Tintenstrahldruckern) der Fall. Sie können dann, um alles »mitzumachen«, unter Drucker den Eintrag Adobe PDF 9.0 auswählen.

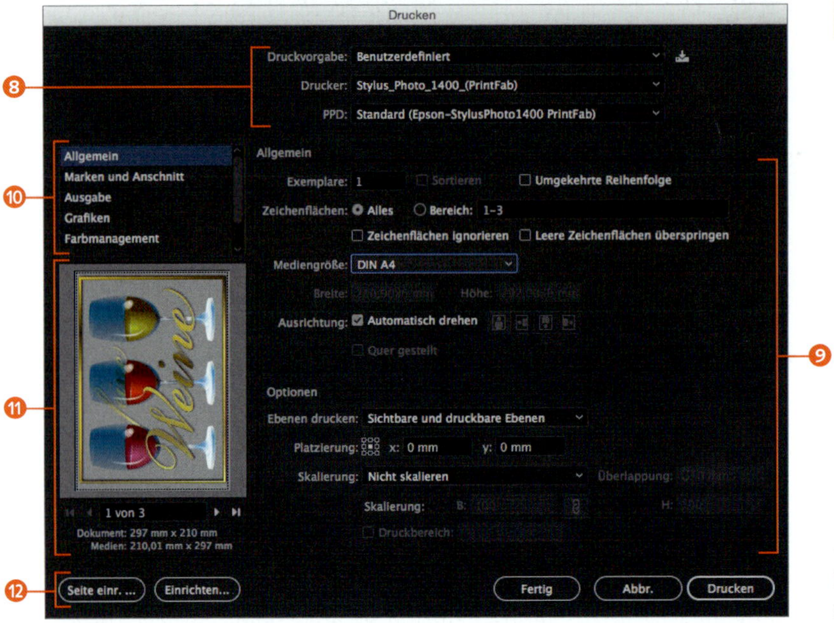

◄ **Abbildung 14.31**
Der Drucken-Dialog mit seinen fünf Bereichen

Allgemein | Bestimmen Sie zunächst, wie viele Exemplare 1 (Abbildung 14.32) Sie ausdrucken möchten. In welcher Reihenfolge möchten Sie bei mehreren Exemplaren und Zeichenflächen die Ausdrucke sortieren? Sollen auch Zeichenflächen ohne Objekte mit ausgedruckt werden, und wollen Sie Alle oder nur bestimmte Zeichenflächen ausdrucken? Wenn Sie Zeichenflä-

chen ignorieren ❷ angehakt haben, verschieben Sie mit der Platzierung ❻ Ihre Arbeit im Druckbereich – orientieren Sie sich dabei an der Druckvorschau.

Wählen Sie unter Mediengrösse ❸ ein Papierformat aus der Dropdown-Liste aus, und lassen Sie Illustrator Ihre Arbeit Automatisch drehen, damit sie am besten aufs Papier passt.

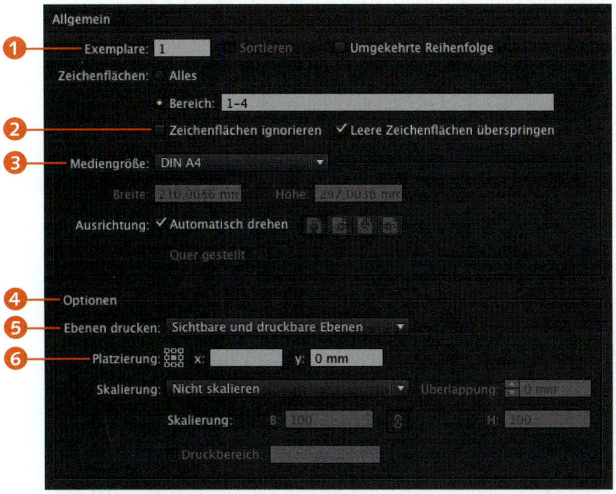

Abbildung 14.32 ▸
Allgemeine Druckoptionen

Über die Optionen bei ❹ können Sie Ihre Zeichenflächen eins zu eins ausdrucken oder sie automatisch an den druckbaren Bereich Ihres Druckers und die eingestellte Papiergröße anpassen lassen (An Seite anpassen). Oder Sie definieren einen Skalierungswert in Prozent. Sollte Ihre Zeichenfläche (dann) aber nicht mehr auf Ihre Papiergröße passen, können Sie den Ausdruck auf mehrere Seiten verteilen. Weil Ihr Drucker in der Regel einen weißen Rand lässt, lassen Sie die unterteilten Bereiche überlappen.

Über ❺ drucken Sie die Ebenen, die in Ihrer Datei gerade sichtbar sind und bei denen in den Ebenen-Optionen die Druckbarkeit aktiviert ist – abgeschlossen dürfen sie aber sein.

Marken und Anschnitt | Diese Optionen sind identisch mit denen für die Marken in der PDF-Ausgabe in Abbildung 14.18. Beachten Sie an dieser Stelle nur, dass Ihr Papier entsprechend größer als A4 sein muss, wenn Sie eine DIN A4 große Datei mit Marken in Originalgröße ausdrucken möchten, da ja die Marken außerhalb des Formats liegen (siehe Abbildung 14.33).

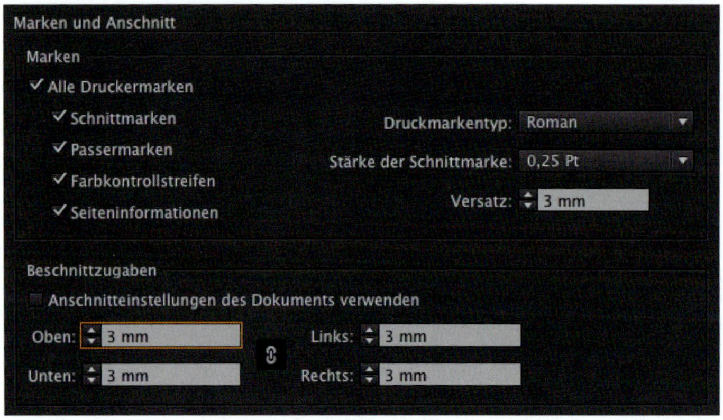

◂ **Abbildung 14.33**
Marken und Anschnitt

Ausgabe | In der Ausgabe geht es wieder darum, wie mit den Farben umgegangen werden soll. Hier sind die Einstellungen jetzt sehr abhängig davon, um was für einen Druck es sich handelt.

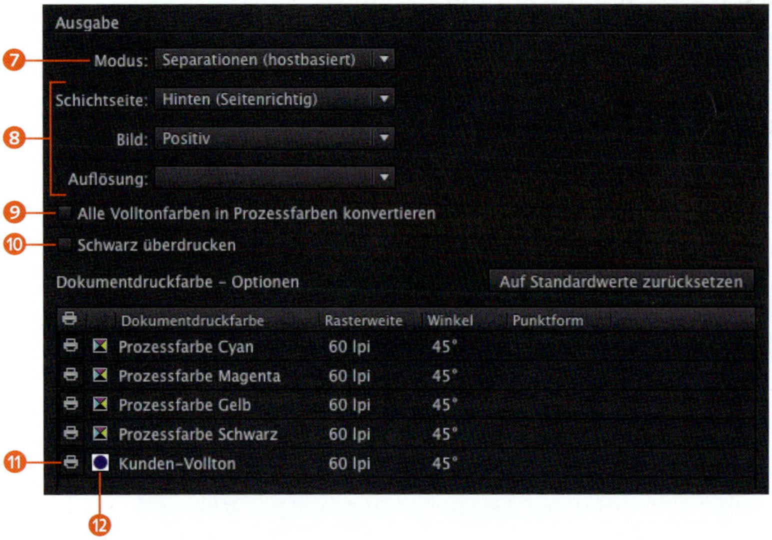

◂ **Abbildung 14.34**
Möglichkeiten bei der separierten Ausgabe

Mit dem Modus 7 bestimmen Sie, ob Sie im Composite-Modus – also alle Farben übereinander auf ein Medium (Papier) – drucken wollen oder ob Sie in Separationen ausdrucken, also jede Farbe einzeln.

Die Punkte Schichtseite, Bild und Auflösung 8 stellen Sie je nach Druckverfahren ein. Arbeiten Sie in einer Druckerei, wissen Sie, was Sie tun, andernfalls drucken Sie ohnehin mit der Modus-Option Composite und können hier nichts einstellen. Auch wenn

Composite oder Separation?
Wenn Sie Ausdrucke auf Ihrem Farbdrucker machen wollen, wählen Sie unter Modus einfach Composite. Nur wer an einer Druckmaschine oder einem Belichter steht, braucht hier die Einstellungen der Separation.

Sie einen TrueType-Drucker ausgewählt haben, sind diese Punkte ausgegraut.

Wenn in 4c gedruckt werden soll, Sie aber Volltonfarben in Ihrer Datei genutzt haben und das nicht mehr ändern können, können Sie zur Not auch hier noch ALLE VOLLTONFARBEN IN PROZESSFARBEN KONVERTIEREN ❾. Soll nur eine bestimmte Volltonfarbe umgewandelt werden, klicken Sie auf das Farb-Icon ⓬. Ebenso können Sie den Druck einzelner Farben unterdrücken. Klicken Sie dazu das jeweilige Drucker-Icon ⓫ weg.

Eine praktische Funktion ist noch, dass Sie Schwarz von hier aus überdrucken lassen können ❿.

Grafiken | Wenn Sie die KURVENNÄHERUNG ❶ auf AUTOMATISCH stellen, bemüht sich Illustrator um ein gutes Verhältnis zwischen der Genauigkeit der Vektorpfade und der Druckgeschwindigkeit. Lassen Sie die Schriften ❷ nur in Untergruppen zum Drucker schicken, damit nicht überflüssig viele Daten versendet werden müssen, die den Druckprozess verlangsamen.

Bei den OPTIONEN ❸ ist der PostScript-Level 3 derzeitiger Standard. VERLÄUFE UND VERLAUFSGITTER KOMPATIBEL DRUCKEN haken Sie nur an, wenn die Verläufe unsauber sein sollten; sie werden dann in Pixel umgewandelt, wodurch der Druckprozess aber auch verlangsamt wird.

Abbildung 14.35 ▸
Optionen für Schriften, PostScript-Level und Kantennäherungen

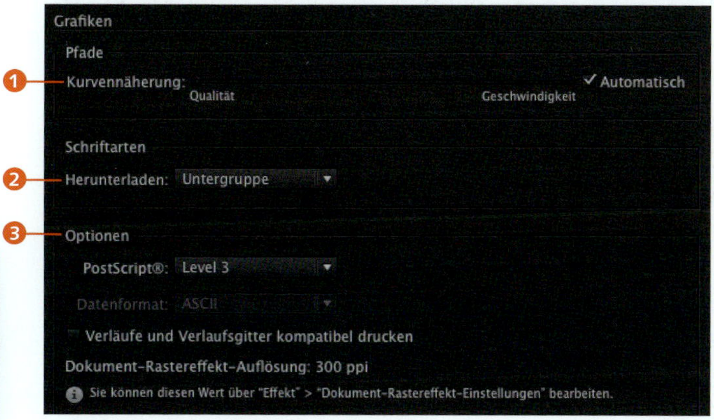

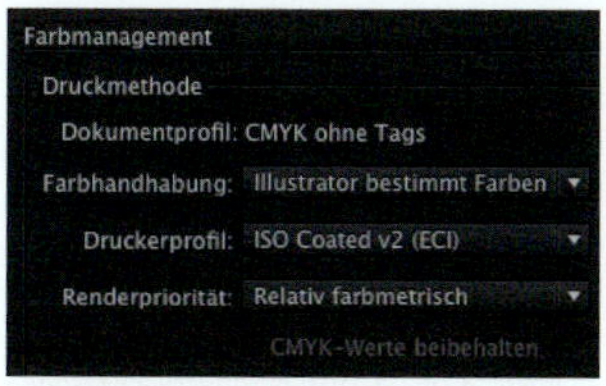

▲ Abbildung 14.36
Das Farbmanagement für die entsprechenden Druckbedingungen

Farbmanagement | Im Bereich FARBMANAGEMENT sind vor allem zwei Punkte wichtig: das DRUCKERPROFIL und dass Sie die CMYK-WERTE BEIBEHALTEN.

Erweitert | Unter Erweitert ist Drucken als Bitmap automatisch angehakt, wenn Sie auf TrueType-Druckern drucken. Wählen Sie ansonsten bei Überdrucken den Eintrag Beibehalten, um Ihre Einstellungen der Datei zu übernehmen. Weiss überdrucken ausblenden soll heißen, dass das Überdrucken von Weiß verhindert wird, weil es ja dadurch unsichtbar würde. Die Einstellung bei Vorgabe lautet meistens [Hohe Auflösung]. Sollte für einen Kunstkatalog zum Beispiel eine höhere Auflösung als 300 dpi verlangt sein, stellen Sie sie bei Benutzerdefiniert entsprechend hoch ein.

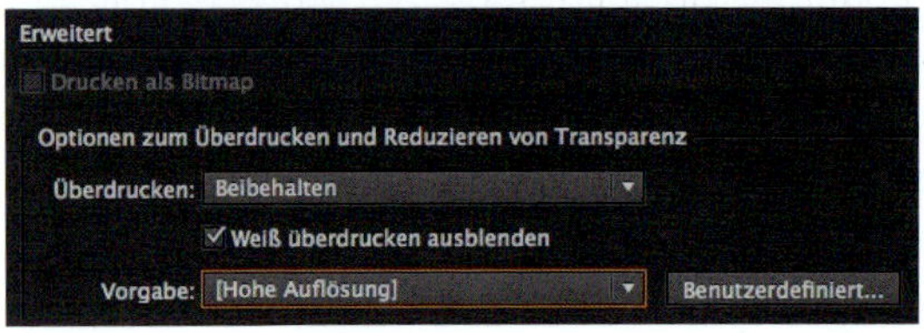

◂ **Abbildung 14.37**
Transparenzreduzierung und Überdrucken

Übersicht | Die Übersicht zeigt Ihnen noch einmal mit gelben Warndreiecken mögliche Probleme an. Nicht jeder Hinweis muss korrigiert werden, ein Blick lohnt sich aber. Sollten Sie feststellen, dass eine Stelle Ihrer Datei einer Korrektur bedarf, brechen Sie aber nicht einfach ab, sondern klicken Sie auf Fertig, um beim nächsten Versuch nicht alles neu eingeben zu müssen.

Mit dem Button Übersicht speichern wird eine Textdatei angelegt, die Sie den Projektunterlagen beilegen können, um bei Problemen oder späterem Nachdruck sehen zu können, mit welchen Einstellungen gedruckt wurde.

▴ **Abbildung 14.38**
Warnhinweise auf mögliche Fehlerquellen

14.4 Überdrucken und Überfüllen

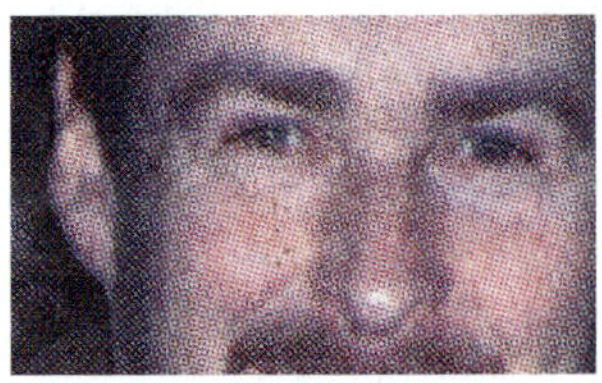

▴ **Abbildung 14.39**
Das sichtbare Raster im Zeitungsdruck

Für die Ausgabe unerlässlich ist das Wissen um die Begriffe **Überdrucken** und **Überfüllen**. Schauen wir uns dafür noch einmal den Prozess des Offsetdrucks an. Wie kommen die vielen Farben zustande, obwohl nur mit den vier Farben Cyan, Magenta, Gelb und Schwarz gedruckt wird?

Fürs Web speichern
Falls Sie an dieser Stelle nach dem Speichern für das Web suchen sollten, möchte ich Sie auf Abschnitt 10.3, »Die Ausgabe für das Web«, verweisen. Hier ist alles dafür erklärt.

4c-Farben
Die 4c-Farben sind das Gleiche wie »Prozessfarben« oder »CMYK«. Abgeleitet von 4-color (4 Farben) stehen sie für den Druckprozess mit CMYK.

PDF und Überfüllen
Wenn Sie nicht aus Illustrator drucken, sondern ein PDF schreiben, übernimmt das RIP der Druckvorstufe das Überfüllen. Sie brauchen sich in Illustrator nicht weiter darum zu kümmern. Wo Objekte sich aber überdrucken sollen, müssen Sie es auch bei der PDF-Ausgabe manuell anlegen.

Wenn Sie mit einer starken Lupe auf farbige Bilder Ihrer Tageszeitung schauen oder Großplakate aus der Nähe betrachten, sehen Sie den Aufbau des Bildes aus farbigen Punkten.

Im klassischen Offsetdruck wird die Fläche in ein feines Raster aufgeteilt. Dieses Raster wird in Zentimetern gemessen. Ein 60er-Raster weist demnach pro Zentimeter 60 Zellen in der Waagerechten und 60 in der Senkrechten auf. Im Zeitungsdruck benutzt man 54er- bis 60er-Raster. Im Zeitschriftendruck sind es 60er-Raster und im Kunstdruck noch feinere Raster von 70 bis 80.

Jede der vier Farben druckt jeweils nur einen Punkt in eine solche Zelle. Stößt der Punkt an alle vier Seiten der Zelle an, ist sie zu 100 % gefüllt. Tritt die Farbe an einer Stelle nur leicht auf, wird der Punkt entsprechend kleiner. Das passiert nun mit allen vier Farben, deren Raster etwas gegeneinander verdreht sind.

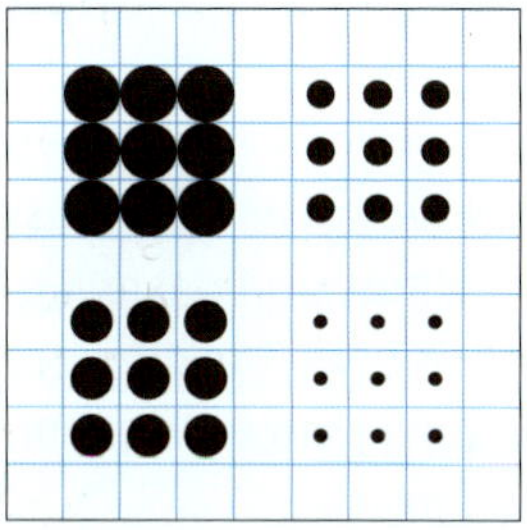

◂ **Abbildung 14.40**
Diese Raster ergäben Farbtöne im Druck: 100 % und 50 % oben, 75 % und 25 % unten.

Druckt man jetzt eine Fläche mit 100%igen Magenta-Punkten und darüber eine aus 100 %igen Yellow-Punkten, mischen sich diese auf dem Papier zu einem Rot. Druckt man 100 %ige Yellow-Punkte auf 50%ige Cyan-Punkte, entsteht durch den Druckprozess ein helles Grün usw.

Wenn Sie in Illustrator nun ein cyanfarbiges Quadrat aufziehen und darüber einen Kreis aus Yellow legen, würde sich dieser durch die Mischung auf dem Papier grün färben. Damit das nicht geschieht, spart Illustrator das blaue Quadrat an der Stelle des Kreises aus, druckt dort also keine Farbe. Der gelbe Kreis wird dann im Druck genau in das Loch im Quadrat hineingedruckt.

Abbildung 14.41 ▸
Sie legen den Kreis auf das Quadrat. Illustrator spart diesen automatisch aus, sodass er sich nicht zu Grün färbt.

Sagen Sie dem gelben Kreis im Attribute-Bedienfeld aber, dass er überdrucken soll, wird der Kreis nicht aus dem blauen Quadrat ausgespart, der gelbe Kreis überdruckt die blaue Fläche des Quadrats, und die gelbe Farbe des Kreises würde sich zu Grün mischen.

Sie benutzen das Überdrucken aber nicht, um sich das Anlegen von Farben zu sparen: Diese lassen sich besser und leichter in Form von Farbfeldern anlegen, um das Ergebnis vorherzusagen. Das Überdrucken wird meist bei schwarzen Schriften angewendet (InDesign überdruckt sogar alle 100% schwarzen Objekte standardmäßig).

▲ **Abbildung 14.42**
Trifft der Kreis nicht genau, blitzt das Papierweiß hindurch.

Im Druckprozess kann es aber zu kleinen Ungenauigkeiten kommen, bei denen der gelbe Kreis nicht genau das Loch im blauen Quadrat trifft. Dann schimmert das Papierweiß an einer Kante durch. Man nennt diese Stellen »Blitzer«, und sie fallen sofort unschön ins Auge. Es gibt aber eine Methode, um solche Blitzer zu vermeiden: das **Überfüllen**.

Dazu geben Sie dem gelben Kreis noch eine gelbe Kontur hinzu. Damit diese aber nicht auch noch vom blauen Quadrat ausgespart wird, setzen Sie für diese Kontur im Attribute-Bedienfeld einen Haken bei Kontur überdrucken. Überall dort, wo die Kontur die blaue Fläche des Quadrats trifft, mischt sie sich dann zwar zu Grün, das ist aber weniger auffallend als ein weißer Blitzer. Wichtig ist, dass die Kontur sehr klein ist. Für den klassischen Offsetdruck reicht meist eine Kontur von 0,08mm; zur Sicherheit fragen Sie aber in Ihrer Druckerei nach! Geben Sie im Bedienfeld »0,08mm« ein; Illustrator rechnet es Ihnen je nach Voreinstellung in Punkt um.

▲ **Abbildung 14.43**
Überdrucken der Kontur

▲ **Abbildung 14.44**
Die auf Überdrucken gestellte Kontur des Kreises verhindert Blitzer.

Mit einer kleinen Schrift können Sie so etwas aber nicht machen, weil die überdruckende Kontur die Schrift optisch fetter erscheinen ließe. Deshalb setzen Sie die schwarze Schrift komplett, also mit ihrer Fläche, auf Überdrucken.

▲ **Abbildung 14.45**
Schrift mit Blitzern ist unleserlich. Überfüllung macht sie fetter (unten). Schwarze Schrift sollte überdrucken.

▲ **Abbildung 14.46**
Schwarze Schrift überdrucken

Ist die Schrift aber nicht schwarz, würde sie sich mit dem Hintergrund vermischen. Daher bleibt Ihnen nur, so etwas schon in der Gestaltung zu vermeiden.

Welche Farbkombinationen müssen überfüllt werden? Eigentlich nur reine Farben Cyan, Magenta und Gelb. Läge ein rotes Objekt auf einem gelben Objekt, bedarf es keiner Überfüllung, weil das Rot aus Magenta und Gelb besteht. Es gibt also einen gemeinsamen Farbauszug – Gelb –, sodass kein weißer Blitzer entstehen kann.

Manuelle Überfüllung, wie hier beschrieben, wirkt immer nur auf darunterliegende Objekte, sodass Sie Überfüllungen nur auf die oberen Objekte anwenden. Achten Sie darauf, dass Sie wirklich nur die zugegebene Kontur auf Überdrucken stellen und nicht aus Versehen die Fläche!

Bei 100% schwarzen Objekten können Sie quasi immer auch die Fläche auf Überdrucken stellen; eine extra Kontur brauchen Sie dann nicht.

14.5 Tiefschwarz

▲ **Abbildung 14.47**
Anlegen eines Tiefschwarz als Farbfeld

Extraschwarz, Superschwarz, Sonderschwarz, Tiefschwarz – all diese Begriffe meinen das Gleiche: Einem neuen Farbfeld »Tiefschwarz« werden nicht nur 100% K zugewiesen, sondern außerdem noch 40 bis 60% Cyan (fragen Sie Ihre Druckerei nach dem gewünschten Wert, manchmal werden auch noch Magenta- und Yellow-Anteile verlangt).

Das Ziel bei der Nutzung von Extraschwarz ist es, ein besonders dichtes Schwarz zu erzeugen, das unter bestimmten Umständen trotzdem tiefschwarz aussieht. Steht zum Beispiel eine Headline auf zwei verschiedenfarbigen Untergründen, erscheint das »normale« Schwarz auch unterschiedlich. Das soll vermieden werden.

Abbildung 14.48 ▶
Oben: Das linke Schwarz wirkt kälter, das rechte wärmer. Unten: Mit Tiefschwarz erzeugen Sie ein »sattes« Schwarz.

Index

B

C

D

E

F

G

H

I

Q

R

S

T

U

V

W

X

Z